Entscheidungen

des

Reichsgerichts.

Herausgegeben

von

den Mitgliedern des Gerichtshofes
und der Reichsanwaltschaft.

Entscheidungen in Zivilsachen.

Neue Folge.

Siebenter Band.

Der ganzen Reihe siebenundfünfzigster Band.

Leipzig,
Verlag von Veit & Comp.
1904

Entscheidungen

des

Reichsgerichts

in

Zivilsachen.

Neue Folge.

Siebenter Band.

Der ganzen Reihe siebenundfünfzigster Band.

Leipzig,
Verlag von Veit & Comp.
1904

Druck von Metzger & Wittig in Leipzig.

Inhalt.

I. Reichsrecht.

II. Preußisches Recht.

III. Rheinisches Recht.

IV. Prozeßrecht.

1\. 1. Ist der Verkäufer beweglicher Sachen, welche als Zubehör eines Grundstücks den Hypothekengläubigern haften, nach § 439 Abs. 2 B.G.B. verpflichtet, diese Hypotheken insoweit zu beseitigen, als sie die verkauften Sachen belasten?

2\. Voraussetzungen der Anwendbarkeit des § 273 Abs. 1 B.G.B. Was ist unter „demselben rechtlichen Verhältnisse, auf dem die Verpflichtung (des Schuldners) beruht", im Sinne dieser Vorschrift zu verstehen?

II. Zivilsenat. Urt. v. 26. Januar 1904 i. S. Z. (Bekl.) w. W. S. (Kl.). Rep. II. 322/03.

I. Landgericht Potsdam.
II. Kammergericht Berlin.

Der Beklagte verpachtete im Jahre 1900 sein Hotel- und Restaurationsgrundstück an die Firma G. Laut § 9 der über diese Verpachtung errichteten Urkunde verkaufte der Beklagte außerdem der Pächterin das in der Gastwirtschaft und im Hotel befindliche Inventar in Bausch und Bogen. Laut § 10 dieser Urkunde verpflichtete sich die Pächterin, von dem Weinlager des Verpächters Weine zum Mindestbetrage von 3000 ℳ käuflich zu übernehmen. Nachdem die der Firma G. aus diesem Kaufvertrage zustehenden Rechte auf die Klägerin übergegangen waren, erhob diese unter der Behauptung, daß die erwähnten, in ihr Eigentum gelangten, aber auf dem Grundstück des Beklagten verbliebenen Inventarstücke als Zubehör des Grundstücks für die auf dem letzteren lastenden Hypotheken mitverhaftet seien, Klage auf Verurteilung des Beklagten, die verkauften Zubehörstücke von der Haftung für die auf dem Grundstück eingetragenen Hypotheken zu befreien. Der Beklagte bestritt, hierzu verpflichtet zu sein, indem er unter anderem geltend machte, die Firma G.

habe bei Abschluß des Kaufvertrages die Belastung des Grundstücks mit den Hypotheken gekannt; ferner habe sie ihre erwähnte Verpflichtung aus § 10 der Vertragsurkunde insofern nicht vollständig erfüllt, als sie von ihm nur Weine für einen Betrag von 1148,45 *M* entnommen habe.

Das Landgericht wies die Klage ab. Das Berufungsgericht erkannte aber im wesentlichen nach dem Klagantrage. Auf die Revision des Beklagten hat das Reichsgericht das Urteil des Berufungsgerichts aufgehoben.

Aus den Gründen:

„Das Berufungsgericht hat den Beklagten zur Befreiung der von ihm der Rechtsvorgängerin der Klägerin verkauften Zubehörstücke seines Grundstücks von den auf das letztere eingetragenen Hypotheken auf Grund der Vorschrift des § 439 Abs. 2 B.G.B. als verpflichtet erachtet, wonach der Verkäufer eine Hypothek rc zu beseitigen hat, auch wenn der Käufer die Belastung kennt. Es hat hierbei diesen Grundsatz „der unbedingten Vertretbarkeit der Hypotheken" als ausnahmslos und ohne Rücksicht auf die Art der belasteten Sache und somit namentlich auch für solche Fälle maßgebend angesehen, in welchen bewegliche Zubehörstücke einer Liegenschaft, welche als solche gemäß § 1120 B.G.B. dem hypothekarischen Rechte ebenso wie die Liegenschaft selbst unterworfen sind, den Gegenstand des Kaufs bilden. Der Revisionskläger hat hiergegen geltend gemacht, § 439 Abs. 2 a. a. O. beziehe sich, soweit er eine Verpflichtung des Verkäufers zur Beseitigung einer Hypothek festsetze, seinem Inhalte und Sinne nach nur auf Grundstücke, nicht auf bewegliche Sachen, da nur bezüglich der Grundstücke das preußische Allgemeine Landrecht Tl. I Tit. 11 §§ 184—187 analoge, der Vorschrift des § 439 Abs. 2 B.G.B. zugrunde liegende Bestimmungen enthalte, und auch nur insoweit eine Verkehrssitte bestehe, auf welche jene Vorschrift des Bürgerlichen Gesetzbuchs zurückzuführen sei. Diese Beschwerde ist unbegründet. Zwar ergibt sich aus den Motiven zu § 439 Abs. 2 B.G.B. (§ 373 des Entwurfs) S. 126 und aus der Denkschrift zum Bürgerlichen Gesetzbuch (S. 58 und 59), daß durch § 439 Abs. 2 im Anschluß an die allgemeine Regel des preußischen Allgemeinen Landrechts Tl. I Tit. 11 § 184, — wonach der Käufer eines „Guts" von dem Verkäufer die Befreiung desselben von Privatschulden und Verbindlichkeiten (ohne

Rücksicht darauf, ob ersterer sie kannte, oder nicht), verlangen kann, — für Hypotheken rc eine Ausnahme von dem Grundsatze des § 439 Abs. 1 B.G.B. gemacht werden sollte, daß der Verkäufer einen Mangel im Rechte dann nicht zu vertreten hat, wenn der Käufer den Mangel bei dem Abschlusse des Kaufs kennt. Aus jenem Hinweise auf §§ 184 flg. A.L.R. I. 11 ist aber nicht zu schließen, daß die Vorschrift des § 439 Abs. 2 sich genau nur auf den Fall beziehen soll, der in § 184 ausdrücklich genannt ist, nämlich den des Verkaufs eines „Guts", daß dieselbe also nicht auch für Fälle des Verkaufs beweglicher Sachen gilt; denn diese Annahme wird schon durch den Wortlaut des § 439 Abs. 2, namentlich durch den Umstand ausgeschlossen, daß darin außer der Hypothek, der Grundschuld und der Rentenschuld auch das „Pfandrecht" mit aufgeführt ist, dessen Gegenstand nach dem Sprachgebrauche des Bürgerlichen Gesetzbuchs (§§ 1204 flg.) gerade bewegliche Sachen sind. Überdies ist in den angezogenen §§ 184—187 des preußischen Allgemeinen Landrechts nicht einmal ausgesprochen, daß bezüglich der fraglichen Haftung des Verkäufers für den Verkauf beweglicher Sachen andere Grundsätze gelten sollen, als für den Verkauf von Grundstücken, weshalb denn auch in der Rechtslehre in dieser Hinsicht ein Unterschied zwischen belasteten unbeweglichen und beweglichen Sachen nicht gemacht wird, namentlich soweit es sich um das Zubehör eines Grundstücks handelt.

Vgl. Dernburg, Preußisches Privatrecht Bd. 2 § 148 S. 397.

Aus den in den Motiven und der Denkschrift zum Bürgerlichen Gesetzbuch a. a. O. gegebenen Hinweise auf §§ 184 flg. A.L.R. I. 11 ist daher ein Grund für eine beschränkende Auslegung des § 439 Abs. 2 B.G.B. nicht herzuleiten, zumal da auch die Form dieses Hinweises und die Erstreckung der Vorschrift des § 439 Abs. 2 auf Pfandrechte (an beweglichen Sachen, welche in §§ 184 flg. A.L.R. I. 11 wenigstens nicht ausdrücklich erwähnt sind) dafür spricht, daß man mit der Anführung der letzteren Bestimmungen des damals geltenden Rechts nur das gesetzgeberische Motiv für die Vorschrift des § 439 Abs. 2 B.G.B. im allgemeinen angeben, nicht aber den Sinn und Umfang derselben genau bestimmen wollte.

Wenn aber hiernach die Vorschriften der §§ 184—187 A.L.R. I. 11 keinen Behelf für die hier in Frage kommende Auslegung des § 439 Abs. 2 B.G.B. bieten, so ist der Sinn desselben vorzugsweise nach dessen Inhalte im Zusammenhange mit den übrigen Vorschriften des Bürgerlichen Gesetzbuchs zu bestimmen. Von diesem Gesichtspunkte aus erscheint aber die dem § 439 Abs. 2 von dem Berufungsgerichte gegebene Auslegung als zutreffend. Schon der Wortlaut und der in den Motiven bezeichnete Zweck dieser Vorschrift spricht dafür, daß durch dieselbe jedem Verkäufer die unbeschränkte Verpflichtung auferlegt werden sollte, jede Hypothek, Grundschuld, Rentenschuld und jedes Pfandrecht, womit die Kaufgegenstände etwa belastet sind, ohne Rücksicht darauf, ob der Käufer die Belastung kannte, und ohne Rücksicht auf die Art der belasteten Sachen, schlechthin zu beseitigen. Insbesondere wird in § 439 Abs. 2 bezüglich dieser dem Verkäufer auferlegten Verpflichtung kein Unterschied gemacht, ob die Hypothek nur ein Grundstück, oder nach § 1120 B.G.B. auch das bewegliche Zubehör eines solchen belastet. Der Umstand, daß das Zubehör beweglich ist (§ 97 B.G.B.), kann keinen solchen Unterschied begründen; denn die in § 439 Abs. 2 enthaltene weitere Vorschrift, daß der Verkäufer auch ein Pfandrecht, also nach dem Sprachgebrauche des Bürgerlichen Gesetzbuchs (§ 1204 flg. B.G.B.) ein eine bewegliche Sache belastendes Recht, zu beseitigen hat, weist darauf hin, daß durch § 439 Abs. 2 auch dem Käufer beweglicher Sachen ein Anspruch auf Beseitigung derartiger Belastungen gewährt werden sollte. Es ist auch kein innerer Grund erfindlich, der die Annahme rechtfertigen könnte, daß etwa für bewegliche Sachen in dieser Hinsicht etwas anderes gelten sollte als für unbewegliche, oder daß bezüglich der ersteren der Verkäufer zwar verpflichtet sein sollte, ein sie belastendes Pfandrecht, nicht aber auch eine sie belastende Hypothek zu beseitigen. Insbesondere kann in allen diesen Beziehungen eine erhebliche Verschiedenheit der Verkehrssitte nicht als bestehend erachtet, jedenfalls aber nicht anerkannt werden, daß selbst eine etwa bestehende Verschiedenheit derselben die hier in Rede stehende Einschränkung der Vorschrift des § 439 Abs. 2 rechtfertigen würde; denn durch die übrigens auch auf „Pfandrechte" sich beziehende Erwähnung der Verkehrssitte in den Motiven und in der Denkschrift a. a. O. sollte — ebenso wie durch die Bezugnahme auf §§ 184—187 A.L.R. I. 11 — nur der allgemeine Grund der betreffenden Vorschrift angegeben, nicht aber deren Inhalt und Tragweite für den einzelnen Fall bestimmt werden. Auch im übrigen bietet die Entstehungsgeschichte des Gesetzes keinen Anhalt für die von den Revisionsklägern behauptete einschränkende Auslegung des § 439 Abs. 2 B.G.B. Es muß daher für die Anwendung dieser Vorschrift genügen, daß die verkauften Sachen, unbeweglich oder beweglich, mit irgendeiner Belastung der in derselben bezeichneten Art behaftet sind. Wollte man diese Vorschrift in Fällen der hier in Rede stehenden Art, in welchen Zubehörstücke eines Grundstücks verkauft sind, und deren hypothekarische Belastung auch nach dem Verkaufe fortbesteht, für nicht anwendbar halten, so würde in diesem Punkte eine empfindliche, den Käufer auf Kosten des Verkäufers schädigende Lücke im Bürgerlichen Gesetzbuche vorhanden sein, welche der Gesetzgeber nicht gewollt haben kann. . . .

Endlich hat der Revisionskläger auch die Verwerfung seiner weiteren Einrede beanstandet, daß er die streitige Leistung jedenfalls bis zur vollständigen Erfüllung der von der Käuferin ihm gegenüber übernommenen Verpflichtung, ihm die vereinbarte Menge Wein abzunehmen, zurückhalten dürfe. Diese Rüge hat er damit begründet, daß das Berufungsgericht hierbei den einheitlichen Vertrag vom 13./23. August 1900, der sich in der Hauptsache als ein Pachtvertrag mit zwei die Übertragung des Wirtschaftszubehörs und der Weinvorräte betreffenden Nebenverträgen darstelle, mit Unrecht in besondere, voneinander unabhängige Rechtsgeschäfte auseinandergerissen habe. Diese Beschwerde ist gerechtfertigt. Das Berufungsgericht hat nämlich die Verwerfung dieser Einrede folgendermaßen begründet. Das im § 9 des Vertrages beurkundete Kaufgeschäft und das Abkommen im § 10 daselbst stellten zwei besondere, voneinander unabhängige Rechtsgeschäfte dar; sie ständen dagegen nicht in einem sich gegenseitig bedingenden Verhältnisse zueinander. Daher bilde auch die Leistung, die die Firma G. etwa aus § 10 a. a. O. schuldete, nicht einen Teil ihrer Gegenleistung aus dem Kaufvertrage des § 9, und es dürfe der Beklagte seine Leistung aus diesem Geschäfte nicht wegen gegenteils ausgebliebener Erfüllung des anderen Geschäfts zurückhalten. Nur wirtschaftlich und tatsächlich ständen die drei Geschäfte, die in der einen Vertragsurkunde beurkundet seien, die Pacht, der Kauf und das Abkommen, in § 10 miteinander im Zusammenhang. Juristisch dagegen bedeute das Kaufgeschäft ein selbständiges Geschäft für sich. In diesen Ausführungen liegt zwar eine genügende und rechtlich einwandsfreie Würdigung der fraglichen Einrede von dem

Gesichtspunkte des § 320 B.G.B. aus, auf den das Berufungsgericht auch (in seinem vorhergehenden Satze) allein hingewiesen hat. Aber es erhellt daraus nicht, daß das Berufungsgericht diese Einrede auch von dem Gesichtspunkte der Vorschrift des § 273 Abs. 1 B.G.B. aus geprüft hat, die in dem angefochtenen Urteile überhaupt nicht erwähnt ist. Vielmehr läßt die hervorgehobene Verneinung eines sich gegenseitig bedingenden Verhältnisses der beiden Rechtsgeschäfte zueinander, sowie die Betonung der juristischen Selbständigkeit des fraglichen Kaufs trotz des anerkannten wirtschaftlichen und tatsächlichen Zusammenhangs der drei Geschäfte darauf schließen, daß das Berufungsgericht bei seiner Prüfung der Einrede die Bestimmung des § 273 Abs. 1 überhaupt nicht berücksichtigt oder wenigstens deren Bedeutung verkannt hat. In letzterer Hinsicht ist folgendes zu bemerken. In den Motiven zu § 233 des Entwurfs eines Bürgerlichen Gesetzbuchs wird die fragliche Vorschrift dahin erläutert: „Die Regel beruht auf dem Prinzipe, daß durch das Zurückbehaltungsrecht in der Tat eine exceptio doli geltend gemacht wird, daß es zum Schutze dient gegen einen dolus des Gegners, welcher darin besteht, daß dieser, indem er einen Anspruch ohne Rücksicht auf einen dem anderen Teile zustehenden Gegenanspruch erhebt, durch diese Loslösung seines Anspruchs vom gesetzlichen oder natürlichen Zusammenhange mit dem Gegenanspruche und durch die Ignorierung des letzteren gegen Treu und Glauben verstößt (vgl. Entsch. des R.G.'s in Zivils. Bd. 14 S. 234). Das Recht findet also nicht wegen eines jeden Gegenanspruchs statt ohne Rücksicht darauf, ob er zur schuldigen Leistung in einer Beziehung steht oder nicht; sondern es wird an dem Erfordernisse der Konnexität zwischen Anspruch und Gegenanspruch festgehalten. Der Entwurf hütet sich jedoch, dieses Erfordernis durch spezielle Beschreibung oder Aufstellung von Kategorien näher zu präzisieren. Der Richter soll unbehindert sein, im Einzelfalle durch Prüfung auf Grund des erwähnten Prinzips zu entscheiden, ob ein Auseinanderreißen der aktiven und passiven Seite desselben Rechtsverhältnisses zum Nachteile des wegen einer Leistung Belangten stattfinden würde, ob demnach ein Retentionsrecht begründet ist oder nicht." In dem erwähnten Urteile des Reichsgerichts (Entsch. a. a. O. Bd. 14 S. 234), dessen Gründe, obgleich sie unmittelbar nur das frühere gemeinrechtliche Retentionsrecht betreffen, doch wegen der Anführung des Urteils in den Motiven zu § 273 Abs. 1 B.G.B. für die Auslegung und Anwendung der letzteren Vorschrift von hohem Werte sind, ist ferner ausgeführt: es sei nicht die kontraktliche gegenseitige Bedingtheit der Leistung und Gegenleistung, welche zum Retentionsrechte berechtige, sondern die natürliche, gewollte oder als gewollt vorauszusetzende Einheitlichkeit des faktischen Verhältnisses, welche nicht minder wie die rechtliche gegenseitige Bedingtheit es als gegen Treu und Glauben verstoßend erscheinen lasse, wenn der eine Interessent von dem anderen die Leistung verlange, die von ihm geschuldete Leistung aber seinerseits nicht gewähren wolle. Hiernach kommt es für die Anwendung des § 273 Abs. 1 B.G.B., der sich in dieser Hinsicht mit der Vorschrift des § 320 Abs. 1 daselbst keineswegs deckt, nicht darauf an, ob die beiden in §§ 9 und 10 des Vertrages beurkundeten Rechtsgeschäfte in einem sich gegenseitig bedingenden Verhältnisse zueinander stehen, sondern darauf, ob die Leistung und Gegenleistung aus einem innerlich zusammengehörigen, einheitlichen Lebensverhältnisse entspringen und sich darauf beziehen, — als welches im gegebenen Falle für die beiden in §§ 9 und 10 des Vertrages beurkundeten Geschäfte der gleichzeitig abgeschlossene Pachtvertrag in Betracht kommt, — und ob bezüglich dieser Rechtsgeschäfte eine natürliche, gewollte oder als gewollt vorauszusetzende Einheitlichkeit des faktischen Verhältnisses und ein hierdurch bewirkter natürlicher Zusammenhang der beiderseitigen Ansprüche vorliegt. Da das Berufungsgericht aber die Frage der Konnexität nicht von den dargelegten, sich aus § 273 Abs. 1 B.G.B. ergebenden rechtlichen Gesichtspunkten aus geprüft und demgemäß auch nicht das Bestehen oder Nichtbestehen des von dem Beklagten behaupteten Gegenanspruchs festgestellt hat, so ist seine Verwerfung der aus dem letzteren hergeleiteten Einrede des Beklagten als auf Rechtsirrtum beruhend anzusehen." ...

---

2. Untersuchungspflicht nach § 377 Abs. 1 H.G.B. beim Handel mit Konserven in verlöteten Dosen.

II. Zivilsenat. Urt. v. 29. Januar 1904 i. S. J. (Bekl.) w. M. (Kl.). Rep. II. 261/03.

I. Landgericht Leipzig.
II. Oberlandesgericht Dresden.

Gegen die Klage auf Zahlung des Kaufpreises einer unbeanstandeten Sendung Ölsardinen machte der Beklagte geltend, er habe mit der Rückforderung des bezahlten Kaufpreises für zwei frühere Sendungen Ölsardinen und einem Anspruch auf Schadensersatz aufgerechnet. Diese Ansprüche ständen ihm wegen Mangelhaftigkeit jener Sendungen zu. Die Ablieferung der Ware sei in Hamburg erfolgt, und zwar Anfang November 1900 für die erste Sendung und Mitte Dezember für die zweite Sendung; die Mängelanzeige sei dagegen frühestens Anfang Februar 1901 geschehen. Das Präjudiz des § 377 Abs. 2 H.G.B. treffe ihn jedoch nach den Umständen des gegebenen Falles nicht. Denn seine Pflicht zur Untersuchung in Hamburg habe sich auf das Feststellen der Zahl der Dosen in den Kisten beschränkt und sich nicht auf den Inhalt der verlöteten Dosen erstreckt; wegen dieser Art der Verpackung, in der die Ware mitverkauft werde, sei es nach ordnungsgemäßem Geschäftsgange nicht tunlich gewesen, sie sogleich bei der Ablieferung oder bei der Ankunft beim Abkäufer in Berlin zu untersuchen; vielmehr habe sich die Mangelhaftigkeit erst herausgestellt, als die Detailabnehmer seines Abnehmers die Dosen geöffnet und Beanstandungen aus der Mangelhaftigkeit erhoben hätten. Darauf sei die Mängelanzeige unverzüglich erfolgt. Übrigens sei aus der dem Verkäufer bekannten Bestimmung der Ware zum Weiterverkaufe und zur Weiterversendung in der ursprünglichen Verpackung als stillschweigend vereinbart abzuleiten, daß die Untersuchungspflicht in dem bezeichneten Umfange hinausgeschoben sei.

Die Revision des in beiden Vorinstanzen unterlegenen Beklagten wurde zu der hier streitigen Frage zurückgewiesen aus folgenden

Gründen:

... „Der Revisionskläger findet in den Ausführungen des Berufungsrichters eine Verletzung der in § 377 Abs. 1 H.G.B. enthaltenen Einschränkung der Untersuchungspflicht, wonach die Untersuchung zu erfolgen habe, „soweit dies nach dem ordnungsmäßigen Geschäftsgange tunlich ist". Die Rüge ist indessen nicht gerechtfertigt. An und für sich sind bei Entscheidung der Frage, inwieweit die Untersuchung nach dem ordnungsgemäßen Geschäftsgange tunlich sei, die Umstände des einzelnen Falles maßgebend. Dabei wird für die Art und den Umfang der Untersuchung im allgemeinen gelten, daß der Käufer an sich nicht verpflichtet ist, eine solche Art der Untersuchung vorzunehmen, durch die eine Verminderung oder Entwertung der Ware in irgend erheblichem Umfange herbeigeführt wird oder zu befürchten ist, die Möglichkeit der Weiterveräußerung aufgehoben oder bedroht wird. Nun gibt es Warengattungen, die entweder ihrer Natur nach, oder nach allgemeiner Verkehrssitte durch Öffnung des Behältnisses, in dem sie aufbewahrt sind, oder der Verpackung, in der sie zum Verkauf kommen, entwertet oder unverkäuflich werden. Hierher gehören z. B. Schaumweine, Flaschenweine, Mineralwasser, Konserven, und sind auch Ölsardinen zu rechnen, die in verlöteten Blechdosen aufbewahrt sind, und in dieser Verpackung an die Konsumenten verkauft werden. Für solche Warengattungen kann indessen nicht der allgemeine Satz aufgestellt werden, daß wegen Entwertung der einzelnen Stücke, die zu Zwecken der Untersuchung geöffnet werden müssen, nach ordnungsgemäßem Geschäftsgange eine Untersuchungspflicht überhaupt nicht Platz greife. Für eine solche Annahme können insbesondere nicht, wie das früher mehrfach geschehen, die Verhandlungen der Kommission zur Beratung eines allgemeinen deutschen Handelsgesetzbuchs angerufen werden. Denn wenn dort — Protokolle S. 643 — bei Beratung eines Antrages, wonach jede Untersuchungspflicht beim Handelskauf ausgeschlossen sein sollte, zu dessen Rechtfertigung ausgeführt wurde, „in vielen Beziehungen sei die Ausübung einer entsprechenden Untersuchung nicht möglich, so bei Flaschenweinen, bei allen Waren, die bis zum Augenblick des Verbrauchs in ihrer Verpackung bleiben müßten ꝛc; in solchen Fällen könne höchstens der Zustand der Verpackung, ob sie unverletzt sei oder nicht, oder ein geringer Teil der Ware untersucht werden", so entsprach das der Meinung der Mehrheit nicht; diese lehnte nach Annahme der Untersuchungspflicht im Prinzipe einen Antrag ab, wonach „die Pflicht zur Untersuchung bei solchen Waren hinwegfallen sollte, die in einer üblichen Verpackung oder Verschließung in den Verkehr zu kommen pflegen, und bei denen eine vorgängige Untersuchung ohne Öffnung der Verpackung oder Verschließung, in der sie verkauft werden, nicht ausführbar ist" (Protokolle S. 652/53). Da das Gesetz sonach für diese Warengattungen keine Ausnahme macht, ist auf der oben zum Teil dargelegten Grundlage des übrigen Inhaltes und Umfanges der

Untersuchungspflicht die Frage zu prüfen, ob in dem einzelnen Falle nach ordnungsgemäßem Geschäftsgange die Untersuchung tunlich sei. Bei diesem Ausgange liegt es nahe, überall dann, wenn große Mengen der gleichen Ware geliefert sind, und dem Käufer die verhältnismäßig unbedeutende Schädigung zugemutet werden darf, die durch Öffnung der zur Untersuchung erforderlichen Stichproben voraussichtlich entstehen wird, nach ordnungsgemäßem Geschäftsgange auch für solche Warengattungen eine Untersuchungspflicht anzunehmen. So war in der älteren Literatur zu dem Handelsgesetzbuche (vgl. z. B. v. Hahn, H.G.B. 2. Aufl. Bd. 2 Art. 347 § 11 S. 302 zu Anm. 35 und 36, und noch bestimmter Hanausek, Die Haftung des Verkäufers für Mängel der Kaufsache Bd. 2 S. 60/61 zu Anm. 24 bis 26) — und zwar ohne Unterscheidung zwischen den Fällen, wenn die Ware durch Öffnung der Verpackung völlig entwertet oder nur unverkäuflich wird — die Meinung vertreten, bei Lieferung größerer Quantitäten greife nach ordnungsgemäßem Geschäftsgange in der Regel eine Untersuchungspflicht Platz; seien dagegen verhältnismäßig kleine Quantitäten verkauft worden, so genüge der Käufer dem ordnungsgemäßen Geschäftsgange, wenn er keines der gelieferten Stücke öffne und sich mit der Prüfung der Art der Verpackung sowie der äußerlich erkennbaren Beschaffenheit der verpackten Ware begnüge. In ähnlichem Sinne hatte sich auch das Reichsoberhandelsgericht (Entsch. Bd. 17 S. 217) ausgesprochen, und hatte von der gleichen rechtlichen Auffassung ausgehend das Oberlandesgericht zu Hamburg für den Handel mit Konserven in verlöteten Dosen in den Entscheidungen vom 14. Februar 1880 (Hans. Gerichtsztg. Hauptbl. 1880 S. 88) und vom 7. April 1888 (ebenda 1888 S. 118) eine Untersuchungspflicht des Käufers angenommen. Mehr zurückhaltend drückt sich Staub, H.G.B. 6./7. Aufl. Bd. 2 zu § 377 Anm. 13 und 29 aus; er stellt zunächst die Ansicht auf, wenn die Ware durch Beseitigung der Umhüllung in ihrem Werte gemindert werde (Champagner, Konserven 2c), so dürfe der Käufer die Ware nicht enthüllen, brauche es aber auch nicht; es handle sich vielmehr alsdann um einen nicht sofort erkennbaren Mangel, und fügt dann bei: „doch wird bei größeren Quantitäten die Öffnung des einen oder anderen Stückes angezeigt sein". Lehmann u. Ring, H.G.B. zu § 377 Nr. 41 Bd. 2 S. 160, und Makower, H.G.B. zu § 377 V b 3 S. 1179, vertreten dagegen die oben dargelegte Auffassung, an der in einer neueren Entscheidung des Oberlandesgerichts zu Hamburg vom 24. Oktober 1903 (Rechtspr. der O.L.G.'e Bd. 7 S. 388) — wiederum für den Handel mit Konserven in verlöteten Dosen — festgehalten wurde. Der erkennende Senat tritt der letzteren Ansicht bei; nach seiner Auffassung kann sich bei Waren dieser Art der Käufer nach ordnungsgemäßem Geschäftsgange von der Untersuchungspflicht in der Regel nur dann befreit halten, wenn nach Verhältnis der in Betracht kommenden Lieferung durch Untersuchung von Stichproben, die nötig ist, um sich ein Urteil über die Beschaffenheit der Ware zu bilden, eine Entwertung oder Unverkäuflichkeit der Ware in irgend erheblichem Umfange eintritt oder zu befürchten ist. Der Berufungsrichter ging bei seiner rechtlichen Beurteilung von der hier gebilligten Auffassung aus und ist bei Würdigung der gegebenen Sachlage ohne Verstoß gegen das Gesetz zu dem Ergebnisse gelangt, daß der Beklagte als Käufer nach ordnungsgemäßem Geschäftsgange zur Untersuchung von Stichproben verpflichtet war. Der Revisionskläger macht zwar in diesem Zusammenhange noch geltend, daß bei der hier gelieferten Ware die Untersuchung von Stichproben, wenn sie nicht sehr umfangreich sei, kein zuverlässiges Bild über die Beschaffenheit der Ware gebe, was gleichfalls der Annahme einer Untersuchungspflicht „nach ordnungsgemäßem Geschäftsgange" entgegenstehe. Dieser Angriff geht indessen von einer Auffassung der im § 377 a. a. O. geforderten Untersuchung aus, die dem Gesetze nicht entspricht. Das Gesetz verlangt, wie der Zusatz ergibt „soweit dies nach ordnungsgemäßem Geschäftsgange tunlich ist", keine in das einzelne gehende, „skrupulöse" Untersuchung. Die Beschränkung der Untersuchung auf Stichproben ist für die hier streitige Ware unbedenklich, die in großen Mengen gleichmäßig bearbeitet wird und vertragsmäßig von gleicher Beschaffenheit sein soll.

Der Revisionskläger greift ferner die Ausführungen des Berufungsrichters an, in denen er die Vereinbarung über das Hinausschieben der Untersuchungspflicht verneinte, die der Beklagte aus der dem Verkäufer bekannten Bestimmung der Ware zum Weiterverkaufe und zur Weiterversendung in der ursprünglichen Verpackung abgeleitet hatte. Der Berufungsrichter geht indessen von der zutreffenden Auffassung aus, es sei Tatfrage, wann eine solche Vereinbarung vorliege. Das Wissen des Verkäufers davon, daß die Ware vom

Käufer in Originalverpackung weiter verkauft werde, rechtfertigt, wie bereits das Reichsoberhandelsgericht (Entsch. Bd. 17 S. 217) ausgesprochen hat, für sich allein nicht notwendig die Annahme eines Übereinkommens, daß die Untersuchung erst später stattfinde. Der Berufungsrichter verneint aber bei der ihm zustehenden und der Nachprüfung des Revisionsgerichts entzogenen Tatsachenwürdigung, daß die besonderen Umstände des gegebenen Falles darauf hinweisen, es sei der Verkäufer damit einverstanden gewesen, die Untersuchung auf eine spätere Zeit hinauszuschieben. Diese Ausführungen lassen eine Verletzung des Gesetzes nicht erkennen." ...

---

3. Wo ist der Gerichtsstand des Erfüllungsortes begründet, wenn auf Grund der Wandelung eines Kaufs die Zurücknahme der gelieferten Sache gegen Ersatz der verauslagten Frachtkosten begehrt wird?

Z.P.O. § 29.
B.G.B. § 269.

II. Zivilsenat. Urt. v. 5. Februar 1904 i. S. M. & Co. (Bekl.) w. W. (Kl.). Rep. II. 391/03.

I. Landgericht Glogau.
II. Oberlandesgericht Breslau.

Der in K. im Landgerichtsbezirke Glogau wohnende Kläger kaufte mittels eines den Vermerk: „Erfüllungsort: Berlin für Lieferung und Zahlung" tragenden Bestellscheins vom 31. August 1902 von der in Frankfurt a. M. domizilierten verklagten Firma eine Drillmaschine und erhielt sie Ende September 1902 nach K. geliefert, woselbst sie sich noch zur Zeit der Klage befand. Da die Maschine nach der Behauptung des Klägers mehrere Mängel zeigte, so erklärte er der Beklagten die Wandelung des Kaufs und erhob bei dem Landgerichte zu Glogau Klage mit dem Antrage, die Beklagte zu verurteilen, von dem Kläger die ihm gelieferte Drillmaschine abzunehmen und dagegen 21,10 ℳ für verauslagte Fracht an den Kläger zu zahlen. Die Beklagte machte die Unzuständigkeit des Gerichts geltend, weil in dem Bestellscheine Berlin als Erfüllungsort vereinbart, und weil deshalb Berlin das zuständige Gericht sei.

Der Einwand wurde von dem Landgerichte und dem Berufungsgerichte verworfen, und die gegen das Berufungsurteil eingelegte Revision wurde vom Reichsgericht zurückgewiesen aus folgenden

Gründen:

„Die erste Annahme des Berufungsgerichts, daß durch die von den Parteien laut des Bestellscheins getroffene Vereinbarung Berlin nur für die sich aus dem Vertrage ergebenden Verpflichtungen der Parteien — nämlich der Beklagten zur Lieferung der Maschine, des Klägers zur Zahlung des Kaufpreises — als Erfüllungsort bestimmt worden sei, beruht lediglich auf einer rechtlich einwandsfreien Auslegung des Vertrages. ... Hiermit hat das Berufungsgericht aber auch ohne rechtlichen Verstoß verneint, daß die Parteien etwa beabsichtigt hätten, auch für die den Gegenstand der Klage bildenden, aus der Wandelung des Kaufvertrages sich ergebenden Verpflichtungen Berlin als Erfüllungsort festzusetzen. Die erwähnte Vereinbarung kommt daher für die gegenwärtige Klage dann nicht weiter in Betracht, wenn, wie das Berufungsgericht angenommen, die Revisionsklägerin aber bestritten hat, im gegebenen Falle der Gerichtsstand des Erfüllungsortes nach den Verpflichtungen, welche den unmittelbaren Gegenstand der erhobenen Klage bilden, also nicht nach der Verpflichtung, auf deren angebliche Nichterfüllung der Klaganspruch gestützt ist, zu bestimmen sein sollte.

In dieser Hinsicht ist das Berufungsgericht in zutreffender Weise davon ausgegangen, daß im gegebenen Falle als streitige Verpflichtung im Sinne des § 29 Z.P.O. nicht die ursprüngliche vertragliche Verpflichtung der Beklagten zur Lieferung der Maschine, sondern die sich aus der erklärten Wandelung des Kaufs ergebende, allein den unmittelbaren Gegenstand des Klagantrags bildende Verpflichtung der Beklagten zur Zurücknahme der von ihr gelieferten Maschine und zum Ersatz der von dem Kläger für dieselbe verauslagten Frachtkosten zu betrachten ist. Hiermit stimmt auch die neuere Rechtsprechung des Reichsgerichts überein; vgl. namentlich das Urteil des erkennenden Senats vom 16. Dezember 1890 (Entsch. des R.G.'s in Zivils. Bd. 27 S. 398), wodurch die in dem Urteile desselben Senats vom 15. Februar 1881 (Entsch. des R.G.'s in Zivils.

Bd. 3 S. 413 flg.) ausgesprochene entgegengesetzte Ansicht ausdrücklich aufgegeben worden ist, ferner die Urteile in den Entsch. des R.G.'s in Zivils. Bd. 9 S. 351, Bd. 31 S. 384, Bd. 55 S. 112 flg. und in der Jurist. Wochenschr. von 1897 S. 88 Nr. 35 und von 1898 S. 474 Nr. 4. Die Ausführungen der Revisionsklägerin bieten auch keinen Anlaß, von dieser Rechtsprechung wieder abzugehen. Vergeblich beruft sich dieselbe auf das nach ihrer Auffassung der angefochtenen Entscheidung entgegenstehende Urteil des I. Zivilsenats des Reichsgerichts vom 21. Juni 1902 (Entsch. der R.G.'s in Zivils. Bd. 52 S. 54 flg.). In diesem Urteile ist zwar für die damals auf Grund der beanspruchten Aufhebung eines Lizenzvertrages eingeklagten vier verschiedenen und an sich an zwei verschiedenen Orten zu erfüllenden Verpflichtungen ein einheitlicher Gerichtsstand gemäß § 29 Z.P.O. als an dem Orte begründet erachtet worden, wo die ursprüngliche vertragliche Verpflichtung der Beklagten zu erfüllen war, deren gehörige Erfüllung in dem Prozesse bestritten wurde. Aber die Begründung dieses Urteils läßt erkennen, daß der I. Zivilsenat damit nicht etwa den Begriff der streitigen Verpflichtung im Sinne des § 29 Z.P.O. im allgemeinen und ausnahmslos oder auch nur für Wandelungsansprüche anders bestimmen wollte, als dieses in den von ihm angeführten und als seiner Ansicht nicht widersprechend bezeichneten Urteilen (Entsch. des R.G.'s in Zivils. Bd. 27 S. 393 flg. und Bd. 31 S. 383) geschehen war, sondern daß er lediglich mit Rücksicht auf die besondere „rechtliche Gestaltung" des damals zu entscheidenden Falles für die dabei in Frage stehende gleichzeitige Geltendmachung mehrerer verschiedenartiger, an sich nicht an einem einzigen Orte zu erfüllenden Verpflichtungen als Folgen der beanspruchten Vertragsaufhebung einen einheitlichen Gerichtsstand als an dem Orte begründet erachtete, wo die ursprüngliche vertragliche Verpflichtung, deren nicht gehörige Erfüllung behauptet wurde, zu erfüllen war. Eine derartige Verbindung mehrerer selbständiger Ansprüche, für welche an sich verschiedene Gerichtsstände gemäß § 29 Z.P.O. gegeben sein würden, steht aber im gegebenen Falle nicht in Frage; denn die Klage hat zwar zwei äußerlich getrennte Leistungen der Beklagten — die Zurücknahme der Maschine und die Bezahlung der Fracht —, aber doch nur einen einzigen, seiner rechtlichen Natur nach zusammenhängenden Anspruch des Klägers zum Gegenstand, wie auch schon die Fassung des Klagantrags ergibt; denn indem der Kläger die Verurteilung der Beklagten, die Maschine abzunehmen und „dagegen“ 21,10 ℳ für verauslagte Fracht an ihn zu bezahlen, beantragt hat, hat er damit in einer den maßgebenden gesetzlichen Bestimmungen (§§ 467. 346—348. 273 Abs. 2 B.G.B.) entsprechenden Weise zum Ausdruck gebracht, daß er die Bezahlung der Frachtkosten nur als eine notwendige Folge der in erster Reihe von ihm verlangten Zurücknahme der Maschine, nämlich als Zug um Zug bei deren Rückgabe zu leistenden Ersatz einer von ihm auf dieselbe gemachten Verwendung im Sinne des § 347 Satzes 2 B.G.B., beanspruche. Aber auch wenn man zwei verschiedene Ansprüche des Klägers als geltend gemacht ansehen wollte, so würde doch für beide schon wegen des hervorgehobenen Zusammenhangs ein einheitlicher Gerichtsstand des Erfüllungsortes an dem Orte gegeben sein, wo der Natur der betreffenden Schuldverhältnisse nach gemäß § 269 B.G.B. die Zurücknahme der Ware und der Zug um Zug dagegen zu leistende Ersatz der dafür verauslagten Frachtkosten zu erfolgen hat. Dies ist aber der Ort, wo sich die Maschine auf Grund des Vertrages zur Zeit der Klagerhebung befunden hat und noch befindet, nämlich der Wohnort des Klägers, wie dies in dem Urteile des erkennenden Senats, Entsch. des R.G.'s in Zivils. Bd. 55 S. 112 flg., näher dargelegt ist.

Vgl. auch Entsch. des R.G.'s in Zivils. Bd. 50 S. 272 und Jurist. Wochenschr. von 1902 S. 604 Nr. 2.

Überdies wird ein einheitlicher Gerichtsstand für die beiden streitigen Verpflichtungen der Beklagten auch dadurch begründet, daß die Verpflichtung zur Bezahlung der Frachtkosten sich lediglich als eine Nebenverpflichtung im Verhältnis zu der als Hauptverpflichtung erscheinenden und daher für die Bestimmung des Gerichtsstandes für beide maßgebenden Verpflichtung zur Zurücknahme der Maschine darstellt.

Vgl. Entsch. des R.G.'s in Zivils. Bd. 55 S. 112 flg., ferner Bd. 15 S. 435, Bd. 27 S. 397, und die Urteile des erkennenden Senats vom 5. Juli 1901, Rep. II. 184/01, vom 27. Oktober 1903, Rep. II. 155/03, und vom 6. November 1903, Rep. II. 193/03.

Es treffen also im gegebenen Falle die Gründe nicht zu, aus welchen der I. Zivilsenat für die damalige Klage, deren Gegenstand mehrere verschiedenartige, ihrer Natur nach nicht an dem nämlichen Orte zu erfüllende Verpflichtungen waren, den gemeinsamen Gerichtsstand des Erfüllungsortes dort als gegeben erachtete, wo die ursprüngliche vertragliche Verpflichtung zu erfüllen war, um deren Nichterfüllung es sich in dem Rechtsstreite handelte. Es liegt daher im gegebenen Falle für den erkennenden Senat um so weniger Anlaß vor, gemäß § 137 G.V.G. vorgängig eine Entscheidung der vereinigten Zivilsenate einzuholen, als auch der I. Zivilsenat vor Erlaß des erwähnten Urteils eine solche Entscheidung im Hinblick auf die angeführten Urteile Bd. 27 S. 395 flg. und Bd. 31 S. 383 (mit welchen das gegenwärtige in dem fraglichen Punkte vollständig übereinstimmt) nicht für erforderlich erklärt und somit zu erkennen gegeben hat, daß er grundsätzlich von diesen Urteilen nicht abweichen wollte.

Für die Bestimmung des nach vorstehenden Ausführungen für den gesamten Klaganspruch gegebenen einheitlichen Gerichtsstandes nach § 29 Z.P.O. kommt aber in Betracht, daß sich die fragliche Maschine zur Zeit der Klagerhebung auf Grund des Vertrages an dem im Landgerichtsbezirke Glogau gelegenen Wohnorte des Klägers befunden hat, und daß sie sich noch da befindet, und daß somit hier die den Gegenstand der Klage bildenden Verpflichtungen ihrer Natur nach zu erfüllen sind." ...

4. Ist im Sinne des Art. 170 Einf.-Ges. zum B.G.B. das Schuldverhältnis noch vor dem Inkrafttreten dieses Gesetzbuchs entstanden, wenn zur Begründung des Anspruchs auf die mündlich vereinbarte Vergütung für eine übernommene Handlung im Sinne des 8. Abschn. A.L.R. I. 11 nicht nur gemäß § 165 A.L.R. I. 5 die vollständige Leistung der Handlung, sondern auch der Eintritt eines bestimmten Erfolges erforderlich ist, und zwar die Handlung noch völlig vor dem Inkrafttreten des Bürgerlichen Gesetzbuchs geleistet, der Erfolg aber erst nach diesem Zeitpunkte eingetreten ist?

III. Zivilsenat. Urt. v. 2. Februar 1904 i. S. K. (Kl. u. Widerbekl.) w. B. (Bekl. u. Widerkl.). Rep. III. 315/03.

I. Landgericht Stettin.
II. Oberlandesgericht daselbst.

Im Dezember 1899 beauftragte der Kläger den Beklagten, seine, des Klägers, Heirat mit der Witwe H., einer Tante des Beklagten, zu vermitteln. Dieser machte ihn darauf mit der Witwe H. bekannt, und der Kläger stellte mit Bezug hierauf dem Beklagten ein Schriftstück aus, worin er sich verpflichtete, diesem eine „Belohnung von 20000 Mk." in bestimmten Fristen nach seiner Verheiratung mit der Witwe H. zu zahlen. Der Kläger verkehrte auch schon in den Weihnachtsfeiertagen 1899 im Hause der letzteren, und beide hatten schon damals ihre Verheiratung ins Auge gefaßt. Unter dem 13. Januar 1900 übergab er dem Beklagten vier Wechselakzepte über je 5000 Mk. gegen Empfang eines von diesem ausgestellten Scheines, worin der Beklagte bekannte, die Akzepte „als Sicherstellung in Depot erhalten zu haben" und nur im Falle der Heirat des Klägers mit Frau H. zu ihrer Begebung berechtigt zu sein. Nachdem im Laufe des Januars 1900 eine zeitweilige Entfremdung zwischen dem Kläger und der Witwe H. eingetreten, und es am 1. Februar 1900 zwischen ihm und dem Beklagten, der ihm wegen seines Verhaltens Vorhaltungen gemacht hatte, zu einem Streite gekommen war, knüpfte er später die Beziehungen zu der Witwe H. wieder an, und am 11. März 1900 fand zwischen beiden die förmliche Verlobung, am 17. Mai 1900 die Eheschließung statt.

Auf den einen der vier Wechsel leistete der Kläger dem Beklagten Zahlung. Einen anderen, am 18. September 1900 fällig gewesenen weigerte er sich zu bezahlen. Auf sein Gesuch wurde durch einstweilige Verfügung des Landgerichts in St. dem Beklagten und dem Kaufmann N. dort, der den Wechsel von diesem zur Einkassierung erhalten hatte, untersagt, den Wechsel vor Beendigung des Rechtsstreits über die Hauptsache zu begeben bzw. herauszugeben. Er bestritt das Bestehen einer rechtlichen Verpflichtung zur Zahlung und behauptete, daß der Beklagte zur Rückgabe der Wechsel an ihn verbunden sei, weil das Versprechen einer Vergütung für die Heiratsvermittelung nicht nur nach der Sachlage gegen die guten Sitten verstoße, sondern auch, soweit das Schuldverhältnis unter die Herrschaft des Bürgerlichen Gesetzbuchs falle, nach dessen § 656 unverbindlich sei. Er stellte ferner in Abrede, daß, abgesehen von der Vermittelung der ersten Bekanntschaft zwischen dem Kläger und seiner jetzigen Frau, die Eheschließung infolge der Bemühungen des Beklagten zustande gekommen sei, und behauptete, daß der Austritt vom 1. Februar 1900 zur völligen Aufhebung des Vertrages geführt habe. Sollte der Tätigkeit des Beklagten seit Januar 1900 gleichwohl der Erfolg mit zu verdanken sein, so beruhe dies auf einem neuen Vertragsverhältnisse, das lediglich jenem § 656 unterworfen, also nicht klagbar sei. Endlich stellte er dem Anspruche des Beklagten auf die Mäklergebühr noch weitere Einwendungen entgegen und beantragte, den Beklagten zu verurteilen, darein zu willigen, daß der von ihm dem Kaufmanne N. zur Einkassierung übergebene Wechsel über 5000 ℳ an ihn herausgegeben werde.

Der Beklagte bestritt die Behauptungen des Klägers. Seinen Antrag richtete er nicht nur auf Abweisung der Klage, sondern auch im Wege der Widerklage auf Verurteilung des Klägers zur Zahlung von 5000 ℳ nebst 4 v. H. Zinsen seit dem 18. September 1900 gegen Herausgabe des an diesem Tage fällig gewesenen Wechsels über 5000 ℳ.

Das Landgericht wies die Klage ab und verurteilte den Kläger nach dem Antrage der Widerklage. Das Oberlandesgericht wies die Berufung des Klägers zurück. Auch die Revision des Klägers wurde zurückgewiesen.

Aus den Gründen:

„Das Berufungsgericht geht davon aus, daß der § 656 B.G.B. auf das streitige Rechtsverhältnis nicht anzuwenden sei, weil auf dieses, da es noch unter der Herrschaft des Allgemeinen Landrechts begründet sei, das frühere Recht gemäß Art. 170 Einf.-Ges. zum B.G.B. Anwendung finde. Von der Urkunde vom 13. Januar 1900 nimmt es an, daß sie nur in Ausführung und zur Bestätigung des Vertrags vom Dezember 1899 ausgestellt sei. Die Akzeptierung und Übergabe der vier Wechsel über je 5000 ℳ sei nicht zum Zwecke der Umschaffung der Schuld, sondern gemäß der Auslegungsregel des § 364 Abs. 2 B.G.B. nur erfüllungshalber erfolgt. Die dadurch begründete Wechselverpflichtung des Klägers habe nur neben die aus dem Vertrage vom Dezember 1899 sich ergebende ursprüngliche Verbindlichkeit treten sollen.

Auf dieser Grundlage prüft das Gericht zunächst die Rechtsbeständigkeit des im Dezember 1899 abgeschlossenen Mäklervertrages, durch den sich der Kläger verpflichtet habe, dem Beklagten für den

Fall, daß durch seine Vermittelung der Abschluß der Ehe zwischen ihm und der Witwe H. zustande käme, eine Mäklergebühr von 20000 *M* zu zahlen. Es erachtet diesen nach den Vorschriften des Allgemeinen Landrechts für gültig und klagbar, insbesondere nicht für die Ehrbarkeit beleidigend im Sinne des § 7 A.L.R. I. 4, wobei es von der zutreffenden Ansicht ausgeht, daß diese Frage bei Heiratsmäklerverträgen lediglich nach der jeweiligen Sachlage zu beantworten sei. Im weiteren prüft es gemäß § 271 A.L.R. I. 5, ob der Beklagte den Vertrag erfüllt habe, und bejaht diese Frage auf Grund der erfolgten Beweisaufnahme. Den vom Kläger angetretenen Gegenbeweis erachtet es für mißlungen, und es führt in dieser Beziehung namentlich aus, daß der Beklagte trotz der im Januar 1900 eingetretenen zeitweiligen Entfremdung zwischen den Heiratslustigen unausgesetzt für das Zustandekommen der Ehe tätig gewesen sei." ...

(Es folgt die Darlegung der Gründe, aus denen das Berufungsgericht die ferneren Einwendungen des Klägers verworfen hat, und es wird dann fortgefahren:)

„Die Revision rügt zunächst Verletzung des Art. 170 Einf.-Ges. zum B.G.B. Der Schein vom 13. Dezember 1899 enthalte keinen Verpflichtungsgrund und sei deshalb ungültig. Wolle man aber zugunsten des Beklagten annehmen, daß ein Vertrag über Handlungen zwischen den Parteien zustande gekommen sei, den, weil jener sie geleistet habe, auch der Kläger erfülle müsse, so fehle es doch an einer Handlung, die unter der Herrschaft des Allgemeinen Landrechts den Erfolg herbeigeführt habe; denn eine solche, die erst nach dem 1. Januar 1900 geschehen sei, sei für den Vertragsschluß unerheblich. Dieser Angriff ist nicht begründet. Das Landgericht hatte es dahingestellt sein lassen, ob die Urkunde vom 13. Dezember 1899 Gültigkeit habe, obwohl sie keinen Verpflichtungsgrund enthalte. Das Oberlandesgericht führt nur aus: die Gültigkeit und Klagbarkeit des im Dezember 1899 mündlich und schriftlich zugesicherten Anspruchs auf Mäklervergütung für die im Mai 1900 tatsächlich erfolgte Eheschließung des Klägers mit der Witwe H. sei nach dem dafür maßgebenden preußischen Landrechte nicht zu bezweifeln. Hieraus ist nicht mit Sicherheit zu entnehmen, ob das Gericht die Urkunde vom 13. Dezember 1899 an sich für geeignet hält, den Anspruch des Beklagten auf die Mäklergebühr zu begründen, ob es also, im Gegensatze zu dem Landgerichte, annimmt, daß darin der Verpflichtungsgrund bezeichnet, und damit dem Erfordernisse der Schriftlichkeit des Vertragsschlusses (§§ 131. 185 A.L.R. I. 5) genügt sei.

Vgl. Striethorst, Archiv Bd. 26 S. 315, Bd. 82 S. 60.

Indessen kann es in der Tat unerörtert bleiben, ob der Anspruch des Beklagten auf die Mäklergebühr, abgesehen von der wirklichen Ausführung des Mäklerauftrages durch ihn, auf jene Urkunde gestützt werden kann. Denn auch wenn diese Frage zu verneinen wäre, wäre der Widerklaganspruch auf Grund der festgestellten, im Dezember 1899 erfolgten mündlichen Vereinbarung der Parteien für gerechtfertigt zu erachten. Nach § 165 A.L.R. I. 5 muß, wenn der Vertrag, der an sich zu seiner Gültigkeit der Schriftform bedarf, nur mündlich geschlossen ist, aber Handlungen zum Hauptgegenstande hat, und diese sämtlich geleistet sind, die Vergütung nach der mündlichen Abrede erfolgen. Nun unterliegt es keinem Zweifel, daß Mäklerverträge zu den Verträgen über Handlungen im Sinne des 8. Abschnitts A.L.R. I. 11 gehören. Nach der Feststellung des Berufungsgerichts hat aber der Beklagte zufolge jener zunächst formlos getroffenen Vereinbarung den Kläger schon im Dezember 1899 zum Zwecke der Herbeiführung der Eheschließung mit der Witwe H. bekannt gemacht. Der Kläger hat daraufhin auch, wie im Tatbestande des Berufungsurteils weiterhin festgestellt wird, schon in den Weihnachtsfeiertagen 1899 im Hause der Witwe H. verkehrt. Der Beklagte hat demnach, wie das Berufungsgericht auch in den Entscheidungsgründen ausdrücklich ausspricht, unstreitig die erste Bekanntschaft des Klägers mit seiner jetzigen Frau herbeigeführt. Da es aber auf diesen Umstand nach den ferneren vom Berufungsgerichte getroffenen Feststellungen zurückzuführen ist, daß die Heirat zwischen beiden schließlich, trotz zeitweiliger Hemmnisse, zustande gekommen ist, so ist nicht zu bezweifeln, daß schon die ursprüngliche, noch in das Jahr 1899 fallende Tätigkeit des Beklagten für den Abschluß der Ehe ursächlich geworden ist. Dagegen ist der Erfolg dieser Vermittlertätigkeit, die Verheiratung des Klägers mit der Witwe H., erst im Jahre 1900 eingetreten.

Bei dieser Sachlage erhebt sich allerdings die Frage, ob, weil die — schließlich für die erfolgte Eheschließung ursächlich gewordene — Vermittlertätigkeit des Beklagten, soweit es hierzu erforderlich, noch in die Zeit der Herrschaft des Allgemeinen Landrechts fällt, hiermit ein Schuldverhältnis schon vor dem Inkrafttreten des Bürgerlichen Gesetzbuchs, wie es der Art. 170 Einf.=Ges. zu diesem voraussetzt, entstanden war, oder ob, weil der Erfolg der Mäklertätigkeit, der das letzte Erfordernis für die Begründung des Anspruchs auf die Mäklergebühr erfüllte, erst zur Zeit der Geltung des Bürgerlichen Gesetzbuchs eingetreten ist, das Schuldverhältnis erst als unter dessen Herrschaft entstanden anzusehen ist. Ist jenes der Fall, so ist die Anwendung des § 656 B.G.B. auf das vorliegende Rechtsverhältnis ausgeschlossen, und der Mäklervertrag nach den Vorschriften des Allgemeinen Landrechts, wie schon erwähnt, nicht als die Ehrbarkeit beleidigend anzusehen. Im anderen Falle dagegen steht jene Bestimmung des Bürgerlichen Gesetzbuchs der Widerklageforderung ohne weiteres entgegen. Wenn nun nach § 165 A.L.R. I. 5 bei einem nicht in der erforderlichen Schriftform geschlossenen Vertrage über Handlungen die Leistung sämtlicher Handlungen durch den einen Vertragschließenden die Wirkung hat, daß der andere die Vergütung dafür nach der mündlichen Abrede gewähren muß, so wird auf diesem Wege unbedenklich ein Schuldverhältnis zwischen beiden begründet. Entstanden aber ist dieses in dem Zeitpunkte, in welchem die letzte von dem Verpflichteten übernommene Handlung wirklich geleistet ist. Von diesen Sätzen findet auch bei dem Mäklervertrage keine Ausnahme statt. Wie bei einem solchen, der ordnungsmäßig in Schriftform abgefaßt ist, das rechtliche Band zwischen den Parteien, das Schuldverhältnis als solches schon mit dem Abschlusse des schriftlichen Vertrages begründet ist, obwohl die Entstehung des Forderungsrechts des Mäklers auf die Mäklergebühr noch von der wirklichen Ausübung seiner Vermittlertätigkeit und weiterhin noch von dem Zustandekommen des von ihm zu vermittelnden Vertrages abhängt, so ist nach den Vorschriften des Allgemeinen Landrechts bei einem bloß mündlich abgeschlossenen Mäklervertrage, der an sich zu seiner Gültigkeit der Schriftform bedurft hätte, das Schuldverhältnis als solches spätestens mit der demnächst für das Zustandekommen des beabsichtigten Vertrages ursächlich gewordenen Vermittlertätigkeit entstanden, obwohl der Mäkler den Anspruch auf seine Gebühr auch hier erst mit dem Eintritte jenes Erfolges endgültig erwirbt. Der Erfolg selbst stellt sich aber nicht als Handlung dar, die der Beklagte leistet.

Das Schuldverhältnis war demnach auch im vorliegenden Falle noch im Jahre 1899 entstanden und deshalb nach Art. 170 Einf.-Ges. zum B.G.B. nach dem früheren Rechte zu beurteilen. Der Erfolg konnte daher auch erst später eintreten, wenn er nur als Wirkung der schon 1899 vom Beklagten geleisteten Handlung überhaupt eintrat. Daraus aber folgt die Hinfälligkeit des auf die behauptete Verletzung jener Vorschrift gestützten Revisionsangriffs.

Mit dem Urteile des IV. Zivilsenats des Reichsgerichts vom 29. Oktober 1903 in Sachen Z. wider H., Rep. IV. 43/03, auf das die Revision noch hingewiesen hat, setzt sich diese Entscheidung nicht in Widerspruch. Dort handelte es sich um die Erfüllung eines vor dem Inkrafttreten des Bürgerlichen Gesetzbuchs mündlich abgegebenen Versprechens einer Mitgift von 10000 ℳ von seiten eines Dritten für den Fall, daß der Versprechensempfänger die Nichte des Versprechenden heiratete. Die Eheschließung hatte aber erst unter der Herrschaft des Bürgerlichen Gesetzbuchs stattgefunden. Denn hier war die Heirat selbst die Handlung, zu der der Versprechensempfänger sich verpflichtet hatte, und diese war erst im Jahre 1900 erfolgt.

Im weiteren beschwert sich die Revision über die Nichtanwendung des § 656 B.G.B. auf die auf den Wechsel gegründete Forderung des Beklagten, indem sie geltend macht, daß diese jedenfalls aus dem Jahre 1900 stamme und deshalb dem Rechte des Bürgerlichen Gesetzbuchs unterworfen sei. Allein hierbei unterstellt sie unzutreffend, daß der Widerklaganspruch sich auf die Wechselbegebung stütze. Wie das Berufungsgericht mit Recht ausführt, kann von dieser nur angenommen werden, daß sie zahlungshalber, nicht aber, daß sie an Erfüllungsstatt geschehen sei. Sie ließ deshalb den ursprünglichen zwischen den Parteien geschlossenen Mäklervertrag bestehen, und auf diesen ist der Widerklaganspruch in erster Reihe gegründet. Daß dabei der Antrag, wie er gestellt ist, auch die Verpflichtung des Beklagten berücksichtigt, gegen Zahlung der geforderten 5000 ℳ den am 18. September 1900 fällig gewesenen Wechsel über diesen Betrag an den Kläger herauszugeben, steht dem nicht entgegen. Denn auch wenn der Vertrag vom 13. Januar 1900 und die darin anerkannte Wechselübergabe, weil der Vorschrift des § 656 Abs. 2 B.G.B. zuwiderlaufend, unverbindlich war, so hätte sich doch aus der Tatsache der Übergabe der Wechsel an den Beklagten für den Kläger immer eine Einrede gegenüber dem auf den verbindlichen ursprünglichen Vertrag gestützten Anspruche auf die Mäklergebühr ergeben, solange der Beklagte sich nicht Zug um Zug zur Herausgabe des entsprechenden Wechsels, der materiell über dieselbe Forderung lautete, bereit erklärte." ...

---

5. Unter welchen Voraussetzungen kann nach Binnenschiffahrtsrecht ein Berge- oder ein Hilfslohn gefordert werden? Wann kann man sagen, daß die Besatzung das Schiff „verlassen" habe?
B.Sch.G. §§ 93. 96.

I. Zivilsenat. Urt. v. 10. Februar 1904 i. S. R. (Kl.) w. Rh.-Westf. Ll. u. Gen. (Bekl.). Rep. I. 414/03.

I. Landgericht Hamburg.
II. Oberlandesgericht daselbst.

Die Flußschlepper „August" und „Ferd. W. Trees" waren am 25. November 1902 damit beschäftigt, einen aus vier Fahrzeugen bestehenden Schleppzug von Hamburg nach Elmshorn zu schleppen. Unweit der Lühe geriet man in Nebel. Die Dampfer kamen auf einer Sandbank fest, was zur Folge hatte, daß die beiden ersten Anhangsfahrzeuge gegen die Vorderschiffe stießen. Das zweite Anhangsfahrzeug, die mit Gerste beladene Kastenschute „Max Karl", erhielt dadurch vorn an Backbord ein Leck, durch das Wasser in den Raum drang. Es gelang indes, das Leck notdürftig zu dichten und die Schute vor Anker zu bringen. Der Führer der Schute ging dann auf eins der anderen Fahrzeuge über. Der Schlepper „Ferd. W. Trees" fuhr inzwischen nach der Lühe, um von dort aus nach Hamburg um Hilfe zu telegraphieren. Der Schlepper „August" suchte die anderen durcheinander geratenen und durch die Flut abgetriebenen Fahrzeuge wieder geordnet ans Tau zu bekommen, was bei Nebel und Eisgang einige Mühe machte. Als der Dampfer dies erreicht hatte, kehrte er nach etwa $^3/_4$ Stunden zum „Max Karl" zurück.

In dieser Zwischenzeit aber hatte der dem Kläger gehörige Flußschlepper „Olga" von dem „Max Karl" Besitz ergriffen. Die „Olga" hatte auf der Fahrt von Brunshausen nach Hamburg den „Max Karl" passiert. Der Führer legte längsseite, überzeugte sich, daß niemand an Bord war, und daß im Raume 2 bis 3 Fuß Wasser stand, und beschloß daher, das Fahrzeug, um es mit der Ladung in Sicherheit zu bringen, an Strand zu setzen. Er hatte die Ankerkette bereits abgestemmt und über Bord gehen lassen, auch sein Tau befestigt, als der „August" herankam und die Herausgabe des Fahrzeugs forderte. Diese wurde indes verweigert. Die „Olga" brachte dann auch den „Max Karl" nach Schulau und setzte ihn dort auf den Strand. Die Gerste wurde in Auktion verkauft.

Gestützt auf die von der „Olga" aufgewandte Arbeit zur Rettung von Schiff und Ladung forderte der Kläger einen Bergelohn von 2000 *M*, eventuell aber Hilfslohn. Die Beklagten bestritten das Vorliegen eines Bergungsfalles oder einer Hilfeleistung in Schiffahrtsnot.

In der Berufungsinstanz war die Klage abgewiesen worden. Die Revision blieb ohne Erfolg.

Aus den Gründen:

„Anspruch auf Bergelohn wird nach § 93 B.Sch.G. in zwei Fällen gewährt:

1. wenn ein in Gefahr befindliches, von der Schiffsbesatzung verlassenes Schiff geborgen ist, und
2. wenn aus einem solchen, vom Untergange unmittelbar bedrohten Schiffe Ladung geborgen wird.

Nach den Behauptungen des Klägers soll es sich hier um den ersten Fall handeln. Voraussetzung für den Anspruch auf Bergelohn ist demnach

1. daß der „Max Karl" ein in Gefahr befindliches Schiff war, und
2. daß er von der Schiffsbesatzung verlassen war.

Sollte eine dieser Voraussetzungen fehlen, so kann von Bergelohn keine Rede sein.

Das Oberlandesgericht hat angenommen, daß beide Voraussetzungen fehlen.

Was die erste Voraussetzung anlangt, so geben die Ausführungen des Oberlandesgerichts zu dem Bedenken Anlaß, daß der Begriff der Gefahr verkannt sei. Das Oberlandesgericht stellt nur in Abrede, daß sich der „Max Karl" in einer unmittelbaren Gefahr befunden habe. Eine unmittelbare Gefahr aber fordert das Gesetz für den ersten Bergungsfall im deutlichen Gegensatze zum zweiten nicht.

Dies Bedenken kann indes nicht zur Aufhebung des Urteils führen, da dem Berufungsgerichte in der Verneinung der zweiten Voraussetzung zuzustimmen ist.

Während für das Seerecht durch § 740 H.G.B. diese Voraussetzung dahin bestimmt ist, daß das Schiff „der Verfügung der Schiffsbesatzung entzogen oder von ihr verlassen war", spricht das Binnenschiffahrtsgesetz nur davon, daß das Schiff „von der Schiffsbesatzung verlassen" ist. Die Abweichung in der Fassung des Gesetzes, die schon der erste Entwurf enthielt, wird in dessen Begründung (S. 116) damit gerechtfertigt, daß bei der Binnenschiffahrt die Fälle, wo eine Vergütung wegen Bergung beansprucht werden könne, enger als im Seerechte begrenzt werden müßten. Eine solche Einschränkung rechtfertige sich durch die bei der Binnenschiffahrt besonders naheliegende Gefahr, daß Schiffe oder Ladungsgüter, die zeitweise von der Besatzung unbeaufsichtigt gelassen seien, unter dem Vorwande der Bergung von Unbefugten ohne Not in Besitz genommen werden könnten, um demnächst hieraus einen Anspruch auf Bergelohn abzuleiten.

Hiernach kann es keinem Zweifel unterliegen, daß das Binnenschiffahrtsgesetz unter einem „von der Schiffsbesatzung verlassenen" Schiffe nicht jedes Schiff hat verstehen wollen, auf dem in einem gegebenen Zeitpunkte tatsächlich die Mannschaft nicht anwesend ist, daß, mit anderen Worten, die körperliche Entfernung der Schiffsbesatzung allein nicht ausreicht, um diese Voraussetzung eines Bergungsfalles zu erbringen, wobei bemerkt werden mag, daß dies in der Literatur auch für das Seerecht angenommen wird.

Vgl. Burchard, Bergung und Hilfeleistung in Seenot S. 201.

Vielmehr wird das „Verlassen" des Schiffes im Sinne einer Besitzaufgabe verstanden werden müssen. Das Schiff muß ohne menschliche Aufsicht, gleichsam eine „verlorene Sache" (§ 965 B.G.B.) sein.

Vgl. Mittelstein, Binnenschiffahrtsrecht 2. Aufl. Bd. 1 S. 397.

Nach § 856 Abs. 2 B.G.B. aber wird der Besitz durch eine ihrer Natur nach nur vorübergehende Verhinderung in der Ausübung der Gewalt nicht beendigt.

Eine derartige Sachlage aber ergibt sich aus den tatsächlichen

Feststellungen des Oberlandesgerichts. Die Besatzung ist erst von Bord gegangen, nachdem das Leck vorläufig gedichtet, und der Anker ausgebracht war. Der Schleppdampfer „August" war mit den anderen drei Schuten in unmittelbarer Nähe. Er wollte diese, die, als die Flut stieg, ins Treiben geraten waren, wieder ins Schlepptau nehmen und dann zum „Max Karl" zurückkehren, was auch innerhalb $^3/_4$ Stunden geschah. Inzwischen war die Lage des „Max Karl" — von dem Eingreifen der „Olga" abgesehen — unverändert geblieben. Er befand sich noch an derselben Stelle, wo man ihn zurückgelassen. Eine Besitzaufgabe war weder beabsichtigt, noch tatsächlich verwirklicht. Nur der herrschende Nebel konnte die irrige Meinung erzeugen, das Schiff sei „verlassen". Tatsächlich war es nicht verlassen.

Der Vertreter der Revision hat geltend gemacht, daß es nicht auf die objektive Sachlage, sondern darauf ankomme, wie die Sachlage dem Führer der „Olga", als er den „Max Karl" antraf, erscheinen mußte. Das Urteil des Berufungsgerichts läßt eine Feststellung hierüber vermissen. Gleichwohl kann auch diese Rüge zu einer Aufhebung des Urteils nicht führen. Selbst wenn der Satz richtig wäre, von dem die Revision ausgeht — was unerörtert bleiben mag —, so würde sich daraus höchstens ergeben, daß, wenn die beabsichtigten Rettungsmaßnahmen der „Olga", ohne daß deren Besatzung über die wahre Sachlage aufgeklärt worden wäre, ganz oder teilweise zur Ausführung gelangt wären, der „Olga" ein Bergelohn nicht abzusprechen sein möchte. So liegt der vorliegende Fall aber nicht. Vielmehr ergibt sich aus den Feststellungen des Oberlandesgerichts, daß kurze Zeit, nachdem die Besatzung der „Olga" an Bord gegangen war, der Schlepper „August" mit den anderen Schuten wieder längsseit des „Max Karl" kam und dessen Freigabe forderte. Der Irrtum, worin sich der Führer der „Olga" befunden haben mochte, wurde hierdurch also aufgeklärt, und zwar zu einer Zeit, als mit der Ausführung der Rettung noch nicht begonnen war. Daß man inzwischen einen Mann an die Pumpe beordert hatte, ist, wie das Oberlandesgericht feststellt, bedeutungslos gewesen. Das Abstemmen der Ankerkette aber, das die Preisgabe von Anker und Kette zur Folge hatte, kann als eine für die Rettung erfolgreiche Maßnahm nicht in Betracht kommen.

Die zuletzt erwähnten Umstände führen weiter zu dem Ergebnisse, daß der „Olga" auch ein Hilfslohn nicht zuerkannt werden kann. Denn nach § 96 B.Sch.G. hat auf Hilfslohn keinen Anspruch, wer seine Dienste aufgedrungen hat. Dies aber trifft für die tatsächlich durchgeführten Rettungsmaßnahmen der „Olga" zu. Sie sind erst nach dem Zeitpunkte ins Werk gesetzt, als die Besatzung des Schleppzuges wieder zur Stelle war, der Hilfeleistung widersprach und die Herausgabe der Schute forderte.

Wenn der Kläger endlich versucht hat, den Ersatz der von ihm bei der Durchführung der Rettung bestrittenen Auslagen unter dem rechtlichen Gesichtspunkte der Geschäftsführung ohne Auftrag zu fordern, so ist auch diese Klagebegründung vom Berufungsgerichte auf Grund des festgestellten Sachverhältnisses mit Recht zurückgewiesen worden. Da die Geschäftsführung dem Willen des Geschäftsherrn nicht entsprach, würde nach §§ 683. 684 B.G.B. höchstens ein Anspruch auf Herausgabe einer ungerechtfertigten Bereicherung gegeben sein. Ein solcher Anspruch aber ist nicht erhoben, und es fehlt an allen zu seiner Begründung erforderlichen Behauptungen." ...

---

6. Muß der zur Rückgewähr eines Grundstücks nach § 9 des Anfechtungsgesetzes verpflichtete Anfechtungsgegner auch diejenigen Belastungen dem Gläubiger gegenüber beseitigen, welche nach Maßgabe des Erwerbsgeschäfts auf das veräußerte Grundstück gelegt sind?

VII. Zivilsenat. Urt. v. 16. Februar 1904 i. S. A. (Bekl.) w. H. (Kl.). Rep. VII. 403/03.

I. Landgericht Königsberg.
II. Oberlandesgericht daselbst.

Der Beklagte wurde vom Landgerichte gemäß der auf § 3 Ziff. 2 des Anfechtungsgesetzes gestützten Klage verurteilt, zu dulden, daß der Kläger wegen einer rechtskräftigen Forderung von 2640,80 ℳ nebst Zinsen und Kosten gegen die Eltern des Beklagten, die Altsitzer A.'schen Eheleute, Befriedigung aus den Grundstücken Nr. 4, 38 und 48 R. suche. Die A.'schen Eheleute hatten diese Grundstücke durch Vertrag vom 22. Mai 1901 an den Beklagten für den Preis von

7000 *M* verkauft und demnächst aufgelassen. Auf die Anschlußberufung des Klägers wurde der Beklagte vom Oberlandesgericht ferner verurteilt, dem Kläger die Zwangsvollstreckung in die erwähnten Grundstücke mit der am Tage des Kaufvertrages vom 22. Mai 1901 vorhandenen dinglichen Belastung durch Beschaffung von beglaubigten Erklärungen der nachträglich eingetragenen Realberechtigten zu ermöglichen, daß sie die vorzugsweise Befriedigung des Klägers wegen seiner Ansprüche aus jenen Grundstücken zu dulden sich verpflichteten. Über die Belastungen erhellte nur so viel, daß auf Grund des Kaufvertrages Erbabfindungen für die Kinder der Verkäufer, und für diese ein Ausgedinge eingetragen worden waren. Auf die Revision des Beklagten ist das Berufungsurteil, soweit es die Anschlußberufung des Klägers betrifft, aufgehoben.

Gründe:

„Es handelt sich für die Revisionsinstanz lediglich um die Frage des Umfangs der Rückgewährpflicht des Beklagten, also um das durch die Anschlußberufung des Klägers erhobene Verlangen, daß der Beklagte die die vorrechtliche Befriedigung des Klägers ermöglichenden Erklärungen der nach dem Abschlusse des Kaufvertrages vom 22. Mai 1901 eingetragenen Realberechtigten beschaffe. Nach dem Wortlaute des angefochtenen Urteils ist der Beklagte gehalten, alle hinter dem Kaufvertrage liegenden Belastungen zugunsten des Klägers unschädlich zu machen. Dazu würden auch diejenigen Belastungen gehören, welche die Veräußerer in der Zwischenzeit zwischen dem Abschlusse des Kaufgeschäfts und der Auflassung der Grundstücke an den Beklagten auf die letzteren gelegt haben. Der Anfechtungsbeklagte braucht aber eine veräußerte Sache nur mit den zur Zeit der Veräußerung bestehenden Belastungen dem Gläubiger zur Verfügung zu stellen.

Vgl. Entsch. des R.G.'s in Zivils. Bd. 16 S. 26.

Die Veräußerung hat sich erst mit der Auflassung und der Eintragung des Beklagten als Eigentümers der Grundstücke vollendet. Die zu dieser Zeit vorhandenen, noch von den Verkäufern bestellten dinglichen Rechte hat daher der Beklagte keinenfalls zu beseitigen. Der Ausspruch des Berufungsrichters geht demnach unter allen Umständen zu weit. Andrerseits ist unbedenklich, daß die nach jenem Zeitpunkte vom Beklagten eingeräumten Hypotheken oder sonstigen Realrechte durch diesen dem Kläger gegenüber entfernt werden müssen.

Vgl. das vom Berufungsrichter angeführte Urteil des Reichsgerichts vom 9. Mai 1887 in der Jurist. Wochenschr. S. 273; Bolze, Praxis Bd. 4 Nr. 371.

Anscheinend sind indessen gleichzeitig mit dem Eigentum des Beklagten die in dem Kaufvertrage zugunsten der Geschwister bedungenen Erbabfindungen und ferner das den Eltern vorbehaltene Ausgedinge eingetragen worden, und um die Beseitignng dieser Belastungen dreht sich daher im wesentlichen der Streit. Insofern auch hier der Berufungsrichter zuungunsten des Beklagten entscheidet, kann ihm nicht gefolgt werden. Nach § 7 des Anfechtungsgesetzes kann der anfechtende Gläubiger, soweit es zu seiner Befriedigung erforderlich ist, beanspruchen, daß dasjenige, was durch die anfechtbare Handlung aus dem Vermögen des Schuldners veräußert, weggegeben oder aufgegeben ist, als noch zu demselben gehörig von dem Empfänger zurückgewährt werde. Diese Bestimmung begrenzt den Inhalt und Umfang der Rückgewährpflicht. Dem Befriedigungsrechte des Gläubigers sollen die durch das anfechtbare Geschäft entfremdeten Gegenstände so zugeführt werden, als sei jenes Geschäft nicht geschlossen.

Vgl. Entsch. des R.G.'s in Zivils. Bd. 27 S. 22. 23.

Der Anspruch richtet sich indessen lediglich gegen den Empfänger des Gegenstandes; nur dieser hat in den Grenzen seines Erwerbes, wie aus § 9 des Anfechtungsgesetzes hervorgeht, dem Gläubiger die Vollstreckungsmöglichkeit in dem früheren Maße zu gewähren.

Vgl. Entsch. des R.G.'s in Zivils. Bd. 20 S. 157 flg.; ferner Jurist. Wochenschr. 1900 S. 624 Nr. 9.

Über dasjenige hinaus, was ihm durch die anfechtbare Handlung zugekommen ist, haftet der Anfechtungsbeklagte nicht. Von diesem Gesichtspunkte aus kann man im gegenwärtigen Falle nicht sagen, daß der Beklagte die ihm veräußerten Grundstücke ohne die Belastungen des Ausgedinges und der Erbabfindungen empfangen, und daß er daher für sie dem Kläger gegenüber einzustehen habe. Es ist richtig, daß als Besteller der dinglichen Rechte der Beklagte auch dann zu gelten hat, wenn er gleichzeitig als Eigentümer der Grundstücke eingetragen worden ist. Aber er hat sie bestellt, weil er nach dem Überlassungsvertrage dazu verpflichtet war, und weil er die Grundstücke nur so erwerben konnte. Erwerb und Belastung stehen in untrennbarem Zusammenhange; diese ist nicht nach jenem, sondern mit ihm und im Hinblick auf ihn erfolgt. Die Grundstücke sind nicht frei von den bezeichneten Rechten in das Vermögen des Beklagten gelangt, sondern nur unter Ausscheidung eines entsprechenden Wertteils zugunsten der Veräußerer bzw. der Kinder. Mit dem Eigentum des Beklagten sind auch die Belastungen entstanden; er hat die Grundstücke niemals ohne sie besessen. Deshalb kann er auch nicht als Empfänger der anfechtbaren Leistung für die Fortschaffung der Hypotheken und des Ausgedinges verantwortlich gemacht werden. Als Empfänger kommen in dieser Hinsicht die Veräußerer oder die Kinder, zu deren Gunsten die Abfindungen bedungen sind, in Betracht. Ob und inwieweit der Kläger ihnen gegenüber von seinem Anfechtungsrechte Gebrauch machen kann, ist hier nicht zu entscheiden.

Vgl. das Urteil des Reichsgerichts bei Gruchot, Bd. 36 S. 1143 flg. Keinenfalls folgt aus der Anfechtbarkeit der Veräußerung und aus der daraus für den Beklagten entspringenden Verpflichtung, die Zwangsvollstreckung in die erworbenen Grundstücke zu dulden, daß der Beklagte auch verbunden ist, die Grundstücke von den auf Grund des Erwerbes entstandenen Lasten freizustellen oder dem Kläger wenigstens den Vorrang vor ihnen für seine Forderung zu beschaffen." ...

---

7. Kann die Zustellung eines die Anfechtung ankündigenden Schriftsatzes im Sinne des § 4 des Anfechtungsgesetzes unter Umständen durch die Zustellung einer sich auf den Anfechtungsanspruch beziehenden einstweiligen Verfügung ersetzt werden?

V. Zivilsenat. Urt. v. 17. Februar 1904 i. S. W. (Bekl.) w. D. (Kl.). Rep. V. 579/03.

I. Landgericht II Berlin.
II. Kammergericht daselbst.

Die Frage ist bejaht aus folgenden

Gründen:

... „Die Revision vermißt ... die Glaubhaftmachung der Wahrung der Fristen des § 3 Ziff. 2. 4 des Anfechtungsgesetzes. Die ein- oder zweijährige Frist dieser Bestimmungen ist von der Anfechtung zurückzurechnen. Das Rechtsgeschäft, das angefochten werden soll, ist am 9. Oktober 1901 vorgenommen worden. Enthielte die einstweilige Verfügung bereits die Anfechtung im Sinne jenes § 3, so würde selbst die kürzere Frist gewahrt sein. Allein der § 3 setzt eine Anfechtung voraus, die in einem Prozeßverfahren geltend gemacht wird, das zu einer endgültigen Erledigung des Anfechtungsstreites führt (Entsch. des R.G.'s in Zivils. Bd. 52 S. 341 flg.), und dies trifft für das Verfahren über eine einstweilige Verfügung nicht zu. Ob und wann der Hauptprozeß, der die Anfechtung zum Gegenstande hat, erhoben worden ist, geht aus den Tatbeständen der Vorderurteile nicht hervor. Wenn man aber selbst mit der Revision anzunehmen haben sollte, daß der Nachweis der Wahrung der Frist bereits in dem Verfahren über die einstweilige Verfügung geführt werden müsse, und daß Mängel der Glaubhaftmachung nach dieser Richtung hin durch Sicherheitsleistung nicht gedeckt werden könnten, so würde dem Kläger doch § 4 des Anfechtungsgesetzes zur Seite stehen, wonach die Frist von dem Zeitpunkte der Zustellung eines Schriftsatzes zurückzurechnen ist, durch den dem Anfechtungsgegner von der Anfechtungsabsicht Kenntnis gegeben wird. Zwar ist in einem Urteile des Reichsgerichts (Gruchot, Beiträge Bd. 38 S. 1183) angenommen, daß die Erwirkung einer einstweiligen Verfügung, die sich auf den Anfechtungsanspruch bezieht, die Zustellung eines Schriftsatzes im Sinne des § 4 nicht ersetze; allein in jenem Falle war weder die Zustellung der einstweiligen Verfügung nachgewiesen, noch erhellte, ob in ihr die Anfechtungsabsicht Ausdruck gefunden hatte. Im vorliegenden Falle ist die einstweilige Verfügung, da die Beklagten bereits am 12. August 1902 Widerspruch erhoben haben, ihnen spätestens an diesem Tage zugestellt, und die Verfügung selbst hat die in dem ihr zugrunde liegenden Antrag enthaltene Anfechtungsabsicht des Klägers in sich aufgenommen. Bei solcher Sachlage erscheint es nicht erforderlich, daß der Anfechtungsberechtigte den Schriftsatz, mit dem die einstweilige Verfügung begehrt wurde, zustellen läßt; vielmehr genügt die (von ihm zu veranlassende, §§ 936. 922 Abs. 2 Z.P.O.) Zustellung der Verfügung, die den erheblichen Teil des Schriftsatzes in sich aufgenommen hat. Von Zustellung dieser Verfügung an hat der Kläger nach § 4 des Anfechtungsgesetzes zwei Jahre Zeit zur Anfechtung, und diese Frist ist noch gegenwärtig nicht abgelaufen." . . .

8. Wesen der selbständigen Gerechtigkeiten. Wird die rechtmäßige Entstehung einer solchen Gerechtigkeit schon dadurch erwiesen, daß für sie ein Hypothekenfolium angelegt ist? Gehören die Berliner „Fischerstellen" zu den selbständigen Gerechtigkeiten?

VII. Zivilsenat. Urt. v. 22. Dezember 1903 i. S. Stadtgemeinde B. (Bekl.) w. Th. (Kl.). Rep. VII. 341/03.

I. Landgericht I Berlin.
II. Kammergericht daselbst.

Der Kläger klagte gegen die Stadtgemeinde B. auf Anerkennung einer ihm seiner Behauptung nach ihr gegenüber zustehenden sog. Fischerstellenberechtigung. Er machte geltend, diese Berechtigung bestehe in dem mit einem Fischereirecht in der Spree verbundenen dinglichen Rechte, auf dem im Eigentum der Beklagten befindlichen (jedoch nicht im Grundbuch eingetragenen) Platze an der Fischerbrücke in B. einen Verkaufsstand zum Betriebe des Fischhandels zu haben, die hierzu erforderlichen Geräte dort aufzustellen und daselbst einen Ständer anzubringen, welcher die Inschrift trage „Fischerstelle des" (Namen des Klägers). Zum Erweise des Bestehens der beanspruchten Berechtigung berief er sich, außer auf Ersitzung, vor allem auf die Tatsache, daß für diese behauptete Berechtigung ein Hypothekenfolium angelegt ist. Bei dem Amtsgericht B. wurden Grundakten geführt, welche die Bezeichnung trugen: Grundakten, betreffend die auf dem B.'er Fischmarkt belegene, Nr. 24 im Hypothekenbuche verzeichnete Fischerstelle. In diesen Grundakten war 1. an der Stelle, welche dem heutigen Bestandsverzeichnis des Grundbuchs entspricht, eingetragen: „die auf dem B.'schen Fischmarkt konzessionierte, später nach dem Platze an der Fischerbrücke verlegte, sub Nr. 24 im Hypothekenbuch verzeichnete Fischerstelle"; 2. in Abteilung I. als Berechtigter der Kläger auf Grund einer Erbbescheinigung zufolge Verfügung des Grundbuchrichters vom 22. März 1900. Von der ersten und zweiten Instanz wurde, der Einwendungen der Beklagten unerachtet, dem Klagantrage gemäß erkannt. Auf Revision der Beklagten wurde das Berufungsurteil aufgehoben, und die Sache in die Berufungsinstanz zurückverwiesen aus folgenden

Gründen:

„Die vom Berufungsrichter gegebenen Gründe reichen nicht aus, um die von ihm getroffene Entscheidung zu rechtfertigen. Es bedarf der Beantwortung der drei Fragen: 1. Welchen Charakter trägt die in Anspruch genommene Berechtigung auf der subjektiven oder aktiven Seite? 2. Wie ist sie objektiv oder passiv geartet und gestaltet? 3. Wie verhält es sich mit dem Erwerbsgrunde?

1. Der Berufungsrichter beschäftigt sich mit der ersten Frage fast gar nicht. Er sagt nur, die Ansicht der Beklagten, daß die grundbuchlich geführte Fischerstelle lediglich eine seit Erlaß der Gewerbeordnung wertlos gewordene Gewerbeberechtigung darstelle, sei irrig. Darin ist ihm zuzustimmen. Er nimmt ferner, wenn auch nicht ausdrücklich, so doch offensichtlich stillschweigend an, daß es sich hier um eine privatrechtliche Berechtigung handle. Auch darin hat er Recht. Allein mit diesen beiden Feststellungen ist die gestellte Frage, deren Beantwortung unerläßlich ist, nicht gelöst. Es bedarf weiterer Ergründung des Wesens der beanspruchten Berechtigung. Diese wird gegeben durch den Inhalt eines Berichts, den das Stadtgericht in Berlin unter dem 24. Juni 1771 erstattete, sowie eines darauf ergangenen Allerhöchsten Erlasses vom 4. Juli 1771, beide veröffentlicht im Novum corpus constit. Marchic. von 1771 S. 261 flg. und 263 flg. Dieser Bericht und dieser Erlaß sind von den Vorderrichtern nicht beachtet worden; auch ist den Parteien teils deren Existenz, und teils jedenfalls deren näherer Inhalt unbekannt geblieben, weshalb letzterer ihnen in der mündlichen Verhandlung vor dem Revisionsgericht zur Kenntnis gebracht ist. In dem Berichte vom 24. Juni 1771, der aus Anlaß gewisser Anordnungen über die Führung der Hypothekenbücher erstattet wurde, beantragte das Stadtgericht, ein Hypotheken- oder gerichtliches Konsensbuch wegen besonderer Privilegiorum civicorum als 1. Barbier- und Badergerechtigkeiten, 2. Buchdruckereien, 3. Apothekerprivilegien, 4. Fischerstellen und Gerechtigkeiten beizubehalten. Zur Rechtfertigung dieses Antrages führte das Stadtgericht aus: Diese Arten der Privilegien hätten seit undenklichen Zeiten ihre fixierte Anzahl und vorgeschriebene Art, wo sie exerziert werden könnten. Sie würden bei Sterbefällen und in Konkursen jederzeit gleich Immobilien tax- und subhastiert, und es verlangten diejenigen, die Gelder darauf liehen, nichts mehr, als der Priorität versichert zu sein. Diese Ge-

rechtigkeiten hätten auch einen erheblichen Wert; eine Fischereigerechtigkeit, so in einer Verkaufsstelle auf denen Märkten und der Befugnis, auf der Spree zu fischen, bestehe, falle nicht unter den Preis von 400—500 Talern. In dem darauf ergangenen Allerhöchsten Erlasse vom 4. Juli 1771 heißt es: Nachdem berichtet sei, daß es mit den oben bezeichneten Gerechtigkeiten die Bewandtnis habe, daß sie nicht auf gewissen Häusern hafteten, hingegen ihre Anzahl fixiert, und sie gleich Immobilien alieniert werden könnten und bei Sterbefällen und in Konkursen taxiert und subhastiert würden, werde genehmigt, daß ein besonderes Hypothekenbuch nach Art der für Immobilien angelegt, und sie dort eingetragen würden. Es kann hiernach kein Zweifel darüber obwalten, daß man es bei den Berliner „Fischerstellen" mit selbständigen Gerechtigkeiten im Sinne des preußischen Rechts zu tun hat. Der Begriff der selbständigen Gerechtigkeit ist im Allgemeinen Landrecht, wenn auch berührt, so doch nicht erschöpfend bestimmt, sondern vielmehr als schon existent und bekannt vorausgesetzt. Der § 9 A.L.R. I. 2 handelt hiervon überhaupt nicht, sondern besagt nur, daß, abgesehen von dem im § 8 erwähnten Falle, im übrigen ein Recht die Eigenschaft einer unbeweglichen Sache nur dann habe, wenn sie ihm durch besondere Gesetze ausdrücklich beigelegt sei. Der § 395 A.L.R. I. 20 betrifft allerdings die (selbständigen) Gerechtigkeiten, beschränkt sich aber auf die Bestimmung, daß „Gerechtigkeiten, die für sich selbst bestehen und auch ohne den Besitz eines Grundstücks ausgeübt werden können", in das Hypothekenbuch in besonderen Tabellen eingetragen werden sollen. Die vollständige Begriffsumgrenzung der selbständigen Gerechtigkeiten enthält § 14 Titel 1 der Hypothekenordnung vom 20. Dezember 1783, welcher bestimmt, daß Gerechtigkeiten, welche

1. nicht gewissen Grundstücken ankleben, sondern für sich selbst bestehen,
2. für sich allein veräußert und verpfändet werden können,
3. einen eigenen bestimmten Wert haben,

in das Hypothekenbuch, und zwar unter besonderen Nummern, einzutragen sind. Das Kennzeichnende dieser Gerechtigkeiten besteht also darin, daß sie subjektiv nicht an irgendein Grundstück und, wie hinzugesetzt werden muß, auch nicht an irgendeine bestimmte Person gebunden sind, sondern daß sie, unabhängig von allen solchen subjektiven Beziehungen, eine selbständige Existenz für sich führen und demgemäß und infolgedessen frei veräußerlich, vererblich und belastbar, insbesondere verpfändbar sind. Damit solches und namentlich letzteres möglich sei, müssen sie einen gewissen Wert besitzen und, wie weiter hinzuzusetzen ist, den Charakter der Dauer tragen. Als Folge und zugleich gewissermaßen als Beweis ihrer Selbständigkeit erscheint ihre Eintragung im Hypothekenbuche. Allen diesen Erfordernissen entsprechen die Berliner „Fischerstellen". Sie sind subjektiv nicht mit irgendwelchen Grundstücken oder individuell bestimmten Personen verbunden; sie sind frei veräußerlich, vererblich und belastbar, insbesondere verpfändbar; sie haben einen gewissen Wert sowie die Eigenschaft der Dauer und haben auf Grund und infolge dieses Charakters durch einen sie besonders und ausdrücklich betreffenden Erlaß des Gesetzgebers die Fähigkeit erlangt, gleich Grundstücken in das Hypothekenbuch eingetragen zu werden.

Hält man die Heranziehung des § 9 A.L.R. I. 2 noch für nötig, so läßt sich der Allerhöchste Erlaß vom 4. Juli 1771 sogar dahin auffassen, daß dadurch ihnen ausdrücklich die Eigenschaft einer unbeweglichen Sache beigelegt worden sei. An diesem Rechtszustande ist, soweit die Fischerstellen sich bis zur Gegenwart erhalten haben, durch die spätere Gesetzgebung, insbesondere die Gesetze vom 5. Mai 1872 und das Bürgerliche Gesetzbuch, nichts geändert worden.

Vgl. § 69 Eig.-Erw.-Ges. vom 5. Mai 1872 und § 3 G.B.O. vom 5. Mai 1872, sowie Art. 40 preuß. Ausf.-Ges. zum B.G.B. vom 20. September 1899, und wegen der in Betracht kommenden Bestimmungen des Einf.-Ges. zum B.G.B. Turnau u. Förster, Liegenschaftsrecht (2. Aufl.) Bd. 1 S. 440.

Zu diesen „Fischerstellen" gehört auch, vorausgesetzt den erforderlichen Nachweis ihrer Entstehung, diejenige, als deren eingetragener Eigentümer der Kläger auftritt. Im Jahre 1796 ist für diese Fischerstelle ein Folium angelegt worden, das noch gegenwärtig von dem Amtsgericht in Berlin geführt wird, und auf welchem noch im Jahre 1900 eine Eintragung, und zwar die des Klägers als Eigentümers dieser Fischerstelle, auf Grund erbrechtlicher Nachfolge bewirkt ist.

2. Wie das Rechtsverhältnis objektiv gestaltet ist, ist durch dieses Ergebnis noch nicht klar gestellt. Die verschiedenen selbständigen Gerechtigkeiten sind nach dieser Richtung verschieden gestaltet. Den

Apothekerprivilegien z. B. stehen weder verpflichtete Personen noch belastete Grundstücke gegenüber. Bei den Abdeckereigerechtigkeiten ist in objektiver Hinsicht eine persönliche Verbindlichkeit der in einem bestimmten Bezirk wohnenden Personen vorhanden. Bei den Schiffsmühlengerechtigkeiten ließe sich vielleicht als belastetes Objekt der Fluß ansehen, bzw. eine bestimmte Stelle desselben, namentlich wenn, wie das früher geschah, den Schiffsmühlen zur Anlegung ein bestimmter Ort angewiesen worden ist, den sie nicht verändern dürfen (vgl. Entsch. des Obertribunals Bd. 34 S. 443). Im gegenwärtigen Falle ist nach der Ansicht des Berufungsrichters das Vorhandensein eines objektiv dinglichen Rechts anzunehmen. Es kommen hierbei zwei Umstände in Betracht. Wie unstreitig, hat es niemals einen Ort gegeben, der den Namen „Berliner Fischmarkt“ getragen hat, und ferner steht fest, daß der Fischmarkt im Jahre 1837 auf Grund polizeilicher Anordnung von dem Cöllnischen Fischmarkt und der Poststraße, woselbst er bis dahin betrieben war, nach dem Platze an der Fischerbrücke verlegt worden ist. Der Berufungsrichter führt aus: die „Fischerstelle“ gewähre, wie die Eintragung ergebe, dem Inhaber das Recht, auf dem zum Fischmarkt dienenden Platze Fischhandel zu treiben und dort die dazu erforderlichen Geräte stehen zu lassen; es handle sich hierbei um ein dingliches Recht, das sich „nur“ insoweit von den gewöhnlichen dinglichen Rechten unterscheide, als es seiner Natur und seiner Bestimmung nach auf demjenigen Platze ruhe, der zum Fischmarkt bestimmt sei; wenn der Fischmarkt verlegt werde, so gehe das klägerische Recht ohne weiteres auf den neuen Platz über; das dingliche Recht beziehe sich nicht auf eine Örtlichkeit mit dem Namen „Berliner Fischmarkt“, sondern auf die für den Fischmarkt bestimmte öffentliche Lokalität. Diese Auffassung kann nicht geteilt werden; sie ist mit dem Wesen der Dinglichkeit unvereinbar. Das dingliche Recht ergreift unmittelbar das belastete Grundstück, ruht und haftet unmittelbar auf diesem, und es ist daher rechtlich nicht konstruierbar, daß das dingliche Recht in gewissen Fällen ohne einen neuen Willensakt der Beteiligten sich von dem bisher belasteten Grundstück ablöse, und von selbst auf ein bisher nicht belastet gewesenes Grundstück überspringe. Wenn der Berufungsrichter sagt, „nur“ hierdurch unterscheide sich das klägerische Recht von den gewöhnlichen dinglichen Rechten, so bedeutet dieses „nur“ in Wahrheit nicht einen nur unwesentlichen Unterschied, sondern eine grundsätzliche Wesensverschiedenheit zwischen einem solchen Recht und den dinglichen Rechten. Da nach dem, was vorliegt, anscheinend nicht anzunehmen ist, daß im Jahre 1837 mit beiderseitiger Zustimmung der Platz am Fischmarkt neu belastet worden ist, so bliebe für die rechtliche Konstruktion eines dinglichen Rechts nur die Möglichkeit übrig, daß man von vornherein den ganzen Grund und Boden der Stadtgemeinde Berlin oder wenigstens die Plätze und Straßen, die einmal als Ort des Fischmarktes in Betracht kommen könnten, sich als belastet dächte, so daß, wenn eine Verlegung des Fischmarktes stattfand, das Recht an dem neuen Ort stets ein schon belastetes Grundstück, nämlich nur einen anderen Teil eines belasteten Ganzen, getroffen hätte. Es wäre das Verhältnis ähnlich gestaltet wie bei der Grunddienstbarkeit im Falle des § 1023 B.G.B. Es fragt sich aber, ob nicht eine andere Konstruktion noch näher liegt, nämlich die einer persönlichen Verbindlichkeit, die der Stadtgemeinde Berlin als Eigentümerin der Straßen und Plätze der Stadt dahin obliegt, daß sie dem Berechtigten stets dort, wo der Fischmarkt abgehalten wird, einen Stand zu gewähren hat. Diese reallastähnliche Verpflichtung würde, da die Stadtgemeinde eine im Grund und Boden wurzelnde Gebietskörperschaft darstellt, die demgemäß, wenn auch mit der Fähigkeit der Erweiterung ausgestattet, doch an eine bestimmte Örtlichkeit gebunden ist, diejenige räumliche Beziehung in sich schließen oder gewährleisten, die der Berufungsrichter auf dem Wege dinglicher Belastung zu begründen versucht. Es hat auch den Anschein, als wenn der Berufungsrichter derartigen Erwägungen nicht ganz fern gestanden hat, wenn er bemerkt, der Kläger sei berechtigt, vom Eigentümer des Fischmarktes die Vorhaltung dessen zu verlangen, was er zugesprochen erhalten habe. Es erweckt diese Äußerung den Eindruck, als ob damit auf ein Leisten der Stadtgemeinde (Vorhaltung) hingedeutet sei. Da diejenige rechtliche Konstruktion eines dinglichen Rechts, wie sie im Berufungsurteil versucht ist, nicht als möglich erscheint, so wird der Berufungsrichter sich von neuem mit der Frage beschäftigen müssen, wie das Recht des Klägers objektiv gestaltet ist. Selbst eine Entscheidung hierüber zu treffen, fand das Revisionsgericht bei der gegenwärtigen Sachlage keinen Anlaß.

3. Es bleibt noch die Frage des Erwerbes des in Anspruch ge-

nommenen Rechts zu erörtern. Mit den Ausführungen unter Nr. 1 ist diese Frage nicht beantwortet. Dort ist nur von der inneren Struktur der Berliner „Fischerstellen" überhaupt gehandelt, und schon dort zu erkennen gegeben, daß die Stelle des Klägers zwar zu jenen Fischerstellen gehöre, wenn ihre Entstehung und Begründung nachgewiesen werde, daß aber dieser Nachweis auch erforderlich sei. Der Berufungsrichter schweigt über diesen Punkt. Er scheint der Ansicht gewesen zu sein, daß die rechtmäßige Entstehung und Begründung der einzelnen Fischerstelle ohne weiteres durch ihre Eintragung im Hypothekenbuch dargetan werde. Eine solche Anschauung würde indes nicht als zutreffend anerkannt werden können. Die selbständige Gerechtigkeit steht in diesem Punkte dem Grundstück ganz gleich. So wenig wie durch das Grundbuch die Existenz eines Grundstücks, sondern lediglich die Entstehung und der Wechsel von Rechten an einem existierenden Grundstück erwiesen bzw. begründet wird, ebensowenig wird die Begründung einer selbständigen Gerechtigkeit dadurch nachgewiesen, daß für sie ein Folium angelegt, und sie darauf eingetragen wird. Diese Eintragung stellt nicht den Akt der Begründung der Gerechtigkeit dar, sondern setzt deren außerhalb des Hypotheken- und Grundbuchs erfolgte Entstehung, also ihre bereits vorhandene Existenz voraus. Der Berufungsrichter wird sich hiernach unter erneuter Verhandlung der Sache der Prüfung der Frage nach der Entstehung der in Rede stehenden Fischerstelle unterziehen müssen." ...

---

9. 1. **Rechtliche Natur des Lizenzvertrags.**
2. **Ist eine Aktiengesellschaft für das grob fahrlässige Verhalten ihres technischen Betriebsleiters verantwortlich?**

I. Zivilsenat. Urt. v. 16. Januar 1904 i. S. U. (Bekl.) w. Sch. E. (Kl.). Rep. I. 373/03.

I. Landgericht Dortmund, Kammer für Handelssachen.
II. Oberlandesgericht Hamm.

Die Firma J. P. in Berlin war die Generallizenznehmerin einer russischen Gesellschaft, welche ein deutsches Patent auf ein Verfahren zur Metallbearbeitung mittels direkt angewandten elektrischen Stromes (sog. Benardos'sche Verfahren) besaß. Von dieser Firma hatte die Klägerin eine Lizenz zur ausschließlichen Benutzung dieses Verfahrens zur Herstellung eiserner Fässer in Deutschland erworben. Unter der Behauptung, daß die Beklagte auf ihrem Werke unter wissentlicher oder doch fahrlässiger Verletzung des durch Patent geschützten Verfahrens eiserne Fässer hergestellt habe, beantragte die Klägerin Verurteilung der Beklagten zur Zahlung eines Schadensersatzes in Höhe von 22828 ℳ nebst Zinsen. Der erste Richter wies die Klage ab, weil die Klägerin zu deren Erhebung nicht legitimiert sei. Auf die Berufung der Klägerin erklärte das Oberlandesgericht die Klage dem Grunde nach für berechtigt und verwies die Sache an das Landgericht zurück. Die Revision der Beklagten ist zurückgewiesen worden.

Aus den Gründen:

„Die Beurteilung der Klageberechtigung der Klägerin führt notwendig zu einer Erörterung der rechtlichen Natur des Lizenzvertrags überhaupt, welche auch von den Parteivertretern in ihren Vorträgen berührt worden ist. Das Patentgesetz hat den Lizenzvertrag nicht geregelt. Es hat aber seine Zulässigkeit anerkannt. Denn wenn § 6 Satz 2 des Gesetzes bestimmt, das Recht aus dem Patent könne „beschränkt oder unbeschränkt" durch Vertrag auf andere übertragen werden, so ergibt sich hieraus auch die Zulässigkeit der dem Lizenzvertrag charakteristischen Art der Übertragung, bei welcher sich der Patentinhaber zwar das Recht vorbehält, aber seine Benutzung in größerem oder geringerem Umfange einem anderen gestattet. Unter bestimmten Voraussetzungen ist eine solche Gestattung dem Inhaber des Patentes sogar zur gesetzlichen Pflicht gemacht (vgl. § 5 des Gesetzes).

Unter der Bezeichnung als Lizenzvertrag werden nun aber eine Reihe von Vereinbarungen zusammengefaßt, welche zwar die oben bezeichneten charakteristischen Merkmale tragen, im übrigen aber einen sehr verschiedenen Inhalt haben. Es kann vereinbart sein, daß der Patentinhaber lediglich von seinem Verbietungsrechte dem Lizenznehmer gegenüber keinen Gebrauch mache. In diesem Falle erschöpft sich der Vertrag in diesem negativen Inhalte (Lizenzvertrag im engeren Sinne, vgl. Jurist. Wochenschr. 1901 S. 656 Nr. 18). Unrichtig wäre es aber, in diesem vertragsmäßigen Verzicht des Patentinhabers auf sein Untersagungsrecht den charakteristischen Inhalt eines jeden Lizenzvertrages zu erblicken. In der überwiegenden Zahl der Fälle entspricht es der Intention der Kontrahenten und dem von ihnen beabsichtigten wirtschaftlichen Ziele, daß dem Lizenznehmer ein positives Recht, ein quasidingliches Benutzungsrecht an dem Rechte des Patentinhabers eingeräumt werde.

Vgl. Bolze, Übertragung der Ausübung eines Patentrechts in Gruchot, Beiträge Bd. 38 S. 75flg., Bd. 39 S. 1flg.

Allerdings hat die Auffassung, welche in der Lizenz immer nur den vertragsmäßigen Ausschluß der actio negatoria des Patentinhabers erblickt und hiervon ausgehend zu dem Resultate gelangt, daß dem Lizenznehmer, abgesehen von der Klage aus dem Vertrage gegen den Patentinhaber, keine eigenen selbständig verfolgbaren Rechte gegenüber Dritten zustehen, in der Literatur namhafte Vertreter gefunden; sie kommt auch in einer Reihe oberstrichterlicher Entscheidungen in mehr oder weniger bestimmter Form zum Ausdruck.

Vgl. Klostermann, Urheberrecht S. 184; Derselbe in Endemann, Handbuch Bd. 2 S. 239; Robolski, Theorie und Praxis des deutschen Patentrechts S. 232; Schall, im Archiv für civil. Praxis Bd. 72 S. 130; Appelius, in Stenglein's Strafrechtliche Nebengesetze S. 63; Gareis, Patentrechtl. Entsch. Bd. 1 S. 230, Bd. 6 S. 208, Bd. 13 S. 106; Entsch. des R.G.'s in Zivils. Bd. 17 S. 53, Bd. 33 S. 103.

Allein nicht in der Aufhebung oder Beschränkung des Untersagungsrechts des Patentinhabers, sondern in der Ermöglichung der Ausnutzung der Erfindung, welche durch das Patentrecht gewährleistet wird, ist der Schwerpunkt des Vertrags, der von den Kontrahenten verfolgte Zweck, sowie die wirtschaftliche Bedeutung des Vertrags zu erblicken. Durch die Übertragung der Benutzung des Patentrechtes wird dem Lizenznehmer, jedenfalls bei der sog. ausschließlichen Lizenz, ein positives Recht verliehen, die Erfindung für sich auszubeuten. Diese Ausbeutung ist aber in der Regel nur dann möglich, wenn der Lizenznehmer in der Lage ist, andere, durch deren Konkurrenz die Benutzung der durch das Patent geschützten Erfindung beeinträchtigt wird, auszuschließen. Diese Befugnis leitet er aus dem Inhalt der Übertragung ab. Sie ist in seiner Hand ein selbständiges Recht; er hat nicht nötig, die Rechte des Patentinhabers wegen der Patentverletzung Dritter sich zedieren zu lassen. Die Ansicht, welche der Übertragung der Benutzung des Patentrechts diese quasidingliche Wirkung beilegt und dem Lizenznehmer wenigstens dann, wenn die Lizenz als ausschließliche verliehen ist, eine selbständige Befugnis zur Geltendmachung seines Benutzungsrechtes gegen jeden Dritten zugesteht, der es beeinträchtigt, ist in der neueren patentrechtlichen Literatur fast allgemein zur Anerkennung gelangt.

Vgl. Bolze, a. a. O., insbesondere S. 80 flg. S. 10 flg.; Kohler, Handbuch des deutschen Patentrechts §§ 201 flg.; Munck, Die patentrechtliche Lizenz S. 18 flg.; Derselbe im Jahrb. der Internationalen Vereinigung 1902 S. 112; Adler in Grünhut's Zeitschr. Bd. 27 S. 606 Anm. 123; Seligsohn, Patentgesetz 2. Aufl. § 6 Anm. 9; Isay, Patentgesetz S. 192. 194 flg. (Die in dem Zwischenurteile des Oberlandesgerichts vom 9. November 1900 bekämpfte gegenteilige Ansicht Seligsohn's ist in der damals allein vorliegenden ersten Auflage enthalten.)

Der erkennende Senat befindet sich bei dieser Auffassung im Einklang mit seiner Entscheidung vom 3. Juli 1901, Rep. I. 188/01 (vgl. Jurist. Wochenschr. 1901 S. 656). Er tritt nicht in Widerspruch mit dem Erkenntnis des II. Civilsenats vom 3. April 1903, Rep. II. 415/02 (vgl. Entsch. des R.G.'s in Zivils. Bd. 54 S. 272 flg.), da es sich bei letzterem ausschließlich um die obligatorischen Verpflichtungen des Patentinhabers gegenüber dem Lizenznehmer handelte.

Die Aktivlegitimation der Klagepartei ist daher von dem Oberlandesgerichte mit Recht angenommen.

Auch die weiteren Angriffe der Revision erscheinen verfehlt. Das Vorliegen der objektiven Patentverletzung durch die Anwendung des sog. Benardos'schen Verfahrens im Betriebe der Beklagten ist nicht bestritten. Das Oberlandesgericht hat aber weiter auf Grund eingehender Beweisaufnahme festgestellt, daß hinsichtlich dieser Patentverletzung dem Betriebsleiter der Beklagten mindestens grobe Fahrlässigkeit zur Last fällt. Im ganzen wurde etwa $1^1/_2$ Jahre lang, zuerst von dem Arbeiter M. und nach dessen Austritt von dem durch ihn instruierten Arbeiter G., mit Billigung des Werkmeisters C. nach dem Benardos'schen Verfahren im Betriebe der Beklagten geschweißt. Bei mindestens zwei Anlässen hat der Betriebsleiter W. hiervon Kenntnis erlangt. Er hat auch jeweils Veranlassung genommen, darauf hinzuweisen, daß die Anwendung des Benardos'schen Verfahrens nicht statthaft, sogar strafbar sei, und hat das Arbeiten nach demselben ausdrücklich verboten. Allein er hat sich in keiner Weise darüber vergewissert, ob seinem Verbote auch Folge gegeben werde. Er hat es sogar geschehen lassen, daß die nach dem Benardos'schen Verfahren hergestellten Fässer (20—30 kleinere und 150 größere) in Verkehr gebracht wurden. Er hat sonach nicht nur beim Bekanntwerden der in dem Betrieb vorgekommenen Patentverletzung jede nähere Untersuchung und Aufklärung über ihren Umfang pflichtwidrig unterlassen; er hat es auch verabsäumt, ihr für die Folge vorzubeugen, und hat sogar ihre Ergebnisse für die Beklagte verwertet. Wenn das Oberlandesgericht in diesem Verhalten einen besonders hohen Grad von Fahrlässigkeit erblickt hat, so ist hierin ein Rechtsirrtum nicht zu erkennen. Für dieses Verhalten ihres Betriebsleiters ist die Beklagte aber auch verantwortlich. Der Betriebsleiter war das Willensorgan der Beklagten in bezug auf den gewerbetechnischen Betrieb derselben. In dem ihm zugewiesenen Geschäftskreise vertrat er die verklagte Gesellschaft. Sie ist für seine Handlungen und Versäumnisse verantwortlich (vgl. Art. 235 A.D.H.G.)." ...

---

10. Abweisung der im Urkundenprozeß erhobenen Klage als in der gewählten Prozeßart unstatthaft, wenn festgestellt ist, daß das zugrunde gelegte Saldoanerkenntnis sich zum Teil auf nichtige Posten bezieht; hat das Gericht zu prüfen, ob nicht unter Ausscheidung der nichtigen Posten sich für den Kläger noch ein Aktivsaldo ergeben wird?

I. Zivilsenat. Urt. v. 25. Januar 1904 i. S. Niederrheinische Bank (Kl.) w. B. (Bekl.). Rep. I. 392/03.

I. Landgericht Düsseldorf.
II. Oberlandesgericht Köln.

Die Klägerin klagte im Urkundenprozesse mit dem Antrage, den Beklagten zur Zahlung von 18406,50 ℳ nebst 5 Prozent Zinsen und 1/8 Prozent Provision von 18241,25 ℳ seit dem 15. Februar 1902 zu verurteilen. Der Klage waren beigefügt ein Kontokorrentauszug, welcher für den 31. Dezember 1900 einen Passivsaldo des Beklagten von 17340 ℳ ergab, das Anerkenntnis dieses Saldo durch den Beklagten vom 26. Februar 1901, die vom Beklagten unterschriebenen Geschäftsbedingungen der Klägerin, wonach die Schuld mit mindestens 5 Prozent zu verzinsen und für dieselbe $^1/_8$ Prozent Provision zu entrichten war, sowie die weitere Kontokorrentberechnung, welche unter Ansatz der Zinsen und Provisionen und Abzug eines Dividendenbetrages ergab, daß der Passivsaldo des Beklagten zum 15. Februar 1902 die Klagesumme erreicht hatte.

Die erste Instanz sah den Einwand des Beklagten für bewiesen an, daß verschiedene Kontokorrentposten aus der Zeit vor dem Abschlusse vom 31. Dezember 1900 auf Geschäften beruhten, welche wegen Verstoßes gegen § 50 Abs. 2 des Börsengesetzes nichtig gewesen seien. Sie wies deshalb die Klage als in der gewählten Prozeßart unzulässig ab. Die Berufung der Klägerin blieb ohne Erfolg. Auch in der Revisionsinstanz ist die Klägerin unterlegen.

Über die Frage, ob die Klage mit Recht so, wie geschehen, abgewiesen worden sei, äußern sich die

Gründe:

... „Einen bestimmten Angriff hat die Revision dagegen erhoben, daß die Urteile der Vorinstanzen auf Abweisung der Klage als in der gewählten Prozeßart unzulässig lauten und nicht in der Sache selbst entschieden haben. Sie macht geltend: durch Vorlegung der Kontokorrente und des Saldoanerkenntnisses habe die klagende Bank den ihr obliegenden Nachweis der Klageforderung erbracht; demgegenüber treffe den Beklagten die Beweislast für seine Einredebehauptungen; nicht die Klägerin habe nachzuweisen, daß ihr bei Streichung der angefochtenen Kontokorrentposten ein Guthaben noch zustehe, sondern der Beklagte müsse dartun, daß er ihr nichts mehr verschulde. Dazu verweist die Revision auf den vorgelegten Kontokorrentauszug, welcher ergebe, daß außer den angefochtenen Geschäften noch eine große Anzahl anderer Geschäfte abgeschlossen worden sei, und daß die Bank auch Barzahlungen in erheblichem Betrage geleistet habe. Insbesondere hebt sie hervor, daß schon der erste Kontokorrentabschluß zum 1. Juli 1899 ein Guthaben der Bank von 28965 ℳ aufweise, und daß darin keines der angefochtenen Geschäfte enthalten sei. Dieser Angriff geht fehl.

Das Landgericht hat die formale Klagabweisung mit der Erwägung gerechtfertigt, daß das Saldoanerkenntnis des Beklagten, gleichgültig, ob man es gemäß § 139 B.G.B. als im vollen Umfange nichtig ansehe, oder nicht, beim Wegfall des Schuldgrundes für einen Teil des verbrieften Betrages nicht mehr voll zum Beweise der zur Begründung des klägerischen Anspruchs erforderlichen Tatsachen geeignet sei. Das Berufungsgericht hat die Prüfung, ob der Klägerin überhaupt noch ein Gutachten zustehen würde, zunächst aus dem Grunde abgelehnt, weil der Beklagte das landgerichtliche Urtel nicht angefochten habe. Sodann macht es geltend, daß durch die von der Klägerin der Klage beigefügten Urkunden so wenig wie durch die später von ihr vorgelegten ein solches Guthaben bewiesen werde, hebt hervor, daß die Klägerin selbst nicht einmal einen bestimmten Betrag angegeben habe, und erklärt deshalb die Abweisung der Klage als in der gewählten Prozeßart unzulässig für gerechtfertigt, auch wenn sich bei der Saldierung nur der aus den rechtsverbindlichen Geschäften herrührenden Posten noch ein Guthaben der Klägerin gegen den Beklagten herausstellen sollte.

Im Ergebnisse ist diesen Ausführungen beizutreten. Die Klage ist im Urkundenprozeß angestellt. Als Formalerfordernis für diese Prozeßart verlangt § 592 Z.P.O., daß die sämtlichen zur Begründung des Anspruchs erforderlichen Tatsachen durch Urkunden erwiesen werden können. Nach § 597 Abs. 2 daselbst wird die Klage als in der gewählten Prozeßart unstatthaft abgewiesen, insbesondere wenn ein dem Kläger obliegender Beweis nicht mit den im Urkundenbeweise zulässigen Beweismitteln angetreten oder mit solchen Beweismitteln nicht vollständig geführt ist. Ob im vorliegenden Falle nach Maßgabe des Absatzes 1 dieses Paragraphen eine materielle Abweisung der Klägerin mit ihrem ganzen Anspruch oder mit einem Teil desselben hätte erfolgen können, kommt nicht in Betracht. Insoweit greift der vom Berufungsgericht angeführte Grund durch, daß der Beklagte die Entscheidung des Landgerichts nicht angefochten hat. In Frage kommt nur, ob die Verurteilung des Beklagten zu einem Teil des im ganzen unbegründeten Klaganspruchs eintreten mußte, wenn es sich ergeben hätte, daß nach Ausscheidung der angefochtenen Posten aus dem Kontokorrente noch ein Guthaben für die Klägerin übrig blieb. Diese Frage ist aber von den Vorinstanzen mit Recht verneint worden. Wenn man von den späteren Zinsen und Gutschriften absieht, so ist die wesentliche und alleinige urkundliche Grundlage für den Klaganspruch das Saldoanerkenntnis des Beklagten vom

26. Februar 1901; nicht auch sind es an sich die mit vorgelegten Kontokorrentauszüge, die für sich selbst, als bloß einseitige Aufstellungen, zum Nachteil des Beklagten nichts beweisen können. Dadurch aber, daß von den Posten, welche dem Anerkenntnisse zugrunde liegen, verschiedene mit Erfolg angefochten sind, ergibt sich auch für das Anerkenntnis, das unter Voraussetzung der Gültigkeit aller Posten gegeben ist, daß es als solches, in seiner Integrität, nicht mehr bestehen und geltend gemacht werden kann. Alsdann ist es aber auch nicht mehr geeignet, in sich eine selbständige Grundlage für einen geringeren, nur den gültigen Posten entsprechenden Betrag abzugeben. Die Klägerin hat daher nicht, wie die Revision meint, mit dem Anerkenntnisse den Beweis der Schuld des Beklagten erbracht; vielmehr hat sich nach erfolgreicher Anfechtung herausgestellt, daß dieses Anerkenntnis für sich allein genommen zur Beweisführung untauglich ist. Allerdings sind nun auch die Kontokorrentauszüge beigefügt worden, welche die dem Anerkenntnisse zugrunde liegenden Posten im einzelnen aufführen, und es fragt sich, ob nicht das Anerkenntnis, außer der Feststellung des bestimmten Saldobetrages, auch in bezug auf die einzelnen Passivposten Feststellungswirkung habe. Allein auf diese Frage braucht hier nicht näher eingegangen zu werden. Voraussetzung für die Statthaftigkeit des Urkundenprozesses wäre unter allen Umständen, daß sich aus den verbundenen Urkunden, dem Saldoanerkenntnis und den Kontokorrentauszügen, ohne weiteres ein bestimmter Betrag für die gültige Schuld des Beklagten ermitteln ließe. Dies ist nicht der Fall. Es handelt sich nach Inhalt der Kontokorrentauszüge nicht um eine bloße rechnerische Ausscheidung der für nichtig erkannten Geschäfte. Vielmehr kommen auf beiden Seiten Posten vor, von denen nicht erhellt und auf Grund der Urkunden nicht zu entscheiden wäre, ob und eventuell in welchem Betrage sie sich auf die gültigen, oder die nichtigen Geschäfte beziehen; so im Haben: mehrfach unbestimmte Coupons, Dividendenscheine; im Soll: ununterschiedene Provisionen, Spesen, Durchschnittszinsen. Auch darauf kann sich die Revision nicht mit Erfolg berufen, daß bereits der erste Kontokorrentabschluß zum Juli 1901 einen Passivsaldo des Beklagten in Höhe von 28960 M ergeben habe. Dies schon aus dem Grunde nicht, weil dieser Saldo nicht so geblieben ist, vielmehr aus der späteren Zeit Leistungen des Beklagten eingetragen sind, die ihn mehr

als aufgewogen haben. Dazu aber waren die Vorinstanzen nach Maßgabe der Klagebegründung und der klägerischen Anträge jedenfalls nicht verpflichtet, auch noch eine Untersuchung anzustellen, ob nicht vielleicht bei Ausscheidung der nichtigen Geschäfte und unter Anrechnung der zweifelhaften Posten zugunsten des Beklagten doch noch ein Aktivsaldo für die Klägerin herauszubringen wäre. Dies hieße die Pflicht der Klagebegründung, die der Klägerin oblag, einfach auf das Gericht übertragen. Mit Recht hat das Berufungsgericht dagegen geltend gemacht, daß die Klägerin nicht einmal einen Betrag angegeben habe, den sie nach Ausscheiden der nichtigen Geschäfte von dem Beklagten noch beanspruchen zu können vermeine." ...

---

11. 1. Gilt der Satz, daß einem materiell begründeten Klagantrag auch dann stattzugeben ist, wenn die Fälligkeit und Verfolgbarkeit der Klageforderung nicht zur Zeit der Klagerhebung vorhanden war, aber vor dem zu erlassenden Urteile, wenn auch erst in höherer Instanz, eingetreten ist, auch für die Revisionsinstanz, mithin auch dann, wenn die Fälligkeit erst nach dem Schlusse der mündlichen Verhandlung, auf die das Berufungsurteil ergangen war, eingetreten ist?

2. Wen trifft die Beweislast, wenn der eine Teil sich auf die gesetzlichen Rechtsfolgen eines Rechtsgeschäfts stützt, der Gegner aber behauptet, daß diese Rechtsfolgen durch eine abweichende Vereinbarung ausgeschlossen worden seien?

VI. Zivilsenat. Urt. v. 28. Januar 1904 i. S. Schm. (Kl.) w. Schm. (Bekl.). Rep. VI. 428/03.

I. Landgericht Naumburg a. S.
II. Oberlandesgericht daselbst.

Der Beklagte hatte im Jahre 1900 vom Kläger Geld dargeliehen erhalten und sich zu dessen Verzinsung zu 4 v. H. verpflichtet. Bei einer Abrechnung am 1. Januar 1901 wurde der Betrag auf 30900 *M* festgestellt. Im September 1902 kündigte der Kläger seine Forderung zur Rückzahlung für den 1. April 1903. Er forderte dann klagend den Betrag von 26900 *M* samt den seit dem 1. Oktober 1902 rückständigen Zinsen. Der Beklagte behauptete unter Eideszuschiebung, es sei eine einjährige Kündigungsfrist vereinbart worden, während der Kläger ebenfalls unter Eideszuschiebung behauptete, es sei eine Kündigungsfrist nicht vereinbart worden. Die Eide wurden angenommen. Das Landgericht erachtete in jener Beziehung den Kläger für beweispflichtig und erkannte daher in seinem am 1. Mai 1903 verkündeten Urteile auf den vom Beklagten angenommenen Eid in der Fassung, daß die Vereinbarung einjähriger Kündigung beschworen werden sollte. Bei Leistung des Eides sollte die Klage zurzeit abgewiesen werden; bei Verweigerung des Eides sollte, unter Vorbehalt der Entscheidung über eine zur Aufrechnung gestellte Gegenforderung, der Beklagte nach dem Klagantrage verurteilt werden. Die Berufung des Klägers wurde durch Urteil vom 13. Juli 1903 zurückgewiesen. Hiergegen legte der Kläger Revision ein und verlas in der mündlichen Verhandlung vom 28. Januar 1904 den Antrag, unter Aufhebung des Berufungsurteils und Abänderung des ersten Urteils den Beklagten unbedingt und kostenfällig nach dem Klagantrage zu verurteilen. Er wies darauf hin, daß auch nach der Sachdarstellung des Beklagten die Klageforderung inzwischen fällig geworden sei, und machte geltend, daß der Beklagte noch nicht gezahlt habe. Dieser lehnte eine Erklärung hierauf ab und beantragte, die Revision zurückzuweisen. Das Urteil ist aufgehoben, und die Sache zur anderweiten Verhandlung und Entscheidung an das Berufungsgericht zurückverwiesen werden.

Aus den Gründen:

„Nach der ständigen Rechtsprechung des Reichsgerichts ist einem materiell begründeten Klagantrag auch dann stattzugeben, wenn die Fälligkeit und Verfolgbarkeit der Klageforderung nicht zur Zeit der Klagerhebung vorhanden war, aber vor dem zu erlassenden Urteil, auch erst in höherer Instanz, eingetreten ist, sofern nur durch die Beachtung der veränderten Sach- und Rechtslage die Rechtsverteidigung des Beklagten nicht beschränkt wird. Dieser Grundsatz kann aber in der Revisionsinstanz, mithin wenn die Fälligkeit erst nach dem Schlusse der mündlichen Verhandlung, auf die das Berufungsurteil ergangen, eingetreten ist, nicht zur Anwendung gelangen. Denn die Revision kann nur darauf gestützt werden, daß ein Gesetz verletzt ist (§ 549 Z.P.O.). Diese Voraussetzung ist in jenem Falle nicht gegeben. Auch würde einer Anwendung des Grundsatzes die Vorschrift in § 561 Z.P.O. entgegenstehen. Zwar beruht die Annahme des

Eintritts der Fälligkeit nicht auf neuen tatsächlichen Anführungen, sondern auf dem Ablauf der Zeit, und der Klaganspruch setzt zu seiner Begründung nicht die Behauptung voraus, daß der Beklagte nicht gezahlt habe. Allein zweifellos könnte der Beklagte mit dem Einwande, daß er nach Erlassung des Berufungsurteils — wie überhaupt — gezahlt habe, in der Revisionsinstanz nicht gehört werden, so daß eine Verurteilung eine Beschränkung seiner Rechtsverteidigung enthalten könnte. Dieses Bedenken würde selbst dann nicht beseitigt sein, wenn der Beklagte — was er vorliegendenfalls nicht getan — in der mündlichen Verhandlung vor dem Revisionsgericht zugäbe, daß er noch nicht gezahlt habe; denn derartige Erklärungen haben für das Revisionsgericht keine Bedeutung. Es ist vielmehr daran festzuhalten, daß Voraussetzung der Aufhebung des Berufungsurteils die Verletzung eines Gesetzes ist, und daß das Revisionsgericht, wenn es in der Sache selbst erkennt, nur so erkennen kann, wie das Berufungsgericht nach dem von ihm festgestellten Sachverhalte hätte erkennen sollen. Dem Antrag der Revision, mit Rücksicht auf die jetzt auch nach der Sachdarstellung des Beklagten vorhandene Fälligkeit der Klageforderung nach dem Klagantrage zu erkennen, kann daher selbst in der Hauptsache nicht entsprochen werden. ...

Dagegen wird von der Revision mit Recht gerügt, daß das Landgericht, indem es auf den vom Kläger zugeschobenen, vom Beklagten angenommenen Eid erkannt hat, und daß das Berufungsgericht, indem es dies gebilligt hat, die Grundsätze von der Beweislast verkannt haben. Die Tatbestände der Vorderurteile lassen nicht erkennen, wann nach der Behauptung des Beklagten die einjährige Kündigung verabredet worden sein soll. Wäre dies erst geschehen nach Empfang des Darlehns — oder je nach Empfang der verschiedenen Darlehen —, so würde darüber kein Zweifel obwalten können, daß den Beklagten die Beweislast bezüglich jener Vereinbarung treffe. Wie jedoch die Norm des dem Beklagten zuerkannten Eides ergibt, ist das Landgericht, und mit ihm das Berufungsgericht, davon ausgegangen, daß bei Empfang der Darlehen erfolgte Verabredungen in Frage stehen. Aber auch bei einem solchen Sachverhalte trifft den Beklagten die Beweislast.

Der Kläger, der seinen Anspruch auf einen Vertrag gründet, hat dessen Inhalt zu beweisen, wenn ihn der Beklagte bestreitet oder eine abweichende Darstellung davon gibt; insbesondere hat er diejenigen Tatumstände zu beweisen, die das Gesetz als wesentliche Erfordernisse des betreffenden Vertrages bezeichnet. Darauf beruht es, daß, wer auf Grund eines Vertrages eine angemessene Vergütung oder einen angemessenen Preis fordert, dem Einwande des Beklagten gegenüber, daß eine geringere Vergütung oder ein geringerer Preis vereinbart worden sei, nachweisen muß, daß eine solche Vereinbarung nicht getroffen worden ist. Denn zum rechtsbegründenden Tatbestand eines Vertrages, auf Grund dessen eine ihrem Umfang nach angemessene Leistung gefordert wird, gehört, daß die Bestimmung dieses Umfangs nach dem Vertrage dem billigen Ermessen des Fordernden hat überlassen sein sollen (§ 316 B.G.B.). Ein so gestalteter Vertrag ist wesentlich verschieden von einem Vertrage, durch den die Vergütung ihrer Höhe nach vereinbart worden ist. Das Recht, den Umfang einer geschuldeten Leistung nach billigem Ermessen zu bestimmen, steht dem Gläubiger nur zu, entweder wenn dieses Recht ihm ausdrücklich eingeräumt, oder wenn der Vertrag unter Nichtbestimmung jenes Umfangs abgeschlossen worden ist. Eines oder das andere hat er als Grundlage des von ihm geltend gemachten Anspruchs zu beweisen, wenn der Schuldner die Vereinbarung einer geringeren Vergütung behauptet; denn damit wird verneint, daß dem Gläubiger jenes Recht entstanden ist....

Zweifelhaft ist es, wen die Beweislast bezüglich der accidentalia eines Rechtsgeschäftes trifft, wenn also der eine Teil sich auf die naturalia, auf die gesetzlichen Rechtsfolgen eines Rechtsgeschäftes stützt, der Gegner aber behauptet, daß diese Rechtsfolgen durch eine abweichende Vereinbarung ausgeschlossen worden seien. Das Bürgerliche Gesetzbuch enthält teils Bestimmungen, die die Beweislast ausdrücklich regeln, teils solche, die durch ihre Ausdrucksweise erkennen lassen, wen die Beweislast bei gesetzlichen Dispositivregeln des Vertragsverhältnisses treffen soll. Diese Regelung ergibt zugleich, daß der Gesetzgeber dann, wenn jemand sich auf eine solche Regel stützt, während der Gegner sich auf eine die Wirkung dieser Rechtsnorm ausschließende oder modifizierende Vereinbarung beruft, diesem letzteren die Beweislast auflegt, da es eben einer Vereinbarung über den betreffenden Punkt nach dem Gesetz nicht bedarf, und die behauptete Vereinbarung daher dem Gesetz gegenüber als etwas außerhalb des zu vereinbarenden Vertragsinhaltes Liegendes und mithin als ein selbständiger Einwand erscheint. Der Bestand des der Klage zugrunde liegenden Vertragsverhältnisses wird durch eine solche vom Beklagten behauptete Vereinbarung in keiner Weise berührt, und dadurch unterscheiden sich dergleichen Fälle ganz wesentlich von dem Fall, daß einer Klage auf Zahlung einer angemessenen Vergütung gegenüber der Beklagte sich auf die Vereinbarung einer geringeren Vergütung bezieht. Von dieser Auffassung ist auch das Reichsgericht in ständiger Rechtsprechung ausgegangen,

vgl. Entsch. dess. in Zivils. Bd. 1 S. 383, Bd. 2 S. 201, Bd. 6 S. 82; Beiträge zur Erläuterung des Deutschen Rechts Bd. 29 S. 727 flg.; Bolze, Praxis des Reichsgerichts Bd. 12 Nr. 712 c,

und auch die Literatur vor dem Bürgerlichen Gesetzbuch hat mit wenigen Ausnahmen diesen Standpunkt vertreten.

Vgl. Römer, im Archiv f. d. zivilist. Praxis Bd. 62 S. 151 flg.; Laband, in der Zeitschrift für Handelsrecht Bd. 30 S. 157; Schmidt, Civilprozeßrecht S. 445; Fitting, in der Zeitschrift für deutschen Zivilprozeß Bd. 13 S. 58.

Eine Abweichung hiervon ist auch durch den Inhalt des Bürgerlichen Gesetzbuchs nicht geboten, da jene Auffassung sich aus dem Wesen und dem Zwecke der gesetzlichen Dispositivvorschriften ergibt.

Vgl. Staub, a. a. O. Anm. 33 flg.; Wach, in der Zeitschrift für Deutschen Zivilprozeß Bd. 29 S. 393; dagegen Stölzel, Schulung für die civilistische Praxis, Vorrede zur 3. Aufl. S. XVII.

Es ist daher auch für das Recht des Bürgerlichen Gesetzbuchs fast allgemein anerkannt, daß, wenn jemand einen Anspruch auf den Ablauf einer gesetzlichen Kündigungsfrist stützt, zur Begründung nicht noch zu behaupten hat, daß diese Kündigungsfrist vereinbart, oder keine besondere Kündigungsfrist vereinbart worden, daß es vielmehr dem Gegner überlassen bleibt, die Vereinbarung einer anderen, als der gesetzlichen, zu behaupten und zu beweisen.

So Betzinger, Die Beweislast im Zivilprozeß § 16 S. 353; Brückner, Die Miete 2. Aufl. S. 128 flg.; Crome, System des Deutschen bürgerlichen Rechts Bd. 2 § 249 Anm. 10; Dernburg, Bürgerl. Recht Bd. 2 § 235 Anm. 4; Goldmann, Handelsgesetzbuch zu § 66 Anm. II 2; Planck, Bürgerliches Gesetzbuch zu § 609 Bem. 4; Staub, a. a. O. Anm. 55, zu § 66 Anm. 7, zu

§ 132 Anm. 11; Rosenberg, im Archiv f. d. zivilist. Praxis Bd. 94 S. 112. 113; Wach, a. a. O.; dagegen Stölzel, a. a. O. 4. Aufl. Bd. 1 S. 159 flg.

Mit Unrecht berufen sich die Vorderrichter für ihre abweichende Ansicht auf die Ausführungen von Eccius in den Beiträgen zur Erläuterung des Deutschen Rechts Bd. 45 S. 267 flg.; es wird von dem genannten Schriftsteller vielmehr nur ausgeführt, daß mit der Einigung über die essentialia des Rechtsgeschäftes dieses noch nicht notwendigerweise perfekt geworden sein müsse, daß insbesondere hierfür keine Vermutung bestehe. Diese — durchaus zutreffende — Ansicht berührt die hier zur Entscheidung stehende Frage überhaupt nicht; wer aus einem Vertrage klagt, muß nachweisen, daß dieser zustande gekommen ist, und wenn Nebenpunkte vertragsmäßig geregelt werden sollten, so gilt der Vertrag im Zweifel nicht als geschlossen, solange diese Regelung nicht erfolgt ist (§ 154 B.G.B.); die gesetzlichen Dispositivregeln können solchenfalls nicht ergänzend eintreten. Dagegen lassen die Ausführungen auf S. 270 a. E. 275 jener Abhandlung erkennen, daß der Verfasser der hier vertretenen Ansicht ist, daß eine Vereinbarung, die den Bestand des Darlehnsgeschäftes selbst nicht berührt, sondern nur die Modalität der Rückzahlung des Darlehns regelt, von demjenigen zu beweisen ist, der sich auf sie beruft.

Hiernach hätten die Vorinstanzen, da feststeht, daß für die Rückerstattung der Darlehen eine Zeit nicht bestimmt worden, der Vorschrift in § 609 Abs. 2 B.G.B. gegenüber die Entscheidung des Rechtsstreites von Leistung, bzw. Verweigerung des vom Beklagten zugeschobenen, vom Kläger angenommenen Eides dahin abhängig machen sollen, daß bei Hingabe der Darlehen eine einjährige Kündigungsfrist nicht vereinbart worden ist. Das angefochtene Urteil unterliegt somit der Aufhebung. Damit erledigt sich zugleich die weitere Rüge der Revision, daß, wollte man die vom Berufungsgericht vorgenommene Verteilung der Beweislast für richtig anerkennen, der dem Beklagten zuerkannte Eid nur darauf hätte gerichtet werden dürfen, daß die Behauptung des Klägers, eine Kündigungsfrist sei nicht vereinbart worden, nicht wahr sei." ...

12. Ist der Eisenbahnunternehmer auf Grund des Haftpflichtgesetzes vom 7. Juni 1871 (Art. 42 Einf.=Ges. zum B.G.B.) einem Dritten nach Maßgabe des § 845 B.G.B. für die entgehenden Dienste des Verletzten ersatzpflichtig? Läßt sich die Anwendbarkeit des § 845 B.G.B. aus der fortdauernden Geltung des § 25 des preußischen Eisenbahngesetzes vom 3. November 1838 begründen?

VI. Zivilsenat. Urt. v. 8. Februar 1904 i. S. L. (Kl. u. Widerbekl.) w. Stargard=Küstriner Eisenbahnges. (Bekl. u. Widerkl.). Rep. VI. 246/03.

I. Landgericht Landsberg a. W.
II. Kammergericht Berlin.

Die Ehefrau des Klägers wurde am 4. Mai 1901 durch einen Bahnzug der Beklagten überfahren und getötet. Er forderte auf Grund des Haftpflichtgesetzes von der Beklagten Ersatz des ihm durch den Tod seiner Ehefrau entstehenden Schadens, namentlich wegen Verlustes des von derselben ihm zu gewährenden Unterhalts und wegen Entgangs ihrer häuslichen Dienste, wogegen die Beklagte Feststellungswiderklage erhob. Das Landgericht wies die Klage und die Widerklage ab. Das Kammergericht stellte auf beiderseitige Berufung das Bestehen eines durch künftige Unterhaltsbedürftigkeit des Klägers bedingten Ersatzanspruchs (nach § 844 B.G.B.) fest, wies dagegen im übrigen die Klage, insbesondere in Ansehung des Anspruchs aus § 845 B.G.B., ab und entsprach insoweit der Widerklage.

Die Revision des Klägers ist — ebenso wie die Anschließung der Beklagten — als unbegründet zurückgewiesen worden.

Aus den Gründen:

... „Die Revision des Klägers macht geltend, daß die Anwendbarkeit des § 845 B.G.B. vom Berufungsgericht zu Unrecht verneint sei. Es sei wohl richtig, daß bei der Neufassung des § 9 des Reichshaftpflichtgetzes im Art. 42 Einf.=Ges. zum B.G.B. beabsichtigt gewesen sei, die ausschließliche Geltung des Reichshaftpflichtgesetzes zum Ausdruck zu bringen. Aber das habe sich durch den erst später aufgenommenen Art. 105 Einf.=Ges. geändert, wo die landesgesetzlichen Vorschriften über eine weitergehende Haftpflicht der Unternehmer eines Eisenbahnbetriebes aufrecht erhalten, und wonach sogar bezüglich anderer gefährlicher Betriebe die Landesgesetzgebung unberührt geblieben sei.

Die Fassung des Art. 105 sei ganz allgemein und enthalte kein Wort von einer Beschränkung auf Sachschaden. Entscheidend könne nur das Gesetz sein, nicht das, was in den Motiven hierzu gesagt sei. Der § 25 des hiernach in Geltung verbliebenen preußischen Eisenbahngesetzes vom 3. November 1838 verpflichte den Unternehmer zum Ersatze des vollen Schadens. Wenn nun früher aus den allgemeinen Rechtsgrundsätzen, namentlich denjenigen des preußischen Allgemeinen Landrechts, ein Anspruch des Ehemannes auf Ersatz des ihm durch die Tötung seiner Ehefrau erwachsenen Schadens nicht herzuleiten gewesen sei, so könne heute umgekehrt eine Haftpflicht des Unternehmers wegen solchen Schadens aus den Bestimmungen des Bürgerlichen Rechts begründet werden, nämlich aus § 845 B.G.B. Diese, wenn auch für „unerlaubte Handlungen" gegebene, Gesetzesvorschrift sei — wenigstens analog — auf die Haftpflicht der Eisenbahn anwendbar; sie enthalte ein allgemeines Prinzip, das nicht bloß für unerlaubte Handlungen gelte.

Diesen Ausführungen der Revision konnte nicht beigetreten werden; vielmehr war die gegenteilige Ansicht des Berufungsgerichts zu billigen.

1. Aus dem Wortlaut des Reichshaftpflichtgesetzes in der Fassung des Art. 42 Einf.-Ges. zum B.G.B. läßt sich die Anwendung des § 845 auf einen Ersatzanspruch, der, wie der vorliegende, lediglich auf die gesetzliche Haftpflicht des Eisenbahnunternehmers gestützt wird, keinenfalls rechtfertigen. Der § 845 ist in dem genannten Gesetze nicht erwähnt, und es besteht auch aller Grund zu der Annahme, daß derselbe absichtlich vom Gesetzgeber nicht aufgenommen ist. Der Art. 42 (Entwurf Art. 24) Einf.-Ges. bezweckte, das Haftpflichtgesetz vom 7. Juni 1871 mit dem Bürgerlichen Gesetzbuch in Einklang zu bringen (Motive S. 136). Dabei ist aber in jenem Sondergesetz für das Gebiet desselben die Schadensersatzpflicht in umfassender Weise selbständig geregelt. Das kommt noch mehr als in dem ersten Entwurf zu Art. 42 (24, wo die §§ 3 und 7 des Haftpflichtgesetzes auch auf die §§ 723, 724 und § 726 Abs. 1 des Entwurfes zum Bürgerlichen Gesetzbuch, welche entsprechende Anwendung finden sollen, verweisen), in der jetzigen Fassung des Art. 42 zum Ausdruck. Die §§ 3 und 3a in Verbindung mit § 7 des Haftpflichtgesetzes enthalten eine genaue Fixierung des zu leistenden Schadensersatzes nach der Person des Ersatzberechtigten, nach Art

und Umfang des Schadensersatzes. Eine dem jetzigen § 845 B.G.B. entsprechende Bestimmung war allerdings im ersten Entwurf des Bürgerlichen Gesetzbuchs noch nicht vorgesehen und konnte also insofern bei dem Art. 42 (24) Einf.-Ges. damals noch nicht in Betracht kommen. Allein auch bei den späteren Beratungen über den Art. 42 geschah der inzwischen im zweiten Entwurf zum Bürgerlichen Gesetzbuche eingestellten Vorschrift des § 768, jetzigen § 845 B.G.B. keine Erwähnung.

Vgl. Protokolle der II. Kommission S. 9171 flg.; Mugdan, Materialien Bd. 1 S. 128.

Daß der § 845 B.G.B. bei der schließlichen Redaktion des Art. 42 Einf.-Ges. versehentlich unberücksichtigt geblieben wäre, ist nicht denkbar. Andererseits hätte der Gesetzgeber, wenn er diese Vorschrift in das Haftpflichtgesetz übernehmen wollte, sie um so eher ausdrücklich erwähnen müssen, als im übrigen die Ersatzleistung ganz genau normiert, und insbesondere der schon im bisherigen Haftpflichtgesetz statuierte Anspruch des Unterhaltsberechtigten sachlich mit § 844 Abs. 2 B.G.B. übereinstimmend, aber in selbständiger Form neu geregelt worden ist.

Für den Bereich des Haftpflichtgesetzes können, was die Art und den Umfang des Schadensersatzes anlangt, nur die in diesem Spezialgesetze — in ausschließender und erschöpfender Weise — getroffenen Normen maßgebend sein. In anderen als den dort bestimmten Richtungen darf der Richter nicht auf Schadensersatz erkennen, falls nicht aus einem gleichzeitig gegebenen weiteren Schuldgrund ein Ersatzanspruch nach allgemeinem bürgerlichen Rechte oder etwa aus einem sonstigen Sondergesetz begründet ist. Das muß auch von dem § 845 B.G.B. gelten.

Vgl. Eger, Reichs-Haftpflicht-Gesetz (5. Aufl. Bem. 33 zu § 3 S. 289 flg. 292 flg.; v. Rutz, in Seufferts Blättern für Rechtsanwendung Bd. 64 S. 47; Laß u. Maier, Haftpflichtrecht (2. Aufl.) § 17 S. 104.

Die Bedeutung des Haftpflichtgesetzes als eines die Schadensersatzpflicht für sein Gebiet selbständig normierenden Sondergesetzes steht aber weiterhin auch der Annahme entgegen, daß der § 845 B.G.B. Anwendung finde, weil die Haftung des Eisenbahnunternehmers als eine solche aus unerlaubter Handlung aufzufassen sei. Eine Deliktsobligation im eigentlichen Sinne ist die in § 1 des Haftpflichtgesetzes dem Betriebsunternehmer — ohne die Voraussetzung eines Verschuldens — auferlegte Haftung sicher nicht. Allerdings umfaßt das Bürgerliche Gesetzbuch in Buch IV Abschn. 7 Tit. 25 unter den von ihm so bezeichneten „unerlaubten Handlungen" auch einzelne Fälle einer außerkontraktlichen nicht deliktischen Haftung (§§ 829. 833. 835). Mit Rücksicht auf diesen vom bisherigen Sprachgebrauch abweichenden weiteren Begriff der unerlaubten Handlung hat der erkennende Senat in dem Urteil vom 24. November 1902 (Entsch. des R.G.'s in Zivils. Bd. 53 S. 114 flg.) sich für die Anwendung des § 840 Abs. 3 B.G.B. auf die Haftung des Eisenbahnunternehmers aus § 1 des Haftpflichtgesetzes entschieden. Indes ist damit nicht ausgesprochen, daß alle vom Bürgerlichen Gesetzbuch in dem Titel über unerlaubte Handlungen getroffenen Bestimmungen auch auf das Haftpflichtgesetz zu übertragen seien. Das ist eben hinsichtlich derjenigen Vorschriften nicht angängig, welche eine von dem Spezialgesetze besonders geregelte Materie betreffen, wie namentlich Art und Umfang des Schadensersatzes. Das Reichshaftpflichtgesetz will einen Ersatz nur in bestimmten Grenzen, nicht nach Maßgabe der allgemeinen zivilrechtlichen Normen über Schadensersatz oder im Umfang der Ersatzpflicht bei unerlaubten Handlungen gewähren. So haben auch der § 842 und der § 847 B.G.B. in Art. 42 Einf.-Ges. keine Aufnahme gefunden. Eine analoge Anwendung ist ausgeschlossen.

2. Ebensowenig erscheint aber der Weg, den der Kläger durch Berufung auf § 25 des preußischen Eisenbahngesetzes vom 3. November 1838 einschlagen will, als gangbar, um zur Anwendung des § 845 B.G.B. zu gelangen.

Es wäre schon fraglich, ob unter der Geltung des Reichshaftpflichtgesetzes in der Zeit vor Inkrafttreten des Bürgerlichen Gesetzbuchs der § 25 des preußischen Eisenbahngesetzes auch für die Fälle der Tötung und Körperverletzung eines Menschen beim Betriebe der Bahn, welche dem Tatbestande nach durch § 1 des Reichshaftpflichtgesetzes betroffen waren, fortgegolten habe.

Vgl. hierüber die Ausführungen bei Eger, Reichs-Haftpflicht-Gesetz zu § 9 5. Aufl. S. 580 flg., Bem. 110, I.

Doch kann dies jetzt dahingestellt bleiben. Denn wenn man auch im Anschluß an die dem § 9 des Haftpflichtgesetzes — den Worten

„außer den in diesem Gesetz vorgesehenen Fällen“ — von der späteren Judikatur des Reichsoberhandelsgerichts (Plenarbeschluß vom 4. Januar 1879, Entsch. des R.O.H.G.'s Bd. 24 S. 311) und des Reichsgerichts gegebene Auslegung, die namentlich dem Urteil des V. Zivilsenats des Reichsgerichts vom 5. Januar 1881 (Entsch. des R.G.'s in Zivils. Bd. 3 S. 319) zugrunde liegt, jene Frage bejahend zu entscheiden hätte, so wäre doch nicht zuzugeben, daß der gleiche Rechtszustand noch gegenwärtig bestehe.

Im allgemeinen sind nach Art. 55 Einf.-Ges. zum B.G.B. die privatrechtlichen Vorschriften der Landesgesetze außer Kraft getreten, soweit nicht im Bürgerlichen Gesetzbuch oder im Einführungsgesetz etwas anderes bestimmt ist. Mit Rücksicht hierauf ist bei der Neufassung des Haftpflichtgesetzes durch Art. 42 Einf.-Ges. an dem § 9 eine Änderung vorgenommen worden. In Abs. 1 sind an die Stelle der dort vorbehaltenen „Bestimmungen der Landesgesetze“ die „gesetzlichen Vorschriften“ getreten; der bisherige Abs. 2 ist gestrichen. In den Motiven S. 137 (Mugdan, Materialien Bd. 1 S. 11) wird diese Abänderung dahin begründet: die bisher in § 9 Abs. 1 aufrecht erhaltenen landesgesetzlichen Vorschriften „werden mit dem Bürgerlichen Gesetzbuch hinfällig; es kommen nur noch Reichsgesetze, darunter die Unfallversicherungsgesetze und namentlich das Bürgerliche Gesetzbuch, in Betracht“. Der Abs. 2 des § 9 a. a. O. habe nur für die in Abs. 1 erwähnten Landesgesetze Bedeutung, welchen er eine nicht unwichtige Schranke ziehe. Die Tragweite der einschlagenden reichsgesetzlichen Bestimmungen, insbesondere des Bürgerlichen Gesetzbuchs, könne fortan schlechterdings nicht durch die im Abs. 2 angeführten Bestimmungen eingeengt werden; der Abs. 2 komme deshalb in Wegfall. Angesichts der Neugestaltung des § 9, welche offensichtlich im Zusammenhang mit dem im Art. 55 Einf.-Ges. zum Ausdruck gebrachten allgemeinen Grundsatz („Kodifikationsprinzip“) erfolgt ist, und der hierzu gegebenen Begründung kann es keinem Zweifel unterliegen, daß damit beabsichtigt war, den bisherigen Vorbehalt zugunsten der Landesgesetze für das Gebiet der durch das Reichshaftpflichtgesetz geregelten Haftung in Fortfall zu bringen. Der § 9 hatte jetzt nur noch die Bedeutung eines Hinweises darauf, daß durch das Haftpflichtgesetz weitergehende reichsgesetzliche Bestimmungen nicht berührt werden. Nun ist allerdings durch den revidierten zweiten

Entwurf des Einführungsgesetzes und die Beschlüsse der II. Kommission in das Gesetz der Art. 105 aufgenommen worden, wonach „unberührt bleiben die landesgesetzlichen Vorschriften, nach welchen der Unternehmer eines Eisenbahnbetriebs oder eines anderen mit gemeiner Gefahr verbundenen Betriebs für den aus dem Betrieb entstehenden Schaden in weiterem Umfang als nach den Vorschriften des Bürgerlichen Gesetzbuchs verantwortlich ist". Aus der allgemeinen Fassung dieses Vorbehaltes wird von mehreren Schriftstellern gefolgert, daß durch den Art. 105 die landesgesetzlichen Vorschriften über die Haftung für Tötung und Körperverletzung beim Eisenbahnbetrieb (und anderen gefährlichen Betrieben) voll aufrecht erhalten worden seien, und daß mithin die „gesetzlichen Vorschriften" in der neuen Fassung des § 9 des Haftpflichtgesetzes auch die nach Art. 105 in Kraft gebliebenen landesgesetzlichen Vorschriften mit umfassen sollten.

Vgl. Reindl, Reichshaftpflichtgesetz Bem. 2 zu § 9 S. 212 flg.; Osterlen, bei Eger, Eisenbahnrechtliche Entscheidungen Bd. 15 S. 367 Note 1; Linckelmann, Die Schadensersatzpflicht aus unerlaubten Handlungen S. 14.

Dieser Meinung vermag der erkennende Senat sich nicht anzuschließen. Es ist schon von vornherein sehr wenig wahrscheinlich, daß der Gesetzgeber mit dem Vorbehalte des Art. 105 Einf.-Ges. in Widerspruch zu dem § 9 des Haftpflichtgesetzes nach seiner durch die erwähnte Abänderung erlangten Bedeutung getreten wäre und gleichwohl den § 9 in dieser Gestalt hätte bestehen lassen, ohne die Erstreckung auf die Landesgesetze auch hier wieder zum Ausdruck zu bringen. Und es lag auch schwerlich in der Absicht des Gesetzgebers, eine Bestimmung zu treffen, infolge deren „die ganze bezügliche Materie der Landesgesetzgebung ausgeantwortet" worden wäre, wie sich Linckelmann, indem er diese Folge im Interesse der Einheitlichkeit des Rechtes bedauert, ausdrückt. Der Wortlaut des Art. 105 nötigt nicht dazu, ihm eine solche Tragweite beizumessen.

Der Vorbehalt des Art. 105 ermächtigt die Landesgesetzgebung, für die dort erwähnten Fälle von Schadenshaftung durch weitere Ausdehnung solcher Verantwortlichkeit von den Vorschriften des Bürgerlichen Gesetzbuchs abzuweichen, nicht aber auch zu Abweichungen von anderen Reichsgesetzen, namentlich dem Reichshaftpflichtgesetz. Ein Vorbehalt zugunsten der Landesgesetze gegenüber dem Reichshaftpflichtgesetze müßte in diesem selbst getroffen sein; in in dem nunmehrigen § 9 kann aber nach der Änderung, die er erfahren hat, ein solcher Vorbehalt nicht mehr gefunden werden. Weiterhin spricht die Entstehungsgeschichte des Art. 105 Einf.-Ges. gegen die Annahme, daß dadurch der Landesgesetzgebung freigegeben sei, Vorschriften über Haftungen wegen Personenbeschädigung beim Eisenbahnbetrieb zu treffen, und daß derartige landesgesetzliche Vorschriften in Kraft geblieben seien (Art. 3 Einf.-Ges.). Den Anlaß zu der Bestimmung des Art. 105 Einf.-Ges. gab der Wunsch der preußischen Regierung, daß der § 25 des preußischen Eisenbahngesetzes vom 3. November 1838 mit dem ergänzenden Gesetze vom 3. Mai 1869 aufrecht erhalten werde, „worin eine vom Verschulden unabhängige Haftpflicht wegen der Beschädigung von Sachen festgestellt sei, während das Reichshaftpflichtgesetz von 1871 nur die Beschädigung von Personen betreffe". Es sei — wurde hierzu in der II. Kommission erwogen — nicht wohl angängig, derartige Spezialvorschriften, gegen welche sachlich keine Bedenken vorlägen, stillschweigend zu beseitigen. Wolle man aber einmal einen Vorbehalt machen, so sei es richtiger, ihm die (in einem Unterantrag vorgeschlagene) weitere Fassung zu geben. Es sei zwar davon auszugehen, daß nicht nur bei den Eisenbahnen, sondern auch bei den anderen angezogenen ähnlichen Unternehmungen die Reichsgesetzgebung Normen aufstellen werde. Indessen erscheine es nicht zweckmäßig, das Eingreifen der Landesgesetzgebung ganz abzuschneiden, da neue gefährliche Betriebe, wie z. B. elektrische Kraftübertragung, oftmals zuerst in einzelnen Städten oder Gegenden entständen.

Vgl. Protokolle der II. Kommission S. 2788; Mugdan, Materialien Bd. 1 S. 166. 167.

Diese Verhandlungen lassen klar erkennen, daß man nicht daran gedacht hat, eine landesgesetzliche Regelung der Haftung für Beschädigung von Personen durch den Eisenbahnbetrieb neben dem für dieses Gebiet bestehenden Reichsgesetz und in Abweichung von diesem zuzulassen. Was speziell den § 25 des preußischen Eisenbahngesetzes betrifft, so wollte man denselben lediglich insofern, als er eine Haftung für Beschädigung von Sachen statuiert, aufrecht erhalten, mag nun die Ansicht gewesen sein, daß der § 25 auch bisher schon neben dem Reichshaftpflichtgesetz praktisch nur noch für Sachschäden Bedeutung gehabt habe, oder mag man sich dessen bewußt gewesen sein, daß eine **weiter** reichende Bedeutung desselben mit dem Inkrafttreten des Bürgerlichen Gesetzbuchs hinfällig werde. Wenn freilich der klare und unzweideutige Wortlaut des Gesetzes einen Vorbehalt für die Landesgesetze in dem behaupteten weiten Umfang ergäbe, so könnte eine einschränkende Auffassung des Gesetzes nicht aus dessen Entstehungsgeschichte deduziert werden. Allein vorliegend sind die wesentlichen Momente für die hier vertretene Auslegung schon aus der Fassung der Gesetzesvorschrift, ihrem Zusammenhang mit den entsprechenden Bestimmungen des Einführungsgesetzes und des Haftpflichtgesetzes und den allgemeinen Grundsätzen über das Verhältnis zwischen Reichsrecht und Landesrecht zu entnehmen.

Wenn der Vorbehalt in Art. 105 a. a. O., wie hier unentschieden bleiben kann, sich in gewissen Richtungen, namentlich was die „**anderen** mit gemeiner Gefahr verbundenen Betriebe" anlangt, auch auf Verletzung von **Personen** bezieht, so ist daraus die fortdauernde Geltung des § 25 des preußischen Eisenbahngesetzes für Personenschaden nicht herzuleiten. Es kommt für den gegenwärtigen Fall nur darauf an, ob neben dem Reichshaftpflichtgesetz für **denselben Tatbestand**, der in § 1 dieses Gesetzes behandelt ist, also den Fall der bei dem Betrieb einer Eisenbahn erfolgten Tötung oder Körperverletzung eines Menschen, das Landesgesetz in Kraft besteht, so daß ein lediglich auf jenen Tatbestand gegründeter Ersatzanspruch nach der weitergehenden landesgesetzlichen Haftpflicht zu beurteilen wäre. Und diese Frage ist nach dem Ausgeführten zu verneinen.

Vgl. **Eger**, Reichs-Haftpflicht-Gesetz (5. Aufl.) Bem. 110 Nr. II zu § 9 S. 585 flg.; **Aron**, bei **Eger**, Eisenbahnrechtliche Entscheidungen Bd. 14 S. 183 flg. 189 flg.; v. **Rutz**, bei **Seuffert**, Blätter für Rechtsanwendung Bd. 64 S. 90; **Laß** u. **Maier**, Haftpflichtrecht § 17 S. 109; **Planck**, Bürgerliches Gesetzbuch Bd. 6 Bem. 6 zu Art. 42 S. 120, Bem. 1 zu Art. 105 S. 194; **Niedner**, Das Einführungsgesetz vom 18. August 1896, Bem. 6 zu Art. 42 2. Aufl. S. 113, Bem. 2 zu Art. 105 S. 210; **Staudinger**, Kommentar zum Bürgerlichen Gesetzbuch Bd. 6 zu Art. 42 S. 74, zu Art. 105 S. 144; **Keiner**, bei **Eger**, Eisenbahnrechtliche Entscheidungen Bd. 17 S. 72.

Es braucht sonach nicht weiter darauf eingegangen zu werden, ob, wenn der § 25 des preußischen Eisenbahngesetzes noch für Beschädigung von Personen in Geltung stände, die juristische Konstruktion als zulässig erschiene, mittels deren der Kläger einen Ersatzanspruch des Dienstberechtigten im Sinne von § 845 B.G.B. auf jene landesgesetzliche Vorschrift gründen will." ...

---

13. Zur Auslegung des § 15 Abss. 3 u. 4 des Gesetzes, betr. die Gesellschaften mit beschränkter Haftung, vom $\frac{\text{20. April 1892}}{\text{20. Mai 1898}}$.

I. Zivilsenat. Urt. v. 13. Februar 1904 i. S. A. (Kl.) w. Sch. & B. (Bekl.). Rep. I. 422/03.

I. Landgericht I Berlin.
II. Kammergericht daselbst.

In einem schriftlichen Vertrage vom 14. Februar 1899 verpflichtete sich die Beklagte, dem Kläger, der ihr durch denselben Vertrag die Fabrikation und den Vertrieb eines ihm patentierten Petroleumkochers gegen Entgelt überließ, bis zum 1. April 1900 in vier Raten 28 Anteilscheine einer Gesellschaft m. b. H. gegen bar abzunehmen, falls der Kläger sie nicht vorher durch ihre Vermittlung anderweit verkauft haben sollte.

Als der Kläger auf Abnahme eines Teils der Anteilscheine und Zahlung des Preises klagte, wendete die Beklagte ein, daß der Vertrag bezüglich der Anteilscheine wegen Mangels der in § 15 Abss. 3 und 4 des Gesetzes vom 20. April 1892 vorgeschriebenen Form nichtig sei. Die Klage wurde deshalb in erster und zweiter Instanz abgewiesen. Die Revision des Klägers ist zurückgewiesen aus folgenden

Gründen:

... „Die Revision macht ... geltend, daß durch den Vertrag vom 14. Februar 1899 seitens des Klägers als Gesellschafters eine Verpflichtung zur Abtretung der Geschäftsanteile nicht übernommen sei, da es in seinem Belieben gestanden habe, ob er die Anteile abgeben wolle, und nur für die Gesellschaft Sch. & B. die Verpflichtung begründet worden sei, die Anteile abzunehmen, falls der Kläger sie nicht anderweit los werde.

Dies ist richtig, führt aber nicht zu der rechtlichen Folgerung, welche die Revision daraus gezogen wissen will. Nach § 15 Abss. 3 und 4 Satz 1 des Gesetzes vom 20. April 1892 bedarf sowohl der dingliche Vertrag, durch den die Abtretung mittels Erklärung derselben und deren Annahme bewirkt wird, wie der obligatorische Vertrag, durch den die Verpflichtung zu dieser Erklärung und deren Annahme begründet werden soll, der gerichtlichen oder notariellen Form. Seinem Wortlaute nach spricht das Gesetz zwar nur von der Form für die Verpflichtung des Gesellschafters zur Abtretung; aber der Satz 2 des Abs. 4 fügt in unmittelbarem Anschluß daran hinzu, daß die formlos getroffene Vereinbarung nur durch den nach Abs. 3 in gerichtlicher oder notarieller Form geschlossenen dinglichen Abtretungsvertrag gültig wird, d. h. nach § 128 B.G.B. dadurch, daß die Abtretung wie deren Annahme in gerichtlicher oder notarieller Form erfolgt. Daraus und aus dem Zweck des Gesetzes, durch die vorgeschriebene besondere Form den spekulativen Handel mit Geschäftsanteilen zu erschweren und Zweifel und Unklarheiten über die Tatsache der Übertragung zu verhindern, kann geschlossen werden, daß jede Vereinbarung, welche auf Abtretung von Geschäftsanteilen gerichtet ist, solche zum Gegenstande hat, der besonderen Form bedarf, auch wenn sie dem Gesellschafter freie Hand läßt, abzutreten oder nicht abzutreten, nur den anderen Kontrahenten bindet.

Aber diese Frage braucht nicht einmal entschieden zu werden. Die Nr. 10 des Vertrages räumte allerdings dem Kläger zunächst nur das Recht ein, von der verklagten Gesellschaft die Abnahme der Anteilscheine zu fordern, und verpflichtete die Gesellschaft zur Abnahme und Zahlung al pari. Der Kläger konnte von dem Rechte Gebrauch machen und wird von demselben nur Gebrauch machen, wenn die Anteilscheine unter pari stehen, oder die Verhältnisse der Gesellschaft ihm Verlust drohen, die Anteilscheine unverkäuflich oder schwer verkäuflich werden. Er erlangte damit einen Vorteil, der als Teil der Vergütung für die Überlassung des Gaskochers zu denken ist. Aber aus seinem Rechte zur Abtretung wurde eine Verpflichtung, sobald er die Abnahme der Anteilscheine und die Zahlung des Preises forderte. Der Kläger fordert in der Klage die Zahlung des Preises und kann eine Verurteilung der Beklagten zur Zahlung ohne Anerkennung der Verpflichtung, die Geschäftsanteile Zug um Zug abzutreten, nicht verlangen. Diese Verpflichtung beruht in ihrem Grunde auf dem schriftlichen Vertrage vom 14. Februar 1899, ist durch diesen beim Mangel der Form des Abs. 4 des § 15 a. a. O. nicht begründet. Darauf beruft die Beklagte sich mit Recht. Nach Satz 2 im Abs. 4 des § 15 a. a. O. wird die mangelnde Form des Vertrages nur durch den gerichtlichen oder notariellen Abtretungsvertrag des Abs. 3 des § 15 ersetzt, d. h. durch die Abtretung in dieser Form und die Annahme der Abtretung in derselben Form gemäß § 128 B.G.B. Zu solcher Annahmeerklärung ist die Beklagte aber beim Mangel eines verbindlichen Vertrages im Sinne des Satzes 1 im Abs. 4 des § 15 a. a. O. nicht verpflichtet.

Von diesen Grundsätzen ist das Reichsgericht bereits in seiner Entscheidung vom 5. November 1902 in Sachen B. wider B., Rep. I. 336/02, ausgegangen." ...

---

14. 1. Rechtliche Bedeutung der Verpflichtungserklärung im Konnossement.

2. Genügt in den Fällen des § 364 H.G.B. zur Begründung der sog. exceptio doli generalis, daß der Erwerber des Konnossements von dem Bestehen von Einwendungen des Schuldners gegenüber seinem Vormanne Kenntnis hatte?

I. Zivilsenat. Urt. v. 13. Februar 1904 i. S. S. & C. (Bekl.) w. D. (Kl.). Rep. I. 411/03.

I. Landgericht Hamburg, Kammer für Handelssachen.
II. Oberlandesgericht daselbst.

Kläger waren die konnossementmäßigen Empfänger von drei Partien Apfelsinen, welche im April 1902 auf dem Dampfer „Campeador" von Gandia nach Hamburg verschifft worden, und von denen 528 Kisten bei ihrem Eintreffen in seebeschädigtem Zustande, fünf weitere Kisten aber ganz in Verlust geraten waren. Die Kläger erblickten die Ursache des eingetretenen Schadens bzw. Verlustes darin, daß die Apfelsinen ordnungswidrigerweise auf Deck geladen worden waren, und machten die Beklagten, welche die Makler des Schiffes waren und für dessen

Reederei die Haftung bezüglich der fraglichen Sendung übernommen hatten, für den entstandenen Schaden verantwortlich. Kläger hatten die geschuldete Fracht im Betrag von 1073,10 ℳ hinterlegt und beantragten, die Beklagten zur Gestattung der Zurückerhebung dieses Betrags sowie zur Zahlung von weiteren 824,90 ℳ und 45,50 ℳ nebst Zinsen, nach Maßgabe der mit der Klage vorgelegten Schadensaufmachung zu verurteilen. Die Beklagten beantragten, die Klage abzuweisen, und widerklagend, die Kläger zur Gestattung der Erhebung der von ihnen hinterlegten 1073,10 ℳ durch Beklagte und zur Zahlung von Zinsen aus diesem Betrage zu verurteilen.

Das Landgericht erkannte nach den Anträgen der Beklagten, wogegen das Oberlandesgericht im wesentlichen den Anträgen der Kläger entsprach.

Die Revision ist zurückgewiesen worden.

Aus den Gründen:

„Es ist der Revision zuzugeben, daß, wenn es für die Entscheidung auf die Einwilligung der Ablader und des spanischen Bankiers der Kläger zur Deckverladung und weiter auf die Kenntnis der Kläger von der Erteilung dieser Einwilligung ankäme, das Urteil des Oberlandesgerichts nicht aufrecht erhalten werden könnte, da die in dieser Hinsicht von den Beklagten gestellten Beweisanträge nicht erledigt sind, und die Annahme des Oberlandesgerichts, der spanische Bankier habe bei Bevorschussung der Ware von der Deckverladung noch keine Kenntnis gehabt, mit dem Parteivorbringen nicht vereinbar ist.

Allein dieser Mangel der Begründung kann deshalb nicht zu einer Aufhebung des Urteils führen, weil die Entscheidung auf einer zutreffenden Beurteilung der Rechte der konnossementmäßigen Empfänger beruht und durch die hierauf gestützten Erwägungen getragen wird. Die Rechte der Kläger als Konnossementsempfänger können durch Vereinbarungen, welche die Ablader, oder welche ein von den Klägern nicht bevollmächtigter Dritter mit dem Verfrachter getroffen hat, nicht beeinflußt werden, sofern sie nicht Aufnahme in das Konnossement gefunden haben. Das Konnossement ist für das Verhältnis zwischen dem Verfrachter und dem Empfänger der Güter maßgebend (vgl. § 651 H.G.B.). Allerdings wird durch die Ausstellung eines Konnossements nicht, wie durch die Ausstellung eines Wechsels, ein abstraktes Schuldverhältnis geschaffen; vielmehr bleibt der Frachtvertrag die rechtliche Grundlage der Verpflichtung des Verfrachters. Aber durch das Konnossement wird der Inhalt dieser Verpflichtung in selbständiger und für die Rechte des Empfängers maßgeblicher Weise begrenzt. Das Konnossement ist insofern Skripturobligation. Die nicht in dasselbe aufgenommenen Bestimmungen des Frachtvertrages sind dem Empfänger gegenüber unwirksam, sofern nicht das Konnossement ausdrücklich auf sie Bezug nimmt (vgl. § 651 Abs. 2 H.G.B.). Vereinbarungen zwischen dem Verfrachter und dem Ablader berühren den Empfänger nicht, wenn sie nicht in das Konnossement aufgenommen werden.

Vgl. Cosack, Lehrbuch des Handelsrechts § 93 6. Aufl. S. 427; Makower-Löwe, Kommentar zum H.G.B. § 651; Lewis-Boyens, Seerecht Bd. 2 S. 341. 342. 345; Entsch. des R.G.'s in Zivils. Bd. 14 S. 7 flg.

Die Vereinbarung über Deckverladung, welche die Reederei im vorliegenden Falle mit den Abladern getroffen haben will, ist hiernach für die Kläger nicht maßgebend. Eine abweichende Beurteilung würde nur dann Platz zu greifen haben, wenn die Kläger, obwohl Besitzer der Konnossemente, materiell nur als Vertreter der Ablader deren Rechte geltend machten.

Vgl. Entsch. des R.G.'s in Zivils. Bd. 20 S. 67 flg.; Lewis-Boyens, a. a. O. S. 345.

Das Oberlandesgericht hat jedoch auf Grund tatsächlicher Würdigung des Streitverhältnisses mit einwandsfreier Begründung festgestellt, daß die Kläger im vorliegenden Prozesse ihre eigenen Rechte verfolgen.

Ebensowenig wie die Zustimmung der Ablader zur Deckverladung kommt die angebliche Zustimmung des spanischen Bankiers ihres Indossanten gegenüber den Rechten der Kläger aus dem Konnossement in Betracht. Insbesondere ist die Ansicht abzulehnen, daß die Kenntnis der Kläger von dieser Zustimmung beim Erwerb der Konnossemente für die Beklagte gegenüber dem konnossementmäßigen Anspruche die sog. exceptio doli generalis begründen würde. Durch das Indossament haben die Kläger die Rechte aus dem Konnossement gegen die Reederei erworben, und zwar nicht die Rechte ihres Vormannes (Indossanten) als solche, sondern die Rechte aus der Urkunde. Die

Rechte „aus dem indossierten Papier“ sind auf sie übergegangen (vgl. § 364 H.G.B.). Lediglich solche Einwendungen, welche die Gültigkeit der Verpflichtungserklärung im Konnossement betreffen, sich aus dem Inhalt desselben ergeben oder unmittelbar gegen den legitimierten Besitzer der Konnossemente begründet sind, können gegenüber diesen Rechten geltend gemacht werden. Der Umstand, daß die Kläger bei dem Erwerbe der Konnossemente von dem Bestehen anderer Einwendungen Kenntnis hatten, ist unerheblich. Nur ein arglistiges Verhalten findet den Schutz des Gesetzes nicht. Zur Annahme eines solchen kann es jedoch nicht genügen, daß der legitimierte Inhaber des Konnossements zu der Zeit, als er die Rechte aus der Urkunde erwarb, davon unterrichtet war, daß dem nach Inhalt derselben Verpflichteten seinem Vormann gegenüber Einwendungen zustehen, die ihm (dem Konnossementsinhaber) nicht entgegengesetzt werden können. Zur Annahme eines arglistigen Verhaltens ist vielmehr erforderlich, daß die durch das Indossament bewirkte formale Legitimation gerade zu dem Zwecke benutzt wird, um dem Verpflichteten seine aus der Urkunde nicht ersichtlichen Einwendungen abzuschneiden und ihn dadurch zu benachteiligen. Die gegenteilige, von Staub (§ 364 H.G.B. Anm. 14, Art. 82 W.O. Anm. 16) vertretene Ansicht kann nicht gebilligt werden. Sie wird dem Zwecke und der Bedeutung der hier in Betracht kommenden Urkunden, welche Träger des in ihnen verkörperten Rechtes sind, und deren Inhalt daher im Verkehr als unbedingt maßgeblich angesehen wird, nicht gerecht. Wer daher, wie im vorliegenden Falle die Kläger, eine solche Urkunde im Vertrauen auf ihren Inhalt gegen Valuta erwirbt und die daraus sich ergebenden Rechte verfolgt, handelt nicht deshalb schon arglistig oder unredlich, weil er weiß, daß dem Verpflichteten gegenüber bestimmten anderen Personen Einwendungen zustehen, die ihm nicht entgegengesetzt werden können. Diese vom Senat gebilligte Auffassung entspricht dem Standpunkt der bisherigen Judikatur und der auch in der Literatur vorherrschenden Ansicht.

Vgl. Entsch. des R.O.H.G.'s Bd. 7 S. 253, Bd. 8 S. 357, Bd. 10 S. 388, Bd. 13 S. 262, Bd. 23 S. 339, Bd. 25 S. 302; Entsch. des R.G.'s in Zivils. Bd. 4 S. 100, Bd. 11 S. 9; Bolze, Praxis des R.G.'s Bd. 4 Nr. 442, Bd. 10 Nr. 362; die Kommentare zum H.G.B. von Lehmann u. Ring § 364 Bem. 9, Makower § 364

III. 4, Düringer u. Hachenburg Bd. 2 § 364 S. 451; ferner für das Wechselrecht Grünhut Bd. 2 § 88, Rehbein Art. 82 Anm. 8.

Hiernach erscheint der von den Beklagten angetretene Beweis dafür, daß der Indossant der Kläger, der spanische Bankier, der Deckverladung zugestimmt und die Kläger hiervon sofort oder wenigstens vor Einlösung der Konnossemente in Kenntnis gesetzt habe, als unerheblich." . . .

---

15. 1. Kann ein Bürgschaftsvertrag gültig in der Weise geschlossen werden, daß der Bürge die unterschriebene Bürgschaftserklärung, in der der Name des Gläubigers offen gelassen ist, dem Schuldner oder einem Dritten zu dem Zwecke übergibt, daß ein Gläubiger für die Schuld erst gesucht werde, und daß durch den Schuldner oder den Dritten dem gefundenen Gläubiger die mit seinem Namen nachträglich ausgefüllte Urkunde ausgehändigt wird?

2. Erfordernisse der schriftlichen Bürgschaftserklärung und der schriftlichen Urkunde überhaupt.

B.G.B. §§ 126. 766.

VI. Zivilsenat. Urt. v. 18. Februar 1904 i. S. Th. (Bekl.) w. H. (Kl.). Rep. VI. 172/03.

I. Landgericht Frankfurt a. M.
II. Oberlandesgericht daselbst.

Aus den Gründen:

. . . „Die Bürgschaft erfordert einen Vertrag zwischen dem Bürgen und dem Gläubiger; ein Versprechen dem Schuldner gegenüber, daß man für seine Schuld aufkommen wolle, ist keine Bürgschaft. Wohl aber kann der Bürgschaftsvertrag, von den gesetzlichen Formvorschriften zunächst abgesehen, in der Weise zustande kommen, daß der Bürge eine Bürgschaftsurkunde dem Schuldner oder einem Dritten, der als Vermittler dient, übergibt, damit diese einen Gläubiger erst aufsuchen und dem gefundenen die Urkunde aushändigen. In der Ausfolgung der Urkunde an den Schuldner oder den Dritten liegt alsdann, wie das Berufungsgericht zutreffend angenommen hat, die Ermächtigung für diese, im Namen des Bürgen mit dem Gläubiger den Bürgschaftsvertrag abzuschließen, und mit der Empfangnahme der Urkunde von seiten des Gläubigers, die zugleich die Annahmeerklärung des letzteren darstellt, kommt der Vertrag zustande.

Vgl. Entsch. des R.G.'s in Zivils. Bd. 11 S. 248, Bd. 31 S. 266; Dernburg, Bürgerliches Recht Bd. 2 Abt. 2 S. 344; Crome, System Bd. 2 S. 871 flg. und Anm. 36.

Zur Gültigkeit des Bürgschaftsvertrages ist nun nach § 766 B.G.B. schriftliche Erteilung der Bürgschaftserklärung erforderlich. Nicht der Vertrag, aber die Verpflichtungserklärung des Bürgen bedarf der Beurkundung; die Annahme der Erklärung durch den Gläubiger kann formlos erfolgen. Was zur schriftlichen Form gehört, bestimmt § 126 B.G.B., wonach, wenn durch Gesetz schriftliche Form vorgeschrieben ist, die Urkunde von dem Aussteller eigenhändig durch Namensunterschrift oder mittels gerichtlich oder notariell beglaubigten Handzeichens unterzeichnet werden muß. Die Namensschrift des Ausstellers auf der Urkunde muß also Unterschrift sein, unter der Urkunde stehen, ihren Inhalt der äußeren Erscheinung nach decken. Daß der Text der Erklärung von dem Aussteller geschrieben sei, ist dagegen nicht erfordert, und ebensowenig ist vorgeschrieben, daß die Unterschrift erst unter den fertigen Text gesetzt werden dürfe. Dem Revisionskläger ist zuzugeben, daß die preußische Praxis des Allgemeinen Landrechts zu § 116 Tl. I Tit. 5 dieses Gesetzbuchs das letztere Erfordernis aufgestellt und festgehalten hat, obwohl auch diese Bestimmung nur die Unterzeichnung der Urkunde, allerdings in einer auf das zeitliche Nachher der Unterschrift einigermaßen hindeutenden Fassung: „Verträge, welche ... schriftlich geschlossen werden sollen, erhalten ihre Gültigkeit erst durch die Unterschrift", vorschrieb. Es wurde angenommen, daß, wenn die Unterschrift vor dem Text gegeben sei, nicht eine Erklärung unter-, sondern eine Namensschrift überschrieben sei. Dieser, insbesondere in den Entscheidungen des früheren preußi- Obertribunals Bd. 50 S. 29, Bd. 68 S. 128, Bd. 74 S. 168 vertretenen Auffassung, von der dieser Gerichtshof jedoch selbst für Zessionen und Verpfändungserklärungen eine Ausnahme gelten ließ,

vgl. Entsch. des Obertrib. Bd. 16 S. 142; Striethorst, Archiv Bd. 36 S. 139, Bd. 37 S. 288,

ist auch das von dem Revisionskläger angezogene Urteil des I. Hilfssenates des Reichsgerichts vom 13. Januar 1882 (Rassow u. Küntzel, Beiträge Bd. 26 S. 985) gefolgt. Die spätere Rechtsprechung des Reichsgerichts hat diesen Standpunkt, in Übereinstimmung mit den Vertretern der Wissenschaft des preußischen Rechts,

Eccius, Preuß. Privatrecht 5. Aufl. Bd. 1 S. 190. 460; Dernburg, Preuß. Privatrecht 4. Aufl. Bd. 1 S. 216,

mit Bewußtsein verlassen.

Vgl. Entsch. des R.G.'s in Zivils. Bd. 14 S. 297, Bd. 15 S. 55, Bd. 17 S. 115, Bd. 27 S. 269.

Das Reichsgericht führt in dem zuletzt bezeichneten Urteile aus, daß das Wort „Unterschrift" in § 116 A.L.R. I. 5 nichts anderes als „Namensschrift" bedeute, und der Gesetzgeber von dem regelmäßigen Falle, daß der Vertrag vor der Unterschrift fixiert wird, ausgegangen sei; er habe aber nicht dem Verkehre die Schranke auferlegen wollen, daß dieses Verfahren unbedingt beobachtet werden müsse; dem Erfordernisse der Schriftform werde auch genügt, wenn die Unterschrift, das gesetzliche Kennzeichen der Perfektion des Vertrages, vorangehe, und es könne den Vertragschließenden überlassen werden, gemeinschaftlich oder durch einen von ihnen oder durch einen dritten den verabredeten Inhalt des Vertrages über die Namensunterschrift zu setzen und damit den Vertrag zu einem schriftlichen zu machen.

Dieser Standpunkt ist auch für die Auslegung des Bürgerlichen Gesetzbuchs als der richtige zu erachten. Nach §§ 416. 439. 440 Z.P.O. hat die über der anerkannten Unterschrift stehende Schrift die Vermutung der Echtheit für sich, und die unterschriebene Urkunde begründet vollen Beweis dafür, daß die in ihr enthaltenen Erklärungen von dem Aussteller abgegeben sind. Daraus ergibt sich, daß, wer seine Namensschrift, die unter der Urkunde sich befindet, anerkennt, der Urkunde gegenüber beweisen muß, daß sie seine Erklärung nicht darstellt, daß er die Unterschrift nicht zum Zwecke der Verpflichtung gegeben, oder daß der Text ohne oder gegen seinen Willen oder mit unrichtigem Inhalte darüber gesetzt sei. Diesen Bestimmungen der Zivilprozeßordnung über die prozessuale Beweiskraft der Urkunden sind die Vorschriften des Bürgerlichen Gesetzbuchs über die materiellen Erfordernisse der Schriftform angeschlossen,

vgl. Motive zu dem Entwurfe des Bürgerlichen Gesetzbuches Bd. 1 S. 184; Protokolle der 2. Kommission Bd. 1 S. 89, und es ist deshalb keine Privatmeinung des Verfassers der Motive, wie die Revision auszuführen gesucht hat, sondern in dem natürlichen Zusammenhange zwischen dem formellen und dem materiellen Reichsrecht begründet, wenn S. 185 Bd. 1 der Motive zum Entwurfe des Bürgerlichen Gesetzbuchs ausgesprochen wird, daß es für die Frage der Formrichtigkeit der Urkunde ohne Belang sei, ob die Unterschrift zeitlich der Sonderschrift des Textes nachfolgt, oder vorausgeht. Wie in der Zivilprozeßordnung, ist auch im Bürgerlichen Gesetzbuch die Unterschrift die für eine bestimmte Stelle der Urkunde vorgesehene Namensschrift.

Vgl. Rehbein, Bürgerliches Gesetzbuch Bd. 1 S. 156; Dernburg, Bürgerl. Recht Bd. 1 S. 411; Crome, System Bd. 1 S. 387.

Die Revision hat sich für die gegenteilige Auffassung auf ein Urteil des Hanseatischen Oberlandesgerichts vom 23. Dezember 1901 (Seuffert, Archiv Bd. 57 S. 268) berufen; dieses Urteil stützt aber die von der Revision vertretene Ansicht nicht; es behandelt überhaupt nicht den Fall der Blankounterschrift und führt im übrigen, die Übereinstimmung des Bürgerlichen Gesetzbuchs mit der Zivilprozeßordnung betonend, zutreffend aus, daß § 126 B.G.B. nur bezweckt habe, den in der Schriftform des Bürgerlichen Gesetzbuchs ausgestellten Urkunden prozessuale Beweiskraft dafür zu sichern, daß die in ihnen enthaltenen Erklärungen von den Ausstellern abgegeben seien.

Im gegebenen Falle steht fest, daß die Unterschrift des Beklagten zum Zwecke der Bürgschaftsverpflichtung gegeben wurde, und daß der zur Zeit der Unterschrift in dem Text der Urkunde noch fehlende Name des Gläubigers in diese seinem Willen entsprechend nachträglich eingerückt worden ist. Damit ist eine vollständige und gültige schriftliche Bürgschaftsurkunde nach §§ 126. 766 B.G.B. hergestellt worden." . . .

---

16. 1. Kann im Regelfalle des § 1606 Abs. 2 B.G.B. der Vater des minderjährigen und unverheirateten Kindes einer dem § 1603 Abs. 2 entsprechenden Steigerung seiner Unterhaltspflicht damit begegnen, daß er das Kind auf die Unterhaltspflicht der Mutter verweist? Wie ist alsdann die Beweislast zu regeln?

2. Darf der Vater dem Anspruche auf Zahlung einer Unterhaltsrente das Verlangen entgegenstellen, daß das am anderen Orte lebende Kind den Unterhalt in Gestalt der unmittelbaren Verpflegung bei ihm entgegennehme?

IV. Zivilsenat. Urt. v. 18. Februar 1904 i. S. M. (Kl.) w. M. (Bekl.). Rep. IV. 419/03.

I. Landgericht II Berlin.
II. Kammergericht daselbst.

Die Klägerin war zwölf Jahre alt und lebte, seitdem die Ehe ihrer Eltern geschieden worden war, bei ihrer Mutter an einem anderen Orte als der Vater. Sie erhob, vertreten durch die ihr für die Geltendmachung des gesetzlichen Unterhaltsanspruchs zur Pflegerin bestellte Mutter, gegen den Vater klagend den Anspruch, daß ihr der Unterhalt durch Zahlung einer Geldrente gewährt werde. In erster Instanz wurde ihr diese Rente, wenn auch unter Herabsetzung des verlangten Betrages, zuerkannt, wobei das Landgericht dem Verteidigungsvorbringen des Beklagten, daß er selbst vermögenslos und erwerbsunfähig, die Mutter der Klägerin dagegen diese zu unterhalten imstande sei, daß aber äußerstenfalls die Klägerin den Unterhalt bei ihm selbst in Gestalt der Naturalverpflegung entgegenzunehmen habe, kein Gehör gewährte. Das Berufungsgericht wies die Klage ab. Dieses Urteil wurde aufgehoben aus folgenden

Gründen:

„Der Berufungsrichter stellt zunächst folgende Erwägungen an, welche durchweg zugunsten des Klaganspruchs ausfallen: nach § 1603 Abs. 2 B.G.B. sei der Beklagte verpflichtet, alle verfügbaren Mittel zum Unterhalte seiner (minderjährigen und unverheirateten) Kinder aus der geschiedenen Ehe, und darunter auch der Klägerin, zu verwenden; ob die Mutter der Kinder deren Unterhalt zu bestreiten in der Lage sei, komme nicht in Betracht; die Mutter sei nicht ein „anderer unterhaltspflichtiger Verwandter" im Sinne des zweiten Satzes der in § 1603 Abs. 2 enthaltenen Gesetzesvorschriften, da diese offensichtlich einen Gegensatz zwischen den Eltern und den unterhaltspflichtigen Verwandten aufgestellt hätten; außerdem sei die Mutter, solange der Vater lebe, nach § 1606 Abs. 2 B.G.B. überhaupt nicht unterhaltspflichtig; der vom Beklagten erhobene fernere Einwand, daß die Klägerin äußerstenfalls den Unterhalt bei ihm selbst entgegenzunehmen habe, sei gleichermaßen hinfällig, weil es der zur Pflegerin bestellten Mutter an der Befugnis fehle, das Kind an den Beklagten herauszugeben; sodann habe der erste Richter die der Klägerin zuerkannte Rente in einem ihrem standesmäßigen Unterhalte entsprechenden Betrage zutreffend bemessen; diesen Betrag der Klägerin herzugeben, sei der Beklagte sogar in dem Falle verpflichtet, wenn ihm der eigene notdürftige Unterhalt nicht mehr verbleibe.

Als vom Berufungsrichter bestätigt kann auch die Feststellung des ersten Richters gelten, daß nach Lage der Sache eine Unterhaltsbedürftigkeit der Klägerin im Sinne des § 1602 B.G.B. für vorhanden zu erachten sei. Zuungunsten der Klägerin gab dagegen in zweiter Instanz die Annahme den Ausschlag, daß der Beklagte . . . weder aus seinem Vermögen Einnahmen habe, noch auch durch Erwerbstätigkeit etwas erlange, vielmehr selbst von dritter Seite, nämlich von seiner zweiten Ehefrau, unterhalten werde.

Diesem Klagabweisungsgrunde gegenüber stellt sich die Revision auf den Rechtsstandpunkt des ersten Richters, wonach es auf die Vermögenslosigkeit und auf die Erwerbsunfähigkeit des Vaters vor dem Prozeßgerichte überhaupt nicht ankäme. Sie hält es für eine Frage der Zwangsvollstreckung, ob die an und für sich bestehende Verpflichtung des Vaters, das minderjährige und unverheiratete Kind zu unterhalten, sich durchführen lasse, oder nicht. In dieser Beziehung konnte der Revision nicht beigetreten werden. Allerdings hat das Bürgerliche Gesetzbuch die gesetzliche Unterhaltspflicht in der Weise geregelt, daß für ihren Eintritt und für ihren Inhalt in allen Fällen des § 1601 von vornherein die Lebensstellung und die Einkommensverhältnisse des unterhaltsbedürftigen Verwandten allein bestimmend sind. Auch zur Begründung des Anspruchs gegen den Vater reicht es also aus, wenn das Kind gemäß § 1610 seinen Unterhaltsbedarf und im Vergleich damit gemäß § 1602 die Unzulänglichkeit seines Einkommens nachweist. Die Verpflichtung, das in solcher Weise als fehlend Nachgewiesene dem bedürftigen Verwandten herzugeben, bildet jedoch nur die gesetzliche Regel. Ihr gegenüber wird dem in Anspruch Genommenen durch § 1603 die Möglichkeit geboten, wiederum aus der

Unzulänglichkeit seines Vermögens und seines Erwerbs Einwendungen herzuleiten, die je nach ihrer Tragweite im besonderen Falle entweder den Eintritt der Verpflichtung überhaupt ausschließen, oder sie im Maße des Geschuldeten einschränken. Dies ergibt sich aus dem Wortlaut der Gesetzesvorschriften, deren Entstehungsgeschichte gleichfalls erkennen läßt, daß es darauf abgesehen war, unter Abweichung von den sich an die Rechtsprechung des gemeinen Rechts anschließenden Bestimmungen des ersten Entwurfs die Beweislast in der angegebenen Weise zu verteilen.

Vgl. § 1482 Entw. I, Motive Bd. 4 S. 687 flg., Protokolle der 2. Lesung Bd. 4 S. 480 flg.

Geht nun der von dem Kinde in Anspruch genommene Vater mit seiner auf § 1603 gestützten Verteidigung so weit, daß er einen gänzlichen Mangel an allen Unterhaltsmitteln und seine völlige Erwerbsunfähigkeit einwendet, so kann diesem äußersten Maße des Unvermögens auch nur die äußerste Wirkung auf den Bestand der Verpflichtung, nämlich deren gänzliche Ausschließung, entsprechen. Ob ein solcher Fall vorliegt, bedarf der Entscheidung durch den Prozeßrichter. Wenn unter Verhältnissen, die nach der Gesetzesregel einen Anspruch entstehen lassen, entgegenwirkende besondere Tatumstände dessen Eintritt ausschließen, so darf ihre Klarstellung nicht erst der Zwangsvollstreckung vorbehalten bleiben. Letztere hat eine Verurteilung zu einer bestimmten Leistung und damit die Erledigung der Frage, ob und inwieweit die Verpflichtung besteht, zur notwendigen Voraussetzung. Dies hatte bereits die frühere Rechtsprechung in bezug auf den Unterhaltsanspruch des gemeinen Rechts angenommen.

Vgl. Seufferts Archiv Bd. 6 Nr. 204 und Entsch. des R.G.'s in Zivils. Bd. 4 S. 154.

Die Änderung der Beweislast durch das Bürgerliche Gesetzbuch begründet aber in dieser Beziehung keinen Unterschied. ...

Allein bei einem näheren Eingehen auf die Einzelheiten der Urteilsgründe zeigt es sich, daß der Berufungsrichter mit seinen Feststellungen bis an das äußerste Ziel, nämlich bis zu einer die Unterhaltspflicht schlechthin ausschließenden Leistungsunfähigkeit überhaupt nicht gelangt ist. ...

Auf der anderen Seite erscheinen aber die rechtlichen Erwägungen des Berufungsrichters auch insoweit, als sie zugunsten der Klägerin ausgefallen sind, nach mehrfachen Richtungen unhaltbar. . . . Sobald nämlich der Beklagte bei der weiteren Sachprüfung, wenn auch nur in beschränktem Maße, für leistungsfähig gehalten werden muß, gelangt unmittelbar seine weitere Verteidigung, mit der er die Klägerin auf die Unterhaltspflicht ihrer Mutter verweist, zu rechtlicher Erheblichkeit. Dem minderjährigen und unverheirateten Kinde gegenüber dringt freilich der Vater damit allein noch nicht durch, daß er unter Berufung auf § 1603 Abs. 1 den Nachweis erbringt, wieviel ihm von seinem Vermögen und von seinem Einkommen frei bleiben muß, damit ihm bei Berücksichtigung seiner sonstigen Verpflichtungen der eigene standesmäßige Unterhalt nicht gefährdet werde. Beschränkt er sich darauf, das, was über diesen nachgewiesenen Eigenbedarf hinaus an Unterhaltsmitteln vorhanden ist, dem Kinde darzubieten, so wird er hierdurch noch nicht, wie in anderen Fällen der gesetzlichen Unterhaltspflicht, von dem erhobenen Anspruche befreit. Wohl aber ist er gegen die in § 1603 Abs. 2 vorgesehene weitergehende Verpflichtung, selbst unter Schmälerung jenes Eigenbedarfs zum Unterhalte des Kindes bis zur Erschöpfung aller verfügbaren Mittel beitragen zu müssen, dann geschützt, wenn er sich gleichzeitig auf eine der im Schlußsatze dieser Gesetzesstelle enthaltenen Ausnahmevorschriften zu berufen vermag. Von diesen beiden Ausnahmefällen kommt der, daß der Unterhalt des Kindes aus dem Stamme des Kindesvermögens bestritten werden kann, nach dem Verteidigungsvorbringen des Beklagten hier nicht in Betracht. Dagegen entsteht die Frage, ob dem Beklagten die andere Ausnahmevorschrift zur Seite steht, ob nämlich durch die Unterhaltspflicht der Mutter die über die Schranke des § 1603 Abs. 1 hinausgehende Steigerung der Unterhaltspflicht des Vaters ausgeschlossen wird. Der Berufungsrichter hat dies verneint. Dabei ist indessen von vornherein verfehlt und darum abzulehnen seine ohne besondere Begründung hingestellte Rechtsansicht, daß, solange der Vater des Kindes lebe, dessen Mutter überhaupt nicht unterhaltspflichtig sei. Diese Ansicht steht mit dem Schlußsatze des § 1606 in offensichtlichem Widerspruch. Im übrigen hat der Berufungsrichter allerdings die Rechtsprechung anderer Oberlandesgerichte, nämlich des Oberlandesgerichts zu Hamburg (Die Rechtsprechung der Oberlandesgerichte auf dem Gebiete des Zivilrechts Bd. 3 S. 369) und des Oberlandesgerichts zu Dresden (ebendaselbst Bd. 6 S. 167), sowie die Meinung von Dernburg (Das bürgerliche Recht des Deutschen Reichs und Preußens Bd. 4 S. 228 Anm. 11) für sich. Trotzdem muß die aufgeworfene Frage mit einer Einschränkung bejaht werden. Soweit die Leistungsfähigkeit der Mutter das im § 1603 Abs. 1 vorgeschriebene Maß überschreitet, geht für den im Schlußsatze des § 1606 vorgesehenen Regelfall ihre Unterhaltspflicht der gesteigerten Unterhaltspflicht des Vaters vor, und nur soweit ihre Verpflichtung in Betracht kommt, unter Kürzung des nach § 1603 Abs. 1 zu bemessenden Eigenbedarfs dem minderjährigen und unverheirateten Kinde in der durch § 1603 Abs. 2 vorgesehenen Weise Unterhalt zu gewähren, tritt diese gesteigerte Verpflichtung der Mutter hinter die gleiche Verpflichtung des Vaters zurück. Der Berufungsrichter und sonstige Vertreter seiner Rechtsauffassung stützen sich in erster Linie auf den Wortlaut der Gesetzesvorschrift im zweiten Absatze des § 1603. Wenn indessen das Gesetz, indem es dem minderjährigen und unverheirateten Kinde den gesteigerten Unterhaltsanspruch gewährt, hierbei von den Eltern als den Verpflichteten in der Mehrzahl spricht und die so bezeichnete Verpflichtung durch die ihr gegenübergestellte Ausnahme einschränkt, daß ein „anderer" unterhaltspflichtiger Verwandter vorhanden ist, so kann diese Ausdrucksweise des Gesetzes für sich allein nicht eine Auslegung begründen, vermöge deren die im § 1606 Abs. 1 vorgesehene Aufeinanderfolge der mit dem unterhaltsbedürftigen Kinde in der aufsteigenden Linie verwandten Personen durchbrochen, und die Unterhaltspflicht der Mutter aus der Ordnung, nach welcher sich der Eintritt der Verpflichtungen vollzieht, überhaupt ausgeschieden wird. So, wie der Berufungsrichter das Gesetz versteht, würde, wenn der Vater ohne eine Schmälerung des ihm nach § 1603 Abs. 1 freizulassenden Eigenbedarfs für den Unterhalt des Kindes nichts herzugeben vermag, die Mutter auch bei dem Vorhandensein ihrer vollen Leistungsfähigkeit gleichfalls freizulassen, es würden dagegen die Eltern der Mutter und die weiteren Verwandten der aufsteigenden Linie vor dem Vater unterhaltspflichtig sein. Ein die Unterhaltspflicht der Eltern nicht nur dem Ausdrucke, sondern auch der Sache nach zusammenfassender Gegensatz zu der Verpflichtung der sonstigen Verwandten könnte nur dann als wirklich gegeben angenommen werden, wenn im Verhältnis zwischen dem Kinde und den Eltern diese dem Kinde für den Unterhalt entweder als Gesamtschuldner, oder aber von vornherein je für einen bestimmten Teil aufzukommen hätten. Beides trifft nicht zu. Eine Gesamtschuld läßt das Bürgerliche Gesetzbuch, selbst soweit ihm eine gleichzeitige Verpflichtung mehrerer Personen zur Unterhaltsgewährung bekannt ist (§ 1606 Abs. 2 Satz 1), gleichwohl niemals entstehen.

Vgl. Motive zu § 1486 Entw. I Bd. 4 S. 692 flg.; Protokolle der zweiten Lesung Bd. 4 S. 486 flg. zu V.

Gemäß § 1606 Abs. 2 Satz 2 haften aber die Eltern auch nicht nach Teilen, sondern der eine Elternteil vor dem anderen, wobei in den Fällen des § 1604 Abs. 2 ein grundsätzlicher Unterschied nicht Platz greift. Wenn endlich von anderer Seite zur Begründung der hier abgelehnten Rechtsansicht noch auf § 1585 B.G.B. hingewiesen wird,

vgl. Rechtspr. der Oberlandesgerichte Bd. 6 S. 167 flg.,

so versagt dieser Hinweis gleichfalls. Das Gesetz spricht hier unter der Voraussetzung, daß die Ehe geschieden ist, dem Manne, sofern er einem gemeinschaftlichen Kinde Unterhalt zu gewähren hat, das Recht zu, von der Frau einen Beitrag zu verlangen, den sie ihm in näher bestimmter Weise zu den Kosten des Unterhalts zu leisten hat. Die Beitragspflicht der Frau wird jedoch nur zwischen den geschiedenen Eheleuten untereinander wirksam. Sie hat das Vorhandensein der dem Umfange nach feststehenden Verpflichtung des Vaters gegenüber dem Kinde zur Voraussetzung, und ihr Inhalt wird durch diese Verpflichtung mitbestimmt. Dagegen ist keineswegs auch umgekehrt das Vorhandensein der Beitragspflicht, ihr Umfang, ihre Erfüllung oder Nichterfüllung von Einfluß auf die Gestaltung der Rechte, wie sie das gemeinschaftliche Kind im Verhältnisse zu jedem seiner beiden Eltern hat (vgl. Planck, Bd. 4 Bem. 6 zu § 1585). Hiernach handelt es sich, wenn der § 1603 Abs. 2 die Unterhaltspflicht beider Eltern zusammenfaßt, lediglich um eine Frage des Ausdrucks, während die sachliche Bedeutung der Gesetzesvorschrift nur die sein kann, daß der gesteigerten Unterhaltspflicht eines jeden Elternteiles als einer Einzelverpflichtung die Unterhaltspflicht aller übrigen Verwandten und darum auch des anderen, ihm in der Haftung nachfolgenden Elternteils gegenübergestellt ist. Zu den Verwandten, deren Vorhandensein nach § 1603 Abs. 2 die gesteigerte Unterhaltspflicht des Vaters ausschließt, gehört somit im Regelfalle des § 1606 Abs. 2 auch die Mutter des Kindes, sofern und soweit sie unterhaltspflichtig ist. Ob diese Voraussetzung zutrifft, entscheidet sich wiederum nach § 1603 Abs. 1, und da sich aus dem vorhin bereits Dargelegten ergibt, daß der Wegfall der Unterhaltspflicht eine Abweichung von dem im § 1601 aufgestellten Grundsatze bildet, so hat diejenige Partei, welche den Wegfall geltend macht, den Nachweis zu erbringen, daß die Voraussetzungen für die Abweichung gegeben sind. Dem Beklagten lag also, wenn er sich auf die Unterhaltspflicht der Mutter der Klägerin berief, nicht die Beweispflicht dafür ob, daß die Mutter leistungsfähig sei. Vielmehr war es Sache der Klägerin, mit einem Gegeneinwande die mangelnde Leistungsfähigkeit ihrer Mutter und damit deren Befreiung von der Unterhaltspflicht nach Maßgabe des § 1603 Abs. 1 geltend zu machen und darzutun.

Eine richtige Gesetzesauslegung führt hiernach zu folgendem Ergebnis. Wenn das Berufungsgericht bei nochmaliger Verhandlung der Sache die bisher angenommene gänzliche Mittellosigkeit des Beklagten nicht mehr bejaht, so wird die fernere Prüfung zunächst auf die Frage zu richten sein, ob wenigstens so viel als vom Beklagten nachgewiesen gelten kann, daß dieser (bei Berücksichtigung seiner sonstigen Verpflichtungen) ohne Gefährdung seines standesmäßigen Unterhalts außerstande sei, der Klägerin Unterhalt zu gewähren. Sofern der Beklagte den fraglichen Nachweis geliefert hat, bleibt der dadurch betroffene Teil des Unterhaltsbedarfs der Klägerin von seiner Seite vorerst ungedeckt, und es handelt sich nunmehr darum, ob demgegenüber von klägerischer Seite dargetan wird, daß die Mutter der Klägerin ohne Gefährdung ihres standesmäßigen Unterhalts außerstande sei, zum Unterhalt der Klägerin etwas herzugeben. Erst soweit die Klägerin diesen Beweis erbringt, tritt nach § 1603 Abs. 2 die gesteigerte Unterhaltspflicht des Vaters ein. Die letztere Pflicht besteht aber nicht — wie der Berufungsrichter in offensichtlichem Widerspruche mit der Gesetzesvorschrift angenommen hat — darin, daß der Beklagte ohne Rücksicht auf seine eigene Unterhaltsbedürftigkeit der Klägerin alles Vorhandene herzugeben verpflichtet wäre, sondern es tritt in solchem Falle eine gleichmäßige Verwendung der verfügbaren Mittel für den Unterhalt des Beklagten selbst und seiner sämtlichen minderjährigen und unverheirateten Kinder ein. Einer derartigen Verteilung dieser Mittel entsprechend wird die dem Beklagten durch das Urteil aufzuerlegende Rentenzahlung zu bemessen sein, wobei der sich nach § 1610 richtende Gesamtbedarf des Kindes die Grenze bildet, bis zu der hin der Vater das von der Mutter Herzugebende dem Kinde zu ergänzen hat.

Beizupflichten ist schließlich der Begründung des Berufungsurteils in dem Punkte, daß der Beklagte dem Klaganspruch nicht mit dem Verlangen begegnen darf, Klägerin solle den Unterhalt bei ihm selbst in Gestalt der Naturalverpflegung entgegennehmen. Daß die Klägerin von dem Beklagten räumlich getrennt worden ist und sich außerhalb seines Wohnortes befindet, kann ihr nicht als Schuld angerechnet werden. Sie ist auch außerstande, in Person die geeigneten Schritte zu tun, um die vom Beklagten begehrte Vereinigung herbeizuführen. Die ihr bestellte Pflegerin ist als solche nicht ermächtigt, den Streit über das Verbleiben der Klägerin mit dem Beklagten zum Austrage zu bringen. Um einen Streit, den die Mutter in ihrer eigenen Person deswegen mit dem Beklagten führt, handelt es sich jetzt nicht; er würde auch nicht ohne weiteres die Entscheidung des gegenwärtigen Prozesses beeinflussen können. Da nun aber das Recht des Vaters, gemäß § 1612 Abs. 2 B.G.B. die Art der ihm obliegenden Unterhaltsgewährung selbst zu bestimmen, seine Grenze darin hat, daß der Unterhalt in der dargebotenen Art dem Kinde erreichbar sein muß, und da diese Möglichkeit im vorliegenden Falle für das Kind nicht besteht, so hat vorerst die richterliche Entscheidung an die Stelle der väterlichen Bestimmung zu treten, woraus sich dann nach Lage der Sache von selbst ergibt, daß die Unterhaltsgewährung nur in Gestalt einer dem Beklagten aufzuerlegenden Geldrente der Klägerin zugemessen werden kann.

Vgl. das Urteil des Reichsgerichts in Sachen W. wider W. vom 28. Oktober 1901, Jurist. Wochenschrift S. 870 flg."

---

17. Muß die in § 7 des preußischen Kommunalbeamtengesetzes vom 30. Juli 1899 angeordnete Entscheidung des Bezirksausschusses der Erhebung der Klage im Rechtswege vorangehen, oder kann sie auch im Laufe des Verfahrens vor den ordentlichen Gerichten — wenigstens in erster Instanz — nachgeholt werden?

III. Zivilsenat. Urt. v. 12. Februar 1904 i. S. der Stadtgemeinde F. (Bekl.) w. W. (Kl.). Rep. III. 342/03.

I. Landgericht Frankfurt a. M.
II. Oberlandesgericht daselbst.

Der Kläger, der in den Jahren 1864 bis 1877 im Militärdienst angestellt gewesen war und einen Zivilversorgungsschein erworben hatte, wurde am 13. November 1885 von der verklagten Stadtgemeinde als Trichinenschauvorsteher für den städtischen Schlachthof mit einem Jahresgehalt von 2000 ℳ unter Vorbehalt beiderseitiger einmonatiger Kündigung angestellt und beeidigt. Am 4. Juli 1899 unterzeichnete er einen Dienstvertrag, nach welchem er gegen dreimonatige Kündigung mit einem Gehalte von 3000 ℳ angestellt war, und auf ihn „die Allgemeinen Bestimmungen für Beamte in wirtschaftlichen Betrieben der Stadt" vom 20. März 1896 Anwendung finden sollten. Ausweislich des § 7 dieser Bestimmungen kann diesen Angestellten durch übereinstimmenden Beschluß beider bürgerlichen Kollegien ein Pensionsrecht nach Maßgabe der für die Gemeindebeamten geltenden Bestimmungen gewährt werden. Am 16. Juli 1901 kam Kläger um seine Pensionierung ein; er wurde hierauf durch Beschluß der städtischen Kollegien vom 27. September 1901 vom 1. September 1901 ab in den Ruhestand versetzt, und ihm eine Pension von 1500 ℳ verliehen. Bei deren Berechnung wurden dem Kläger außer der vollen im städtischen Dienst verbrachten Dienstzeit (15 Jahre) noch weitere 10 Dienstjahre zugute gerechnet. Der Kläger machte nun geltend, daß er als Kommunalbeamter und Militäranwärter angestellt gewesen sei. Danach habe er erst auf 1. Februar 1902 pensioniert werden können, und sei ihm bei der Pension seine volle militärische Dienstzeit zuzüglich der Feldzugsjahre, d. h. 15 Jahre, gutzurechnen. Er klagte hiernach den restlichen Gehalt vom 1. September 1901 bis zum 31. Januar 1902, ferner eine jährliche Pension von 1750 ℳ im ordentlichen Rechtswege ein. Die Beklagte erhob die Einwendung, daß die erhobene Klage unzulässig sei, da der Kläger seine Ansprüche auf das Kommunalbeamtengesetz vom 30. Juli 1899 stütze, die in § 7 desselben vorgeschriebene Entscheidung des Bezirksausschusses aber vor der Klagerhebung nicht eingeholt habe. Kläger suchte nun im Laufe des Verfahrens diese Entscheidung nach, wurde indessen mit seinen

Anträgen wegen Unzuständigkeit des Bezirksausschusses durch Beschluß vom 26. Januar 1903 zurückgewiesen. In der mündlichen Verhandlung erster Instanz vom 28. Januar 1903 brachte der klägerische Prozeßbevollmächtigte den entscheidenden Teil dieses Beschlusses, der dem Kläger übrigens formell erst am 20. Februar 1903 zugestellt wurde, zur Kenntnis des erkennenden Gerichts. Dieses wies aber die erhobene Klage ab, weil der Beschluß des Bezirksausschusses der Klage voranzugehen habe, und dessen Nachholung für den anhängigen Prozeß unwirksam sei. Auf die vom Kläger erhobene Berufung wurde dieses Urteil aufgehoben, der Rechtsweg für zulässig erklärt, und die Sache zu weiterer Verhandlung und Entscheidung an das Landgericht zurückverwiesen. Es ging zwar das Berufungsgericht mit dem ersten Richter davon aus, daß nach der gegebenen Klagebegründung § 7 des Kommunalbeamtengesetzes Anwendung finde, nach diesem auch die Entscheidung des Bezirksausschusses der Klage im ordentlichen Rechtswege vorangehen solle; es erachtete aber die Nachholung der Entscheidung jedenfalls bis zur Entscheidung erster Instanz für zulässig.

Die Revision der Beklagten ist zurückgewiesen worden aus folgenden

Gründen:

„Es ist im wesentlichen der Entscheidung des Berufungsgerichts beizutreten. Mit Recht unterstellt dasselbe die Anwendbarkeit des § 7 des Kommunalbeamtengesetzes, da der Kläger selbst seine Ansprüche auf seine angebliche Eigenschaft als Kommunalbeamten stützt. Dieser § 7 bestimmt:

„Der Bezirksausschuß beschließt über streitige vermögensrechtliche Ansprüche der Kommunalbeamten aus ihrem Dienstverhältnisse, insbesondere über ihre Ansprüche auf Besoldung ... Pension. ... Die Beschlußfassung erfolgt, soweit sie sich auf die Frage erstreckt, welcher Teil des Diensteinkommens ... als Gehalt anzusehen ist, vorbehaltlich der ... Klage im Verwaltungsstreitverfahren. Im übrigen findet gegen den in erster oder auf Beschwerde in zweiter Instanz ergangenen Beschluß binnen einer Ausschlußfrist von 6 Monaten nach Zustellung desselben die Klage im ordentlichen Rechtswege statt. ..."

Hiernach kann allerdings der ordentliche Richter insolange nicht über die in § 7 aufgeführten und ihm vorbehaltenen Ansprüche entscheiden, als nicht die Entscheidung des Bezirksausschusses eingeholt ist, und erscheint auch eine vor diesem Zeitpunkt erhobene Klage verfrüht. Es ist aber dem Oberlandesgerichte darin beizutreten, daß bei der Entscheidung im ordentlichen Rechtswege — jedenfalls in erster Instanz — auch eine erst nach der Klagerhebung erlangte Entscheidung des Bezirksausschusses berücksichtigt werden darf und die nunmehrige Zulässigkeit des Rechtsweges begründen kann. Denn die vorgängige Entscheidung des Bezirksausschusses bildet nicht einen Teil des Klagegrundes, sondern nur eine Voraussetzung für die Geltendmachung des Anspruchs; der Mangel derselben hindert die Geltendmachung nur zeitlich. Die Sachlage ist hiernach dieselbe, wie bei anderen Hindernissen, die der sofortigen Geltendmachung eines bestehenden Anspruches entgegenstehen.

Vgl. Plenarentscheidung vom 27. April 1898, Entsch. des R.G.'s in Zivils. Bd. 41 S. 87.

Daran ändert auch nichts, daß der Mangel, solange er besteht, von Amts wegen zu berücksichtigen und der Parteidisposition entzogen ist; denn hierdurch wird der erwähnte Charakter der Voraussetzung nicht ein anderer. Es kann auch aus der Entstehungsgeschichte und der Fassung des § 7 eine entgegenstehende Schlußfolgerung nicht gezogen werden. Insbesondere wird die Unwirksamkeit der Klagerhebung vor der Entscheidung des Bezirksausschusses in § 7 nicht ausgesprochen (vgl. dagegen z. B. § 516 Abs. 2 Satz 2 Z.P.O.). Ob eine solche vielleicht der strengeren Fassung ähnlicher Bestimmungen in § 2 des preußischen Gesetzes, betreffend die Erweiterung des Rechtsweges, vom 24. Mai 1861 und des § 150 des Reichsbeamtengesetzes vom 31. März 1873 entnommen werden könnte, darf unerörtert bleiben, weil eine andere Fassung als die der genannten Bestimmungen im Anschlusse an § 20 Abs. 4 des preußischen Zuständigkeitsgesetzes vom 1. August 1883 (vgl. auch § 108 [später 120a] der Reichsgewerbeordnung vom 21. Juni 1869 und Entsch. des R.O.H.G.'s Bd. 9 S. 310) gewählt worden ist. Die Unwirksamkeit der Klagansprüche kann auch nicht daraus gefolgert werden, daß in § 7 eine Ausschlußfrist eingefügt ist, welche von der Zustellung des Beschlusses des Bezirksausschusses an zu laufen beginnt; denn diese Bestimmung bewirkt nur, daß der Anspruch nach dem Ablauf der Frist nicht mehr geltend gemacht, nicht aber, daß er vor der Zustellung nicht erhoben werden kann.

Vgl. § 339 Z.P.O.; Petersen u. Anger, Z.P.O. Bd. 1 S. 723; Stölzel, Rechtsweg und Kompetenzkonflikt S. 74.

Endlich kann auch die Einwendung nicht für durchschlagend erachtet werden, daß sich der ganze Rechtsstreit als überflüssig herausstellen könne, wenn die im Laufe des Verfahrens nachgeholte Entscheidung zugunsten des Klägers ausfalle; denn gegen Nachteile, welche der Gegenpartei hieraus entstehen können, ist sie durch § 93 Z.P.O. geschützt, und es mag auch darauf hingewiesen werden, daß der Rechtsweg im Falle des § 7 des Kommunalbeamtengesetzes alsbald nach der Entscheidung des Bezirksausschusses und ohne Erschöpfung des Instanzenweges gegen dieselbe betreten werden, somit der erwähnte Fall auch dann eintreten kann, wenn der Rechtsweg nach der Entscheidung betreten wird."

---

18. Ist die Abänderung des Güterstandes der Fahrnisgemeinschaft in den der Gütertrennung, soweit infolge derselben für die Zukunft die Nutzungen des eingebrachten Gutes der Frau dem Zugriffe der Gläubiger des Mannes nicht mehr unterliegen, der Anfechtung aus § 3 Ziff. 4 des Anfechtungsgesetzes vom 20. Mai 1898 entzogen?

II. Zivilsenat. Urt. v. 16. Februar 1904 i. S. Sch. Ehefr. (Kl.) w. B. (Bekl.). Rep. II. 535/03.

I. Landgericht Zabern.
II. Oberlandesgericht Colmar.

Die Frage wurde verneint aus folgenden, zugleich den Sachverhalt ergebenden

Gründen:

... „Nach § 144 des elsaß-lothringischen Ausführungsgesetzes zum Bürgerlichen Gesetzbuch vom 17. April 1899 fanden seit dem 1. Januar 1900 auf den Güterstand der Eheleute Sch. die Vorschriften des Bürgerlichen Gesetzbuchs über Fahrnisgemeinschaft Anwendung, und nach § 145 Abs. 2 des gleichen Gesetzes war das Grundstück, dessen Mietzinsen den Gegenstand des vorliegenden Rechtsstreites bilden, eingebrachtes Gut der klagenden Ehefrau Sch. Als solches war es in ihrem Eigentum geblieben, stand aber — §§ 1550 Abs. 2 und 1525 Abs. 1 B.G.B. — in der Verwaltung für Rechnung der Gemeinschaft in der Weise, daß die Nutzungen, welche nach den für den Güterstand der Verwaltung und Nutznießung geltenden Vorschriften dem Manne zufallen, zu dem Gesamtgute gehörten. Diese Nutzungen unterlagen folgeweise dem Zugriffe der Gläubiger des Mannes. Die Änderung des bisherigen Güterstandes in den der Gütertrennung, die am 17. März 1902 vereinbart und am 23. März 1902 zum Güterrechtsregister eingetragen wurde, hatte die — hier allein erhebliche — rechtliche Folge, daß für die Zukunft die Verwaltung für Rechnung des Gesamtgutes wegfiel, und das Grundstück der Verwaltung der Frau unterstand, dessen Nutzungen daher für die Zukunft dem Zugriffe der Gläubiger des Mannes nicht mehr unterlagen. Als der Beklagte für seine Forderung gegen den Ehemann Sch. am 19. Juli 1902 die Pfändung der Mietzinsen aus dem erwähnten Grundstücke erwirkte, waren diese an sich dem Zugriffe der Gläubiger des Ehemannes Sch. entzogen; der Beklagte schützte indessen gegen die Klage der Frau Sch. aus § 771 Z.P.O. die Einrede der Gläubigeranfechtung vor mit der für die Revisionsinstanz allein erheblichen Begründung — der Berufungsrichter ließ die Begründetheit der Anfechtung aus § 3 Ziff. 1 dahingestellt —, daß die vereinbarte Änderung des Güterstandes wegen der dargelegten rechtlichen Folgen in bezug auf die Verwaltung und Nutznießung des eingebrachten Gutes der Frau eine unentgeltliche Verfügung nach § 3 Ziff. 4 des Anfechtungsgesetzes sei. Der Berufungsrichter erachtete den § 3 Ziff. 4 a. a. O. als anwendbar und kam, da die übrigen Voraussetzungen der Anfechtung gegeben seien, zur Abweisung der Klage und Zuerkennung der Widerklage.

Die Revisionsklägerin macht geltend, daß eine Änderung des Güterstandes, wenn sie nur die hier bezeichnete rechtliche Folge hatte, der Anfechtung aus § 3 Ziff. 4 a. a. O. entzogen sei, und danach die Entscheidung auf unrichtiger Anwendung dieser Gesetzesbestimmung beruhe; sie beruft sich zur Rechtfertigung dieser Annahme auf die Streichung des Schlußsatzes von § 3 Ziff. 4 des Anfechtungsgesetzes in der Fassung vom 21. Juli 1879 durch Art. VII des Einführungsgesetzes zu dem Gesetze, betreffend Änderungen der Konkursordnung, vom 17. Mai 1898 und auf die gleiche Änderung des dem § 3 Ziff. 4 a. a. O. entsprechenden § 25 Ziff. 2 K.O. a. F., sowie auf die Begründung dieser Änderungen in den Gesetzesmaterialien zum Bürgerlichen Gesetzbuch und zu den erwähnten Gesetzen vom 17. Mai 1898. Dieser Angriff ist nicht gerechtfertigt.

Nach dem Rechte des Bürgerlichen Gesetzbuchs untersteht zwar die Änderung des Güterstandes während der Ehe dem freien Willen der Ehegatten, und steht insbesondere den Gläubigern des Mannes gegen eine solche Änderung kein Einspruchsrecht zu. Dagegen fehlt es an zureichendem Anhalte im Gesetze, eine solche Änderung des Güterstandes der Gläubigeranfechtung aus § 3 Ziff. 4 des Anfechtungsgesetzes als unentgeltliche Verfügung des Mannes zugunsten der Frau zu entziehen, wenn durch sie, wie im gegebenen Falle, der Mann infolge gänzlicher oder teilweiser Aufhebung der durch die Ehe oder Vertrag begründeten Güterrechtsverhältnisse ohne Gewährung einer Gegenleistung die nach dem bisherigen Güterstande ihm unmittelbar oder mittelbar als Teil des Gesamtgutes zufallenden Nutzungen des eingebrachten Gutes der Frau aufgibt.

Der § 3 Ziff. 4 des Anfechtungsgesetzes in der Fassung vom 21. Juli 1879 und der entsprechende § 25 Ziff. 2 K.O. a. F. enthielt außer der Bestimmung des ersten Satzes, daß anfechtbar seien die in den letzten zwei Jahren vom Schuldner vorgenommenen unentgeltlichen Verfügungen zugunsten seines Ehegatten, in dem Schlußsatze die weitere Vorschrift, anfechtbar sei „eine innerhalb dieses Zeitraums von ihm bewirkte Sicherstellung oder Rückgewähr eines Heiratsgutes oder des gesetzlich in seine Verwaltung gekommenen Vermögens seiner Ehefrau, sofern er nicht zu der Sicherstellung oder Rückgewähr durch das Gesetz oder durch einen vor diesem Zeitraume geschlossenen Vertrag verpflichtet war". Dieser Schlußsatz des § 3 Ziff. 4 des Anfechtungsgesetzes ist durch Art. VII des Einführungsgesetzes zu dem Gesetze, betreffend Änderungen der Konkursordnung, vom 17. Mai 1898, und bezüglich des § 25 Ziff. 2 K.O. durch das zuletzt benannte Gesetz gestrichen. Nach den Vorarbeiten zum Bürgerlichen Gesetzbuch und nach den Materialien zu den erwähnten Gesetzen vom 17. Mai 1898 hat die Erörterung über diese Streichung verschiedene Stadien durchlaufen. Während nämlich die erste Kommission zur Ausarbeitung des Entwurfes eines Bürgerlichen Gesetzbuchs für Beibehaltung des § 3 Ziff. 4 a. a. O. in seiner bisherigen Fassung war — Motive Bd. 4 S. 198. 297 —, machte sich bei den Beratungen der zweiten Kommission eine starke Strömung dahin geltend, die formale absolute Gleichstellung der Frau mit den Gläubigern des

Mannes fallen zu lassen und Änderungen des Güterstandes, wenn nicht § 3 Ziff. 1 und 2 des Anfechtungsgesetzes vorliegen, der Anfechtung aus § 3 Ziff. 4 zu entziehen.

Vgl. Protokolle der zweiten Kommission, herausgegeben von Achilles u. Spahn, Bd. 4 S. 200/201. 212, Bd. 6 S. 762/764.

Ein Änderungsantrag, der dieses Ziel durch Streichung des Schlußsatzes in § 3 Ziff. 4 des Anfechtungsgesetzes und § 25 Ziff. 2 K.O. a. F. zu erreichen vermeinte, wurde indessen bei Stimmengleichheit durch Stichentscheid des Vorsitzenden abgelehnt. In dem Entwurfe eines Gesetzes, betreffend Änderungen der Konkursordnung, sowie eines zugehörigen Einführungsgesetzes war die Streichung des Schlußsatzes in § 25 Ziff. 2 K.O. und § 3 Ziff. 4 des Anfechtungsgesetzes vorgeschlagen. In der Begründung des Bundesrates zu diesem Gesetzentwurfe — Drucksachen des Reichstags IX. Legislaturperiode 5. Session 1897/98 Nr. 100 S. 33/34; Hahn-Mugdan, Materialien zu den Reichsjustizgesetzen Bd. 7 S. 240/241 — wird zur Erläuterung der Streichung des Schlußsatzes von § 25 Ziff. 2 K.O. ausgeführt:

„Die Gläubiger des Mannes sollten durch diese Vorschrift gegen die Gefahr geschützt werden, daß dieser, wenn er in Vermögensverfall gerät, das vorhandene Vermögen dazu verwendet, die Ehefrau für die Ansprüche zu befriedigen oder sicher zu stellen, die ihr in Ansehung des in seine Hand gelangten Vermögens zustehen. Mit Rücksicht auf die Vorschriften der bestehenden ehelichen Güterrechte hat sich jedoch die Konkursordnung genötigt gesehen, das Anfechtungsrecht insoweit auszuschließen, als das Gesetz den Ehemann zu der Sicherstellung und Rückgewähr verpflichtet. Künftig werden in dieser Beziehung die Vorschriften des Bürgerlichen Gesetzbuchs maßgebend sein. Zufolge § 1391 und § 1418 Abs. 1 Ziff. 1 B.G.B. ist aber die Frau schon dann berechtigt, Sicherheitsleistung zu verlangen oder auf Aufhebung der Verwaltung und Nutznießung zu klagen, wenn das Verhalten des Mannes die Besorgnis begründet, daß die Rechte der Frau in einer das eingebrachte Gut erheblich gefährdenden Weise verletzt werden, oder wenn die der Frau aus der Verwaltung und Nutznießung des Mannes zustehenden Ansprüche auf Ersatz des Wertes verbrauchbarer Sachen erheblich gefährdet sind. Hiernach würde, wenn § 25 unverändert bliebe, eine Rückgewähr oder Sicherstellung, die zu einer Zeit erfolgt ist, in welcher eine Beeinträchtigung der Frau nicht zu besorgen war, der Mann sich vielmehr in einer günstigen Vermögenslage befand, ohne weiteres angefochten werden können, während eine bei ungünstiger Vermögenslage bewirkte Rückgewähr oder Sicherstellung der in § 25 vorgesehenen Anfechtung entzogen bliebe. Den hieraus sich ergebenden Widerspruch beseitigt der Entwurf dadurch, daß er das in Frage stehende Anfechtungsrecht vollständig aufhebt. Der Vorschrift der Konkursordnung liegt, was das Verhältnis der Gläubiger des Mannes zu dem Vermögen der Frau betrifft, eine Auffassung zugrunde, die von der im Bürgerlichen Gesetzbuch zur Geltung gelangten Anschauung wesentlich verschieden ist; diese Auffassung kann daher neben den Vorschriften des Bürgerlichen Gesetzbuchs nicht mehr aufrecht erhalten werden."

Die Begründung der Streichung des Schlußsatzes von § 3 Ziff. 4 des Anfechtungsgesetzes — ebenda S. 61; Hahn-Mugdan, a. a. O. S. 262/263 — beschränkt sich auf die Ausführung, daß ebenso wie in § 25 Ziff. 2 K.O. diese Vorschrift gestrichen werde. Bei den Beratungen im Reichstage und in der Reichstagskommission begegneten diese Streichungen keinem Widerspruche. Alsbald nach Verkündung des Gesetzes vom 17. Mai 1898 machte sich indessen selbst von solcher Seite, die an sich davon ausging, daß nach der Absicht des Gesetzgebers durch die erwähnten Streichungen Änderungen des Güterstandes, wie sie hier in Frage stehen, der Anfechtung aus § 3 Ziff. 4 des Anfechtungsgesetzes, § 25 Ziff. 2, jetzt § 32 Ziff. 2 K.O. entzogen sein sollten, die Ansicht geltend, dieser Zweck, den die erwähnten Streichungen verfolgten, sei durch das Gesetz, wie es jetzt vorliege, nicht erreicht worden und hätte nur erreicht werden können mit einer ausdrücklichen Bestimmung, wonach solche Änderungen des Güterstandes, wenn auch an sich unentgeltliche Verfügungen, der Anfechtbarkeit aus § 3 Ziff. 4 a. a. O. entzogen seien (vgl. Kleinfeller, Zeitschrift für Zivilprozeß Bd. 25 S. 90). Der Meinungsstreit der Rechtslehre zu dieser Frage gelangte bis jetzt zu keiner Einigung. In der Rechtsprechung hat der VII. Zivilsenat des Reichsgerichts in einem Urteile vom 3. Mai 1901, Rep. VII. 90/01, abgedruckt in der Jurist. Wochenschr. 1901 S. 385 und bei Gruchot, Beiträge Bd. 45 S. 1180, bei Erörterung eines Falles, für den allerdings in der Hauptsache die Anwendbarkeit des § 31 Ziff. 2 K.O. in Frage kam, die Bedeutung der erwähnten Streichungen dahin erläutert, sie seien vorgenommen worden, weil seit dem Inkrafttreten des Bürgerlichen Gesetzbuchs der in dem gesetzlichen Güterstande der Verwaltung und Nutznießung lebenden Frau die Rechte aus § 1391 B.G.B. auf Sicherheitsleistung und aus § 1418 auf Aufhebung der Verwaltung des Mannes unter den dort bezeichneten Voraussetzungen eingeräumt seien; man habe sich vergegenwärtigt, daß angesichts dieser Vorschriften künftig gerade dann, wenn die Vermögenslage des Mannes vom Gläubigerstandpunkte aus die Sicherstellung und Rückgewähr am wenigsten rechtfertigen werde, mit der aufgehobenen Spezialbestimmung des § 25 Ziff. 2 K.O. zugunsten der Gläubiger nichts mehr zu erreichen sei, und daran die entscheidenden Ausführungen geknüpft; daß dagegen die Absicht bestanden hätte, Geschäfte dieser Art der Anfechtung aus den unverändert beibehaltenen Vorschriften der §§ 24 Ziff. 2. 25 Ziff. 1 (jetzt § 31 Ziff. 2 und § 32 Ziff. 1) zu entziehen, sei im Gesetze nicht zum Ausdruck gelangt und auch sonst nicht ausgesprochen worden. Der erkennende Senat schließt sich für den gegebenen Fall, der allerdings mit dem vom VII. Zivilsenate entschiedenen nicht vollkommen übereinstimmt, dieser Auffassung an. In dem Gesetze ist nicht zum Ausdruck gelangt, daß, wenn und soweit eine Änderung des Güterstandes durch Wegfall der Verwaltung und Nutznießung am eingebrachten Gute der Frau eine unentgeltliche Verfügung des Mannes zugunsten der Frau enthalte, ein Geschäft dieser Art der Anfechtung aus der unverändert beibehaltenen Vorschrift des (früher) ersten Satzes von § 3 Ziff. 4 des Anfechtungsgesetzes und § 32 Ziff. 2 K.O. entzogen sei. Der Begründung für die Streichung der Schlußsätze jener Gesetzesvorschriften in der Vorlage des Bundesrates — und zwar auf der Grundlage der vorangegangenen Beratungen der I. und II. Kommission — und der daraufhin von den gesetzgebenden Faktoren angenommenen Streichung kann insbesondere keine Bedeutung über die im Gesetz allein zum Ausdruck gebrachte Streichung hinaus in dem Maße zukommen, daß die unverändert stehen gebliebene Vorschrift des bisherigen ersten Satzes, wonach unentgeltliche Verfügungen zugunsten des Ehegatten schlechthin anfechtbar sind, sich auf unentgeltliche Verfügungen durch Änderung des Güterstandes nicht erstrecke. Im übrigen bietet das Bürgerliche Gesetzbuch keinen zureichenden Anhalt, daß solche Verfügungen des Mannes über den Güterstand, welche Verwaltung und Nutznießung am eingebrachten Gut der Frau für die Zukunft zu deren Gunsten ohne Gewährung einer Gegenleistung beseitigen, dem rechtlichen Begriffe einer unentgeltlichen Verfügung im Sinne jener Gesetzesbestimmung entzogen seien. Daß ferner die hier in Frage stehende Änderung des Güterstandes an sich diesen rechtlichen Begriff einer unentgeltlichen Verfügung erfülle, hat der Berufungsrichter mit einwandsfreier Begründung dargelegt. Danach ist im Prinzipe die Auffassung des Berufungsrichters zu billigen, daß an sich eine Änderung des Güterstandes mit der hier in Betracht kommenden rechtlichen Folge der Anfechtung aus § 3 Ziff. 4 a. a. O. unterliege.

Die Voraussetzung dieser Gesetzesvorschrift — eine unentgeltliche Verfügung — wäre indessen dann ausgeschlossen, wenn auf dem Boden einer Sachlage, die zu dem Begehren der Frau auf Aufhebung hier der Fahrnisgemeinschaft berechtigte, die Änderung des bisherigen Güterstandes in den der Gütertrennung vereinbart wurde. Da das Urteil, das diese Aufhebung ausspricht, kraft Gesetzes den Güterstand der Gütertrennung zur Folge hätte — § 1470 Abs. 1 B.G.B. —, so hätten damit die Ehegatten lediglich das vereinbart, was durch Klage erzwungen werden konnte. Dem Einwande, daß bei Vorliegen eines gesetzlichen Grundes zur Aufhebung des bisherigen Güterstandes die in Anerkennung und Vollziehung des Aufhebungsgrundes von den Ehegatten vereinbarte Aufhebung des Güterstandes nicht der durch Urteil ausgesprochenen Aufhebung gleichstehe, wird durch den Hinweis auf § 1432 beseitigt; jedenfalls verliert eine solche vertragliche Aufhebung wegen eines im Gesetze aufgezählten Aufhebungsgrundes den Charakter der unentgeltlichen Verfügung. Der Berufungsrichter zieht diesen Gesichtspunkt in den Bereich seiner Erörterungen; er führt aber aus, die Klägerin habe nicht behauptet und jedenfalls nicht bewiesen, daß die Voraussetzungen des § 1468 B.G.B. vorliegen. Der hierher erhobene Angriff der Revisionsklägerin mußte zur Aufhebung des angefochtenen Urteils führen.“ . . . (Dies wird näher ausgeführt.)

---

19. Ist § 254 B.G.B. in solchen Fällen anwendbar, in welchen wegen des Vorliegens der Voraussetzungen des § 122 Abs. 2 B.G.B. eine auf der Bestimmung des Abs. 1 dieses Paragraphen beruhende Schadensersatzpflicht des Erklärenden nicht eingetreten wäre?

II. Zivilsenat. Urt. v. 19. Februar 1904 i. S. Gebr. R. (Kl.) w. S. (Bekl.). Rep. II. 254/03.

I. Landgericht Dresden.
II. Oberlandesgericht daselbst.

Die Beklagte hatte der Klägerin auf eine demnächst zum submissionsweisen staatlichen Verkauf gelangende größere Menge „Papierholz" durch Telegramm 10,25 *M* (ohne nähere Bestimmung der Maßeinheit) und durch einen am nämlichen Tag abgesandten Brief 10,25 *M* „pr. Kubikmeter" geboten. Die Klägerin nahm das Gebot der Beklagten „von 10,25 *M* pr. Raummeter" an (auf Grund welcher letzteren Maßbestimmung der Käufer für den Einheitspreis von 10,25 *M* eine geringere Holzmenge würde haben beanspruchen können, als bei der Maßbestimmung nach Kubikmetern). Die Beklagte erwiderte, daß sich ihr Gebot auf den Kubikmeter bezogen habe, und verweigerte die Abnahme des Holzes. Die Klägerin ließ dasselbe versteigern und klagte einen Teil des sich hieraus ergebenden Mindererlöses als Schadensersatz ein. Sie begründete diesen Anspruch in erster Instanz folgendermaßen: Das in dem Telegramm der Beklagten enthaltene Angebot habe sich nur auf den Raummeter beziehen können. Sie, Klägerin, habe daher wegen dieses für sie günstigen Gebots noch vor dem Eingang des ein Gebot auf Kubikmeter enthaltenden Briefs der Beklagten behufs Ankaufs des fraglichen Holzes ihrerseits ein höheres Submissionsangebot gemacht, als sie auf Grund anderer ihr gemachter Offerten bereits berechnet gehabt habe, und daraufhin sei ihr das Holz zugeschlagen worden. Durch die Nichtabnahme dieses Holzes sei ihr der eingeklagte Schaden entstanden. In zweiter Instanz begründete die Klägerin diesen Anspruch auch durch die Vorschrift des § 122 Abs. 1 B.G.B. Die Beklagte beantragte Abweisung der Klage, da Klägerin habe annehmen müssen, daß das in dem Telegramm enthaltene Gebot nur auf den Kubikmeter zu beziehen sei, und sie daher den ihr entstandenen Schaden durch ihre eigenen Handlungen verursacht habe. Die Klage wurde in beiden Instanzen abgewiesen. Insbesondere verneinte das Berufungsgericht die aus § 122 Abs. 1 B.G.B. hergeleitete Haftung der Beklagten, da die Klägerin als Beschädigte die bezüglich des erwähnten Telegramms in Betracht kommende Differenz zwischen dem Willen der Beklagten (das fragliche Gebot nur für den Kubikmeter zu machen) und der Erklärung dieses Willens (die auf den Raummeter hätte bezogen werden können) nur infolge ihrer eigenen Fahrlässigkeit nicht gekannt habe, bei Anwendung der im Verkehr erforderlichen Sorgfalt eines ordentlichen Kaufmanns also hätte erkennen müssen (§ 122 Abs. 2 B.G.B.). Die gegen dieses Urteil eingelegte Revision wurde zurückgewiesen, und zwar, soweit eine Verletzung des § 254 B.G.B. geltend gemacht wurde, aus folgenden

Gründen:

... „Die letzte Revisionsbeschwerde geht dahin, daß das Berufungsgericht nicht geprüft habe, ob der von der Klägerin geltend gemachte Schaden nicht wenigstens zum Teil auch von der Beklagten verursacht und daher in mindestens analoger Anwendung des § 254 B.G.B. insoweit von der Beklagten zu tragen sei. Auch diese Beschwerde ist unbegründet.

Zunächst kann nämlich von einer unmittelbaren Anwendung des § 254 im gegebenen Falle keine Rede sein; denn schon der Wortlaut desselben ergibt, daß daraus nicht der Beschädigte, sondern dessen Gegner einem etwa durch andere gesetzliche Bestimmungen begründeten Schadensersatzanspruche des ersteren gegenüber die Einrede würde herleiten können, daß der Beschädigte wegen eigenen Verschuldens den entstandenen Schaden ganz oder teilweise zu tragen habe. Der § 254 B.G.B. setzt nämlich außer dem Vorliegen eines eigenen Verschuldens des Beschädigten das Bestehen eines den anderen zum Ersatz des Schadens an sich verpflichtenden Umstands, somit die Anwendbarkeit einer sonstigen gesetzlichen Vorschrift voraus, aus welcher sich die Schadensersatzpflicht dieses anderen ergibt oder, abgesehen von dem eigenen Verschulden des Beschädigten, ergeben würde. Die Vorschrift des § 254 ist daher jedenfalls für sich allein und bei direkter Anwendung nicht geeignet, andere gesetzliche Bestimmungen, wodurch die Haftung des wegen eines Schadens in Anspruch Genommenen begründet wird, zu ersetzen.

Aber auch eine analoge Anwendung des § 254 ist in den Fällen des § 122 B.G.B. dann ausgeschlossen, wenn wegen des Vorliegens der Voraussetzungen des Abs. 2 des § 122 die in Abs. 1 daselbst festgesetzte Schadensersatzpflicht des Erklärenden überhaupt nicht eintritt; denn in einem Falle der letzteren Art fehlt es gerade an einer anwendbaren gesetzlichen Bestimmung, durch welche die fragliche Schadensersatzpflicht, um deren gänzliche oder teilweise Ausschließung es sich bei der Anwendung des § 254 auf solche Fälle handelt, an sich begründet würde, da ja § 122 Abs. 1 beim Zutreffen der Voraussetzungen des Abs. 2 daselbst nicht anwendbar ist. Überdies sprechen für die nach vorstehenden Ausführungen schon aus dem Wortlaut der einschlägigen Vorschriften sich ergebende beschränkte Bedeutung des § 254 B.G.B. und namentlich für dessen Nichtanwendbarkeit in den Fällen des § 122 Abs. 2 B.G.B. auch die Motive zu der dem § 254 zugrunde liegenden Bestimmung des § 222 des ersten Entwurfs zum B.G.B.; denn dort ist ausdrücklich hervorgehoben, daß der (im wesentlichen in § 254 des Gesetzes übergegangene) Grundsatz des § 222 des Entwurfs nur gelten solle, wenn und soweit nicht für bestimmte Verhältnisse abweichende Vorschriften gegeben seien, wie z. B. in den §§ 97. 99 u. a. des Entwurfes. Da aber aus § 97 Abss. 3 u. 4 und § 99 Abss. 2 u. 3 des Entwurfes die hier in Rede stehenden Bestimmungen des § 122 Abss. 1 u. 2 des Gesetzes entstanden sind, so erhellt auch aus der angeführten Stelle der Motive und aus dem weiteren Umstande, daß auch bei den späteren Verhandlungen über die einschlägigen Vorschriften eine gegenteilige Absicht der gesetzgeberischen Faktoren nicht hervorgetreten ist, mit Sicherheit, daß nach dem Willen des Gesetzgebers der Grundsatz des § 254 B.G.B. jedenfalls nicht in solchen Fällen Anwendung finden soll, in welchen wegen des Vorliegens der Voraussetzungen des § 122 Abs. 2 B.G.B. eine Schadensersatzpflicht des Erklärenden auf Grund der Bestimmung in Abs. 1 dieses Paragraphen überhaupt ausgeschlossen ist.“ . . .

---

20. 1. Ist der Vorstand eines aktiver Parteifähigkeit ermangelnden Personenvereins kraft der in den Satzungen ihm beigelegten Befugnis, die Gesellschaft in allen von ihr und gegen sie anzustellenden Rechtsstreitigkeiten zu vertreten, ermächtigt, im eigenen Namen für Rechnung der Gesellschaft Klage zu erheben?

2. Inwiefern kann derjenige, welcher als Bevollmächtigter der Vereinsmitglieder vor Gericht auftritt, seine Vollmacht durch Vor-

legung einer ihm von dem Vorstand ausgestellten Prozeßvollmachtsurkunde nachweisen?

III. Zivilsenat. Urt. v. 19. Februar 1904 i. S. K. (Bekl.) w. Br. u. Gen. (Kl.). Rep. III. 346/03.

I. Landgericht II Berlin.
II. Kammergericht daselbst.

Gründe:

„Auf das vom Beklagten in der Berufungsinstanz gestellte Verlangen, die Bevollmächtigung zur Prozeßführung namens der als Kläger angegebenen Mitglieder der Kalibohrgesellschaft U. durch schriftliche Vollmacht nachzuweisen, hat der als Prozeßbevollmächtigter der Kläger aufgetretene Rechtsanwalt R. eine Vollmachtsurkunde, welche in beglaubigter Form von den Mitklägern D. und L. unterschrieben ist, und den Vermerk: „In Sachen der Mitglieder der Kalibohrgesellschaft U. gegen den Herrn J. K. in Ch., wegen Forderung, erteilen die Unterzeichneten dem Herrn Rechtsanwalt R. in B. zur Vertretung der Kläger in der Berufungsinstanz vor dem Königlichen Kammergericht Prozeßvollmacht" zum Inhalt hat, mit dem Hinzufügen vorgelegt, daß zum Beweis, daß die Mitkläger D. und L. von den übrigen als Klägern namhaft gemachten Gesellschaftern zur Prozeßführung ermächtigt seien, der unstreitige Inhalt der vorgelegten Statuten und Protokolle vom 12. März und 29. Mai 1901 ausreichend sei. Das Berufungsgericht ist dem nicht beigetreten, sondern hat mit der Ausführung, daß ein Ersatz für eine schriftliche Bevollmächtigung der Mitkläger D. und L. in den abschriftlich vorgelegten Protokollen oder in den sonst erwähnten Beschlüssen der Gesellschaft oder des Vorstandes auch unter Berücksichtigung des Gesellschaftsstatuts nicht gefunden werden könne, die namens der anderen Personen erhobene Klage mangels Vorlegung schriftlicher Vollmacht für hinfällig erklärt und zurückgewiesen, der namens der genannten beiden Mitkläger erhobenen Klage dagegen mit der Begründung stattgegeben, daß ihnen gegenüber nur in Frage komme, ob der Klaganspruch materiell berechtigt, und sie befugt gewesen, denselben namens der Gesellschaft geltend zu machen, daß aber diese Fragen in der einen wie der anderen Richtung zu bejahen seien.

Diese Entscheidung ist nicht haltbar.

Die Kalibohrgesellschaft U., deren Mitglieder zur Zeit der Klaganstellung, wie vom Beklagten ausdrücklich zugegeben, aus den als Klägern namhaft gemachten Personen bestanden, ist ein in korporativer Weise organisierter, jedoch aktiver Parteifähigkeit ermangelnder Verein. Daraus ergibt sich einmal, daß ihre sämtlichen Vereinsmitglieder als Streitgenossen zusammenwirken müssen, um Rechtsverhältnisse des Vereins, deren Träger eben sie sind, im Aktivprozesse zur gerichtlichen Entscheidung zu bringen, und zweitens, daß ihr Vorstand unbeschadet der in § 14 der Satzungen getroffenen Bestimmung, kraft deren er die Gesellschaft in allen von ihr und gegen sie anzustellenden Rechtsstreitigkeiten mit den dem Prozeßbevollmächtigten nach § 81 Z.P.O. zustehenden Befugnissen vertritt, in der Klägerrolle nur die Stellung eines gewöhnlichen Prozeßbevollmächtigten haben kann. Die Ausführung des Berufungsgerichts, dem Sinne des § 14 des Statuts entspreche auch eine von den Vorstandsmitgliedern im eigenen Namen, aber für Rechnung der Gesellschaft angestellte Klage, dies um so mehr, als die Gesellschaft nach § 25 des Statuts ein besonderes Vermögen im Sinne des § 718 B.G.B. habe, ist verfehlt. Die Befugnis, im eigenen Namen für fremde Rechnung zu klagen, setzt eine Gesetzesvorschrift voraus, an der es dem Vorstand eines Personenvereins unzweifelhaft gebricht; ganz abgesehen davon, daß die Subjekte des Gesellschaftsvermögens wieder nur die Mitglieder des Vereins sind. Demnach kann die im vorliegenden Rechtsstreit ergehende Entscheidung allen als Klägern bezeichneten Personen gegenüber nur einheitlicher Art sein.

Der durch § 80 Z.P.O. ihm auferlegten Pflicht genügt der Prozeßbevollmächtigte durch Vorlegung urkundlichen Materials, aus dem das Gericht die Überzeugung, daß die behauptete Vollmacht erteilt worden, gewinnt. Der Vorlegung einer von der Partei schriftlich ausgestellten Vollmachtsurkunde bedarf es nicht. Vorliegend hat das Berufungsgericht den Satzungen (§§ 14. 7) des Vereins die Befugnis des Vorstandes zur Prozeßführung wegen Beitreibung beschlossener Zubußen, bzw. zur Erhebung aller von der Gesellschaft anzustrengenden Klagen, und dem Vorstandsbeschlusse vom 29. Mai 1901 die Ermächtigung der Mitkläger D. und L. zur Anstellung der gegenwärtigen Klage entnommen. Unter der Voraussetzung, daß der Vorstand durch die in den §§ 14. 7 der Satzungen getroffene Bestimmung die Macht zur gerichtlichen Vertretung der jeweiligen Vereinsmitglieder in Gesellschaftsprozessen erlangt hat, ist demnach die Vollmacht des Rechtsanwalts R. zur Vertretung der benannten Kläger in prozeßordnungsmäßiger Weise nachgewiesen. Daß die benannten Kläger zur Zeit der Klaganstellung den Mitgliederbestand des Vereins gebildet haben, ist vom Beklagten zugegeben; weiteren Nachweises hierfür bedarf es daher um so weniger, als in Anwaltsprozessen die Pflicht, die Vollmacht nachzuweisen, nur auf desfallsiges Verlangen des Gegners ins Leben tritt. Jene Voraussetzung aber ist als gegeben zu erachten. Ist die Ermächtigung zur gerichtlichen Vertretung der Vereinsmitglieder dem Vorstand durch die Satzungen übertragen, dann bedarf es infolge der verbindlichen Kraft der Satzungen zu ihrer Vertretung der Zustimmung der einzelnen Mitglieder so wenig, daß selbst ihr Widerspruch die Vertretung nicht hindert. Die Ermächtigung zur gerichtlichen Vertretung der Gesellschaft aber schließt die Ermächtigung zur Vertretung ihrer Mitglieder jedenfalls da in sich, wo die gerichtliche Vertretung sich nur durch Vertretung der Mitglieder ermöglicht." ...

---

21. **Kann die Haftung eines Vereins aus § 31 B.G.B. bei Kollektivvertretung desselben nur dann angenommen werden, wenn ein gemeinsames Handeln aller Vertreter vorliegt? Gilt derselbe Grundsatz für Gesellschaften mit beschränkter Haftung?**

III. Zivilsenat. Urt. v. 19. Februar 1904 i. S. B. (Bekl.) w. bürg. Brauhaus Ü. (Kl.). Rep. III. 343/03.

I. Landgericht Lüneburg.
II. Oberlandesgericht Celle.

Der Beklagte hatte im Wege der Aufrechnung und Widerklage eine Schadensersatzforderung geltend gemacht, welche er darauf stützte, daß er durch arglistige Vorspiegelungen eines Geschäftsführers der klagenden Gesellschaft m. b. H. Namens G. zu dem Abschluß eines ihn schädigenden Vertrages mit einem Restaurateur M., welchem Vertrage auch die Klägerin beigetreten war, verleitet worden sei. Hinsichtlich dieses Schadensersatzanspruchs sagen die

Gründe:

„Das Berufungsgericht hat diesen Schadensersatzanspruch in Übereinstimmung mit dem ersten Richter für unbegründet erachtet, weil zur Zeit der Abgabe dieser behaupteten betrügerischen Erklärungen neben G. auch noch der Braumeister H. Geschäftsführer der klagenden Gesellschaft gewesen sei, hiernach aber gemäß § 35 des Gesetzes, betreffend die Gesellschaften mit beschränkter Haftung, nur beide gemeinsam handelnd die Gesellschaft rechtsgeschäftlich hätten vertreten können. Dies gelte auch für die Haftung aus § 31 des Bürgerlichen Gesetzbuchs. Danach sei ein Verein für den Schaden verantwortlich, den der Vorstand oder ein Mitglied des Vorstandes durch eine in Ausübung der ihm zustehenden Verrichtungen begangene Handlung einem Dritten zufüge. Habe aber eine Gesellschaft mit beschränkter Haftung mehrere zu gemeinsamer Vertretung berufene Geschäftsführer, so sei die einem derselben zur Last fallende zum Schadensersatz verpflichtende Handlung nicht in Ausführung der ihm zustehenden Verrichtungen, nicht in Beziehung auf seine rechtsgeschäftliche Vertretungsmacht begangen und deshalb nicht geeignet, eine Ersatzpflicht der Gesellschaft zu begründen.

Diese Ausführung ist rechtsirrtümlich; sie verletzt den § 31 B.G.B. Denn wenn das Berufungsgericht annimmt, daß eine Haftung aus § 31 bei Kollektivvertretungen nur dann angenommen werden könne, wenn ein gemeinsames Handeln aller Vertreter vorliege, so faßt es den Begriff der dem Vorstande bzw. seinen Mitgliedern zustehenden Verrichtungen zu eng. Der Begriff der Verrichtung umfaßt (vgl. auch Planck, Bürgerl. Gesetzbuch, Bem. 3 zu § 31) nicht bloß die Handlungen, die in Ausübung der Vertretungsmacht vorgenommen sind, sondern auch die den Vorstandsmitgliedern als solchen obliegenden rein tatsächlichen Verrichtungen. Es kann nicht zweifelhaft sein, daß, wenn, wie auch vorliegend, die Funktionen der Kollektivvertreter geteilt sind, indem der eine die Fabrikation, der andere den kaufmännischen Betrieb leitet, und wenn dann durch eine gesetzwidrige Anordnung in der Fabrik eine Gesundheitsbeschädigung verursacht wird, die juristische Person, hier die Gesellschaft m. b. H., haftet, obwohl der kaufmännische Vertreter mit dieser Anordnung nichts zu tun gehabt hatte. Ebenso werden, wenn auch der Abschluß eines Rechtsgeschäfts nur durch alle

Vertreter erfolgen kann, die Vorbereitung desselben, die Vorverhandlungen, regelmäßig zu den Verrichtungen des kaufmännischen Geschäftsführers gehören, und wird daher auch wegen eines nur von diesem dabei verübten Betruges, wie er vorliegend gerade in Frage steht, die juristische Person verantwortlich. Wenn endlich die Klägerin bei der mündlichen Verhandlung noch in Frage stellte, ob denn der § 31, wie überhaupt die allgemeinen Vorschriften des zweiten Titels des Allgemeinen Teils des Bürgerlichen Gesetzbuchs, auch auf die durch ein besonderes Gesetz geregelten Gesellschaften m. b. H. Anwendung fänden, so kann dies gar nicht zweifelhaft sein, da das Gesetz über Gesellschaften m. b. H. über das Wesen einer juristischen Person nichts enthält, allgemein aber anerkannt wird, daß eine Gesellschaft mit beschränkter Haftung als jurististische Person zu gelten hat, wie ja auch der § 22 B.G.B. sie mitumfaßt." ...

---

22. Unter welchen Voraussetzungen ist der wucherliche Charakter eines obligatorischen Vertrages und die infolgedavon eintretende Nichtigkeit desselben auch für das zur Erfüllung des Vertrages eingegangene dingliche Rechtsgeschäft anzunehmen?

B.G.B. § 138.

VII. Zivilsenat. Urt. v. 19. Februar 1904 i. S. St. (Kl.) w. R. (Bekl.). Rep. VII. 462/03.

I. Landgericht Karlsruhe.
II. Oberlandesgericht daselbst.

Kläger hatte von der Frau W. und dem Fräulein R. eine Anzahl von Gegenständen gekauft, sich auch das Eigentum an denselben übertragen lassen, sie aber im Besitz der Verkäuferinnen belassen. Als sie für den Beklagten im Wege der Zwangsvollstreckung gepfändet wurden, erhob er Klage auf Freigebung. Beklagter behauptete wucherlichen Charakter des Geschäfts, stellte auch eine auf Feststellung der Nichtigkeit des Geschäfts gerichtete Widerklage an. In erster Instanz wurde die Klage abgewiesen, und der Widerklage stattgegeben. Die Berufung des Klägers blieb erfolglos. Auch die Revision ist zurückgewiesen.

Aus den Gründen:

... „Der Kläger macht dem Berufungsrichter speziell den Vorwurf, übersehen zu haben, daß das Bürgerliche Gesetzbuch, ebenso wie bei dem Immobiliarkauf, auch bei dem Mobiliarkauf unterscheide zwischen dem obligatorischen Vertrage und dem dinglichen Vertrage. Er führt aus, die Eigentumsübertragung bestehe unter allen Umständen zu Recht, und wenn das unterliegende obligatorische Geschäft wucherlich usw. sei, so erhalte nur der übertragende Eigentümer einen obligatorischen Ausgleichungsanspruch, bzw. einen obligatorischen Anspruch auf Rückübertragung des Eigentums. Insbesondere bezieht der Revisionskläger sich auf die Motive zum Bürgerlichen Gesetzbuch Bd. 1 S. 127, sofern dort die besondere Bedeutung der in dem Entwurfe durchgeführten Scheidung zwischen obligatorischen und dinglichen Rechtsgeschäften betont ist.

Der Angriff geht fehl.

Aus der Nichtigkeit eines auf Sachleistungen gerichteten obligatorischen Vertrags folgt allerdings nicht mit Notwendigkeit die Nichtigkeit des dinglichen Rechtsgeschäfts, durch welches die Leistungen bewirkt werden, auch dann nicht, wenn beide Geschäfte gleichzeitig stattfinden, und wenn sie miteinander vereinigt sind. Beide gehören verschiedenen Rechtsgebieten an; das eine bezweckt nur relative, unter den Beteiligten bestehende Rechtsbeziehungen, während das andere absolut und nach allen Seiten hin zu wirken bestimmt ist. Findet hiernach rechtsbegrifflich eine Abhängigkeit des dinglichen Geschäfts von dem obligatorischen nicht statt, so wird doch häufig, insbesondere gerade im Fall der Gleichzeitigkeit der Geschäfte, von den Kontrahenten eine Abhängigkeit in Gestalt der Bedingtheit des dinglichen Geschäfts von der rechtlichen Wirksamkeit des obligatorischen gewollt sein, und der Verwirklichung dieses Parteiwillens stellt das Gesetz Hindernisse nicht entgegen. Das dingliche Geschäft ist nicht dergestalt formal, daß es nicht kraft Parteiwillens in angegebener Art in ein Abhängigkeitsverhältnis zu dem obligatorischen gesetzt werden könnte. Im vorliegenden Fall ist zwar ein solcher Wille vom Berufungsrichter nicht ausdrücklich festgestellt, und wenn deshalb auch von Heranziehung des hervorgehobenen Gesichtspunktes abzusehen sein mag, so muß doch entscheidend sein, daß Kläger, was die Revision unbeachtet läßt, unter Ausbeutung der oben hervorgehobenen Umstände nicht nur das Versprechen der Eigentumsübertragung, sondern auch diese letztere selbst erlangt hat; auch sie bildete einen Vorteil, welcher sich als ein unmittelbarer und gewollter Erfolg seines gegen die guten Sitten verstoßenden Handelns darstellt. Das obligatorische und das dingliche Geschäft erfüllen in ihrem Zusammenhange den im § 138 B.G.B. vorgesehenen Sachverhalt. In diesem Paragraphen ist ausdrücklich neben der Entgegennahme des Versprechens von Vermögensvorteilen auch die der Gewährung solcher genannt. In letzterer Richtung aber kann nicht wieder unterschieden werden zwischen dem dinglichen Geschäft als solchem, d. h. als ausschließlicher Grundlage dinglicher Rechtsveränderungen, einerseits und der ihm gewiesenen Funktion, zur Erfüllung der Verpflichtungen aus dem obligatorischen Geschäfte zu dienen, andererseits; sondern nichtig ist der Erfüllungsakt einschließlich des dinglichen Geschäfts, in welchem er sich verkörpert.

Vgl. wegen des ältern Rechts Entsch. des R.G.'s in Zivils. Bd. 36 S. 308. 314. 315, wo auch die Literatur angeführt ist, und wegen des jetzt geltenden Dernburg, Das Bürgerliche Recht Bd. 1 § 126 II, S. 383.

Unterliegt das Geschäft aber der Nichtigkeit, so kann diese auch von Dritten geltend gemacht werden." ...

---

23. Inwieweit kann gegen den eingeklagten, vom Kläger als „jedenfalls übrigbleibenden Rest" bezeichneten Teil einer Forderung aufgerechnet werden?

V. Zivilsenat. Urt. v. 20. Februar 1904 i. S. G. (Kl.) w. Sch. (Bekl.). Rep. V. 357/03.

I. Landgericht Gnesen.
II. Oberlandesgericht Posen.

Der Kläger und dessen Ehefrau verkauften ihr Grundstück M. Nr. 59 durch schriftlichen Vertrag vom 9. Februar 1897 für 58250 ℳ an den Beklagten, wobei in § 3 bestimmt wurde, daß der Beklagte am Tage der Übergabe die vorhandenen Waren zu den Einkaufspreisen zu übernehmen habe. Bei der Übergabe vom 20. Februar

1897 wurde dieser Warenpreis auf 8786,20 *M* festgesetzt. Er sollte in vier (gleichen) Teilzahlungen binnen Jahresfrist gezahlt werden. Während des bald darauf eröffneten Konkursverfahrens über des Klägers Vermögen hatte der Konkursverwalter, dem auch die Ehefrau des Klägers ihre Rechte abgetreten hatte, die erste Teilzahlung von 2196,55 *M* eingeklagt; er ward aber mit der Klage rechtskräftig abgewiesen, weil die Gerichte den nach Abzug verschiedener hier nicht interessierender Posten verbleibenden Rest von 1780,78 *M* dadurch für getilgt erachteten, daß sie die vom Beklagten wegen falscher Angabe des Warenumsatzes aufrechnungsweise geltend gemachte Schadensersatzforderung für jedenfalls höher zu Recht bestehend erklärten.

Nach beendigtem Konkursverfahren erhob der Kläger im März 1902 Klage auf einen weiteren Teilbetrag von 2000 *M* der Warenkaufpreisforderung nebst 6 Prozent Zinsen vom 21. Februar 1898 bis zum 31. Dezember 1899 und 5 Prozent von da an. Dieser Klage gab der erste Richter nach gepflogener Beweiserhebung trotz Aufrechnung des Beklagten mit seiner erwähnten Schadensersatzforderung vollständig statt. Dagegen wurde auf Berufung des Beklagten die Klage abgewiesen.

Auf Revision des Klägers ist das Berufungsurteil aufgehoben, und die Sache an die Vorinstanz zurückverwiesen worden.

Aus den Gründen:

(Zunächst wird die Berechtigung der Revisionsangriffe gegen den Rechtsbestand der Gegenforderung des Beklagten dahingestellt gelassen; dann heißt es weiter:)

„Ebensowenig wie der von ihm für maßgebend erklärte Sachverständige L. stellt der Vorderrichter einen zahlenmäßig ganz bestimmten Betrag des vom Beklagten erlittenen Schadens fest; er scheint aber immerhin einen solchen zwischen 7250 *M* und 8250 *M* als gegeben anzunehmen und ist jedenfalls der Ansicht, daß auch nach Abrechnung des im Vorprozeß des Konkursverwalters mittels Aufrechnung davon getilgten Betrags von 1780,78 *M* (nach Rechnung des Landgerichts) immer noch eine höhere Gegenforderung des Beklagten verbleibt, die den jetzt eingeklagten Teil des Warenkaufpreises übersteigt. Da er dem Kläger nicht gestattet, den Beklagten mit seiner Aufrechnung auf die noch nicht eingeklagten Teile des Warenkaufgeldes zu verweisen, so erachtet er die jetzt davon geforderten 2000 *M* als durch Aufrechnung getilgt und erkennt demgemäß auf Abweisung der Klage.

Prüft man dieses Verfahren auf seine Richtigkeit, so ist von den Bestimmungen des Bürgerlichen Gesetzbuchs auszugehen. Denn wenn auch die beiderseitigen Forderungen schon vor 1900 entstanden sind, so ist doch die hier bestrittene Aufrechnungserklärung erst nach dem 1. Januar 1900 erfolgt, und es ist anerkannten Rechtens, daß sie deswegen nach neuem Recht beurteilt werden muß.

Vgl. Urteile des R.G.'s vom 16. September 1901, Rep. VI. 167/01 (Jurist. Wochenschr. 1901 S. 734), und vom 3. Dezember 1901, Rep. III. 411/01 (Jurist. Wochenschr. 1902 S. 68).

Es können daher die übrigens weit auseinander gehenden Rechtsausführungen und oberstrichterlichen Entscheidungen zum alten Rechte wenigstens unmittelbare Anwendung nicht mehr finden, und es ist zurzeit ein Abweichungsfall im Sinne des § 137 G.V.G. nicht gegeben.

Vgl. für die obige Meinung des Berufungsrichters: Entsch. des R.O.H.G.'s Bd. 15 S. 105; Entsch. des R.G.'s in Zivils. Bd. 7 S. 243, Bd. 45 S. 240; dagegen: Fenner u. Mecke, Archiv II S. 83; Entsch. des Obertrib. Bd. 77 S. 225; Entsch. des R.G.'s in Zivils. Bd. 13 S. 172; Gruchot, Beiträge Bd. 28 S. 305.

Der erkennende Senat hat diese Streitfrage nach neuem Recht in einem Urteile vom 13. Mai 1903, Rep. V. 55/01, zwar berührt, aber nicht entschieden.

Stünden dem Kläger mehrere Forderungen gegen den Beklagten zu, so könnte es keinem Zweifel unterliegen, daß für das Verfahren bei gegenwärtiger Aufrechnung die §§ 396. 366 B.G.B. anzuwenden wären. Allein obschon die Warenpreisforderung von 8726,20 ℳ vertragsmäßig in vier Vierteljahrsbeträgen fällig wurde, kann aus diesem Grunde keine Mehrheit von Forderungen im Sinne des angezogenen § 396, noch weniger das Dasein von Forderungen „aus mehreren Schuldverhältnissen" nach § 366 angenommen werden; es hatte vielmehr der Kläger namentlich nach Ablauf der für die Zahlung gesetzten Fristen nur eine einheitliche Warenpreisforderung gegenüber dem Beklagten. Von dieser einheitlichen Forderung hat er nunmehr einen Teilbetrag von 2000 ℳ eingeklagt, und zwar mit Zinsen ab 21. Februar 1898, also vom Ablauf des Jahres an, in dem nach und nach die ganze Forderung fällig geworden ist. Schon mit Schriftsatz vom 20. April 1902 und sodann laut mündlicher Verhandlung hat der Beklagte erklärt, daß er mit seiner Schadensersatzforderung von 8000 ℳ gegen die geforderten 2000 ℳ aufrechne. Wäre nun die Klage auf die 2000 ℳ ohne jede nähere Angabe darüber, wie sie mit Rücksicht auf die sicher zu erwartende Aufrechnungseinrede gemeint ist, somit unbestimmt erhoben worden, so könnte man schließen, daß der Kläger irgendeinen Teil seiner einheitlichen Forderung verlangt und dem Aufrechnungsbelieben des Gegners preisgegeben hat, und daß es ihm gegenüber der tilgenden Wirkung der Aufrechnungserklärung nachträglich unmöglich ist, durch Replik (compensatio compensationis) des Gegners Aufrechnung auf den von ihm nicht eingeklagten Forderungsrest zu verweisen.

Vgl. Rehbein, Bürgerl. Gesetzbuch Bd. 2 S. 356 Nr. 29.

Es bedarf aber hier einer Entscheidung dieser Streitfrage deshalb nicht, weil ein anderer Sachverhalt vorliegt, und der Kläger mit der Klage nicht einen unbestimmten, sondern einen bestimmten Teil seiner Forderung verlangt hat. Nachdem er in der Klageschrift auseinandergesetzt hatte, daß die frühere Klage des Konkursverwalters daran gescheitert sei, daß dieser die erste Preisrate eingeklagt habe, fährt er wörtlich fort:

„Unter Vorbehalt weiterer Beträge wird für jetzt die Summe von 2000 ℳ eingeklagt, welche dem Kläger jedenfalls zusteht.“

Aus diesem Satze und namentlich aus seinen Worten: „welche ... jedenfalls zusteht“, geht deutlich hervor, daß der Kläger nur den Rest seiner Forderung mit der Klage begehrt hat, der durch die von ihm zwar bestrittene, vorsorglich aber doch berücksichtigte, Gegenforderung nicht betroffen würde.

So hat auch der erste Richter die Klage aufgefaßt, wie sich aus seinen Worten ergibt:

„Das Gericht hat jedoch angenommen, daß der Kläger ... seine Klagansprüche auf den durch die Kompensation nicht betroffenen Teil seiner Forderung beschränken kann. ...“

Bei dieser Art der Klagestellung beharrte der Kläger auch vor dem Berufungsrichter. Im Tatbestand des angefochtenen Urteils heißt es:

„Schließlich hat er die ausdrückliche Erklärung abgegeben, daß er ohne Erweiterung seines Klagantrags denjenigen Teil seines Anspruches verlange, der durch die zur Aufrechnung gestellte Gegenforderung nicht getilgt sei."

Jeder Zweifel, der etwa über die Art der Klagerhebung noch bestehen konnte, war durch diese Erläuterung der Klage vollständig beseitigt Der Kläger hat von Anfang an nur auf den durch Aufrechnung keinesfalls getilgten Teil seiner Forderung geklagt, und hierzu war er nach dem Gesetze berechtigt mit der Wirkung, daß im Prozeß dieser Überrest seiner Forderung festgestellt und ihm gegebenenfalls zugesprochen werden mußte. Er ist durch diese Art der Klagestellung der Aufrechnung des Beklagten zuvorgekommen, indem er selbst vorsorglich mit dem nicht eingeklagten Teil seiner Forderung gegen die Gegenforderung des Beklagten aufgerechnet hat. Unerheblich ist es hierbei, daß er diese Gegenforderung in erster Reihe bestreitet; denn die eventuelle Aufrechnung wird von dem in § 388 B.G.B. enthaltenen Verbot bedingter Aufrechnung nicht betroffen.

Vgl. Motive zum Bürgerl. Gesetzbuch Bd. 2 S. 108.

Rechtsirrtümlich hat das Berufungsgericht angenommen, daß der Kläger nur im Wege der Abänderung des Klagantrages hätte Erfolg haben können. Die Klagerweiterung, die hierbei der Vorderrichter wahrscheinlich meint, hätte dem Kläger allerdings auch freigestanden; er hat sie aber ausdrücklich verweigert und hatte sie nicht nötig, weil er, wie gezeigt, schon ursprünglich nur auf den die Gegenforderung jedenfalls übersteigenden Teil seiner Forderung geklagt hatte. Das Oberlandesgericht konnte sich daher der Aufgabe der zahlenmäßigen Feststellung dieses Restes nicht entziehen, wie es getan hat. Es war weiterer Sachprüfung nur dann enthoben, wenn es mit Sicherheit aussprechen konnte, daß wegen entsprechend großer Gegenforderung der geforderte Rest, den Kläger verlangt, nicht mehr besteht. Dieser Fall ist aber, wie eine Betrachtung des Sachverhaltes lehrt, nicht gegeben. Nach der Rechnung des Landgerichts beträgt der ungetilgte Warenpreisforderungsrest des Klägers noch 6589,65 ℳ, nämlich 8786,20 ℳ weniger 2196,55 ℳ, im vorigen Rechtsstreit getilgt. Nimmt man aber mit dem Sachverständigen L. günstigstenfalls 8250 ℳ Schadensersatzanspruch des Beklagten an, und kürzt man hieran mit dem ersten Richter die bereits durch Aufrechnung hiervon getilgten 1780,78 ℳ, so bleiben als Gegenforderung des Beklagten nur noch 6469,22 ℳ, also um mehr als 100 ℳ weniger, als jetzt noch Klägers Restforderung beträgt. Besser noch müßte sich natürlich für diesen die Rechnung gestalten, wenn der Schadensersatzanspruch des Beklagten niedriger, sei es innerhalb des vom Sachverständigen L. gelassenen Spielraums von 1000 ℳ, oder sei es noch unter diesen herabgehend, festgestellt würde, wozu bemerkt werden muß, daß er selbst nur 8000 ℳ Gegenforderung geltend gemacht hat.

Da aber der Berufungsrichter bisher jede bestimmte Feststellung des erwähnten Schadensersatzanspruches unterlassen hat, da ferner, wie oben erwähnt, auch der Rechtsbestand des Schadensersatzanspruches noch nicht vollkommen bedenkenfrei feststeht und vom Kläger bekämpft wird, so mußte unter Aufhebung des angefochtenen Urteils die Sache zur Nachholung der noch notwendigen Verhandlungen und Feststellungen an das Berufungsgericht zurückverwiesen werden." ...

---

24. Kann die Rechtshandlung eines Schuldners außerhalb des Konkurses vor Erlangung eines vollstreckbaren Schuldtitels und vor Feststellung des Befriedigungsunvermögens des Schuldners im Wege einer Feststellungsklage bedingt angefochten werden?

VII. Zivilsenat. Urt. v. 23. Februar 1904 i. S. v. J. (Bekl.) w. S. (Kl.). Rep. VII. 463/03.

I. Landgericht II Berlin.
II. Kammergericht daselbst.

Die obige Frage ist verneint aus folgenden

Gründen:

„Es handelt sich um die Frage, ob die Rechtshandlung eines Schuldners außerhalb des Konkurses vor Erlangung eines vollstreckbaren Schuldtitels und vor Feststellung des Befriedigungsunvermögens des Schuldners im Wege einer Feststellungsklage bedingt, nämlich für den Fall der Beschaffung des Schuldtitels und des Nachweises der Zahlungsunfähigkeit, angefochten werden kann. Das Kammergericht bejaht die Frage; sie ist indessen mit der Revision zu verneinen. In der Plenarentscheidung des Reichsgerichts vom 27. April

1898 (Entsch. des R.G.'s in Zivils. Bd. 41 Nr. 23 S. 87 flg.), auf welche der Berufungsrichter verweist, ist allerdings ausgesprochen, daß der vollstreckbare Titel keinen Bestandteil des Klagegrundes bei der nach Maßgabe des Anfechtungsgesetzes erhobenen Klage bilde, daß er vielmehr nur eine Voraussetzung sei, an deren Vorhandensein die Ausübung oder Geltendmachung des Anfechtungsrechts durch Erhebung der Klage geknüpft sei. Es mag auch aus dieser Entscheidung gefolgert werden können, daß es sich mit dem Erfordernisse der Zahlungsunfähigkeit des Schuldners ebenso verhalte, wie mit dem Schuldtitel. Allein für die Zulässigkeit einer Feststellungsklage, wie sie gegenwärtig erhoben ist, kann der Plenarbeschluß nicht verwertet werden. Es ist vielmehr in seinen Gründen ausdrücklich gesagt, daß der Mangel eines vollstreckbaren Titels die Abweisung der Klage zur Folge habe, daß er also zur Zeit der Urteilsfällung vorliegen müsse, und daß der Kläger kein Recht darauf habe, daß die Beibringung des Vollstreckungstitels abgewartet, und ihm mit Rücksicht darauf eine Vertagung bewilligt werde. Diese Auffassung ist auch unbedenklich als richtig anzuerkennen. Selbst die Wirksamkeit der Anfechtungseinrede ist durch die Beschaffung des Schuldtitels binnen der von dem Gerichte zu bestimmenden Frist bedingt (§ 5 des Anfechtungsgesetzes), und der Gläubiger kann schon vor Erlangung des Titels zur Wahrung der Anfechtungsfrist die Anfechtungsabsicht dem Gegner durch Zustellung eines Schriftsatzes mitteilen; aber auch die Wirksamkeit dieser Erklärung ist durch die doppelte Voraussetzung bedingt, daß der Schuldner schon zu dieser Zeit (zur Zeit der Zustellung des Schriftsatzes) zahlungsunfähig war, und daß die Anfechtung bis zum Ablaufe von zwei Jahren seit diesem Zeitpunkt erfolgt ist (§ 4 a. a. O.). Auch im Falle des § 4 des Gesetzes ist also unerläßlich, daß bereits zur Zeit der Ankündigung der Anfechtungsabsicht wenigstens in der Person des Schuldners die Voraussetzung der Anfechtbarkeit gegeben ist, und daß spätestens innerhalb zwei Jahre in der Person des Gläubigers das Erfordernis des vollstreckbaren Titels zur Entstehung gelangt. Mit diesen Vorschriften schon ist eine Feststellungsklage ohne Titel und ohne Nachweis der Zahlungsunfähigkeit des Schuldners schlechthin unverträglich. Selbst im Besitz einer Sache soll der Eigentumsklage gegenüber der Dritte auf Grund der Anfechtungseinrede nur insoweit geschützt werden, als es ihm gelingt, binnen angemessener (nicht: beliebiger) Frist den Schuldtitel vorzulegen.

Vgl. Entscheidung des Reichsgerichts, zum Teil abgedruckt in der Jurist. Wochenschr. 1894 S. 280 Nr. 10).

Es kann demnach nicht die Absicht des Gesetzes gewesen sein, die Hinausschiebung der endgültigen Entscheidung über den Anfechtungsanspruch, wie sie im Falle der Erlassung des begehrten Feststellungsurteils eintreten würde, zu gestatten, und noch weniger ist ein solches Urteil mit dem § 4 des Gesetzes vereinbar, der selbst die Kundgebung der Anfechtungsabsicht nur dann für rechtswirksam erklärt, wenn der Schuldner bereits zahlungsunfähig ist. Weiter und ebenso entscheidend spricht aber gegen die Möglichkeit der erhobenen Klage der § 9 des Anfechtungsgesetzes, nach welchem der Klagantrag bestimmt zu bezeichnen hat, in welchem Umfange und in welcher Weise die Rückgewähr seitens des Empfängers bewirkt werden soll. Dieser zwingenden Vorschrift kann nur Genüge geschehen, wenn der Gläubiger im Besitz eines vollstreckbaren Titels ist, der den Umfang der Rückgewährpflicht begrenzt. Zwischen dem Gläubiger und dem Schuldner soll die Forderung, wegen deren die Anfechtung erfolgt, in einer die Zwangsvollstreckung ermöglichenden Weise festgestellt sein, bevor über den Anfechtungsanspruch entschieden wird. Der Anfechtungsgegner soll wissen, woran er ist, in welchem Maße er den Zugriff des Gläubigers auf die anfechtbar weggegebenen Gegenstände zu dulden hat. Andererseits braucht er diesen Zugriff nur zu dulden, wenn die dem Schuldner noch zu Gebote stehenden Befriedigungsmittel unzulänglich sind. Deshalb kommt es auf den Zeitpunkt an, in welchem die Wirkungen der Anfechtung geltend gemacht werden (vgl. Motive bei Hartmann-Meikel, Anfechtungsgesetz, Anm. 1 zu § 9). Würde dem Gläubiger die bloße Feststellungsklage gestattet sein, so könnte der Fall eintreten, daß infolge der veränderten Gestaltung der Verhältnisse für die Leistungsklage demnächst die Voraussetzungen ermangelten, und diesem die Verkehrssicherheit über die Zwecke des Anfechtungsrechts hinaus gefährdenden Ergebnis beugt der § 9 des Gesetzes vor, indem er die Anfechtungsklage nur innerhalb des Rahmens der gleichzeitigen Leistungsklage zuläßt. Dies ist auch vom Reichsgericht wiederholt anerkannt (Entsch. desselben in Zivils. Bd. 23 S. 5, Jurist. Wochenschr. 1896 S. 698 Nr. 31, 1902 S. 610 Nr. 20). Der Berufungsrichter ist der

Meinung, daß der Kläger dem § 9 a. a. O. durch den die Feststellung der Rückgewährpflicht betreffenden Teil seines Antrages entsprochen habe. Allein nach § 9 soll diese Pflicht nicht nur für einen — vielleicht niemals eintretenden — Fall festgestellt, sondern sie soll als eine sogleich zu erfüllende dem Anfechtungsgegner auferlegt werden. Dieser soll eben nicht im ungewissen darüber sein, ob und was er auf Grund des Anfechtungsanspruchs zu leisten hat. Das Anfechtungsrecht ist nur zum Zwecke der Befriedigung des Gläubigers nach Maßgabe des in seinen Händen befindlichen Titels und zum Zwecke der Erweiterung des Kreises der der Zwangsvollstreckung unterliegenden Gegenstände, sofern das Vermögen des Schuldners nicht zureicht, gegeben, seine Geltendmachung mithin, abgesehen von den im Gesetze selbst vorgesehenen Ausnahmen (§§ 4. 5), an das Vorliegen dieser beiden Umstände (Schuldtitel und Zahlungsunfähigkeit des Schuldners) geknüpft. Für eine Klage auf Feststellung, daß der Kläger möglicherweise, nämlich für den Fall der Erwirkung eines vollstreckbaren Schuldtitels und für den ferneren Fall des dann vorhandenen Befriedigungsunvermögens des Schuldners, anfechtungsberechtigt sei, ist nach dem Anfechtungsgesetze kein Raum. Ob nach § 256 Z.P.O. für eine solche Feststellungsklage die Grundlage gegeben wäre, kann dahingestellt bleiben, da die entscheidende Norm im Anfechtungsgesetze zu suchen ist. Mit der hier vertretenen Auffassung steht die Annahme nicht im Widerspruch, daß auch zur Sicherung des Anfechtungsrechts ein Arrest oder eine einstweilige Verfügung erlassen werden kann (Entsch. des Reichsgerichts bei Gruchot, Bd. 30 S. 745). Der Erfolg dieser einstweiligen Maßregeln hängt eben von der rechtzeitigen Beschaffung des Schuldtitels ab, und daß sie erlassen sind, kann für die Statthaftigkeit einer Klage auf bedingte Feststellung des Anfechtungsrechts keinen Grund bilden. Zurzeit fehlt es an den Voraussetzungen für die Ausübung des Anfechtungsrechts überhaupt." . . .

---

25. 1. Kann eine Klage gleichzeitig darauf gegründet werden, daß der geforderte Betrag als Kaufpreis und als Schadensersatz wegen Nichterfüllung aus § 326 B.G.B. geschuldet sei?

2. Der § 326 B.G.B. und seine Anwendung in folgenden Fällen: a) Verzug des Käufers mit der Abnahme (§ 433 Abs. 2 B.G.B.), b) Lossagen des Käufers vom Vertrage (Annullierung), c) mangelhafte Lieferung beim Sukzessivlieferungsgeschäft.

II. Zivilsenat. Urt. v. 23. Februar 1904 i. S. J. (Bekl.) w. H. (Kl.). Rep. II. 298/03.

I. Landgericht Guben.
II. Kammergericht Berlin.

Aus den Gründen:

..."1. Der Berufungsrichter führt aus, die Klägerin stütze ihren Anspruch auf zwei Gründe, in erster Linie auf Annahmeverzug, Gläubigerverzug des Beklagten und ihren Selbsthilfeverkauf nach § 373 H.G.B., und dann auf Spezifikations-(Bestimmungs-)verzug oder Leistungsverzug des Beklagten, auf Grund dessen sie gemäß § 326 B.G.B. Schadensersatz wegen Nichterfüllung bei freier Schadensermittelung begehre. Er erachtet in beiden Richtungen den Anspruch dem Grunde nach als gerechtfertigt, und ferner als festgestellt, daß in beiden Richtungen irgendein Schaden entstanden sei. Auf diesem Wege gelangt er zu seiner Urteilsformel: "der Klaganspruch ist dem Grunde nach gerechtfertigt; die Sache wird zur Verhandlung und Entscheidung [über den Betrag] an den ersten Richter zurückverwiesen". Danach wird die Klage einmal als Erfüllungsklage auf Zahlung des Kaufpreises und Ersatz des durch Schuldnerverzug des Beklagten verursachten Zögerungsschadens mit Aufrechnung des Erlöses aus dem Selbsthilfeverkauf nach § 373 H.G.B. beurteilt, sodann als Klage auf Schadensersatz wegen Nichterfüllung aus § 326 B.G.B. Diese beiden Entstehungsgründe des Klagebegehrens sind indessen weder kumulativ noch alternativ vereinbar. Denn wenn der Verkäufer ordnungsgemäß nach § 326 Abs. 1 Satz 2 B.G.B. Schadensersatz wegen Nichterfüllung gewählt hat, so ist sein Recht, vom Käufer Erfüllung durch Leistung gegen Gegenleistung zu verlangen, weggefallen, und der Käufer nicht mehr zur Erfüllung durch Zahlung des Kaufpreises gegen die Ware verpflichtet; für beide Vertragsteile — den Verkäufer und den Käufer — hat sich das Vertragsverhältnis auf Leistung gegen Gegenleistung aufgelöst in das

Recht des Verkäufers und die Verpflichtung des Käufers auf Schadensersatz wegen Nichterfüllung.

Vgl. Urteil des erkennenden Senates vom 11. April 1902, Entsch. des R.G.'s in Zivils. Bd. 50 S. 262 flg.

Folgeweise kann in diesem Falle bezüglich der Kaufsache nicht mehr von Annahmeverzug des Käufers als Gläubigerverzug die Rede sein, und ist die Grundlage für einen Selbsthilfeverkauf aus § 373 H.G.B. weggefallen. Nur zur Feststellung des Schadens wegen Nichterfüllung kann der Verkäufer einen Deckungsverkauf vornehmen, der an sich den Vorschriften des § 373 H.G.B. nicht unterliegt, auf den aber § 254 B.G.B. anzuwenden ist. Daraus ergeben sich die weiteren Folgerungen: weil der in Annahme-(Gläubiger-)verzug befindliche Käufer die Kaufsache jederzeit noch anzunehmen berechtigt ist, kann für den Selbsthilfeverkauf auf der Grundlage des Annahmeverzuges — was insbesondere die Zeit seiner Vornahme anlangt — der rechtliche Grundsatz aufgestellt werden, daß der Verkäufer nur für wissentliche Schädigung oder grobe Fahrlässigkeit hafte. Für den Deckungsverkauf kommt dagegen die Vorschrift des § 254 Abs. 2 B.G.B. zur Anwendung, und danach kann der Verkäufer von der Zeit an, nachdem die erklärte Wahl des Schadensersatzes wegen Nichterfüllung rechtswirksam geworden, in dem Rahmen jener Vorschrift für ein Unterlassen, den Schaden abzuwenden oder zu mindern, verantwortlich werden. Für die Begründetheit der Klage als Erfüllungsklage ist ferner die Vornahme des Selbsthilfeverkaufs ohne Gefährde und grobe Fahrlässigkeit eine wesentliche Voraussetzung; für die Begründung des Anspruchs auf Schadensersatz wegen Nichterfüllung ist dagegen ein Deckungsverkauf in den Formen des Selbsthilfeverkaufs nur ein Glied in der Feststellung der Schadenshöhe.

Danach hätte der Klagantrag auf die beiden dargelegten, nur eventuell miteinander vereinbaren Entstehungsgründe nur in der Weise gestützt werden können, daß zunächst geltend gemacht wurde, der Beklagte schulde nach § 326 Abs. 1 B.G.B. Schadensersatz wegen Nichterfüllung, für die Höhe des Schadens sei maßgebend der in den Formen des Selbsthilfeverkaufs vorgenommene Deckungsverkauf, und daß nur für den Fall, daß diese Begründung nicht haltbar sei, weil es an den Voraussetzungen des § 326 fehle, Erfüllung mit Zögerungsschaden verlangt, und der Selbsthilfeverkauf auf den Annahme-

(Gläubiger-)verzug des Beklagten gegründet wurde. Mit dem Ausspruch, daß der Anspruch auf Schadensersatz wegen Nichterfüllung dem Grunde nach gerechtfertigt sei, war einem Antrage auf Zahlung des Kaufpreises mit Zögerungsschaden die Grundlage entzogen, und kam der Selbsthilfeverkauf vom Dezember 1901 nur noch als Deckungsverkauf in Betracht.

Der Berufungsrichter hat das dargelegte, lediglich eventuelle Verhältnis der zweifachen Rechtfertigung des Klagantrages übersehen und dessen rechtliche Tragweite nicht in Betracht gezogen. Nach der dargelegten Sachlage konnte dieser Mangel nicht durch andere Fassung der Urteilsformel allein geheilt werden, und wäre schon aus diesem Grunde die Aufhebung des Urteils und Zurückverweisung der Sache geboten gewesen. Indessen leidet das angefochtene Urteil noch an weiteren Mängeln, die gleichfalls zu dessen Aufhebung und Zurückverweisung führen.

2. Nachdem der Berufungsrichter das Vorliegen eines Spezifikations-(Bestimmungs-)kaufes und damit die Anwendung des § 375 H.G.B. verneint hatte, führte er weiter aus, der Beklagte sei durch seine endgültige und ernstliche Weigerung, „abzunehmen", mit seiner Verpflichtung zur Abnahme aus § 433 Abs. 2 B.G.B. in Schuldnerverzug gekommen; aus diesem Schuldnerverzuge stehe dem Kläger der Anspruch auf Schadensersatz wegen Nichterfüllung nach § 326 Abs. 1 Satz 2 B.G.B. zu. Der Senat hat in einem Urteil vom 9. Dezember 1902 (Entsch. des R.G.'s in Zivils. Bd. 53 S. 161 flg.) ausgesprochen, daß der Schuldnerverzug des Käufers mit der Abnahme allein in der Regel — und zwar auch bei Handelskäufen — nicht die Anwendbarkeit des § 326 Abs. 1 a. a. O. rechtfertige. Der Berufungsrichter zieht diese Entscheidung in Betracht; er führt aber aus, daß im gegebenen Falle die Abnahme Hauptleistung des Käufers gewesen sei, weil es für Kaufleute, denen es an großem Umsatze, schneller Räumung ihres Lagers und steter Gelegenheit, der neuesten Richtung des Handels zu folgen, liegen müsse, sehr auf alsbaldige Abnahme ihrer Lieferungen ankommen werde.

Die in dem Urteil vom 9. Dezember 1902 vertretene rechtliche Auffassung haben in neuerer Zeit Düringer und Hachenburg bei Behandlung der Lehre vom Kauf nach dem Bürgerlichen Gesetzbuch — Handelsgesetzbuch Bd. 3 S. 108/110 — bekämpft. Die unverkennbare

Bedeutung jener wissenschaftlichen Behandlung der Lehre vom Kauf gab dem erkennenden Senat Anlaß zur wiederholten Prüfung der streitigen Frage, er gelangte dabei zu keinem anderen Ergebnisse.

Im kaufmännischen Sprachgebrauche ist vielfach der Ausdruck „Abnahme", „abnehmen" Sammelname für die Tätigkeit des Käufers bis zur Zahlung des Kaufpreises. Nach den Darlegungen in dem Urteil vom 9. Dezember 1902 und in einem demnächst in den Entscheidungen des Reichsgerichts zur Veröffentlichung kommenden Urteil des Senats vom 22. Dezember 1903, Rep. II. 200/03[1], ist dagegen Abnahme im technischen Sinne des § 433 Abs. 2 die körperliche Hinwegnahme der zu diesem Zwecke bereitgestellten Ware. Durch die Unterlassung der Abnahme entsteht notwendig nach §§ 293. 294 B.G.B. Gläubigerverzug, entsteht aber auch, wenn Mahnung und die anderen Erfordernisse des § 284 B.G.B. vorliegen, Schuldnerverzug; denn die Abnahme ist eine Verpflichtung des Käufers; der Verkäufer hat auf die Abnahme ein Recht und kann auf Erfüllung dieser Verpflichtung klagen, sofern die Ware zur körperlichen Hinwegnahme bereit ist. Wie bereits hervorgehoben, hat in dem Sprachgebrauche der Geschäftswelt der Ausdruck „Abnahme" vielfach eine weitere Bedeutung; er umfaßt insbesondere auch die rechtsgeschäftlichen Handlungen des Käufers, durch die eine Unbestimmtheit in bezug auf die Lieferung der Ware nach Zeit, Ort, Art und Gegenstand beseitigt, und dem Verkäufer erst eine körperliche Ablieferung der Ware ermöglicht wird, also insbesondere den Abruf und die Spezifikation. In der Literatur wird die rechtliche Auffassung vertreten, die Vornahme jener rechtsgeschäftlichen Handlungen sei ein Bestandteil der Abnahmeverpflichtung aus § 433 Abs. 2. Bei Prüfung dieser Frage in dem Urteil vom 22. Dezember 1902 ist indessen der Senat zu dem Ergebnisse gelangt, daß damit der Vorschrift des § 433 Abs. 2 eine zu große Tragweite beigemessen werde; er hat dort ausgeführt, aus der Vorschrift des § 433 Abs. 2 über die Verpflichtuug des Käufers zur körperlichen Hinwegnahme der gekauften Sache könne allerdings für das Recht des Kaufes nach dem Bürgerlichen Gesetzbuch abgeleitet werden, daß eine nach der Natur des einzelnen Geschäfts gebotene oder verkehrsübliche oder besonders vereinbarte Mitwirkung des Käufers

---

[1] Jetzt gedruckt in Bd. 56 dieser Sammlung Nr. 42 S. 173. D. R.

zur Ermöglichung einer Ablieferung der Ware neben der Verpflichtung zur Abnahme, aber nicht als Teil derselben, eine klagbare Verpflichtung des Käufers zur Vornahme auch jener Mitwirkung begründen könne, und daß der Verzug mit dieser Verpflichtung, soweit nicht § 264 B.G.B. Platz greife, wie jeder andere Schuldnerverzug zu beurteilen sei. Dadurch findet die Vorschrift in § 375 H.G.B. über den Spezifikationskauf in dem Rahmen der allgemeinen Grundsätze des Bürgerlichen Gesetzbuchs ihre volle Rechtfertigung; dort ist die Spezifikation durch den Käufer als Schuldnerverpflichtung desselben anerkannt, und sind die Folgen des Schuldnerverzugs mit dieser Verpflichtung ausdrücklich im Gesetze selbst festgesetzt.

Ferner ist an der in dem Urteil vom 9. Dezember 1902 (Entsch. des R.G.'s in Zivils. Bd. 53 S. 163/164) näher begründeten Auslegung des § 326 Abs. 1 festzuhalten, daß dort unter Verzug des einen Teils mit der ihm obliegenden Leistung Verzug mit der Hauptleistung zu verstehen ist. Die Ausführungen bei Düringer und Hachenburg a. a. O. bieten aber auch keinen Anlaß, die in jenem Urteil — a. a. O. S. 164/165 — weiter ausgesprochene, für die hier streitige Frage entscheidende Auffassung, daß die Verpflichtung zur Abnahme der gekauften Sache in der Regel, und zwar auch bei Handelskäufen, nicht die Hauptleistung oder ein Teil der Hauptleistung sei, aufzugeben. Sie nehmen zunächst an, daß die Abnahmeverpflichtung ein wesentlicher Bestandteil des Kaufvertrags sei, und daß, wenn der Käufer zur Abnahme überhaupt nicht verpflichtet sei, ein Kaufvertrag nicht vorliege. Diesen Ausführungen liegt augenscheinlich eine Verwechslung des rechtlichen Begriffs der essentialia negotii mit dem der sogenannten naturalia negotii zugrunde. Denn auch nach dem Rechte des Bürgerlichen Gesetzbuchs sind nur die Verpflichtungen zur Verschaffung der Kaufsache auf seiten des Verkäufers, zur Zahlung des Kaufpreises auf seiten des Käufers wesentliche Bestandteile des Kaufes, die ihm seinen Charakter geben. Die Verpflichtung des Käufers, die zu verschaffende Sache abzunehmen, ist durch die positive Gesetzesvorschrift in § 433 Abs. 2 lediglich als eine Wirkung des Kaufvertrags bestimmt, die ihm in der Regel zukommt, die ihm aber nicht wesentlich ist, so daß sie von den Parteien ausgeschlossen werden kann. Für eine entgegengesetzte Auffassung findet sich weder im Gesetz noch in dessen Materialien zureichender Anhalt. Die bei

Düringer und Hachenburg a. a. O. S. 109 bezogenen Motive (Bd. 2 S. 318) besagen ausdrücklich: „Schwiege das Gesetz, so würde die Abnahmepflicht als naturale negotii verneint erscheinen", und von den genannten Schriftstellern selbst wird die Verpflichtung zur Abnahme an einer anderen Stelle — Bd. 1 S. 50 II. 1 — gelegentlich als naturale negotii bezeichnet; es ist auch schlechthin unerfindlich, aus welchem Grunde der Gesetzgeber zu einer derartigen Überspannung des Erfordernisses der Abnahmeverpflichtung gelangt sein sollte, daß einem Vertrage die Eigenschaft als Kaufvertrag entzogen sei, wenn er z. B. das Geding enthält, dem Verkäufer stehe bei Verweigerung der Abnahme — unbeschadet seines Rechtes auf Zahlung des Kaufpreises mit den damit verknüpften weiteren Rechten — nur die Befugnis zum Selbsthilfeverkauf aus §§ 383 flg. B.G.B., § 373 H.G.B. zu. Damit ist zugleich das dem Wortlaute des § 433 Abs. 2 — „der Käufer ist verpflichtet, ... den Kaufpreis zu zahlen und die gekaufte Sache abzunehmen" — entnommene Argument entkräftet, die erwähnten Schuldnerleistungen des Käufers seien dort koordiniert nebeneinander aufgezählt und ständen sich deshalb auch qualitativ gleich. Weiterhin kann darüber wohl kein Zweifel bestehen, daß die Anerkennung der Verpflichtung zur Abnahme als einer in der Regel dem Kaufe zukommenden Wirkung an sich noch nicht den Schluß rechtfertigt, die damit aufgestellte Leistung des Käufers sei die Hauptleistung oder ein Teil der Hauptleistung. Die weiteren Ausführungen der genannten Schriftsteller, daß Billigkeit und das Verkehrsbedürfnis bei dem Abnahmeverzug des Käufers die Anwendung des § 326 Abs. 1 schlechthin verlangen, sind gleichfalls nicht überzeugend. Betrifft z. B. ein Meinungsstreit der Vertragschließenden lediglich die Zeit, wann abzunehmen sei — am 1. September, oder am 1. November —, so würde, wenn festgestellt wird, es sei am 1. September abzunehmen gewesen, die mechanische Anwendung des § 326 Abs. 1 lediglich wegen eines Abnahmeverzuges am 1. September in den weitaus meisten Fällen zu Härten und Unbilligkeiten führen, die weder berechtigten Verkehrsanschauungen noch berechtigten Verkehrsbedürfnissen entsprechen. In der Literatur werden als Vorzüge einer solchen mechanischen Anwendung des § 326 Abs. 1 auf alle Fälle eines Abnahmeverzuges hervorgehoben, es werde dadurch eine klare Rechtslage geschaffen, der Verkäufer könne ohne weiteres bei steigender

Konjunktur vom Vertrag zurücktreten, bei sinkender Konjunktur die Differenz als Schadensersatz wegen Nichterfüllung verlangen und sei von den als lästig empfundenen Formalitäten des Selbsthilfeverkaufs befreit. Diese Vorzüge werden durch die Bedenken aufgewogen, die unverkennbar darin liegen, daß an den Verzug mit einer in Wirklichkeit vielfach nebensächlichen und als solcher auch aufgefaßten Leistung, wie das in der Regel die Abnahme der gekauften Sache ist, ohne innere Berechtigung die weittragenden Wirkungen des § 326 Abs. 1 schlechthin geknüpft sein sollen.

Allerdings wird sich in manchen Fällen unmittelbar aus der Natur und dem Gegenstande des Geschäfts, so im Großhandel bei Lieferung von Massenprodukten und Massenartikeln, oder aus besonderen Bestimmungen des Vertrages, so bei Verkäufen ab Schiff u. dgl., ergeben, daß die Abnahmeverpflichtung des Käufers ein Teil der ihm obliegenden Hauptleistung sei; in Fällen dieser Art steht der Anwendung des § 326 Abs. 1 bei Verzug des Käufers in Erfüllung der Abnahmeverpflichtung kein Bedenken entgegen. Indessen reichen die Erwägungen, aus denen der Berufungsrichter für den gegebenen Fall abgeleitet hat, daß auch hier die Abnahmeverpflichtung ein Teil der Hauptleistung sei, für eine solche Annahme nicht zu, da sie weder durch die Natur und den Gegenstand des Geschäfts, noch durch eine besondere Bestimmung desselben gerechtfertigt sind.

Danach wäre an sich die Begründung des Berufungsurteils nicht geeignet, die Anwendung des § 326 Abs. 1 B.G.B. zu rechtfertigen. Indessen reicht das festgestellte Sachverhältnis zu, um auf anderem Wege zur Anwendung dieser Gesetzesbestimmung zu gelangen. Der Beklagte hatte in dem gegebenen Falle nicht bloß die Abnahme unterlassen und sich ernstlich geweigert abzunehmen, was die Folge gehabt hätte, daß dem Verkäufer Mahnung und Fristsetzung erspart blieben, wie solche zur Herbeiführung des Gläubiger- und Schuldnerverzuges erforderlich sind; er hatte sich vielmehr in der ernstlich festgehaltenen und auch im Rechtsstreite verwerteten Erklärung vom 15. Februar 1901, „er annulliere den Vertrag", von dem ganzen Geschäfte losgesagt. Schon unter der Herrschaft des alten Handelsgesetzbuchs neigte sich die Praxis dahin, Erklärungen, in denen sich der Käufer von dem Vertrage lossagte, wie z. B. „der Vertrag sei nicht zustande gekommen", „man trete vom Vertrag zurück", „man annulliere den Vertrag", dem in Art. 354 H.G.B. a. F. geforderten Zahlungsverzuge gleichzustellen, und die Geschäftswelt scheint daran festzuhalten. In der Tat läßt eine derartige Erklärung jedem vernünftigen Menschen es als zwecklos erscheinen, daß der Verkäufer, um Schuldnerverzug herbeizuführen, die Ware erst noch liefern müsse; mit solchen Erklärungen verzichtet der Käufer auf die Rechte aus § 320 Abs. 1 B.G.B., auf Mahnung und Fristsetzung.

Vgl. Urteil des erkennenden Senats vom 27. Mai 1902, Entsch. des R.G.'s in Zivils. Bd. 51 S. 347.

Der Verkäufer darf also als sicher annehmen, daß der Käufer nicht zahlen werde, selbst wenn ihm geliefert würde. Schwierigkeiten macht nur der Fall, daß der Verkäufer vorzuleisten hat. Es entsteht die Frage, ob in solchen Fällen, wenn der Käufer vor jeder Lieferung oder doch vor Lieferung der ausstehenden Leistungen die Annullierungserklärung abgibt, der Verkäufer ihn sofort so behandeln kann, wie es § 326 Abs. 1 B.G.B. nach erfolgter Mahnung, Fristsetzung und Androhung gestattet. Die gleiche Frage ergibt sich übrigens auch bei Zug-um-Zug-Geschäften, wenn der Käufer schon vor dem Lieferungstermine die Annullierungserklärung abgibt. Der Senat hat sich in einem Urteil vom 6. März 1903 (Entsch. des R.G.'s in Zivils. Bd. 54 S. 98) bereits dahin ausgesprochen, daß bei gegenseitigen Verträgen auch wegen positiver Vertragsverletzungen des einen Teils, welche die Erreichung des Vertragszweckes gefährden, der andere Teil unter entsprechender Anwendung des § 326 B.G.B. vom Vertrag zurücktreten oder Schadensersatz wegen Nichterfüllung verlangen kann. Das gegebene Gesetz steht der Annahme nicht entgegen, daß in einem unberechtigten und vertragswidrigen Sichlossagen vom Vertrage der oben bezeichneten Art eine solche positive Vertragsverletzung liege, und daß eine folgerichtige Anwendung des in dem Urteil vom 6. März 1903 gefundenen rechtlichen Grundsatzes zu dem Ergebnisse führt, der Verkäufer sei in Fällen dieser Art schon auf Grundlage der unberechtigten und vertragswidrigen Annullierungserklärung berechtigt, in entsprechender Anwendung des § 326 vom Vertrag zurückzutreten oder Schadensersatz wegen Nichterfüllung zu verlangen, und es stehe dem Käufer, nachdem der Verkäufer davon Gebrauch gemacht hatte, nicht mehr frei, seine Annullierungserklärung zurückzunehmen und sich zur Vertragserfüllung bereit zu erklären. Insoweit treffen für Fälle dieser Art die Ausführungen in dem Urteil des Senats vom 11. Juli 1902 (Entsch. des R.G.'s in Zivils. Bd. 52 S. 150 flg., hier S. 152) nicht zu, wonach dem Käufer offen bliebe, durch Erfüllung während der noch laufenden Lieferungszeit den Schadensersatz wegen Nichterfüllung abzuwenden. Im übrigen hat allerdings auch für Fälle dieser Art die Berechnung des Schadensersatzes wegen Nichterfüllung auf der Grundlage der Lieferungsbestimmungen des Kaufvertrages zu erfolgen. Auf dieser rechtlichen Grundlage wäre der Anspruch der Klägerin auf Schadensersatz wegen Nichterfüllung aus § 326 dem Grunde nach gerechtfertigt, wenn die Annullierungserklärung des Beklagten vom 15. Februar 1901 unberechtigt und vertragswidrig war. Das würde allerdings nicht zutreffen, wenn der Beklagte, wie er geltend macht, mit jener Erklärung berechtigterweise auf Grund des § 326 B.G.B. vom Vertrage zurückgetreten ist.

3. Der Beklagte hatte schon vor dem 15. Februar 1901 wiederholt die seit dem Spätsommer 1900 gelieferten Garne als mangelhaft bezeichnet und mehrfach angedroht, daß er wegen andauernder vertragswidriger Lieferungen den Rest des Vertrages annulliere. Mit dieser Androhung hatte er in den Briefen vom 18. und 22. Dezember 1900 die Lieferung eines „Probeballens" verlangt, und als dieser sogenannte Probeballen wiederum angeblich wegen Mängel vertragswidrig war, hat er sodann in dem Briefe vom 15. Februar 1901 die „Annullierung" erklärt. Der Berufungsrichter führt unter Bezugnahme auf die Abhandlung von Dernburg — Deutsche Juristenzeitung 1903 S. 1 bis 5 — aus, ein solcher Rücktritt von jeder ferneren Lieferung habe dem Beklagten nicht zugestanden, er wäre lediglich in der Lage gewesen, wegen der einzelnen gemachten Lieferungen Minderung oder Wandelung zu verlangen und nur im Falle eines Lieferungsverzuges nach § 326 B.G.B. vom Vertrag zurückzutreten. So habe er jede einzelne Lieferung „genommen" und bezahlt, dann aber „plötzlich" die fernere Abnahme überhaupt verweigert.

Diese von der Revisionsbegründung angefochtenen Ausführungen sind nicht frei von Rechtsirrtum. Der Senat ist bereits bei Begründung des oben bezogenen Urteils vom 6. März 1903 den vom Berufungsrichter angerufenen Ausführungen von Dernburg, soweit sie die hier streitige Frage betreffen, entgegengetreten. Damals wurde dargelegt, in § 326 sei der Ausspruch eines allgemeinen Rechtsgrundsatzes für schuldhafte oder aus anderem Grunde zu vertretende Nichterfüllung gegenseitiger Verträge in der besonderen Anwendung auf den Verzug zu finden (gleiches gilt entsprechend auch von § 325), und daraus abgeleitet, es seien im Wege der Analogie bei gegenseitigen Verträgen auch aus positiven Vertragsverletzungen des einen Teiles dem anderen Teile die in § 326 ausgesprochenen Rechte dann zu gewähren, wenn durch jene Vertragsverletzungen die Erreichung des Vertragszweckes gefährdet wird. Alle Voraussetzungen für Anwendung des auf diesem Wege gefundenen rechtlichen Grundsatzes sind gegeben, wenn bei einem Sukzessivlieferungsgeschäfte in einer Weise andauernd mangelhaft geliefert wurde, welche die Annahme rechtfertigt, es sei nicht zu erwarten, daß künftig anders geliefert werde, und danach durch einen vom Verkäufer zu vertretenden Umstand die Erreichung des Vertragszweckes gefährdet ist. Der Senat trägt daher kein Bedenken, für Fälle dieser Art unter entsprechender Anwendung des § 326 zuzulassen, daß der Käufer vom Vertrage für die noch ausstehenden Lieferungen zurücktrete. In den Fällen andauernd fehlerhafter Leistungen beim Sukzessivlieferungsgeschäft wird gerade das Hauptanwendungsgebiet des in dem Urteil vom 6. März 1903 gefundenen rechtlichen Grundsatzes liegen. Übrigens hat der Senat die gleichen rechtlichen Grundsätze bereits in einem Urteil vom 14. Mai 1901, Rep. II. 67/01, ausgesprochen; dort ist ferner ausgeführt, eine solche Auflösung des Vertragsverhältnisses sei dadurch nicht ausgeschlossen, daß die einzelne Lieferung „genommen und bezahlt sei", sofern nur der Mangel rechtzeitig gerügt wurde, und in dem Nehmen und Bezahlen nach Lage des Einzelfalles keine Genehmigung der Lieferung als fehlerloser zu finden sei; es stehe auch einer solchen Annahme nicht das Urteil des Senats vom 16. März 1880 (Entsch. des R.G.'s in Zivils. Bd. 1 S. 62) entgegen. Das Urteil vom 14. Mai 1901 betraf allerdings den Fall der Auflösung eines Bierabnahmevertrages wegen andauernder Lieferung schlechten Bieres auf Grund des Satzes 1184 des Badischen Landrechtes, der gleich dem Art. 1184 Code civil bei Nichterfüllung eines gegenseitigen Vertrages dem anderen Teil die dem richterlichen Ermessen unterstellte Auflösung durch Urteil einräumt. Die rechtlichen Grundgedanken sind indessen die gleichen; die von dem Verkäufer zu vertretende Nichterfüllung wegen andauernder Lieferung mangelhafter Ware rechtfertigte dort die Anwendung des Landrechtssatzes 1184 — Art. 1184 Code civil —, hier die entsprechende Anwendung des im Grundgedanken dem Art. 1184 Code civil ähnlichen § 326. Danach verletzt der Berufungsrichter das Gesetz mit seiner Annahme, daß dem Beklagten nach Sachlage nur die Rechtsbehelfe der Minderung und Wandelung bezüglich der gemachten Lieferungen zugestanden hätten."...

---

26. Erfordert § 279 B.G.B. schlechthin den Untergang der ganzen Gattung, oder reicht es nach Lage des Falles zu dessen Anwendung zu, wenn die Beschaffung von Gegenständen der fraglichen Gattung eine so schwierige geworden ist, daß sie billigerweise niemandem zugemutet werden kann?

II. Zivilsenat. Urt. v. 23. Februar 1904 i. S. B. (Kl. u. Widerbekl.) w. Bremer Rolandmühle (Bekl. u. Widerkl.). Rep. II. 398/03.

I. Landgericht Bremen.
II. Oberlandesgericht Hamburg.

Klägerin kaufte von der Beklagten am 6. Dezember 1901 6000 Zentner deutsches doppelgesiebtes entfasertes Baumwollensaatmehl, Marke „Eichenlaub", Lieferung Dezember bis Mai monatlich ca. 1000 Zentner. Sie mahnte am 31. Januar 1902 wegen der Januarlieferung und setzte Nachlieferungsfrist bis zum 12. Februar. Die Beklagte machte geltend, sie sei durch eine von ihr nicht zu vertretende (kasuelle) nachfolgende Unmöglichkeit von der Lieferung befreit; die Marke „Eichenlaub" sei eine besondere Warensorte, die von der Firma B. & H. nach besonderem, ihr Geheimnis bildendem technischen Verfahren mit eigens dazu konstruierten Maschinen in der Mühle von R. zu Hamburg hergestellt und mit der ihr geschützten Marke „Eichenlaub" bezeichnet werde; sie sei nur verpflichtet und berechtigt, diese Marke zu liefern; dazu sei sie nicht imstande, weil die genannte Mühle am 30. Januar 1902 mit allen Vorräten an hergestellter Ware abgebrannt sei. Sie habe unter den gleichen Lieferungsbedingungen von M., dieser von B. & H. gekauft.

Klägerin bestritt die Unmöglichkeit der Lieferung; vertragsgemäße Ware hätte auch in einer anderen Mühle hergestellt werden und im offenen Markte bezogen werden können. Die Marke „Eichenlaub" sei nur Herkunftsbezeichnung für Ware der Firma B. & H., nicht aber Qualitätsbezeichnung und nicht Qualitätsbezeichnung für Ware einer bestimmten Produktionsstätte. Sie verlangte mit der Klage Schadensersatz wegen Nichterfüllung des Januarquantums in Höhe von 380 *M*.

Die Beklagte beantragte Abweisung der Klage und erhob Widerklage mit dem Antrage, festzustellen, daß sie nicht verpflichtet sei, wegen Nichtlieferung der von Februar bis Mai 1902 fällig gewesenen Raten Schadensersatz zu leisten.

Der erste Richter wies die Klage ab und erkannte nach dem Antrage der Widerklage. Das Berufungsgericht wies die Berufung der Klägerin zurück. Ihre Revision wurde zurückgewiesen aus folgenden

Gründen:

. . . „Der Lieferungsvertrag war ein Gattungskauf; an und für sich ist daher von § 279 B.G.B. der Ausgang zu nehmen, wonach der Schuldner, solange die Leistung aus der Gattung möglich ist, sein Unvermögen zur Leistung auch dann zu vertreten hat, wenn ihm ein Verschulden nicht zur Last fällt. Nach dem Vorbringen der Beklagten und Widerklägerin war indessen die Warengattung des Baumwollensaatmehls in dem Vertrage dahin beschränkt, daß nur Baumwollensaatmehl, nach besonderem — Geheimnis der Firma B. & H. bildendem — technischen Verfahren hergestellt und in dieser Herstellung mit der Marke „Eichenlaub" bezeichnet, gehandelt war. Das haben die Instanzgerichte als bewiesen angenommen. Danach war die Beklagte nur berechtigt, aber auch nur verpflichtet, die danach spezialisierte Sorte Baumwollensaatmehl zu liefern; sie war nicht verpflichtet, gleich gutes Baumwollensaatmehl anderer Herstellungsart als „Ersatzware" zu leisten.

Die Firma B. & H. hatte die gehandelte — nur von ihr hergestellte — Warensorte in der Mühle von R. zu Hamburg herstellen lassen, die, wie im Laufe des Rechtsstreits klargelegt wurde, ihr gehörte. Diese Mühle brannte am 30. Januar 1902 ab. Der Berufungsrichter nahm eine von der Beklagten und Widerklägerin nicht zu vertretende Unmöglichkeit für das auf 31. Januar 1902 frühestens, am 30. Januar oder früher noch nicht abgerufene Januarquantum und für die späteren Monatslieferungen bis einschließlich Mai 1902 an und gelangte so zur Abweisung der Klage und zur Zuerkennung der Widerklage. Er erwog: durch den Brand, der an sich jedenfalls ein von der Beklagten nicht zu vertretendes kasuelles Ereignis gewesen, sei die Produktion der gehandelten Ware in der Mühle von R. bis über den Juli 1902 hinaus unmöglich geworden. B. & H. seien ferner während der hier in Betracht kommenden Vertragszeit nicht in der Lage gewesen, auf einer anderen ihnen zugänglichen Mühle die gleiche Qualität, das ist Ware der gehandelten Sorte, auf Grund ihres Geheimverfahrens herstellen zu lassen.

Danach ist mit dem Berufungsrichter davon auszugehen, daß nach dem Brande vom 30. Januar 1902 die gehandelte Ware in absehbarer Weise nicht weiter hergestellt werden konnte. Dadurch allein ist indessen, da es sich nicht um einen Vertrag zwischen dem Fabrikanten und dessen Abnehmer handelt, noch nicht die Unmöglichkeit der Leistung der Gattungssache begründet. Unstreitig waren in der Nacht vor dem Brande noch 2000 Zentner Baumwollensaatmehl der hier gehandelten Sorte elbaufwärts verladen worden; diese waren nach dem Brande jedenfalls noch vorhanden. Die Mühle von R. war ferner ein Unternehmen mit derart großer Produktion, daß, wenn auch bei der Art der gehandelten Ware ein baldiger Verbrauch in dritter Hand naheliegt, auch im übrigen ein Untergang der ganzen Gattung für die Zeit nach dem Brande nicht angenommen werden kann. Aber auch § 279 B.G.B. darf nicht dahin ausgelegt werden, daß nur der Untergang der ganzen Gattung den Schuldner befreie, im übrigen aber dieser schlechthin und allein die Gefahr eines solchen zufälligen Ereignisses zu vertreten habe. Vielmehr ist im Sinne des § 279 a. a. O. die Leistung aus der Gattung nicht bloß dann unmöglich, wenn die ganze Gattung untergegangen, sondern auch dann, wenn die Beschaffung von Gegenständen der fraglichen Gattung eine so schwierige geworden ist, daß sie billigerweise niemandem zugemutet werden kann. Die letztbezeichnete Einschränkung steht zwar nicht in § 279, ergibt sich aber wenigstens für einen Gattungskauf der spezialisierten Art, wie er hier vorliegt, aus § 242 B.G.B. Allerdings darf dieser Einschränkung nicht eine Anwendung oder vielleicht richtiger eine Ausdehnung gegeben werden, die entgegen der Absicht des § 279 und dessen Wortlaute im Ergebnisse darauf hinausläuft, daß der Gläubiger die Gefahr solcher zufälligen Ereignisse auch beim Gattungskauf in der Regel zu tragen hätte. Die Beschaffung des Leistungsgegenstandes darf infolge eines zufälligen Ereignisses nicht bloß etwa mehr Schwierigkeiten bieten, — diese mögen in der Notwendigkeit umfassenderer Nachfrage, oder erheblich höherer Anschaffungskosten bestehen, — sondern muß mit so außergewöhnlichen Schwierigkeiten verbunden sein, daß diese Schwierigkeiten nach der Auffassung des Verkehrs der Unmöglichkeit gleichgeachtet werden. Danach wird sich in einem Falle, wie er hier vorliegt, der Verkäufer nicht darauf beschränken dürfen, auf seinem Markte nach der Ware zu fragen; er hat wohl umfassende Nachfragen auch auf anderen Märkten anzustellen und sich auch zur Zahlung höherer Preise bereit zu erklären, um die Ware etwa noch aus dritter Hand zu erhalten. Das verkennt der Berufungsrichter indessen nicht. Unter Hinweis auf die Aussagen der sachverständigen Zeugen G. und W., deren Erklärung ganz allgemein dahin ging, daß „nach ihrem besten Wissen nach dem Brande der R.'schen Mühle tatsächlich keine effektive Ware in den erforderlichen Mengen zu haben gewesen", nimmt er als bewiesen an: die Warensorte mit der Marke „Eichenlaub" war in der hier in Betracht kommenden Zeit am Markte nicht zu haben. Das Vorbringen, daß in der Nacht vor dem Brande noch 2000 Zentner nach Magdeburg verladen waren, beseitigt er mit der Erwägung, es sei wahrscheinlich, daß die Ware dorthin auf Bestellung geliefert sei und zur Erfüllung bestehender Verpflichtungen gedient habe. Daran knüpft er die Erörterung, schließlich müsse die Verpflichtung der Beklagten, sich um Anschaffung der Ware zu bemühen, eine Grenze haben; es könne nicht verlangt werden, daß sie an allen deutschen und außerdeutschen Märkten Nachfrage halte.

Diese Ausführungen mögen im Ausdrucke zum Teil die erwünschte Bestimmtheit und Schärfe vermissen lassen; in der Sache sagt damit der Berufungsrichter: auf dem Markte war die Ware mit allen Anstrengungen und Opfern nicht mehr zu haben; die mehrfach erwähnten 2000 Zentner waren nach seiner Kenntnis des Handels mit dieser Ware gleichfalls schon in festen Händen; weiterhin hätten die Bemühungen, die der Schuldner für Beschaffung der Ware machen müsse, doch auch ihre Grenze; eine Nachfrage auf allen Märkten des Inlandes und Auslandes könne von ihm nicht verlangt werden. So aufgefaßt sind sie bei einer derart spezialisierten Gattung, wie hier, mit der oben dargelegten rechtsgrundsätzlichen Auffassung von der Tragweite des § 279 B.G.B. vereinbar." ...

---

27. 1. Rechtliche Bedeutung der Deklaration vom 29. Mai 1820 zu § 157 der preußischen Städte-Ordnung vom 19. November 1808 wegen der Verpflichtung der Städte zur Besetzung der städtischen Unterbedientenstellen mit versorgungsberechtigten Militärinvaliden.

2. Verhältnis des durch den Königlichen Erlaß vom 20. Juni 1867 genehmigten Reglements über die Zivilversorgung und die Zivilanstellung der Militärpersonen ꝛc vom 16. Juni 1867 zu dieser Deklaration.

3. Rechtliche Bedeutung der §§ 14 und 15 des preußischen Gesetzes vom 21. Juli 1892 über die Besetzung der Subaltern- und Unterbeamtenstellen in der Verwaltung der Kommunalverbände.

4. Wie regelt sich die Darlegungs- und Beweispflicht, wenn eine Zivilperson, der unter Verletzung der früheren Bestimmungen über die Versorgung der Militäranwärter eine städtische Beamtenstelle übertragen ist, nach dem bis zum Inkrafttreten des Gesetzes vom 21. Juli 1892 in Geltung gewesenen Rechte gleichwohl rechtsgültig lebenslänglich angestellt oder nach Eintritt der Geltung dieses Gesetzes in der Stelle belassen zu sein behauptet?

III. Zivilsenat. Urt. v. 23. Februar 1904 i. S. Stadtgem. B. (Bekl.) w. K. (Kl.). Rep. III. 419/03.

I. Landgericht Bochum.
II. Oberlandesgericht Hamm.

Nachdem der Kläger von 1866 bis zum 1. Juli 1872 in den Bureaux mehrerer Verwaltungsbehörden tätig gewesen war, wurde er auf seine Meldung zu einer von zwei ausgeschriebenen städtischen „Bureaubeamtenstellen" der Beklagten von jenem Tage ab als Bureaugehilfe mit einem jährlichen Gehalte von 450 Talern „provisorisch" unter Vorbehalt der Kündigung mit vierwöchiger Frist angestellt und mit Bureauarbeiten beschäftigt, die vorwiegend nicht mechanischer Art waren. Am 7. Juli 1877 wurde ihm eine erledigte Bureauassistentenstelle mit einem Gehalte von 1650 ℳ vom 10. Juli 1879 ab auf Kündigung mit einmonatiger Frist übertragen, und er zugleich vom Oberbürgermeister durch Handschlag an Eidesstatt als Beamter verpflichtet. Am 20. Dezember 1877 wurde er zum Registrator mit einem monatlichen Gehalte von 137,50 ℳ ernannt. Am 20. Mai 1880 wurde er mit der einstweiligen Wahrnehmung der Geschäfte des Polizeisekretärs beauftragt und am 10. März 1881 vom Magistrate unter Vorbehalt der Kündigung mit dreimonatiger Frist gegen ein jährliches, demnächst auf 2250 ℳ erhöhtes Gehalt endgültig angestellt. Da er jedoch nicht aus dem Militäranwärterstande hervorgegangen war, so kündigte ihm der Magistrat die Stelle auf Veranlassung der Bezirksregierung zum 1. Januar 1885. Er wurde darauf aus dem städtischen Dienste entlassen, erhielt aber auf besondere Verwendung des damaligen Oberbürgermeisters B. die Stelle des Rendanten der gemeinschaftlichen Innungskrankenkasse in B., die des Rendanten der Ortskrankenkasse und die gleiche Stelle bei der Fabrikkrankenkasse dort. Er bekleidete diese Stellen seit Januar 1885. Im Jahre 1894 löste sich die gemeinschaftliche Innungskrankenkasse auf, und an ihre Stelle traten die Krankenkassen der einzelnen Innungen. Von diesen haben mehrere den Kläger zu ihrem Rendanten gewählt.

Dieser hielt seine Entlassung aus dem städtischen Dienste für ungerechtfertigt. Er erhob im Herbste 1900 bei dem Bezirksausschusse den Anspruch, daß die Beklagte ihn als städtischen Beamten anerkenne und ihm das seit 1885 rückständige Gehalt von zunächst 2250 ℳ unter Berücksichtigung der nach dem Besoldungsetat vorgesehenen Steigerungen nebst 4 v. H. Zinsen seit dem jeweiligen Fälligkeitstage sowie das laufende Gehalt bei seinem jeweiligen Fälligwerden zahle. Mit diesem Anspruche wurde er durch Beschluß des Bezirksausschusses vom 22. Januar 1901 zurückgewiesen. Er verfolgte ihn nunmehr mit der am 6. Juli 1901 zugestellten Klage im ordentlichen Rechtswege. Er behauptete, endgültig angestellt und nach der Art seiner Dienste und mit Rücksicht auf seine langjährige Dienstzeit nach § 56 Nr. 6 der Städte-Ordnung für Westfalen vom 19. März 1856 lebenslänglich angestellter Beamter trotz der ursprünglichen Kündbarkeit seiner Anstellung geworden zu sein. Da er jederzeit bereit und imstande gewesen sei, wieder in den städtischen Dienst einzutreten, so könne die Kündigung und Entlassung ihn seiner vermögensrechtlichen Ansprüche nicht verlustig machen.

Die Beklagte bestritt, daß der Kläger dauernd angestellt gewesen sei, und behauptete, daß er nur auftragsweise und vorläufig beschäftigt worden sei. Der Oberbürgermeister B. habe seit dem Jahre 1875 wiederholt bei der Bezirksregierung die Erlaubnis zu seiner endgültigen Anstellung erbeten; seine Anträge seien aber stets abgelehnt worden. Deshalb habe er immer nur auf Kündigung angestellt werden können, und sei er auch nicht als Beamter vereidigt, sondern nur durch Handschlag an Eidesstatt verpflichtet worden. Allerdings habe sich die Beschäftigung eines Hilfsarbeiters als dauernd notwendig ergeben. Deshalb sei eine Bureauassistentenstelle in eine dauernde Stelle umgewandelt worden, und diese habe dem Kläger übertragen werden sollen. Die Ausführung dieser Absicht sei aber daran gescheitert, daß der Kläger nicht Militäranwärter gewesen, und die Regierung deshalb ihre Genehmigung sowohl hierzu wie zur Übertragung der Polizeisekretärstelle an ihn versagt habe. Wegen der Verletzung der Vorschriften über die Besetzung der Gemeindebeamtenstellen mit Militäranwärtern wäre übrigens die Anstellung des Klägers in ihrem, der Beklagten, Dienste selbst dann ungültig gewesen, wenn sie sonst nach § 56 Nr. 6 der Städte-Ordnung als lebenslänglich gelten müßte.

Die Beklagte wendete ferner ein, daß der Kläger mit seiner Einwilligung aus dem städtischen Dienste geschieden, daß er sich auch durch Annahme der Rendantenstelle außerstande gesetzt habe, ihr seine Dienste zu leisten, und endlich, daß der Klaganspruch verjährt sei.

Das Landgericht wies den Kläger mit der erhobenen Klage ab. Auf seine Berufung änderte das Oberlandesgericht die Entscheidung dahin ab, daß — zu 1 der Urteilsformel — der Klagantrag insoweit abzuweisen, als er auf Zahlung eines höheren Betrages als der jährlichen, seit dem 1. Januar 1896 verfallenen und fällig werdenden Gehaltsraten von je 1650 ℳ nebst Zinsen gerichtet sei, und daß — zu 2 und 3 der Urteilsformel — die Entscheidung über einen Gehaltsanspruch von monatlich 137,50 ℳ nebst Zinsen für die Zeit seit dem 1. Januar 1896 von einem vom Kläger erforderten Eide über den Einwand, daß dieser sich zu seinem Ausscheiden aus dem städtischen Dienste dem Oberbürgermeister B. gegenüber bereit erklärt hätte, wenn er die Stelle eines Rendanten der Krankenkasse in B. erhielte, abhängig zu machen sei.

Auf die Revision der Beklagten ist das Urteil des Oberlandesgerichts aufgehoben, und zugleich in der Sache selbst die Berufung des Klägers gegen das Urteil des Landgerichts gänzlich zurückgewiesen worden. In den

Gründen

wird zunächst die Ausführung des Berufungsgerichts gebilligt, daß der Kläger weder 1880 noch später rechtswirksam zum Polizeisekretär in der städtischen Polizeiverwaltung von B. ernannt worden sei, weil die nach § 4 Abs. 2 des Gesetzes vom 11. März 1850 hiezu erforderliche Bestätigung durch die Staatsregierung nicht nur nicht erteilt, sondern ausdrücklich versagt worden sei, und daß ihm deshalb aus dieser Anstellung keine vermögensrechtlichen Ansprüche zuständen. Es wird ferner die Annahme des Berufungsgerichts nicht beanstandet, daß der Kläger dadurch allein, daß er aus der Stelle als Polizeisekretär infolge der rechtlichen Unwirksamkeit seiner Anstellung in dieser habe ausscheiden müssen, nicht zugleich aus dem städtischen Dienste überhaupt entlassen sei, weil es nach den Umständen in der Tat als Willensmeinung sowohl des Magistrats wie des Klägers bei dessen Bestellung zum Polizeisekretär angesehen werden könnte, daß dieser damit sein bisheriges Amt als Registrator nur unter der Voraussetzung aufgebe, daß sich seine Bestellung zum Polizeisekretär als rechtswirksam erweisen oder mindestens demnächst rechtswirksam werden würde. Es wird fortgefahren:

„Auch darin ist dem Berufungsgerichte zuzustimmen, daß es auf dieser Grundlage im weiteren untersucht, ob der Kläger rechtsgültig als Bureauassistent im städtischen Dienste angestellt, und ihm als solchem ein Gehalt von 1650 *M* jährlich bewilligt worden sei. Es nimmt in dieser Hinsicht an, daß er in der Tat mit städtischen Verwaltungsgeschäften auf Grund seiner Anstellung seit dem 1. Juli 1872 betraut gewesen sei. Diese Anstellung sei aber, obgleich der Kläger zu diesem Zeitpunkte nur unter Vorbehalt einer vierwöchigen und zum 10. Juli 1877 nur unter Vorbehalt einer einmonatigen Kündigung angestellt gewesen sei, gemäß § 56 Nr. 6 der Städte-Ordnung für Westfalen vom 19. März 1856 eine lebenslängliche gewesen. Die Versagung der Genehmigung zur Anstellung des Klägers von seiten der Bezirksregierung erachtet das Gericht für unerheblich, weil lediglich der Magistrat die Anstellungsbehörde gewesen sei, dieser aber den Kläger, indem er ihn zu einer dauernden Tätigkeit berufen und acht Jahre darin belassen habe, auch beim Mangel der Genehmigung der Aufsichtsbehörde rechtswirksam auf Lebenszeit angestellt habe. Selbst einer vollständigen Entlassung des Klägers aus dem städtischen Dienste, die etwa auf Verlangen der Regierung erfolgt wäre, wäre nicht die Wirkung beizulegen gewesen, daß die Beklagte von der Verpflichtung zur Weiterzahlung des Gehalts an ihn befreit würde. Auch diese Ausführung, bei der sich das Berufungsgericht auf das Urteil des IV. Zivilsenats des Reichsgerichts vom 30. April 1896 (Entsch. des R.G.'s in Zivils. Bd. 37 S. 298) stützt, ist frei von erkennbarem Rechtsirrtume." Es folgt die Begründung der Zurückweisung eines hiergegen gerichteten Angriffs der Revision und dann wird fortgefahren:

„Mit Recht ist deshalb das Berufungsgericht im weiteren in die Erörterung der Frage eingetreten, ob die Anstellung des Klägers wegen Verletzung der Vorschriften über die Versorgung der Militäranwärter ungültig sei. In dieser Hinsicht führt es zunächst aus, die durch die Kabinettsorder vom 18. März 1835 (G.S. S. 40) für W. eingeführte revidierte Städte-Ordnung vom 17. März 1831 habe in § 96 Abs. 2 ausdrücklich bestimmt, daß bei der Anstellung der städtischen Beamten und Diener der Magistrat die bestehenden und künftig zu erlassenden Verordnungen wegen Versorgung der Invaliden zu befolgen verpflichtet sei. Obwohl diese Vorschrift demnächst nicht in die Städte-Ordnung für Westfalen vom 19. März 1856 übergegangen sei, müsse sie doch, da sie nicht ausdrücklich aufgehoben sei, als fortgeltend angesehen werden. Ob diese Ausführung zutrifft, ist nach den §§ 84 und 85 der Städte-Ordnung für Westfalen vom 19. März 1856 mindestens zweifelhaft, da hiernach diese neue Städteordnung ausdrücklich an die Stelle der Gemeinde-Ordnung vom 11. März 1850 und der revidierten Städte-Ordnung vom 17. März 1831 getreten ist. Jedenfalls folgte aber die fortdauernde Geltung des Inhalts jenes § 96 Abs. 2 aus der Kabinettsorder vom 29. Mai 1820. Diese Vorschrift, die nach dem damaligen Staatsrechte mit

Gesetzeskraft ausgestattet war, bezeichnete sich zwar ausdrücklich als Deklaration des § 157 der Städte-Ordnung vom 19. November 1808, die als solche in Westfalen nicht eingeführt war, und erklärte diese Bestimmung dahin:

„daß die frühere Verpflichtung der Magistrate, zu den besoldeten städtischen Unterbedientenstellen keine anderen als versorgungsberechtigte Militärinvaliden zu wählen, im allgemeinen als fortbestehend angesehen werden muß".

Nach diesem Wortlaute der Deklaration selbst aber und ihrem klar hervortretenden Sinne sollte damit die bereits „früher", also vor dem Inkrafttreten der Städte-Ordnung vom 19. November 1808, in Geltung gewesene Verpflichtung, die demnach auf einer anderen, offensichtlich für das ganze Staatsgebiet geltenden Rechtsquelle beruhte, „als fortbestehend" anerkannt werden. Es handelte sich demnach in Wirklichkeit darum, jeden Zweifel darüber zu beseitigen, daß diese schon von früher her und allgemein aufgestellte Verpflichtung der Magistrate, zu den städtischen Beamtenstellen — denn der Schlußsatz der Deklaration stellt grundsätzlich auch die Stellen der „Magistratssubalternen", die „eine höhere oder eigentümliche Geschäftsbildung erfordern", den „Unterbedientenstellen" mit der im Grunde selbstverständlichen Maßgabe, daß die darauf Anspruch erhebenden Militärinvaliden diese Geschäftsbildung besitzen müssen, gleich — nur versorgungsberechtigte Militärinvaliden zu wählen, dadurch nicht berührt worden sei, daß sie in der später eingeführten Städte-Ordnung vom 19. November 1808 nicht erwähnt worden sei. War aber der Grund hierfür das Bestehen eines älteren und allgemein diese Materie regelnden staatsrechtlichen Grundsatzes, so konnte dessen Geltung auch nicht davon abhängig sein, daß die spätere Städte-Ordnung für Westfalen vom 19. März 1856 den auf die Verpflichtung der Magistrate zur Berücksichtigung der Militärinvaliden bei Besetzung der Stellen der städtischen Beamten hinweisenden Abs. 2 des § 96 der revidierten Städte-Ordnung vom 17. März 1831 wiederholte. Der Satz blieb vielmehr ohne Rücksicht hierauf auf Grund seiner selbständigen ursprünglichen und allgemeinen Quelle nach wie vor in Geltung. Daß die Deklaration diese frühere Quelle selbst nicht näher bezeichnete, kann dem nicht entgegenstehen. Allerdings hat auch die Begründung zu dem Entwurfe des demnächstigen

Gesetzes vom 21. Juli 1892, die in ihrem Eingange eine Übersicht über die Entwickelung und den Stand des positiven Rechtes über die Verpflichtung der Stadtgemeinden zur Anstellung von Militärinvaliden gibt, die Quelle der in der Deklaration vom 29. Mai 1820 wiedergegebenen Vorschriften nicht angegeben (vgl. Drucksachen des Herrenhauses 1892 Nr. 22), wie sie sich auch weder im 8. noch im 10. Titel des II. Teils A.L.R.'s findet. Allein es genügt auch, daß der Inhalt ihrer Bestimmungen in einer gesetzlichen Vorschrift, eben jener Kabinettsorder vom 29. Mai 1820, als geltendes Recht anerkannt und vollständig wiedergegeben ist.

Dies blieb demnach die gesetzliche Grundlage für jene Pflicht der Städte, und zwar auch seit der Geltung des durch den Königlichen Erlaß vom 20. Juni 1867 genehmigten „Reglements über die Zivilversorgung und Zivilanstellung der Militärpersonen“ ꝛc vom 16. Juni 1867 (Justizministerialblatt S. 229 und Ministerialblatt für die innere Verwaltung S. 280), das im Anschlusse an das Gesetz vom 6. Juli 1865, betreffend die Versorgung der Militärinvaliden, (G.S. S. 777) nebst den Ergänzungsgesetzen vom 16. Oktober 1866 (G.S. S. 647) und vom 9. Februar 1867 (G.S. S. 217) erging, seinerseits aber nach der inzwischen veränderten Staatsverfassung keine Gesetzeskraft besaß. Demgemäß erklärte auch sein § 11, daß es „hinsichtlich der städtischen Kommunen“ „bei den bestehenden gesetzlichen Bestimmungen“ bewende, „wonach die städtischen Behörden verpflichtet“ seien ꝛc, und gab er dann wörtlich den Inhalt der Deklaration vom 29. Mai 1820 wieder. Das Reglement selbst behandelte somit diese als eine noch damals und für das ganze Staatsgebiet geltende gesetzliche Bestimmung. Immerhin bildeten die Vorschriften des Reglements, da sie zur Ausführung der Militärversorgungsgesetze bestimmt waren und in den hier allein in Betracht kommenden, nachher noch zu erörternden Teilen auf der gesetzlichen Grundlage der Kabinettsorder vom 29. Mai 1820 und des darin anerkannten und bezeugten älteren Rechts beruhten, eine mittelbare Rechtsquelle, die ihre verbindliche Kraft eben aus den grundlegenden gesetzlichen Bestimmungen entnahm.

Nur mit der hieraus sich ergebenden abweichenden Auffassung von der Bedeutung des Königlichen Erlasses vom 20. Juni 1867 ist demnach den ferneren Ausführungen des Berufungsgerichts darin beizutreten, daß die Verletzung des Reglements vom 16. Juni 1867 die Wirksamkeit der Anstellung des Klägers zu der Zeit, als sie erfolgte, nicht beeinträchtigt habe. Mit Recht hat es sich hierfür auf das Erkenntnis des Obertribunals in Striethorsts Archiv Bd. 66 S. 183 und das Urteil des Reichsgerichts in Gruchots Beiträgen Bd. 34 S. 927 berufen. Der Rechtszustand hat sich jedoch seit der Geltung des Gesetzes vom 21. Juli 1892 über die Besetzung der Subaltern- und Unterbeamtenstellen in der Verwaltung der Kommunalverbände geändert. Zunächst bestimmt der § 14 Satz 3 dieses Gesetzes:

„Die Anstellungsverhältnisse der Inhaber von solchen Stellen, welche gemäß den vorstehenden Bestimmungen den Militäranwärtern vorzubehalten, dagegen ohne Verletzung der bisherigen Bestimmungen an Nichtversorgungsberechtigte übertragen worden sind, bleiben unberührt."

Sodann der § 15 Satz 1:

„Sind bei dem Inkrafttreten dieses Gesetzes Zivilpersonen seit mindestens drei Jahren in Stellen, welche denselben nach dem bisherigen Rechte ohne landesherrliche Verleihung der Berechtigung zu einer Anstellung nicht hätten übertragen werden dürfen, so können die Zivilpersonen in diesen Stellen belassen werden."

Das Reichsgericht hat denn auch auf Grund dieser Vorschriften in den Urteilen in Gruchots Beiträgen Bd. 41 S. 1114, Bd. 44 S. 1012 und in der Jurist. Wochenschr. von 1897 S. 218 Nr. 55, von 1899 S. 269 Nr. 29 und S. 735 Nr. 39 entschieden, daß die Anstellung eines Zivilanwärters, die vor dem Inkrafttreten des neuen Gesetzes unter Verletzung der damaligen Bestimmungen über die Versorgung der Militärinvaliden erfolgt sei, nach § 14 unwirksam sei, sofern nicht der besondere Fall des § 15 des Gesetzes vorliege. Diese Änderung des Rechtszustandes verkennt an sich auch das Berufungsgericht nicht. Es meint aber, daß der § 15 dem Kläger in der von ihm, wenn auch nicht tatsächlich, so doch rechtlich innegehabten Stellung eines städtischen Bureaubeamten schütze. Es führt am Schlusse seiner hierauf bezüglichen, nicht ganz klaren Darlegungen aus, daß, da das Gesetz nur bestimme, daß Zivilpersonen, die ihr Amt drei Jahre lang bekleidet hätten, in dieser Stelle belassen werden könnten, sich daraus ergebe, daß es gegen solche Beamte „nicht zwingender Natur" sein wolle.

Darin tritt indessen eine Verkennung der Bedeutung der §§ 14 und 15 des Gesetzes vom 21. Juli 1892 hervor. Aus dem Wortlaute des § 14 Abs. 3 ergibt sich zuvörderst vermöge des sog. Beweisgrundes aus dem Gegensatze, wie auch schon in dem Urteile des IV. Zivilsenats des Reichsgerichts vom 25. Januar 1897 in Gruchots Beiträgen Bd. 41 S. 1116 angedeutet ist, daß die Anstellungsverhältnisse der Inhaber der den Militäranwärtern vorbehaltenen Stellen, die unter Verletzung der früheren Bestimmungen an Nichtversorgungsberechtigte übertragen sind, durch das neue Gesetz allerdings „berührt", d. h. daß die Anstellungen als ungültig behandelt, und die bisherigen Inhaber aus den Stellen entfernt werden sollen. Von dieser Regel läßt sodann der folgende § 15 nur die Ausnahme zu, daß Zivilpersonen, die sich beim Inkrafttreten des Gesetzes schon seit mindestens drei Jahren in Stellen solcher Art ohne landesherrliche Verleihung der Anstellungsberechtigung befinden, darin belassen werden können. Nur in diesem Sinne trifft es zu, wenn das Berufungsgericht annimmt, daß das Gesetz gegen solche Beamte nicht „zwingender Natur sein wolle". Dagegen ergibt sich aus ihm nicht, daß solche Personen ohne weiteres in ihren Stellen verbleiben. Vielmehr ist es lediglich der Entscheidung der Anstellungsbehörde überlassen, ob sie solche Personen in ihren bisherigen Stellen behalten will, oder nicht. Erst wenn die Entscheidung hierüber in bejahendem Sinne ergangen ist, was allerdings auch durch schlüssige Handlungen geschehen kann (vgl. Urteil des IV. Zivilsenats des Reichsgerichts vom 25. September 1899 in Gruchots Beiträgen Bd. 44 S. 1013), haben solche Amtsinhaber eine rechtsgültige Anstellung erlangt.

Daß dies der Inhalt des Gesetzes ist, wird auch durch dessen Entstehungsgeschichte bestätigt. Der Entwurf des Gesetzes enthielt keine dem jetzigen § 15 entsprechende Bestimmung. Er beließ es vielmehr lediglich bei dem Grundsatze des jetzigen § 14 Abs. 3. Der § 15 verdankt vielmehr seine Entstehung erst der Kommission des Abgeordnetenhauses. Wenn auch nach dem Kommissionsberichte der leitende Gedanke für diese Änderung, ebenso wie für ähnliche Anträge, der war, den durch die Härten des jetzigen § 14 in ihrer Existenz bedrohten Beamten einen Schutz zu gewähren (vgl. Drucksachen des Abgeordnetenhauses, 17. Legislaturperiode, 4. Session 1892 Bd. 4 Nr. 205 S. 20), so wurde doch ein in erster Lesung eingebrachter und angenommener Antrag zu § 13 des Entwurfs, dem § 14 des Gesetzes, der dahin lautete:

„Die Bestimmungen dieses Gesetzes finden auf die Anstellungsverhältnisse der Inhaber einer nach den vorstehenden Bestimmungen den Militäranwärtern vorzubehaltenden Stelle, sowie auf die Anstellung und fernere Beschäftigung derjenigen Zivilanwärter, welche bereits vor dem 1. April 1892 »kommissarisch beschäftigt waren«, keine Anwendung",

in zweiter Lesung zurückgezogen, und zwar zugunsten eines Antrages, der dem § 15 des Gesetzes entspricht. Damit war der Gedanke, die Zivilinhaber von Stellen jener Art schlechthin und ohne jede Prüfung darin zu belassen, aufgegeben.

Bei der Beratung in der Vollversammlung des Abgeordnetenhauses führte dann auch der Minister des Inneren den Bemerkungen des Abgeordneten Schmidt gegenüber, der beantragt hatte, statt der Worte „mindestens seit drei Jahren" zu sagen: „seit dem 1. Januar 1892", aus:

„Nun würde ich gar kein Bedenken tragen, den Antrag Schmidt zu akzeptieren, wenn wirklich der Wortlaut so interpretiert werden könnte, wie ihn der Herr Abgeordnete Schmidt heute interpretiert hat, daß nämlich es ganz in das Belieben der Staatsbehörde gestellt wäre, ob sie die betreffenden Personen in ihren Stellen belassen will, oder nicht. Ich glaube, der Sinn der Paragraphen ist aber in der Kommissionsberatung ein anderer gewesen. Sie haben aussprechen wollen: die Kommunalverwaltung kann natürlich die Leute, wenn sie will, aus den Stellen herausbringen; sie darf sie aber darin lassen, ohne daß die Aufsichtsbehörde fordern kann: ihr müßt sie entlassen."

Vgl. Stenographische Berichte des Abgeordnetenhauses S. 1942.

Dieser Darlegung des Sinnes des § 15 ist dann von keiner Seite widersprochen worden.

Wenn das Berufungsgericht ferner die §§ 14 und 15 des Gesetzes vom 21. Juli 1892 deshalb nicht auf den vorliegenden Fall für anwendbar hält, weil diese sich nur auf die Unterbeamtenstellen bezögen, d. h. auf die Stellen, die bisher ausschließlich mit Militäranwärtern hätten besetzt werden müssen, so ist auch diese Ausführung rechtsirrtümlich. Das Gericht begründet diesen Satz mit der Bemerkung, die bisherige landesherrliche Verleihung der Berechtigung zur Anstellung, die der § 15 des Gesetzes zur Voraussetzung habe,

habe nach § 6 des Reglements vom 20. Juni 1867 den Zivilanwärtern „für die überhaupt oder ausschließlich für Militäranwärter bestimmten Zivilstellen“ erteilt werden können; sie betreffe daher die Subalternstellen überhaupt nicht, wie denn auch die vorher in Bezug genommenen Entscheidungen des Reichsgerichts, soweit ersichtlich sei, sich nur auf die Anstellung von Unterbeamten bezogen hätten. Allein der § 6 jenes Reglements, worin allerdings als einer der Ausnahmefälle, in denen für Militäranwärter vorbehaltene Stellen auch anderen Personen verliehen werden könnten, der aufgeführt wird, daß jemandem durch besondere Königliche Kabinettsorder die Anstellungsfähigkeit beigelegt sei — einen Königlichen Gnadenakt im Sinne des preußischen Staatsrechts —, bezog sich nicht nur auf Unterbeamtenstellen. Denn wenn es in seinem Eingange heißt: „Die für Militäranwärter überhaupt oder ausschließlich bestimmten Zivilstellen können auch noch besetzt werden: a) mit Wartegeldempfängern“ rc, und dann fortgefahren wird: „c) mit Personen, welchen mittels besonderer Allerhöchster Kabinettsorder die Anstellungsfähigkeit beigelegt ist“, so sind die Worte „überhaupt“ und „ausschließlich“ nicht, wie das Berufungsgericht anzunehmen scheint, synonym in dem klaren Sinne des letzteren Ausdrucks gebraucht, sondern in der Bedeutung: „überhaupt“, d. h. in irgendeiner Gestalt, wenn auch nur beim Vorliegen bestimmter Voraussetzungen, und „ausschließlich“, d. h. schlechthin, unbedingt, ohne daß bestimmte Voraussetzungen noch vorliegen müssen. Diesem Unterschiede entsprechend ist in dem vorhergehenden § 5 und dem folgenden § 8 und in § 9 zu 1 das Wort „ausschließlich“ gebraucht, und sind dann in § 9 zu 2 Fälle angeführt, in denen die Stellen von Subalternbeamten zweiter Klasse bei den unmittelbaren Staatsbehörden nur abwechselnd mit Militär- und Zivilanwärtern zu besetzen sind. Die Möglichkeit der Verleihung der Anstellungsberechtigung an Zivilpersonen durch Königliche Kabinettsorder, von der der § 6 zu c handelt, bezieht sich demnach auf alle den Militäranwärtern überhaupt vorbehaltenen Beamtenstellen. Übrigens betraf auch von den vom Berufungsgerichte angezogenen Entscheidungen des Reichsgerichts das Urteil vom 25. Januar 1897 in Gruchots Beiträgen Bd. 41 S. 1114, wie aus dem Eingange der Entscheidungsgründe erhellt, gerade eine in einer städtischen Subalternbeamtenstelle befindliche Zivilperson.

Es kann sich deshalb nur noch fragen, ob der Kläger unter Verletzung der zur Zeit seiner Anstellung als Bureauassistenten und demnächst als Registrators, also in den Jahren 1872 und 1877 in Geltung gewesenen Bestimmungen über die Zivilversorgung der Militäranwärter angestellt worden ist, oder nicht. In dieser Hinsicht ist dem Berufungsgerichte darin beizutreten, daß der Klage gegenüber, die auf die Anstellung des Klägers in einer bestimmten Stelle eines städtischen Beamten und wegen des Fortfalls der ursprünglich festgesetzten Kündbarkeit der Stellung auf § 56 Nr. 6 der Städte-Ordnung für Westfalen und die jahrelang fortgesetzte Beschäftigung des Klägers an sich ausreichend begründet ist, es Sache der Beklagten ist, weil die betreffenden Anführungen einen besonderen Mangel bei der Anstellung des Klägers darlegen, im Wege des Einwandes zu behaupten und nötigenfalls zu beweisen, daß die Vorschriften über die Besetzung der Kommunalbeamtenstellen mit Militäranwärtern im vorliegenden Falle nicht beobachtet seien, und daß deshalb seit Geltung des Gesetzes vom 21. Juli 1892 gemäß dessen § 14 die Anstellung des Klägers, auch wenn sie nach dem früheren Rechtszustande nicht zu beanstanden gewesen sein sollte, hinfällig geworden sei. Diesen Beweis hat aber die Beklagte auch im vollen Umfange geführt. Als Vorschriften, auf deren Beobachtung es hierbei ankam, waren nach dem oben Ausgeführten zunächst das durch die Deklaration vom 29. Mai 1820 anerkannte und festgestellte ältere Recht in Ansehung der Zivilversorgung der Militärinvaliden und die als Ausführungsbestimmungen hierzu anzusehenden §§ 23—25 des Reglements vom 16./20. Mai 1867 zu betrachten. In diesen Bestimmungen war aber das Verfahren zur Ermittelung, ob für die erledigte Stelle eines städtischen Beamten ein versorgungsberechtigter Militärinvalide vorhanden war, genau geregelt. Vergleicht man nun nach den Feststellungen, die das Berufungsgericht aus den vorgelegten Magistratsakten getroffen hat, das bei der Besetzung der dem Kläger übertragenen Stellen eines Bureauassistenten und eines Registrators eingeschlagene Verfahren mit den Anforderungen der §§ 23—25 jenes Reglements, so ergibt sich folgendes. Nachdem im Jahre 1872 die demnächst dem Kläger verliehene Stelle erledigt war, wurde diese durch Bekanntmachung des Magistrats vom 1. Juli 1872 in dem Öffentlichen Anzeiger des Regierungsblattes und in anderen Zeitungen zur Besetzung durch einen Militäranwärter ausgeschrieben. Dies entsprach der Bestimmung des § 23 des Reglements. Da sich nur ein Militäranwärter meldete, dem es an der erforderlichen Schulbildung fehlte, so wurde sie dem Kläger zum 1. Juli 1872 vorläufig mit vierwöchiger Kündigung übertragen. Nunmehr hätte aber der Magistrat gemäß § 24 a. a. O. binnen drei Monaten, nachdem die öffentliche Aufforderung ergangen war, unter Angabe des oder der Bewerber und der Gründe, aus denen ihre Anstellung unterblieben war, an die zuständige Regierung in A. berichten müssen. Dadurch wäre diese in den Stand gesetzt worden, gemäß dem § 25b a. a. O. nach Prüfung jener Gründe, wenn auch bei ihr selbst geeignete versorgungsberechtigte Militärinvaliden nicht vermerkt waren, mit dem Generalkommando des VII. Armeekorps und mit dem Oberkommando der Marine wegen Ermittelung und Überweisung geeigneter Anwärter in Verbindung zu treten. Erst wenn diese Maßnahmen ohne Erfolg blieben, so war nach dem Schlußsatze des § 25 die endgültige Besetzung der Stelle mit einer nicht zu den versorgungsberechtigten Militärinvaliden gehörigen Person statthaft, und zwar bedurfte es hierzu der Genehmigung des Oberpräsidenten. Von alledem ist, wie aus den Feststellungen des Berufungsgerichts erhellt, nichts geschehen." (Dies wird im einzelnen dargelegt, und dann fortgefahren:)

„Wenn aber das Berufungsgericht einer Verletzung der Bestimmungen der §§ 24 und 25 des Reglements die Wirkung, daß eine von ihr betroffene Anstellung einer Zivilperson dadurch ungültig werde, mit der Ausführung abspricht, daß diese Bestimmungen nur „instruktioneller Natur" seien, so läßt sich ihm auch hierin nicht folgen. Daß es sich bei ihnen, wie bei allen Vorschriften jenes Reglements, um objektives Recht handelt, ist oben bereits dargelegt. Das in den §§ 23—25 geregelte Verfahren bei der Besetzung derjenigen Stellen des städtischen Dienstes, die den Militärinvaliden damals vorbehalten waren, bezweckte aber, die notwendige sichere Gewähr für die wirkliche Befolgung der gesetzlichen Bestimmungen durch die Stadtgemeinden zu schaffen, und schon deshalb kann nicht die Rede davon sein, daß sie bloße Ordnungsvorschriften gebildet hätten, deren Nichtbefolgung die Ungültigkeit der davon betroffenen Rechtshandlungen nicht zur Folge habe.

Das Ergebnis geht demnach dahin, daß bei der Besetzung des

dem Kläger in den Jahren 1872 und 1877 übertragenen Amtes eines Bureauassistenten und eines Registrators die damals in Geltung gewesenen Vorschriften über die Besetzung der Stellen der städtischen Beamten mit Militäranwärtern verletzt worden sind. Diesen Ausspruch zu treffen ist das Revisionsgericht durch den § 561 Z.P.O. nicht gehindert, weil es sich dabei nur um die Anwendung des Gesetzes auf die in dem angefochtenen Urteile festgestellten Tatsachen handelt. Dem steht auch nicht entgegen, daß das Berufungsgericht ausdrücklich bemerkt, es sei aber auch, da die älteren Akten über die Anstellung der Militäranwärter von der Beklagten nicht vorgelegt seien, nicht einmal erwiesen, daß 1872 bei der Besetzung der Bureaugehilfenstelle nicht vorschriftsmäßig verfahren sei. Denn diese Annahme ist nach dem engen Zusammenhange, in welchem sie zu dem unmittelbaren folgenden Satze steht: jedenfalls habe die Beklagte den ihr nach der Fassung des § 11 des Reglements obliegenden Beweis nicht geführt, daß ein geeigneter und bereiter versorgungsberechtigter Militärinvalide für die Bureaugehilfenstelle vorhanden gewesen sei, die der Kläger seit dem 1. Juli 1872 bis zum 10. Juli 1877 bekleidet habe, von der diesem Satze zugrunde liegenden Rechtsauffassung beeinflußt. Diese Auffassung aber stellt sich wiederum als rechtsirrtümlich dar. Denn nicht dahin ging nach dem oben Dargelegten der von der Beklagten gemäß § 14 des Gesetzes vom 21. Juli 1892 zu führende Beweis, daß zur Zeit der Anstellung des Klägers als Bureauassistenten ein für die Stelle geeigneter und bereiter Militärinvalide vorhanden gewesen sei, sondern dahin, daß bei dieser Anstellung die damals geltenden Vorschriften über die Zivilversorgung von Militärinvaliden nicht beobachtet seien. Auch wenn damals kein geeigneter und bereiter Militärinvalide vorhanden war, war die Anstellung des Klägers doch rechtsungültig, sofern nicht für die Ermittelung geeigneter Militärinvaliden das in den §§ 24 und 25 des Reglements vom 16./20. Juni 1867 vorgeschriebene Verfahren stattgefunden, und schließlich die Genehmigung des Oberpräsidenten zur Besetzung der Stelle durch eine nicht zu den versorgungsberechtigten Militärinvaliden gehörige Person eingeholt war.

Demgemäß greift jener Einwand der Beklagten dem Klaganspruche gegenüber durch. Allerdings könnte er wieder mit einer auf den § 15 des Gesetzes vom 21. Juli 1892 gestützten Replik des Klägers beseitigt werden, daß der Magistrat der Beklagten nach Eintritt der Geltung dieses Gesetzes sich für seine Belassung in dem Amte entschieden habe. Allein diese Replik hat der Kläger in Wirklichkeit gar nicht erhoben. Er war hierzu auch nicht wohl in der Lage. Denn da er ein bestimmtes städtisches Amt zur Zeit des Inkrafttretens jenes Gesetzes gar nicht innehatte, sondern außerhalb der städtischen Verwaltung als Rendant von Krankenkassen tätig war, so hatte der Magistrat gar keine Veranlassung, sich darüber schlüssig zu machen, ob er den Kläger in einem städtischen Amte belassen wollte, oder nicht. Jedenfalls hat er aber auch durch seine Weigerung, den jetzt vom Kläger verfolgten Anspruch anzuerkennen, auch gegenüber der im Rechtssinne noch bis zum Eintritt der Geltung des neuen Gesetzes durch die spätere Entwickelung des tatsächlichen Dienstverhältnisses des Klägers nach Lage der damaligen Gesetzgebung und Rechtsprechung rechtswirksam gewordenen und gebliebenen Anstellung des Klägers als städtischen Bureauassistenten, der tatsächlich das Amt eines solchen nicht mehr versah, sich dahin entschieden, daß er den Kläger nicht in dieser nur theoretisch bestehenden Stellung belassen wolle.

Hieraus folgt die Abweisung des Klägers mit der erhobenen Klage, ohne daß es eines Eingehens auf die ferneren Einwendungen der Beklagten bedurfte." ...

28. Darf das Vormundschaftsgericht zur Erzwingung von Handlungen gegen den Inhaber der elterlichen Gewalt Ordnungsstrafen verhängen?

IV. Zivilsenat. Beschl. v. 25. Februar 1904 i. S. der B.'schen Vormundschaft. Beschw.-Rep. IV. 84/04.

I. Amtsgericht Mainz.
II. Landgericht daselbst.

Gründe:

„Durch Beschluß des Amtsgerichts zu Mainz vom 12. November 1903 wurde die Beschwerdeführerin aufgefordert, gemäß §§ 1640. 1686 B.G.B. das nach dem Tode ihres Ehemanns dem gemeinschaftlichen ehelichen Sohne angefallene Vermögen zu verzeichnen und das Verzeichnis binnen bestimmter Frist dem Gerichte vorzulegen; für den Fall ungenützten Verstreichens der Frist wurde die Festsetzung einer Ordnungsstrafe von 5 ℳ angedroht. Die hiergegen von der Beschwerdeführerin eingelegte Beschwerde führte aus, daß die Verhängung von Ordnungsstrafen seitens des Vormundschaftsgerichts zur Erzwingung von Handlungen gegenüber dem überlebenden Elternteile unzulässig sei. Unter Ablehnung dieser Auffassung wies das Landgericht Mainz durch Beschluß vom 5. Dezember 1903 die Beschwerde als unbegründet kostenfällig zurück. Hiergegen legte die Beschwerdeführerin die weitere Beschwerde bei dem Oberlandesgerichte zu Darmstadt ein. Letzteres legte in Gemäßheit des § 28 des Reichsgesetzes über die Angelegenheiten der freiwilligen Gerichtsbarkeit die Akten dem Reichsgerichte vor, weil es von der Auffassung des Kammergerichts zu Berlin in dessen Beschlusse vom 20. Juli 1900 — Entscheidungen in Angelegenheiten der freiwilligen Gerichtsbarkeit und des Grundbuchrechts, zusammengestellt im Reichsjustizamte Bd. 1 S. 91 — abweichen wolle. Der vom Kammergericht auf weitere Beschwerde ergangenen Entscheidung lag der Tatbestand zugrunde, daß die Beschwerdeführerin durch ungesicherte Hingabe eines Kapitals das Kindesvermögen gefährdet hatte und deshalb vom Vormundschaftsgericht angewiesen worden war, das Kapital einzuklagen. Das Kammergericht erachtete in solchem Falle die Verhängung von Ordnungsstrafen gegen den Inhaber der elterlichen Gewalt zur Erzwingung der Einklagung für unzulässig, indem es folgendes ausführte. Nach Art. 15 des preußischen Gesetzes über die freiwillige Gerichtsbarkeit könnten die Gerichte die Befolgung ihrer Anordnung durch Ordnungsstrafen nur so weit erzwingen, als sich aus dem Gesetze nichts anderes ergebe. Wenn die Beschwerdeführerin den zur Abwendung der Gefährdung des Kindesvermögens vom Vormundschaftsgericht getroffenen Anordnungen nicht nachgekommen, so habe ihr nach §§ 1670. 1686 B.G.B. die Vermögensverwaltung entzogen, sie habe aber nicht durch Ordnungsstrafen zur Befolgung der angeordneten Maßregel angehalten werden dürfen. Der § 1837 B.G.B. könne auf die Inhaber der elterlichen Gewalt nicht entsprechend angewendet werden. Die Motive zum Bürgerlichen Gesetzbuch ließen keinen Zweifel darüber, daß bei einer Gefährdung des Kindesvermögens die Beschränkung oder Entziehung der elterlichen Gewalt eintreten könne, daß aber Ordnungsstrafen von den hierzu erforderlichen Maßnahmen ausgeschlossen seien. Demgegenüber macht das Oberlandesgericht Darmstadt geltend: Die Ansicht, daß der überlebende Elternteil zur Befolgung der angeordneten Maßregel nicht durch Ordnungsstrafen angehalten werden könne, sei nicht zutreffend. Nach reichsrechtlichen Bestimmungen sei dem Vormundschaftsgericht die Befugnis zur Verhängung einer Ordnungsstrafe, wie solche gemäß § 1837 B.G.B. dem Vormund gegenüber für zulässig erklärt sei, dem überlebenden Elternteil gegenüber nicht eingeräumt. Wohl aber sei diese Befugnis durch einzelne Landesrechte, so insbesondere durch das hessische Gesetz, betreffend die Ausführung des Gesetzes über die Angelegenheiten der freiwilligen Gerichtsbarkeit, vom 18. Juli 1899 in Art. 31, wie auch durch das preußische Ausführungsgesetz in Art. 15, dem Vormundschaftsgericht gegeben. Dem Erlasse solcher landesgesetzlichen Bestimmungen stehe das Reichsrecht nicht im Wege.

Indem das Oberlandesgericht Darmstadt davon ausgeht, daß die Reichsgesetze die Verhängung von Ordnungsstrafen zur Erzwingung von Handlungen gegenüber dem Inhaber der elterlichen Gewalt nicht ausschließen, deren Zulassung vielmehr dem Landesrechte freigeben, will es bei Auslegung von reichsgesetzlichen Vorschriften, welche eine der im § 1 des Reichsgesetzes über die freiwillige Gerichtsbarkeit bezeichneten Angelegenheiten betreffen, von der auf weitere Beschwerde ergangenen Entscheidung des Kammergerichts zu Berlin vom 20. Juli 1899 abweichen. Gemäß § 28 Abss. 2. 3 des genannten Reichsgesetzes ist daher das Reichsgericht zur Entscheidung über die weitere Beschwerde berufen.

In der Sache selbst war unter Billigung des Rechtsstandpunktes des Oberlandesgerichts Darmstadt die weitere Beschwerde zurückzuweisen.

Das Bürgerliche Gesetzbuch hat die Befugnis des Gerichts, die Beteiligten durch Ordnungsstrafen zur Befolgung der gerichtlichen Anordnungen anzuhalten, nur für einzelne Fälle ausdrücklich ausgesprochen. Unter anderm kann nach § 1788 das Vormundschaftsgericht dem zum Vormund Ausgewählten Ordnungsstrafen behufs Erzwingung der Übernahme der Vormundschaft auferlegen; in Ausübung seiner Fürsorge und Aufsicht kann es weiterhin gemäß § 1837 im allgemeinen die Befolgung seiner Anordnungen gegenüber dem Vormunde durch Ordnungsstrafen erzwingen. Die Frage, inwieweit gegenüber dem Inhaber der elterlichen Gewalt das Vormundschaftsgericht zur Durchführung der von ihm im Falle der Gefährdung des geistigen oder leiblichen Wohls des Kindes oder der Gefährdung des Kindesvermögens gemäß §§ 1666 flg. B.G.B. getroffenen Maßregeln Zwangsmaßregeln anwenden, insbesondere Ordnungsstrafen verhängen dürfe, hat das Bürgerliche Gesetzbuch nicht zum Gegenstand seiner Regelung gemacht. Bei der Aufstellung des Bürgerlichen Gesetzbuchs ist von vornherein der Standpunkt festgehalten worden, daß diese Frage, als dem Verfahren angehörig, im allgemeinen nicht durch das Gesetzbuch selbst, sondern, soweit es die einheitliche Geltung des materiellen Rechts erfordere, durch besondere reichsgesetzliche Vorschriften zu ordnen, im übrigen aber der Landesgesetzgebung zu überlassen sei.

Vgl. Motive zum ersten Entwurf des Bürgerlichen Gesetzbuchs Bd. 4 S. 1008.

Weiterhin hat aber auch das Reichsgesetz über die Angelegenheiten der freiwilligen Gerichtsbarkeit davon abgesehen, hinsichtlich der Befugnis des Vormundschaftsgerichts zur Verhängung von Ordnungsstrafen gegen den Inhaber der elterlichen Gewalt seinerseits Vorschriften zu treffen. Es hat nur für einzelne Fälle anderer Art die Zulässigkeit einer solchen Maßnahme ausdrücklich anerkannt (vgl. §§ 83. 151), und außerdem im § 33 eine allgemeine Vorschrift, betreffend die Handhabung der Ordnungsstrafgewalt durch das Gericht, aufgenommen. Nach letzterer Vorschrift muß der Festsetzung der Strafe eine Androhung vorausgehen, und darf die einzelne Strafe den Betrag von 300 ℳ nicht übersteigen. Im übrigen wollte das Gesetz, wie bei der Beratung im Reichstag besonders hervorgehoben wurde, die Zwangsgewalt der Gerichte zur Vollziehung ihrer Beschlüsse und Verfügungen nicht ordnen, weil das Bedürfnis nach einer reichsgesetzlichen Regelung behufs einheitlicher Durchführung des bürgerlichen Rechts nicht bestehe; insoweit sollte die Regelung der Landesgesetzgebung verbleiben.

Vgl. den Kommissionsbericht bei Hahn, Materialien zum Gesetz über die freiwillige Gerichtsbarkeit Bd. 7 S. 106. 107. 132.

Mangels einer Regelung in dem genannten Reichsgesetze kommt daher gemäß § 200 desselben die Ordnung der Angelegenheit grundsätzlich der Landesgesetzgebung zu. Für Hessen hat das Gesetz, betreffend die Ausführung des Gesetzes über die Angelegenheiten der freiwilligen Gerichtsbarkeit, vom 18. Juli 1899 in Art. 31, in wesentlicher Übereinstimmung mit Art. 15 des preußischen Gesetzes über die freiwillige Gerichtsbarkeit, bezüglich der Ordnungsstrafen die Frage landesrechtlich geregelt. Es bestimmt in Art. 31: „Ist durch eine Verfügung jemand die Verpflichtung auferlegt, eine Handlung vorzunehmen, die ausschließlich von seinem Willen abhängt, so kann ihn das Gericht zur Befolgung seiner Anordnung durch Ordnungsstrafen anhalten. ... Die Ordnungsstrafen dürfen nur in Geld bestehen." Nach diesem Landesgesetz ist also zu entscheiden, ob das Vormundschaftsgericht zu Mainz zur Erzwingung der Einreichung des Vermögensverzeichnisses gemäß § 1640 B.G.B. Ordnungsstrafen zu verhängen befugt war. Allerdings ist für diese Befugnis nur insoweit Raum, als nicht besondere reichsgesetzliche Vorschriften entgegenstehen. Eine solche reichsgesetzliche Schranke wird durch § 1670 Satz 2 B.G.B. gezogen. Danach ist zur Erzwingung der Sicherheitsleistung eine andere Maßregel als die Entziehung der Vermögensverwaltung nicht zulässig. Hieraus ergibt sich aber zugleich, daß in allen übrigen Fällen, mithin auch in dem hier vorliegenden, das Vormundschaftsgericht bei Gefährdung des Kindesvermögens nicht auf die Entziehung der Vermögensverwaltung beschränkt ist, sondern jede sonst gesetzlich statthafte Maßnahme treffen, insbesondere Ordnungsstrafen verhängen darf." ...

29. 1. Wahlschuld, oder Gattungsschuld?
2. Kann durch die von einem Dritten veranlaßte Verhinderung des Schuldners an einer beabsichtigten obligatorischen Leistung eine unerlaubte Handlung im Sinne des § 823 B.G.B. begangen werden?

VI. Zivilsenat. Urt. v. 25. Februar 1904 i. S. J. (Kl.) w. M.'sche Sparbank (Bekl.). Rep. VI. 266/03.

I. Landgericht Greifswald.
II. Oberlandesgericht Stettin.

Der Kläger hatte im Januar 1902 von dem Kaufmann O. in J. 70 Tonnen Hafer des Gutes P. gekauft und den größten Teil des

Kaufpreises im voraus bezahlt. Geliefert sind 40 Tonnen. Am 31. Januar 1902 sollte, wie der Kläger behauptete, eine weitere Sendung von 26 Tonnen an ihn abgelassen werden. Der Hafer sei auf dem Gute, zum Teil in Säcke des Klägers, eingesackt worden, und der Gutsinspektor von O. angewiesen gewesen, den Hafer direkt nach dem Bahnhof in J. fahren zu lassen, wo sechs von O. bestellte Waggons bereit gestanden hätten. Der mit den Gutsgespannen den Transport zum Bahnhofe führende Statthalter habe beim Passieren des Ortes J. auf dem Kontor von O. die ausgefüllt bereit liegenden Frachtbriefe abholen sollen, und der Bodenmeister M. und Lehrling S. des O. hätten die Weisung gehabt, den Hafer sogleich mit der Schmalspurbahn an den Kläger zu verladen und die Frachtbriefe auszuhändigen.

Die Beklagte hatte zu jener Zeit dem O. größere Darlehne gegen Lombardierung seines Warenlagers gegeben. Ihr Bevollmächtigter, Kaufmann K. in J., veranlaßte nun, als die Wagen des Gutes P. mit den 26 Tonnen Hafer in J. einfuhren, wie der Kläger behauptete, unter der Drohung, er werde andernfalls die O.'schen Böden überhaupt schließen lassen, die Leute des O. — dieser selbst war abwesend — den Hafer auf den O.'schen Boden zu nehmen, den K. für die Beklagte unter Lombardverschluß hatte. Der Kläger erhielt den Hafer nicht, und auch keinen weiteren Hafer mehr.

Am 10. Februar 1902 wurde über das Vermögen des O. der Konkurs eröffnet; die 26 Tonnen Hafer wurden im Einverständnisse aller Beteiligten verkauft, der Erlös hinterlegt. Der Kläger hatte seine Forderung an O. zum Konkurse angemeldet. Die Konkursdividende gab der Kläger auf 5 Prozent an, so daß er aus dem Konkurse nur in geringer Höhe Befriedigung finden werde.

K. habe, behauptete der Kläger, die Verbringung des Hafers auf den Speicher nur durch seine Drohung erwirkt, und die Beklagte, die sein Vorgehen genehmigt, habe trotz sofortigen Widerspruchs des O. nach seiner Rückkehr ohne Recht den Hafer festgehalten und dadurch den Kläger rechtswidrig geschädigt. Der Kläger verlangte von der Beklagten Ersatz seines Schadens.

Das Landgericht wies die Klage ab; die Berufung des Klägers ist zurückgewiesen worden, ebenso die Revision.

Aus den Gründen:

... „Wäre, wie der Kläger in der Berufungsinstanz darzutun versucht hat, der Hafer in sein Eigentum übergegangen gewesen, dann würde allerdings die Handlung der Beklagten oder ihres Vertreters, mittels deren sie sich des Hafers bemächtigte, um ihn wegen ihrer Forderungen an O. in ihren Pfandbesitz zu bringen, zunächst objektiv einen widerrechtlichen Eingriff in das Eigentumsrecht des Klägers darstellen, der die Grundlage eines Schadensersatzanspruches aus § 823 B.G.B. zu bilden geeignet wäre. Allein der Übergang des Eigentums an dem Hafer auf den Kläger wird vom Berufungsgericht mit Recht verneint und auch von der Revision nicht mehr verfochten. Der Eigentumsübergang würde voraussetzen, daß bereits auf dem Gute P. der Hafer in die Verfügungsgewalt des Klägers gelangt wäre (§§ 854. 929 B.G.B.); dazu reicht der Umstand, daß die Verpackung in Säcke des Klägers erfolgte, nicht aus; es hätten vielmehr die Leute, die den Hafer einsackten, oder die ihn zum Bahnhofe fuhren, Vertreter des Klägers sein müssen, die das Gut in seinem Namen in Empfang zu nehmen ermächtigt waren. Sie waren aber von O. bestellt, nach dessen Weisung der Hafer zunächst für ihn zum Bahnhof J. befördert und dann durch seine Angestellten laut Frachtbriefes mittels der Eisenbahn an den Kläger versendet werden sollte.

Ob auch der Übergang der Gefahr auf den Kläger, den die Revision vertritt, geeignet erscheinen würde, die Anwendung des § 823 B.G.B. auf die Wegnahme von seiten der Beklagten zu begründen, kann dahingestellt bleiben. Denn auch ein Übergang der Gefahr hat nach der eigenen Darstellung des Klägers nicht stattgefunden. Die Versendung an den Kläger von seiten des O. hatte noch nicht in P. begonnen; sie sollte erst in J. beginnen, das als Ort des Wohnsitzes und der gewerblichen Niederlassung des Verkäufers nach § 269 B.G.B. Erfüllungsort für seine Leistung war. Daß etwa P. Erfüllungsort sein sollte, oder daß der Kläger das Verlangen gestellt hätte, den Hafer in P. einem Frachtführer auszuliefern, ist nicht behauptet worden. Nach der Wiedergabe des Vortrages des Klägers im Tatbestande des ersten Urteils, der auch dem Berufungsurteile zugrunde liegt, hatte O. seine Geschäftsangestellten beauftragt, die Verladung an den Kläger sofort nach Ankunft des Hafers in J. auszuführen, und dazu ihnen den Frachtbrief zurückgelassen, den allerdings der Gespannführer des

Gutes nach dem Bahnhofe mitnehmen sollte. Die Versendung des Kaufgutes an den Kläger schloß sich also dem für Rechnung des Verkäufers erfolgten Transporte vom Gute P. nach dem Bahnhofe in J. erst an; und erst mit ihr ging gemäß § 447 B.G.B. die Gefahr auf den Kläger als Käufer über.

Die weitere Annahme des Berufungsgerichts, daß die von O. dem Kläger geschuldete Leistung als eine alternative Verpflichtung im Sinne des § 262 B.G.B. sich darstelle, kann zwar nicht gebilligt werden, und Rehbeins und Plancks Kommentare zum Bürgerlichen Gesetzbuche sind von dem Berufungsgericht für seine Auffassung zu Unrecht angezogen. Das Wesentliche der Alternativverpflichtung besteht in der Wahl zwischen mehreren Leistungen; die Wahl kann auf verschiedene Gegenstände, aber auch auf Verschiedenheiten in Zeit und Ort gerichtet sein; die Leistungspflicht gattungsmäßig bestimmter Sachen aus einem gewissen Vorrat bedingt keine Wahl und ist eine besonders geartete Gattungs-, keine Alternativschuld. Das ist auch die Meinung der von dem Berufungsgericht angezogenen Kommentatoren.

Vgl. ferner Crome, System Bd. 2 S. 46, insbes. Anm. 7, S. 90. 91; Dernburg, Bürgerliches Recht Bd. 2 Abt. 1 § 11 S. 27; Haver, Gattungsschuld § 6 S. 21; Berndorff, Gattungsschuld S. 13 flg., insbes. S. 19; Motive zu dem Entwurfe des Bürgerlichen Gesetzbuchs Bd. 2 S. 11; Entsch. des R.G.'s in Zivils. Bd. 28 S. 221; Jurist. Wochenschr. 1901 S. 209.

Eine Alternativschuld würde hiernach vorliegen, wenn dem Verkäufer O. überlassen worden wäre, Hafer des Gutes P. oder einer anderen bestimmten Provenienz, oder aus zwei verschiedenen von dem Gute P. gebauten Sorten Hafer zu liefern; die Leistung bestimmter Quantitäten aus dem Hafer des Gutes P. schlechthin erfüllt dagegen die Merkmale der Wahlobligation nicht und fällt unter den Begriff der Gattungsschuld. Damit entfällt die Anwendung von § 265 B.G.B.

Für die Gattungsschuld konzentriert sich die Leistung gemäß § 243 Abs. 2 B.G.B., wenn der Schuldner das zur Leistung seinerseits Erforderliche getan hat. Dieses Erfordernis führt aber für den Gattungsdistanzkauf auf § 447 B.G.B. zurück; der Verkäufer hat das Erforderliche erst getan, wenn er die ausgeschiedene Ware dem Frachtführer zur Versendung übergeben hat, womit zugleich die Gefahr auf den Käufer übergeht.

Vgl. Crome, a. a. O. S. 52; Dernburg, a. a. O. S. 29; Rehbein, a. a. O. S. 30 Bem. 16; Haver, a. a. O. S. 62; Berndorff, a. a. O. S. 39. 40.

Da nun im gegebenen Falle die Versendung noch nicht begonnen, das Kaufgut dem Frachtführer zur Beförderung und Ablieferung an den Kläger noch nicht ausgehändigt war, als die Beklagte sich des Hafers bemächtigte, ist durch deren Handlung das Forderungsrecht des Klägers nicht verändert und daher auch nicht verletzt worden; die Beklagte mag ohne Recht, also rechtswidrig, dem O. sein Eigentum entzogen haben und diesem dadurch ersatzpflichtig geworden sein; in das Forderungsrecht des Klägers hat sie nicht eingegriffen, auch wenn ihr bekannt war, daß der Kläger von O. Hafer des Gutes P. zu fordern hatte, und daß der Hafer, den sie für ihre Forderung in Pfandbesitz nahm, zur Versendung an den Kläger bestimmt war. Die Frage, ob überhaupt ein Forderungsrecht als ein sonstiges Recht nach § 823 Abs. 1 B.G.B. angesehen werden kann, darf daher auf sich beruhen bleiben." ...

---

30. Sind die Vorschriften des internationalen Übereinkommens über den Eisenbahnfrachtverkehr vom 14. Oktober 1890 revisible Rechtsnormen auch dann, wenn der Tatbestand des erhobenen Anspruches nach den Kollisionsnormen des internationalen Privatrechts die Anwendung ausländischen Rechts bedingt, und auch das internationale Übereinkommen hiernach als ausländisches Recht zur Anwendung zu kommen hat?

VI. Zivilsenat. Urt. v. 25. Februar 1904 i. S. Kaiser-Ferdinands-Nordbahn (Bekl.) w. M. (Kl.). Rep. VI. 318/03.

I. Landgericht Breslau.
II. Oberlandesgericht daselbst.

Aus den Gründen:

„Die Klägerin hatte laut Vertrags vom 16. Dezember 1899 ... bis zum 31. Dezember 1900 von der J.'er Steinkohlengewerkschaft in Galizien fortlaufend Kohlen, und zwar im Minimum fördertäglich

5 Waggons Stück- und 10 Waggons Kleinkohle, zu bestimmten Preisen franko Station Szcz. geliefert zu erhalten. Die Zeche der Gewerkschaft ist durch eine Schleppbahn mit der Station Szcz. verbunden; von da aus mußten die Kohlen auf der Bahnlinie der Beklagten befördert werden; bis zum 8. Januar 1900 wurden die Kohlensendungen von der Beklagten befördert. Als infolge eines Ende 1899 ausgebrochenen Streikes der Kohlenarbeiter in Österreich Kohlennot entstanden war, wies die Direktion der Beklagten am 8. und 12. Januar 1900 ihre Stationen an, keine Kohlen mehr mit ihren Wagen nach Rußland oder Deutschland zu verladen. Das Verbot wurde der Gewerkschaft mitgeteilt, die ihrerseits davon die Klägerin benachrichtigte. Remonstrationen blieben erfolglos; auch das österreichische Eisenbahnministerium erließ unter dem 20. Januar 1900 eine telegraphische Weisung an die Eisenbahndirektionen, worin wegen des Kohlenmangels im Inlande dringend empfohlen wurde, den für den Auslandsverkehr zur Verwendung stehenden Park inländischer Wagen tunlichst zu reduzieren. So blieben vom 12. Januar bis zum 31. März 1900 die Kohlenlieferungen an die Klägerin aus.

Die Klägerin ist mit ihrem Entschädigungsanspruche gegen die J.'er Gewerkschaft rechtskräftig abgewiesen worden; sie nimmt wegen ihres Schadens jetzt die Beklagte in Anspruch, die ihre gesetzliche Transportpflicht aus Art. 5 des internationalen Übereinkommens über den Eisenbahnfrachtverkehr vom 14. Oktober 1890 verletzt habe. Der Klaganspruch ist von dem angegangenen, gemäß § 39 Z.P.O. stillschweigend vereinbarten Gerichte, dem Landgerichte zu Breslau, dem Grunde nach für gerechtfertigt erklärt, die Berufung der Beklagten durch das angefochtene Urteil zurückgewiesen worden.

Der gegen dieses Urteil eingelegten Revision war der Erfolg zu versagen.

Der Art. 5 des internationalen Übereinkommens über den Eisenbahnfrachtverkehr vom 14. Oktober 1890 statuiert die Verpflichtung aller in das Übereinkommen einbezogenen Eisenbahnen, zu denen die Beklagte gehört, die Beförderung von Gütern im internationalen Verkehr unter näher bezeichneten Voraussetzungen zu übernehmen. „Jede Zuwiderhandlung gegen die Bestimmungen dieses Artikels", heißt es in Abs. 4 des Art. 5, „begründet den Anspruch auf Ersatz des dadurch entstandenen Schadens."

Ob der die Aktivlegitimation des Klägers betreffenden und von der Revision in erster Linie angefochtenen Ausführung des Berufungsgerichts: daraus, daß es sich hier um eine der Eisenbahn auferlegte gesetzliche Pflicht handle, folge, daß jeder durch eine Verletzung dieser Pflicht von Schaden Betroffene gegenüber der Eisenbahn, die die Verletzung begangen hat, schadensersatzberechtigt sei, für die das Berufungsgericht zu Unrecht sich auf Eger's Kommentar zum internationalen Übereinkommen beruft — Eger spricht S. 88 ausdrücklich von der Beweispflicht des Absenders, den er auch S. 474 Anm. 144 IV als die aus Art. 5 zur Klage berechtigte Person anführt —, aus irgendeinem Gesichtspunkte möchte beigetreten werden können, muß dahingestellt bleiben. Denn das Reichsgericht sieht sich im gegebenen Falle durch die §§ 549. 562 Z.P.O. gehindert, die Auslegung, die in dieser und den anderen streitigen Fragen des vorliegenden Reichsstreites das internationale Übereinkommen durch das Berufungsgericht gefunden hat, nachzuprüfen.

Das internationale Übereinkommen vom 14. Oktober 1890 hat ein einheitliches Eisenbahnfrachtrecht für den internationalen Verkehr in allen an dem Übereinkommen beteiligten Staaten geschaffen. Diese Einheitlichkeit ist aber nur eine materielle Rechtsgleichheit, keine formelle Rechtseinheit; sie ist nur dadurch entstanden, daß ein jeder der beteiligten Staaten für sein Gebiet den Inhalt des Übereinkommens zum Gesetz erhoben hat, wie denn auch infolge der alleinigen Souveränetät jedes Staates auf seinem Staatsgebiete in anderer Weise ein einheitliches Recht für mehrere Staaten nicht geschaffen werden kann. Würde im gegebenen Falle das internationale Übereinkommen als in dem Gebiete des Deutschen Reiches geltendes Recht zur Anwendung kommen, so würde es, da es nach erfolgter Ratifikation im Reichsgesetzblatt (1892 S. 793) verkündet worden ist, einem Reichsgesetze gleichzustellen und als solches der Revision zugänglich sein.

Vgl. Entsch. des R.G.'s in Zivils. Bd. 40 S. 109, insbes. S. 112.

Ebenso ist aber gewiß, daß, wenn eine Norm des Übereinkommens ersichtlich nur deshalb auf einen gegebenen Rechtsfall für anwendbar erachtet werden kann, weil dieses auch im Auslande Geltung hat, die inhaltliche Übereinstimmung der Rechte nichts an der Rechtslage ändern kann, daß das internationale Übereinkommen als ausländisches Recht zu behandeln ist, und daß daher auf seine Verkennung oder unrichtige Auslegung die Revision nach Maßgabe der deutschen Gesetze (§§ 549. 562 Z.P.O.) nicht gestützt werden kann.

Im vorliegenden Rechtsstreite hat sich nun der gesamte den Klaganspruch erzeugende Tatbestand im Auslande abgespielt. Die in Österreich domizilierte J.'er Steinkohlengewerkschaft hat der ebenfalls in Österreich domizilierten Beklagten, der Kaiser-Ferdinands-Nordbahn, das Vertragsangebot gemacht, den Transport von Gütern von ihrer in Österreich belegenen Station Szcz. nach dem Auslande zu übernehmen; die Beklagte hat das Angebot abgelehnt und soll dadurch der Verletzung des Art. 5 des internationalen Übereinkommens sich schuldig gemacht haben. Es ist eine deliktsähnliche Obligation, ein ein Schuldverhältnis begründender gesetzlicher Tatbestand in Frage, für den, wie für die unerlaubte Handlung, nach den für das Deutsche Reich auch nach dem Inkrafttreten des Bürgerlichen Gesetzbuchs, dessen Einführungsgesetz in Art. 12 den Gegenstand nur unvollständig geregelt hat und hat regeln wollen, geltenden Normen des internationalen Privatrechts das Recht zur Anwendung kommt, in dem der zum Schadensersatz verpflichtende Tatbestand sich verwirklichte.

Vgl. Entsch. des R.G.'s in Zivils. Bd. 7 S. 374, Bd. 19 S. 382, Bd. 29 S. 90, Bd. 37 S. 179, Bd. 46 S. 112; Bolze, Praxis des Reichsgerichts Bd. 5 Nr. 30, Bd. 7 Nr. 26, Bd. 19 Nr. 13, Bd. 20 Nr. 7.

Der Rechtszwang zur Eingehung eines Transportvertrages richtet sich, wie der erkennende Senat in seinem Urteile vom 11. April 1901 (Entsch. des R.G.'s in Zivils. Bd. 48 S. 114) ausgesprochen hat, nach dem Rechte des Ortes, von dem aus der Transportunternehmer seine Frachtgeschäfte betreibt. Eine Eisenbahn betreibt ihre Frachtgeschäfte von allen ihren Stationen, und diejenige Station, wo sie einen Transportvertrag einzugehen sich weigert, ist der Ort der Verletzung der ihr auferlegten gesetzlichen Verpflichtung; nach dem Rechte dieses Ortes, im gegebenen Falle der Station Szcz., ist daher auch der aus der Verweigerung sich ergebende Schadensersatzanspruch gegen sie zu beurteilen.

Allerdings machte nun die materielle Übereinstimmung der Rechte die Beantwortung der Frage, welches Staates Recht nach den Grundsätzen des internationalen Privatrechts auf den vorgelegten Tatbestand Anwendung zu finden habe, für die Vorinstanzen in der Hauptsache überflüssig; die Frage konnte aber trotzdem für die in dem internationalen Übereinkommen ausdrücklich oder stillschweigend der Ergänzung durch das sonst geltende Landesrecht überlassenen Punkte, im gegebenen Falle für die zwischen den Parteien streitigen Umstände des eigenen Verschuldens des Verletzten und der von der Beklagten geltend gemachten höheren Gewalt, deren Merkmale das Übereinkommen nicht bestimmt hat, und die in jedem einzelnen Falle nach Maßgabe des jeweils zur Anwendung kommenden Landesrechts (vgl. Eger, a. a. O. S. 82) zu finden sind, nicht umgangen werden. Das Gericht der ersten Instanz hat in den Gründen seines Urteils zutreffend ausgeführt, daß, da Szcz. als Weigerungsort bestimmend für das anzuwendende Recht sei, der Tatbestand des Rechtsstreites an sich dem österreichischen Recht unterliege; es hat also das Übereinkommen zur Anwendung gebracht, weil es auch in Österreich Gesetz ist, und es hat ebenso für die Frage der höheren Gewalt auf das österreichische Recht Bezug genommen. In den Entscheidungsgründen des Berufungsgerichts findet sich ein ausdrücklicher Ausspruch über das anzuwendende örtliche Recht nicht; es ist aber den Ausführungen des Landgerichts nicht entgegengetreten, und es muß angenommen werden, daß es sich auf denselben Standpunkt gestellt und, indem es bei den Ausführungen über den Einwand der höheren Gewalt unter Berufung auf den Kommentar von Eger das Landesrecht für deren Merkmale als maßgebend hingestellt hat, gleich dem ersten Richter das österreichische Recht im Auge gehabt hat, wie dies der Sachlage entspricht. Dann hat es aber auch das internationale Übereinkommen selbst als österreichisches Recht zur Anwendung gebracht. Da das angefochtene Urteil daher in der Anwendung der Normen des internationalen Privatrechts selbst einen Rechtsirrtum nicht aufweist, mußte die Revision an den §§ 549. 562 Z.P.O. scheitern, nach denen für die Auslegung des Inhalts des ausländischen Gesetzes die Entscheidung des Berufungsgerichts für das Revisionsgericht bindend ist." . . .

31. 1. Ist das mit einer Mutung begehrte Feld gegen spätere Mutungen geschlossen, wenn infolge Unrichtigkeiten in der dem Situationsriß zugrunde gelegten amtlichen Katasterkarte das auf dem Situationsrisse angegebene Feld die gesetzliche Feldesgröße übersteigt?
Preuß. Allg. Berggef. §§ 19. 27.
2. Nachträgliche Berichtigung des Situationsrisses. Rückwirkende Kraft?

V. Zivilsenat. Urt. v. 27. Februar 1904 i. S. Schutzbohrgemeinschaft der vereinigten Kaliwerke (Bekl.) w. Pr. (Kl.). Rep. V. 364/03.

I. Landgericht Halle a. S.
II. Oberlandesgericht Naumburg a. S.

Aus den Gründen:

... „Für die Revision handelt es sich nur um folgendes.

Bei Erörterung des eventuellen Klagegrundes, nämlich der Behauptung, daß der Fundpunkt von Johanna IV. nicht innerhalb des Feldes der beklagtischen Mutung — bei gesetzmäßiger Streckung des letzteren — belegen sei, hat sich herausgestellt, daß die in dem Situationsriß für diese Mutung angegebenen Maße infolge Unrichtigkeiten in der zugrunde gelegten Katasterkarte mit der Wirklichkeit nicht übereinstimmen, und daß, wenn danach der Situationsriß berichtigt wird, die Ausdehnung des Feldes nicht mehr den gesetzlichen Vorschriften (§ 27 A.B.G.) entspricht, vielmehr über das danach zulässige Höchstmaß (2189000 Quadratmeter) hinausgeht. Hieraus zieht nun der Berufungsrichter unter Anwendung der §§ 17 und 19 A.B.G. die rechtliche Schlußfolgerung, daß die, wenn auch an sich nicht ungültige, Mutung der Beklagten nicht die Wirkung hatte, das in dem Situationsrisse angegebene Feld gegen die Mutungen Dritter zu schließen, weil es eben an der Voraussetzung der im § 19 Abs. 2 a. a. O. angeordneten Feldessperrung, nämlich einem „gesetzlich begehrten Felde", fehlt. Dieser Rechtsanwendung, die auch mit der Rechtsprechung des früheren preußischen Obertribunals,

vgl. Brassert, Zeitschrift für Bergrecht Bd. 20 S. 108,

mit der Praxis der Bergbehörden,

vgl. a. a. O. Bd. 17 S. 111,

und den Meinungen der Bergrechtslehrer,

vgl. die Kommentare von Brassert, Anm. 3 zu § 19, Anm. 7d zu § 27; Klostermann-Fürst, Anm. 2 zu § 19; Arndt, Anm. 2 zu § 14,

im Einklang steht, war zuzustimmen. Es muß insbesondere dem Berufungsrichter darin beigetreten werden, daß von dem der Feldesstreckung anhaftenden Fehler jeder Teil des begehrten Feldes betroffen wird, und daß eine Reduzierung des Feldes auf die gesetzliche Größe (nach dem mutmaßlichen Willen des Muters mit Einschluß des Konkurrenzbohrlochs des Klägers), wie sie in dem seitens der Beklagten beigebrachten Gutachten des Markscheiders H. versucht wird, im gegenwärtigen Rechtsstreit ausgeschlossen ist; wie auch der Versuch der Beklagten, im Laufe dieses Rechtsstreits bei der Bergbehörde eine Abänderung des angefochtenen Verleihungsbeschlusses durch Aufnahme einer veränderten Feldesbegrenzung zu erlangen, scheitern mußte und gescheitert ist.

Keinenfalls könnte einer nachträglichen Berichtigung des begehrten Feldes gegenüber einer inzwischen rechtmäßig eingelegten Mutung rückwirkende Kraft beigemessen werden.

Unerheblich ist, wie der Berufungsrichter mit Recht annimmt, ob die ungesetzliche Feldesstreckung der Beklagten, weil sie auf der Katasterkarte, also auf amtlichem Material, beruhte, entschuldbar ist, oder nicht. Entscheidend ist allein, daß in Wirklichkeit ein die gesetzliche Größe überschreitendes Feld begehrt wurde. War aber wegen dieses Fehlers das mit der Mutung der Beklagten begehrte Feld gegen Mutungen Dritter nicht geschlossen, so ist die Mutung des Klägers als im Bergfreien erfolgt anzusehen, so daß ihr die ältere Mutung der Beklagten nicht entgegensteht.

Hiernach konnte die Revision keinen Erfolg haben. Sie stellt als die zu entscheidende Rechtsfrage auf: ob für die Beurteilung der Feldesstreckung im Sinne der §§ 26. 27 A.B.G. das zur Zeit der Mutung und Verleihung vorhandene amtliche Kartenmaterial, oder erst später beschafftes neues Kartenmaterial entscheidend sei, und will im Interesse der Stabilität des Bergbaues die Frage im ersteren Sinne beantwortet wissen. Denn die Entscheidung im entgegengesetzten Sinne würde eine Unsicherheit für unabsehbare Zeit ergeben, da mit dem Fortschreiten der Landestriangulation und der Verbesserung der Meßapparate in absehbarer Zeit sehr wohl auch die Unrichtigkeit der neueren Messungen sich ergeben könnte. Die hier für die Stabilität des Bergbaues ausgesprochene Befürchtung ist grundlos und kann daher auch nicht zur Auslegung des Gesetzes dienen. Die Grundlosigkeit der Befürchtung ergibt sich aus § 35 A.B.G., wonach die nach Beendigung des Verleihungsverfahrens erfolgte Verleihung nur binnen drei Monaten nach Veröffentlichung der ausgefertigten Verleihungsurkunde durch Klage des angeblichen Besserberechtigten gegen den Bergwerksbesitzer angefochten werden kann. Nach diesem Zeitpunkte ist das verliehene Bergwerkseigentum jeder Anfechtung, also auch einer Anfechtung wegen Überschreitung der gesetzlichen Feldesgröße, entzogen. Hier aber handelt es sich überhaupt noch nicht um Anfechtung verliehenen Bergwerkseigentums, sondern um Verfolgung des im Verleihungsverfahren erhobenen Einspruchs im Rechtswege."

---

32. Darf das Gericht bei der Darstellung des Tatbestandes auf den Inhalt eines in derselben Instanz gemäß § 303 Z.P.O. ergangenen Zwischenurteils Bezug nehmen?

Z.P.O. § 313 Abs. 2.

VI. Zivilsenat. Urt. v. 29. Februar 1904 i. S. H. & Co. u. Gen. (Bekl.) w. Maschinenfabrik und Mühlenbauanstalt G. L. (Kl.). Rep. VI. 254/03.

I. Landgericht Hamburg.
II. Oberlandesgericht daselbst.

Das Reichsgericht hat die vorstehende Frage bejaht aus folgenden Gründen:

... „Das Berufungsgericht hat der Vorschrift in § 313 Abs. 2 Z.P.O. zuwider im Tatbestand des Endurteils „auf die dem Beschluß vom 6. Dezember 1902 hinzugefügte, dort als Tatbestand bezeichnete Darstellung" verwiesen. Eine Aufhebung jenes Urteils war jedoch aus diesem Grunde nicht geboten, da das in der erwähnten Darstellung neben rechtlichen Ausführungen enthaltene tatsächliche Vorbringen teils völlig unerheblich, teils in einem vorgetragenen Schriftsatz, sowie in dem nach § 303 Z.P.O. erlassenen Zwischenurteil enthalten ist. Andererseits steht der ebenfalls im Endurteil erfolgten Verweisung auf dieses Zwischenurteil ein rechtliches Bedenken nicht entgegen. Der erkennende Senat hat in der ebenfalls beim Berufungsgericht anhängig gewesenen Rechtssache J. w. M. Ehel. (Urt. vom 3. Dezember 1903, Rep. VI. 154/03 [1]) die Zulässigkeit einer Verweisung mindestens in Ansehung aller derjenigen früheren Urteile derselben Instanz anerkannt, welche, wenn die Sache ihren Fortgang nehmen soll, zugestellt werden müssen. Mag nun auch zu diesen Urteilen ein nach § 303 Z.P.O. erlassenes Zwischenurteil nicht gehören, so ist doch die Verweisung auf ein solches Urteil für zulässig zu erachten, da es begrifflich nur ein vorweg genommener notwendiger Bestandteil des Endurteils ist, nach dem Gesetz ebenfalls einen Tatbestand haben und ausgehängt werden muß, auch bei ihm daher die Möglichkeit der Berichtigung des Tatbestands gegeben ist." ...

---

33. Haftet die Postverwaltung für den Schaden, der durch das Versehen des mit der Zustellung eines gerichtlichen Schriftstücks nach den Bestimmungen der Zivilprozeßordnung betrauten Beamten (Postboten) infolge der hierdurch herbeigeführten Ungültigkeit der Zustellung verursacht worden ist? Kann insbesondere diese Haftbarkeit auf Art. 1384 Code civil, soweit derselbe in Frage kommt, gegründet werden?

Reichspostgesetz vom 28. Oktober 1871 § 6.

II. Zivilsenat. Urt. v. 1. März 1904 i. S. Rheinische Farbwerke (Kl.) w. Postfiskus (Bekl.). Rep. II. 367/03.

I. Landgericht Düsseldorf.
II. Oberlandesgericht Köln.

Aus den Gründen:

„Die Revision konnte keinen Erfolg haben.

Nach den Feststellungen der Vorinstanzen hat die Klägerin infolge der Ungültigkeit einer durch einen Postboten erfolgten, den

---

[1] Jetzt abgedruckt in Bd. 56 dieser Sammlung S. 30 flg. Anm. 1. D. R.

Bestimmungen des § 169 Abs. 1 Z.P.O. a. F. nicht entsprechenden Zustellung eines von ihr erwirkten Arrestbefehls durch die Dazwischenkunft eines anderen Gläubigers einen Ausfall an der Forderung, für die der Arrest bewilligt war, erlitten, und der Anspruch auf Ersatz dieses Schadens bildet den Gegenstand des vorliegenden Rechtsstreits.

Der verklagte Postfiskus hat diesen Klaganspruch mit der rechtlichen Aufstellung bestritten, daß die Postverwaltung eine weitergehende Haftpflicht auch für Versehen ihrer Beamten überhaupt nicht treffe, als sich aus den Bestimmungen des Reichspostgesetzes vom 28. Oktober 1871 ergebe, danach aber eine Haftung für die Ordnungsmäßigkeit der gemäß den Bestimmungen der Zivilprozeßordnung durch die Post erfolgenden Zustellungen nicht bestehe, wogegen die Klägerin in Übereinstimmung mit dem Landgericht die Haftbarkeit der Postverwaltung für das zeitlich vor dem 1. Januar 1900 liegende Versehen des zustellenden Postboten aus den Bestimmungen der Artt. 1382. 1384 Code civil glaubt herleiten zu können.

Die gegenteilige Annahme des Oberlandesgerichts muß aber für den vorliegenden Fall als rechtlich zutreffend erachtet werden. Der erkennende Senat hat in einem im Bd. 19 S. 101 flg. 107 der Entsch. des R.G.'s in Zivils. mitgeteilten Urteil vom 17. Juni 1887 ausgesprochen, daß in Ländergebieten, in denen der Art. 1384 Code civil gilt, die Haftbarkeit der Postverwaltung für unerlaubte Handlungen, welche ihre Beamten oder Angestellten in Ausübung ihrer Funktionen vorgenommen haben, begründet sein kann, soweit diese Haftbarkeit nicht durch die gesetzliche Regelung des Vertragsverhältnisses zwischen der Verwaltung und dem Geschädigten ausgeschlossen wird. Ob die gegen diese Entscheidung vielfach erhobenen Bedenken,

> vgl. Schmidt, bei Gruchot, Beiträge Bd. 33 S. 184 flg.; Mittelstein, Beiträge zum Postrecht S. 37 flg. 112 flg.; Dambach, Postgesetz 6. Aufl. § 12 Nr. 5; auch Oberlandesgericht Stuttgart in der Deutschen Juristen-Zeitung 1903 S. 131,

als gerechtfertigt anzuerkennen sein möchten, bedarf der Erörterung und Entscheidung nicht, da im vorliegenden Falle lediglich das zwischen der Postverwaltung und der Klägerin bezüglich der Zustellung des fraglichen Arrestbefehls bestandene Vertragsverhältnis in Frage kommt, und insoweit die Haftbarkeit der Verwaltung nach der gegebenen Sachlage durch das Reichspostgesetz vom 28. Oktober 1871 mit dem Oberlandesgericht als ausgeschlossen zu erachten ist. Die Zustellung von Schriftstücken durch die Post erfolgt auf Grund des zwischen dem Absender bzw. dem Auftraggeber des Absenders und der Postverwaltung bestehenden Beförderungsvertrags. Dieselbe besteht in der Übergabe des Schriftstücks in Verbindung mit der hierüber erfolgenden Beurkundung. Ein Versehen in der Ausführung der einen oder anderen Funktion, das die Unwirksamkeit der Zustellung zur Folge hat, bildet danach eine nicht ordnungsmäßige Ausführung der der Postverwaltung obliegenden Vertragsverbindlichkeit. Ob und inwieweit dieselbe hierfür haftet, bestimmt sich danach, wie das Gesetz das Vertragsverhältnis geregelt hat, und wenn die Haftbarkeit für die Folgen unrichtiger Zustellung gesetzlich ausgeschlossen ist, was demnächst zu erörtern sein wird, so ist es selbstredend nicht angängig, im Falle eines dem fungierenden Angestellten der Post bezüglich der ordnungswidrigen Zustellung zur Last fallenden Versehens dennoch die Verantwortlichkeit der Post aus Art. 1384 Code civil herzuleiten. Die Sache liegt hier rechtlich nicht anders, als auf anderen Gebieten. So kann es keinem Zweifel unterliegen, daß die Postverwaltung auch dort, wo Art. 1384 Code civil gilt, für den Verlust gewöhnlicher Briefe auch dann nicht aufzukommen hat, wenn dieser Verlust auf die unerlaubte Handlung eines ihrer Angestellten zurückzuführen ist, und daß unter der gleichen Voraussetzung ihre Haftbarkeit für den Verlust eingeschriebener Briefe den Betrag von 42 *M*, und für den Verlust von undeklarierten Paketen den Betrag von 3 *M* pro 500 g niemals übersteigt (§§ 6 Abs. 5. 9. 10 a. a. O.).

Danach kann es sich nur fragen, ob die Haftbarkeit der Postverwaltung auch für die in Gemäßheit der §§ 180—186. 193—195 (früher §§ 165—170. 176—178) Z.P.O. erfolgenden Zustellungen von Briefen ꝛc durch die Bestimmungen des Reichspostgesetzes ausgeschlossen worden ist. Diese Frage ist aber zu bejahen.

In den Gründen des angefochtenen Urteils wird zutreffend hervorgehoben, daß durch das bezogene Gesetz in Anschluß an das preußische Gesetz vom 5. Januar 1852 und das Postgesetz für den Norddeutschen Bund vom 2. November 1867 die Haftungspflicht in der Art normiert werden sollte und normiert worden ist, daß eine weitere als die im Gesetze vorgesehene Haftung nicht Platz greifen sollte. Dieser Standpunkt ergibt sich schon aus den Motiven zu dem Gesetze von 1852

(Anlage zu den Stenogr. Berichten der 2. Kammer 1851/52 Nr. 125 S. 35), und ebenso aus dem Kommissionsberichte der 2. Kammer (Anlage Nr. 243 daselbst zu § 52, jetzt § 51 des Reichspostgesetzes), indem dort insbesondere ausgeführt wird, daß es bei den der Postverwaltung zu stellenden Aufgaben und ihrem ausgedehnten Geschäftsbetriebe nicht angängig sei, dieselbe einer ganz ins Ungewisse und Ungemessene gehenden Verantwortlichkeit zu unterwerfen, die mit Rücksicht auf die dadurch notwendig werdenden Sicherungsmaßregeln dieselbe verhindern würde, den Bedürfnissen des Verkehrs gerecht zu werden. Wesentlich übereinstimmende Ausführungen finden sich in den Materialien zu dem Postgesetze für den Norddeutschen Bund vom 2. November 1867, und in dem jetzigen Reichspostgesetze ist dieser Standpunkt zur Geltung gekommen in § 6 Abs. 5 und § 12 und sodann auch in § 51 a. a. O., durch welchen alle bisherigen allgemeinen und besonderen Bestimmungen über Gegenstände, worüber das gegenwärtige Gesetz verfügt, aufgehoben worden sind.

Nun findet nach § 6 Abs. 5 a. a. O. bezüglich gewöhnlicher Briefe eine Haftung der Post überhaupt nicht statt. Schriftstücke, die durch die Post nach den Bestimmungen der Zivilprozeßordnung zuzustellen sind, bilden aber an sich, sofern sie nicht eingeschrieben werden, nur gewöhnliche Briefsendungen. Daran ändert nichts die zur Erbringung des Nachweises der Übergabe vorgeschriebene Aufnahme einer Zustellungsurkunde. Das dem gegenwärtigen Rechtsstreit zugrunde liegende Versehen des Postboten, das darin bestand, daß er entgegen der Vorschrift des § 169 Abs. 1 Z.P.O. a. F. das zuzustellende Schriftstück einem Angestellten der Klägerin — die selbst Arrestschuldnerin war — nicht in deren Geschäftslokal, sondern im Postgebäude zu S. übergab, und das den Postboten selbst allerdings nach Art. 1382 Code civil verantwortlich machte, ist daher nicht ein solches, für welches die Verwaltung nach dem Postgesetze haftet, und dadurch wird auch ihre Haftbarkeit auf Grund des Art. 1384 Code civil ausgeschlossen. Es ist zwar noch von der Revisionsklägerin, wie auch in den Vorinstanzen, geltend gemacht worden, durch das Postgesetz von 1871 habe nicht die Verantwortlichkeit für die erst durch die Zivilprozeßordnung eingeführten Zustellungen ausgeschlossen werden können. Dagegen hat indessen bereits das Oberlandesgericht mit Recht darauf hingewiesen, daß sowohl in Preußen als auch in anderen Staaten die gleiche Einrichtung — Insinuation gegen Behändigungsschein — bei Erlaß des Postgesetzes von 1871 und auch des preußischen Gesetzes von 1852 längst bestand, und daß diese Gesetze auch auf jenen Geschäftszweig der Postverwaltung, der übrigens in § 50 Ziff. 6 a. a. O. ausdrücklich erwähnt wird, bezogen werden müssen. Daß die Zustellungen nunmehr auf Grund eines anderen Gesetzes erfolgen, hat an der Rechtslage nichts geändert, zumal da die neuen Formvorschriften im wesentlichen mit den früheren übereinstimmen.

Richtig ist allerdings, daß bei der Beratung über die Zivilprozeßordnung mehrere Redner sich im Sinne der Verantwortlichkeit der Postverwaltung für die Ordnungsmäßigkeit der nach der Zivilprozeßordnung erfolgenden Zustellungen ausgesprochen haben. Indessen diese Äußerungen zu einem späteren Gesetze, das zudem nicht die sedes materiae für die vorliegende Frage bildet, können gegenüber den vorentwickelten Gründen nicht entscheidend in Betracht kommen. Wollte man aber auch den vorstehenden Ausführungen in der Frage, ob die Vorschrift des Art. 1384 bezüglich solcher Versehen, die einem Postboten bei der Zustellung von Schriftstücken zur Last fallen und die Ungültigkeit derselben zur Folge haben, durch das Reichspostgesetz beseitigt ist, nicht beipflichten, so würde doch der Anwendung derselben der Umstand entgegenstehen, daß für den Postboten bei Ausführung der Zustellung die gesetzlichen Vorschriften der Zivilprozeßordnung maßgebend sind, die einer Änderung durch die Postverwaltung entzogen sind, so daß in dieser Beziehung der Postbote nicht als préposé der Postverwaltung als commettant gegenübersteht.

Vgl. u. a. auch Entsch. des R.G.'s in Zivils. Bd. 10 S. 287."

---

34. Kann in dem Statut einer Erwerbs- oder Wirtschaftsgenossenschaft rechtswirksam bestimmt werden, daß die Generalversammlung endgültig über die Ausschließung eines Mitgliedes entscheidet?

Genossenschaftsgesetz vom 20. Mai 1898 § 68.

I. Zivilsenat. Urt. v. 3. März 1904 i. S. Victoria, e. G. m. b. H., (Bekl.) w. K. (Kl.). Rep. I. 463/03.

I. Landgericht Breslau.
II. Oberlandesgericht daselbst.

Kläger war Mitglied der verklagten Genossenschaft, deren Statut in § 8 besagte:

„Die Ausschließung eines Genossen erfolgt — außer in den Fällen des § 66 (neu 68) des Gesetzes — wenn derselbe:

a) . . .

b) . . .

c) durch feindliche Bestrebungen die Interessen der Genossenschaft schädigt,

d) . . .

Die Ausschließung erfolgt auf Antrag des Vorstandes durch den Aufsichtsrat.

Dem ausgeschlossenen Mitgliede steht das Recht der Berufung an die Generalversammlung zu, doch muß dieses Recht, bei dessen Verlust, innerhalb 4 Wochen, vom Tage der Ausscheidungsanzeige an gerechnet, bei dem Vorstande geltend gemacht werden (§ 66 des Gesetzes)."

Nachdem der Kläger auf Antrag des Vorstandes durch den Aufsichtsrat ausgeschlossen, und seine Ausschließung auf die von ihm eingelegte Berufung von der Generalversammlung bestätigt worden war, beantragte er mit der gegenwärtigen Klage, die Beklagte zu verurteilen, anzuerkennen, daß seine Ausschließung ungerechtfertigt, und er somit noch Mitglied sei. Die Beklagte erwiderte, daß die Ausschließung gemäß dem angeführten § 8c des Statuts sachlich begründet gewesen sei, bestritt aber in erster Linie, daß den Gerichten eine Nachprüfung des Spruches der Generalversammlung in sachlicher Hinsicht zustände. In erster Instanz wurde die Klage abgewiesen. Das Berufungsgericht gab der Klage statt. Die Revision der Beklagten ist zurückgewiesen aus folgenden

Gründen:

„Die Revision hat die sachliche Prüfung des Ausschließungsgrundes durch den Vorderrichter materiell nicht beanstandet, also für den Fall der Zulässigkeit derselben das Ergebnis, wonach tatsächlich ein genügender Grund für die Ausschließung des Klägers nicht vorgelegen habe, nicht in Zweifel gezogen. Insoweit kann auch jedenfalls nicht behauptet werden, daß die Vorentscheidung, welche in dieser

Hinsicht durch die tatsächliche Feststellung, daß Kläger die ihm zur Last gelegte drohende Äußerung weder ernstlich gemeint habe, noch daß Beklagte sie als eine ernstlich gemeinte aufgefaßt habe, genügend begründet erscheint, auf Rechtsirrtum beruhe.

Die Revision macht jedoch geltend, daß der § 8 des Statuts der Generalversammlung die endgültige Entscheidung über die Ausschließung eines Mitgliedes übertrage, und daß dadurch eine Nachprüfung der sachlichen Voraussetzungen durch die Gerichte ausgeschlossen werde. Dem kann nicht beigetreten werden. Zunächst läßt das Statut seinem Wortlaut nach sehr wohl die Auslegung zu, daß zwar der Aufsichtsrat zunächst die Ausschließung zu erklären hat, daß aber, falls das betreffende Mitglied hiergegen rechtzeitig Berufung an die Generalversammlung einlegt, diese Erklärung nur dann rechtlich wirksam ist, wenn sie von der Generalversammlung bestätigt wird. Letztere würde dann nur das zur endgültigen Erklärung des Ausschlusses namens der Genossenschaft berufene Organ derselben sein, und es wäre somit dem betreffenden Mitgliede nach allgemeinen Rechtsgrundsätzen unbenommen, die Rechtmäßigkeit des Ausschlusses zu bestreiten und diesen Streit vor den ordentlichen Gerichten zum Austrage zu bringen. Diese Auslegung ist aber im vorliegenden Falle auch deswegen die gebotene, weil eine Statutsbestimmung mit der Tragweite, daß die Generalversammlung unter Ausschluß des Rechtsweges über einen zwischen der Genossenschaft und einem ausgeschlossenen Mitgliede über die Rechtmäßigkeit des Ausschlusses entstandenen Rechtsstreit zu entscheiden habe, gegen das Gesetz verstoßen würde. Das Ausschließungsrecht ist in § 68 des Genossenschaftsgesetzes vom 20. Mai 1898 dahin geregelt, daß bestimmte Gründe der Ausschließung gesetzlich festgelegt werden, daneben aber der Genossenschaft die Befugnis erteilt wird, noch sonstige Gründe der Ausschließung durch Statut festzusetzen. Eine weitergehende Autonomie ist aber der Genossenschaft auf diesem Rechtsgebiete nicht zugesprochen worden; insbesondere ist ihr nicht erlaubt, einem ihrer Organe durch Statut die Befugnis zuzuerkennen, einem Mitgliede mit der Wirkung den Ausschluß zu erklären, daß der Ausgeschlossene die Rechtmäßigkeit dieser Erklärung nicht bestreiten kann. Da es sich bei der Entscheidung über den Ausschluß um wichtige Vermögensrechte des betreffenden Mitgliedes handeln kann, und die Genossenschaft dabei als Richter in eigener Sache fungieren würde, kann nicht angenommen werden, daß der Gesetzgeber der Genossenschaft ein so weit gehendes Recht stillschweigend hat zubilligen wollen, während er andere hierher gehörige Fragen ausdrücklich geregelt hat. Wenn die Revision sich für ihre gegenteilige Auffassung auf die Entscheidung des IV. Zivilsenats vom 30. Oktober 1901 (Jurist. Wochenschr. S. 829) beruft, so kann die Analogie des dort entschiedenen Falles nicht anerkannt werden. Dort handelte es sich um einen lediglich nach den Vorschriften der §§ 21 flg. B.G.B. zu beurteilenden Verein, bezüglich dessen der Gesetzgeber das Recht der Ausschließung nicht geregelt hat. Um deswillen konnte die angezogene Entscheidung auch ausführen, daß die erforderliche Regelung gemäß §§ 32. 40 B.G.B. der Autonomie der Vereine überlassen sei, was für Erwerbs- und Wirtschaftsgenossenschaften nicht zutrifft.

Daß der Kläger bei Anstellung der den Ausschluß anfechtenden Klage nicht an die Formen des § 51 des Genossenschaftsgesetzes gebunden war, ist bereits in einem früheren Urteil (Entsch. des R.G.'s Bd. 51 S. 91) dargelegt worden." ...

---

35. Ist § 824 Abs. 2 B.G.B. anwendbar, wenn jemand eine ihm bekannte Tatsache der Wahrheit gemäß mitteilen wollte, dabei aber aus Fahrlässigkeit die Mitteilung in eine Form gekleidet hat, die nach allgemeiner oder doch nach der herrschenden Anschauung etwas anderes bedeutet, als jene Tatsache?

VI. Zivilsenat. Urt. v. 3. März 1904 i. S. Th. (Bekl.) w. R. (Kl.). Rep. VI. 327/03.

I. Landgericht Leipzig.
II. Oberlandesgericht Dresden.

In den Jahrgängen 1899 und 1900 des im Verlag des Beklagten erscheinenden „Reichsmedizinalkalenders", in dem sämtliche Ärzte Deutschlands, nach Staaten und Wohnorten geordnet, namentlich aufgeführt sind, war dem Namen des Klägers der Zusatz „A. f." — d. h. Arzt für — „Naturheilverfahren" beigefügt. Der Kläger fühlte sich dadurch beschwert, weil damit der Wahrheit zuwider, und zwar mindestens fahrlässig, vom Beklagten eine Tatsache behauptet worden sei, die Nachteile für seinen Erwerb herbeizuführen geeignet sei, nämlich die Tatsache, daß er ausschließlich und ohne Unterschied für jede Krankheit unter grundsätzlicher Ablehnung aller der wissenschaftlichen Medizin bekannten chemischen Heilmittel nur die Methode der physikalischen Heilweise in Anwendung bringe. Er erhob daher Klage mit dem Antrag, den Beklagten zu verurteilen:

a) in allen denjenigen Exemplaren des Jahrgangs 1900 des in seinem Verlag erscheinenden Reichsmedizinalkalenders für Deutschland, die sich noch in seinem oder seines Kommissionärs Besitz befinden, den auf S. 439 bei dem Namen des Klägers ersichtlichen Zusatz „A. f. Naturheilverfahren" zu beseitigen;

b) sich jeder Verbreitung von Exemplaren dieses Jahrgangs, worin bei dem Namen des Klägers jener Zusatz sich befinde, bei Vermeidung einer Strafe zu enthalten;

c) in allen künftigen Ausgaben des Kalenders den Zusatz „A. f. Naturheilverfahren" oder einen ähnlichen Zusatz, der darauf hindeuten würde, daß der Kläger Arzt oder Vertreter des Naturheilverfahrens oder der Naturheilkunde sei, bei Vermeidung einer Strafe zu unterlassen.

Der Beklagte bestritt die vom Kläger behauptete Bedeutung des beanstandeten Zusatzes, machte vielmehr geltend, es sei durch den Zusatz nur zum Ausdrucke gebracht, daß der Kläger neben der Anwendung des Naturheilverfahrens auch nach den Regeln der medizinischen Wissenschaft behandle, was tatsächlich auch der Fall sei. Das Landgericht wies die Klage ab; das Oberlandesgericht erkannte aber auf die Berufung des Klägers nach dem Klagantrage. Die Revision des Beklagten ist zurückgewiesen worden.

Aus den Gründen:

„Das Berufungsgericht hat festgestellt, daß nach einer in den Kreisen der Ärzte Deutschlands sehr weit verbreiteten, wenn nicht herrschenden, Anschauung der Vermerk „Arzt für Naturheilverfahren" die Ankündigung enthält, daß der betreffende Arzt das Naturheilverfahren ausschließlich betreibe; es legt weiter dar, daß diese, auf den Kläger nicht zutreffende, Tatsache geeignet ist, Nachteile für den Erwerb des Klägers herbeizuführen. Diese Ausführungen . . . sind zutreffend und lassen einen Rechtsirrtum nicht erkennen.

Im angefochtenen Urteile wird weiter angenommen, daß der Beklagte bei Beobachtung der im Verkehr erforderlichen Sorgfalt hätte erkennen müssen, daß durch jenen Vermerk der Kläger als ein Arzt gekennzeichnet werde, der das Naturheilverfahren ausschließlich anwende.“ (Es folgt zunächst eine Darlegung, daß auch diese Annahme zutreffend sei; sodann wird fortgefahren:)

„Das Berufungsgericht hat dem Beklagten das Recht abgesprochen, sich auf die Vorschrift in § 824 Abs. 2 B.G.B. zu berufen. Es führt in dieser Beziehung folgendes aus. Dem Zwecke der Orientierung der Ärzte über die persönlichen Verhältnisse ihrer Berufsgenossen und auch deren Sonderrichtungen und Spezialitäten diene allerdings der Kalender. Ein allgemeines und berechtigtes Interesse an solchen orientierenden Mitteilungen könne aber immer nur bei richtigen, nicht bei schiefen, mehrdeutigen, irreführenden Angaben bestehen. Eine solche sei aber nach der gegenwärtigen Beweislage der Zusatz bei dem Namen des Klägers, insofern er nach der Anschauung mindestens eines erheblichen Teils der Ärzte nicht bloß besage, der Kläger wende das Naturheilverfahren vorzugsweise an, sondern vielmehr, er treibe es — was nicht der Fall — ausschließlich. An dem vorliegenden Zusatz hätten die Leser des Kalenders — nur etwa mit Ausnahme solcher, die dem Kläger übelgesinnt gewesen — kein Interesse gehabt. Wenn also § 824 Abs. 2 unwahre Mitteilungen, für die der Mitteilende unter der bezeichneten Voraussetzung überhaupt nicht haften solle, im Auge habe, so könne doch das Vorliegen eines Falles dieser Art hier nicht anerkannt werden.

Die Revision macht diesen Ausführungen gegenüber geltend: unmöglich könne die Tatsache, daß der Beklagte ein berechtigtes Interesse verfolgend gehandelt habe, dadurch beseitigt, und ihm damit der Rechtsschutz des § 824 Abs. 2 entzogen werden, daß man sage, ein allgemeines und berechtigtes Interesse der Ärzte bestehe nur bei richtigen Mitteilungen; das bedeute, da jene Vorschrift die Unrichtigkeit der Mitteilung voraussetze, eine Verneinung ihrer Anwendbarkeit überhaupt.

Dieser Angriff beruht auf einer mißverständlichen Auffassung der . . . Ausführungen des Berufungsgerichts. Es wird in diesen ausdrücklich hervorgehoben, daß § 824 Abs. 2 unwahre Mitteilungen im Auge hat; wenn im unmittelbaren Anschluß daran betont wird, daß die Ärzte an orientierenden Mitteilungen nur bei richtigen Angaben ein Interesse hätten, so kann daher damit nicht gemeint sein, daß die Angaben wahr sein müßten. Das würde im Widerspruch mit jenem ersten Satze stehen und zudem einen ganz offenbaren Verstoß gegen jene Bestimmung enthalten, die dadurch tatsächlich unanwendbar werden würde. Unter richtigen Angaben versteht vielmehr das Berufungsgericht, wie die beigefügte Erläuterung ergibt, solche, die nicht „schief", nicht „mehrdeutig" und nicht „irreführend" sind, und dies ergibt, zusammengehalten mit den Feststellungen, die im einzelnen bezüglich der dem Beklagten zur Last gelegten Fahrlässigkeit getroffen worden sind, als Auffassung des Berufungsgerichts, daß für die Anwendung des Abs. 2 des § 824 dann kein Raum ist, wenn jemand eine ihm bekannte Tatsache der Wahrheit gemäß mitteilen wollte, dabei aber aus Fahrlässigkeit die Mitteilung in eine Form gekleidet hat, die nach allgemeiner oder doch nach der herrschenden Anschauung etwas anderes bedeutet, als jene Tatsache. Dieser Auffassung ist beizutreten. Die angezogene Vorschrift setzt zu ihrer Anwendung voraus, daß die Unwahrheit der Mitteilung dem Mitteilenden unbekannt ist; ist sie ihm bekannt, so kann nicht davon die Rede sein, daß er oder der Empfänger der Mitteilung an ihr ein berechtigtes Interesse habe; nur etwa diejenigen, die dem von der Mitteilung Betroffenen übel gesinnt sind, könnten, wie das Berufungsgericht hervorhebt, ein Interesse daran haben; das würde aber selbstverständlich kein berechtigtes, kein schutzwürdiges sein. Die Anwendung des § 824, auch des Abs. 1, ist solchenfalls überhaupt ausgeschlossen, der Mitteilende würde vielmehr nach § 823 Abs. 2 in Verbindung mit § 187 St.G.B. zum Schadensersatz verpflichtet sein. Vorliegendenfalls ist festgestellt, daß der Beklagte durch den Zusatz „A. f. Naturheilverfahren" die unwahre Tatsache behauptet hat, daß der Kläger das Naturheilverfahren ausschließlich betreibe; es ist weiter festgestellt, daß er die Unwahrheit dieser Tatsache gekannt hat. Bei dieser Sachlage kann gar nicht die Frage aufgeworfen werden, ob er oder die Leser des Kalenders ein berechtigtes Interesse an der Mitteilung gehabt haben, daß der Kläger das Naturheilverfahren ausschließlich betreibe. Die Unkenntnis des Beklagten bezieht sich nicht auf die Art der Tätigkeit des Klägers, also nicht auf die behauptete unwahre Tatsache, sondern nur auf die Bedeutung des Ausdrucks, den der Beklagte für eine ihm bekannte wahre Tatsache gewählt hat. Nur dann aber, wenn die Unkenntnis sich auf die behauptete Tatsache bezieht, kann die Anwendung des Abs. 2 in Frage kommen. Die Frage, ob der Beklagte ein berechtigtes Interesse daran hatte, die Mitteilung der ihm bekannten Tatsache, daß der Kläger das Naturheilverfahren nicht ausschließlich anwendet, in die Form zu kleiden, daß er ein Arzt für Naturheilverfahren sei, steht außerhalb jener Gesetzesbestimmung. Hiernach kann dahingestellt bleiben, ob diese auch dann anwendbar ist, wenn, wie im vorliegenden Fall, nur auf Unterlassung der Mitteilung in der Zukunft, mithin nur negatorisch, und nicht auch auf Schadensersatz geklagt ist." ...

---

36. 1. Voraussetzungen des Rechts der Ehefrau, Sicherheitsleistung für das eingebrachte Gut zu verlangen.
2. Zum Begriff der Benachteiligungsabsicht im Sinne des Anfechtungsgesetzes.

B.G.B. § 1391.

Anfechtungsgesetz § 3 Ziff. 2.

VII. Zivilsenat. Urt. v. 4. März 1904 i. S. Z. u. Gen. (Kl.) w. L. (Bekl.). Rep. VII. 483/03.

I. Landgericht Leipzig.
II. Oberlandesgericht Dresden.

Aus den Gründen:

„In der vom Ehemanne der Beklagten zugunsten dieser im Oktober 1901, innerhalb eines Jahres vor der Anfechtung, vorgenommenen Hypothekbestellung erblickt der Berufungsrichter ein entgeltliches Geschäft, betrachtet auch als Folge desselben den Eintritt einer Benachteiligung für die Konkursgläubiger. Demgemäß würde er die Hypothekbestellung nach § 3 Ziff. 2 des Anfechtungsgesetzes für anfechtbar erachten, wenn die Beklagte nicht beweisen könnte, daß ihr zur Zeit des Vertragsabschlusses eine Absicht des Schuldners, die Kläger zu benachteiligen, nicht bekannt war. Er gelangt aber zur Zurückweisung der Berufung, indem er die erwähnte negative Voraussetzung als nicht erfüllt ansieht, vielmehr den Beweis der Nichtkenntnis für geführt erachtet, und zwar auf dem Wege, daß er die Benachteiligungsabsicht des Ehemannes als widerlegt annimmt, womit die Kenntnis der Beklagten sich von selbst erledigt.

Die Revision glaubt, die dieser Annahme gegebene Begründung auf Gesetzesverstöße zurückführen zu müssen.

Zunächst nimmt der Berufungsrichter an, daß, wenn die Beklagte den im Urteil der ersten Instanz ihr unter I auferlegten Eid leistet, und wenn damit also zur Feststellung gelangt, daß ihr Ehemann ihr ein Sparkassenbuch über einen Betrag von 8700 ℳ entwendet und nach Empfang eines Darlehns von 1800 ℳ das Versprechen, den Wert des Sparkassenbuchs und den bar gegebenen Betrag bei Aufnahme der ersten Hypothek zu erstatten, gegeben, aber nicht gehalten hat, die Tatbestandsmerkmale des § 1391 B.G.B. gegeben seien. Die Revision wendet ein, die Entwendung des Sparkassenbuchs könne nicht mehr in Betracht kommen, da die Beklagte nach Kenntnis von derselben die geschehene Verwendung der Einlage zur Berichtigung einer anderen Schuld des Ehemannes genehmigt und ihm weiter Geld vorgestreckt habe; der Angriff geht aber fehl. Die Beklagte stand der Verwendung als einer vollendeten Tatsache gegenüber. Wenn sie aber dem Ehemanne noch weiter Geld gegeben, so wird auch dadurch ein Hindernis gegen die Anwendung des § 1391 B.G.B. nicht geschaffen; denn die Handlungsweise des Ehemanns als solche ist entscheidend; es kommt darauf an, ob diese seinen Charakter in einem Lichte erscheinen läßt, daß die Besorgnis gerechtfertigt ist, er werde auch künftig die Rechte der Ehefrau in einer das eingebrachte Gut erheblich gefährdenden Weise verletzen. Dies aber stellt der Berufungsrichter .... ohne Gesetzesverstoß fest. Auch ein Verzicht der Beklagten auf die kraft des Verhaltens des Mannes ihr zustehenden Sicherheitsansprüche liegt nicht vor, jedenfalls kein unbedingter, und wenn der Ehemann sich des durch Gewährung weiterer Gelder ihm geschenkten Vertrauens unwürdig gezeigt hat, so ist ein Zurückgreifen der Ehefrau auf die ihr erwachsenen Ansprüche gerechtfertigt. Die Revision spricht dem Wortbruch jede Bedeutung für die Frage der Anwendbarkeit des § 1391 ab; aber derselbe kommt nicht lediglich als selbständiges Moment, sondern eben in Verbindung mit den vorhergegangenen, schon begründeten Zweifel an der Zuverlässigkeit des Ehemannes rechtfertigenden Umständen in Betracht;

auch ist zu beachten, daß der Ehemann hinsichtlich der fraglichen Gelder nicht lediglich die Stellung eines Schuldners der Ehefrau einnahm, sondern auch hier als Verwalter ihres Eingebrachten, soweit dies in dem Rückerstattungsanspruche bestand, ihre Interessen wahrzunehmen hatte.

Weiter hält die Revision den § 1391 B.G.B. dadurch für ausgeschlossen, daß der Beklagten nicht eine Hypothek zur Sicherstellung des Eingebrachten gewährt, sondern ihr eine Schuld- und Pfandverschreibung ausgestellt ist; allein auch in dieser Gestalt kann der Akt als Erfüllung der aus § 1391 herzuleitenden Verbindlichkeit des Mannes erscheinen, da unter den Eheleuten Einverständnis darüber bestand, daß die Rechte der Ehefrau aus der Hypothek nach Maßgabe ihres Zweckes, zur Sicherung des Eingebrachten zu dienen, begrenzt sein sollten, auch die Sicherstellung für die das Eingebrachte ganz oder doch zu einem Teile bildende Erstattungsforderung der Ehefrau im Bereiche der Sicherstellung des Eingebrachten lag.

Der Berufungsrichter stellt auch fest, daß der Ehemann bei der Hypothekbestellung ausschließlich in Erkenntnis der ihm hierzu obliegenden Verpflichtung und getrieben durch die energische Anforderung der Beklagten gehandelt hat. Es erscheint dies als eine Annahme, welche ganz in den Grenzen der den Instanzgerichten allein anvertrauten, vom Revisionsgericht nicht nachzuprüfenden Würdigung des Tatsächlichen liegt. Ist von ihr auszugehen, so fehlte dem Ehemanne die Absicht der Benachteiligung, und zwar auch dann, wenn ihm nicht entgangen ist, daß er seinen übrigen Gläubigern durch die Hypothekbestellung ein Befriedigungsobjekt schmälerte, ihnen also einen Nachteil zufügte. Der Ansicht der Revision, daß dem angefochtenen Urteil eine zu enge Auffassung des Begriffs der Benachteiligungsabsicht zugrunde liege, kann nicht zugestimmt werden. Das Bewußtsein von der Entstehung eines Nachteils für die Gläubiger schließt die Benachteiligungsabsicht nicht unter allen Umständen in sich. Wenn der Beweggrund und ihm entsprechend das Ziel der Handlung nicht dahin gerichtet ist, den Gläubigern in betrüglicher Weise Gegenstände zu entziehen, sondern wenn die Handlung von dem Willen beherrscht wird, einer begründeten Verbindlichkeit auf Verlangen des betreffenden Gläubigers gerecht zu werden, so kann eine Benachteiligungsabsicht in gesetzlichem Sinne als vorliegend nicht erachtet werden." ...

37. Kann die in einem Vertrage über Veräußerung eines Grundstücks enthaltene Bestimmung, daß frühere formlose Abverkäufe von Trennstücken an Dritte gelten sollen, durch Auflassung und Eigentumseintragung aus dem Hauptvertrage gültig werden?
B.G.B. § 313.

V. Zivilsenat. Urt. v. 5. März 1904 i. S. O. u. L. (Bekl. u. Widerkl.) w. Lh. (Kl. u. Widerbekl.). Rep. V. 371/03.

I. Landgericht Altona.
II. Oberlandesgericht Kiel.

In dem notariellen Tauschvertrag vom 6. Februar 1902, wodurch der Kläger die Kätnerstelle F. Bd. 1 Bl. 16 von den L.'schen Eheleuten erworben hatte, lautete der § 7:

„Von dem L.'schen Grundbesitz sind einige Parzellen durch den Auktionator B. verkauft, aber noch nicht aufgelassen. Lh. verspricht, diese Kaufkontrakte zu erfüllen, wofür ihm natürlich auch die Valuta zukommt."

Auflassung der Kätnerstelle an den Kläger erfolgte, und es wurde dieser als Eigentümer im Grundbuch eingetragen.

Indem er die Rechtswirksamkeit vorstehender Vertragsbestimmung wegen Formmangels der Vorverkäufe verneinte und Nichtpfandentlassung jener Trennstücke geltend machte, klagte der Kläger gegen die Beklagten als deren Besitzer mit dem schließlichen Antrage: 1. den O. zur Herausgabe der Koppel „Buleskammer", 2. den L. zur Herausgabe der Koppeln „vor dem Holze" und „Baalhorn" zu verurteilen.

Die Beklagten widersprachen und behaupteten, daß ihnen die Eheleute L. die Rechte aus dem § 7 zediert, und Kläger durch B. die Besitznahme und Bestellung der Koppeln gestattet habe; sie beantragten Klagabweisung, und widerklagend Verurteilung des Klägers zur hypotheken- und lastenfreien Auflassung der Koppeln gegen Zahlung von 472,15 M für die Koppel „Buleskammer", und von 810 M für die beiden anderen, ferner für den Fall, daß die Realberechtigten in die Pfandentlassung nicht willigen sollten, Verurteilung des Klägers dazu, daß er den Beklagten die Ansprüche der Altenteilsberechtigten und Hypothekengläubiger von der Hand halte.

Dieser Widerklage gab der erste Richter unter Abweisung der Klage statt.

Das Oberlandesgericht wies die Widerklage ab und gab der Klage statt.

Auf Revision der Beklagten ist dieses Urteil aufgehoben, und die Sache an das Berufungsgericht zurückverwiesen worden.

Aus den Gründen:

„Das angefochtene Urteil beruht im wesentlichen auf den Erwägungen, daß die zwischen den L.'schen Eheleuten und den Beklagten geschlossenen Veräußerungsverträge mangels gerichtlicher oder notarieller Beurkundung ungültig seien, und daß die heilende Kraft der Auflassung und Eigentumseintragung für die zu § 7 des Kaufvertrags L.-Lh. angeblich getroffenen mündlichen Nebenabreden deshalb nicht in Frage komme, weil dieser § 7 mit dem übrigen Tauschvertrage inhaltlich nicht zusammenhänge, vielmehr als selbständiger Nebenvertrag anzusehen sei. Diese letzte Entscheidung kann als einwandsfreie Vertragsauslegung nicht betrachtet werden; denn sie verstößt zunächst, als überhaupt nicht begründet, gegen § 313 Ziff. 4 Z.P.O., verletzt sodann aber auch die Rechtsgrundsätze über Einheitlichkeit der Verträge. Schon äußerlich bildet der mitten im Vertrage stehende § 7 einen Vertragsabschnitt so gut wie jeder andere der elf Paragraphen; aber auch seinem Inhalt und Sinne nach gehört er untrennbar zum Vertrage. Durch diesen haben die Eheleute L. ihr ganzes Grundbesitztum an den Kläger abgetreten; sie durften und wollten aber dabei den Beklagten, die durch, wenn auch wegen Formmangels ungültige, Verträge Trennstücke erworben hatten, die Vertragstreue halten, um gleichzeitig sich selbst dadurch vor Angriffen und Beschwerden der Beklagten zu schützen. Aus den Vorschriften des Bürgerlichen Gesetzbuchs über Rechtsgeschäfte und Verträge, insbesondere aus den §§ 139. 154. 155. 320. 322 daselbst, geht hervor, daß im Zweifel alle Bestimmungen eines Vertrages als zusammengehöriges Ganzes zu betrachten sind, und daß besondere Umstände vorliegen müssen, um eine Ausnahme von diesem Grundsatze zu begründen. Solche besonderen Umstände sind aber hier nicht gegeben.

Bildete aber der § 7 einen untrennbaren Vertragsteil, so konnte er, wenn unvollständig, durch mündliche Nebenabreden ergänzt und zusammen mit diesen durch hinzukommende Auflassung und Eigentumseintragung nach § 313 B.G.B. geheilt werden.

Hier geht die Behauptung der Beklagten dahin, daß dem bestrittenen § 7 eine mündliche Verabredung zugrunde lag, wonach dem Kläger der Inhalt der zwischen ihnen und den Eheleuten L. formlos geschlossenen Kaufverträge genau bekannt gegeben, und vereinbart war, daß bestimmte Liegenschaften an sie als bestimmte Personen zu bestimmten Preisen vom Kläger aufgelassen werden sollten. Ist dies richtig — und das Gegenteil steht zurzeit keineswegs fest —, dann hat es die Bedeutung, daß durch die zwischen den L.'schen Eheleuten und dem Kläger erfolgten Auflassungen und Eigentumseintragungen im Grundbuch die mündliche Nebenabrede geheilt und ebenso gültig gemacht wurde, als wäre sie notariell verbrieft. Dann aber wäre der Kläger den Eheleuten L. gegenüber verpflichtet, die bestrittenen Grundstücke den Beklagten aufzulassen.

In diesem Sinne hat der erkennende Senat schon nach altem Rechte einen ähnlichen Fall entschieden, und es liegt kein Grund vor, nach § 313 B.G.B. anders zu urteilen.

Vgl. Urt. des R.G.'s vom 15. März 1890, Rep. V. 318/89; Turnau u. Förster, Liegenschaftsrecht Bd. 1 S. 345 unter c.

Die L.'schen Eheleute haben ihre Rechte aus § 7 des Tauschvertrages, wie feststeht, gültig an die Beklagten abgetreten, weshalb diese nun an ihrer Stelle jedenfalls äußerlich klageberechtigt sind, ohne daß untersucht zu werden braucht, ob sie nicht vielleicht auch ohne Rechtsübertragung als „Dritte", zu deren Gunsten § 7 vereinbart ist, unmittelbar klagen könnten.

Wegen Nichtanwendung vorstehender rechtlicher Erwägungen muß das Berufungsurteil aufgehoben, und die Sache zu anderweiter Verhandlung und Entscheidung an das Berufungsgericht zurückverwiesen werden. Bei der erneuten Verhandlung ist zu untersuchen, welche mündliche Nebenabreden zu § 7 des Tauschvertrages über die Erwerber der betreffenden Trennstücke, deren Bezeichnung und Preise getroffen worden sind. Haben sie sich auf alle diese Vertragsbestandteile ausdrücklich erstreckt, so bildeten sie ohne weiteres eine ausreichende Ergänzung des bestrittenen § 7. Aber auch wenn die formlose Willenseinigung, minder genau, nur dahin gegangen sein sollte, daß der Inhalt des § 7 durch die vom Auktionator B. abgeschlossenen

Verkäufe näher bestimmt sein solle, müßte das gleiche gelten. Denn auch deren Inhalt ist unschwer erweisbar, und so gut eine vertragsmäßige Leistung durch das Ermessen eines Dritten, ja sogar durch das billige Ermessen eines der Vertragsteile selbst bestimmt werden kann (§§ 315—319 B.G.B.), ebensogut kann sie durch Bezugnahme auf ein abgeschlossenes vergangenes Ereignis festgestellt werden. Die Bestimmbarkeit ist hierbei der Bestimmtheit gleichzuachten.

Vgl. Entsch. des R.G.'s in Zivils. Bd. 31 S. 280." ...

---

38. **Ist ein Wechsel bezüglich des Verfalltages als Blankett zu behandeln, wenn er, im übrigen vollständig mit Tinte ausgeschrieben, an der für den Verfalltag bestimmten Stelle nur eine Bleistiftnotiz enthält? Ist der gutgläubige Erwerber eines solchen Wechsels berechtigt, an Stelle der Bleistiftnotiz einen beliebigen Verfalltag mit Tinte in den Wechsel einzutragen?**

I. Zivilsenat. Urt. v. 5. März 1904 i. S. H. (Bekl.) w. Verein. Spareinleger, G. m. b. H. (Kl.). Rep. I. 471/03.

I. Landgericht Dresden, Kammer für Handelssachen.
II. Oberlandesgericht daselbst.

Klägerin klagte gegen den Beklagten als Aussteller von zwei Wechseln über 2000 *M* und 3000 *M*, an Order des Beklagten selbst, akzeptiert von Ernst H., indossiert vom Beklagten an die inzwischen in Konkurs geratene Spar- und Vorschußbank in D., von deren Konkursverwalter weiter an die Klägerin, auf Zahlung der Wechselsummen nebst Zinsen und Wechselunkosten. Beide unter Benutzung gedruckter Formulare hergestellten Wechsel waren mit Tintenschrift ausgefüllt und trugen auf dem für den Verfalltag im ursprünglichen Formular offengelassenen Raume die Worte: „Am 14. Mai 1902". Sie wurden am 15. Mai 1902 protestiert.

Beklagter beantragte Klagabweisung, indem er folgendes behauptete. Als Klägerin die Wechsel indossiert erhalten habe, hätten statt der erwähnten Worte „Am 14. Mai 1902" nur die mit Bleistift und in Ziffer geschriebenen Daten „20./5. 00" in dem Wechsel über 2000 *M*, und „27./5. 00" in dem über 3000 *M* gestanden. Dies seien die von ihm mit der Spar- und Vorschußbank vereinbarten Verfalltage gewesen. Klägerin hätte diese Bleistiftdaten beseitigt und dafür mit Tinte die Worte „Am 14. Mai 1902" eingetragen. Darin liege eine rechtswidrige Änderung der wahren Verfalltage. Der Protest sei hiernach verspätet.

Das Landgericht wies die Klage ab. Dagegen verurteilte das Oberlandesgericht den Beklagten nach der Klage, wobei es die Wahrheit oder Unwahrheit der erwähnten Behauptung des Beklagten dahingestellt ließ. Die Revision wurde zurückgewiesen aus folgenden

Gründen:

„Mit Recht hat der Vorderrichter angenommen, daß, selbst wenn man die Behauptungen des Beklagten als wahr unterstellt, es sich bei den fraglichen Wechseln bezüglich der Verfalltage um Blankette handelt. Es widerspricht den Erfahrungen des Lebens, daß jemand ein im übrigen mit Tintenschrift vollzogenes Wechselformular in der Absicht, einen fertigen Wechsel herzustellen, an der für die Eintragung des Verfalltags bestimmten Stelle nur mit einer Bleistiftnotiz, in der überdies der Monat nur durch eine Ziffer angedeutet, und die Jahreszahl abgekürzt angegeben ist, ausfüllt. Vielmehr darf aus einem solchen Verhalten unbedenklich auf die Absicht geschlossen werden, daß die endgültige Bestimmung und Eintragung des Verfalltags vorbehalten bleiben, und der Wechsel folglich insoweit Blankett sein soll. Daß diese Absicht auch im vorliegenden Falle obwaltete, ergibt sich übrigens auch mit Sicherheit aus den eigenen weiteren Anführungen des Beklagten, wonach der eine Wechsel d. d. 17. Februar 1900 ursprünglich an der für den Verfalltag bestimmten Stelle die Bleistiftnotiz „20./2.00" trug, welche später unter Vereinbarung der Beteiligten in „20./5. 00" abgeändert sei. Daraus ergibt sich nicht nur der provisorische Charakter der Notiz, sondern auch, da die Parteien schwerlich eine dreitägige Verfallzeit beabsichtigten, daß die Notiz nicht notwendig im Sinne eines vereinbarten Verfalltags verstanden zu werden braucht, sondern daß ihr möglicherweise auch nur Bedeutung für die vereinbarungsgemäß weiter zu berechnenden und zu zahlenden Zinsen zukommt.

Hiernach war die Klägerin, der beim Erwerb der Wechsel keinerlei Mitteilung über die Bedeutung der Bleistiftnotizen gemacht worden ist, vollkommen berechtigt, erstere in bezug auf die Verfalltage als Blankette zu behandeln und selbst Verfalltage mit Tinte in die Wechsel einzutragen. Eine andere Frage ist es allerdings, ob sie bei der Eintragung der von ihr gewählten Verfalltage in gutem Glauben handelte, und ob sie sich dabei nicht an die Bleistiftnotizen hätte gebunden erachten müssen. Allein auch diese Frage muß zugunsten der Klägerin beantwortet werden, da keine genügenden Anhaltspunkte dafür gegeben sind, daß die Klägerin sich beim Erwerb der Wechsel sagen mußte, die Bleistiftnotizen bezeichneten die unter den ursprünglichen Wechselparteien endgültig vereinbarten Verfalltage, und eine anderweitige Bestimmung derselben würde gegen die Vereinbarung verstoßen. Der Beklagte hat nicht behauptet, daß Klägerin die Wechsel vor den in den Bleistiftnotizen bezeichneten Tagen erworben habe, und die ganze Sachlage spricht an sich gegen diese Annahme. Hat Klägerin die Wechsel aber erst später erworben, so war für sie die Vermutung, daß die erste Nehmerin sie bei fest vereinbarter Verfallzeit hätte verfallen lassen, eine durchaus fernliegende. Sie durfte vielmehr davon ausgehen, daß die ursprünglichen Wechselparteien, mochten sie auch anfangs die in den Bleistiftnotizen bezeichneten Tage als Verfalltage in Aussicht genommen haben, hiervon nachträglich wieder abgegangen waren, und daß sie selbst somit andere Verfalltage nach Belieben einsetzen konnte. Ihr guter Glaube kann daher auch insoweit nicht in Frage gestellt werden." ...

---

39. 1. Finden die mit dem 1. Januar 1902 in Kraft getretenen Vorschriften des § 25 des Gewerbe-Unfallversicherungsgesetzes auch auf solche Verhältnisse Anwendung, in denen die Ansprüche des Verletzten einerseits gegen die Knappschafts- (oder sonstige dem § 25 Abs. 1 entsprechende) Kasse, andererseits gegen die Berufsgenossenschaft schon vor dem 1. Januar 1902 entstanden sind?

2. Inwieweit kann die Anwendung dieser Vorschriften durch statutarische Bestimmung ausgeschlossen werden?

B.G.B. § 35.

3. Zulässigkeit des Rechtsweges?

Gewerbe-Unfallversicherungsgesetz § 26 Abs. 2.

V. Zivilsenat. Urt. v. 5. März 1904 i. S. Niederschlesischer Knappschaftsverein (Bekl.) w. G. (Kl.). Rep. V. 570/03.

I. Landgericht Schweidnitz.
II. Oberlandesgericht Breslau.

Der Kläger, seit dem 1. März 1882 vollberechtigtes Mitglied des verklagten Knappschaftsvereins, hatte am 6. April 1900 einen Betriebsunfall erlitten, infolgedessen er seit dem 7. Juli 1900 als Knappschaftsinvalide anerkannt wurde. Als solcher beanspruchte er die statutenmäßige Invalidenunterstützung, die er auf monatlich 23,80 ℳ berechnete. Wegen desselben Unfalls war dem Kläger seitens der Berufsgenossenschaft eine Unfallrente von monatlich 74,70 ℳ bewilligt worden. Weil diese Rente höher war, als die dem Kläger zukommende Invalidenunterstützung, weigerte der Beklagte, gestützt auf die Vorschriften seines Statuts § 38 Abs. 1. § 87 und Art. IV Abs. 2 des Statutsnachtrages, die Auszahlung der Unterstützung. Der Kläger erhob deshalb Klage, mit dem Antrage, den verklagten Verein zu verurteilen, ihm vom 7. Juli 1900 ab monatlich 23,80 ℳ zu zahlen.

In erster Instanz wurde der Kläger abgewiesen; seine Berufung wurde zurückgewiesen, soweit es sich um den für die Zeit vom 7. Juli 1900 bis 31. Dezember 1901 erhobenen Anspruch handelte; im übrigen wurde das erste Urteil aufgehoben, und der Klaganspruch dem Grunde nach für gerechtfertigt erklärt.

Die Revision des Beklagten ist zurückgewiesen worden aus folgenden

Gründen:

„Gegen die Zulässigkeit des Rechtsweges konnte ein begründetes Bedenken nicht obwalten. Der § 26 Abs. 2 des Gewerbe-Unfallversicherungsgesetzes bestimmt allerdings, daß Streitigkeiten, welche aus den Bestimmungen des § 25 Abss. 2 bis 5 zwischen den Beteiligten über den Anspruch auf Überweisung von Rentenbeträgen entstehen, im Verwaltungsstreitverfahren entschieden werden. Um eine solche Streitigkeit aber handelt es sich hier nicht, da ein Anspruch der Knappschaftskasse an die Berufsgenossenschaft auf Überweisung von Rentenbeträgen, wie ihn § 25 des Gewerbe-Unfallversicherungsgesetzes den dort genannten Kassen gewährt, hier weder erhoben, noch andererseits bestritten, also überhaupt nicht Gegenstand dieses Rechtsstreits ist. .

In der Sache selbst ist die im letzten Grunde entscheidende Rechtsfrage die: ob die mit dem 1. Januar 1902 in Kraft getretenen Vorschriften des § 25 des Gewerbe-Unfallversicherungsgesetzes auch auf solche Verhältnisse Anwendung finden, in denen die Ansprüche des Verletzten einerseits gegen die Knappschafts- (oder sonstige dem § 25 Abs. 1 entsprechende) Kasse und andererseits gegen die Berufsgenossenschaft schon vor dem bezeichneten Zeitpunkt entstanden sind. Diese Anwendung auszuschließen bezweckt Art. IV Abs. 2 des vom Oberbergamt am 15. Januar 1902 bestätigten Statutsnachtrages des Beklagten, welcher bestimmt, daß auf die knappschaftlichen Bezüge derjenigen Unfallverletzten, die am 1. Januar 1902 bereits zu Unfall- und Knappschaftsinvaliden erklärt sind oder als solche zu gelten haben, die bisherigen Bestimmungen (§§ 83 bis 87 des Statuts) auch fernerhin Anwendung finden. Gilt diese Satzung, so ist der vom Kläger erhobene Anspruch auch für die Zeit nach dem 1. Januar 1902 unbegründet, da der dort in Bezug genommene § 87 des Statuts in Abs. 1 ausdrücklich vorschrieb, daß, falls die statutenmäßig zu gewährenden knappschaftlichen Unterstützungen niedriger sind, als die von der Berufsgenossenschaft zu zahlenden Unfallentschädigungen, die knappschaftlichen Unterstützungen nicht zur Auszahlung gelangen. Die Rechtsgültigkeit jener Bestimmung des Statutsnachtrages ist aber von seiten des Klägers bestritten und vom Berufungsrichter, abweichend vom ersten Richter, verneint worden, weil dieselbe mit dem Gesetz im Widerspruch stehe. Ob dies der Fall, hängt wiederum ab von der Beantwortung der oben als im letzten Grunde entscheidend aufgestellten Rechtsfrage, betreffend den Inhalt und die Tragweite der in § 25 des Gewerbe-Unfallversicherungsgesetzes getroffenen Bestimmungen. Jene Frage, die der erste Richter verneint, der Berufungsrichter bejaht hat, ist auch schon vom Reichsgericht in den Gründen des Bd. 50 S. 232 der Entsch. in Zivils. abgedruckten Urteils vom 1. März 1902 in Sachen Allgemeiner Knappschaftsverein Bochum wider T. bejahend, wie folgt, beantwortet worden: „Danach" (nämlich nach § 25 Abss. 2 bis 5 des Gewerbe-Unfallversicherungsgesetzes) „ist vom 1. Januar 1902 ab für alle von der Kasse — — geleisteten Unterstützungen, gleichgültig, ob die Verpflichtung zu denselben vor, oder nach diesem Tage begründet wurde, an die Stelle des bisherigen Überganges des Entschädigungsanspruchs des Verletzten gegen die Berufsgenossenschaft ein Anspruch der Kassen — — auf Ersatz ihrer Aufwendungen durch Überweisung von Rentenbeträgen getreten." In gleichem Sinne ist auch neuerdings eine Entscheidung des preußischen Oberverwaltungsgerichts vom 17. September 1903 ergangen (Brassert, Zeitschrift für Bergrecht Bd. 44 S. 490). Diese Auffassung muß auch als die richtige anerkannt werden.

Es wird dagegen geltend gemacht, daß damit dem § 25 des Gewerbe-Unfallversicherungsgesetzes unberechtigt rückwirkende Kraft beigelegt, und in wohlerworbene Rechte der Knappschaftsvereine eingegriffen werde. Auch der Berufungsrichter legt sich die Frage vor, ob dem § 25 a. a. O. rückwirkende Kraft beizumessen sei. Er bejaht diese Frage aus dem Grunde, weil der § 25, als eine aus sittlichen und sozialen Rücksichten insbesondere zum Schutz der wirtschaftlich Schwachen getroffene Bestimmung, eine zwingende Rechtsnorm sei und als solche rückwirkende Kraft habe. Es kann das aber dahingestellt bleiben. Denn in Wahrheit handelt es sich gar nicht um eine Rückwirkung des Gesetzes. Der § 8 des Unfallversicherungsgesetzes vom 6. Juli 1884 bestimmte, daß, soweit auf Grund bestehender Verpflichtung der dort bezeichneten Kassen Unterstützungen in Fällen gewährt sind, in welchen dem Unterstützten nach Maßgabe dieses Gesetzes ein Entschädigungsanspruch zusteht, der letztere (also der Anspruch auf die Unfallrente) bis zum Betrage der geleisteten Unterstützung auf die Kassen — — übergeht. Es wird also hier ein Rechtsübergang, eine notwendige Zession (cessio legis) angeordnet, deren Gegenstand aber, wie sich aus der Fassung des § 8 unzweideutig ergibt, nicht etwa die Gesamtobligation der Berufsgenossenschaft gegen den Verletzten, sondern die Einzelleistung war, welche die Berufsgenossenschaft dem Verletzten wiederkehrend schuldet, so daß der Rechtsübergang sich erst durch entsprechende Leistung der Unterstützung seitens der Kasse vollzog. Solange also unter der Herrschaft des § 8 a. a. O. die Kasse die Unterstützung nicht gezahlt hatte, blieb der Verletzte rechtlich der Gläubiger der Berufsgenossenschaft; erst mit der Zahlung der Unterstützung trat die Knappschaftskasse als nunmehrige Gläubigerin in das Verhältnis ein. Diese Rechtswirkung der von der Kasse gewährten Unterstützung hatte ihren Rechtsgrund im Gesetz; mit der Änderung dieses Gesetzes aber ist dieser Rechtsgrund für den an die gewährte Unterstützung geknüpften Rechts-

Übergang für die Zeit nach dem 1. Januar 1902 weggefallen, die von Gesetzes wegen (ipso jure) eintretende Rechtsänderung für die Zukunft überhaupt beseitigt worden. Es kann daher die Rechtswirkung der nach jenem Zeitpunkt gewährten oder zu gewährenden Unterstützungen nur nach dem neuen Gesetz, also nach § 25 des Gewerbe-Unfallversicherungsgesetzes, beurteilt werden; d. h. den im ersten Absatz des § 25 genannten Kassen steht für die von ihnen zu leistenden Unterstützungen ein Anspruch auf Ersatz durch Überweisung von Rentenbeträgen, jedoch bei fortlaufenden Unterstützungen nur bis zur Höhe der halben Rente zu, der nach § 26 bei der Berufsgenossenschaft anzumelden ist, während sich früher der Übergang durch die Gewährung der Unterstützung von selbst vollzog. Ein wohlerworbenes Recht auf die nach dem 1. Januar 1902 für den Beklagten fällig werdende Unfallrente stand hiernach dem Knappschaftsverein zur Zeit der Gesetzesänderung aus dem bisherigen Gesetze nicht zu.

Aber auch aus dem zur Zeit des früheren Gesetzes geltenden Statut kann der Beklagte ein solches Recht nicht herleiten."... (Das wird näher ausgeführt.)

„Wenn daher, worauf der erste Richter Gewicht legt, bei den Verhandlungen im Reichstage, betreffend das Gesetz von 1900, über die Abänderung der Unfallversicherungsgesetze die Meinung zum Ausdruck gelangt ist, daß etwaige abweichende Bestimmungen der Statuten durch § 25 (nach der damaligen Vorlage § 8) des Gewerbe-Unfallversicherungsgesetzes nicht berührt werden, so kann doch aus obigen Gründen dem § 87 Abs. 1 des Statuts nicht die Bedeutung einer solchen besonderen, unabhängig vom Gesetz gewillkürten Vorschrift beigemessen werden.

Den Charakter einer solchen selbständigen Vorschrift würde gegenüber dem neuen Gesetz der § 87 Abs. 1 des Statuts erst durch Art. IV Abs. 2 des Statutsnachtrages gewonnen haben, und es bleibt daher nur noch die Frage, ob diese neue Bestimmung zu Recht bestehe. Das ist vom Berufungsrichter mit Recht verneint worden. Die Autonomie der Vereine findet ihre Grenzen in den Sonderrechten der Mitglieder. Dies drückte der § 68 A.L.R. II. 6 dahin aus, daß gesellschaftliche Rechte, welche nicht sämtlichen Mitgliedern — — zukommen, denselben wider ihren Willen durch Stimmenmehrheit nicht genommen oder eingeschränkt werden können. Gemäß dieser Bestimmung hat im Bereich des Allgemeinen Landrechts das Reichsgericht in konstanter

Rechtsprechung angenommen, daß eine Herabsetzung bewilligter Invalidenunterstützungen nur unter der Voraussetzung zulässig ist, daß eine gleichmäßige Kürzung der Unterstützungen gegenüber sämtlichen (jetzt und künftig) Berechtigten eintritt.

Vgl. Brassert, A.B.G. S. 449; Klostermann-Fürst, A.B.G. zu § 171 Anm. 10 S. 512; Entsch. des R.G.'s in Zivils. Bd. 11 S. 269; Daubenspeck, Bergrechtliche Entscheidungen Bd. 1 S. 440 flg., Bd. 2 S. 245 flg.

Dasselbe folgt grundsätzlich aus der Bestimmung des § 35 B.G.B., daß Sonderrechte eines Mitgliedes nicht ohne dessen Zustimmung durch Beschluß der Mitgliederversammlung eines Vereins beeinträchtigt werden können. Zu den Sonderrechten eines Knappschaftsmitgliedes gehören auch die Rechte, die ihm infolge erlittenen Unfalls einerseits an den Verein, andererseits an die Berufsgenossenschaft zustehen. Nun handelt es sich ja hier formell nicht um eine Herabsetzung der dem Kläger bewilligten Invalidenunterstützung; im Effekt aber kommt es auf dasselbe hinaus. Denn wenn Art. IV Abs. 2 des Nachtrags und demgemäß § 87 Abs. 1 des Statuts zur Anwendung kommt, so erhalten die vor 1902 durch Unfall invalid Gewordenen die ihnen nach dem Statut gebührende Invalidenunterstützung überhaupt nicht, sondern nur die (ungekürzte) Unfallrente, während die Gesamtbezüge der infolge von nach dem 1. Januar 1902 eintretenden Unfällen invalid werdenden Mitglieder gemäß § 25 Abs. 5 des Gewerbe-Unfallversicherungsgesetzes nur bis zur Höhe der halben Invalidenunterstützung gekürzt werden dürfen. Es würde also durch den Art. IV Abs. 2 des Nachtrags eine Ungleichheit zwischen den Mitgliedern und Beteiligten des Knappschaftsvereins, je nachdem dieselben vor, oder nach dem 1. Januar 1902 zu Unfall- und Knappschaftsinvaliden erklärt worden sind, statuiert, es würden die ersteren von den Wohltaten des neuen Gesetzes ausgeschlossen werden, was mit dem Grundsatz des § 35 B.G.B. nicht vereinbar sein und dem Gesetze geradezu zuwiderlaufen würde. Daher ist der Art. IV Abs. 2 des Nachtragsstatuts ungültig, weil er das zugunsten aller Arbeiter, also auch für alle Vereinsmitglieder, erlassene Gesetz nicht zum Nachteil eines Teiles derselben außer Kraft setzen kann.

Den von der Revision hervorgehobenen Umstand, daß denjenigen, die vor dem 1. Januar 1902 infolge Unfalls invalid geworden, nach dem früheren Statut eine Begünstigung insofern zuteil geworden, daß bei Berechnung der Unterstützung ein um 15 Jahr erhöhtes Dienstalter angenommen wurde, diese Begünstigung aber durch das Nachtragsstatut für die Zukunft beseitigt ist, so daß allerdings in diesem Punkte die Unfallsinvaliden aus der Zeit vor 1902 einen Vorteil vor den später invalid Gewordenen genießen, vermag die gesetzwidrige Ausschließung der älteren Invaliden von den Wohltaten des neuen Gesetzes nicht zu rechtfertigen, dessen Bestimmungen (§ 25 Abss. 2 bis 5) nach richtiger Auslegung auch ohne rückwirkende Kraft auf alle zeitlich unter seine Herrschaft fallenden Leistungen der dort genannten Kassen Anwendung finden."

---

40. 1. Worin besteht der Unterschied zwischen einem partiarischen Darlehn und einer Gesellschaftseinlage?
2. Ist die Eigentumsübertragung von Sachen zu Sicherheitszwecken nach dem Rechte des Bürgerlichen Gesetzbuchs zulässig?

VII. Zivilsenat. Urt. v. 11. März 1904 i. S. D.'er Maschinenfabrik J. J. (Bekl.) w. van d. M. (Kl.). Rep. VII. 498/03.

I. Landgericht Duisburg.
II. Oberlandesgericht Hamm.

Der Kläger nahm das Eigentum an einem Kran nebst Untergestell, der im Auftrage der Beklagten wegen ihrer vollstreckbaren Forderungen zum Gesamtbetrage von 5644,30 ℳ dem Kaufmann H. abgepfändet worden war, als sein Eigentum in Anspruch. Er hatte unter dem 31. Mai 1893 mit dem Schuldner H. einen Vertrag abgeschlossen, in dessen § 1 es hieß, daß der Kläger seit dem 1. Januar 1893 an dem Handelsgewerbe des Schuldners mit einer bar bezahlten Einlage von 28000 ℳ beteiligt sei. Nach § 2 des Vertrages war der Kläger am Reingewinn mit 15 v. H. beteiligt, sollte aber mindestens 4 v. H. des eingezahlten Kapitals erhalten. Der Vertrag sollte bis zum 31. Dezember 1898 dauern. In § 4 erkannte der Kläger an, daß er eine Reihe von Gegenständen, die näher bezeichnet waren, darunter ein Krangerüst und einen Dampfkran, zu den beigesetzten Preisen von zusammen rund 28000 ℳ vom Schuldner käuflich erworben habe. Nach § 5 war der Kaufpreis durch die Einlage gedeckt; der Schuldner erkannte ferner an, daß er alle verkauften Gegenstände von jetzt an nur namens des Klägers besitze, und dieser überließ jenem während der Zeit des Bestehens des stillen Gesellschaftsverhältnisses die unentgeltliche Benutzung der Gegenstände und verpflichtete sich, in dieses freie Benutzungsrecht in keiner Weise einzugreifen. Endlich war im § 6 bedungen, daß der Schuldner berechtigt und verpflichtet sei, beim Ablauf des Gesellschaftsverhältnisses gegen Zurückzahlung der Einlage von 28000 ℳ die Rückübertragung des Eigentums an den Sachen zu verlangen. Unter dem 12. November 1900 wurde ferner zwischen dem Kläger und H. ein Abkommen abgeschlossen, in welchem zunächst gesagt war, daß H. den Kran inzwischen veräußert und das Krangerüst verändert bzw. verbessert habe. Dann hieß es weiter: „Ich, Ernst van der M., verzichte hiermit auf alle Ansprüche an Eduard H. aus dieser Veräußerung des von ihm verkauften, mir gehörigen Dampfkrans. Ich, Eduard H., übertrage dagegen dem Ernst van der M. das Eigentum an dem von mir angeschafften neuen Dampfkran und verzichte auf etwaige Ansprüche an van der M. für die Verbesserung des Krangerüstes. Der neue Dampfkran soll bezüglich des zwischen uns bestehenden, durch den vorerwähnten Kaufvertrag vom 31. Mai 1893 dokumentierten Vertragsverhältnisses völlig an Stelle des alten Krans treten." Auf diese Verträge stützte der Kläger seine Interventionsklage. Die Beklagte begehrte die Abweisung der Klage. Das Landgericht wies die Klage ab. Das Oberlandesgericht erkannte auf die Berufung des Klägers nach dessen Antrag. Die Revision ist zurückgewiesen.

Aus den Gründen:

„Der Berufungsrichter nimmt an, daß es sich bei der durch den Vertrag vom 31. Mai 1893 beurkundeten Hingabe von 28000 ℳ seitens des Klägers an den Schuldner H. nicht sowohl um eine Gesellschaftseinlage, wie um ein Darlehn gehandelt habe. Diese Annahme ist das Ergebnis der Auslegung des Vertrages, wie es unter Benutzung der Aussage des Schuldners gewonnen worden ist, und rechtlich nicht zu beanstanden. Der Berufungsrichter hat festgestellt, daß der Wille der Parteien trotz der gebrauchten, auf ein Gesellschaftsverhältnis hindeutenden Ausdrücke „Einlage, stille Gesellschaft" nicht auf den Abschluß eines Gesellschaftsvertrages gerichtet gewesen ist, sondern auf die Beurkundung eines Darlehnsgeschäftes. Diese Feststellung konnte der Berufungsrichter treffen, da dem Kläger nicht der geringste Einfluß auf den Geschäftsbetrieb, auch nicht das Recht auf Einsicht der Bücher, sondern lediglich ein fester Anteil am Gewinn und jedenfalls ein Anspruch auf eine Verzinsung zu 4 v. H. eingeräumt worden ist. Die Beteiligung am Gewinne macht das Abkommen nicht zu einem Gesellschaftsvertrage; sie gibt nur dem Geschäft das Gepräge des sog. partiarischen Darlehns.

Vgl. Entsch. des R.G.'s in Zivils. Bd. 20 S. 163, Bd. 31 S. 33; Crome, Partiarische Rechtsgeschäfte § 54 S. 374 flg.

Von der Annahme eines Darlehns aus konnte der Berufungsrichter ferner ohne rechtlichen Verstoß dazu gelangen, den Vertrag vom 31. Mai 1893 als eine Sicherheitsübereignung zu kennzeichnen, mithin als ein fiduziarisches Geschäft, mittels dessen pfandrechtliche Zwecke durch Einräumung des Eigentums erreicht werden sollten. Die Gültigkeit derartiger Geschäfte ist nach früherem gemeinen Rechte nicht bezweifelt worden.

Vgl. Entsch. des R.G.'s in Zivils. Bd. 2 S. 173 flg., Bd. 13 S. 200 flg., Bd. 26 S. 180 flg.

Sie war auch für das Gebiet des Allgemeinen Landrechts nicht zu beanstanden (Förster-Eccius, Preuß. Privatrecht 7. Aufl. Bd. 3 § 190 Anm. 27), und daß ihr das Bürgerliche Gesetzbuch nicht entgegensteht, folgt aus § 223 Abs. 2, in welchem ausdrücklich von der Übertragung eines Rechtes zur Sicherung eines Anspruchs die Rede ist.

Vgl. Planck, 3. Aufl. Bem. 3 zu § 223 B.G.B.

Es kommt nur darauf an, daß der Wille der Vertragschließenden ernstlich auf die Übertragung des Eigentums gerichtet ist. Dies erachtet der Berufungsrichter auf Grund der Aussage des Schuldners H. für erwiesen. Die Revision macht geltend, daß H. bekundet habe, es sei die Absicht auf Verpfändung der Sachen gegangen. Das ist richtig; aber der Zeuge fügt hinzu, daß dann der Vertrag auf Vorschlag des Notars den Inhalt erhalten habe, wie er jetzt vorliege. Hieraus konnte der Berufungsrichter entnehmen, daß die ursprüngliche Absicht fallen gelassen, und der übereinstimmende Wille der Parteien schließlich auf den Eigentumswechsel zum Zwecke der Sicherstellung des Klägers gerichtet gewesen sei. Es liegt in diesem Falle keine verschleierte, wegen des Erfordernisses der körperlichen

Übergabe unwirksame Verpfändung, also kein Scheingeschäft, sondern ein ernstlicher, auf die Eigentumsübertragung gerichteter Vertrag vor, und es ist der von der Revision behauptete Satz, daß bei Unterstellung eines Darlehns der ganze Vertrag als Scheinvertrag zu beurteilen sei, nicht als richtig anzuerkennen. Über die durch den Vertrag zwischen den Parteien begründeten obligatorischen Beziehungen spricht sich der Berufungsrichter nicht näher aus. Mit der Annahme eines Kaufes unter Aufrechnung des Preises mit der Darlehnsforderung des Käufers ist der auch vom Berufungsrichter betonte Umstand nicht recht verträglich, daß die Darlehnsschuld samt der Verzinsungspflicht fortbesteht. Im Vertrag ist auch nur von der Deckung des Preises durch das Darlehn die Rede. Ferner ist nicht bloß ein Rückkaufsrecht, sondern eine Rückkaufspflicht dergestalt bedungen, daß „beim Ablauf des Gesellschaftsverhältnisses", d. h. bei Fälligkeit des Darlehns, der Schuldner H. verbunden ist, die Gegenstände für 28000 *M* wiederzuerwerben. Die Parteien haben also anscheinend nicht sowohl an den Abschluß eines Kaufvertrages, als daran gedacht, die Wiedereinlösung der fiduziarisch übereigneten Sachen näher zu regeln. Eine weitere Erörterung dieser Fragen erübrigte sich indessen. In Betracht kommt für den gegenwärtigen Prozeß nur die dingliche Seite des Geschäfts, und diese wird durch die Ausgestaltung der obligatorischen Verhältnisse der Parteien untereinander insofern nicht beeinflußt, als der Wille, Eigentum zu übertragen und zu erwerben, auch oder erst recht mit der vom Wortlaute des Vertrages abweichenden Auffassung vereinbar ist, daß kein Kauf, sondern schlechthin eine Sicherheitsübereignung beabsichtigt gewesen ist. Die für den Eigentumserwerb erforderliche Übergabe durch Besitzkonstitut hat der Berufungsrichter gleichfalls ausreichend festgestellt. Es war eine Leihe nach den §§ 229. 230 A.L.R. I. 21 vereinbart, also ein Rechtsverhältnis, kraft dessen der Veräußerer auf Zeit, nämlich bis zur Rückzahlung des Darlehns, die zunächst für den 31. Dezember 1898 in Aussicht genommen war, zum Besitze der Sachen berechtigt sein sollte.

Vgl. Entsch. des R.G.'s in Zivils. Bd. 35 S. 252; R. G. bei Gruchot Bd. 37 S. 118.

Bisher war von dem Vertrage aus dem Jahre 1893 die Rede. Was von ihm, gilt auch von dem unter der Herrschaft des Bürgerlichen Gesetzbuchs geschlossenen Nachtragsabkommen vom 12. November 1900. Es bezog sich nur auf den neu vom Schuldner H. angeschafften Kran, der nicht von selbst an Stelle des alten, dem Kläger gehörigen Krans trat. Die für die Übertragung des Eigentums erforderliche Einigung (§ 929 B.G.B.) ist in dem von beiden Teilen unterschriebenen Abkommen klar ausgesprochen, und die von der Revision vermißte Ersatzübergabe ist durch die Bezugnahme auf den alten Vertrag erfolgt. Danach war der neue Kran ebenfalls dem Veräußerer geliehen, und ein Rechtsverhältnis geschaffen, kraft dessen der Kläger sogleich den mittelbaren Besitz des Krans erlangte.

Vgl. §§ 930. 868 B.G.B.; vgl. auch Entsch. des R.G.'s in Zivils. Bd. 49 S. 170." ...

---

41. Kann der Eigentümer, dessen bebautes Grundstück durch eine von der Straßenfluchtlinie verschiedene Baufluchtlinie durchschnitten wird, nach Freilegung des Grundstücks bis zur Baufluchtlinie von der Gemeinde die Übernahme des stehengebliebenen Teils des Gebäudes verlangen?

Preuß. Fluchtliniengesetz vom 2. Juli 1875 § 13 Abs. 1 Ziff. 2, Abs. 2. Preuß. Enteignungsgesetz §§ 9. 12.

VII. Zivilsenat. Urt. v. 11. März 1904 i. S. L. (Bekl. u. Widerkl.) w. Stadt St. (Kl. u. Widerbekl.). Rep. VII. 510/03.

I. Landgericht Greifswald.
II. Oberlandesgericht Stettin.

Das Berufungsgericht erachtete das Verlangen der Übernahme für ungerechtfertigt. Auf die Revision des Beklagten und Widerklägers ist das Urteil aufgehoben worden aus folgenden

Gründen:

„Das Übernahmeverlangen ist ... begründet. Der Berufungsrichter macht für seine entgegengesetzte Ansicht folgendes geltend:

Es sei zwar richtig, daß die Bestimmungen des Enteignungsgesetzes auch bei Festsetzung der auf Grund des Fluchtliniengesetzes zu gewährenden Entschädigung anzuwenden seien. Aus dem § 9 des

Enteignungsgesetzes folge aber eine Pflicht, die Parzellen . . . zu übernehmen, nicht. Der § 9 Abs. 3 bestimme, daß bei Gebäuden, welche teilweise in Anspruch genommen werden, die Übernahmepflicht jedenfalls das gesamte Gebäude umfasse. Nach § 13 Ziff. 2 und Abs. 2 des Fluchtliniengesetzes sei aber eine Entschädigung nur zu gewähren, wenn das Grundstück bis zur Fluchtlinie von Gebäuden freigelegt werde, und nur für die Beschränkung des „bebaut gewesenen Teils" des Grundeigentums. Danach trete die Entschädigungspflicht erst ein, nachdem das Gebäude niedergelegt sei. Das Gebäude werde daher, solange es stehe, infolge der Festsetzung der Baufluchtlinie nicht in Anspruch genommen. Der § 9 Abs. 3 des Enteignungsgesetzes sei danach nicht anwendbar.

Die hier entwickelte, von der Revision bekämpfte Auffassung kann für zutreffend nicht erachtet werden. Nach § 11 des Gesetzes vom 2. Juli 1875 tritt mit dem Tage des Beginnes der Planoffenlegung schon eine Beschränkung des Grundeigentümers dahin ein, daß Neubauten, Um- und Ausbauten über die Fluchtlinie hinaus versagt werden können; gleichzeitig soll die Gemeinde das Recht erhalten, die durch die festgesetzten Straßenfluchtlinien für Straßen und Plätze bestimmte Grundfläche dem Eigentümer zu entziehen. In ersterer Hinsicht befindet sich also der Eigentümer der Möglichkeit gegenüber, daß, sobald er etwa zu bauen beabsichtigt, ein Verbot dagegen ergeht, welchem er sich zu fügen hat. Zu unmittelbarer Bedeutung gelangt die Beschränkung, wenn der Eigentümer es seinem Interesse entsprechend findet, Bauten wirklich vorzunehmen, und wenn die Erlaubnis zu denselben ihm versagt wird, er also an der kraft seines Eigentums an sich berechtigten Handlung rechtlich gehindert ist. Die Frage der Entschädigung für diesen durch das Fluchtliniengesetz und in dessen Gefolge stattfinden Eingriff in das Recht des Eigentümers ist in § 13 des Gesetzes vom 2. Juli 1875 geregelt. Als Grund der Entschädigung wird dort, neben Entziehung, die Beschränkung des von der Festsetzung neuer Fluchtlinien betroffenen Grundeigentums hingestellt. Jedoch wird die Entschädigung nicht in allen, sondern nur in bestimmten Fällen gewährt. Nachdem unter Ziff. 1 des § 13 bestimmt ist, daß die Entschädigung dann gefordert werden kann, wenn die zu Straßen und Plätzen bestimmten Grundflächen auf Verlangen der Gemeinde für den öffentlichen Verkehr abgetreten werden, wird unter Ziff. 2

Entschädigung dann gewährt, wenn die Straßen- oder Baufluchtlinie vorhandene Gebäude trifft, und das Grundstück bis zur neuen Fluchtlinie von Gebäuden freigelegt wird. Sieht man zunächst von der in den letzten Worten bestimmten Voraussetzung (der Freilegung) ab, so regelt die Bestimmung den speziellen Fall, daß es gerade ein Gebäude ist, welches von der Fluchtlinie getroffen wird. Nach dem zweiten Absatze des § 13 gestaltet die Rechtslage sich in einem solchen Falle verschieden, je nachdem die Grundfläche zu Straßen oder Plätzen bestimmt ist, oder aber es sich um eine von der Straßenfluchtlinie verschiedene Baufluchtlinie handelt. Im ersteren Falle wird für Entziehung, im letzteren für Beschränkung Entschädigung gewährt. Was aber die für beide Fälle gegebene Vorschrift der Freilegung des Grundstücks bis zur Fluchtlinie betrifft, so ändert diese nichts an den eigentlichen Grundlagen der Entschädigung, sondern schafft nur, obwohl sie in demselben Satze und äußerlich gleichwertig mit dem Erfordernisse, daß die Fluchtlinie vorhandene Gebäude trifft, erlassen ist, doch nur eine außerhalb derjenigen Momente, welche im eigentlichen Sinne die Ersatzpflicht begründen, liegende Bedingung des Anspruchs Nur wenn die Freilegung geschieht, findet die Entschädigung statt; aber die Grundlage der Entschädigung, ihrer Art und ihres Maßes bildet nichtsdestoweniger die Festsetzung der das Gebäude berührenden Fluchtlinie. Unzutreffend wäre es, nach Eintritt der Bedingung auch im übrigen die seitdem gegebene Lage der Verhältnisse als entscheidend, und demgemäß als maßgebend zu betrachten, daß jetzt, da die Gebäude inzwischen tatsächlich niedergelegt sind, die Fluchtlinie ein Gebäude nicht mehr trifft, sondern sich vor dem Reste desselben hinzieht. Der Grundeigentümer kann sich dadurch, daß er die Bedingung für seinen auf Schadensersatz für die Durchschneidung seiner Gebäude durch die Fluchtlinie gerichteten Anspruch erfüllt, indem er das Gebäude bis zur Fluchtlinie niederlegt, nicht gleichzeitig die Grundlage seines Anspruchs zerstören. Im hier fraglichen Punkte kommt es auf die Lage der Verhältnisse bis zum Beginn der Freilegung an. Kein Bedenken entsteht dadurch, daß im zweiten Absatz des § 13 von der Beschränkung des „bebaut gewesenen Teils" des Grundeigentums die Rede ist. Die Eigentumsbeschränkung ergreift allerdings nur den durch die Fluchtlinie abgeschnittenen Teil; aber ihre notwendigen Folgen erstrecken sich darüber hinaus, auf das Gebäude in seiner Gesamtheit.

Diese Annahmen werden auch durch die Entstehungsgeschichte des Gesetzes bestätigt. Im Entwurf des Gesetzes lautete die der Ziff. 2 des § 13 des Gesetzes entsprechende Bestimmung dahin, daß das Entschädigungsverfahren in den Fällen, wo die Fluchtlinie ein bebautes Grundstück durchschneidet, schon dann eingeleitet werden muß, wenn wegen derselben der Wiederaufbau von Gebäuden in den früheren Grenzen oder der Ausbau innerhalb der alten Fluchtlinie versagt wird. Wäre der Entwurf in dieser Fassung Gesetz geworden, so würden Zweifel, wie sie hier entstanden sind, überhaupt nicht möglich gewesen sein. In der Kommission des Abgeordnetenhauses wurden jedoch Einwendungen nach der Richtung hin erhoben, daß es nicht genüge, wenn der Grundeigentümer sage, er wolle bauen, sondern daß er es durch die Tat beweisen müsse; man wünschte zu verhüten, daß durch vielleicht nicht ernstlich gemeinte Gesuche um Erteilung der Bauerlaubnis der Entschädigungsfall vorzeitig herbeigeführt werde. Infolge dieser Erwägungen ist die Bedingung der Freilegung in das Gesetz aufgenommen. Weit über den Zweck der Änderung des Gesetzentwurfs aber würde es hinausgehen, wenn durch die gewählte Fassung auch rechtens geworden wäre, daß mit der Freilegung des Grundstücks die darin bestehende Basis des Entschädigungsanspruchs, daß die Fluchtlinie ein Gebäude durchschneidet, in Wegfall käme.

Vgl. Entsch. des R.G.'s in Zivils. Bd. 21 S. 212. 217 flg.

Im zweiten Absatz des § 13 wird nun bei Regelung der Entschädigungspflicht für Beschränkung auf § 12 des Enteignungsgesetzes Bezug genommen. Dieser bestimmt, daß für Beschränkungen (§§ 2. 4) die Entschädigung nach denselben Grundsätzen wie für die Entziehung des Grundeigentums zu bemessen ist. Zu den hiernach in Anwendung zu bringenden Vorschriften gehört auch die im § 9 Abs. 3 des Enteignungsgesetzes. Nach § 1 dieses Gesetzes kann das Eigentum nur gegen volle Entschädigung beschränkt oder entzogen werden. Im § 8 ist bestimmt, daß die Entschädigung in dem vollen Werte des abzutretenden Grundstücks besteht. Die dann im Abs. 2 des § 8 und im § 9 getroffenen Vorschriften regeln die Fälle, daß zwar nur ein Teil des Grundbesitzes desselben Eigentümers bzw. nur ein Teil eines Grundstücks in Anspruch genommen wird, die Folgen der Entziehung sich aber über diesen Bereich hinaus erstrecken, und erst hierdurch der Gesamtnachteil sich ergibt. Nach dem Abs. 1 des § 9 kann bei Zerstückelung eines Grundstücks in dem dort angegebenen Maße der Eigentümer die Übernahme des ganzen Grundstücks gegen Entschädigung verlangen. Im dritten Abs. des § 9 wird dann bestimmt, daß bei Gebäuden, welche teilweise in Anspruch genommen werden, die Übernahmepflicht jedenfalls das gesamte Gebäude umfaßt. Alle diese Vorschriften gehören zu den die Entschädigung betreffenden Grundsätzen; sie stellen den Umfang des als ersatzfähig anzuerkennenden Schadens fest und regeln die Art des Ersatzes. Demnach gelten sie gemäß § 12 des Gesetzes auch für Beschränkungen in den Fällen der §§ 2. 4. Schon der äußere Zusammenhang des § 12 mit den §§ 8. 9 spricht dagegen, daß eine der in den letzteren getroffenen Vorschriften ausgenommen sein sollte, und es rechtfertigt sich die Annahme, daß, wenn der Gesetzgeber Ausnahmen gewollt hätte, er dies besonders zum Ausdruck gebracht haben würde. Aber auch innere Gründe führen nicht zu einer Ausschließung einer der Vorschriften des § 9, insbesondere nicht der im Abs. 3; denn die Möglichkeit besteht, daß eine Beschränkung eines Grundstücksteils ebenso eingreifende Folgen für das Gesamtgrundstück hat, wie die Entziehung, und bei Baubeschränkungen wird dies die Regel bilden, da die Einheitlichkeit des Gebäudes sich auch hier geltend macht. Wie zu urteilen, wenn doch im Einzelfalle die Beschränkung nur einen Teil des Gebäudes berührt, bedarf der Prüfung nicht, weil hier die aus dem Fluchtliniengesetze folgende Unzulässigkeit des Neubaues, des Umbaues und des Ausbaues das gesamte Gebäude betrifft.

Die Bedenken, welche der Berufungsrichter aus dem Ausdrucke „in Anspruch nehmen" herleitet, sind nicht begründet. Die Gemeinde *nimmt in Anspruch* durch *Festsetzung der Fluchtlinie*, und es *ist ein Gebäude*, dessen sie *für ihre Zwecke*, für die Herstellung eines unbebauten Raumes neben der Straße, *teilweise bedarf*; das Gebäude wird also teilweise in Anspruch genommen. Auch hier kommt wieder in Betracht, daß die Verhältnisse nicht in der Lage ins Auge gefaßt werden dürfen, in welcher sie erst seit der Freilegung sich befinden. Es mag noch darauf hingewiesen werden, daß in dem gegenwärtig im übrigen außer Betracht bleibenden *Abs.* 3 *des* § 13 *des Fluchtliniengesetzes* der oben genannte Ausdruck in einer Bedeutung angewendet ist, welche der hier für das Enteignungsgesetz angenommenen entspricht." ...

34. Unterliegt das im Nachverfahren eines Wechselprozesses ergangene Berufungsurteil der Aufhebung, wenn das Nachverfahren unzulässigerweise bei dem Gerichte erster Instanz eingeleitet worden war?

I. Zivilsenat. Urt. v. 12. März 1904 i. S. L. (Bekl.) w. Ch. Bank (Kl.). Rep. I. 19/04.

I. Landgericht I Berlin, Kammer für Handelssachen.
II. Kammergericht daselbst.

Die im Wechselprozeß aus einem am 6. August 1900 fällig gewordenen Akzept gegen den Akzeptanten L. auf Zahlung von 3550 ℳ nebst Zinsen und Kosten erhobene Klage der Ch. Bank war durch Urteil des Landgerichts abgewiesen worden; auf Berufung der Klägerin wurde aber vom Kammergericht durch Urteil vom 11. März 1901 der Beklagte unter dem Vorbehalt der Ausführung seiner Rechte nach dem Antrag der Klägerin verurteilt. Durch Urteil des Reichsgerichts vom 18. Dezember 1901 wurde auf die Revision des Beklagten dieses Urteil des Kammergerichts aufgehoben, und die Sache zur anderweiten Verhandlung und Entscheidung an das Berufungsgericht zurückverwiesen. Bei diesem Gericht wurde sodann bezüglich zweier Einwendungen das Verfahren im Wechselprozeß fortgesetzt, und nach Zurückziehung mehrerer Eideszuschiebungen durch Urteil vom 26. Mai 1902 der Beklagte wiederum nach dem Antrag der Klage unter Vorbehalt verurteilt.

Unterdessen hatte in dem vorbehaltenen Nachverfahren das Landgericht, vor welches die Klägerin durch den Beklagten geladen worden war, durch Urteil vom 17. Juni 1901 das Urteil des Kammergerichts vom 11. März 1901 aufgehoben und die Klage kostenpflichtig abgewiesen. Die Klägerin legte Berufung ein mit dem Antrag, unter Abänderung der Vorentscheidung den Beklagten nach dem Klagantrag zu verurteilen, während der Beklagte die Zurückweisung der Berufung beantragte und im Wege der Anschließung an die Berufung verlangte, daß das landgerichtliche Urteil gegen Sicherheitsleistung für vorläufig vollstreckbar erklärt werde. Dem letzteren Antrag wurde durch Teilurteil des Kammergerichts vom 9. August 1901 stattgegeben. Im übrigen erhob das Kammergericht Zeugenbeweis und änderte durch Urteil vom 26. November 1903 das landgerichtliche Urteil vom

17. Juni 1901 dahin ab, daß es sein am 26. Mai 1902 verkündetes Urteil unter Wegfall des darin enthaltenen Vorbehalts aufrecht erhielt.

Die Revision des Beklagten ist zurückgewiesen worden.

Aus den Gründen:

„Die Rüge der Revision, es sei prozessual unzulässig, daß das Berufungsgericht in dem angefochtenen Urteil das im Wechselprozeß am 26. Mai 1902 ergangene Urteil aufrecht erhielt, obgleich das Nachverfahren nur gegen das am 11. März 1901 erlassene Urteil eingeleitet worden war, erweist sich nicht als begründet. Denn dieses Urteil, welches im Wechselprozeß ergangen war, ist vom Reichsgericht am 18. Dezember 1901 aufgehoben, und die Sache zur anderweiten Verhandlung und Entscheidung an das Berufungsgericht zurückverwiesen worden, worauf dieses im Wechselprozeß weiter verhandelte und dann das Urteil vom 26. Mai 1902 erließ, welches inhaltlich mit dem aufgehobenen Urteil vom 11. März 1901 übereinstimmte, den Beklagten wiederum zur Zahlung von 3550 ℳ nebst Zinsen und Kosten verurteilte und ihm wiederum die Ausführung seiner Rechte vorbehielt. Da dieses Urteil unangefochten blieb, bildete es den nunmehr endgültigen Abschluß des Wechselprozesses anstatt des aufgehobenen Urteils vom 11. März 1901, und es ist deshalb richtig und zutreffend, wenn das im Nachverfahren ergangene, nun angefochtene Urteil erklärt, daß das am 26. Mai 1902 verkündete Urteil unter Wegfall des darin enthaltenen Vorbehalts aufrecht erhalten werde.

Dagegen ist dem Revisionskläger zuzugeben, daß die weitere prozessuale Rüge, es habe nach der Sachlage das Nachverfahren nur vor dem Berufungsgericht, und nicht vor dem Landgericht anhängig gemacht werden dürfen, begründet ist.

Das Nachverfahren wurde bei dem Landgerichte durch den vom Beklagten gestellten Antrag vom 26. März 1901 eingeleitet, zu einer Zeit also, als das im Wechselprozeß ergangene Urteil des Kammergerichts vom 11. März 1901, welches später aufgehoben wurde, noch zu Recht bestand. Dieses Urteil hatte unter Abänderung des die Klage abweisenden erstinstanzlichen Urteils den Beklagten nach dem Antrag der Klägerin zur Zahlung von 3550 ℳ nebst Zinsen und Kosten vorläufig vollstreckbar verurteilt, dem Beklagten aber die Ausführung seiner Rechte vorbehalten. Gemäß § 600 Z.P.O. blieb demnach der Rechtsstreit im ordentlichen Verfahren anhängig. Anhängig blieb er aber kraft dieser gesetzlichen Bestimmung nicht bei dem Gerichte erster Instanz, sondern bei dem Kammergerichte, weil dieses erst, nachdem die Klage in erster Instanz abgewiesen worden war, als Berufungsgericht die Verurteilung des Beklagten unter Vorbehalt ausgesprochen hatte. Es besteht allerdings darüber, ob der § 600 Abs. 1 Z.P.O. in diesem Sinne aufzufassen sei, in der Literatur Streit. Es hat sich aber bereits der VI. Zivilsenat in einem Urteil vom 22. Februar 1882 (Entsch. des R.G.'s in Zivils. Bd. 29 S. 368), und der erkennende Senat in dem in Gruchot's Beiträgen Bd. 38 S. 171 mitgeteilten Urteil vom 25. März 1893 unter voller Würdigung der gegen diese Auffassung erhobenen Bedenken dahin entschieden, daß das Nachverfahren sich stets bei derjenigen Instanz fortsetze, in welcher der Vorbehalt ausgesprochen worden sei. Von dieser Rechtsanschauung abzugehen, findet der erkennende Senat keine Veranlassung; es wird deshalb hier lediglich auf die Begründung des Urteils vom 25. März 1893 Bezug genommen.

Hiernach war es allerdings ein prozessualer Verstoß, daß das Nachverfahren hier bei dem Gerichte erster Instanz eingeleitet wurde, so daß es erst, nachdem die Klage auch im ordentlichen Verfahren vom Landgerichte abgewiesen war, auf die Berufung der Klägerin und die Anschlußberufung des Beklagten vor das Kammergericht — das an sich zuständige Gericht — gelangte, welches dann nach einer umfassenden Beweiserhebung, bei welcher die sämtlichen vom Beklagten vorgebrachten Einreden berücksichtigt worden sind, den Beklagten dadurch verurteilt hat, daß es unter Streichung des Vorbehalts das im Wechselprozeß erlassene Erkenntnis vom 26. Mai 1902 aufrecht erhielt.

Bei dieser Sachlage führt der erwähnte prozessuale Verstoß aber nicht zur Aufhebung des angefochtenen Urteils. Zwar konnte durch Vereinbarung die Zuständigkeit des Gerichts erster Instanz für das Nachverfahren nicht begründet werden. Denn es liegt nicht in der Macht der Parteien, sich durch Vereinbarung hier zwei Rechtszüge zu verschaffen, wo das Gesetz nur einen einzigen gewährt. Aber es muß berücksichtigt werden, daß eine der im § 551 Z.P.O. aufgeführten Gesetzesverletzungen nicht vorliegt, und das Kammergericht, welches die angefochtene Entscheidung erlassen hat, auch vom Gesetz berufen war, die Entscheidung, wenn auch nicht als Berufungsgericht, zu geben. Der Beklagte und Revisionskläger selbst, auf dessen Antrag das Nachverfahren bei dem Gericht erster Instanz eingeleitet und, da er sich der Berufung innerhalb der Frist angeschlossen hatte, auch bei dem Kammergericht fortgesetzt wurde, hat erklärt, daß über alles, worüber er verhandeln wollte, bereits vor dem Kammergericht in prozeßgerechter Weise verhandelt worden ist. Er ist somit dadurch, daß auf seinen Antrag hin das Nachverfahren vor dem Gericht erster Instanz gleichfalls durchgeführt worden ist, in keiner Weise beschwert." . . .

---

43. 1. Welche Gräben und welche Abwässerung versteht das Gesetz (§ 100 A.L.R. I. 8) unter Gräben, „wodurch das Wasser seinen ordentlichen und gewöhnlichen Ablauf hat"?
2. Zur Auslegung des § 904 B.G.B. (Notstand).

V. Zivilsenat. Urt. v. 12. März 1904 i. S. v. B.=B. (Kl.) w. K. (Bekl.). Rep. V. 36/04.

I. Landgericht Guben.
II. Kammergericht Berlin.

Kläger war Eigentümer eines Rittergutes, zu welchem zwei durch eine Mühle getrennte Wiesenkomplexe gehörten. Sie wurden von Gräben durchzogen, die nach der Behauptung des Klägers zu ihrer Entwässerung angelegt waren und außerdem der Fischzucht dienen sollten. Auf den neben dem Rittergut belegenen Grundstücken betrieb der Beklagte den Bergbau auf Kohlen und eine Brikettfabrik. Das Bergwerk gehörte früher ebenfalls dem Kläger. Er hatte es später an eine Gewerkschaft veräußert, an der er selbst beteiligt war, und die dann die Brikettfabrik erbaute. Von der Gewerkschaft, die in Konkurs geriet, erwarb der Beklagte das Bergwerk und die Fabrik. Die Gruben= und Fabrikwässer hatten bisher über das Rittergut des Klägers, und zwar derartig ihren Abfluß gefunden, daß sie in die vorerwähnten Gräben eingeleitet wurden, die beiden Wiesenkomplexe durchflossen und unterhalb derselben in ein Fließ mündeten. Kläger wollte nun aber diese Ableitung der Gruben- und Fabrikwässer über seine Wiesen, die dadurch, wie er behauptete, völlig ruiniert wurden, nicht länger dulden. Er bestritt, daß der Beklagte zu einer solchen Ableitung berechtigt sei, und wurde mit dem Antrage klagbar, sie dem Beklagten bei Strafe zu untersagen.

Der erste Richter wies die Klage ab. Er nahm an, daß ihr § 904 B.G.B. entgegenstehe, dessen Voraussetzungen er für gegeben ansah. Die Berufung wurde zurückgewiesen. Der zweite Richter nahm an, daß dem Rittergute des Klägers eine dem Wasserrecht angehörige gesetzliche Eigentumsbeschränkung zugunsten der benachbarten Liegenschaften (der Bergwerke und des Fabrikgrundstücks) anhafte; denn es handle sich um Gräben, auf die die Vorschrift des § 100 A.L.R. I. 8 zutreffe, nämlich um Gräben, durch die „das Wasser seinen ordentlichen und gewöhnlichen Ablauf" habe. Auf Revision des Klägers ist das Berufungsurteil aufgehoben, und die Sache an das Berufungsgericht zurückverwiesen worden.

Gründe:

„Der Revision konnte der Erfolg nicht versagt werden.

Ihr erster (prozessualer) Angriff geht dahin, daß der Berufungsrichter seine Entscheidung, indem er ihr den § 100 A.L.R. I. 8 zugrunde lege, von einem rechtlichen Gesichtspunkt aus getroffen habe, den der Beklagte für sich nicht geltend mache, und über den zwischen den Parteien bisher überhaupt nicht, namentlich aber nicht nach der Richtung hin verhandelt worden sei, ob die tatsächlichen Voraussetzungen vorlägen, unter denen er zutreffe. Wenn letzteres richtig ist, so ist der Angriff begründet. Denn wenn auch der Richter bei Anwendung des Gesetzes auf den ihm zur Entscheidung vorliegenden Fall nicht auf die rechtlichen Gesichtspunkte beschränkt ist, die von den Parteien für die von ihnen in Anspruch genommenen Rechte geltend gemacht werden, und wenn es daher auch zulässig sein mag, daß Parteirechte von einem rechtlichen Gesichtspunkte aus zuerkannt oder abgesprochen werden, den die Parteien selbst nicht gefunden, oder auf den sie wenigstens ihren Anspruch nicht gegründet haben, so setzt dies doch voraus, daß es sich dabei lediglich um die Rechtsfindung, d. h. um die Anwendung des Gesetzes auf ein feststehendes oder vom Richter festgestelltes Sachverhältnis handelt. Aber so liegt die Sache hier nicht. Festgestellt ist hier nur, daß Gräben, d. h. künstliche, in den

Boden eingeschnittene, offene Wasserläufe, auf dem Areal des Rittergutes vorhanden sind, in denen bisher auch die Fabrik- und Grubenwässer des Beklagten ihren Abfluß genommen haben. Dies allein reicht nicht aus, um erkennen zu lassen, daß dies Gräben seien, wodurch, wie § 100 a. a. O. sagt, „das Wasser seinen ordentlichen und gewöhnlichen Ablauf hat". Mit Recht macht der Kläger geltend, es sei über den wirtschaftlichen Charakter und die Zweckbestimmung dieser Gräben nicht das mindeste festgestellt. Er behauptet, die Gräben seien, wie ihre natürliche Beschaffenheit und ihr Zusammenhang ergeben, Ent- und Bewässerungsgräben für seine Wiesen und sollten außerdem der von ihm angelegten Fischzucht dienen. Wenn er bisher oder wenigstens früher, solange er selbst an dem Betriebe des Bergwerks ein Interesse hatte, die Ableitung der Grubenwässer durch diese Gräben geduldet habe, so werde doch damit an ihrem Charakter, als Kulturgräben für die Wiesen und die Fischzucht zu dienen, nichts geändert. Jedenfalls, so führt er aus, hätte der Berufungsrichter hierüber eine Feststellung treffen müssen, bevor er annehmen durfte, daß es sich um Gräben im Sinne des § 100 a. a. O., d. h. um Gräben handle, durch die das Wasser seinen ordentlichen und gewöhnlichen Ablauf hat. Die Berechtigung dieser Rügen ist nicht zu verkennen. Der Berufungsrichter hat sich in der Tat damit begnügt, festzustellen, daß Gräben vorhanden sind, in denen bisher die Gruben- und Fabrikwässer ihre Ableitung gefunden haben. Er hat, ohne mit den Parteien darüber zu verhandeln, wozu diese Gräben angelegt, und welchem Zwecke sie nach ihrer natürlichen Beschaffenheit zu dienen geeignet sind, ohne weiteres angenommen, daß es Gräben seien, auf die der § 100 a. a. O. Anwendung finde, obwohl weder der Beklagte dies behauptet hatte, noch sonst aus dem Tatbestande sich etwas dafür entnehmen läßt, daß der Beklagte sich auf diese Gesetzesvorschrift berufen wolle. Danach ist, wie das Reichsgericht in gleichliegenden Fällen schon wiederholt ausgesprochen hat (z. B. Entsch. des R.G.'s in Zivils. Bd. 41 S. 293), gerade in einem für die getroffene Entscheidung maßgebenden Punkte das rechtliche Gehör nicht in zureichender Weise gewährt worden, und das Berufungsurteil mußte schon aus diesem Grunde den Angriffen der Revision unterliegen.

Es kommt aber hinzu, daß die Anwendung des § 100 A.L.R. I. 8 auf den vorliegenden Fall auch materiellrechtlichen Bedenken unterliegt. Die bisherige Rechtsprechung hat diese Gesetzesvorschrift auf Gruben- und Fabrikwässer, überhaupt auf Abwässer, die nicht in der natürlichen Beschaffenheit der Grundstücke ihren Ursprung haben, nicht bezogen. So hat sich der erkennende Senat des Reichsgerichts in dem Urteil vom 19. April 1882, Rep. V. 856/81, veröffentlicht in der Zeitschr. für Bergrecht Bd. 24 S. 239, ausdrücklich dahin geäußert, nach § 100 a. a. O. sei „nur für das auf natürlichem Wege zufließende Wasser Vorflut zu gewähren, und nicht für das durch künstliche Einleitung zugeführte", und denselben Grundsatz wiederholt (sogar mit denselben Worten) das Urteil vom 27. September 1884, mitgeteilt in der Zeitschr. für Bergrecht Bd. 26 S. 119. An dieser Auffassung war festzuhalten, zumal da sie mit der Theorie, die sich an die landrechtlichen Bestimmungen über das Wasserrecht angeschlossen hat, übereinstimmt,

vgl. Lette u. v. Rönne, Die preuß. Landeskulturgesetzgebung Bd. 2 S. 577. 581. 583, und Nieberding, Wasserrecht (1889) S. 121. 126 flg.,

und auch in der Rechtsprechung des preußischen Oberverwaltungsgerichts der § 100 a. a. O. zu denjenigen Vorschriften gerechnet wird, welche die natürlichen Vorflutsverhältnisse regeln.

Am deutlichsten hierüber das Urteil vom 4. November 1894, Entsch. des Oberverwaltungsgerichts Bd. 29 S. 267.

Nun ist es zwar richtig, daß, nachdem die beiden vorerwähnten Urteile des erkennenden Senats vom 19. April 1882 und 27. September 1884 ergangen waren, die Rechtsprechung sich weiter — wenigstens in Ansehung der Privatflüsse — dahin entwickelt hat, daß diese innerhalb ihres Zuflußgebietes als die von der Natur gegebenen Rezipienten anzusehen sind, und zwar nicht bloß für das natürliche, aus dem Boden und von dessen Oberfläche von selbst ablaufende Wasser, sondern auch für dasjenige Wasser, welches künstlich fortgeschafft werden muß, nachdem es infolge menschlicher Tätigkeit und industrieller Bodenausnutzung auf Grundstücken, die im Zuflußgebiete liegen, sich angesammelt hat. Aber wollte man auch diesen Grundsatz, der seit der grundlegenden Entscheidung des Reichsgerichts vom 2. Juni 1886 (Entsch. desselben in Zivils. Bd. 16 S. 178) vom erkennenden Senat in vielfachen späteren Urteilen aufrechterhalten worden ist, auch auf „Gräben und Kanäle" (§ 100 a. a. O.), also auf künstlich geschaffene

Wasserläufe, anwenden, so findet er doch seine ebensooft und fast in jedem ihn wiederholenden Urteile ausgesprochene Begrenzung darin, daß der Unterlieger ein solches Einfließenlassen künstlich geworbenen Wassers, insbesondere also die Ableitung von Industriewässern und Grubenwasser, nur dann zu dulden hat, wenn die Ableitung das Maß des Regelmäßigen und Gemeinüblichen nicht übersteigt. Diesen nun gefestigten Rechtssatz, der auch in der Theorie des preußischen Bergrechts als gültig allgemein anerkannt wird (vgl. Klostermann, Bergrecht S. 409/410, und die dort gegebenen weiteren Nachweisungen, sowie Arndt, Bergbaupolitik S. 50. 51), hat der Berufungsrichter völlig außer acht gelassen; er muß aber, wofern man überhaupt auch Gräben und Kanäle als die natürlichen Rezipienten ihres Zuflußgebietes betrachten und damit dem § 100 a. a. O. eine Ausdehnung auch auf die Ableitung künstlich geworbener Wässer geben will, auch für diese Anwendung finden. So ergibt sich wieder, daß es keinesfalls genügt, wenn der Berufungsrichter nichts weiter feststellt, als daß Gräben vorhanden sind, in denen das Gruben- und Fabrikwasser bisher seinen Abfluß gefunden habe.

Hiernach war die Aufhebung des Berufungsurteils geboten, ohne daß auf die übrigen Angriffe der Revision einzugehen war. Die Sache ist aber nicht spruchreif." (Wird näher ausgeführt.) „Was den von dem ersten Richter seiner Entscheidung allein zugrunde gelegten § 904 B.G.B. anlangt, so kann die Bedeutung, die der erste Richter dieser Vorschrift gegenüber den landesgesetzlichen, durch Art. 67 Abs. 1 Einf.-Ges. zum B.G.B. aufrechterhaltenen bergrechtlichen Bestimmungen beigemessen hat, als richtig nicht anerkannt werden. Ist für den Betrieb des Bergwerks die Ableitung der Grubenwässer über das Areal des Rittergutes notwendig, so regelt das Berggesetz selbst (Tit. 5 Abschn. 1 §§ 135 flg.) erschöpfend das Verfahren, in welchem der Kläger genötigt werden kann, die Benutzung seines Grundstücks für die Zwecke des Bergwerksbetriebes zu dulden. Insoweit greift § 904 B.G.B. überhaupt nicht ein. Richtig ist zwar, daß der in ihm aufgestellte allgememeine Grundsatz auch zugunsten der Bergwerke Anwendung findet; aber er setzt, wie der Wortlaut des Gesetzes ergibt, eine gegenwärtige Gefahr voraus, d. h. ein außergewöhnliches Ereignis, durch das die bestehenden Verhältnisse, mit denen man rechnen muß, derartig verändert werden, daß eine sofortige Abhilfe, sei es auch durch den Eingriff in fremdes Eigentum, notwendig wird. Daß derartige Ereignisse auch bei Bergwerken eintreten können, ist selbstverständlich. Aber die Erwägung, die der erste Richter anstellt, daß der Kläger selbst den für den Bergwerksbetrieb notwendigen, allein über das Rittergut möglichen Wasserlauf, so wie er jetzt ist, eingerichtet und ohne Widerspruch weiter geduldet habe, und daß, wenn der Wasserlauf jetzt abgesperrt würde, das Bergwerk ersaufen müsse, ergibt nicht einen Tatbestand, wie ihn § 904 B.G.B. voraussetzt. Liegt die Sache so, daß das Bergwerk ersaufen müßte, wenn die Ableitung des Grubenwassers über das Rittergutsareal nicht mehr stattfinden darf, eine Behauptung, deren tatsächliche Richtigkeit übrigens in zweiter Instanz bestritten worden ist, so mögen die Voraussetzungen vorliegen, unter denen gegen den Kläger die bergrechtliche Enteignung durchgeführt werden kann; aber wenn dem Beklagten kein Recht zusteht, das Rittergut zur Ableitung seiner Grubenwässer zu benutzen, so mußte er mit der Möglichkeit rechnen, daß der Kläger gutwillig sie nicht länger dulde, und es kann daher nicht von einer „gegenwärtigen Gefahr" im Sinne des § 904 B.G.B. gesprochen werden, wenn dieser Fall nun eintritt." ...

---

44. Wie bestimmt sich gemäß § 1572 B.G.B. die Frist zur Geltendmachung von Ehescheidungsgründen im Falle der Widerklage?

IV. Zivilsenat. Urt. v. 14. März 1904 i. S. B. (Kl.) w. Ehefr. B. (Bekl.). Rep. IV. 447/03.

I. Landgericht II Berlin.
II. Kammergericht daselbst.

Aus den Gründen:

... „Gemäß § 1571 Abs. 1 B.G.B. muß die Scheidungsklage bei Vermeidung des Ausschlusses binnen bestimmter Frist erhoben sein. Unter Klage in diesem Sinne ist sowohl das klagend wie das widerklagend im Prozesse geltend gemachte Scheidungsverlangen einer Partei zu verstehen. Die besonderen Vorschriften über die Form der Erhebung beider Arten von Klagen bleiben daneben bestehen. Grundsätzlich muß demnach binnen der gesetzlichen Frist, soweit die Klage in Betracht kommt, die Klageschrift zugestellt, soweit es sich um die Widerklage handelt, diese in der mündlichen Verhandlung geltend gemacht sein (§§ 253. 281 Z.P.O.). Die Abss. 2—4 des § 1571 und der § 1572 B.G.B., welcher letzterer im ersten Entwurfe als Abs. 5 in dem entsprechenden § 1447 mitzusammengefaßt war, enthalten Modifikationen dieses Grundsatzes. Nach Abss. 2—4 des § 1571 soll die Frist nicht laufen, solange die häusliche Gemeinschaft aufgehoben ist; der Erhebung der Klage soll die Ladung zum Sühnetermine gleichstehen, und weiter sollen auf den Lauf der Frist die §§ 203. 206 B.G.B. entsprechende Anwendung finden. Im Anschluß hieran bestimmt § 1572: „Ein Scheidungsgrund kann, auch wenn die für seine Geltendmachung im § 1571 bestimmte Frist verstrichen ist, im Laufe des Rechtsstreits geltend gemacht werden, sofern die Frist zur Zeit der Erhebung der Klage noch nicht verstrichen war." In allen diesen Bestimmungen ist nach ihrem inneren Zusammenhange von ebendemselben Begriffe der Klage ausgegangen. Überall, und so auch in § 1572, ist das, sei es klagend oder widerklagend, geltend gemachte Scheidungsverlangen als selbständige, für sich bestehende Einheit aufgefaßt. Sind sonach Klage und Widerklage in ihren Wirkungen gegeneinander abgeschlossen, so ist zwar nach richtiger Auffassung des § 1572, sofern nur bei Erhebung der Klage die Fristen noch nicht abgelaufen waren, die spätere Geltendmachung von weiteren Scheidungsgründen *seitens des Klägers* im Laufe des Prozesses zugelassen, möchten auch inzwischen die Fristen für diese abgelaufen sein; nicht aber darf auch der *Widerkläger*, weil zur Zeit der Erhebung der *Klage* seine Scheidungsgründe noch nicht präkludiert waren, diese Bestimmung für sich geltend machen. Vielmehr bleibt nach § 1572 dem Widerkläger die Frist zur Geltendmachung von Scheidungsgründen nur dann, für diesen Fall aber auch für den weiteren Lauf des Rechtsstreits, gewahrt, wenn sie noch nicht zur Zeit der gemäß § 281 Z.P.O. in der mündlichen Verhandlung erfolgten Erhebung der *Widerklage* verstrichen war. Die Entstehungsgeschichte des § 1572 bestätigt diese Auffassung. Die Motive zu § 1447 Abs. 5 des ersten Entwurfs (Bd. 4 S. 606) führen aus: die Bestimmung sei eine Konsequenz des in §§ 572. 574 Z.P.O. (a. F.) zum Ausdrucke gelangten Gedankens, daß der Scheidungsprozeß das eheliche Verhältnis in seiner *Totalität* zum Gegenstande habe, und es sei diese Bestimmung namentlich im Hinblick auf solche Fälle als angemessen zu erachten, in welchen ein Ehegatte ein Interesse daran habe, gewisse Scheidungsgründe im Prozesse vorläufig zu verschweigen. Die Motive verweisen hierbei auf die Entscheidung des Reichsgerichts vom 5. April 1886 in Bd. 15 der Entsch. desselben in Zivils. S. 288 flg. Dort ist im Anschluß an § 254 Z.P.O. a. F. davon ausgegangen, daß die Ausschlußfristen für die Widerklage im Ehescheidungsprozesse an sich nur dann gewahrt bleiben, wenn diese selbst innerhalb der Frist in der mündlichen Verhandlung erhoben wird, und daß sonach die Erhebung der Klage solche Frist nicht wahre. Allerdings könne, wie weiter in dem erwähnten Urteile ausgeführt wird, nach Erhebung der Klage gemäß der Natur des Ehescheidungsprozesses der Beklagte, welchem ebenfalls Ursachen zum Scheidungsantrage zur Seite stehen, dieselben nicht durch eine abgesonderte Klage, sondern nur in dem bereits anhängigen Verfahren mittels einer Widerklage geltend machen. Dies habe zur Folge, daß die Präklusivfrist bis zu demjenigen Zeitpunkte erstreckt werden müsse, in welchem zuerst die Möglichkeit vorgelegen habe, die Widerklage geltend zu machen. Bei der Beratung der zweiten Kommission wurde eine abgeänderte Fassung des § 1447 Abs. 5 folgenden Inhalts in Vorschlag gebracht: „Ist eine Scheidungsklage rechtzeitig erhoben, so können andere als die in der Klage vorgebrachten Scheidungsgründe, auch wenn für deren Geltendmachung die im Abs. 1 bestimmten Fristen abgelaufen sind, in dem anhängigen Rechtsstreite gleichwohl geltend gemacht werden, sofern zur Zeit der Erhebung der Scheidungsklage die Fristen noch nicht abgelaufen waren.“ Man war allseitig einig, daß diese Fassung keinerlei materielle, sondern nur eine redaktionelle Änderung in sich schließe. In dieser Fassung aber ist der oben vertretene Standpunkt in besonders deutlicher Weise zum Ausdrucke gelangt. Denn wenn mit Beziehung auf die erhobene Klage von anderen als in der Klage enthaltenen Scheidungsgründen gesprochen ist, so können darunter keinesfalls zugleich Scheidungsgründe der Klage und der Widerklage inbegriffen sein. Die schließliche Fassung des § 1572 B.G.B. sollte demgegenüber eine sachliche Änderung nicht enthalten. Vgl. Mugdan, Materialien zum Bürgerlichen Gesetzbuch Bd. 4 S. 909—913.

Indem sich die §§ 1571. 1572 B.G.B. im allgemeinen auf den Boden dieser Rechtsentwickelung stellen, ist dem Umstande, daß außerhalb des schwebenden Ehescheidungsprozesses die verklagte Partei, welcher Scheidungsursachen zur Seite stehen, an einer besonderen Klagerhebung nach der Natur des Ehescheidungsprozesses tatsächlich gehindert ist, durch die besondere positive Bestimmung im § 1571 Abs. 4 B.G.B. Rechnung getragen. Danach soll auf den Lauf der Frist der § 203 B.G.B. entsprechende Anwendung finden. Es kann einem begründeten Zweifel nicht unterworfen werden, daß die Behinderung der verklagten Partei, ihren Scheidungsanspruch außerhalb des schwebenden Prozesses und innerhalb dieses in dem Zeitraum zwischen Erhebung der Klage und der ersten mündlichen Verhandlung zur Durchführung zu bringen, im Sinne des § 203 Abs. 2 einen Fall der höheren Gewalt darstellt. Derjenige Zeitraum, während dessen eine prozessuale Geltendmachung für die Beklagte in der Zeit von der Klagerhebung bis zur ersten mündlichen Verhandlung ausgeschlossen ist, kann sonach in die Präklusivfrist des § 1571 nicht eingerechnet werden." ...

---

45. Anfechtung eines die Bevorzugung eines Konkursgläubigers enthaltenden Rechtsgeschäfts des Konkursverwalters durch einen benachteiligten Gläubiger.

V. Zivilsenat. Urt. v. 16. März 1904 i. S. S. (Bekl.) w. W. Erben (Kl.). Rep. V. 384/03.

I. Landgericht I Berlin.
II. Kammergericht daselbst.

Im Konkurse des Kaufmanns G. in B. kaufte der Beklagte am 26. November 1898 vom Konkursverwalter das Grundstück R. Nr. 55 und übernahm in Anrechnung auf den Kaufpreis eine Hypothek von 4500 *M*, die auch noch auf drei Grundstücken des Mühlenbesitzers W. in R. als Gesamthypothek haftete. Beklagter verpflichtete sich, die Konkursmasse bis zum 1. April 1899 von der Hypothekenschuld zu befreien. Der Gemeinschuldner hatte dieses Grundstück am 10. Januar

1897 von dem erwähnten W. gekauft und dabei gleichfalls die Gesamthypothek von 4500 ℳ in Anrechnung auf den Kaufpreis übernommen, dieselbe jedoch nicht bezahlt. Auch der Beklagte bezahlte sie nicht, veranlaßte vielmehr, daß sie auf seinem Grundstück gelöscht und gegen die Erben des inzwischen verstorbenen W., die jetzigen Kläger, eingeklagt wurde. Die Kläger bezahlten darauf im Mai 1900 die Hypothek. Inzwischen hatten sie den Anspruch aus dem Vertrage vom 10. Januar 1897 gegen G. auf Befreiung von der Hypothek im G.'schen Konkurse angemeldet; als der Konkursverwalter ihn bestritt, klagten sie den Anspruch gegen ihn ein und erzielten dessen rechtskräftige Feststellung durch Urteil vom 9. Januar 1901. Auf Klage des Konkursverwalters wurde dann der jetzige Beklagte durch rechtskräftiges Urteil vom 26. September 1901 verurteilt, die Konkursmasse von der persönlichen Haftung aus der Gesamthypothek zu befreien. Hierauf erstattete der Beklagte der Konkursmasse die für die Kläger als voraussichtliche Konkursdividende von 20 Prozent des von ihnen angemeldeten Anspruchs von 4500 ℳ hinterlegten 900 ℳ nebst Zinsen und Kosten; den weitergehenden Anspruch der Konkursmasse gegen ihn trat der Konkursverwalter durch Urkunde vom 5. April 1902 an die Kläger ab.

Die Kläger klagten nunmehr, unter Abrechnung der für sie hinterlegten 900 ℳ, gegen den Beklagten auf Zahlung von 3600 ℳ nebst Zinsen und stützten diese Klage, neben anderen, nicht interessierenden Klagegründen, auf die erwähnte Zession des Konkursverwalters.

In erster Instanz wurde die Klage abgewiesen; das Landgericht fand in der Zession eine Schenkung, die dem Konkursverwalter nicht erlaubt und darum nichtig sei. Das Berufungsgericht dagegen verurteilte den Beklagten zur Zahlung der 3600 ℳ nebst Zinsen.

Diese Entscheidung wurde vom Reichsgericht aufgehoben aus folgenden

Gründen:

„Beide Vorderrichter haben angenommen, daß der Anspruch auf Befreiung von der Hypothekenschuld, den die Kläger gegen die G.'sche Konkursmasse, und diese wieder gegen den Beklagten erworben hatten, sich nach Auszahlung der Hypothek durch die Kläger in eine Geldforderung auf Ersatz verwandelt habe. Dies ist auch in den Vorinstanzen von den Parteien nicht in Frage gestellt worden, die sogar übereinstimmend erklärt haben, daß der eingeklagte Anspruch, falls er sonst begründet sei, sich auf jetzt noch 3600 ℳ nebst Zinsen belaufe. Unter diesen Umständen konnte in der Revisionsinstanz nicht mehr der vom Vertreter der Revision angeregte Zweifel aufgeworfen werden, ob auch bei der Übernahme einer auf dem gekauften Grundstück ruhenden Gesamthypothek ohne weiteres eine Verpflichtung zur eventuellen Zahlung einer dem ganzen Hypothekenbetrage entsprechenden Summe angenommen werden dürfe; um so weniger, wenn im Widerspruch damit zugunsten der Revision weiter geltend gemacht wird, daß nach dem Kaufvertrage der Beklagte verpflichtet sein würde, den Betrag der übernommenen Hypothek als baren Kaufpreis nachzuzahlen, wenn und soweit die Übernahme sich wieder zerschlage.

Weiter sind übereinstimmend beide Vorinstanzen davon ausgegangen, daß der so in eine Geldforderung verwandelte Anspruch der Kläger nur als gewöhnliche Konkursforderung geltend gemacht werden durfte, also nur den gleichen Anspruch auf Befriedigung aus der Konkursmasse hatte, wie die übrigen nicht bevorrechtigten Konkursforderungen auch, während der Anspruch der Konkursmasse an den Beklagten in voller Höhe, nicht bloß zum Betrage der Konkursdividende der Kläger, ein Aktivum der Konkursmasse war. Das ist richtig und steht im Einklang mit den Ausführungen des VI. Zivilsenats des Reichsgerichts in dem ähnlichen Fall in den Entsch. des R.G.'s in Zivils. Bd. 37 Nr. 25 S. 93 flg. Mit Recht nimmt daher der Berufungsrichter an, daß dieses Aktivum dem Verwaltungs- und Verfügungsrecht des Konkursverwalters nach Maßgabe der Konkursordnung unterstand. Folglich hätte der Konkursverwalter die streitigen 3600 ℳ vom Beklagten einziehen können, und wenn er das getan hätte, würde die Teilungsmasse um diesen Betrag, und die Konkursdividende für sämtliche Konkursgläubiger entsprechend erhöht worden sein. Es wäre dann zwar die Konkursmasse um jenen Betrag auf Kosten der Kläger, die ihre Konkursdividende schon erhalten hatten, bereichert geblieben, aber nicht in ungerechtfertigter Weise; die Bereicherung hätte vielmehr den gesetzlichen Vorschriften entsprochen. So ist nun aber der Konkursverwalter nicht verfahren. Er hat die Masseforderung der 3600 ℳ nicht etwa bloß vorläufig nicht zur Masse eingezogen, sondern weggegeben, unentgeltlich weggegeben; denn einen Anspruch hatten die Kläger darauf nicht, und sie haben auch nichts für die Abtretung bezahlt; und weggegeben an die Kläger mit der Wirkung, daß diese sich daraus volle Befriedigung wegen ihrer erwähnten Konkursforderung verschaffen können. Der Berufungsrichter hält den Konkursverwalter auch zu einer solchen Verfügung für berechtigt. Im Anschluß an das Urteil des VI. Zivilsenats des Reichsgerichts in den Entsch. des R.G.'s in Zivils. Bd. 29 Nr. 23 S. 80 flg. führt er aus:

Nach den §§ 2. 5. 107 K.O. (a. F.) stehe dem Konkursverwalter grundsätzlich das Verwaltungsrecht über die gesamte Konkursmasse uneingeschränkt zu. Nur dann lasse sich ausnahmsweise eine Nichtigkeit seiner Rechtsgeschäfte geltend machen, wenn sie augenscheinlich gegen Grund und Zweck seiner Befugnisse verstießen; sonst seien sie Dritten gegenüber rechtsgültig, möchten sie auch zum Nachteil der Masse ausschlagen und den Konkursverwalter den Konkursgläubigern gegenüber verantwortlich machen. Darum könne die vorliegende Abtretung nicht schon wegen Fehlens einer Gegenleistung oder wegen Bevorzugung der Kläger vor anderen Konkursgläubigern als ungültig angefochten werden; vielmehr sei deren Ungültigkeit wesentlich dadurch bedingt, ob ihr Zweck auf eine eigentliche Schenkung gerichtet gewesen sei, da zu einer solchen dem Konkursverwalter allerdings die Berechtigung abgehe.

Es folgt dann die Darlegung, daß und weshalb eine Schenkung nicht angenommen werden könne, wofür namentlich die Erwägung verwertet wird, daß der Konkursverwalter bei der eigentümlichen Sachlage geglaubt haben möge, die Kläger hätten aus der Hypothekenübernahme durch den Gemeinschuldner noch weitergehende Ansprüche an die Konkursmasse, sei es auf Abtretung ihrer Ansprüche gegen den Beklagten, sei es auf Herausgabe der Bereicherung. Auch hält der Berufungsrichter für möglich, daß der Konkursverwalter angenommen habe, der abgetretene Anspruch sei von seiten der Konkursmasse doch nicht zu realisieren, die Konkursgläubiger würden also durch die Abtretung nicht geschädigt. Hiernach, so schließt der Berufungsrichter, fehle es an einer tatsächlichen Unterlage für die Feststellung, daß die Abtretung schenkungsweise und zur Benachteiligung der anderen Konkursgläubiger erfolgt sei, und damit fielen die Bedenken gegen ihre Rechtswirksamkeit und Gültigkeit.

Da nach § 516 Abs. 1 B.G.B. eine Schenkung nur vorliegt, wenn beide Teile darüber einig sind, daß die Zuwendung unentgeltlich erfolge, mag der Berufungsrichter unter den von ihm geschilderten Umständen, bei der Möglichkeit eines Zweifels des Konkursverwalters an der Unentgeltlichkeit der Abtretung, mit Recht Bedenken getragen haben, eine Schenkung als vorliegend festzustellen. Damit ist aber die Frage nach der Zulässigkeit der von ihm vorgenommenen Abtretung noch nicht erledigt. Dieses Rechtsgeschäft darf nicht ausschließlich unter dem Gesichtspunkt einer Handlung betrachtet werden, die der Konkursverwalter in Ausübung seines Verwaltungs- und Verfügungsrechts (§ 5 K.O. a. F.) und dessen Betätigung bei der ihm obliegenden Sammlung, Verwaltung und Verwertung der Teilungsmasse (§ 107 a. F.) vorgenommen hätte. In diesem Geschäftskreise ist allerdings dem pflichtmäßigen Ermessen des Konkursverwalters ein weiter Spielraum gelassen, der erst überschritten wird, wenn es sich um Rechtsgeschäfte außerhalb des Konkurszwecks handelt, wie z. B. um reine Schenkungen, die dem auf die Verwendung der Konkursmasse zum Besten der Gläubiger gerichteten Ziele des Konkursverfahrens zuwiderlaufen.

Vgl. Jurist. Wochenschr. 1886 S. 196 Nr. 5; Entsch. des R.G.'s in Zivils. Bd. 29 Nr. 23 S. 82.

Aber auch wenn die hier in Frage stehende Abtretung keine Schenkung im eigentlichen Sinne enthielt, wie der Berufungsrichter annimmt, wenn sie geschehen wäre, um einem vermeintlichen Anspruch der Kläger gegen die Konkursmasse zu genügen, drängt sich für die Beurteilung der Zulässigkeit dieser Maßregel der weitere Gesichtspunkt auf, daß sie tatsächlich eine Bevorzugung der Kläger vor den übrigen Gläubigern enthielt. Daß der Konkursverwalter sich über die Verwertbarkeit der abgetretenen Forderung für die Konkursmasse getäuscht hat, wie der Berufungsrichter anzunehmen scheint, kann an der Tatsache nichts ändern, daß sie zur Masse eingezogen werden konnte, in solchem Falle die Teilungsmasse vergrößert hätte und allen Konkursgläubigern zugute gekommen wäre, während sie jetzt dazu dienen soll, unter Benachteiligung der übrigen Gläubiger den Klägern für deren Konkursforderung statt der bloßen Konkursdividende volle Befriedigung zu verschaffen. Die Befriedigung von Konkursgläubigern in anderer Weise als in dem gesetzlich geordneten Verteilungsverfahren (§§ 137 flg. a. F.) liegt aber überhaupt außerhalb der Aufgaben des Konkursverwalters, und vollends läßt sich die Bevorzugung eines nicht bevorrechtigten Konkursgläubigers vor den übrigen so wenig mit Grund und Ziel des Konkurses vereinigen, daß sie demselben vielmehr schnurstracks zuwiderläuft. Demgemäß sind vom Reichsgericht für nichtig erklärt worden: konkursordnungswidrige Zahlungen aus der Konkursmasse an Absonderungsberechtigte (Entsch. des R.G.'s in Zivils. Bd. 23 Nr. 12 S. 62), die ungerechtfertigte Anerkennung eines Vorrechts für eine Konkursforderung (Bolze, Praxis Bd. 17 S. 441 Nr. 854), die vertragsmäßige Einräumung des Zurückbehaltungsrechts an einen Konkursgläubiger (Entsch. des R.G.'s in Zivils. Bd. 53 Nr. 47 S. 193).

Von diesem Gesichtspunkt aus läßt sich die Ungesetzlichkeit der vorliegenden Abtretung nicht bezweifeln. Sie konnte dem Beklagten gegenüber auch dadurch keine Gültigkeit gewinnen, daß sie etwa in einer Gläubigerversammlung und von dem Gemeinschuldner, wie Kläger behaupten, als rechtsverbindlich anerkannt worden ist. Da der Beklagte selbst Konkursgläubiger ist, konnte er nicht ohne seine Zustimmung in seinem gesetzlichen Recht auf anteilige Befriedigung aus der Konkursmasse verkürzt werden.

Auf Grund der ihnen vom Konkursverwalter abgetretenen Forderung der Konkursmasse können demnach die Kläger die eingeklagte Summe nicht beanspruchen; die gegenteilige Entscheidung des Berufungsgerichts beruht auf einer Verletzung des Konkursrechts und war darum aufzuheben." ...

---

46. Wie werden die Wirkungen des Zuschlags beeinflußt, wenn die Bezeichnung des Grundstücks in der Bekanntmachung des Versteigerungstermins nicht hinreichend deutlich ist?

Zwangsversteigerungsgesetz §§ 37. 38. 90.
Einf.-Ges. zum Zwangsversteigerungsgesetz § 6.
Preuß. Allgem. Verfügung vom 7. Dezember 1899.

V. Zivilsenat. Urt. v. 16. März 1904 i. S. Sch. (Kl.) w. S. (Bekl.).
Rep. V. 388/03.

I. Landgericht Lüneburg.
II. Oberlandesgericht Celle.

Der Kläger war eingetragener Eigentümer des im Grundbuche von W. Bd. 1 Art. 1 verzeichneten Grundstücks. Nach dem Kataster und dem Grundbuche gehörten zu diesem auch die auf dem Grundbuchblatte in Abt. I „Verzeichnis der Grundstücke" unter den laufenden Nummern 18, 19, 25 und 26 verzeichneten Parzellen 91, 92, $\frac{174}{112}$ und $\frac{175}{129}$ des Kartenblattes 1 der Gemarkung W. Vor dem Kläger war eingetragene Eigentümerin des Grundstücks gewesen die Kaufmannsehefrau Karoline M. in G. Gegen sie wurde im Oktober 1901 die Zwangsversteigerung des Grundstücks angeordnet, und in diesem Verfahren wurde es dem Kläger, dem der Meistbietende seine Rechte aus dem Meistgebot abgetreten hatte, durch Beschluß vom 10. Januar 1902 zugeschlagen. Früher gehörte das Grundstück dem Ackergutsbesitzer Kr. Dieser hatte von ihm im Jahre 1894 verschiedene Parzellen abverkauft, darunter an den Beklagten die in dem Kaufvertrage vom 10. Juli 1894 bezeichneten; als solche waren aufgeführt „ein Wohnhaus mit Garten" und „eine Scheune mit Garten", außerdem Acker. Die Übergabe an den Beklagten war erfolgt, und er war seitdem im Besitz der ihm verkauften Parzellen verblieben. Auch die Auflassung an den Beklagten war erfolgt, und zwar in der Weise, daß in der Auflassungsverhandlung die aufgelassenen Parzellen nach den von der Katasterverwaltung erteilten Auszügen aus den vorläufigen Fortschreibungsverhandlungen speziell aufgeführt worden waren. Nicht mit aufgeführt waren die oben erwähnten Parzellen 91, 92, $\frac{174}{112}$ und $\frac{175}{129}$; sie waren aber das dem Beklagten mitverkaufte und ihm mitübergebene Wohnhaus mit Garten und Scheune mit Garten. Infolgedessen war auch der Beklagte als Eigentümer dieser Parzellen im Grundbuche nicht eingetragen, während der übrige ihm von K. verkaufte Grundbesitz für ihn abgeschrieben und auf ein besonderes Grundbuchblatt übertragen war. Vielmehr waren die erwähnten Parzellen grundbuchmäßig und im Kataster weiter als Bestandteil des dem Kr. verbliebenen Restgrundstücks geführt worden und standen als solche im Grundbuch und im Kataster auch noch vermerkt, als letzteres, nachdem es durch verschiedene Hände gegangen war, unter der Eigentümerin M. zur Zwangsversteigerung kam. Die Parzellen waren daher auch in der Bekanntmachung des Versteigerungstermins als Bestandteile des zu versteigernden Grundstücks aufgeführt, jedoch nur unter Angabe der laufenden Nummern, unter denen sie in dem Bestandsverzeichnisse des Grundbuchblattes eingetragen waren.

Nunmehr verlangte Kläger auf Grund des ihm erteilten Zuschlags und seiner daraufhin erfolgten Eintragung als Eigentümer im Grundbuche, daß Beklagter verurteilt werde, die vorerwähnten Parzellen zu räumen und ihm herauszugeben. Er siegte in erster Instanz ob; in zweiter Instanz aber wurde er mit der Klage abgewiesen. Auch seine Revision ist zurückgewiesen worden aus folgenden

Gründen:

„Der Berufungsrichter hat die Klage abgewiesen, weil 1. Kläger überhaupt nicht den Willen gehabt habe, durch den Zuschlag die jetzt streitigen Parzellen zu erwerben; 2. weil dem Kläger und seinem Rechtsurheber bei Abgabe des Meistgebots und Erteilung des Zuschlags bekannt gewesen sei, daß sich diese Parzellen im Besitz und Eigentum des Beklagten befanden; 3. weil das dem Zuschlage vorausgegangene Aufgebot derjenigen, welche ein der Versteigerung entgegenstehendes Recht haben (§ 37 Ziff. 5 des Gesetzes über die Zwangsversteigerung und Zwangsverwaltung vom 24. März 1897), nicht in gehöriger Weise erfolgt sei, und demzufolge der Zuschlag nicht die Kraft habe, das für den Beklagten begründete Recht zum Besitze zu vernichten; endlich 4. weil Kläger nach Erteilung des Zuschlags seine Verpflichtung, den Beklagten im Besitze zu belassen und auf ihn die Parzellen zum Eigentum grundbuchmäßig zu übertragen, anerkannt habe und daher dolos handle, wenn er jetzt dem entgegen die Herausgabe und Räumung der Parzellen verlange. Eines Eingehens auf die beiden ersten und auf den vierten Entscheidungsgrund und einer Stellungnahme zu ihnen bedarf es nicht, weil der dritte Entscheidungsgrund zutrifft, und dieser allein die angefochtene Entscheidung trägt.

In dieser Beziehung geht der Berufungsrichter richtig davon aus, daß die Vorschrift in § 90 des Zwangsversteigerungsgesetzes, nach welcher der Ersteher durch den Zuschlag Eigentümer des Grundstücks wird, insoweit, als damit das Erlöschen der Rechte Dritter an dem Grundstück notwendig verbunden ist, voraussetzt, daß bei der Veröffentlichung des Versteigerungstermins die vom Gesetz vorgeschriebene Aufforderung an diejenigen, welche ein der Versteigerung entgegenstehendes Recht haben, vor Erteilung des Zuschlags die Aufhebung oder einstweilige Einstellung des Verfahrens herbeizuführen, gehörig erfolgt ist. Denn es wäre, wie das Reichsgericht sowohl gegenüber dem Zuschlage wie in anderem Zusammenhange wiederholt hervorgehoben hat,

vgl. Entsch. des R.G.'s in Zivils. Bd. 11 S. 275, Bd. 15 S. 249, Bd. 18 S. 275, Bd. 45 S. 284; vgl. auch Dernburg, Preuß. Hypothekenrecht Bd. 2 S. 416, und Jaeckel, Kommentar zum Zwangsversteigerungsgesetz § 90 Bem. 2,

mit dem materiellen Recht nicht zu vereinbaren, wenn das Gesetz einem bestimmten Rechtsakt die Wirkung beigelegt hätte, Eigentum zu begründen und damit das bestehende Eigentum Dritter zu vernichten, ohne denjenigen, denen hiernach ein Rechtsverlust droht, Gelegenheit und Veranlassung zu geben, sich hiergegen zu schützen. Zu diesem Zweck ist die in § 37 Ziff. 5 a. a. O. näher bezeichnete Aufforderung zur Geltendmachung der der Versteigerung entgegenstehenden Rechte im Gesetz vorgeschrieben, und sie ist so sehr notwendige Voraussetzung für die Wir ung des Zuschlags, daß, wenn sie nicht oder nicht gehörig ergangen ist, der Zuschlag seine Wirkung, Eigentum für den Ersteher unter Vernichtung aller entgegenstehenden Rechte Dritter zu begründen, nicht zu üben vermag. In dieser einschneidenden Bedeutung der öffentlichen Aufforderung ist es begründet, daß an ihre Richtigkeit und Deutlichkeit strenge Anforderungen gestellt werden müssen. Dies gilt in erster Reihe von der Bezeichnung des Grundstücks, auf welches sie sich bezieht. Das Gesetz hat zwar in § 37 Ziff. 1 nur vorgeschrieben, daß die Terminsbestimmung „die Bezeichnung des Grundstücks" enthalten muß; es hat aber für eine nähere Bezeichnung außerdem im § 38 angegeben, was die Terminsbestimmung enthalten soll, und es hat ferner im § 6 Einf.-Ges. zum Zwangsversteigerungsgesetz die Landesjustizverwaltungen ermächtigt, auch noch die Aufnahme anderer Angaben über das Grundstück in die Terminsbestimmung vorzuschreiben. Dies ist für Preußen durch die Allg. Verfügung vom 7. Dezember 1899, betreffend den Inhalt der Bestimmung des Versteigerungstermins bei der Zwangsversteigerung von Grundstücken, (Just.-Min.-Bl. 1899 S. 790) geschehen. Alle diese Vorschriften bezwecken, das Grundstück möglichst genau, und zwar so zu bezeichnen, daß auch für Dritte erkennbar wird, auf welches Grundstück sich die Versteigerungsbekanntmachung bezieht. Ob dies im einzelnen Falle durch die gewählte Bezeichnung des Grundstücks, so wie sie sich in der Versteigerungsbekanntmachung findet, erreicht worden ist, ist Sache der tatsächlichen Beurteilung. Im vorliegenden Fall hat der Berufungsrichter die gewählte Bezeichnung nicht für genügend deutlich erachtet. Er bemängelt an ihr, daß sie zwar für das Grundstück das Grundbuchblatt angibt, zugleich aber die Parzellen, aus denen das Grundstück besteht, einzeln aufführt, und zwar letztere nicht nach ihrer Bezeichnung in den Grund- und Gebäudesteuerbüchern (Angabe der Nummer des Kartenblattes und der Parzelle; vgl. die bezogene Allg. Verfügung vom 7. Dezember 1899 unter Ziff. 3), sondern nur unter Angabe der laufenden Nummern, unter denen die Parzellen in dem Bestandsverzeichnisse des Grundbuchblattes eingetragen sind. Diese Bemängelung ist nicht unbegründet. Denn um aus der Versteigerungsbekanntmachung, so wie sie lautet, zu erkennen, welche Parzellen als zu dem zu versteigernden Grundstücke gehörig gemeint sind, muß man wissen, unter welcher laufenden Nummer des Bestandsverzeichnisses jede einzelne Parzelle eingetragen ist. Dies ist also noch ein Mehreres als die Kenntnis der Bezeichnung, unter welcher die Parzellen in den Grund- und Gebäudesteuerbüchern geführt werden, und man fragt sich vergeblich, woher Dritte auch diese Kenntnis haben sollen. Nun hätte sich vielleicht die gewählte Bezeichnung zu einer präziseren gestaltet, wenn die Lage und Kulturart hinzugesetzt worden wäre; denn beide sind charakteristisch. Es wird da unterschieden die Lage „im Dorfe", „in der Haide", „im Katzenschwanz", „in den Waddeweitzer Koppeln" und die Kulturart als „Acker", „Weide", „Wiese", „Hausgarten" oder „Hofraum mit Gebäuden", und der Berufungsrichter erwägt zutreffend, daß der Beklagte wohl die Versteigerungsbekanntmachung auf das in seinem Besitz befindliche Wohnhaus mit Scheune und Garten hätte beziehen können, wenn aus ihr ersichtlich gewesen wäre, daß neben dem der Subhastatin wirklich gehörigen Hause „im Katzenschwanz" noch ein zweites Haus „im Dorfe" als zu dem Grundstück gehörig mit ausgeboten werden solle. Aber auch diese nähere Angabe (Ziff. 1 und 2 der bezogenen Allg. Verfügung) fehlt, und es bleibt so für die Erkennbarkeit der einzelnen aufgeführten Parzellen nichts weiter übrig als die Angabe der Ordnungsnummer des Bestandsverzeichnisses. Wenn unter solchen Umständen der Berufungsrichter die Bezeichnung als genügend nicht gelten läßt, um die in § 37 Ziff. 5 angedrohte Rechtsfolge eintreten zu lassen, und wenn er demzufolge auch dem Zuschlage die Wirkung abspricht, das Besitzrecht des Beklagten vernichtet zu haben, so kann hierin ein Rechtsirrtum nicht gefunden werden." ...

---

47. Können sich einzelne Mitglieder einer Gesellschaft m. b. H. rechtsverbindlich gegeneinander verpflichten, bei der durch die Versammlung aller Gesellschafter vorzunehmenden Wahl des Aufsichtsrats für einen bestimmten Gesellschafter zu stimmen oder nicht zu stimmen, oder eine auf sie fallende Wahl nicht anzunehmen, und, falls sie die Wahl angenommen, das Amt als Mitglied des Aufsichtsrats niederzulegen?

B.G.B. § 138.

I. Zivilsenat. Urt. v. 16. März 1904 i. S. R. (Bekl.) w. L. u. Gen. (Kl.). Rep. I. 491/03.

I. Landgericht Elberfeld.
II. Oberlandesgericht Köln.

Im Jahre 1823 begründeten fünf Personen zu M. in Westfalen zum Betriebe der Schraubenfabrikation eine offene Handelsgesellschaft A., B. & Co. Nachdem an Stelle der ursprünglichen Gesellschafter im Laufe der Jahre zahlreiche Familienglieder derselben getreten waren, bestimmte der Gesellschaftsvertrag von 1858, daß die Rechtsnachfolger eines jeden der ursprünglichen Gesellschafter zusammen für ihren Anteil von $^1/_5$ nur eine Stimme haben, und nur alle zusammen oder durch einen Vertreter, sonst überhaupt nicht stimmen sollten. Die Rechtsnachfolger eines der ersten Gesellschafter waren damals und zur Zeit des Rechtsstreites die Familien R. und L., nunmehr aus den Klägern einerseits, dem Beklagten und dessen Schwester andererseits bestehend. Im Jahre 1881 kamen beide dahin überein, daß für 10 Jahre die Vertretung beider Familien alle fünf Jahre wechseln solle; indessen wurde der nunmehrige Beklagte zunächst bis 1886 und dann wieder bis 1891 zum Vertreter bestellt, und erst 1891 der jetzige Kläger L. bis zum 1. Januar 1896.

Durch Vertrag vom Jahre 1895 wurde die offene Handelsgesellschaft mit dem 1. Januar 1896 in eine Gesellschaft mit beschränkter Haftung unter der alten Firma umgewandelt. Der § 7 des Gesellschaftsvertrages bestimmte, daß zur Beaufsichtigung der Geschäftsführung ein Aufsichtsrat aus fünf Gesellschaftern bestellt werden solle. Die Wahl sollte in der ordentlichen Versammlung aller Gesellschafter, nicht getrennt von den Mitgliedern eines jeden Familienstammes, erfolgen, als Mitglied des Aufsichtsrats von den Gesellschaftern eines jeden Familienstammes aber immer nur einer gewählt werden dürfen, so daß jeder der fünf Familienstämme immer nur durch ein Mitglied vertreten sein konnte. Nach Ablauf eines jeden Kalenderjahres, zuerst am 31. Dezember 1896, sollte ein Mitglied des Aufsichtsrats ausscheiden, regelmäßig das mit der längsten Amtsdauer, aber wieder gewählt werden können.

In den ersten Aufsichtsrat bis zum 31. Dezember 1896 wurde der Beklagte gewählt, und als er mit diesem Termine ausschied, wieder gewählt, so daß er bis Ende 1901 Mitglied bleiben sollte. Ende 1900 legte der Beklagte sein Amt freiwillig nieder, und der Kläger L. wurde in den Aufsichtsrat gewählt. Als er Ende 1901 ausscheiden mußte, wurde im November 1901 der Beklagte gewählt, und er nahm die Wahl an.

Die Kläger behaupteten, daß der Beklagte verpflichtet sei, sein Amt niederzulegen. Im Jahre 1895 sei, nachdem der Kläger L. dem Beklagten die Statuten der Gesellschaft m. b. H. übersandt, zwischen den Klägern und dem Beklagten eine Vereinbarung schriftlich und mündlich zustande gekommen, daß die Mitgliedschaft im Aufsichtsrat der Gesellschaft m. b. H. alle fünf Jahre zwischen beiden Familien wechseln solle. Daraus folge die Verpflichtung des Beklagten, sein Amt niederzulegen. Demgemäß wurde in der Klage der Antrag gestellt, den Beklagten zu verurteilen, seine Stelle als Mitglied des Aufsichtsrats der Firma A., B. & Co., G. m. b. H., niederzulegen.

Der Beklagte beantragte Abweisung der Klage. Er bestritt, daß die behauptete Vereinbarung zustande gekommen, zog auch die Zulässigkeit einer solchen Vereinbarung in Zweifel, weil sie, da der Kläger L. keine Aussicht habe, je in den Aufsichtsrat gewählt zu werden, dazu führen würde, der Gesellschaft ein ihr nicht genehmes Aufsichtsratsmitglied aufzudrängen.

Der erste Richter erkannte nach der Klage, und die Berufung

des Beklagten wurde zurückgewiesen. Auf seine Revision ist das Berufungsurteil aufgehoben, und unter Abänderung des ersten Urteils die Klage abgewiesen worden aus folgenden

Gründen:

„Der Berufungsrichter stellt mit dem ersten Richter fest, daß die behauptete Vereinbarung zustande gekommen ist, legt sie inhaltlich dahin aus, daß der Beklagte danach seine Wiederwahl für 1902 nicht habe annehmen dürfen, sondern habe ablehnen müssen, und verurteilt den Beklagten zur Niederlegung seiner Stelle als Mitgliedes des Aufsichtsrats, indem er die Rechtsverbindlichkeit der Vereinbarung nicht in Zweifel zieht.

Die Angriffe, welche die Revision gegen die Feststellung erhebt, daß die behauptete Vereinbarung zustande gekommen sei, scheitern an den rein tatsächlichen Erwägungen, auf denen sie beruht. Dem Berufungsrichter kann auch darin nicht entgegengetreten werden, daß das Abkommen wertlos sein würde, wenn es nicht für das Familienmitglied, das gegen den Inhalt der Vereinbarung von den Gesellschaftern zum Mitgliede des Aufsichtsrats gewählt, zu dem Zwange führte, die Wahl abzulehnen und nach angenommener Wahl das Amt niederzulegen.

Aber gerade mit Rücksicht auf diesen Zwang drängt sich die Frage auf, über die der Berufungsrichter mit wenigen Worten hinweggeht, ob die Vereinbarung rechtsverbindlich, ob ein Schuldverhältnis dieses Inhalts wirksam begründet werden konnte. Und diese Frage ist zu verneinen.

Die Satzung der in Rede stehenden Gesellschaft m. b. H. ordnet die Bestellung eines Aufsichtsrats an zur Beaufsichtigung der Geschäftsführung der Gesellschaft. Der Aufsichtsrat soll, wie überall, der Gesellschaft und ihren Interessen, nicht den Interessen der einzelnen Gesellschafter dienen. Wie die Satzungen ergeben, ist die Funktion der Mitglieder dieses Aufsichtsrats ein unbezahltes Ehrenamt. Er soll aus fünf Personen bestehen, und die Satzung sieht vor, daß jeder der fünf Familienstämme, aus denen die Gesellschaft hervorgegangen, ein Mitglied in dem Aufsichtsrat hat. Aber die Aufsichtsratsmitglieder sollen durch alle Gesellschafter in der Versammlung der Gesellschafter gewählt werden. In ihrer freien Wahl sind die Gesellschafter nur durch die Bestimmung gebunden, daß aus jedem Familienstamm ein

Mitglied in den Aufsichtsrat gewählt werden muß, und nur ein Mitglied gewählt werden darf. Im übrigen ist die Wahl nach der Satzung nicht beschränkt; unter den Gliedern des einzelnen Familienstammes können die Gesellschafter die ihnen geeignet und vertrauenswürdig erscheinende Person frei wählen und, wenn sie nach den Satzungen ausscheiden muß, wieder wählen.

Die streitige Vereinbarung bindet die Gesellschafter, die an derselben nicht beteiligt sind, nicht; aber sie bindet, wenn sie rechtsverbindlich ist, die Glieder des Familienstamms Br. in ihrer freien Wahl insoweit, als sie nur ein solches Mitglied des Familienstamms in den Aufsichtsrat wählen dürfen, das nach dem Abkommen an der Reihe ist, in den Aufsichtsrat einzutreten. Ist das Abkommen rechtsverbindlich, so kann es mittelbar selbst zu einem Zwange gegen die sämtlichen Gesellschafter führen. Muß das Glied des Familienstamms Br., dem die Versammlung der Gesellschafter durch die Wahl ihr Vertrauen geschenkt hat, die Wahl ablehnen oder das Amt niederlegen, weil es nach dem Abkommen nicht an der Reihe ist, so kann die Versammlung der Gesellschafter schließlich genötigt werden, einem Gliede des Familienstamms Br. ihre Stimme zu geben, dem es kein oder weniger Vertrauen schenkt, oder es darauf ankommen zu lassen, daß der Aufsichtsrat die erforderliche Zahl der Mitglieder überhaupt nicht erhält.

Schon diese Ergebnisse widersprechen der Idee der Gesellschaft und der Rechtsordnung. Noch mehr widerspricht der Idee der Gesellschaft, des Vertrauensamtes und der Rechtsordnung, durch privates Abkommen einzelner Gesellschafter eine rechtliche Bindung und zwangsweise Verpflichtung eines Gesellschafters des Inhalts zuzulassen, den hier die Kläger in Anspruch nehmen. Soll der Aufsichtsrat den Interessen der Gesamtheit *aller* Gesellschafter dienen, und das einzelne Mitglied des Aufsichtsrats durch das in freier Wahl aller Gesellschafter bekundete Vertrauen der Mehrheit der Gesellschafter berufen werden, so verstößt ein Schuldverhältnis, das im *Interesse einzelner Gesellschafter* einen derselben verpflichten soll, dem Rufe in den Aufsichtsrat nicht zu folgen, die Wahl nicht anzunehmen und das übertragene Amt niederzulegen, geradezu gegen die guten Sitten. In solcher Weise darf niemand einen anderen und sich selbst in der Betätigung seines freien Willens binden."...

48. 1. Hat die für den Ersteher eines Grundstücks eingetragene Vormerkung auf Löschung einer Hypothek, falls diese sich mit dem Eigentum in einer Person vereinigt, die Wirkung, daß die in das geringste Gebot aufgenommene, zur Eigentümergrundschuld gewordene Hypothek dem Ersteher zufällt, oder hat der Ersteher ihren Betrag bar zu zahlen?

2. Kann in der Mitteilung des Versteigerungsrichters von dem Bestehen einer solchen Vormerkung die Bestimmung gefunden werden, daß die Eigentümergrundschuld nicht bestehen bleiben solle?

Zwangsversteigerungsgesetz §§ 45. 50. 52. 59. 125. 128.

V. Zivilsenat. Urt. v. 23. März 1904 i. S. B. (Kl.) w. C. u. Gen. (Bekl.). Rep. V. 394/03.

I. Landgericht Dresden.
II. Oberlandesgericht daselbst.

Im Jahre 1902 wurde ein Grundstück der Beklagten zu 2 auf Antrag des Klägers zwangsversteigert und vom Kläger erstanden. Auf diesem Grundstücke hafteten unter anderen zwei Baugelderhypotheken von 25000 und 24000 *M* für eine Bank, und hinter ihnen im Range folgend zwei Darlehnshypotheken von 33000 und 11000 *M* für den Kläger und 5000 *M* Kaufgeldhypothek für den Beklagten zu 1. Es war für den Kläger vorgemerkt das Recht auf Löschung des durch Gewährung eines Gegenwertes nicht erfüllten Teils der Hypotheken von 25000 und 24000 *M*. Die Hypothek von 24000 *M* war in Höhe von 9816,40 *M* nicht zur Entstehung gelangt. Dieser Teilbetrag war aber zur Zeit der Zwangsversteigerung nicht gelöscht. Den Versteigerungsbedingungen gemäß blieben die den Hypotheken des Klägers vorgehenden Hypotheken, darunter die 25000 und 24000 *M*, zum vollen Betrage bestehen. Außerdem gab der Kläger ein Bargebot von 43000 *M* ab, durch das seine Hypothek von 33000 *M* voll gedeckt wurde. Der Vollstreckungsrichter verteilte in Anwendung des § 125 Abs. 2 des Zwangsversteigerungsgesetzes die 9816,40 *M* unter der Bedingung, daß nicht in dieser Höhe eine Eigentümergrundschuld entstanden sei, mit 4129,24 *M* an den Kläger auf dessen in dieser Höhe ausgefallene Hypothek von 11000 *M*, mit 3221,02 *M* an den Beklagten zu 1 auf dessen Hypothek von 5000 *M*, auf die nur 3016 ℳ Kapital angemeldet worden waren, und mit 1984 ℳ an die Beklagte zu 2 als Eigentümergrundschuld. Da der Kläger die den Beklagten zugeteilten Beträge nicht zahlte, wurden für die Beklagten auf dem versteigerten Grundstücke Sicherungshypotheken eingetragen.

Der Kläger, der schon im Zwangsversteigerungsverfahren gegen die Zuteilung eines Teiles der 9816,40 ℳ an die Beklagten Widerspruch erhoben hatte, verlangte mit der erhobenen Klage von den Beklagten Einwilligung in die Löschung der Sicherungshypotheken. Er war der Ansicht, daß, weil in dem Versteigerungstermin auf die beiden Löschungsvormerkungen verwiesen worden, und weil die Beklagte zu 2 auf seinen Antrag nach dem Kaufgelderbelegungstermine verurteilt worden sei, in die Löschung des Betrags von 9816,40 ℳ von der vom Meistgebot umfaßten Hypothek von 24000 ℳ zu willigen, dieser Betrag ihm, und nicht den nachstehenden ausgefallenen Hypothekengläubigern oder gar der Subhastatin (Beklagten zu 2) zustehe. Die Hypotheken des Klägers standen früher den Hypotheken von 25000 und 24000 ℳ vor. Nach der Behauptung des Klägers bildete das durch die Vormerkung gesicherte Recht auf Löschung die Gegenleistung für den von ihm bewilligten Vorrang.

Der erste Richter wies die Klage ab. Die Berufung des Klägers hatte keinen Erfolg. Auch die Revision des Klägers ist zurückgewiesen worden aus folgenden

Gründen:

„Der Kläger gründet seine Klage auf das für ihn vorgemerkte Recht auf Löschung des nicht valutierten Teils der Hypothek von 24000 ℳ und auf die Annahme, daß durch die vom Vollstreckungsrichter im Versteigerungstermin erfolgte Verweisung auf die beiden Vormerkungen auf Löschung das Bestehenbleiben nur des nicht valutierten Teils dieser Hypothek zur Bedingung gemacht worden sei. Beide Gründe versagen.

1. Das vorgemerkte Recht des Klägers auf Löschung erschöpfte sich in dem Anspruche, daß seine Hypotheken (von 33000 und 11000 ℳ) um den nicht valutierten Teil der vorstehenden Hypothek von 24000 ℳ aufrücken; dagegen hatte er kein Recht darauf, daß ihm der zur Löschung zu bringende Teil in irgendeiner Art zufalle. Dies erstrebt aber der Kläger. Nach den Versteigerungsbedingungen fiel die

Hypothek von 24000 *M* zum vollen Betrag in das geringste Gebot. Ihr Bestehenbleiben zum vollen Betrage hatte daher für den Ersteher die Bedeutung eines Entgelts für die Überlassung des Grundstücks an ihn (Motive zum 1. Entwurf eines Zwangsversteigerungsgesetzes S. 169). Freilich hat der Vollstreckungsrichter bei Feststellung der Versteigerungsbedingungen auf die für den Kläger eingetragene Vormerkung auf Löschung hingewiesen; aber eine Bestimmung, daß die Hypothek von 24000 *M* nur zum valutierten Betrag in das geringste Gebot aufgenommen werden und daher nur zu diesem Betrage bestehen bleiben solle, ist nicht getroffen worden und konnte auch ohne Gesetzesverletzung nicht getroffen werden. Denn da die Hypothek zur Zeit der Versteigerung noch zum vollen Betrag eingetragen war, mußte sie nach § 45 des Zwangsversteigerungsgesetzes auch bei Feststellung des geringsten Gebots zum vollen Betrage berücksichtigt werden. Nur dann kann der Versteigerungsrichter ein eingetragenes, noch nicht gelöschtes Recht als nicht bestehend behandeln, wenn die Voraussetzungen der Löschung liquid vorliegen (Motive S. 162), d. h. wenn die zur Löschung erforderlichen Urkunden im Bietungstermine vorgelegt werden (Jaeckel, Zwangsversteigerungsgesetz S. 162). Nun hatte zwar die Gläubigerin der Hypothek von 24000 *M* bereits vor dem Bietungstermin erklärt, daß die Forderung, für die die Hypothek bestellt war, nur in Höhe von 14183,60 *M* zur Entstehung gelangt sei; aber damit waren die Voraussetzungen zur Löschung des überschießenden Betrags weder liquid, noch überhaupt nachgewiesen. Die Gläubigerin konnte über den nicht valutierten Teil der Hypothek nicht, auch nicht durch Löschung, verfügen, weil dieser Teil nach § 1163 Abs. 1 Satz 1 in Verbindung mit § 1177 Abs. 1. B.G.B. der Eigentümerin (der Beklagten zu 2) als Eigentümergrundschuld zustand. Die für den Kläger eingetragene Vormerkung auf Löschung stand der Entstehung oder dem Bestehen der Eigentümergrundschuld nicht hindernd im Wege; denn eine solche Vormerkung steht nicht der Löschungsbewilligung oder der Löschung gleich, sondern beschränkt den Eigentümer nur in der Verfügung über die Eigentümergrundschuld dergestalt, daß er ohne Zustimmung des Vormerkungsgläubigers über sie nur durch Löschung verfügen kann. Hinfällig wird die Eigentümergrundschuld erst durch die vom Eigentümer freiwillig herbeigeführte oder gegen ihn auf Grund eines rechtskräftigen Urteils erzwungene Löschung. Daran fehlte es aber im vorliegenden Falle, und demnach hat der Versteigerungsrichter die Hypothek von 24000 ℳ mit Recht zu ihrem vollen Betrage in das geringste Gebot aufgenommen.

Da aber der Bestand der Eigentümergrundschuld infolge der für den Kläger eingetragenen Vormerkung auf Löschung mit dinglicher Wirkung davon abhängig war, daß das Recht auf Löschung nicht durchgeführt wurde, da ihr Bestand mithin auflösend bedingt war, mußte der Vollstreckungsrichter mit der Möglichkeit ihres Wegfallens rechnen, und das hat er dadurch getan, daß er bei Feststellung des geringsten Gebots auf das Bestehen der Vormerkung hinwies. Fiel die Eigentümergrundschuld nach dem Zuschlage fort, so konnte dieser Vorteil nicht dem Ersteher (dem Kläger), dem gegenüber ja die Hypothek von 24000 ℳ zum vollen Betrage bestehen blieb (§ 52 des Zwangsversteigerungsgesetzes), sondern mußte den nachstehenden Hypothekengläubigern, die infolge jenes Wegfalles aufrückten, oder dem Eigentümer zugute kommen (§ 50 Abs. 2 Ziff. 1 des Zwangsversteigerungsgesetzes, Denkschrift S. 75). Demnach hatte der Kläger den Betrag der Hypothek, um den die Hypothek nach dem Zuschlag infolge Eintretens der auflösenden Bedingung wegfiel, bar zu zahlen. Zugleich war durch den Teilungsplan festzustellen, wem dieser Betrag zuzuteilen sei (§ 125 des Zwangsversteigerungsgesetzes), und es waren, da der Kläger Barzahlung nicht leistete, Sicherungshypotheken einzutragen (§ 128 des Zwangsversteigerungsgesetzes). Diese Bestimmungen, insbesondere auch den § 125 Abs. 2, wonach die Zuteilung und Übertragung, wenn ungewiß oder streitig ist, ob der Betrag zu zahlen ist, unter der entsprechenden Bedingung erfolgt, hat der Vollstreckungsrichter befolgt. Freilich hat er die Bedingung nicht korrekt gefaßt. Er hat nämlich die 9816,40 ℳ, wie im Tatbestand angegeben, unter der Bedingung zugeteilt, daß nicht eine Eigentümergrundschuld in dieser Höhe entstanden sei, während zur Zeit der Kaufgelderverteilung das Bestehen der Eigentümergrundschuld bereits feststand. Aber auf den Mangel des gewählten Ausdrucks kommt es nicht an; entscheidend ist, daß seine Maßnahme, wie ausgeführt, den gesetzlichen Bestimmungen entspricht.

Die Revision meint, daß der § 50 Abs. 2 Ziff. 1 des Zwangsversteigerungsgesetzes dann keine Anwendung finde, wenn die Vormerkung auf Löschung zugunsten des Erstehers eingetragen sei; denn wenn die Löschung auf Grund des Rechtes eines anderen erfolge, so sei das Wegfallen der Eigentümergrundschuld für den Ersteher ein rein zufälliger Gewinn, im anderen Falle nicht. Dabei wird jedoch übersehen, daß es darauf, ob der Vorteil ein zufälliger ist, oder nicht, nicht ankommt, daß vielmehr nach dem Willen des Gesetzgebers der Ersteher aus dem Wegfallen einer Hypothek oder Grundschuld überhaupt keinen Vorteil ziehen soll, der immer zum Nachteile der nacheingetragenen Hypothekengläubiger oder des Subhastaten ausschlagen müßte. Hätte der Ersteher beim Wegfallen einer in das geringste Gebot aufgenommenen Hypothek oder Grundschuld statt ihrer keine andere Leistung zu übernehmen, so würde er weniger leisten, als er nach dem von ihm abgegebenen Gebote zu leisten hatte, und darauf hat er, auch wenn ihm selbst der Anspruch auf das Wegfallen zustand, kein Recht, da das Gesetz in dieser Beziehung keinen Unterschied macht. Im Grunde genommen geht die Meinung der Revision wohl dahin, daß der Ersteher unter solchen Umständen zu der Annahme gelangen könne, daß das Wegfallen der in das geringste Gebot aufgenommenen Rechte ihm zugute kommen solle. Indes eine solche Annahme würde auf einem Rechtsirrtum beruhen, und wenn auch zuzugeben ist, daß die durch die Vorarbeiten zum Gesetze (Motive S. 116, Denkschrift S. 75) hervorgerufene, von den Kommentatoren gebilligte und auch im vorliegenden Falle vom Vollstreckungsrichter befolgte Praxis, wonach die bestehen bleibenden Rechte weder in das geringste Gebot, noch in das Meistgebot ziffermäßig eingesetzt werden, zu einem solchen Irrtume zu verleiten geeignet ist, so würde der Irrtum vielleicht zur Anfechtung des Zuschlagsbeschlusses verwertet werden, niemals aber dazu führen können, daß die übrigen an der Zwangsversteigerung beteiligten Personen zugunsten des Irrenden Nachteile erleiden. Es mag auch darauf hingewiesen werden, daß, wenn — wie die Revision meint — nur der Bieter, für den eine Vormerkung auf Löschung eines Rechtes eingetragen ist, einen Anspruch auf das Nichtbestehenbleiben dieses Rechtes hätte, sein Gebot einen ganz anderen Inhalt haben würde, als die anderen Gebote. Sein Gebot würde gegenüber anderen Geboten um den Betrag des Rechtes geringer sein, auf dessen Löschung er Anspruch hat, und diese Minderwertigkeit würde weder den übrigen Bietern noch den anderen Subhastationsinteressenten erkennbar sein. Daß dies zu unhaltbaren

Ergebnissen führen würde und vom Gesetzgeber nicht gewollt sein kann, liegt auf der Hand.

Ganz abwegig sind die Ausführungen der Revision, daß der Kläger das Recht auf Löschung durch einen entgeltlichen Vertrag mit der Beklagten zu 2 erworben, daß er die Gegenleistung dafür gewährt habe, und daß er doppelt würde zahlen müssen, wenn er den Betrag der Eigentümergrundschuld zu erlegen hätte. Es ist in den Vorinstanzen mit keinem Worte davon die Rede gewesen und auch im allerhöchsten Grade unwahrscheinlich, daß der Kläger für das Recht auf Löschung eine Zahlung geleistet hat. Er ist seinerzeit mit seinen beiden Hypotheken hinter die Hypotheken der Bank von 25000 und 24000 ℳ zurückgetreten gegen Einräumung des vorgemerkten Rechtes auf Löschung des nicht valutierten Betrags. Er hatte das Recht, mit seinen Hypotheken in Höhe des zu löschenden Betrags jener Hypotheken aufzurücken, und dieses Recht ist dadurch zur Verwirklichung gebracht, daß ihm der Betrag von 4129,24 ℳ, mit dem er sonst ausgefallen sein würde, von den 9816,40 ℳ zugeteilt ist.

2. Die Revision behauptet, der Versteigerungsrichter habe bei Feststellung der Versteigerungsbedingungen erklärt, daß das für den Kläger vorgemerkte Recht zu berücksichtigen sei. Nach den Tatbeständen ist diese Behauptung nicht aufgestellt.... Nach dem Versteigerungsprotokolle wurde das Grundstück unter den gesetzlichen Versteigerungsbedingungen versteigert. Zu diesen gehört das Bestehenbleiben der in das geringste Gebot aufgenommenen Hypotheken. Der Vollstreckungsrichter hat durch Verweisung auf die beiden Vormerkuugen darauf aufmerksam gemacht, daß die beiden Hypotheken von 25000 und 24000 ℳ möglicherweise ganz oder teilweise in Wegfall kommen könnten. Darin war zugleich der Hinweis enthalten, daß nach dem Gesetze der Ersteher unter Umständen außer dem Bargebote auch den Betrag der weggefallenen Hypotheken bar zu erlegen haben werde. Insofern sind allerdings die Vormerkungen in den Inhalt der Versteigerungsbedingungen aufgenommen worden. Die Revision möchte aber die Behauptung, daß der Vollstreckungsrichter die Berücksichtigung der Vormerkungen zum Bestandteile der Bedingungen gemacht habe, dahin aufgefaßt wissen, daß der Vollstreckungsrichter nur das Bestehenbleiben der nicht zur Löschung kommenden Beträge zur Bedingung gestellt habe. Diese Auffassung mußte dem Berufungsrichter

ganz fern liegen, da eben lediglich nach den gesetzlichen Bestimmungen versteigert worden ist. Sollte das Nichtbestehenbleiben jener Hypothekenbeträge zur Bedingung gestellt werden, so durfte dies nur mit Zustimmung der dadurch beeinträchtigten Beteiligten beantragt werden (§ 59 des Zwangsversteigerungsgesetzes); aber auch einem solchen Antrage hätte der Vollstreckungsrichter nach §§ 45. 50. 52 daselbst nicht einmal stattgeben können.

3. Hatte der Kläger nach alledem den Betrag der Eigentümergrundschuld außer dem Bargebote zu zahlen oder dafür gemäß § 128 des Zwangsversteigerungsgesetzes Sicherungshypothek zu bestellen, so kommt es auf die vom Berufungsrichter aufgeworfene Frage, ob die der Beklagten zu 2 zugeteilten 1984 ℳ nicht dem ausgefallenen Hypothekengläubiger E. hätten zugeteilt werden müssen, nicht an, da E. gegen die Zuteilung Widerspruch nicht erhoben hat, und dem Kläger nicht das Recht zusteht, der Beklagten zu 2 den ihr etwa auf Kosten des E. zugeteilten Betrag abzujagen."

---

49. Kann, wenn durch Festsetzung der Straßenfluchtlinie ein bebautes Grundstück betroffen wird, und später nach Abbruch des Gebäudes in dem durch die Fluchtlinie gebotenen geringeren Umfange ein Neubau stattfindet, außer der Vergütung für die entzogene Bodenfläche Ersatz für den Minderwert des neuen Gebäudes verlangt werden?

Preuß. Gesetz, betr. die Anlegung von Straßen und Plätzen ꝛc, vom 2. Juli 1875 § 13 Abs. 1 Ziff. 2.

VII. Zivilsenat. Urt. v. 25. März 1904 i. S. Stadtgem. T. (Kl.) w. B. Konkursm. u. Gen. (Bekl.). Rep. VII. 253/03.

I. Landgericht Tilsit.
II. Oberlandesgericht Königsberg i. P.

Aus den Gründen:

„Nachdem im Jahre 1892 in der Stadt T. für einen Teil der Straße „Langgasse" ein Bebauungs- und Fluchtlinienplan festgestellt und veröffentlicht worden war, durch welchen das den Beklagten zu 2 und 3, jetzt zu der zu 1 verzeichneten Konkursmasse gehörige Grundstück berührt wurde, hat im Jahre 1895 der Beklagte zu 2 darum nachgesucht, das eine der auf dem Grundstück befindlichen Wohnhäuser abbrechen und neu aufbauen zu dürfen. Solches ist ihm im Jahre 1897 unter Hinweis auf den erwähnten Fluchtlinienplan gestattet. Infolge der durch den Plan festgestellten Begrenzung wurden bei dem Neubau 21 Quadratmeter eingebüßt. In dem deshalb ergangenen Entschädigungsfeststellungsbeschluß ist eine Entschädigung für den Wert jener Fläche, wie für den Minderwert des Restgrundstücks gewährt. In dem hiergegen von der Stadtgemeinde T. beschrittenen Rechtswege machte diese geltend, daß nur für die entzogene Fläche eine Entschädigung festzustellen sei. Dieses Begehren wurde in den beiden Vorinstanzen abgelehnt, und im ganzen der Betrag von 2260 ℳ zugebilligt, wovon 735 ℳ sich als Wert der Fläche, die übrige Summe als solchen des Minderwerts des Restgrundstücks darstellt. Das Berufungsgericht hat ausgeführt, es liege hier der Fall der Ziff. 2 des Abs. 1 des § 13 des sog. Fluchtliniengesetzes vor, wonach eine Entschädigung wegen Entziehung des von der Festsetzung der neuen Fluchtlinie getroffenen Grundeigentums in dem durch das Enteignungsgesetz bestimmten Umfange gefordert werden könne, wenn, wie hier, die Straßen- oder Baufluchtlinie vorhandene Gebäude treffe, und das Grundstück bis zur neuen Fluchtlinie von Gebäuden freigelegt werde. Die Entschädigung für die schon vor dieser Freilegung vorhandene Baubeschränkung finde erst bei der später vorkommenden Entziehung von Areal, und dann so statt, daß Projekt und Ausführung einheitlich angesehen würden, und demgemäß die Festsetzung der Entschädigung in vollem Umfange erfolge. Es ist auf die Entscheidung des Reichsgerichts in dessen Entsch. in Zivils. Bd. 28 S. 273 Bezug genommen.

Die von der Klägerin zur Hand genommene Revision, welche von neuem geltend macht, daß nur für die entzogene Bodenfläche Ersatz gefordert werden könne, muß ohne Erfolg bleiben.

Mit Recht hat das angefochtene Urteil die angezogene Bestimmung des § 13 des Fluchtliniengesetzes für anwendbar erachtet. Hiernach treten für den Umfang der zu gewährenden Entschädigung die allgemeinen Normen des Enteignungsgesetzes vom 11. Juni 1874 in Kraft, wonach, wenn es sich um eine Teilenteignung handelt, der Minderwert des verbleibenden Grundstücks in Betracht kommt (§ 8 Abs. 2 daselbst). Hiernach war vorliegend auch derjenige Ersatz zuzubilligen, welchen die Klägerin für unstatthaft erachtet. Auf die vorhandene Baubeschränkung kommt es nicht an. Sie kann nur für die hier nicht interessierende Frage in Betracht gezogen werden, ob die abzutretende Fläche als Bauplatz anzusprechen ist.

Zugunsten der Revision spricht allerdings die sich in der in den Entsch. des R.G.'s in Zivils. Bd. 5 S. 214 abgedruckten Enscheidung des II. Zivilsenats des Reichsgerichts findende Bemerkung, wonach in dem hier vorliegenden Falle des eben angezogenen § 13 Abs. 1 Ziff. 2 nur für die Bodenfläche Vergütung zu leisten ist, auf deren Neubebauung verzichtet werden muß. Es liegt aber keine Veranlassung vor, einen Beschluß der vereinigten Zivilsenate herbeizuführen. Denn auf jenem Ausspruche beruht die damals ergangene Entscheidung nicht, die sich mit der zuungunsten des Eigentümers entschiedenen Frage beschäftigt, ob, wenn infolge der Festsetzung einer Straßenfluchtlinie eine bebaute Fläche Teil der Straße werden soll, der Eigentümer Abtretung gegen Entschädigung auf das bloße Erbieten, die Fläche freizulegen, verlangen kann." ...

---

50. Ist der Entschädigungsanspruch desjenigen, der zum gemeinen Wohl ein Recht aufgeopfert hat, davon abhängig, daß dem Gemeinwesen, in dessen Interesse das Opfer verlangt wurde, ein Vorteil erwachsen ist?

A.L.R. Einl. §§ 74. 75.

VII. Zivilsenat. Urt. v. 29. März 1904 i. S. Gem. W. (Bekl.) w. R. (Kl.). Rep. VII. 287/03.

I. Landgericht II Berlin.
II. Kammergericht daselbst.

Dem Kläger, der im Bezirk der verklagten Dorfgemeinde ein Wohnwesen besaß, wurde von dem zuständigen Amtsvorsteher die Erlaubnis zur Herstellung eines Anbaus versagt. Nachdem er im Verwaltungsstreitverfahren eine endgültige Entscheidung dahin erzielt hatte, daß jene Verfügung außer Kraft gesetzt wurde, worauf die Genehmigung zum Bau erteilt wurde, verlangte er von der Beklagten in der erhobenen Klage, daß ihm für das Entbehren der Bauerlaubnis während eines Zeitraums von drei Jahren Entschädigung gewährt werde. Dieser Anspruch wurde von dem Berufungsgericht für dem Grunde nach gerechtfertigt erachtet, indem ausgeführt wurde, daß die Versagung der Bauerlaubnis im Interesse der verklagten Gemeinde erfolgt sei, die dadurch davor habe geschützt werden sollen, eine im Falle der Ausführung des Baus erforderliche Straße auf ihre Kosten herzustellen. Dem Anspruche stehe nicht entgegen, daß, wie nach den in dem Verwaltungsstreitverfahren ergangenen Entscheidungen feststehe, seitens des Amtsvorstehers irrtümlich jene Verpflichtung als vorliegend angenommen sei.

Die Revision ist zurückgewiesen worden aus folgenden

Gründen:

„Von der Beklagten ist zur Begründung der Revision in erster Linie geltend gemacht, es sei für den in Frage stehenden Anspruch, wie solches auch in dem Falle, der durch das in Bd. 26 S. 265 der Entsch. des R.G.'s in Zivils. abgedruckte Urteil entschieden, vorgelegen, Voraussetzung, daß durch die ungerechtfertigte Versagung der Bauerlaubnis sich für die Gemeinde ein entsprechender Vorteil ergeben habe. Allerdings habe das Reichsgericht in jenem Erkenntnisse diese Frage unentschieden gelassen. Sie müsse aber bejaht werden.

Dem ist nicht beizutreten. Die §§ 74. 75 Einl. zum A.L.R. statuieren, daß die Rechte und Vorteile eines Mitgliedes des Staates den Rechten und Pflichten zur Beförderung des gemeinschaftlichen Wohls, wenn zwischen beiden eine Kollision entsteht, nachstehen müssen, und stellen fest, daß in solchem Falle der Staat den einzelnen für die Aufopferung des Vorteils zu entschädigen habe. Demnach genügt es für das Vorliegen dieser Entschädigungspflicht, daß die der Hingabe des Vorteils zugrunde liegende Aufforderung in der Tendenz erfolgt sei, dem Gesamtinteresse zu nützen. Schon unter dieser Voraussetzung liegt das in der Entscheidung des vormaligen Obertribunals bei Striethorst, Archiv Bd. 86 S. 97 aufgestellte Requisit vor, „daß das Staatswohl und die Entschädigung des einzelnen in einem Kausalzusammenhange stehen, und daß ersteres die letztere notwendig gemacht habe". So heißt es auch in dem von der Revision angezogenen

Reichsgerichtsurteil, welches den Punkt, ob die verklagte Gemeinde einen entsprechenden Vorteil erlangt, nur für die Beurteilung der Klage aus dem Gesichtspunkte der Bereicherung für erheblich erachtet, folgendermaßen: „Nach dem Inhalte der §§ 74. 75 in ihrem Zusammenhange muß der Entschädigungsanspruch der Kläger schon dann begründet erscheinen, wenn die zuständigen Verwaltungsbehörden eine Kollision, wie sie der § 74 voraussetzt, als vorhanden angenommen und auf Grund dieser Annahme, mochte dieselbe richtig oder unrichtig sein, den verstorbenen Kläger genötigt haben, seine besonderen Rechte und Vorteile dem Wohle und Interesse der verklagten Stadtgemeinde aufzuopfern."

Die vorstehenden Ausführungen ergeben zugleich, daß auch der fernere Revisionsangriff hinfällig erscheint, wonach vorliegend die Entschädigungsberechtigung deshalb zessieren soll, weil die Verfügung des Amtsvorstehers auf einem Irrtum beruht habe."

---

51. Kann derjenige, der als angeblicher Bauherr auf Grund des § 29 des Bau-Unfallversicherungsgesetzes vom 11. Juli 1887 in der Fassung der Bekanntmachung vom 5. Juli 1900 (R.G.Bl. S. 573. 698) Versicherungsbeiträge hat zahlen müssen, diese im ordentlichen Rechtswege zurückfordern, wenn er geltend macht, er sei nicht Bauherr gewesen?

VII. Zivilsenat. Urt. v. 29. März 1904 i. S. H.'sche Baugewerksberufsgenossenschaft (Bekl.) w. Ü. (Kl.). Rep. VII. 530/03.

I. Landgericht Hamburg.
II. Oberlandesgericht daselbst.

Die Beklagte forderte vom Kläger als angeblichem Bauherrn unter Androhung der Zwangsvollstreckung auf Grund des § 29 des Bau-Unfallversicherungsgesetzes vom 11. Juli 1887 in der Fassung der Bekanntmachung vom 5. Juli 1900 (Reichsgesetzblatt S. 573. 698) die von dem Unternehmer S. geschuldeten, nicht beizutreibenden Versicherungsprämien aus der Zeit von Juni bis August 1900 mit 929,51 *M*. Der Kläger zahlte am 17. Januar 1902 den

Betrag mit Vorbehalt und forderte ihn demnächst im Rechtswege von der Beklagten zurück, indem er seine Eigenschaft als Bauherrn bestritt. Das Landgericht wies die Klage wegen Unzulässigkeit des Rechtsweges ab. Das Oberlandesgericht entschied gegenteilig. Das Reichsgericht hat den Rechtsweg für unzulässig erklärt aus folgenden

Gründen:

„Die aushilfsweise Haftung des Bauherrn (oder Zwischenunternehmers) für die nach dem Bau-Unfallversicherungsgesetze dem Unternehmer obliegenden Leistungen war bereits im § 27 des ursprünglichen Gesetzes vom 11. Juli 1887 (R.G.Bl. S. 287) festgesetzt. An einer Bestimmung über die Erledigung von Streitigkeiten zwischen den Berufsgenossenschaften (Versicherungsanstalten) und dem Bauherrn fehlte es. Insbesondere sprach sich das Gesetz nicht darüber aus, auf welchem Wege der als Bauherr in Anspruch Genommene seinen Widerspruch gegen die ihm angesonnene Beitragsleistung auf Grund der Behauptung, daß er gar nicht Bauherr sei, geltend zu machen habe. Das Reichsgericht erachtete deshalb — im Gegensatze zum Reichsversicherungsamt — den Rechtsweg in dem Falle für zulässig, daß der angebliche Bauherr die von ihm nach Maßgabe des § 27 a. a. O. eingezogenen Beträge unter Bestreiten seiner Bauherrneigenschaft von der Berufsgenossenschaft zurückforderte (Entsch. des R.G.'s in Zivils. Bd. 35 S. 20 flg., Bd. 45 S. 1 flg.). Bei der Umgestaltung der Unfallversicherungsgesetzgebung im Jahre 1900 wurden in das neue Gewerbe-Unfallversicherungsgesetz vom $\frac{\text{6. Juli 1884}}{\text{5. Juli 1900}}$ (R.G.Bl. S. 335. 347. 585) die §§ 74a. 74b (104. 105 des neuen Textes) aufgenommen, welche auch für die gewerblichen Baubetriebe eine dem § 27 des Bau-Unfallversicherungsgesetzes entsprechende, indessen von gewissen weiteren Voraussetzungen abhängige Haftung der Bauherren (Zwischenunternehmer) für die Beiträge zahlungsunfähiger Unternehmer einführten. Dabei wurde dem § 74b als dritter Absatz die Vorschrift hinzugefügt: „Streitigkeiten, welche zwischen den Berufsgenossenschaften einerseits und den nach § 74a (104) Abs. 1 haftenden Bauherren oder Zwischenunternehmern andererseits über die Haftung entstehen, entscheidet mit Ausschluß des Rechtsweges das Reichsversicherungsamt." Einen gleichen Zusatz erhielt der § 29 (früher § 27) des Bau-Unfallversicherungsgesetzes vom $\frac{\text{11. Juli 1887}}{\text{5. Juli 1900}}$. In der Begründung zu den §§ 74a. 74b des Gewerbe-Unfallversicherungsgesetzes (Drucksachen des

Reichstages, 10. Legislaturperiode, 1. Session 1898/1900 S. 109) wird darauf hingewiesen, daß bei der Handhabung des § 27 des Bau-Unfallversicherungsgesetzes sich herausgestellt habe, daß eine Bestimmung darüber erforderlich sei, vor welchen Behörden die Beitragsstreitigkeiten mit den Bauherren und Zwischenunternehmern zum Austrag zu bringen seien. Die ordentlichen Gerichte wie das Reichsversicherungsamt hätten die Zuständigkeit für die Entscheidung derartiger Streitigkeiten in Anspruch genommen. Es bestehe also ein positiver Kompetenzkonflikt, dem vorzubeugen sei. Da die Beitragsstreitigkeiten im allgemeinen den ordentlichen Gerichten entzogen seien, und die Bauherren und Zwischenunternehmer nur aushilfsweise in eine Verpflichtung einzutreten hätten, deren Existenz und Umfang gegenüber dem in erster Reihe Verpflichteten endgültig von den Versicherungsämtern festzustellen sei, so empfehle es sich, den letzteren unter Ausschließung des Rechtsweges auch gegenüber den Bauherren und Zwischenunternehmern die Entscheidung zu übertragen. Sodann erörtert die Begründung den Begriff des Bauherrn. Den gleichen Erwägungen verdankt der § 29 Abs. 3 des Bau-Unfallversicherungsgesetzes seine Entstehung. Sie lassen mit zweifelloser Sicherheit erkennen, daß es der Wille des Verfassers der Begründung, und beim Mangel jeglicher abweichenden Äußerung im Laufe der Beratung des Entwurfs im Reichstage nicht minder des Gesetzgebers gewesen ist, auch den Streit über die Bauherreneigenschaft selbst den ordentlichen Gerichten zu entziehen und lediglich der Schlichtung durch das Reichsversicherungsamt zu unterwerfen. Gerade über diesen Punkt hatte sich, wie erörtert, der Kompetenzkonflikt zwischen dem Reichsgericht und dem Reichsversicherungsamt erhoben, und es ist die vom Berufungsrichter angedeutete Möglichkeit ausgeschlossen, daß die Begründung nicht an den bezeichneten Fall, sondern nur an andere Streitfälle, bei denen die Bauherrneigenschaft feststand, gedacht habe. Jener erste Fall ist der wichtigste; es wird sich meist darum handeln, ob überhaupt die Voraussetzung für die Haftbarkeit aus § 29 des Bau-Unfallversicherungsgesetzes gegeben, nämlich die Annahme begründet ist, daß der haftbar Gemachte auch wirklich Bauherr sei. Als vielleicht erhebliche Frage kommt noch in Betracht, ob etwa vor dem Bauherrn ein Zwischenunternehmer haftet. Kann demgemäß schon von vornherein nicht davon ausgegangen werden, daß die Begründung unter den Beitragsstreitigkeiten nicht auch den Streit um die Bauherrneigenschaft verstanden habe, so erörtert sie zudem im Anschluß an die für die Überweisung jener Streitigkeiten an das Reichsversicherungsamt sprechenden Erwägungen den Begriff des Bauherrn. Damit ist aber vollends außer jeden Zweifel gestellt, daß nach der Absicht des Gesetzes nur das Reichsversicherungsamt darüber zu befinden haben soll, ob eine Person, welcher Leistungen aus § 29 a. a. O. angesonnen worden sind, wirklich Bauherr sei, oder nicht. Es kann sich nur fragen, ob das Gesetz selbst den Willen des Gesetzgebers noch genügend zum Ausdruck gebracht hat, oder ob der Wortlaut schlechterdings mit dem Gedanken unvereinbar ist. Dem Berufungsrichter ist zuzugeben, daß die Bestimmung genauer dahin hätte gefaßt werden können: „Streitigkeiten, welche zwischen den Versicherungsanstalten und den als Bauherrn oder Zwischenunternehmern in Anspruch genommenen Personen über die Haftung entstehen" 2c. Allein auch die Begründung redet schlechthin von Streitigkeiten zwischen den Versicherungsanstalten und Bauherren, obwohl sie nach dem dargestellten Zusammenhange unter den letzteren auch die angeblichen Bauherren versteht. Entsprechend ist auch die Ausdrucksweise im Gesetz nicht ganz genau. Sie zu berichtigen, liegt nicht außerhalb der Aufgabe der Auslegung, ist vielmehr notwendig, um den Sinn des Gesetzes über seinen Wortlaut hinaus, nicht gegen ihn und auch nicht ohne ihn, zur Geltung zu bringen. Danach ist es ein Zwist zwischen der Versicherungsanstalt und dem Bauherrn in Rücksicht auf die Haftung aus § 29 a. a. O., wenn dieser in Abrede nimmt, Bauherr zu sein, und deshalb die von ihm als solchem eingezogenen Beiträge zurückfordert. Der Streit ist vor dem Reichsversicherungsamt zu erledigen (vgl. die in dessen amtlichen Nachrichten Bd. 17 S. 603 abgedruckte Entscheidung). Die gegenteilige Meinung des Berufungsrichters kann nicht geteilt werden. Er hält den Sinn der Motive und folgeweise des Gesetzes für zweifelhaft und entscheidet sich deshalb für den Rechtsweg. Der Vordersatz ist, wie ausgeführt, unrichtig, und damit entfällt der Schluß. Ist aber der Streit um die Bauherrneigenschaft dem ordentlichen Rechtsweg entzogen, so erledigt sich auch der Hinweis auf die Gewerbegerichte. Hier entscheidet allerdings das angerufene — ordentliche oder gewerbliche — Gericht über seine Zuständigkeit auch insofern, als es zu prüfen hat, ob wirklich eine Streitigkeit zwischen Arbeiter und Arbeitgeber im Sinne des § 1 des Gesetzes vom $\frac{\text{29. Juli 1890}}{\text{29. September 1901}}$ (R.G.Bl. S. 353) vorliegt, oder nicht. Davon verschieden ist die gegenwärtige Frage nach der Haftbarkeit des (wirklichen oder angeblichen) Bauherrn gemäß dem Unfallversicherungsgesetze. Wenn dieses die Lösung der Frage **in vollem Umfang** auf das Versicherungsamt übertragen hat, so ist eben der ordentliche Rechtsweg **in gleichem Umfang** ausgeschlossen." ...

---

52. Wird durch § 927 Z.P.O. die Geltendmachung veränderter Umstände in dem Verfahren über die Bestätigung eines Arrestes oder einer einstweiligen Verfügung ausgeschlossen?

I. **Zivilsenat.** Urt. v. 16. März 1904 i. S. M. (Bekl.) w. The American Supply Co. M. & Co. (Kl.). Rep. I. 46/04.

I. Landgericht II Berlin.
II. Kammergericht daselbst.

Aus den Gründen:

„Das Berufungsgericht hat die unbestrittene Tatsache, daß Beklagter durch Gesellschaftsbeschluß vom 3. November 1903 gemäß § 3 des ersten Vertrages vom 6. Februar 1902 seines Geschäftsanteils zugunsten der übrigen Gesellschafter verlustig erklärt ist, nicht in Betracht ziehen zu dürfen geglaubt, weil diese Tatsache erst nach Erlaß der einstweiligen Verfügung vom 3. Oktober 1903 eingetreten ist. Es ist der Ansicht, daß, wenn die zur Zeit der Erlassung der Verfügung vorliegenden Umstände diese rechtfertigten, das Berufungsgericht in dem Verfahren über die einstweilige Verfügung letztere nicht wegen veränderter Umstände aufheben könne, daß hierzu vielmehr gemäß §§ 927. 936. 919. 943 Z.P.O. nur das Gericht, welches die Verfügung erlassen habe, eventuell das Gericht der Hauptsache zuständig sei. Diese Annahme verkennt aber die Bedeutung des § 927 Z.P.O. Diese Bestimmung war notwendig, um die Aufhebung eines wegen veränderter Umstände nicht mehr gerechtfertigten Arrestes (einer einstweiligen Verfügung) auch dann herbeiführen zu können, wenn derselbe rechtskräftig bestätigt ist. Die allgemeinen Bestimmungen über die Rechtsmittel werden dadurch nicht berührt. Insbesondere wird dadurch nicht ausgeschlossen, in der Berufungsinstanz des Bestätigungsverfahrens gemäß § 529 Z.P.O. neue Tatsachen vorzubringen, und zwar ohne Unterschied, ob solche vor oder nach Erlaß des Arrestes bzw. der einstweiligen Verfügung eingetreten sind. Wenn der Vorderrichter sich für seine Ansicht auf die in der Juristischen Wochenschrift von 1899 S. 394 Nr. 7 abgedruckte Entscheidung des VI. Zivilsenats des Reichsgerichts berufen hat, so ist dabei übersehen, daß dort die einstweilige Verfügung in der Berufungsinstanz durch Urteil angeordnet war. Danach konnte mit Recht ausgesprochen werden, daß eine Aufhebung wegen nachträglich eingetretener Umstände nicht mittels Rechtsmittels (d. h. mit der Revision), sondern nur gemäß §§ 815. 807 Z.P.O. (a. F.) bei dem Berufungsgerichte selbst verfolgt werden könne; denn in der Revisionsinstanz konnten neue Tatsachen gemäß § 561 Z.P.O. nicht berücksichtigt werden." ...

---

53. 1. Kann das von einer Aufbewahrungshalle für die Wagen einer elektrischen Straßenbahn ausgehende Geräusch als ortsüblich im Sinne des § 906 B.G.B. gelten?

2. Müssen beeinträchtigende Einwirkungen auf ein Grundstück als ortsüblich vom Eigentümer dann ertragen werden, wenn sie schon vor seinem Erwerb des Grundstücks begonnen haben?

V. Zivilsenat. Urt. v. 30. März 1904 i. S. K. (Kl.) w. M. Tr. Akt.-Ges. (Bekl.). Rep. V. 455/03.

I. Landgericht I München.
II. Oberlandesgericht daselbst.

Aus den Gründen:

„Der erste Richter nahm als erwiesen an, daß durch den Gewerbebetrieb der Beklagten im Anwesen Nr. 81, und zwar besonders:

1. durch die Manipulationen:

a) beim Rangieren auf der Schiebebühne, insbesondere durch die Handhabung — das Wegwerfen — der dabei verwendeten eisernen Hebel,

b) beim Reinigen der Wagen, speziell durch das geräuschvolle Umwerfen der Rücklehnen und Herauswerfen der Holztrittbretter;

2. durch das schnelle Aus- und Einfahren der Wagen, insbesondere durch das rasche Passieren der Wechsel;

3. durch die häufigen Glockensignale

auf das klägerische Anwesen in der Zeit von ungefähr nachts 10 bis $^1/_2$1 Uhr und ebenso morgens von ungefähr 4 oder $^1/_2$5 bis 6 Uhr durch Geräusch störend eingewirkt wird, daß der so verursachte Lärm für die Bewohner des klägerischen Hauses, insbesondere der südlich und östlich liegenden Räume desselben, derart belästigend ist, daß diese Anwohner zum Teil um ihre Nachtruhe gebracht werden, rc.

Er erklärt diese Beeinträchtigung für eine wesentliche, nicht unerhebliche.

Diese Feststellungen sind im angefochtenen Urteil ausdrücklich für richtig erklärt. Gleichwohl hält der Vorderrichter die darauf gestützte Verurteilung der Beklagten durch den ersten Richter zunächst aus folgenden Gründen für nicht gerechtfertigt:

„Der Betrieb einer elektrischen Trambahn bringt, wie gemeinkundig, ein sehr erhebliches lärmendes Geräusch mit sich und beeinträchtigt die Annehmlichkeit des Wohnens in den von ihr durchfahrenen Straßen in hohem Grade. . . .

Gleichwohl ist diesen Benachteiligten ein Verbietungs- und Klagerecht gegenüber der Störung versagt, weil die Trambahn zufolge der Entwickelung des modernen Verkehrslebens in größeren Städten ein Bedürfnis, eine notwendige Verkehrseinrichtung geworden ist. . . .

Was aber von der Trambahn im ganzen gilt, das muß auch von den zum Betriebe notwendigen Einrichtungen im einzelnen gelten. Zu letzteren gehören unbedingt die Trambahndepots oder Wagenhinterstellungshallen; denn es ist durchaus nicht angängig, die Wagen nach Betriebsschluß auf der Straße stehen zu lassen; sie müssen während der Nachtzeit und während der Zeit, innerhalb deren sie außer Dienst gesetzt sind, an einem sicheren Ort aufbewahrt werden. Auch die in einer derartigen Anlage durch den normalen Betrieb entstehenden Geräusche und sonstigen Einwirkungen, selbst wenn sie nicht unwesentlich sind, müssen die benachbarten Grundstückseigentümer als ortsherkömmlich dulden." . . .

Diese Ausführungen verletzen den § 906 B.G.B. Wenn auch

ihren Vordersätzen darin beizutreten ist, daß der heutige Großstadtverkehr und namentlich der Betrieb der Straßenbahnen für die auf der Straße gehende und fahrende Bevölkerung und für die Anwohner der Straße ebenso wesentliche als unvermeidliche Beeinträchtigungen und Störungen mit sich bringt, und daß den davon Betroffenen ein allgemeines Verbietungs- und Klagerecht dagegen versagt werden muß, so folgert das Berufungsgericht daraus doch mit Unrecht, daß ganz das gleiche da zu gelten habe, wo, wie im vorliegenden Falle, die Störung von einer besonderen, auf einem Einzelgrundstück befindlichen Betriebsanlage der Straßenbahngesellschaft ausgeht. Eine solche Schlußfolgerung verbietet sich wegen der gegebenen sachlichen, örtlichen und zeitlichen Verschiedenheiten von selbst. Während in der Stadt der Betrieb der Straßenbahn, deren Wagen in gewissen Zeiträumen auf ohnedies meist belebten und geräuschvollen Straßen schnell vorüberrollen, als notwendiges Übel, das durch die von ihm gewährte unentbehrliche Verkehrserleichterung ausgeglichen wird, hingenommen werden muß, äußert sich an und in den Wagenhinterstellungshallen (Depots) der Verkehr der Wagen und dessen Wirkung in ganz anderer, oben festgestellter Weise. Auch die dortigen Anwohner und benachbarten Grundeigentümer werden und müssen sich — wie im gegebenen Falle der Kläger — das Vorüberfahren der Straßenbahnwagen an ihren Häusern gefallen lassen; aber das Verbringen der Wagen an ihren Aufbewahrungsort und deren Abholen von dort ist ein von dem allgemeinen Fahrbetrieb abweichender und darüber hinausgehender Betriebszweig, und wenn durch ihn der benachbarte Grundbesitzer beeinträchtigt zu sein behauptet, wenn er von einem bestimmten abgegrenzten Nachbargruudstück aus durch schädliche Zuführungen in Benutzung seines eigenen bestimmten Grundstücks gestört zu sein angibt, so liegt ein nach § 906 B.G.B. besonders zu prüfender Fall vor, und kann der sich Beschwerende nicht auf die allgemeine Duldungspflicht der städtischen Bevölkerung und der nicht an Wagendepots angrenzenden Grundeigentümer verwiesen werden.

Hierzu tritt im gegebenen Falle noch die zeitliche Verschiedenheit der in Rede stehenden Geräusche besonders in den Vordergrund. Während der gewöhnliche Fahrbetrieb der Straßenbahn, wie allgemein bekannt, sich etwa auf die Zeit von frühestens 1/2 6 bis spätestens nachts 1/2 12 oder 12 Uhr erstreckt, überschreitet notwendig in allen

Fällen und laut Feststellungen der Vorderrichter auch im gegebenen Falle das Geschäft der Wagenaufbewahrung und Wiederabholung jene Zeiten um ein beträchtliches. Es hört nachts erst etwa um 1/2 1 Uhr auf und beginnt morgens schon ungefähr um 1/2 5 Uhr. Zu Zeiten also, in denen sich die übrigen Großstadtbewohner der regelmäßigen Nachtruhe, insbesondere der Nichtstörung durch den Trambahnbetrieb, erfreuen, können die Anwohner des Depots besonders empfindlich an Ruhe und Schlaf gehindert sein.

Daß aber bei Beurteilung behaupteter wesentlicher Lärmzuführung auch die Zeit, während der sie stattfinden soll, wohl zu berücksichtigen ist, versteht sich von selbst und ist vom erkennenden Senat auch schon ausgesprochen worden.

Vgl. Urteil des Reichsgerichts vom 12. Februar 1902, Rep. V. 383/01.

Ist sonach der auf allgemeine Ortsüblichkeit des Trambahnlärms gestützte Grund, aus dem zunächst der Vorderrichter die vom Landgericht ausgesprochene Verurteilung wegen Lärmzuführung für nicht gerechtfertigt erklärt, hinfällig, so fragt es sich nur noch, ob die Beklagte etwa den ihr obliegenden Beweis der von ihr behaupteten besonderen Ortsüblichkeit dieser Zuführung in der Gegend bei Haus Nr. 81 und 83 der N.'straße erbracht hat. Dies scheint aber das Oberlandesgericht selbst nicht vollständig anzunehmen; denn es erklärt an einer Stelle die verklagte Gesellschaft als haftbar für die von ihren Bediensteten bei den Hantierungen im Wagendepot begangenen Nachlässigkeiten, und erachtet offenbar das Vorkommen derartiger Nachlässigkeiten in Einzelfällen als erwiesen, wesentlich belästigend und jedenfalls ungewöhnlich in der betreffenden Stadtgegend. Wenn es aber dabei zwar im allgemeinen anerkennt, „daß sich bei Beeinträchtigung durch übermäßigen Lärm der Grundeigentümer nicht auf polizeiliche Maßregeln verweisen zu lassen braucht, sondern seine Rechte klagbar geltend machen kann“, aber doch „mit Hinsicht auf den besonders gelagerten Fall einzelne, nicht nachwirkende Störungen für nicht geeignet erklärt, die Eigentumsklage zu begründen“, so verstößt dies zunächst wieder gegen § 906 und zugleich gegen § 1004 B.G.B., die keineswegs eine besondere Häufigkeit und Dauer der Störungen voraussetzen.

Vgl. Urteil des erkennenden Senats vom 5. März 1904, Rep. V. 369/03.

Aber abgesehen hiervon ist überhaupt eine besondere Ortsüblichkeit des nach obigem festgestellten Lärms in der bezeichneten Gegend weder genügend behauptet noch bewiesen. Zwar hat die Beklagte laut des Tatbestandes des angefochtenen Urteils geltend gemacht, in der N.'straße befänden sich Fabriketablissements und kleinere Gewerbebetriebe. Aber gegenüber dieser unbestimmten und ungenügenden, auf Beweisantritt nicht gestützten Behauptung hat der Kläger ausdrücklich Beweis dafür angetreten, daß die von ihm bewohnte Stadtgegend ein sog. Fabrikviertel nicht sei. Mit Recht haben aber die Vorderrichter von der Berücksichtigung dieser Frage ganz abgesehen, da nicht der Kläger beweispflichtig ist, sondern die Beklagte.

Dagegen folgert der Berufungsrichter die besondere Ortsüblichkeit des Lärms daraus, daß vor Bestehen der jetzigen Wagenaufbewahrungsanstalt der Beklagten ganz in deren Nähe an der Bl.'straße die Wagen der Pferdebahn und die Züge der Dampftrambahn hinterstellt, sowie in einer Stallung zahlreiche Pferde untergebracht wurden, daß eine erhebliche Störung durch Geräusch schon damals vorgelegen habe, und daß, als Kläger sein Anwesen im Jahre 1897 erwarb, die Elektrisierung des gesamten Trambahnbetriebes in München schon in die Wege geleitet und auch streckenweise durchgeführt gewesen sei, so daß Kläger bei seinem Hauskaufe habe voraussehen müssen, daß die Motorwagen bald in dem benachbarten Depot untergebracht werden würden. Insofern äußere die sog. „Prävention" eine gewisse Wirkung. Man könne auch billigerweise nicht verlangen, daß die unumgänglich notwendigen Trambahndepots unter ungeheuerer Erschwerung des Betriebes an das äußerste, unbewohnte Ende der Stadt verlegt würden, zumal da dann bei fortschreitender Ausdehnung der Stadt in einiger Zeit wieder die nämlichen Beschwerden und Mißstände hervortreten würden.

Abgesehen davon, daß die diesen Ausführungen zugrunde liegenden tatsächlichen Feststellungen als angeblich im Widerspruch zu übergangenen Beweisanträgen stehend von der Revision lebhaft bekämpft werden, und daß insbesondere die Gleichartigkeit und die gleiche Erheblichkeit des Lärms der früheren Hinterstellungsanlage zurzeit keineswegs genügend feststeht, verletzen sie ebenfalls den § 906 B.G.B. mit § 26 Gew.O. Es steht ihnen zunächst schon der Wortlaut des angezogenen § 906 entgegen. Hiernach können solche belästigende Zuführungen nicht verboten werden, die durch eine Benutzung des anderen Grundstücks herbeigeführt werden, die nach den örtlichen Verhältnissen bei Grundstücken dieser Lage gewöhnlich ist. Das Gesetz spricht also von gleichartiger Übung in einer Mehrheit von Grundstücken, und zwar in der Gegenwart. An das zeitliche Nachfolgen eines einzigen neuen Betriebes auf einen gänzlich beendeten Betrieb denkt es offenbar nicht. Hiernach, und da weder behauptet noch leicht denkbar ist, daß sich zurzeit in der Nähe des bestrittenen Wagendepots noch ein anderes ähnliches befindet, ist die von der Beklagten und dem Berufungsrichter gewollte Anwendung der angeführten Gesetzesstelle im gegebenen Fall überhaupt ausgeschlossen. Selbst wenn man aber annehmen wollte, daß etwa doch bei Jahrhunderte oder doch mehrere Jahrzehnte lang fortgesetztem zeitlichen Aufeinanderfolgen eines einzelnen störenden Betriebes auf einen ähnlichen anderen und bei stets fortdauernder Gewöhnung und Duldung der Anwohner ihnen gegenüber Ortsüblichkeit angenommen werden könnte, so fehlt es doch an derartigen Voraussetzungen in vorliegender Sache, wo kaum ein Jahrzehnt in Frage kommt, und überdies örtliche Verschiebung und wesentliche sachliche Änderung der störenden Anlage eintrat, jedenfalls vollständig.

Daß im allgemeinen bei Zuvorkommen der störenden Anlage (sog. Prävention) der erst später erwerbende oder bauende und dann gestörte Nachbar der Klage nicht beraubt ist, verkennt das Berufungsgericht selbst nicht. Ein solcher Satz würde auch der allgemeinen Vorschrift des § 903, wonach der Eigentümer unbeschränkt jeden anderen von der Einwirkung auf seine Sache ausschließen kann, und ebenso dem in dieser Hinsicht gleichfalls unbeschränkten Inhalt des § 906 B.G.B. widersprechen.

Schon in einem Urteil des erkennenden Senats vom 12. Dezember 1900, Rep. V. 240/00, ist über diese Frage folgendes ausgeführt:

„Der Grundsatz der Prävention gilt bei der Kollision der Rechte benachbarter Eigentümer nicht. Wer sein Eigentum in einer Weise gebraucht, daß dadurch die Benutzung des Nachbargrundstücks beeinträchtigt wird, kann sich nicht darauf berufen, daß er seine Grundstücke schon früher in gleicher Art benutzt hat, ehe noch die beeinträchtigte Benutzung des Nachbargrundstücks begonnen hat, und der in der Benutzung seines Grundstücks durch Immissionen Beeinträchtigte braucht die letzteren nicht schon aus dem Grunde zu dulden, weil und insoweit sie erst mit der veränderten Benutzung seines Grundstücks schädlich geworden sind. Über die Kollision der beiderseitigen Rechte kann nur auf der Grundlage des gegenwärtigen, d. h. des Zustandes, wie er zur Zeit des Hervortretens der Kollision besteht, entschieden werden. Das gilt sowohl nach Bürgerlichem Gesetzbuch als nach früherem Recht.

Vgl. Turnau u. Förster, Liegenschaftsrecht Bd. 1 S. 285 Bem. 3 Abs. 2; Gruchot, Beiträge Bd. 25 S. 960, Bd. 27 S. 905; Seuffert, Archiv Bd. 46 S. 390.

Hierin ändert es auch nichts, wenn der Eigentümer des leidenden Grundstücks die nachteilige Einwirkung der auf dem Nachbargrundstück befindlichen Anlagen auf die veränderte Benutzung seines Grundstücks voraussehen konnte; denn dann durfte er auch annehmen, daß der Nachbar Vorkehrungen treffen werde, die bis dahin unschädlichen oder minder schädlichen Einwirkungen auf das Maß des Gemeingewöhnlichen zurückzuführen. Die Sache liegt beim Bergbau anders. ... Das nachbarrechtliche Verhältnis zwischen Grundeigentümern ist durchaus verschieden von dem Rechtsverhältnis von Bergbau und Grundeigentum."

An diesen Sätzen, die auch der Vorderrichter nach seiner Erklärung im allgemeinen nicht bekämpft, ist durchaus festzuhalten. Warum sie, wie er meint, nach Lage des Falles volle Anwendung nicht finden sollen, ist nicht ersichtlich. Das Gesetz kennt in dieser Richtung keine Ausnahme; insbesondere vermögen die Erörterungen des angefochtenen Urteils über die Notwendigkeit und Gemeinnützigkeit der Straßenbahnbetriebe und über die Unmöglichkeit, deren Wagenaufbewahrungsanlagen allzuweit hinauszuverlegen, eine Ausnahme nicht zu begründen. Wenn es auf solche allgemein menschliche, auf Gesetzesbestimmungen aber nicht fußende Erwägungen überhaupt ankäme, so könnte man den erwähnten vielleicht mit größerem Rechte die anderen entgegensetzen, daß derartig große und gemeinnützige Unternehmungen auch Mittel und Wege finden müssen und werden, wobei sie ihren Betrieb ohne besondere Störungen von Grundstücksnachbarn üben können, indem sie z. B., soweit ihnen nicht Enteignungsrechte zur Seite stehen, durch rechtzeitige Ankäufe oder Pachtungen geeignet großer, von Nachbarn nicht zu eng umgebener Plätze für ihre Hinterstellungshallen und deren ungehinderte und die Anwohner nicht beeinträchtigende Benutzung geeignete Fürsorge treffen.

Da aus den vorstehenden Gründen das zu Einrichtungen, wodurch eine wesentlich nachteilige Einwirkung durch Geräusch ausgeschlossen wird, verurteilende landgerichtliche Erkenntnis in den §§ 906. 1004 B.G.B. unter Anwendung des Art. 125 Einf.-Ges. zum B.G.B., des Art. 80 bayer. Ausf.-Ges. zum B.G.B. und des § 26 Gew.-O. begründet ist, da die hiergegen vom Berufungsrichter angeführten Gründe, wie gezeigt, unhaltbar sind, da es insbesondere auch unerheblich ist, daß die Beklagte das Grundstück Nr. 81 nur gepachtet hat, so mußte insoweit das die Entscheidung des ersten Richters aufhebende Berufungsurteil selbst aufgehoben und durch Zurückweisung der betreffenden Berufungsanschließung der Beklagten das erste Urteil wiederhergestellt werden." ...

---

54. Findet § 49 Abs. 1 G.K.G. vom 20. Mai 1898, wonach sich die Gebührensätze in der Revisionsinstanz um die Hälfte erhöhen, auf die Verhandlung und Entscheidung einer Nichtigkeitsklage, für welche nach § 584 Z.P.O. das Revisionsgericht zuständig ist, Anwendung?

III. Zivilsenat. Beschl. v. 12. April 1904 i. S. Graf v. S. (Nichtigkeitskl.) w. die Freiherren v. N. zu Z. (Nichtigkeitsbekl.). Rep. III. 299/03.

Die Frage ist bejaht worden aus folgenden

Gründen:

„Nichtigkeitskläger hat gegen das Revisionsurteil des Reichsgerichts vom 24. Februar 1903, Rep. III. 377/02, Nichtigkeitsklage erhoben, welche durch Urteil des erkennenden Senats vom 16. Februar 1904 kostenfällig abgewiesen worden ist. Für die Verhandlung und Entscheidung über diese Nichtigkeitsklage ist auf Grund der §§ 8. 18. 49 des Gerichtskostengesetzes eine um die Hälfte erhöhte volle Gerichtsgebühr mit je 135 *M* in der Gerichtskostenrechnung in Ansatz gebracht worden. Nichtigkeitskläger hat gegen diesen Ansatz Erinnerung erhoben unter der Behauptung, daß die im § 49 des Gerichtskostengesetzes für die Revisionsinstanz angeordnete Erhöhung der vollen

Gebühr auf eine bei dem Revisionsgericht erhobene Nichtigkeitsklage keine Anwendung finde, und daß für die Verhandlung und Entscheidung über die letztere nur die in den §§ 8. 18 des Gerichtskostengesetzes festgesetzten Gebühren in Betracht kämen. Nichtigkeitskläger hat demgemäß beantragt, die Verhandlungs- und die Entscheidungsgebühr von je 135 ℳ auf je 90 ℳ herabzusetzen und die Zurückzahlung der zu viel erhobenen 90 ℳ anzuordnen. Diese Erinnerung kann für begründet nicht erachtet werden.

Der § 49 Abs. 1 G.K.G. lautet: „In der Berufungsinstanz erhöhen sich die Gebührensätze um ein Vierteil, in der Revisionsinstanz um die Hälfte." Nach den Motiven der Gebührenordnung für Rechtsanwälte ist § 52 der letzteren („Für die bei dem Reichsgerichte zugelassenen Rechtsanwälte erhöhen sich die Gebührensätze in der Revisionsinstanz um drei Zehnteile") jener Bestimmung nachgebildet. Es kann nun der Erinnerung nicht zugegeben werden, daß über eine gegen ein Revisionsurteil erhobene Nichtigkeitsklage das Revisionsgericht nicht in der Revisionsinstanz, sondern in erster Instanz entscheide. Die Begründung des Entwurfs der Zivilprozeßordnung bemerkt zwar hinsichtlich der Natur dieser Klage in der allgemeinen Begründung § 11 (vgl. Hahn, Materialien zur Zivilprozeßordnung Bd. 1 S. 139), daß im Entwurf unter „Rechtsmitteln" prozessuale Rechtsbehelfe verstanden würden, wodurch Entscheidungen, welche die Rechtskraft noch nicht beschritten haben, vor einem höheren Richter angefochten werden, daß daher damit aus der Reihe der Rechtsmittel die Wiedereinsetzung in den vorigen Stand, der Einspruch, die Nichtigkeitsklage und die Restitutionsklage ausscheiden, daß diese letzteren beiden insbesondere sich stets gegen rechtskräftige Urteile richten und nicht zur Zuständigkeit eines höheren Richters gehören. Es geht aber weiter aus der besonderen Begründung des Entwurfs zu §§ 517—530 und zu § 543 (Hahn, a. a. O. S. 378 und S. 382/3) hervor, daß die Nichtigkeitsklage und die Restitutionsklage, welche unter der Bezeichnung „Wiederaufnahme des Verfahrens" zusammengefaßt werden, die Stelle außerordentlicher Rechtsmittel ohne Devolutiveffekt vertreten, bei deren Konstruktion daher der Zusammenhang mit dem Rechtsstreite, dessen Endurteil angefochten werden soll, festgehalten werden, und die Wiederaufnahme, soweit es geht, in der Instanz erfolgen muß, in welcher das durch das aufzuhebende Urteil abgeschlossene Verfahren stattfand. Im Anschluß hieran lehnen die Motive es ab, die Nichtigkeitsklage und die Restitutionsklage als selbständige Klagen zu behandeln und dementsprechend dieselben unbedingt in die erste Instanz zu verweisen, erachten es vielmehr als richtiger, daß die Klagen bei demjenigen Gericht erhoben werden, welches das aufzuhebende Urteil erlassen hat, und erörtern dann die Ausnahmen von diesem Grundsatze, nach denen das Berufungsgericht bei Anfechtung mehrerer Urteile, von welchen eines das Berufungsgericht erlassen hat, für alle Wiederaufnahmeklagen, und weiter das Berufungsgericht für bestimmte Restitutionsklagen gegen Revisionsurteile zuständig sein soll. Es ergibt sich hieraus, daß nach der Begründung zum Entwurfe der Zivilprozeßordnung die Wiederaufnahmeklagen keineswegs selbständige Klagen, losgelöst von dem früheren Rechtsstreite, sind, sondern daß sie als zu der Instanz gehörig gerechnet werden, in der die Nichtigkeits- oder Restitutionsklage verhandelt und entschieden wird, daher infolge von § 584 Z.P.O. die Nichtigkeitsklage gegen ein Revisionsurteil zur Revisionsinstanz gehört. Auch die Bestimmungen der Zivilprozeßordnung selbst entsprechen deren Begründung, daß die bezeichneten Klagen nicht als völlig selbständige Klagen zu betrachten sind, und das Berufungs- oder Revisionsgericht, insofern es für diese Klagen nach § 584 Z.P.O. zuständig ist, nicht als ein Gericht erster Instanz zu erachten ist. Es ergibt sich dies schon aus der systematischen Stellung des vierten Buches der Zivilprozeßordnung, in welchem die Wiederaufnahme des Verfahrens im unmittelbaren Anschluß an das dritte Buch über die Rechtsmittel, als welche im eigentlichen Sinne, wie bemerkt, nur Berufung, Revision und Beschwerde erscheinen, geordnet wird. Sodann stellen die §§ 578 und 590 Z.P.O. den materiellen und prozessualen Zusammenhang zwischen Wiederaufnahme und Hauptsache klar. Zwar bestimmt § 585 Z.P.O., daß auf die Erhebung der Klagen und das weitere Verfahren die allgemeinen Vorschriften, also nicht diejenigen über die Rechtsmittel, Anwendung finden. Indessen ergeben die Abänderungen dieses Grundsatzes in den §§ 586—591, daß hier in der Tat nicht eine Klage im prozessualen Sinne, welche das über solche verhandelnde und erkennende Berufungs- oder Revisionsgericht zu einem Gericht erster Instanz macht, sondern nur ein außerordentlicher Rechtsbehelf gegenüber einem in der Hauptsache erlassenen rechtskräftigen Urteile vorliegt. Demgemäß hat auch das Reichsgericht (vgl. Gruchot, Beiträge Bd. 29 S. 1128/30) durch Urteil vom 30. April 1885, Rep. I. 48/85, bereits entschieden, daß nach § 591 Z.P.O. gegen Urteile der Berufungsgerichte über eine Nichtigkeits- oder Restitutionsklage nur die Rechtsmittel gegeben sind, welche gegen deren Entscheidungen in der Hauptsache stattfinden, also z. B. gegen ein Urteil eines Landgerichts als Berufungsgerichts über eine solche Klage überhaupt kein Rechtsmittel gegeben ist. Es treffen denn auch die Motive zu § 49 G.K.G. (§ 43 des Entwurfs: Drucksachen des deutschen Reichstags, 3. Legislaturperiode II. Session 1878 Nr. 76 S. 68) durchaus auf den Fall einer gegen ein Revisionsurteil erhobenen Nichtigkeitsklage zu, wenn solche betreffs der Erhöhung der Gerichtsgebühren hinsichtlich der Berufungs- und Revisionsinstanz bemerken: „Die mit einem größeren Kostenaufwande verbundene Konstruktion der Gerichte höherer Instanz, die in den meisten Fällen vorhandene größere Schwierigkeit der rechtlichen Beurteilung, sowie endlich das anzuerkennende Bedürfnis, die höheren Instanzen gegen eine Überhäufung mit unwichtigeren Sachen zu schützen, rechtfertigen die im Entwurfe vorgeschlagene Erhöhung in der Berufungs- und in der Revisionsinstanz." Dies ist für die Verhandlung über eine Nichtigkeitsklage in der Revisionsinstanz um so zutreffender, als die Verhandlung über solche wegen § 590 Abs. 3 Z.P.O. sich leicht umfangreicher gestalten kann, als die über das Rechtsmittel der Revision. So gut wie auf den Einspruch und die Wiedereinsetzung in den vorigen Stand in der Revisionsinstanz hat daher § 49 Abs. 1 G.K.G. auch auf eine vor das Revisionsgericht gehörige Wiederaufnahme des Verfahrens Anwendung zu finden. Auch nennt das Gerichtskostengesetz im § 26 Abs. 1 Ziff. 5 die Wiederaufnahme des Verfahrens unter Verweisung auf § 589 Z.P.O. neben der Wiedereinsetzung in den vorigen Stand und den Rechtsmitteln der Berufung und der Revision. Schließlich mag erwähnt werden, daß auch § 135 G.V.G., der hinsichtlich der Zuständigkeit des Reichsgerichts in bürgerlichen Rechtsstreitigkeiten nur der Rechtsmittel der Revision und der Beschwerde gegen Endurteile und Entscheidungen der Oberlandesgerichte Erwähnung tut (vgl. auch § 8 Einf.-Ges. zum G.V.G.), offenbar davon ausgeht, daß eine vor dem Reichsgerichte zu verhandelnde Nichtigkeits- oder Restitutionsklage gegen ein Revisionsurteil als ein Teil der Revisionsinstanz, und nicht als eine in erster Instanz erhobene Klage zu erachten ist. Die Sache liegt ähnlich wie im Falle des § 943 Abs. 1 Z.P.O., in welchem Falle das Berufungsgericht ebenfalls über den Arrest oder die einstweilige Verfügung zwar zum ersten Male, aber nicht als Gericht erster Instanz entscheidet.

Vgl. Entsch. des R.G.'s in Zivils. Bd. 50 Nr. 81 S. 344.

Der erkennende Senat tritt aus allen diesen Gründen dem auch in der Literatur überwiegend,

vgl. Willenbücher, Das Kostenfestsetzungsverfahren und die Gebührenordnung für Rechtsanwälte 5. Aufl. § 52 Bem. 2 S. 155; Walter-Joachim, Gebührenordnung für Rechtsanwälte 4. Aufl. § 52 Bem. II, 2 S. 369; Meyer-Irmler, Gebührenordnung für Rechtsanwälte 3. Aufl. § 52 Bem. 2 S. 96; Rittmann, Das deutsche Gerichtskostengesetz 2. Aufl. § 49 Bem. 3 S. 271; abweichender Ansicht: Pfafferoth, Das deutsche Gerichtskostenwesen 8. Aufl. § 49 Bem. 4 S. 241 und Gebührenordnung für Rechtsanwälte 2. Aufl. § 52 Bem. 3 S. 169,

vertretenen Standpunkte bei, daß in einem Falle der vorliegenden Art § 49 Abs. 1 G.K.G. Anwendung zu finden hat."

---

55. 1. Ist der § 471 Z.P.O. auch in solchen Fällen anwendbar, in welchen schon zur Zeit der Eidesauflegung die Unmöglichkeit einer wirksamen Leistung des Eides durch den bezeichneten Schwurpflichtigen zwar tatsächlich vorlag, aber den Parteivertretern und dem Prozeßgerichte nicht bekannt war?

2. Wird in solchen Fällen die Anwendung des § 471 dadurch ausgeschlossen, daß die schwurpflichtige Prozeßpartei in der Lage war, gegen das den Eid auferlegende bedingte Endurteil ein Rechtsmittel einzulegen?

II. Zivilsenat. Urt. v. 15. März 1904 i. S. L. (Bekl.) w. S. & S. (Kl.). Rep. II. 354/03.

I. Landgericht Straßburg.
II. Oberlandesgericht Colmar.

Eine Holzhandlung hatte unter ihrer kaufmännischen Firma Klage auf Bezahlung einer Holzlieferung erhoben. Das Oberlandesgericht legte durch bedingtes Endurteil vom 21. März 1902 „der Klägerin in der Person ihres Teilhabers S.“... einen richterlichen Eid über die Höhe ihrer Forderung auf. In dem Eidesleistungstermine erklärte S., daß er nicht Teilhaber, sondern Prokurist der klägerischen Firma sei, worauf ihm der Eid nicht abgenommen wurde. Auf weitere Verhandlung hob das Oberlandesgericht durch Urteil vom 27. Juni 1902 das bedingte Endurteil vom 21. März 1902 auf, indem es folgendes erwog: Die in dem letzteren Urteil enthaltene Eidesauflage sei nur die Folge eines Irrtums der beiderseitigen Prozeßbevollmächtigten und des Gerichts über die Vertretungsbefugnis des darin benannten Schwurpflichtigen gewesen, der in Wirklichkeit schon bei der Klagerhebung nicht Teilhaber, sondern nur Prokurist der klägerischen Firma gewesen sei. Seine Erklärung im Eidesleistungstermin könne daher nicht als Eidesweigerung der Klägerin aufgefaßt werden. Vielmehr seien die Vorschriften des § 471 Z.P.O. anwendbar. Nachdem die gegen das Urteil vom 27. Juni 1902 eingelegte Revision als unzulässig verworfen, und sodann S. als Zeuge über die Höhe der klägerischen Forderung vernommen worden war, erkannte das Oberlandesgericht durch Urteil vom 15. Mai 1903 nach dem Klagantrage. Die nunmehr vom Beklagten gegen die beiden Urteile vom 27. Juni 1902 und 15. Mai 1903 eingelegte Revision wurde zurückgewiesen aus folgenden

Gründen:

„Die einzige Revisionsbeschwerde geht im wesentlichen dahin: Das Berufungsgericht habe mit Unrecht, namentlich in rechtsirrtümlicher Anwendung des § 471 Z.P.O., durch das Zwischenurteil vom 27. Juni 1902 sein bedingtes Endurteil vom 21. März 1902 aufgehoben; denn im gegebenen Falle stehe eine in der Zwischenzeit, zwischen der Eidesauflage und der Eidesabnahme, eingetretene Zustandsveränderung des Schwurpflichtigen, wie sie § 471 a. a. O. voraussetze, nicht in Frage. Vielmehr sei die Klägerin in der Lage gewesen, das bedingte Endurteil vom 21. März 1902 deshalb anzufechten, weil S., dem dadurch als angeblichem Teilhaber der klägerischen Firma ein richterlicher Eid auferlegt worden sei, in Wirklichkeit nicht Teilhaber dieser Firma, und somit zu deren Vertretung vor Gericht nicht befugt gewesen sei. Da Klägerin aber dieses Urteil habe rechtskräftig werden lassen, und S. den ihm darin auferlegten Eid nicht geleistet habe, so müsse auch die in diesem Urteile für den Fall der Nichtleistung dieses Eides festgesetzte Rechtsfolge, nämlich die Abweisung der Klage, eintreten.

Diese Beschwerde, welche sich hauptsächlich gegen das zugleich mit dem Endurteile vom 15. Mai 1903 angefochtene Zwischenurteil des Berufungsgerichts vom 27. Juni 1902 und dessen Begründung richtet, ist nicht gerechtfertigt. Es kommt hierbei im wesentlichen darauf an, ob, wie dies das Berufungsgericht angenommen hat, die Vorschriften des § 471 Z.P.O. auch in solchen Fällen anwendbar sind, in welchen schon zur Zeit der Eidesanordnung die Unmöglichkeit einer wirksamen Leistung des Eides durch den bezeichneten Schwurpflichtigen tatsächlich vorlag, aber den Parteivertretern und dem Prozeßgerichte nicht bekannt war. Diese Frage ist zu bejahen. Zwar sind im § 471 Abs. 1 ausdrücklich nur die Fälle erwähnt, daß der Schwurpflichtige stirbt, daß er zur Leistung des Eides unfähig wird, oder daß er aufhört, gesetzlicher Vertreter zu sein. Diese Fälle haben das Gemeinsame, daß ein eine wirksame Eidesleistung verhindernder Umstand in der Person des Schwurpflichtigen erst nach der Eidesanordnung eingetreten ist. Doch ist daraus nicht zu schließen, daß der Gesetzgeber die Vorschriften des § 471 ausschließlich für die darin ausdrücklich erwähnten besonderen Fälle oder überhaupt nur für solche Fälle hätte erlassen wollen, in welchen eine Unmöglichkeit der Eidesleistung erst nach der Anordnung derselben eingetreten ist. Denn einerseits bietet für die Annahme einer solchen beschränkten Absicht des Gesetzgebers die Entstehungsgeschichte des § 471 keinen Anhalt. Andererseits trifft der Zweck der darin enthaltenen Vorschriften nicht nur in Fällen der letzteren Art, sondern auch dann zu, wenn schon zur Zeit der Eidesauflage die Unmöglichkeit der Eidesleistung durch den bezeichneten Schwurpflichtigen objektiv vorlag, aber den beim Prozeßverfahren unmittelbar Beteiligten, also namentlich den Prozeßbevollmächtigten, und dem Prozeßgerichte nicht bekannt war, sich vielmehr erst nachträglich herausgestellt hat; denn auch beim Vorliegen der letzteren Voraussetzungen würde, wenn die Vorschriften des § 471 nicht anwendbar wären, die zwar bei der Eidesanordnung schon vorhandene, aber erst nachträglich sich herausstellende Unmöglichkeit der Abnahme des auferlegten Eides für die betreffende

Partei in der Regel dieselbe unbillige Benachteiligung zur Folge haben, wie die erst nach der Eidesanordnung eingetretene Unmöglichkeit einer Abnahme des Eides. Ein entscheidender Grund gegen die Anwendbarkeit dieser Vorschriften in dem gegebenen Falle kann auch daraus nicht hergeleitet werden, daß die Klägerin in der Lage war, gegen das bedingte Endurteil des Berufungsgerichts vom 21. März 1902, wodurch ihrem angeblichen Teilhaber S. der fragliche Eid auferlegt worden war, ein Rechtsmittel einzulegen. Denn da der Gesetzgeber für den Fall, daß eines der in § 471 Abs. 1 Z.P.O. ausdrücklich erwähnten Ereignisse zwar nach der Eidesauflage, aber vor Eintritt der Rechtskraft des dieselbe enthaltenden bedingten Endurteils eintreten sollte — was ja vorkommen kann —, die daselbst bestimmten Befugnisse der Parteien weder ausgeschlossen noch beschränkt hat, so ist anzunehmen, daß diese Befugnisse den Parteien ohne Rücksicht darauf haben eingeräumt werden sollen, ob sie etwa in der Lage waren, gegen ein solches Urteil ein Rechtsmittel einzulegen, und ob sie bezüglich der Nichteinlegung ein Verschulden trifft, oder nicht. Überdies spricht für die Anwendbarkeit der fraglichen Bestimmungen gerade in Fällen der hier in Rede stehenden Art der weitere Umstand, daß in denselben die Eidesanordnung auf einer irrtümlichen Annahme des Prozeßgerichts beruht, und daß es daher als angemessen erscheint, dann, wenn sich nachträglich die Vollziehung dieser Anordnung aus einem Grunde, der zur Zeit der Erlassung derselben zwar schon vorhanden, aber dem Gericht nicht bekannt war, als unausführbar erweist, dem Gericht selbst, das irrtümlich die fragliche Anordnung erlassen hat, eine anderweite, der wirklichen Sachlage entsprechende Anordnung oder Entscheidung zu überlassen.

Alle diese Gründe rechtfertigen die Annahme, daß die Vorschriften des § 471 Z.P.O. auch in dem gegenwärtigen Falle anwendbar sind. In diesem Sinne hat auch schon das Reichsgericht in ähnlichen Fällen wiederholt erkannt,

vgl. die Urteile des V. Zivilsenats vom 25. Januar 1890 und des III. Zivilsenats vom 9. Dezember 1898, abgedruckt in Seuffert's Archiv Bd. 45 S. 371 flg. und Bd. 54 S. 350,

und es besteht nach vorstehenden Ausführungen auch für den erkennenden Senat kein Anlaß, von dieser einem praktischen Bedürfnisse entsprechenden Rechtsansicht abzuweichen.

Wenn hiernach der vorliegende Fall nach § 471 Z.P.O. zu beurteilen ist, so erscheint die Aufhebung des die unausführbare Eidesanordnung enthaltenden bedingten Endurteils vom 21. März 1902 und die Erlassung einer neuen Entscheidung durch das Berufungsgericht auf Grund der durch § 471 Abs. 1 ausdrücklich gestatteten neuen Beweiserhebung ohne weiteres als durch die Bestimmungen des § 471 Abss. 1 u. 3 gerechtfertigt; denn aus der letzteren ergibt sich klar, 1. daß die Anwendung dieser Vorschriften auch nicht dadurch ausgeschlossen wird, daß die fragliche Eidesauflage in einem zugleich bedingt über den streitigen Anspruch erkennenden rechtskräftigen Endurteile enthalten ist, und 2. daß infolge der Anwendung des § 471 das letztere Urteil vollständig, namentlich auch insoweit unwirksam wird, als darin bedingt über den streitigen Anspruch selbst entschieden ist.

Vgl. außer den zwei angeführten auch das Urteil des VI. Zivilsenats des Reichsgerichts vom 4. Mai 1899, Jurist. Wochenschr. von 1899 S. 370 Nr. 20." ...

---

56. 1. **Kann in den Belästigungen der Nachbaren durch das unzüchtige Treiben in einem Grundstücke eine Einwirkung im Sinne des § 906 B.G.B. gefunden werden?**

2. **Kann unter Umständen von den Nachbaren auf Einstellung solchen Treibens auf Grund des § 826 B.G.B. geklagt werden?**

V. Zivilsenat. Urt. v. 9. April 1904 i. S. E. (Bekl.) w. S. (Kl.). Rep. V. 15/04.

I. Landgericht Düsseldorf.
II. Oberlandesgericht Köln.

Von den obigen Fragen hat das Reichsgericht die erste verneint, die zweite bejaht aus folgenden

Gründen:

„Der Berufungsrichter gründet sein Urteil auf die von ihm für erwiesen erachteten Tatsachen, daß die Häuser der Parteien in einer „durchaus anständigen" Straße liegen, daß die Beklagte in ihrem

Hause eine Dirne hält oder selbst die Unzucht gewerbsmäßig betreibt, daß oft, und zwar auch in der Nacht, mehrere Wagen vor das Haus der Beklagten vorfahren und dort halten, und daß die Klägerin infolge des Treibens im Nachbarhause genötigt worden ist, die Mietpreise ihres Hauses herabzusetzen. Den Antrag auf Erlassung des Verbots, Personen zu unsittlichen Zwecken aufzunehmen, hält er nach §§ 823. 826 B.G.B. für gerechtfertigt; das Verbot, in dem Hause unsittlichen Verkehr zu unterhalten, gründet er auf § 906 in Verbindung mit § 1004 B.G.B. Nach beiden Richtungen hin sind die Ausführungen des Berufungsrichters nicht bedenkenfrei.

Was zunächst die Anwendung des § 906 (in Verb. mit § 1004) anlangt, so hat der erkennende Senat bereits (Entsch. des R.G.'s in Zivils. Bd. 50 S. 226 flg.) dargelegt, daß diese Vorschrift lediglich von sinnlich wahrnehmbaren (wenn auch imponderabeln) Hinüberwirkungen in fremde Grundstücke handelt, und daß der Begriff der immateriellen oder idealen Immission dem Bürgerlichen Gesetzbuch fremd ist. Hieran wird festgehalten. Da nun unzweifelhaft der Betrieb der Unzucht an sich auf fremde Grundstücke nicht hinüberwirkt, so kann § 906 nur Anwendung finden, wenn und soweit jener unsittliche Betrieb von Umständen begleitet wird, die im Sinne dieser Vorschrift auf die Nachbargrundstücke einwirken. Der Berufungsrichter stellt nur fest, daß oft mehrere Wagen vor das Haus der Beklagten vorfahren und dort halten. Das reicht aber zur Annahme einer wesentlichen Beeinträchtigung der Klägerin in der Benutzung ihres Hauses nicht aus. Überdies würde es an der gesetzlichen Voraussetzung fehlen, daß die Einwirkung (das durch die Wagen verursachte Geräusch) von dem Grundstücke der Beklagten ausgeht. Freilich hat die Klägerin Tatsachen behauptet, aus denen sich unstatthafte Einwirkungen auf ihr Grundstück ergeben würden; aber der Berufungsrichter hat in dieser Beziehung keine Feststellungen getroffen.

Es ist noch zu untersuchen, ob das unzüchtige Treiben in dem Hause der Beklagten, abgesehen von jenen Nebenwirkungen, den Klagantrag zu 1 rechtfertigt. Daß aus jenem Treiben ein Schaden für die Klägerin entstanden ist, stellt der Berufungsrichter fest. Für diesen Schaden macht er die Beklagte in erster Reihe auf Grund des § 823 B.G.B. verantwortlich. Allein diese Vorschrift paßt auf den vorliegenden Fall nicht; denn sie setzt im Abs. 1 die Verletzung fremden Eigentums und im Abs. 2 den Verstoß gegen ein den Schutz eines anderen, also wenn es sich um Schädigung des Eigentums handelt, ein den Schutz fremden Eigentums bezweckendes Gesetz voraus. In fremdes Eigentum wird aber durch den bloßen Betrieb der Unzucht nicht eingegriffen, und die Gesetze, die den Betrieb der gewerbsmäßigen Unzucht und die Kuppelei (Bordellbetrieb) unter Strafe stellen (§§ 361 Nr. 6 und 180 St.G.B.), bezwecken nicht den Schutz fremden Eigentums. Es kann daher nur § 826 B.G.B. in Frage kommen, der eine wichtige Ergänzung des § 823 enthält. Nach § 826 ist, wer in einer gegen die guten Sitten verstoßenden Weise einem anderen vorsätzlich Schaden zufügt, dem anderen zum Ersatze des Schadens verpflichtet. Hier ist nicht Voraussetzung, daß das Eigentum oder ein anderes Recht eines anderen verletzt, oder gegen ein Schutzgesetz verstoßen ist. Daß das Treiben in dem Hause der Beklagten gegen die guten Sitten verstößt, gleichviel ob sie fremde Frauenspersonen zum gewerbsmäßigen Betriebe der Unzucht hält, oder ob sie selbst die Unzucht gewerbsmäßig betreibt, kann nicht bezweifelt werden. Erforderlich aber ist die Feststellung, daß der der Klägerin durch jenen Betrieb entstandene Schaden ihr von der Beklagten **vorsätzlich** zugefügt worden ist. In dieser Beziehung nimmt der Berufungsrichter für erwiesen an, daß die Beklagte sich zum wenigsten der Möglichkeit eines schädigenden Einflusses auf nachbarliche Rechte habe bewußt sein müssen. Das reicht aber zur Feststellung des Vorsatzes nicht aus. Zum Begriffe des Vorsatzes gehört zwar nicht die Absicht (der Schädigung), was sich daraus ergibt, daß das Bürgerliche Gesetzbuch in den Fällen, wo es ein absichtliches Handeln oder Unterlassen verlangt, dies durch einen besonderen Zusatz ausdrückt (z. B. „Arglist" in den §§ 123 Abs. 1. 318 Abs 2. 443. 476. 1334. 1337 Abs. 2. 2339 Ziff. 3, oder „Böswilligkeit" in den §§ 324 Abs. 1 Satz 2. 615 Satz 2. 649 Satz 2. 2333 Ziff. 4); aber es ist begrifflich erforderlich das Bewußtsein, daß die Handlung oder Unterlassung den schädlichen Erfolg haben werde. Der Erfolg muß also vorausgesehen, und dennoch die Handlung vorgenommen sein. Daß die Beklagte des schädlichen Erfolges sich hätte bewußt sein **können** oder **müssen**, würde nur die Annahme einer Fahrlässigkeit rechtfertigen; Fahrlässigkeit reicht aber zur Anwendung des § 826 nicht aus. Der Berufungsrichter hat sonach den Begriff des Vorsatzes verkannt. Da er aber nicht festgestellt hat, daß die Beklagte das erforderliche Bewußtsein nicht gehabt habe, wird er die Sache auch in dieser Beziehung einer nochmaligen Prüfung zu unterwerfen haben.

Aus den angeführten Gründen mußte auf Aufhebung des Berufungsurteils und auf Zurückverweisung der Sache in die Berufungsinstanz erkannt werden. Kommt der Berufungsrichter auf Grund der erneuten Verhandlung zur Feststellung der Voraussetzungen des § 826 B.G.B., so würde der Verurteilung der Beklagten nach dem Klagantrage zu 1 kein Bedenken entgegenstehen; denn der Ausführung des Berufungsrichters, daß die Klägerin bei Fortsetzung des unsittlichen Treibens auf dem Grundstücke der Beklagten fortdauernd in ihrem Vermögen geschädigt werden würde, und daß ihr daher neben dem Anspruch auf Ersatz des bereits entstandenen Schadens auch der Anspruch auf Unterlassung künftiger schädigender Handlungen zusteht, ist lediglich beizutreten.

Vgl. Entsch. des R.G.'s in Zivils. Bd. 25 S. 347, Bd. 38 S. 383, Bd. 48 S. 120.

Beim Vorliegen des § 906 B.G.B. würde das Recht der Klägerin, Einstellung zu verlangen, vollends außer Zweifel sein."

---

57. Können bei einer Teilenteignung die allgemeinen Vorteile, die dem Restbesitze des Eigentümers aus dem Unternehmen erwachsen, zu dessen Zwecken die Enteignung erfolgt, aufgerechnet werden gegen die Entschädigung a) für den enteigneten Teil, b) für die dem Restbesitz des Eigentümers aus dem Unternehmen erwachsenden Nachteile, namentlich in den Fällen neuer Straßenanlagen?

VII. Zivilsenat. Urt. v. 2. Februar 1904 i. S. Stadtgemeinde E. (Bekl.) w. P. (Kl.). Rep. VII. 420/03.

I. Landgericht Essen.
II. Oberlandesgericht Hamm.

Das Reichsgericht hat die vorstehende Frage verneint aus folgenden, auch das Sachverhältnis, soweit erforderlich, ergebenden

Gründen:

„Die Revision der Beklagten betrifft allein den folgenden Punkt. Es führte bereits bisher ein Weg an dem klägerischen Besitztum entlang, den der Kläger benutzte, um von dort mit Fuhren auf sein als Lagerplatz dienendes Grundstück zu gelangen. Die Enteignung der klägerischen Grundstücksteile erfolgte zum Zweck der Erbreiterung dieses Weges, d. i. der jetzt „Waldthausenerstraße" genannten Fortsetzung der Hofterbergstraße. In Zusammenhang mit dieser Verbreiterung fand zum Zweck der Unterführung unter der den Straßenzug schneidenden Eisenbahn eine Tieferlegung der jetzigen Waldthausenerstraße statt, welche einen teilweise bis zu 5 Meter steigenden Höhenunterschied zwischen der Oberfläche des klägerischen Restgrundstücks und derjenigen der Straße zur Folge hatte. Die Vorderrichter nahmen an, daß, wenngleich das klägerische Restgrundstück noch von einer anderen Straße her eine Zufahrt habe, doch für den Kläger das Bedürfnis weiter bestehe, auch von der Waldthausenerstraße eine Fahrtverbindung zwischen dieser und seinem Grundstück zu haben. Diese Fahrtverbindung läßt sich wegen des Höhenunterschiedes nur herstellen durch Anlage einer gepflasterten und mit Seitenmauern versehenen Rampe. Die Vorderrichter sprachen daher dem Kläger seinem Antrage gemäß den Betrag der Herstellungskosten dieser Rampe zu. Das Restgrundstück des Klägers bedurfte ferner wegen seines steilen Abfalls zur Waldthausenerstraße zur Sicherung seiner Standfestigkeit einer Abböschung. Die Kosten hierfür sowie außerdem der Ersatz der ihm durch die Abböschung entzogenen Nutzung der hierzu erforderlichen Fläche wurden dem Kläger antragsgemäß ebenfalls von beiden Vorderrichtern zugesprochen. Die Beklagte bestritt schon in der Vorinstanz, zum Ersatz dieser für den Kläger aus der neuen Anlage entspringenden Nachteile verpflichtet zu sein, weil diese Nachteile durch den aus der neuen Straßenanlage dem Restgrundstück des Klägers zufließenden Vorteil wieder aufgewogen würden, welcher darin bestehe, daß das Grundstück nunmehr an der neuen Straße zu Bauplätzen verwertet werden könne. Der Berufungsrichter lehnte eine solche Aufrechnung der Vorteile mit den Nachteilen ab. Hierdurch erachtete sich die verklagte Stadtgemeinde für beschwert und stellte, unter Festhaltung ihres grundsätzlichen Standpunktes, in gegenwärtiger Instanz von neuem das Begehren, daß die Aufrechnung der aus der neuen Anlage für den Kläger erwachsenden Vorteile mit den für ihn daraus entstehenden Nachteilen zugelassen werde.

Die Auffassung der Revisionsklägerin kann indes nicht geteilt werden.

Die Frage, ob oder inwieweit bei der Teilenteignung die für das Restgrundstück aus der neuen Anlage — zu deren Zwecken die Enteignung erfolgt ist — erwachsenden Vorteile gegen die Enteignungsentschädigung aufgerechnet werden dürfen, ist von jeher streitig gewesen und hat sowohl in der deutschen wie in der ausländischen Gesetzgebung eine verschiedene Beantwortung erfahren. Es kommt dabei im weiteren in Frage, ob nur die Vorteile, die besonders und allein dem Restgrundstück des von der Enteignung betroffenen Grundeigentümers aus der neuen Anlage zufließen, zur Aufrechnung zu stellen sind, oder auch die allgemeinen Vorteile, die der Eigentümer des Restgrundstücks gleich allen benachbarten Grundstücksbesitzern aus der neuen Anlage gewinnt, sowie ob die Aufrechnung zu geschehen hat gegen die gesamte Entschädigung, also auch gegen diejenige für den enteigneten Teil, oder nur gegen die Wertminderung, die das Restgrundstück durch die neue Anlage erleidet. Danach ergeben sich gemäß den beiden Einteilungsgründen, womit und worauf aufgerechnet werden soll, folgende fünf Auffassungen, welche sämtlich in der Literatur Vertretung gefunden haben, während in der Gesetzgebung nur einzelne von ihnen zur Geltung gelangt sind.

1. Das Extrem bildet auf der einen Seite die hauptsächlich in der älteren deutschen Literatur (Häberlin, Treichler, Meyer, Rohland ꝛc), übrigens zum Teil auch noch in der Gegenwart (vgl. u. a. z. B. Layer, Prinzipien des Enteignungsrechtes [1902] S. 557) vertretene Ansicht, daß eine Aufrechnung überhaupt nicht zu geschehen habe, weder mit den besonderen, noch mit den allgemeinen Vorteilen, und weder auf die ganze Entschädigung, noch auch nur auf den Minderwert des Restgrundstücks.

2. Das Extrem auf der anderen Seite, Aufrechnung mit allen Vorteilen, besonderen und allgemeinen, auf die ganze Entschädigung, wird vornehmlich von Eger in seinem Kommentar zum preußischen Enteignungsgesetze sowie an anderer Stelle verteidigt. In der Mitte liegen die folgenden Ansichten.

3. Es sollen nur die besonderen Vorteile zur Anrechnung kommen,

diese aber auf die ganze Entschädigung (Oertmann, Die Vorteilsausgleichung [1901] S. 166. 167).

4. Ein Ausgleich ist nur statthaft gegenüber der Wertminderung des Restgrundstücks, insoweit aber nicht nur mit den besonderen, sondern auch mit den allgemeinen Vorteilen (vgl. u. a. Schelcher, Rechtswirkungen der Enteignung [1883] S. 428 flg. und Kommentar zum sächsischen Enteignungsgesetz vom 24. Juni 1902 S. 78 und 303).

5. Der Ausgleich hat nur zu geschehen mit den besonderen Vorteilen und nur gegenüber dem Minderwert des Restgrundstücks (vgl. u. a. Grünhut, Enteignungsrecht [1873] S. 125 flg.; Loebell, Kommentar zum preußischen Enteignungsgesetz S. 71 flg.; Sieber, Das Recht der Expropriation [1889] S. 229 flg.).

In der deutschen Gesetzgebung haben die unter Nr. 1 und 2 bezeichneten Extreme in der älteren thüringischen Gesetzgebung einerseits, sowie in der hamburgischen andererseits ihren Ausdruck gefunden, während die neuere Gesetzgebung in Württemberg (1888), Lübeck (1898) und Sachsen (1902) sich auf den unter Nr. 4 gekennzeichneten Standpunkt gestellt hat.

Für das Gebiet des preußischen Enteignungsgesetzes vom 11. Juni 1874 hat das Reichsgericht in ständiger Rechtsprechung an dem Grundsatz festgehalten, daß eine Anrechnung der für das Restgrundstück erwachsenden Vorteile, welcher Art diese auch sein mögen, auf die für den enteigneten Grundstücksteil zu gewährende Entschädigung schlechthin unzulässig sei.

Vgl. Urt. vom 12. Januar 1898, Jurist. Wochenschr. 1898 S. 176 Nr. 60 und zum Teil die dort angeführten Urteile.

Hierbei muß es nach der Ansicht des erkennenden Senats unbedingt verbleiben. Es kann nicht die anderenfalls sich ergebende Möglichkeit zugelassen werden, daß der Eigentümer für die Entziehung seines Eigentums von dem Unternehmer nichts erhält. Drei Senate des Reichsgerichts haben aber ferner ausgesprochen, daß auch die Anrechnung auf den Minderwert des Restgrundstücks ausgeschlossen sei, sofern es sich um die Anrechnung der allgemeinen, nicht nur für den Eigentümer des Restgrundstücks, sondern auch für alle benachbarten Grundstückseigentümer durch die neue Anlage geschaffenen Vorteile handelt.

Vgl. die Urteile des V. Zivilsenats vom 9. November 1887, 7. März

1887 und 29. Januar 1896, Gruchot, Beiträge Bd. 32 S. 716, Jurist. Wochenschr. 1888 S. 171 Nr. 25, 1896 S. 162 Nr. 88; des II. Zivilsenats vom 16. Mai 1890, Jurist. Wochenschr. 1890 S. 212 Nr. 40, und des VI. Zivilsenats vom 19. Dezember 1892, Jurist. Wochenschr. 1893 S. 109 Nr. 51.

Nun erscheint es allerdings zweifelhaft, ob die in jenen Urteilen geltend gemachten allgemeinen Gründe für den aufgestellten Rechtssatz nicht einer Widerlegung fähig sein möchten. Wenn darauf hingewiesen wird, es sei unbillig und ungerecht, daß bei einer Teilenteignung der Eigentümer des Restgrundstücks die allgemeine aus der neuen Anlage für ihn erwachsende Wertserhöhung seines Grundstücks sich auf die von ihm zu erleidenden Nachteile zugute rechnen lassen solle, während die benachbarten, von der Enteignung unberührt gebliebenen Grundeigentümer diesen Vorteil umsonst genössen, so ließe sich darauf mit Eger und Schelcher a. a. O. wohl erwidern, daß der Eigentümer bei der Teilenteignung zu dem Unternehmer bzw. dem Unternehmen, für welches die Enteignung erfolgt, in ein besonderes Verhältnis tritt, das sich auch zu seinem besonderen Vorteil geltend macht. Er wird nämlich nach der festen und gleichmäßigen Rechtsprechung des Reichsgerichts auch für diejenigen allgemeinen, seinem Restgrundstück aus der Enteignung bzw. der neuen Anlage erwachsenden Nachteile entschädigt, welche die bei der Enteignung unbeteiligten Nachbarn ohne Ersatz tragen müssen. Es dürfte sich fragen, ob nicht dieser, in weiter Ausdehnung von dem Reichsgericht angewandte Grundsatz andererseits auch die Anrechnung der allgemeinen Vorteile im Gefolge haben müßte. Wenn ferner in dem reichsgerichtlichen Urteil vom 16. Mai 1890, offensichtlich in Anlehnung an v. Rohland, Zur Theorie und Praxis des deutschen Enteignungsrechts S. 84, dargelegt wird, es handle sich in diesen Fällen um Tatsachen, die aus verschiedenen Ursachen stammten; denn der Nachteil entspringe aus der Enteignung, der Vorteil aus der neuen Anlage, so dürfte dieser Erwägung wohl nicht mit Unrecht die andere entgegenzustellen sein, daß es keine abstrakte Enteignung gibt, sondern daß die Enteignung stets für ein bestimmtes, konkretes Unternehmen erfolgt, welches eben den Zwang zur Abtretung rechtfertigt. Es dürfte sich daher die Enteignung von dem Unternehmen, dessen Zwecken sie dient, nicht in solcher Weise trennen lassen. Auch was sich sonst noch an allgemeinen Gründen für die Ablehnung der Anrechnung anführen läßt, möchte gewichtigen Gegengründen begegnen. Allein darin pflichtet der erkennende Senat unumwunden der bisherigen Rechtsprechung des Reichsgerichts bei, daß die streitige Frage für den Bereich des preußischen Enteignungsgesetzes vom 11. Juni 1874 durch den Willen des Gesetzgebers zugunsten einer Ablehnung der Aufrechnung mit den allgemeinen Vorteilen entschieden ist, und zwar jedenfalls zugunsten der Ablehnung einer Aufrechnung mit den aus einer neuen Straßenanlage entstehenden allgemeinen Vorteilen. Allerdings läßt sich dafür wohl kaum, wie der Berufungsrichter es tut, der Abs. 2 des § 10 des Enteignungsgesetzes verwerten; denn diese Bestimmung spricht ausdrücklich nur von der Wertserhöhung, welche das abzutretende Grundstück infolge der neuen Anlage erhält, und wenn nach dem Wortlaut hieraus ein Schluß gezogen werden soll, so möchte dieser eher dahin zu ziehen sein, daß die Wertserhöhung, welche das dem Eigentümer verbleibende Grundstück erfährt, nicht außer Anschlag zu lassen sei, als nach der umgekehrten Richtung. Auch ist es nicht richtig, wenn das Berufungsgericht sich auf das Urteil des Reichsgerichts (Entsch. dess. in Zivils. Bd. 44 S. 287) berufen zu können meint; an jener Stelle wird von dem § 10 Abs. 2 a. a. O. gar nicht gehandelt. Dagegen muß anerkannt werden, daß jener Wille des Gesetzgebers in den Verhandlungen über das Enteignungsgesetz zum klaren und bestimmten Ausdruck gelangt ist. Fünfmal ist von der Staatsregierung der Entwurf eines Enteignungsgesetzes dem Landtage vorgelegt worden, ehe das Gesetz zustande kam, und zwar zweimal zuerst dem Herrenhause, dreimal zuerst dem Abgeordnetenhause. In der Begründung zu dem ersten, dem Herrenhause im Jahre 1868 vorgelegten Entwurf heißt es (Aktenstücke des Herrenhauses 1868 Nr. 10 S. 55), die Wertserhöhung, welche das Grundstück durch das Unternehmen selbst erlange, könne weder für die Wertsbestimmung des expropriierten noch des dem Besitzer verbliebenen Grundstücks maßgebend sein. Dagegen nahm das Herrenhaus eine von seiner Kommission beschlossene Bestimmung (§ 9a) an, welche folgenden Wortlaut hatte (Aktenstück Nr. 37 S. 27):

„Findet eine teilweise Eigentumsentziehung zum Zwecke der Anlage neuer Straßen statt, so muß bei der Bemessung der Entschädigung der Mehrwert in Gegenrechnung gestellt werden, welchen das Restgrundstück dadurch erhält, daß es infolge der neuen Straßenanlage als Baustelle in der neuen Straßenfront nutzbar wird. Ist der Eigentümer mit dieser Gegenrechnung nicht zufrieden, so kann derselbe verlangen, daß der Unternehmer sein ganzes Grundstück gegen Entschädigung übernehme."

Dieser Entwurf kam im anderen Hause nicht mehr zur Beratung und Beschlußfassung. In dem ein Jahr darauf (1869) wiederum dem Herrenhause zuerst vorgelegten neuen Entwurf der Staatsregierung hatte jener § 9a keine Aufnahme gefunden. In der Begründung des Entwurfs (S. 55) wird wiederum die Anrechnung der allgemeinen Vorteile abgelehnt, und nur noch bemerkt, ob bei Straßenanlagen in größeren Städten von dieser Regel eine Ausnahme zu machen sei, müsse dem künftigen Wegebaugesetze vorbehalten bleiben. Das Herrenhaus nahm indessen wieder die mitgeteilte Bestimmung an. Das Abgeordnetenhaus selbst gelangte nicht mehr zu einer Beschlußfassung hierüber; jedoch wurde in der bestellten Kommission die vom Herrenhaus beschlossene Vorschrift gestrichen. In den übrigen, dem Abgeordnetenhause zuerst vorgelegten Entwürfen fand sich, da die Staatsregierung an ihrem Standpunkte festhielt, eine Bestimmung jenes Inhalts nicht, was vom Abgeordnetenhause auch gebilligt wurde. Als endlich das Herrenhaus zum letztenmal, nämlich 1874, mit dem Entwurf sich zu beschäftigen hatte, nahm es, um das Zustandekommen des Gesetzes nicht zu gefährden, davon Abstand, jenen Zusatz in den Entwurf wieder einzufügen, beschloß aber eine Resolution, durch welche die Staatsregierung um baldige Vorlage eines Gesetzentwurfs ersucht wurde, durch den die Pflichten der Gemeinden und Adjazenten in bezug auf die Anlegung neuer oder Regulierung vorhandener Ortsstraßen in entsprechender Weise geregelt werde. Diese von dem Herrenhause begehrte gesetzliche Ordnung ist erfolgt durch das Fluchtliniengesetz vom 2. Juli 1875, insbesondere durch dessen § 15. Mit völliger Sicherheit und Deutlichkeit lassen Inhalt und Gang dieser Verhandlungen erkennen, daß es der übereinstimmende Wille aller gesetzgebenden Faktoren war, es solle bei der zum Zwecke einer neuen Straßenanlage erfolgenden Teilenteignung der allgemeine für das Restgrundstück erwachsende Vorteil auf die Entschädigung nicht zur Anrechnung gelangen, und zwar überhaupt nicht, also auch nicht auf diejenige für die durch die Enteignung oder die neue Anlage herbeigeführte Wertsminderung des Restgrundstücks. Der Gedanke war hierbei leitend, daß einerseits dieser allgemeine Vorteil, weil er an sich allen mit ihren Grundstücken an der neuen Straße belegenen Eigentümern gleichmäßig zugute komme, ohne Unterschied, ob sie von der Enteignung betroffen würden, oder nicht, auch den Eigentümern der einer Teilenteignung unterworfenen Grundstücke in gleichem Maße wie den übrigen Eigentümern, mithin ungeschmälert durch eine Aufrechnung mit den Nachteilen der Enteignung, verbleiben solle, daß aber andererseits auch, soweit eine allgemeine Abgeltung dieser Vorteile durch einen Beitrag zu den Straßenherstellungskosten stattfinde, diese die von der Enteignung berührten Eigentümer ebenso und in gleichem Maße zu treffen habe, wie die anderen. Daraus gewinnt eine neue Beleuchtung die Richtigkeit des vom V. Zivilsenat aufgestellten (Jurist. Wochenschr. 1888 S. 47 Nr. 109) und auch schon vom erkennenden Senat angenommenen Grundsatzes, daß bei der Teilenteignung der Eigentümer im Enteignungsverfahren nicht Ersatz für den zukünftigen nach § 15 des Fluchtliniengesetzes von ihm zu leistenden Beitrag zu den Kosten der neuen Straßenanlage fordern könne. Andererseits wirft der § 15 des Fluchliniengesetzes wieder rückwärts ein Licht auf den Sinn, in welchem die Bestimmungen des Enteignungsgesetzes über die Entschädigung zu verstehen sind. Aus dem Zusammenhang beider Gesetze ergibt sich unzweideutig der oben näher gekennzeichnete Wille des Gesetzgebers. Danach ist dem Begriff der Entschädigung, der an sich ein so weit gespannter ist, daß er mit dem verschiedensten Inhalt gefüllt werden kann, im Enteignungsgesetze durch den Gesetzgeber der bestimmte Sinn und Inhalt gegeben worden, daß hier darunter nur eine solche Entschädigung zu verstehen ist, bei welcher eine Anrechnung der in Rede stehenden allgemeinen Vorteile auf die Wertsminderung des Restgrundstücks nicht stattfindet.

Demgemäß war das Begehren der Beklagten als unbegründet zurückzuweisen.

Übrigens würden auch vom allgemeinen Standpunkt aus im gegenwärtigen Falle ihrem Verlangen Bedenken entgegenstehen. Es handelt sich hier nämlich um Ersatz barer Aufwendungen, die der Kläger machen muß, um sein Restgrundstück in der bisherigen Weise weiter benutzen zu können. Auch wenn man von allgemeinen Erwägungen aus, ohne die Fessel positiver gesetzlicher Bindung, die Aufrechnung aller für das Restgrundstück entstehenden Vorteile mit den Nachteilen für gerechtfertigt erachtet, möchte es doch fraglich sein (vgl. Sieber, a. a. O. S. 237), ob nicht die Aufrechnung ausgeschlossen sein muß, wenn es sich um die Ausgleichung zwischen dem noch gar nicht realisierten und zunächst nur etwa durch Aufnahme einer Hypothek realisierbaren Mehrwert des Restgrundstücks und derartigen positiven und notwendigen baren Aufwendungen handelt.

Endlich sei bemerkt, daß über die Frage, ob auch die Anrechnung besonderer für das Restgrundstück erwachsender Vorteile ausgeschlossen ist, durch das vorstehende Urteil nicht entschieden ist. Auch der V. Zivilsenat hat diese Frage nicht beantwortet (Gruchot, a. a. O. S. 717)."

---

58. Kann die unter Zurücknahme der Berufung gegen das die Ehe der Parteien scheidende Urteil von dem einen Teile eines jüdischen Ehepaares dem anderen gegenüber übernommene Verbindlichkeit, in die jüdische rituelle Scheidung zu willigen und die nach den mosaischen Vorschriften hierzu erforderlichen Erklärungen abzugeben, den möglichen Gegenstand einer rechtlichen, mit Hilfe der staatlichen Organe im Wege der Klage und Zwangsvollstreckung durchführbaren Verpflichtung bilden?

VII. Zivilsenat. Urt. v. 16. Februar 1904 i. S. B. (Kl.) w. B. Ehefr. (Bekl.). Rep. VII. 405/03.

I. Landgericht Posen.
II. Oberlandesgericht daselbst.

In einem Vorprozeß klagte der Kläger gegen die Beklagte, seine Ehefrau, auf Ehescheidung. Die Beklagte beantragte Abweisung der Klage und erhob ihrerseits Widerklage auf Ehescheidung. Durch Urteil des Landgerichts vom 9. Februar 1899 wurde der Kläger mit der Klage abgewiesen, dagegen auf die Widerklage die Ehe der Parteien geschieden, und der Kläger für den allein schuldigen Teil erklärt. Gegen dieses Urteil legte der Kläger Berufung ein, indem er beantragte, in erster Linie, die Widerklage abzuweisen und auf die Klage die Ehe der Parteien zu trennen, sowie die Beklagte für den allein schuldigen Teil zu erklären, in zweiter Linie, den Kläger nicht für den allein schuldigen Teil zu erklären.

Die Beklagte beantragte Zurückweisung der Berufung. Nach einer Beweisaufnahme schlossen die Parteien vor dem Berufungsgericht in dessen Sitzung vom 20. September 1899, in welcher sie persönlich anwesend waren, einen Vergleich, der, wie folgt, im Sitzungsprotokoll beurkundet ist.

„Die Parteien schlossen folgenden Vergleich:

Der Kläger nimmt die Berufung gegen das Urteil der III. Zivilkammer des Landgerichts zu Posen vom 9. Februar 1899 zurück.

Die Beklagte verzichtet auf die vermögensrechtlichen Ansprüche, welche ihr auf Grund der Tatsache zustehen, daß der Kläger und Widerbeklagte durch das vorgedachte Urteil für den allein schuldigen Teil erklärt worden ist.

Der Kläger und Widerbeklagte verpflichtet sich zugleich, nach erfolgter Vermögensauseinandersetzung in die rituelle Scheidung zu willigen und die nach den Vorschriften der mosaischen Religion erforderlichen diesbezüglichen Erklärungen auf Verlangen der Beklagten abzugeben.

Der Kläger und Widerbeklagte übernimmt die Kosten des Rechtsstreits; er soll jedoch berechtigt sein, die Hälfte dieser Kosten bei der demnächstigen Vermögensauseinandersetzung von dem Guthaben der Beklagten in Abzug zu bringen."

Das damalige Berufungsgericht erachtete den Rechtsstreit dadurch für beendigt. Die Vermögensauseinandersetzung erfolgte demnächst; dagegen weigerte sich der Kläger, gemäß dem Vergleich die nach den Vorschriften der mosaischen Religion zur rituellen Scheidung erforderlichen Erklärungen abzugeben, als die Beklagte solche von ihm verlangte. Die Beklagte beantragte darauf, durch Geldstrafen den Kläger zur Erfüllung der übernommenen Verpflichtung anzuhalten. Diesem Antrage wurde auch von dem Landgerichte entsprochen, und zunächst dem Kläger eine Geldstrafe von 500 ℳ angedroht, späterhin diese festgesetzt, und eine weitere Geldstrafe von 1000 ℳ angedroht. Die Beschwerden hiergegen blieben, zum Teil aus formellen Gründen, erfolglos.

Nunmehr stellte der Kläger gegen die Beklagte Klage an mit

dem Antrage, festzustellen, daß der zwischen den Parteien in ihrer Ehescheidungssache vor dem Oberlandesgericht in Posen zur Beilegung des Scheidungsprozesses am 20. September 1899 geschlossene Vergleich, insoweit er die Verpflichtung enthalte, nach erfolgter Vermögensauseinandersetzung in die rituelle Scheidung zu willigen und die nach den Vorschriften der mosaischen Religion hierzu erforderlichen Erklärungen auf Verlangen der Beklagten abzugeben, nichtig, und die Zwangsvollstreckung aus diesem Vergleich zur Erzwingung der Einwilligung in die rituelle Scheidung der Parteien unzulässig sei.

Zugleich erwirkte er auf Beschwerde gegen den ablehnenden Beschluß des Landgerichts, daß das Oberlandesgericht die Zwangsvollstreckung aus dem vorbezeichneten Vergleich sowie aus dem landgerichtlichen die erste Geldstrafe festsetzenden und eine zweite androhenden Beschluß einstweilen einstellte. Der Kläger begründete seine Klage damit, daß in der Zwangsvollstreckung aus jenem Vergleich ein unzulässiger Gewissenszwang für ihn liege. Dem Antrage der Beklagten entsprechend, wies die erste Instanz die Klage indes ab, und zwar in erster Linie aus der Erwägung, daß die teilweise Anfechtung eines Vergleiches unstatthaft sei, weiter aber auch auf Grund der Annahme, daß die vom Kläger übernommene Verpflichtung, in die rituelle Scheidung zu willigen, weder gegen die Gewissensfreiheit noch gegen die guten Sitten verstoße.

In der Berufungsinstanz beantragte der Kläger, das erstinstanzliche Urteil abzuändern und nach dem Klagantrag zu erkennen, eventuell aber dahin zu erkennen, daß der in der Klage bezeichnete Vergleich nichtig, und die Zwangsvollstreckung aus diesem Vergleich zur Erzwingung der Einwilligung in die rituelle Scheidung unzulässig sei.

Die Beklagte widersprach dem eventuellen Klagantrage, weil er eine Klagänderung enthalte. Der Berufungsrichter veranstaltete durch Vernehmung zweier Rabbiner eine Beweisaufnahme darüber, welche Formen die jüdische Religion für die Ehescheidung vorschreibe, sowie ob die betreffenden Vorschriften rituellen, religiösen Charakters, oder solche des Ehescheidungsrechtes seien, und wies alsdann die Berufung des Klägers zurück. Er verneinte mit dem ersten Richter, daß die vom Kläger abzugebende Erklärung für diesen einen Widerspruch mit seiner Überzeugung als der eines sogenannten Freigeistes enthalte und ihn zum Heuchler machen würde; denn der im Gesetze Mosis vorgeschriebene Akt der Ehescheidung sei nach der Bekundung der Sachverständigen im wesentlichen rechtlicher Natur, gewissermaßen ein Akt der freiwilligen Gerichtsbarkeit, da er unabhängig von dem Glauben an Gott und dem Bekenntnis zu Gott und frei von Andacht und Gebet sei.

Auf die Revision des Klägers ist der am 20. September 1899 abgeschlossene gerichtliche Vergleich seinem ganzen Umfange nach für nichtig, und die Zwangsvollstreckung aus diesem Vergleiche zur Erzwingung der Einwilligung des Klägers in eine rituelle Scheidung der Parteien für unzulässig erklärt worden aus folgenden

Gründen:

„Die Berufungsentscheidung konnte nicht aufrecht erhalten werden. Die beiden als Sachverständige gehörten Rabbiner haben über die Art und Weise des jüdischen Ehescheidungsverfahrens und dessen Bedeutung das Folgende bekundet:

Der Kernpunkt dieses Ehescheidungsverfahrens sei die Ausstellung und Aushändigung des Scheidebriefes in Gemäßheit des Kapitels 24 des fünften Buches Mosis. Die Ausstellung und Aushändigung erfolge vor versammeltem Rabbinatskollegium, das gewöhnlich aus dem Ortsrabbiner und zwei kundigen Beisitzern bestehe, die dieser sich auswähle. Eine Beurkundung der Akte stehe dem Kollegium nicht zu. Es habe nur darüber zu wachen, daß der Akt genau nach dem Gesetze vor sich gehe. Die Ausstellung des Scheidebriefes setze Willensübereinstimmung der Ehegatten voraus und stehe nur dem Manne zu. Gegen den Willen der Frau könne ein Scheidebrief nicht ausgestellt werden. Dieser Grundsatz bestehe seit etwa 800 Jahren. Der Scheidebrief werde auf Verlangen des Mannes von einem Schriftkundigen in hebräischer Sprache geschrieben und von zwei Zeugen unterschrieben. Der Mann unterschreibe ihn nicht; jedoch müsse er bei der Niederschrift des Scheidebriefs, wenn auch nicht zugegen, so doch in der Nähe sein, damit eine Gewähr dafür bestehe, daß der Ehemann seinen Willen nicht geändert habe. Der Brief habe folgenden Wortlaut: „Am heutigen Tage" — wobei Ort und Datum der Ausstellung genau bezeichnet würden — „erkläre ich" (genaue Bezeichnung des Mannes) „Dir" (genaue Bezeichnung der Ehefrau), „daß Du von mir geschieden seist, und dies soll Dein Scheidebrief sein nach dem Gesetze von Moses und Israel." Der Ehemann übergebe diesen Scheidebrief der Ehefrau mit den Worten: „Dies ist Dein Scheidebrief, nimm ihn an, und durch ihn wirst Du frei sein jedem Manne.“ Die Ehefrau nehme ihn mit hochgehobenen Händen entgegen. Zur Vornahme der Erklärungen und Handlungen bei Aushändigung des Scheidebriefes könne der Ehemann einen Bevollmächtigten ernennen. Die Beobachtung des vorstehend beschriebenen Verfahrens sei notwendig, damit die Ehe nach den Lehren der jüdischen Religion als geschieden gelte. Werde der Scheidebrief in der vorgeschriebenen Form nicht übergeben, so gelte die Ehe als fortbestehend. Der nach bürgerlichem Rechte geschiedene Ehegatte, der sich ohne dieses Verfahren anderweitig verheirate, begehe nach dem Religionsgesetz Ehebruch; er bleibe auch danach der Ehefrau gegenüber unterhaltspflichtig.

Die vorgeschriebene Ehescheidung werde nicht nur von Personen, die streng nach dem Religionsgesetz lebten, sondern auch in den Kreisen der Juden, die auch nur in einem oberflächlichen Zusammenhange mit ihrem Religionsgesetz ständen, beachtet. Ob die Vorschriften über die Ehescheidung rituellen, religiösen Charakters, oder Vorschriften des Ehescheidungsrechts seien, sei schwierig zu beantworten, da diese Vorschriften aus einer Zeit stammten, wo Recht und Religion noch nicht unterschieden worden seien, wie jetzt. Es sei zu scheiden zwischen Form und Wirkung des Verfahrens. Die Wirkung sei religiöser Natur, die Form überwiegend rechtlichen Charakters. Dies gehe hervor aus der Zulässigkeit der Vollmacht, aus der Zusammensetzung des Kollegiums, das aus drei Talmudgelehrten bestehe, ferner daraus, daß bei dem Akt weder Segensspruch noch Gebet gesprochen werde, während bei der Eheschließung, wie bei jeder religiösen Handlung, Segensspruch und Andacht vorgeschrieben sei, endlich aus der Genauigkeit, welche bei der Datierung und Bezeichnung der Personalien der Parteien beobachtet würden. Danach sei der rechtliche Charakter der Ehescheidungsform der überwiegende. Der Umstand, daß die Eheleute an Gott und seine Lehre nicht glaubten, und daß dies dem Rabbinatskollegium erklärt werde oder bekannt sei, bilde keinen Hinderungsgrund für die Ausstellung und Aushändigung des Scheidebriefes. Das Rabbinatskollegium müsse sich trotz dieser Umstände an der Ausstellung und Aushändigung des Scheidebriefes beteiligen.

Es ist dem Berufungsgericht nun zuzugeben, daß nach Inhalt dieser Bekundung (vgl. wegen der Formalitäten der jüdischen Ehescheidung auch Lichtschein, Die Ehe nach mosaisch-talmudischer Auffassung (1879) S. 96 flg.) eine unzulässige Einschränkung der Gewissensfreiheit des Klägers (§ 9 A.L.R. I. 4, § 138 B.G.B.) nicht vorliegt, wenn er angehalten wird, die von ihm in bezug auf die Scheidung seiner Ehe nach jüdischem Ritus eingegangene Verpflichtung zu erfüllen, da hierbei obigem nach nur äußerliche, formale Erklärungen und Handlungen vorzunehmen sind, die eine innere, mit seiner wahren Überzeugung in Widerstreit stehende Anteilnahme des Klägers nicht erfordern. Es ist ferner richtig, daß die Übernahme einer solchen Verpflichtung an sich gewiß nicht gegen die guten Sitten verstößt; es könnte nur fraglich sein, ob ein Verstoß gegen diese darin zu erblicken wäre, daß die Verpflichtung gegen Gewährung vermögensrechtlicher Vorteile übernommen ist. Wenn der Berufungsrichter dies verneint, so geschieht solches, weil er von der Annahme geleitet wird, daß die im vorstehenden beschriebenen Erklärungen und Handlungen im wesentlichen rechtlicher Natur seien und gewissermaßen einen Akt der freiwilligen Gerichtsbarkeit darstellten. Gerade in diesem wesentlichsten und entscheidendsten Punkte kann jedoch die Auffassung des Berufungsrichters nicht geteilt werden. Allerdings stammen die Bestimmungen des jüdischen Religions- und Ritualgesetzes über die Ehescheidung sowohl ihrem Ursprung wie auch ihrer weiteren Ausbildung nach aus Zeiten, in denen die religiöse und rechtliche Seite der Ehe nicht voneinander getrennt waren.

Vgl. Fränkel, Das jüdische Eherecht (1879) S. 7 flg.

Jene Bestimmungen faßten daher unleugbar beide Seiten der Ehe in sich. Allein durch die heutige deutsche staatliche Ehegesetzgebung, und zwar nicht erst durch diejenige des Bürgerlichen Gesetzbuchs, sondern auch schon durch die, welche in Preußen zur Zeit des Ehescheidungsprozesses der Parteien bestand, ist der ganze rechtliche Gehalt, der in den Vorschriften der verschiedenen Religionsgemeinschaften über die Ehe enthalten war, völlig ausgeschöpft worden. Der Staat hat die rechtliche Seite der Ehe von der religiösen scharf getrennt; er hat jene, wie es ihm nach seinem Wesen und Zweck zukam, vollständig zur alleinigen und ausschließlichen Regelung übernommen, die andere Seite in ihrem ganzen Umfange den Vorschriften der einzelnen Religionsgemeinschaften überlassend. Es ist daher ausgeschlossen, heutzutage von rechtlichen Vorschriften zu reden, die nicht auf dem Gebiete der staatlichen Gesetzgebung liegen. Demgemäß muß auch der vom Berufungsgericht vertretene Gedanke abgewiesen werden, daß die durch die jüdischen Religionsvorschriften zum Zweck der rituellen Scheidung gebotenen Erklärungen und Handlungen „im wesentlichen" oder „überwiegend" oder gar, wie die beiden als Sachverständige vernommenen Rabbiner einmal sagen, „rein rechtlicher" Natur seien. Wenn sie diesen Charakter auch früher gehabt haben mögen, jetzt haben sie ihn völlig verloren. Sie stellen gegenwärtig, wenn sie noch festgehalten werden, lediglich und ausschließlich Akte religiöser Wesensart dar. Damit ist aber ohne weiteres ausgesprochen, daß die zwangsweise Durchführung dieser Akte sich dem Arm des Staates entzieht. Nachdem dieser in Ansehung der Ehe sein Lebensgebiet gegen das der Kirche und Religion fest umgrenzt hat, kann und darf ein Übergreifen von der einen Sphäre in die andere nicht stattfinden. Die Bindung der Willen auf dem Gebiet der Religion ist eine Bindung des Gewissens und des Herzens, die Erfüllung der daraus erwachsenden Verbindlichkeiten eine religiöse und sittliche Pflicht. Eine rechtliche Fesselung der Willen gibt es hier nicht und kann es nicht geben. Diese Grundsätze folgen aus der Wesensverschiedenheit der staatlichen und religiösen Gemeinschaft von selbst und bedürfen keiner bestätigenden Beweisführung. Immerhin sei darauf hingewiesen, daß bei der Beratung des Reichsgesetzes über die Beurkundung des Personenstandes rc vom 6. Februar 1875, namentlich der §§ 76 und 82, gleiche Anschauungen in den Verhandlungen des Reichstages ohne Widerspruch zum Ausdruck gelangt sind,

vgl. Stenographische Berichte des Reichstages 1874/75 S. 1045. 1046. 1083—1085. 1096,

ebenso wie bei der Beratung des § 1588 B.G.B., und zwar insbesondere bei derjenigen im Schoße der Reichstagskommission.

Vgl. Kommissionsbericht Nr. 440b S. 55.

Wenn bei der Beratung des § 1568 B.G.B. sowohl in der zweiten Kommission für die zweite Lesung des Entwurfs des Bürgerlichen Gesetzbuchs (Protokolle Bd. 4 S. 414 flg.) als auch in der Reichstagskommission (Kommissionsbericht Nr. 440b S. 68. 77 flg.), in letzterer sogar einstimmig, die Ansicht geäußert wurde, die nachträgliche Weigerung der vor Abschluß der Ehe zugesicherten oder als selbstverständlich vorausgesetzten kirchlichen Trauung könne oder müsse einen

Ehescheidungsgrund abgeben, so ist damit nicht etwa eine kirchliche Pflicht zu einer rechtlichen gestempelt, sondern es ist solche Weigerung lediglich unter den Gesichtspunkt eines ehrlosen und unsittlichen Verhaltens im Sinne des § 1568 B.G.B. gebracht worden. Den Gedanken an eine rechtliche Erzwingbarkeit des auf die kirchliche Trauung gerichteten Versprechens hat niemand geäußert.

Die Parteien des gegenwärtigen Rechtsstreites haben hiernach, indem sie, einer irrigen Meinung sich hingebend, die Einwilligung des Klägers in die jüdische rituelle Scheidung zum Inhalt eines privatrechtlichen Vertrags machten, etwas vereinbart, was Gegenstand einer rechtlichen Abmachung überhaupt nicht sein kann. Sie haben also etwas rechtlich Unmögliches vereinbart, und es ist daher der geschlossene Vergleich sowohl wegen dieser objektiven Unmöglichkeit, als auch wegen des wesentlichen Irrtums, in welchem die Parteien sich hierüber befunden haben, nichtig (§ 51 A.L.R. I. 5, § 75 I. 4). Damit erübrigt sich eine Beantwortung der oben aufgeworfenen Frage, ob in der Übernahme der in Rede stehenden Verbindlichkeit gegen die Gewährung vermögensrechtlicher Vorteile eine Verletzung des Sittengesetzes zu erblicken sein möchte.

Die Nichtigkeit des geschlossenen Vergleichs erfaßt diesen in seinem ganzen Umfange, also auch in Ansehung der darin vom Kläger erklärten Zurücknahme der Berufung; denn diese Erklärung bildet einen wesentlichen Bestandteil des Vergleichs. Der Berufungsrichter leugnet dies. Es folgert aus dem Verhalten des Klägers nach Abschluß des Vergleichs sowie aus den von ihm im gegenwärtigen Prozeß abgegebenen Erklärungen, daß die Zurücknahme der Berufung eine selbständige, von der anderen Erklärung des Klägers und der Erklärung der Beklagten unabhängige Prozeßhandlung des Klägers dargestellt habe, und daß sie daher nicht als ein Bestandteil des synallagmatischen Vertrags anzusehen sei. Daß die Zurücknahmeerklärung in den Inhalt des Vergleichs aufgenommen ist, erklärt der Berufungsrichter durch einen bei der Redaktion des Vergleichs begangenen Fehler. Auch in dieser Anschauung kann dem Berufungsrichter nicht gefolgt werden. Der Kläger mag vielleicht in seinem Inneren solche Gedanken gehegt haben, wie sie ihm der Berufungsrichter zuschreibt; allein nach außen hat er sich bewußt und zweckentschlossen anders verhalten. Der Berufungsrichter berücksichtigt nämlich nicht, daß ganz offensichtlich nicht nur die Einwilligung in die rituelle Scheidung, sondern auch die Zurücknahme der Berufung von dem Kläger als Mittel benutzt worden ist, um von der Beklagten deren Verzicht auf die aus dem erstinstanzlichen Urteil für sie entfließenden vermögensrechtlichen Vorteile zu erwirken. Seinen Willen, den von ihm bezüglich der Ehescheidung eingenommenen Standpunkt durchzuführen, hatte er zur Genüge durch die Beschreitung der zweiten Instanz zu erkennen gegeben. Von seinem etwaigen inneren Entschluß, von der weiteren Rechtsverfolgung nach der Beweisaufnahme unter allen Umständeu abzustehen, konnte die Beklagte nichts wissen. Sie mußte mit der weiteren Fortführung des Prozesses rechnen. Daher ist es handgreiflich, daß der Kläger, genau wie der protokollierte Inhalt des Vergleichs es ergibt, das prozessuale Mittel der Zurücknahme der Berufung in Gemeinschaft mit der Einwilligung in die rituelle Scheidung als Gegenleistung gegen die gewünschte Leistung der Beklagten verwendete. Von einem Fehler der Redaktion hier zu sprechen, tut der Sachlage Gewalt an, die ihren völlig entsprechenden Ausdruck in dem festgestellten Inhalte des Vergleichs gefunden hat.

Ob bei dieser Auffassung nicht der Vergleich auch deshalb der Ungültigkeit verfallen sein möchte, weil alsdann darin, wie der Berufungsrichter selbst ausführt, ein unzulässiges Paktieren über die Ehe der Parteien zu erblicken wäre, braucht nicht ausdrücklich entschieden zu werden, da der zuerst zur Geltung gebrachte Grund für die Nichtigkeit des Vergleichs schon für sich allein die gefällte Entscheidung rechtfertigt.

Daß der Einwand der Beklagten, die in der zweiten Instanz erklärte Anfechtung des ganzen Vergleichs schließe eine Klagänderung in sich, unbegründet ist, bedarf einer weiteren Ausführung nicht."

---

59. Ist dem Erfordernis schriftlicher Erteilung der Bürgschaftserklärung im Sinne des § 766 B.G.B. durch ein solches von dem Bürgen unterzeichnetes Schriftstück genügt, aus dessen Inhalt nicht für sich allein, sondern erst in Zusammenhalt mit anderen darin in Bezug genommenen Erklärungen der Wille der Bürgschaftsübernahme erkannt werden kann?

VII. Zivilsenat. Urt. v. 8. März 1904 i. S. Sch. (Kl.) w. M. u. Gen. (Bekl.). Rep. VII. 489/03.

I. Landgericht Frankfurt a. M.
II. Oberlandesgericht daselbst.

Der Beklagte zu 3, der Ehemann M., schuldete aus Akzepten dem Kläger eine gewisse Summe. Einen dieser Wechsel klagte der Kläger gegen den Schuldner ein und ließ auf Grund des erwirkten Urteils bei diesem pfänden. Die Beklagte zu 2, die Witwe B., die Mutter des Schuldners, erhob Interventionsklage und führte eine vorläufige Einstellung der Zwangsvollstreckung herbei. Zur Erledigung der Interventionsklage und zur Regelung der Wechselschulden des verklagten Ehemannes M. fanden zwischen den Parteien Vergleichsverhandlungen statt, welche zum Teil von dem verklagten Ehemann selbst, zum Teil von den damaligen Prozeßbevollmächtigten geführt wurden. Am 17. Februar 1902 schrieb der Prozeßbevollmächtigte des Klägers an den Prozeßbevollmächtigten der anderen Seite: es sei ein Vergleich dahin möglich, daß der Beklagte M. seine Schuld in bestimmten Raten zahle, unter Fälligkeit der ganzen Summe bei Nichtinnehaltung der Fristen, daß der Beklagte die gesamten Kosten sofort bezahle, und daß die Ehefrau M. und die Schwiegermutter B. die solidarische Bürgschaft übernehmen; das Ganze sei in eine notarielle Urkunde aufzunehmen. Der Prozeßbevollmächtigte der Gegenseite erwiderte darauf in einem Schreiben vom 18. Februar 1902 nichts anderes als das Folgende: „In Sachen M. bzw. B. gegen Sch. wird Ihr Vergleichsvorschlag vom 17. d. Mts. angenommen. Die Urkunde werde ich durch Herrn Justizrat Dr. F. beschaffen."

Eine Aufnahme der hiernach in Aussicht genommenen notariellen Urkunde fand nicht statt. Kläger war aber der Ansicht, daß auch ohne diese bereits durch die gegenseitigen schriftlichen Erklärungen ein bindender Vergleich zwischen den Parteien zustande gekommen sei, und erhob daher aus diesem von ihm als bestehend angenommenen Vergleiche Klage auf Zahlung gegen den Ehemann M. (Beklagten zu 3) als Schuldner und gegen dessen Ehefrau und gegen dessen Mutter (Beklagte zu 1 und 2) als Bürgen. Die Beklagten widersprachen der Klage. Die erste und zweite Instanz hielten die Klage aus dem Vergleich für unbegründet, weil die darin enthaltene Übernahme der

Bürgschaft durch die beiden Beklagten zu 1 und 2 wegen mangelnder Form ungültig sei, und diese Ungültigkeit eines Hauptteiles des Vergleichs bei dessen Einheitlichkeit die Unwirksamkeit des ganzen Vergleichs zur Folge haben müsse. Daher wurde die Klage gegen die Ehefrau M. und die Mutter B. von beiden Instanzen abgewiesen. Nur in bezug auf den Ehemann M. waren beide Instanzen verschiedener Ansicht, indem die erste auch die Klage gegen ihn abwies, während die zweite (auf Grund des ursprünglichen Schuldverhältnisses) ihr stattgab.

Die Revision des Klägers, mit der er auch Verurteilung der Ehefrau und der Mutter des Schuldners als Bürginnen begehrte, ist zurückgewiesen aus folgenden

Gründen:

„Die Entscheidung der Sache hängt lediglich von der Frage ab, ob die nach § 766 B.G.B. zur Gültigkeit des Bürgschaftsvertrages erforderliche „schriftliche Erteilung der Bürgschaftserklärung" auch in einem solchen von dem Bürgen unterzeichneten Schriftstück zu erblicken ist, aus dessen Inhalt für sich allein schlechterdings nicht ersichtlich ist, daß dadurch eine Bürgschaft übernommen werden soll, sondern aus dem erst in Zusammenhalt mit anderen darin in Bezug genommenen Erklärungen der Wille der Bürgschaftsübernahme erkannt werden kann. In Übereinstimmung mit beiden Vorderrichtern ist diese Frage zu verneinen. Wenn das Gesetz zur Gültigkeit einer rechtsgeschäftlichen Willenserklärung die Anwendung der schriftlichen Form vorschreibt, so muß die von dem Aussteller unterzeichnete Urkunde (§ 126 B.G.B.), durch welche jenem Formerfordernis entsprochen werden soll, zum mindesten den wesentlichen rechtlichen Inhalt derjenigen Willenserklärung enthalten, deren schriftliche Niederlegung das Gesetz erfordert. Ob darüber hinaus noch weiteres zu verlangen ist, oder nicht, ob insbesondere zur Ergänzung und Auslegung der schriftlichen Willenserklärung eine Bezugnahme in der Urkunde auf andere Willenserklärungen, insbesondere schriftliche Erklärungen anderer Personen, oder auf sonstige außerhalb der Urkunde liegende rechtliche oder tatsächliche Umstände zulässig ist, oder nicht, muß sich nach Wesen und Zweck der einzelnen die Beobachtung der schriftlichen Form vorschreibenden gesetzlichen Bestimmung und nach der Art der Willenserklärung richten, die in jener Form abzugeben ist. Bei dem Bürgschaftsvertrage verlangt das Gesetz die Schriftform nicht für die Annahmeerklärung des Gläubigers, die daher auch mündlich erfolgen kann, sondern nur für die die Bürgschaftsübernahme aussprechende Erklärung des Bürgen. Diese besteht darin, daß der Bürge sich gegenüber dem Gläubiger eines Dritten verpflichtet, für die Erfüllung der Verbindlichkeit des Dritten einzustehen (§ 765 B.G.B.). Der Inhalt dieser Erklärung muß mindestens seinen wesentlichen Teilen nach in der Bürgschaftsurkunde selbst enthalten sein; es muß also aus dieser unmittelbar hervorgehen, daß dadurch der Aussteller, sei es persönlich, sei es namens und in Vertretung anderer Personen, das Einstehen für eine fremde Schuld dem Gläubiger des Dritten gegenüber erklären will, sowie für welche Schuld gebürgt werden soll. Ob dann, wenn diese in der Urkunde so bezeichnet ist, daß ihre Identität sich daraus mit Sicherheit feststellen läßt, von dem Erfordernis einer Angabe der Hauptschuld nach Grund und Betrag abgesehen werden kann, braucht hier nicht entschieden zu werden; denn die hier in Frage stehende Urkunde entspricht nicht einmal den obigen, zum mindesten zu stellenden Anforderungen. Sie enthält weiter nichts, als die nackte Erklärung, daß der von der anderen Seite gemachte Vergleichsvorschlag angenommen werde, und daß hierüber eine notarielle Urkunde aufzunehmen sei. Es erhellt aus diesem Schriftstück mit keinem Worte, daß nach Inhalt des angenommenen Vergleichs von den Beklagten zu 1 und 2 eine Bürgschaft für die Schuld des Beklagten zu 3 übernommen werden sollte. Von der Revision ist diesem Standpunkte gegenüber geltend gemacht, es sei doch unzweifelhaft, daß in der schriftlichen Annahme des Vergleichs inhaltlich auch die Zustimmung zu der vorgeschlagenen Übernahme der Bürgschaft erklärt sei, und daß durch eine solche schriftliche Erklärung auch dem Zwecke genügt werde, der mit dem erst von der Reichtagskommission dem Gesetze eingefügten Erfordernis der Schriftlichkeit der Bürgschaftserklärung verfolgt werde, nämlich dem Zwecke, durch diese Formvorschrift von der unüberlegten Übernahme von Bürgschaften abzuhalten. Dieser Ausführung kann nicht zugestimmt werden. Unleugbar liegt hier mehr vor als eine bloß mündliche Abmachung; es ist in der Tat eine *schriftliche* Erklärung abgegeben, aus der in Zusammenhalt mit der darin in Bezug genommenen Erklärung der Gegenseite zweifelsfrei sich der Wille einer Bürgschaftsübernahme entnehmen und nachweisen läßt. Allein diese Art der Schriftlichkeit genügt nicht dem gesetzlichen Erfordernis der Schriftform. Es ergibt sich das mit Sicherheit daraus, daß die im § 127 B.G.B. für die gewillkürte schriftliche Form erlassene Bestimmung, wonach bei Verträgen zur Wahrung jener Form auch Briefwechsel genügt, nicht auch auf den Fall der gesetzlichen Schriftform ausgedehnt worden ist. Die erste wie die zweite Kommission zur Beratung des Bürgerlichen Gesetzbuchs haben es abgelehnt, den Briefwechsel für eine zulässige Art der Erfüllung der Formvorschrift der Schriftlichkeit zu erklären, und zwar sowohl in Ansehung der gesetzlichen wie der gewillkürten Schriftform.

Vgl. Motive zum Bürgerlichen Gesetzbuch I. S. 189; Protokolle I, S. 92.

Erst die Reichstagskommission hat die, alsdann vom Reichtag gebilligte, oben erwähnte Bestimmung über den Briefwechsel bei der gewillkürten Schriftform in den § 127 aufgenommen, und zwar deshalb, weil angenommen wurde, bei der Abrede schriftlicher Form werde von den Parteien sehr häufig, und namentlich in Fällen, wo tatsächlich nachher briefliche Willenserklärungen folgten, hierunter die Erledigung durch Briefwechsel stillschweigend mit verstanden (Kommissionsbericht S. 41). Demgemäß ist aber auch hinzugefügt: „Soweit nicht ein anderer Wille anzunehmen ist." Bei dem hiernach keinem Zweifel unterworfenen Grundsatze, daß der Briefwechsel zur Erfüllung der gesetzlich vorgeschriebenen schriftlichen Form nicht ausreicht, ist der Nachdruck auf das Wort „Briefwechsel" zu legen. Es soll nicht genügen, daß der rechtsgeschäftliche Wille der einen oder anderen Partei erst aus dem Zusammenhange mehrerer Schriftstücke erkennbar wird, sondern es soll dieser Wille sich unmittelbar aus demjenigen Schriftstück ergeben, durch dessen Abfassung der Form genügt werden soll. Das entspricht auch den allgemeinen Gründen, aus denen überhaupt der Formzwang sich rechtfertigt. Es kann in dieser Beziehung auf die Motive zum ersten Entwurf des Bürgerlichen Gesetzbuchs verwiesen werden, in welchen über jene Gründe folgendes gesagt ist (Bd. 1 S. 179): „Die Vorteile, welche für den Formzwang in Anspruch genommen werden, lassen sich dahin zusammenfassen: die Notwendigkeit der Beobachtung einer Form ruft bei den Beteiligten eine geschäftsmäßige Stimmung hervor, weckt das juristische Bewußtsein, fordert zur besonnenen Überlegung heraus und gewährleistet die Ernstlichkeit der gefaßten Entschließung. Die beobachtete Form stellt ferner den rechtlichen Charakter der Handlung klar, dient, gleich dem Gepräge einer Münze, als Stempel des fertigen juristischen Willens und setzt die Vollendung des Rechtsaktes außer Zweifel. Die beobachtete Form sichert endlich den Beweis des Rechtsgeschäftes seinem Bestande und Inhalte nach für alle Zeit; sie führt auch zur Verminderung oder doch zur Abkürzung und Vereinfachung der Prozesse."

Von diesen Gründen war bei der Anordnung der Schriftform für die Bürgschaftserklärung nicht sowohl die Rücksicht auf die Beweisfrage als vielmehr der Gedanke maßgebend, es sei bei der großen Bedeutung der Bürgschaft und den Gefahren, die sie mit sich bringe, geboten, „durch eine Formvorschrift den sich Verpflichtenden zu größerer Vorsicht anzuspornen" (Kommissionsbericht Nr. 440 S. 99), also, mit anderen Worten, der Gedanke, durch eine Formvorschrift dem Bürgschaftsübernehmer die Bedeutung und Tragweite seiner Handlung eindringlich zum Bewußtsein zu bringen. Es liegt nun auf der Hand, daß diesem Zwecke des Formzwanges in einer ganz anderen Weise entsprochen wird, wenn die Erklärung, welche der Aussteller des Schriftstücks verfaßt oder nur unterschreibt, die rechtliche Handlung, die er vornehmen will, also die Bürgschaftsübernahme, selbst enthält und unmittelbar erkennen läßt, als wenn erst die Bezugnahme auf andere Erklärungen, sei es eigene oder fremde, den Willensinhalt ergibt.

In den Bearbeitungen des Bürgerlichen Gesetzbuchs wird die Beantwortung der vorstehenden Frage in dem hier entschiedenen Sinne von vielen offenbar als so selbstverständlich angesehen, daß sie überhaupt darauf nicht eingehen. Diejenigen, welche sich darüber aussprechen, stehen ersichtlich auf dem hier vertretenen Standpunkt. So bemerkt Cosack (3. Auflage), Bd. 2 S. 187, der wesentliche Inhalt der Willenserklärung müsse in der Urkunde ausgesprochen sein; Enneccerus u. Lehmann, Bd. 1 § 68, sagen, die Urkunde müsse den wesentlichsten Teil der Erklärung enthalten. Im Kommentar von Goldmann u. Lilienthal zu § 766 heißt es (Bd. 1 S. 812 Bem. 8): „Das Gesetz erfordert, daß die Bürgschaftserklärung schriftlich sei. Es muß also diejenige Erklärung, deren Inhalt im § 765 angegeben ist, schriftlich erteilt werden." Ähnlich werden die Erläuterungen im Planck'schen Kommentar zum § 766 zu verstehen sein. Auch der

I. Zivilsenat des Reichsgerichts hat sich bereits im gleichen Sinne geäußert (Entsch. Bd. 51 S. 113), und es ist nicht wohl verständlich, wie dies den klaren Worten jenes Urteils gegenüber, die eine Bestätigung an dessen Schlusse finden, von der Revision geleugnet werden konnte. Der übrige Inhalt jener Entscheidung, durch die eine zum Zweck einer im übrigen nicht schriftlichen Bürgschaftsübernahme eingegangene Wechselverbindlichkeit für wirksam erklärt wird, steht keineswegs entgegen, wie in jenem Urteile selbst näher dargelegt wird. Schon allein die Erwägung, daß das Wechselversprechen einen in sich vollständigen Skripturakt darstellt, dessen Vollziehung mindestens mit derselben Eindringlichkeit, wie die Ausstellung einer schriftlichen Bürgschaftserklärung, demjenigen, der die Zeichnung vornimmt, die Bedeutung seines Tuns zum Bewußtsein bringt, genügt, um die gegenteiligen Ausführungen der Revision zu widerlegen.

Der Umstand, daß es sich hier um Annahme eines Vergleichsanerbietens handelte, hat selbstverständlich für die Sachentscheidung keinerlei Bedeutung."

---

60. Zur Frage, ob eine Vertragsurkunde, nach deren Inhalt zwei Grundstücke unter Regelung der Hypotheken gegeneinander ausgetauscht werden, mit dem Stempel für einen Tauschvertrag, oder mit demjenigen für zwei Kaufverträge zu belegen ist.

VII. Zivilsenat. Urt. v. 15. März 1904 i. S. preuß. Fiskus (Bekl.) w. B. u. V. (Kl.). Rep. VII. 500/03.

I. Landgericht I Berlin.
II. Kammergericht daselbst.

In einer notariell beurkundeten Verhandlung vom 6. Mai 1902 machte der Kläger zu 2 der anwesenden Klägerin zu 1 ein Angebot folgenden Inhalts:

Er offeriere das ihm gehörige Grundstück W. Nr. 133 zum Preise von 650000 *M* ihr zum Tausch gegen zwei ihr gehörige in W. belegene und näher bezeichnete Parzellen im Werte von 437000 *M*.

Er halte sich an diese Tauschofferte bis zum 15. September 1902 gebunden, und jene solle berechtigt sein, diese Tauschofferte allein oder in Gemeinschaft mit einem Dritten oder auch durch dritte Personen allein annehmen zu lassen. Im Falle der Annahme der Tauschofferte habe die Auflassung der beiderseitigen Tauschobjekte an die Übernehmer oder deren Rechtsnachfolger bis zum 25. September 1902 zu geschehen, so daß die Übereignung und ihre Werte in dem direkten Verhältnis von Leistung und Gegenleistung zueinander ständen.

Auf seinem mit	650 000 ℳ
bewerteten Grundstücke ständen	390 000 „
eingetragen, welche die Klägerin zu 1 oder deren Rechtsnachfolger in Anrechnung auf den Tauschpreis als Allein- und Selbstschuldner zu übernehmen hätten, so daß .	260 000 ℳ

verblieben.

Auf den mit 437 000 ℳ bewerteten Parzellen der Klägerin zu 1 ständen Schulden nicht eingetragen. Von diesen	437 000 ℳ
kämen die vorbezeichneten Resttauschgelder von . . .	260 000 „
in Abzug, so daß für die Klägerin zu 1 ein Restkaufgeld von	177 000 ℳ

verbleibe, welches ihm unter näher bezeichneten Bedingungen zu kreditieren sei. Für dieses Resttauschgelderkapital von 177 000 ℳ bestelle er der Gläubigerin Hypothek auf den erworbenen Grundstücken.

Die Klägerin zu 1 erklärte in dieser Verhandlung, daß sie von der vorstehenden Tauschofferte des Klägers zu 2 Kenntnis nehme und sich das Recht vorbehalte, sie bis zum 15. September 1902 anzunehmen. In einer notariellen Urkunde vom 11. September 1902 nahm sie durch einen Bevollmächtigten die „Tauschofferte" an. Zur Urschrift dieser Annahmeerklärung wurde der für ein Tauschgeschäft erforderliche Stempel von 6500 ℳ verwendet. Bei Auflassung des Grundstücks W. Nr. 133 wurde von dem Grundbuchamt angenommen, daß nicht ein Tauschvertrag, sondern zwei Kaufverträge vorlägen, und die Beibringung eines Stempels von 1 Prozent von jedem Grundstückswerte verlangt. Die Klägerin zu 1 zahlte deshalb 2910 ℳ, der Kläger zu 2 1457 ℳ an die Gerichtskasse.

Die Klage, mit der beide Kläger diese Beträge vom Fiskus zurückforderten, wurde in erster Instanz zurückgewiesen; in zweiter

Instanz wurde nach ihrem Antrage erkannt. Die Revision des Beklagten ist zurückgewiesen aus folgenden

Gründen:

„Der Auffassung des Berufungsrichters war beizutreten. Es liegt im gegenwärtigen Falle lediglich ein einfaches Tauschgeschäft, nicht ein zwiefacher Kaufvertrag vor. Zutreffend weist der Berufungsrichter darauf hin, daß es für die rechtliche Beurteilung des Geschäfts nicht auf die von den Vertragschließenden gewählte Bezeichnung ankomme, und daß deshalb die in den Urkunden fast durchgehend gebrauchten Ausdrücke „Tauschofferte", „Tauschobjekt", „Resttauschgeld" nicht entscheidend seien, ebensowenig wie die Erklärung, daß die Übereignung und ihre Werte in dem direkten Verhältnis von Leistung und Gegenleistung zueinander ständen, sondern daß die objektive Natur der Geschäfte, wie sie sich aus dem Inhalt der beurkundeten Erklärungen ergebe, maßgeblich sei. Danach erscheint es aber nicht zweifelhaft, daß im gegenwärtigen Falle, wie der Berufungsrichter mit Recht sagt, zwei Sachleistungen unmittelbar untereinander ausgeglichen werden sollen. Man kann der Berufungsentscheidung auch in der näheren Ausführung dieses Gedankens zustimmen, welche dahin geht: Es stände auf der einen Seite ein mit Hypotheken belastetes, auf der anderen ein schuldenfreies Grundstück. Das letztere solle unmittelbar die Gegenleistung für die Hingabe des anderen Grundstücks darstellen, soweit dieses Grundstück nicht belastet sei. In Höhe von 260000 ℳ ständen beide Grundstücke unbelastet einander gegenüber, und insoweit fände ein direkter Austausch der Werte statt, und der Überschuß auf der einen Seite stelle sich nur als Ausgleich der verschiedenen Werte, nicht als selbständige Gegenleistung bezüglich des wertvolleren Grundstücks dar. Diese Konstruktion schließt sich an den Inhalt der Urkunden unmittelbar an. Es läßt sich aber auch die folgende, hiervon etwas abweichende Art der Auffassung rechtfertigen, die ebenfalls zu dem Ergebnis führt, daß hier lediglich ein Tauschgeschäft abgeschlossen ist. Die Grundstücke der beiden Kläger sollen gegeneinander ausgetauscht werden. Da das Grundstück des Klägers zu 2 einen Wert von 650000 ℳ hat und also den Wert der Grundstücke der Klägerin zu 1 von 437000 ℳ um 213000 ℳ übersteigt, so hat diese an sich den Betrag von 213000 ℳ an den Kläger zu 2 zum Ausgleich zu entrichten. Es muß aber die Regulierung der

Hypotheken erfolgen, und diese geschieht in der Weise, daß die Klägerin zu 1 die sämtlichen auf den von ihr zu erwerbenden Grundstücken eingetragenen Hypotheken im Belaufe von 390000 ℳ übernimmt. Auf diese 390000 ℳ sind die 213000 ℳ, die die Klägerin zu 1 an den Kläger zu 2 zum Ausgleich für den objektiven Wertsunterschied der ausgetauschten Grundstücke zu entrichten hat, anzurechnen, und es hat der Kläger zu 2 die Klägerin zu 1 für die Mehrübernahme von 177000 ℳ dadurch zu entschädigen, daß er in dieser Höhe ihr Vergütung leistet, jedoch nicht in sofortiger Barzahlung, sondern in Gestalt einer ihm kreditierten, durch Hypothekbestellung gesicherten Forderung. Da das Grundstück der Klägerin zu 1 ganz unbelastet war, war von dem Kläger zu 2 nichts zu übernehmen. Mag man dieser, oder jener Art der Konstruktion folgen, in jedem Falle bleibt bestehen, daß hier nach dem zweifellos nicht auf eine Gesetzesumgehung gerichteten Willen der Parteien und nach dem Wesen des demgemäß von ihnen geschlossenen Geschäfts ein unmittelbarer Austausch der Grundstücke der beiden Kläger stattgefunden hat. Übrigens würde man, selbst wenn man zu der Annahme eines Kaufgeschäftes gelangen könnte, doch das Vorhandensein zweier Kaufgeschäfte nicht begründen können. Es könnte höchstens ein Kaufgeschäft bezüglich eines Grundstücks mit einer datio in solutum bezüglich des anderen in Frage kommen. Daß die Ausdrücke „Preis" und „Restkaufgeld", die in der Urkunde vorkommen und offensichtlich, wenigstens was das „Restkaufgeld" anlangt, auf einem Schreibfehler beruhen, für die Feststellung der Natur des Geschäftes ohne Belang sind, bedarf nur wegen der gegenteiligen zum Ausdruck gebrachten Ansicht des Revisionsklägers der Erwähnung. Endlich sei noch bemerkt, daß die Urteile des erkennenden Senats vom 11. Juni 1901, Rep. VII. 164/01, vom 26. November 1901, Rep. VII. 288/01 (Entsch. des R.G.'s in Zivils. Bd. 50 S. 285), und vom 29. November 1901, Rep. VII. 296/01, mit der jetzt getroffenen Entscheidung nicht in Widerspruch stehen, da sie einen anderen Sachstand hatten."

61. Kann ein Vorbehaltsurteil über die Klageforderung im Sinne von § 302 Z.P.O. erlassen werden, wenn die Aufrechnung einer Gegenforderung zur Begründung einer Stundungseinrede geltend gemacht ist? Mangel im Urteilsverfahren.

Z.P.O. §§ 302. 539.

I. Zivilsenat. Urt. v. 16. März 1904 i. S. H. (Bekl.) w. G. (Kl.). Rep. I. 492/03.

I. Landgericht I Berlin, Kammer für Handelssachen.
II. Kammergericht daselbst.

Der Beklagte war Akzeptant eines von der Klägerin auf ihn gezogenen, an eigene Order ausgestellten Wechsels über 2800 *M*, zahlbar am 22. Februar 1903. Die Klägerin hatte den Wechsel zum Restbetrage von 2480 *M* nebst Unkosten und Zinsen gegen den Beklagten im Wechselprozesse eingeklagt.

Es stand fest, daß der Wechsel behufs Rückzahlung eines Darlehns von 4000 *M* ausgestellt war, das der Beklagte von der Klägerin erhalten hatte, und das er in vierteljährlichen Raten von 600 *M* abzahlen sollte. Eine solche Rate war auch am Verfalltage des Wechsels fällig. Hätte der Beklagte diese Rate bezahlt, so hätte er Anspruch darauf gehabt, für den Rest der Wechselsumme gegen Ausstellung eines neuen Drei-Monats-Akzeptes Stundung zu erlangen. Der Beklagte hatte nun 5 Tage vor Verfall des Wechsels der Klägerin geschrieben, daß er mit Forderungen in Höhe von 763,43 *M* aufrechne, die ihm gegen die Klägerin zuständen. Die Klägerin hatte dieser Aufrechnung widersprochen und die Gegenforderung nur für einen Betrag von 163,63 *M* als berechtigt anerkannt.

Die Parteien stritten darüber, ob der Beklagte zur Aufrechnung berechtigt gewesen, und ob die Gegenforderung begründet sei.

Das Gericht der ersten Instanz verurteilte den Beklagten unter Vorbehalt der Entscheidung über die Aufrechnung der Gegenforderung zur Zahlung von 2316,37 *M* nebst Zinsen und Wechselunkosten und behielt ihm die Ausführung seiner Rechte im ordentlichen Verfahren vor.

In der Berufungsinstanz stritten die Parteien darüber, ob die Voraussetzungen des § 302 Z.P.O., die der erste Richter angewandt hatte, vorlägen, oder nicht.

Das Kammergericht wies die Berufung des Beklagten zurück.

Die Revision hatte Erfolg aus folgenden

Gründen:

„Die Vorinstanzen haben nicht festgestellt, daß der Beklagte nach dem dem Wechselzuge zugrunde liegenden Abkommen verpflichtet gewesen sei, die Raten von 600 *M* unter Ausschluß jeder Aufrechnung durch Barzahlung zu tilgen. Daher ist für die Revisionsinstanz davon auszugehen, daß der Beklagte die fälligen Raten auch durch Aufrechnung tilgen konnte.

Soweit nun die vom Beklagten geltend gemachte Aufrechnung nach § 389 bewirken würde, daß die eingeklagte Wechselforderung als erloschen zu gelten hätte, kann es rechtlich an und für sich nicht beanstandet werden, wenn das Gericht der ersten Instanz unter Billigung des Berufungsgerichts von dem im § 302 Z.P.O. geregelten Verfahren Gebrauch gemacht und unter Vorbehalt der Entscheidung über die Aufrechnung zunächst nur über die Klageforderung erkannt hat. Denn daß die zur Aufrechnung gebrachte Gegenforderung mit der Klageforderung nicht in rechtlichem Zusammenhange steht, kann keinem Zweifel unterliegen.

Rechtsirrtümlich aber ist es, wenn beide Vorinstanzen das Vorbehaltsurteil auch über den Betrag der Gegenforderung bzw. der fälligen Raten hinaus erstreckt haben. Denn insoweit handelt es sich nicht darum, daß der Beklagte die Einrede der Aufrechnung im Sinne der §§ 387 flg. B.G.B. erhoben hätte. Seine Einrede geht vielmehr dahin, daß dieser Teil der Wechselsumme nach dem dem Wechselzuge zugrunde liegenden Abkommen mit der Klägerin (Art. 82 W.O.) gestundet und noch nicht fällig sei. Nun kann allerdings über die Stundungseinrede nicht erkannt werden, ohne daß entschieden wird, ob die vom Beklagten am 17. Februar 1903 erklärte Aufrechnung die Tilgung der fälligen Rate bewirkt hat. Dieser Umstand aber schafft keinen Raum für die Anwendbarkeit des § 302 Z.P.O., der sich ausschließlich auf den Fall der Aufrechnungseinrede bezieht, aber keine Anwendung finden kann, wenn die Behauptung einer wirksam vollzogenen Aufrechnung Element eines anderen Verteidigungsbehelfes ist. Daß die Vorschrift auch hierauf zu erstrecken sei, steht mit den Eingangsworten des Paragraphen nicht in Einklang und verbietet sich auch deswegen, weil in einem solchen Falle die Klageforderung —

wie der Fortgang des Paragraphen doch verlangt — abgesehen von der Aufrechnung keineswegs zur Entscheidung reif ist.

Hiernach mußte das Berufungsurteil, weil es diese Rechtsgrundsätze verkannt hat, aufgehoben werden. Einer Zurückverweisung an das Berufungsgericht bedurfte es nicht, da das Revisionsgericht in der Lage ist, selbst die Entscheidung zu fällen, die durch die Berufung des Beklagten geboten war (§ 565 Abs. 3 Ziff. 1 Z.P.O.). Da die erste Instanz ein Vorbehaltsurteil über die ganze Klageforderung erlassen hat, das gesetzlich nicht zulässig war, so liegt ein Mangel im Urteilsverfahren vor, der zur Anwendung des § 539 Z.P.O. führt. Demnach war auch das Urteil des Landgerichts aufzuheben, und die Sache in die erste Instanz zurückzuverweisen.

Im Sinne der vorstehenden Ausführungen konnte in Frage kommen, ob das Vorbehaltsurteil des Landgerichts insoweit aufrecht zu erhalten sei, als die zur Aufrechnung gebrachte Forderung des Beklagten die Klageforderung deckt. Hiervon mußte indes abgesehen werden, da die Sachlage in bezug auf die in Betracht zu ziehenden Summen nicht genügend aufgeklärt ist, und zweitens weil durch die prozessuale Unmöglichkeit, den Streit über die Aufrechnung ganz aus dem Vorverfahren zu verbannen, eine Sachlage geschaffen ist, die es kaum rätlich erscheinen lassen dürfte, von der Befugnis, nach § 302 Z.P.O. zu verfahren, auch nur insoweit Gebrauch zu machen, als dies an sich zulässig wäre."

---

62. 1. Kann ein rechtskräftig bestätigter Zwangsvergleich überhaupt, und insbesondere vom Zwangsvergleichsbürgen hinsichtlich seiner Bürgschaftserklärung, wegen Irrtums angefochten werden?

2. Kann eine im Prüfungstermin ordnungsmäßig festgestellte Forderung in einem späteren Termin mit rechtlicher Wirkung bestritten werden?

I. Zivilsenat. Urt. v. 3. März 1904 i. S. E. R. Nachf. i. Liquid. (Bekl.) w. Th. (Kl.). Rep. I. 466/03.

I. Landgericht Braunsberg.
II. Oberlandesgericht Königsberg i. Pr.

Aus den Gründen:

„Dem Berufungsgerichte ist darin beizutreten, daß die vorliegende Klage auf § 767 Z.P.O. nicht gestützt werden kann. Es können zwar nach § 194 der Konkursordnung auch gegenüber einem rechtskräftig bestätigten Zwangsvergleich Einwendungen, welche den durch den Zwangsvergleich festgestellten Anspruch betreffen, in Betracht kommen, wenn nach dem in § 767 Abs. 2 festgesetzten Zeitpunkt Zahlungen geleistet, Verzichte erklärt oder Vergleiche geschlossen worden sind. Derartige Einwendungen erschüttern aber nicht den Rechtsbestand des Zwangsvergleiches selbst, welchen sie vielmehr als gegeben voraussetzen, sondern beschränken nur die aus dem zu Recht bestehenden Vergleich fließenden Befugnisse. Um eine derartige Einwendung handelt es sich hier aber nicht; der Kläger verlangt vielmehr die Beseitigung der rechtlichen Wirksamkeit des rechtskräftig bestätigten Zwangsvergleiches selbst, soweit die festgestellte Konkursforderung der Beklagten in Betracht kommt, weil er die Nichtigkeit der ganzen Bürgschaft behauptet und die Bürgschaftserklärung, die er unter Verpflichtung als Selbstschuldner und Entsagung der Einrede der Vorausklage im Zwangsvergleichstermin vom 18. Juli 1902 abgegeben hat, wegen Irrtums als rechtsunwirksam anfechten zu können meint. Hier steht ihm aber die Bestimmung des § 145 Abs. 2 K.O. entgegen, welche ausspricht, daß die Eintragung in die Tabelle rücksichtlich der festgestellten Forderungen ihrem Betrage und ihrem Vorrechte nach wie ein rechtskräftiges Urteil gegenüber allen Konkursgläubigern wirkt. Diese Wirkung gleich einem Urteil könnte daher, wie das Reichsgericht in dem Urteile vom 17. April 1896 (Entsch. desselben in Zivils. Bd. 37 S. 387) dargelegt hat, nur im Wege der Restitutionsklage, die nicht erhoben ist, beseitigt werden. Dem Berufungsgericht ist auch darin beizustimmen, daß die Konkursordnung die Anfechtung eines rechtskräftig bestätigten Zwangsvergleichs nur aus den in §§ 195 bis 197 K.O. angeführten Gründen, nicht aber wegen Irrtums gestattet. Die Entstehungsgeschichte der §§ 195—197 — der §§ 181 bis 183 des ursprünglichen Entwurfs und des Gesetzes a. F. — läßt keinen Zweifel übrig, daß die im Gesetze erwähnten Anfechtungsgründe erschöpfend sind, und eine Anfechtung des Zwangsvergleichs wegen Irrtums nicht statthaft ist. In der Begründung des Entwurfs (Hahn, Materialien Bd. 4 S. 377) wird erklärt: „Nachdem den Gläubigern ausreichende Gelegenheit geboten, ihre Rechte selbständig und vor dem Richter geltend zu machen, nachdem der Akkord rechtskräftig mit allgemeiner Wirkung bestätigt, und in Erfüllung dessen das Konkursverfahren aufgehoben worden ist, darf der so für alle Beteiligten gewonnene Rechtszustand des sicheren Fortbestandes nicht entbehren. Jeder Beteiligte muß seine Vorkehrungen danach mit Gewißheit treffen können; eine Ungewißheit würde die Maßnahmen aller lähmen. Die Unzuträglichkeiten müssen vermieden werden, welche durch die Angriffe oder gar Beseitigung des gewonnenen Ergebnisses, durch Wiederaufnahme des Konkursverfahrens bei inzwischen, vielleicht nach Jahren, völlig verändertem Stande in dem Vermögen und den Verbindlichkeiten des Gemeinschuldners notwendig entstehen. Nur aus den gewichtigsten, dem allgemeinen Interesse der Gläubiger entnommenen Gründen wird der Fortbestand des Vergleichs in Frage gestellt werden dürfen." Im Anschluß an diese allgemeinen Gesichtspunkte wird dann dargelegt, daß die Nichterfüllung des Zwangsvergleichs keinen genügenden Grund bilden könne, den Zwangsvergleich anzufechten, wohl aber der Betrug und die nachträgliche Verurteilung des Gemeinschuldners wegen betrüglichen Bankrotts. Danach bildet der Irrtum keinen Grund zur Anfechtung eines rechtskräftig bestätigten Zwangsvergleichs, wie dies in der Literatur von

Jäger, Konkursordnung S. 645 Bem. 3; v. Wilmowski, Konkursordnung 4. Aufl. S. 427 Bem. 2; Löhr, Die rechtliche Natur des Zwangsvergleichs, in der Zeitschr. für deutschen Zivilprozeß Bd. 16 S. 408 flg. 419,

anerkannt wird. Kohler spricht allerdings in seinem Lehrbuch des Konkursrechts S. 569 die Meinung aus, es müsse dem Bürgen gestattet sein, die Nichtigkeit der Bürgschaftsübernahme nach § 705 Abs. 4 (jetzt § 797 Abs. 4) Z.P.O. geltend zu machen, und auch der Kläger glaubte sich darauf stützen zu können, daß durch die Bestimmungen der §§ 195—197 K.O. die Anfechtung der von dem Vergleichsbürgen zur Ermöglichung des Zwangsvergleichs abgegebenen Bürgschaftserklärung nicht ausgeschlossen sei. Allein dieser Auffassung ist nicht beizutreten. Wenn der Zwangsvergleich, wie hier, auf Grund der Bürgschaftsleistung eines Dritten zustande gekommen ist, welcher sich als Selbstschuldner verpflichtet und der Einrede der Vorausklage entsagt, dann erscheint es rechtlich unmöglich, die Bürgschaftsleistung vom Zwangsvergleich zu sondern und die Bürgschaft für sich anzufechten. Denn die Bürgschaftserklärung des Vergleichsbürgen, welche den Gläubigern die Gegenleistung für die durch den Zwangsvergleich eintretende Forderungsreduktion sichert, bildet einen untrennbaren Bestandteil des Zwangsvergleichs, und eben deshalb findet gemäß § 194 K.O. aus dem rechtskräftig bestätigten Zwangsvergleich nicht nur gegen den Gemeinschuldner, sondern auch gegen den Bürgen, welcher die Verpflichtung ohne Vorbehalt der Einrede der Vorausklage übernommen hat, die Zwangsvollstreckung statt. Dies ist, wie die Begründung zu § 179 (jetzt § 194) K.O. (Hahn, Materialien Bd. 4 S. 425) hervorhebt, im Wesen der Sache begründet und ergibt sich als notwendige Folge daraus, daß mit der rechtskräftigen Bestätigung des Zwangsvergleichs einerseits zwangsweise die Forderungsminderung für die von dem Vergleich betroffenen Gläubiger eintritt, andererseits der Gemeinschuldner das Recht zurückerhält, über die Konkursmasse frei zu verfügen. Es ist deshalb rechtlich nicht möglich, daß der Zwangsvergleichsbürge seine zu einem Teil des Zwangsvergleichs gewordene Bürgschaftsverpflichtung wegen Irrtums anficht, weil die Konkursordnung dem Zwangsvergleich gegenüber eine Anfechtung wegen Irrtums überhaupt nicht kennt. Zudem war der Kläger nach seiner eigenen Darstellung nicht über den Inhalt seiner Erklärung im Irrtum, so daß er etwa die zu Protokoll festgestellte Erklärung,

„daß er selbstschuldnerische Bürgschaft übernehme und der Einrede der Vorausklage entsage",

bezüglich der versprochenen Vergleichsraten zu 35 Prozent in Wahrheit nicht hätte abgeben wollen, sondern sein Irrtum bezog sich auf die Rechtsfolgen der Erklärung, indem er annahm, daß sie ihn nicht verpflichten könnte, der Beklagten als Inhaberin der im Prüfungstermin zwar ordnungsmäßig festgestellten, nachträglich aber im Zwangsvergleichstermin bestrittenen Forderung von 30140,80 *M* auch die Zwangsvergleichsraten zu gewähren. Daß ein derartiger Irrtum über die Rechtsfolgen eines Geschäfts nicht zur Anfechtung desselben wegen Irrtums berechtigen könnte, ist in dem Urteil des Reichsgerichts vom 9. Mai 1902 (Entsch. desselben in Zivils. Bd. 51 S. 281 flg.) dargelegt.

Ist insoweit dem Berufungsgericht beizustimmen, so beruht doch die weitere Annahme desselben, durch welche es zur Zurückweisung der Berufung der Beklagten gelangte, — daß nämlich ein Vollstreckungstitel gegen den Kläger zugunsten der Beklagten überhaupt nicht vorliege — auf Rechtsirrtum. Das Berufungsgericht meint, es könne keinem Zweifel unterliegen, daß für den Zwangsvergleich die Forderungen der Beklagten aus der Reihe der festgestellten Forderungen gestrichen worden seien, daß der Zwangsvergleich mit Einschluß der Bürgschaft nur auf der Grundlage dieser Streichung zustande gekommen sei, und daß das Konkursgericht den Zwangsvergleich mit dieser Streichung bestätigt hatte; ob dieses Verfahren den gesetzlichen Vorschriften entsprochen habe, sei gleichgültig; die Beklagte hätte, wenn sie sich beschwert fühlte, das zulässige Rechtsmittel nach §§ 188. 189 K.O. einlegen müssen. Durch diese Annahmen hat das Berufungsgericht die §§ 145 Abs. 2, 193 und 194 K.O. verletzt. Nach § 145 Abs. 2 wirkt die Eintragung in die Tabelle mit dem vorgeschriebenen Feststellungsvermerk bezüglich der im Prüfungstermin nicht bestrittenen Forderungen ihrem Betrage und ihrem Vorrecht nach gegenüber allen Konkursgläubigern wie ein rechtskräftiges Urteil. Diese gesetzlich geordnete Wirkung einer im Prüfungstermine geschehenen und gehörig vermerkten Feststellung können weder die Parteien noch das Gericht mindern oder abschwächen. Ein „nachträgliches Bestreiten" einer einmal im Prüfungstermin festgestellten Forderung kennt die Konkursordnung nicht. Die kraft der Vorschrift des § 145 Abs. 2 eingetretene Wirkung gleich der eines rechtskräftigen Urteils kann nicht wieder aufgehoben werden dadurch, daß die Gläubiger oder der Konkursverwalter in einem späteren Termin die festgestellte Forderung „nachträglich bestreiten" oder beschließen, „daß die früher anerkannte Forderung als bestritten gelten soll". Ein solcher Beschluß ist ein nichtiges Beginnen, da er jeder gesetzlichen Grundlage entbehrt. Es kommt deshalb auch nichts darauf an, ob dieser Beschluß mit den Worten „nachträglich bestritten" in der Tabelle vermerkt, oder ob dieser Vermerk wieder weggestrichen worden ist. Jedenfalls blieb derjenige Vermerk, welcher mit Unterschrift des Richters wie des Gerichtsschreibers die Feststellung der Forderung im Prüfungstermine beurkundet, bestehen. Der rechtskräftig bestätigte Zwangsvergleich kann aber auch keine andere Wirkung haben, als diejenige, welche ihm das Gesetz zuschreibt. Nach § 193 ist er wirksam für und gegen alle nicht bevorrechtigten Konkursgläubiger, auch wenn dieselben nicht an dem Konkursverfahren oder an der Beschlußfassung über den Vergleich teilgenommen haben. Danach kann auch die Beklagte sich auf den rechtskräftig bestätigten Zwangsvergleich berufen. Wohl ist es richtig, daß der Zwangsvergleich vom Gerichte nicht hätte bestätigt werden sollen, weil die nach § 182 Ziff. 2 K.O. zur Annahme des Vergleichs erforderliche Summenmajoriät von drei Vierteilen der Gesamtsumme aller zum Stimmen berechtigten Forderungen in Wahrheit nicht vorhanden war, wenn — wie es geboten war — die festgestellte Gesamtforderung der Beklagten nicht willkürlich weggelassen wurde. Da aber eine Beschwerde gegen den Beschluß vom 18. Juli 1902, durch welchen der Vergleich bestätigt wurde, nicht erhoben worden ist, und demnach ein rechtskräftig bestätigter Zwangsvergleich vorliegt, hat er auch alle Wirkungen, welche ihm die §§ 193 und 194 K.O. beilegen. Demnach findet aus dem rechtskräftig bestätigten Zwangsvergleich auch für die Beklagte, deren Forderung im Prüfungstermine festgestellt war, auf Grund des ihr erteilten vollstreckbaren Auszugs aus der Anmeldetabelle in Verbindung mit dem Zwangsvergleich rechtmäßig die Zwangsvollstreckung gegen den Gemeinschuldner und gegen den Kläger als Bürgen statt. Es ist demnach rechtsirrig, wenn das Berufungsgericht ... sagt, es liege ein Vollstreckungstitel zugunsten der Beklagten nicht vor. Die Beklagte ist im rechtmäßigen Besitze desselben und war befugt, die Zwangsvollstreckung, gegen welche die Klage sich richtet, einzuleiten und durchzuführen." ...

---

63. Hat nach dem Bürgerlichen Gesetzbuch beim Werkvertrage der Besteller das Recht, im Falle mangelhafter Erfüllung des Unternehmers Herstellung eines neuen, mangelfreien Werkes zu verlangen? B.G.B. §§ 633. 634. 635.

VII. Zivilsenat. Urt. v. 18. März 1904 i. S. R. (Kl.) w. L. & B. (Bekl.). Rep. VII. 507/03.

I. Landgericht Danzig.
II. Oberlandesgericht Marienwerder.

Das Reichsgericht hat die vorstehende Frage verneint aus folgenden

Gründen:

„Der entscheidende Grund des Berufungsrichters geht dahin, daß nach dem Bürgerlichen Gesetzbuch beim Werkvertrage der Besteller, wenn der Unternehmer seine Vertragsleistung nur mangelhaft erfüllte, zwar (an erster Stelle) einen Anspruch auf Beseitigung des Mangels hat und (an zweiter Stelle) auch wandeln oder mindern oder, wenn der Mangel auf einem vom Unternehmer zu vertretenden Umstande beruht, Schadensersatz wegen Nichterfüllung verlangen könne, daß ihm aber nicht das Recht gegeben sei, an Stelle des mangelhaften Werkes Herstellung eines neuen, mangelfreien Werkes zu verlangen. Dieser vom Berufungsrichter aufgestellte Grundsatz muß als richtig anerkannt werden. Er ergibt sich unmittelbar daraus, daß das Bürgerliche Gesetzbuch in den §§ 633—635, in denen es die besonderen Rechte des Bestellers im Falle der Mangelhaftigkeit des hergestellten Werkes vollständig und ausschließlich regeln will, ein Recht des Bestellers, im Falle der mangelhaften Erfüllung des Unternehmers Herstellung eines neuen, mangelfreien Werkes zu fordern, nicht aufführt, und daß aus allgemeinen Erwägungen sich ein solches Recht ebenfalls nicht herleiten läßt. Ob der vom Berufungsrichter zur Bekräftigung dieser letzteren Erwägung geltend gemachte Hinweis auf das Allgemeine Landrecht, welches nach der Rechtslehre und der Rechtsprechung des Reichsgerichts ein derartiges Recht des Bestellers gleichfalls nicht kannte,

vgl. Dernburg, Preuß. Privatrecht (5. Aufl.) Bd. 2 § 200 Anm. 11, Gruchot, Beiträge Bd. 36 S. 98, Jurist. Wochenschr. 1902 S. 320 Nr. 47,

beweiskräftig ist, mag dahingestellt bleiben. Zutreffend ist jedenfalls der vom Berufungsrichter angestellte Vergleich der Vorschriften des Bürgerlichen Gesetzbuchs über den Werkvertrag mit denjenigen über den Kauf, nach welchen dem Käufer nur beim Gattungskauf, und zwar durch eine ausdrückliche Vorschrift (§ 480), das Recht, Lieferung einer mangelfreien Sache an Stelle der gelieferten mangelhaften zu verlangen, beigelegt worden ist. Der Berufungsrichter zieht hieraus mit Grund die Folgerung, daß beim Werkvertrag ohne solche ausdrückliche Vorschrift allgemeine Erwägungen die Annahme eines solchen

Rechts des Bestellers nicht rechtfertigen können. Die wenigen Bearbeiter des Bürgerlichen Gesetzbuchs, welche sich mit dieser Frage beschäftigt haben, vertreten dieselbe Ansicht. So sagt Cosack (Bd. 1 S. 524), dem Besteller fehle das Recht auf Umtausch, und bei Goldmann u. Lilienthal (Bd. 1 S. 648 Anm. 19) heißt es, nach Fertigstellung des Werkes stehe dem Besteller ein Anspruch auf Herstellung eines anderen mangelfreien Werkes nicht zu." ...

64. 1. Unter welchen Voraussetzungen ist der Staat verpflichtet, den Schaden zu ersetzen, welcher dadurch entstanden ist, daß die Grundbuchbeamten die ihnen obliegende Amtspflicht bei Bestimmung der Reihenfolge der Eintragungen aus Fahrlässigkeit verletzt haben?

2. Bestimmt sich das Rangverhältnis unter mehreren Rechten, die in derselben Abteilung des Grundbuchs eingetragen sind, nach der Reihenfolge der Eintragungen ohne Rücksicht darauf, in welchem Zeitpunkte die Anträge auf Eintragung beim Grundbuchamte eingegangen sind?

3. Ist für den öffentlichen Glauben des Grundbuchs lediglich der Inhalt des Grundbuchs selbst, nicht auch das sog. Präsentationsregister maßgebend?

G.B.O. §§ 12. 17. 46.
B.G.B. §§ 839. 879. 892.

V. Zivilsenat. Urt. v. 13. April 1904 i. S. B. (Kl.) w. preuß. Justizfiskus (Bekl.). Rep. V. 414/03.

I. Landgericht Hagen i. W.
II. Oberlandesgericht Hamm.

In der notariellen Schuldurkunde vom 1. Februar 1901 bewilligte und beantragte Sch. für eine Darlehnsforderung des Klägers von 6000 *M* die Eintragung einer Hypothek in gleicher Höhe auf seine Grundstücke Bd. 9 Art. 514 des Grundbuchs von H. Die Schuldurkunde wurde mit dem Antrage auf Eintragung der Hypothek gleichzeitig mit einem Löschungsantrage am 4. Februar 1901 beim

Amtsgericht in J. zu den Grundakten eingereicht. Die Löschung erfolgte. Die Eintragung unterblieb zunächst und erfolgte erst auf Erinnerung des Klägers am 10. Mai 1901 unter Nr. 11 in der Abt. III, nachdem unter Nr. 8. 9. 10 auf drei Anträge eine Hypothek von 1545,55 *M*, eine Grundschuld von 2000 *M* und eine Hypothek von 1500 *M* für andere Gläubiger eingetragen worden waren. Bei Eintragung der Post Nr. 11 wurde vom Grundbuchrichter bei den Posten 8. 9. 10 von Amts wegen ein Widerspruch gegen den Vorrang dieser Posten vor der Hypothek Nr. 11 des Klägers vermerkt. Bei der Zwangsversteigerung erstand der Kläger die Pfandgrundstücke für 23500 *M*, und er mußte die Gläubiger der seiner Hypothek Nr. 11 vorgehenden Posten Nr. 8. 9. 10 durch Zahlung von insgesamt 5121,54 *M* befriedigen, während er mit seiner Hypothek ausfiel. Gleichzeitig mit der Einleitung des Zwangsversteigerungsverfahrens wurde der Konkurs über das Vermögen des Sch. eröffnet, und der Kläger meldete darin seine Forderung an. In der von ihm erhobenen Klage nahm der Kläger gemäß § 12 G.B.O. den Justizfiskus auf Ersatz des ihm angeblich durch Verschulden des Grundbuchbeamten verursachten Schadens in Höhe von 5121,54 *M* in Anspruch. Nachdem durch Beweiserhebung festgestellt worden war, daß der Kläger im Konkurse etwa 230 *M* erhalten werde, und daß die Pfandgrundstücke mit Gebäuden höchstens einen Wert von 22100 *M* hatten, wurde Beklagter durch Teilurteil zur Zahlung von 4500 *M* nebst 4 Prozent Zinsen seit dem 26. April 1902 und in $^9/_{10}$ der Kosten des Rechtsstreits verurteilt. Die Berufung und die Revision des Beklagten sind zurückgewiesen worden.

Gründe:

„Das Berufungsgericht hält nicht für erwiesen, daß die Grundbuchbeamten ihre Amtspflichten vorsätzlich verletzt hätten, dagegen den Nachweis für erbracht, daß sowohl dem Grundbuchrichter wie dem Grundbuchführer Fahrlässigkeit zur Last falle, weil sie bei Erledigung des Antrags auf Eintragung der Hypothek des Klägers die Vorschriften der Grundbuchordnung (§ 17) nicht beobachtet hätten. Der Kläger hätte deshalb, so führt es aus, nachzuweisen, daß ihm hieraus ein Schaden erwachsen sei, dessen Ersatz er auf andere Weise nicht erlangen könne. Folge der verspäteten Eintragung sei, daß die in der Reihenfolge der Eintragungen der Hypothek des Klägers Nr. 11

vorgehenden Posten Nr. 8. 9. 10 dieser auch im Range vorgegangen, und daß dieses Rangverhältnis weder durch Beschwerde noch im Wege der Berichtigung des Grundbuchs habe geändert, noch durch Eintragung eines Widerspruchs habe beeinflußt werden können. Da dem Kläger ein obligatorischer Anspruch gegen die bevorzugten Gläubiger auf Berichtigung des Rangverhältnisses nicht zustehe, ihm auch ein Anspruch darauf aus einer unerlaubten Handlung derselben nicht erwachsen sei, seien die Gläubiger der Posten Nr. 8. 9. 10 der Hypothek Nr. 11 des Klägers vorgegangen, und habe der Kläger im Zwangsversteigerungsverfahren ihre vorrechtliche Befriedigung nicht hindern können. Der Ausfall, welchen der Kläger erlitten habe, betrage 5121,54 *M*. Diesen müsse der Beklagte ersetzen; Kläger müsse sich aber darauf anrechnen lassen, was er anderweit zu erlangen vermöge. In den erstandenen Grundstücken finde Kläger keinen Ersatz, da er diese, deren Wert höchstens 22100 *M* betrage, für 23500 *M* ersteigert habe. Dagegen müsse er sich anrechnen lassen, was er im Konkurse Sch. zu erwarten habe, nämlich höchstens $4\,{}^1/_2$ Prozent der von ihm mit 5121,54 *M* angemeldeten Forderung, also ungefähr 230 *M*. Hiernach sei in dem ergangenen Teilurteile erster Instanz, welches nur in Höhe von 4500 *M* ergangen sei, die zu erwartende Verminderung der Schadensersatzforderung des Klägers genügend berücksichtigt.

Dem Berufungsgerichte ist darin beizutreten, daß die Grundbuchbeamten fahrlässig die ihnen nach § 17 G.B.O. obliegende Amtspflicht verletzt haben, indem sie die später beantragten drei Eintragungen unter Nr. 8. 9. 10 in der III. Abt. des Grundbuchs vorgenommen haben, bevor der früher gestellte Eintragungsantrag des Klägers erledigt war, und daß deshalb der verklagte Staat dem Kläger den hieraus entstandenen Schaden an Stelle der fahrlässigen Grundbuchbeamten zu ersetzen hat, wenn der Kläger nicht auf andere Weise Ersatz zu erlangen vermag und nicht vorsätzlich oder fahrlässig unterlassen hat, den Schaden durch Gebrauch eines Rechtsmittels abzuwenden (§ 12 G.B.O., § 839 B.G.B.).

Der Schaden des Klägers besteht darin, daß er infolge der Eintragung seiner Hypothek unter Nr. 11 bei der Zwangsversteigerung der Pfandgrundstücke die vorgängige Befriedigung der Posten Nr. 8. 9. 10 hat dulden müssen und mit seiner Hypothek ausgefallen ist.

Der Beklagte stellt dies in Abrede, indem er die Ansicht vertritt, Kläger habe vor den Posten Nr. 8. 9. 10 Befriedigung beanspruchen können, weil sein Eintragungsantrag früher beim Grundbuchamte eingegangen sei, als die Anträge der Gläubiger der Posten Nr. 8—10. Dies beruht jedoch auf Mißverstehen der Gesetze.

Der § 879 B.G.B. schreibt vor: „Das Rangverhältnis unter mehreren Rechten, mit denen ein Grundstück belastet ist, bestimmt sich, wenn die Rechte in derselben Abteilung des Grundbuchs eingetragen sind, nach der Reihenfolge der Eintragungen." Hiernach bestimmt sich auch das Rangverhältnis der Posten Nr. 8—11, die sämtlich in der III. Abt. desselben Grundbuchartikels eingetragen sind, und zwar ausschließlich, ohne Rücksicht darauf, ob bei Bestimmung der Reihenfolge die Vorschriften des § 46 G.B.O. befolgt sind, ob namentlich die vier Posten die Reihenfolge erhalten haben, welche der Zeitfolge der Anträge (§ 13 Abs. 1 Satz 2 G.B.O.) entspricht. Der bereits im § 502 A.L.R. I. 20 ausgesprochene Grundsatz, daß es bei der im Hypothekenbuche einmal angenommenen Folgeordnung bleibt, auch wenn der Richter bei Befolgung der Bestimmungen über die Folgeordnung gefehlt hat, ist auch nach § 879 B.G.B. maßgebend. Bei der Beratung des Entwurfs eines Bürgerlichen Gesetzbuchs in der zweiten Lesung ist zwar „die Frage angeregt, ob man nicht bestimmen solle, daß für die Reihenfolge der Eintragungen der Eingang der Eintragungsanträge entscheidend sei, und daß, wenn irrtümlich von dieser Reihenfolge abgewichen sei, ein Anspruch auf Berichtigung bestehe. Man erachtete jedoch diese Regelung nicht für zweckmäßig, weil dadurch der öffentliche Glaube des Grundbuchs in einer den Grundbuchverkehr gefährdenden Weise beeinträchtigt werden würde. Für den öffentlichen Glauben des Grundbuchs müsse lediglich der Inhalt des letzteren maßgebend sein, und es erscheine nicht zulässig, zur Ergänzung noch das Präsentationsregister zur Hilfe zu nehmen" (Prot. Bd. 3 S. 91). Hierdurch ist außer Zweifel gestellt, daß, wie auch der § 879 B.G.B. wortdeutlich bestimmt, sich das Rangverhältnis unter mehreren Rechten derselben Abteilung des Grundbuchs ausschließlich nach der Reihenfolge bestimmt, in welcher die Rechte tatsächlich zur Eintragung gelangt sind, und nicht nach der Reihenfolge, in welcher sie nach § 46 G.B.O. hätten eingetragen werden müssen. Ist die Eintragung erfolgt, so kommt es für das Rangverhältnis der

Rechte nicht mehr darauf an, in welchen Zeitpunkten die Anträge auf Eintragung beim Grundbuchamte eingegangen sind. Hierüber besteht auch bei allen Bearbeitern des Grundbuchrechts Einverständnis. Die Hypothek Nr. 11 des Klägers stand also den ihr voreingetragenen Posten Nr. 8—10 im Range nach. Vermöge ihres Vorranges konnten daher die Gläubiger der Posten Nr. 8—10 vorrechtliche Befriedigung aus dem Erlöse des zwangsversteigerten Pfandgrundstücks verlangen (Zwangsversteigerungsgesetz vom 20. Mai 1898 § 10 Ziff. 4. § 11 Abs. 1) und schlossen damit die Befriedigung des Klägers wegen der Hypothek Nr. 11 aus, da der Erlös hierzu nicht ausreichte. Ein Widerspruch des Klägers gegen diese Verteilung des Erlöses konnte deshalb keinen Erfolg haben. Auch der vom Grundbuchrichter von Amts wegen bei den Posten Nr. 8. 9. 10 eingetragene Widerspruch gegen den Vorrang dieser Posten vor der Post Nr. 11 war zwecklos, weil dadurch das durch die erfolgte Eintragung bewirkte Rangverhältnis nicht geändert oder beeinflußt werden konnte, nachdem im Zeitpunkte der Eintragung des Widerspruchs die Gläubiger der Posten Nr. 8—10 von der Eintragung und dem dadurch begründeten Rangverhältnisse der Posten Nr. 8—10 längst Kenntnis erhalten hatten. Durch den Widerspruch konnte nicht der Glaube an die Richtigkeit des Grundbuchs bei den Erwerbern von Rechten an den Posten Nr. 8—10 ausgeschlossen werden. Denn für den öffentlichen Glauben des Grundbuchs ist lediglich der Inhalt des Grundbuchs selbst, nicht auch das Präsentationsregister maßgebend. Es „gilt der Inhalt des Grundbuchs als richtig", heißt es im § 892 Abs. 1 B.G.B. „Die Kenntnis von dem Vorliegen eines früheren Antrags auf Eintragung begründet keine mala fides" (Motive zum ersten Entwurf einer Grundbuchordnung S. 89). Dies ist bei der zweiten Lesung des Entwurfs eines Bürgerlichen Gesetzbuchs von einer Seite mit dem Satze wiederholt, die Kenntnis des eingetragenen Berechtigten von einem früheren Eintragungsantrage stehe seinem Rechtserwerbe nicht entgegen, weil er nur solche Tatsachen, die aus dem Grundbuche, nicht aber solche, die nur aus dem Präsentationsregister sich ergeben, gegen sich gelten lassen müsse (Protokolle Bd. 3 S. 90). In der Literatur ist, soviel bekannt, hiergegen ein Widerspruch nicht hervorgetreten. Der Ansicht von R. Förster (Das Recht 1903 S. 351), wonach jede Eintragung als bereits in dem Augenblicke als ausgeführt gelten soll, in welchem sie beim Grundbuchamte beantragt wurde, findet keinen Anhalt im Gesetze. Auch jetzt muß der von Dernburg-Hinrichs (Bd. 1 S. 117 Anm. 15) für das frühere Recht ausgesprochene Satz als richtig anerkannt werden, daß die Anmeldung eines Rechts beim Grundbuchamte der Eintragung kein dem Präsentatum entsprechendes Realrecht gibt. Stand aber dem Rechtserwerbe der Gläubiger der Posten Nr. 8—10 die Kenntnis von dem früheren Eingange des Eintragungsantrags des Klägers nicht entgegen, so war auch der zur Erhaltung der Wirkung dieser Kenntnis gegen ihre Rechtsnachfolger gerichtete Widerspruch zwecklos.

War hiernach das Rangverhältnis unter den Posten Nr. 8—11, wie es sich aus deren Eintragung im Grundbuch ergab, nicht anfechtbar, so fragt sich weiter, ob dem Kläger etwa ein Anspruch erwachsen war, von den Gläubigern der Posten Nr. 8—10 zu verlangen, daß sie seine vorrechtliche Befriedigung vor ihnen gestatteten. Dafür liegt nichts vor, daß zwischen dem Kläger und diesen Gläubigern ein Schuldverhältnis bestand, aus welchem sich eine solche Verpflichtung der Gläubiger herleiten ließe, oder daß den Gläubigern eine unerlaubte Handlung zur Last falle, aus der dem Kläger ein Anspruch auf Schadensersatz entstanden sei, welcher sie gemäß § 249 B.G.B. zur Herstellung oder zum Geltenlassen des Rangverhältnisses verpflichtete, das ohne ihr zum Ersatze verpflichtendes Verhalten begründet worden wäre. Daß der Kläger einen Berichtigungsanspruch nach Maßgabe des § 894 B.G.B. nicht erheben konnte, ist bereits angedeutet. Der Erwerb der drei vorgehenden Gläubiger steht mit der wirklichen Rechtslage nicht im Widerspruche, da durch den Eintragungsantrag des Klägers kein dingliches Recht außerhalb des Grundbuchs begründet ist, wodurch der Inhalt des Grundbuchs unrichtig geworden wäre. Da kein anderer Grund für einen Bereicherungsanspruch des Klägers vorgebracht ist, würde es sich nur fragen, ob der Kläger einen solchen Anspruch schon daraus allein für sich herleiten könnte, daß die Gläubiger der Posten Nr. 8—10 durch ihre Eintragung einen Vorteil auf Kosten des Klägers erlangt hätten, zu dem sie nach dem Gesetze nicht berechtigt waren, indem sie den Vorrang für ihre Eintragungen erlangt hätten, der nach der Zeitfolge des Eingangs der Eintragungsanträge nicht ihnen, sondern dem Kläger gebührt hätte. Unter der Herrschaft des bisherigen preußischen Rechts hat das vormalige Obertribunal (Striethorst, Archiv Bd. 37 S. 216, Bd. 62 S. 36, Bd. 79 S. 1) ungerechtfertigte Bereicherung ohne weiteres in der Erlangung der ungerechtfertigten Priorität gefunden (vgl. Turnau, Grundbuchordnung von 1872 Bd. 1 S. 148 Bem. 6). Bei der zweiten Lesung des Entwurfes eines Bürgerlichen Gesetzbuchs ist diese Frage zwar zur Sprache gebracht; es wurde aber beschlossen, keine Antwort darauf zu geben, weil für die Aufstellung einer solchen Vorschrift das praktische Bedürfnis fehle (Protokolle Bd. 3 S. 89 flg.). Das Reichsgericht hält, in Übereinstimmung mit der Literatur, die Gründe für durchschlagend, welche in der zweiten Kommission für die Verneinung geltend gemacht sind. Auch wenn anzunehmen wäre, daß die Gläubiger der Posten Nr. 8—10 durch ihre unberechtigte, weil gegen das Gesetz (§§ 17. 46 G.B.O.) verstoßende, Voreintragung einen Vorteil ohne rechtlichen Grund erlangt hätten, so ist doch das zweite Erfordernis, daß sie diesen Vorteil auf Kosten des Klägers erlangt haben müssen, nicht erfüllt; denn durch den früheren Eingang des Eintragungsantrags des Klägers beim Grundbuchamte wurde für diesen wohl der gesetzliche Anspruch auf Eintragung an der zunächst freien Stelle im Grundbuche gegenüber dem Grundbuchbeamten begründet, nicht aber ein Vermögensrecht zur Entstehung gebracht, an welchem er durch die Unterlassung der Eintragung Einbuße hätte erleiden können (§ 812 B.G.B.). Wie schon bemerkt, würde der Kläger nur durch die vollzogene Eintragung ein Vorrecht erworben haben, welches auch die Gläubiger der Posten Nr. 8—10 gegen sich gelten lassen müßten.

Von einer ungerechtfertigten Bereicherung der Gläubiger der Posten Nr. 8—10 kann auch schon um deswillen nicht die Rede sein, weil sie ihre Voreintragung nicht ohne rechtlichen Grund erlangt haben. Sie haben nur das erlangt, was ihnen auf Grund der ihnen erteilten Eintragungsbewilligung und des Eintragungsantrags infolge ihrer Eintragung gebührte. Wenn sie selbst bei ihrer Eintragung Kenntnis von der dem Kläger früher erteilten und bei dem Grundbuchamte früher eingegangenen Eintragungsbewilligung gehabt hätten, so stand dem Kläger gegen sie ein Anspruch auf Vorrechtseinräumung nicht zu, da, wie nach dem bisherigen Rechte,

vgl. Entsch. des R.G.'s in Zivils. Bd. 43 S. 216; Rassow u. Küntzel, Beiträge Bd. 41 S. 1050, die Kenntnis von dem bloß vertraglichen Anspruche des Klägers auf Eintragung an der bereitesten Stelle im Grundbuch den endgültigen Erwerb der dinglichen Hypothekenrechte nicht hinderte.

Daß der Kläger den Ersatz des durch die ungerechtfertigten Voreintragungen erlittenen Schadens in den erstandenen Pfandgrundstücken gefunden habe, ist durch die unangreifbare Feststellung ausgeschlossen, daß er für die erstandenen Grundstücke, deren wirklicher Wert nur 22100 *M* beträgt, 23500 *M* hat entrichten müssen.

Dem Anspruche des Beklagten endlich, daß Kläger sich auf seinen Schadensersatzanspruch den im Konkurse des Eigentümers Sch. auf seine angemeldete Forderung fallenden Betrag müsse anrechnen lassen, ist durch die Vorderurteile dadurch ausreichend Rechnung getragen, daß der Beklagte nicht zur Bezahlung des vollen Betrags des von dem Kläger erlittenen Ausfalls verurteilt ist, sondern vorläufig nur zur Bezahlung desjenigen Betrags, welcher sich nach Abzug der vom Kläger zu erwartenden Konkursdividende günstigstenfalls ergibt.

Der Versuch des Beklagten, das Vorrecht der Post Nr. 11 des Klägers vor den Posten Nr. 8—10 durch die folgenden Erwägungen zu begründen, kann keinen Erfolg haben.

Beklagter meint, der gegenteiligen Ansicht stehe entgegen, daß ihr zufolge der Richter auch dann sein Versehen nicht durch Herstellung des richtigen Rangverhältnisses hätte unschädlich machen dürfen, wenn er sein Versehen zwar nach Eintragung der Posten Nr. 8—10, aber bevor von ihrer Eintragung irgend jemand Kenntnis erlangt und Schaden erlitten habe, bemerkt hätte. Hieran ist nur richtig, daß nach der stets auch in Grundbuchsachen geübten Praxis, der keine gesetzliche Bestimmung entgegensteht, der Richter seine Verfügung, auch wenn dadurch eine Eintragung angeordnet ist, so lange ändern kann, als sie ein Internum des Gerichts geblieben, als sie den Beteiligten noch nicht bekannt geworden ist. Daraus folgt aber nicht, daß eine Änderung auch dann bewirkt werden könnte, nachdem, wie hier, die Beteiligten von der unrichtigen Eintragung Kenntnis erhalten haben.

Wenn der Beklagte weiter für seine Ansicht geltend macht, im Satz 2 des § 11 Abs. 1 G.B.O. seien die noch nicht erledigten Eintragungsanträge den Urkunden gleichgestellt, auf die im Grundbuche zur Ergänzung einer Eintragung Bezug genommen sei, es müßten deshalb die ersteren ebenso als Teil des Grundbuchs gelten, als dies bezüglich der letzteren durch §§ 874. 1115 B.G.B. vorgeschrieben sei, so scheitert diese Folgerung daran, daß § 11 G.B.O. ausschließlich darüber Bestimmung trifft, welche der bei dem Grundbuche befindlichen Urkunden den Interessenten auf ihr Verlangen zur Einsichtnahme vorzulegen sind, aber keineswegs von einer Gleichstellung der verschiedenen Arten dieser Urkunden in irgendwelcher Beziehung etwas enthält." ...

---

65. Findet auf die Wiederaufnahme des Verfahrens (§§ 578—591 Z.P.O.) § 265 Abs. 2 Z.P.O. mit der Maßgabe Anwendung, daß die Nichtigkeitsklage des Urteilsschuldners auch dann gegen den ursprünglichen Urteilsgläubiger zu richten ist, wenn der Urteilsanspruch vor Erhebung der Nichtigkeitsklage an einen Dritten abgetreten worden war?

I. Zivilsenat. Urt. v. 26. März 1904 i. S. L. (Bekl.) w. B. (Kl.). Rep. I. 497/03.

I. Landgericht I Berlin, Kammer für Handelssachen.
II. Kammergericht daselbst.

Am 19. September 1889 erwirkte der Kaufmann P. auf Grund eines von dem Kläger ausgestellten Akzepts d. d. 5. Februar 1889 gegen diesen ein Wechselversäumnisurteil des Landgerichts auf Zahlung von 36000 *M* nebst Zinsen. Dieses Urteil wurde dem Kläger alsbald zugestellt, und es ergingen daraufhin Pfändungs- und Überweisungsbeschlüsse des zuständigen Amtsgerichts vom 1. Oktober 1889 und vom 13. Januar 1890. P. trat seine Rechte aus dem Wechsel mit allem Zubehör, insbesondere auch aus dem Urteil und aus den Pfändungs- und Überweisungsbeschlüssen, an den Beklagten ab.

Der Kläger war schon vor Ausstellung des Wechsels, nämlich am 19. September 1888, wegen Verschwendung vom Amtsgericht Baden gemäß Landrechtssatz 513 für mundtot erklärt, und sein Vater zu seinem Beistande bestellt worden. Hieraus folgerte der Kläger die Ungültigkeit des Wechsels und gemäß § 579 Ziff. 4 Z.P.O. die Nichtigkeit des erwähnten Prozeßverfahrens, und er beantragte demnach in seiner gegen den Beklagten als Rechtsnachfolger des damaligen Klägers P. erhobenen Nichtigkeitsklage, das erwähnte Versäumnisurteil, sowie die auf Grund desselben erfolgten Pfändungs- und Überweisungsbeschlüsse für nichtig zu erklären und die Wechselklage des Kaufmanns P. abzuweisen.

Beklagter beantragte Klagabweisung, indem er, abgesehen von anderen Einreden, bestritt, daß er als Zessionar für die Nichtigkeitsklage passiv legitimiert sei.

In den Vorinstanzen wurde nach den Anträgen des Klägers erkannt. Die Revision des Beklagten ist zurückgewiesen worden.

Aus den Gründen:

„Die Frage, ob Beklagter für die gegenwärtige Nichtigkeitsklage passiv legitimiert war, und ob diese Klage auch ohne Zuziehung des Zedenten P. gegen ihn verhandelt werden konnte, ist zu bejahen. Nach § 325 Z.P.O. bestimmte sich die Rechtskraftwirkung in betreff der Rechtsnachfolger nach dem Zeitpunkte der Rechtshängigkeit. Beklagter war aber bereits vor Rechtshängigkeit der gegenwärtigen Nichtigkeitsklage alleiniger Inhaber derjenigen Urteilsforderung nebst Zubehör, deren Beseitigung mit dieser Klage angestrebt wird. Eine gegenüber dem Zedenten P. erwirkte Nichtigkeitserklärung des Urteils und Abweisung der diesem zugrunde liegenden Klageforderung würde daher gegenüber dem Beklagten keine Rechtskraftwirkung ausüben können. Zu einem anderen Ergebnisse würde nur dann zu gelangen sein, wenn man das in dem 4. Buch der Zivilprozeßordnung (§§ 578 bis 591) geregelte Verfahren in jeder Hinsicht und von vornherein lediglich als unselbständiges Zubehör des früheren Prozesses auffaßte und demgemäß auch den § 265 Abs. 2 Z.P.O., wonach die Abtretung des geltend gemachten Anspruchs auf den Prozeß keinen Einfluß ausübt, hier für anwendbar erklärte. Daß diese Auffassung logisch möglich ist, und daß sie sich auch nicht gerade mit dem Wortlaute der Zivilprozeßordnung in Widerspruch setzen würde, soll nicht bestritten werden. Man könnte zu ihren Gunsten darauf hinweisen, daß nach § 590 Abs. 1 Z.P.O. die Hauptsache, soweit sie von dem Anfechtungsgrunde betroffen ist, im Verfahren über die Nichtigkeitsklage von neuem verhandelt wird, und daß nach Abs. 2 daselbst die

Trennung des judicium rescindens von dem weiteren Verfahren zwar nach Ermessen des Gerichts erfolgen kann, aber nicht notwendig erfolgen muß, wie denn auch aus der Regelung der Zuständigkeit in § 584 sich das Bestreben des Gesetzgebers ergibt, den Zusammenhang mit dem früheren Prozesse tunlichst aufrecht zu erhalten. Entscheidendes kann diesen Erwägungen jedoch nicht entnommen werden; denn auf der anderen Seite wäre geltend zu machen, daß das im 4. Buch der Zivilprozeßordnung geregelte Verfahren ein durch rechtskräftiges Urteil geschlossenes Verfahren voraussetzt, und daß die Wiederaufnahme durch Rechtsbehelfe zu erfolgen hat, welche als „Klagen" bezeichnet werden. Für die Frage der Anwendung des § 265 Abs. 2 Z.P.O. liegt es daher näher, dieselbe um deswillen für ausgeschlossen zu erklären, weil es sich, wenigstens zur Zeit der Anhängigmachung des Wiederaufnahmeverfahrens, bei dem früheren Prozesse um ein rechtskräftig abgeschlossenes Verfahren und bei dem Wiederaufnahmeverfahren um ein durch Klagerhebung zu eröffnendes neues Verfahren handelt. Entscheidend spricht aber die ratio legis gegen die Anwendung des § 265 Abs. 2 Z.P.O. auf den vorliegenden Fall. Wer sich im Laufe des Rechtsstreits den mit der Klage geltend gemachten Anspruch abtreten läßt, ist, wenn er nicht etwa von seinem Zedenten gröblich getäuscht wird, darüber unterrichtet, daß der Anspruch im Prozesse befangen ist, und seine Durchführung mit von dem guten Willen und der Sorgfalt seines Zedenten abhängt; er ist auch ohne weiteres in der Lage, sein Interesse an der Durchführung durch Beitritt zum Rechtsstreit als Nebenintervenient zu verfolgen. Anders verhält es sich in beiden Beziehungen bei Abtretung eines durch rechtskräftiges Urteil festgestellten Anspruchs. Hier wird dem Zessionar wegen der großen Seltenheit eines Wiederaufnahmeverfahrens regelmäßig das Bewußtsein fehlen, daß der zedierte Anspruch sich in gewisser Beziehung, insofern nämlich mit der Möglichkeit eines Wiederaufnahmeverfahrens zu rechnen sei, noch in Streit befindet, und daß dieser Streit ohne sein Zutun zwischen dem Schuldner und seinem Zedenten entschieden werden könnte. Schwerlich wird er auf den Gedanken kommen, daß er für diesen Fall besondere Maßnahmen zur Sicherung seiner Rechte zu treffen habe; auch würde er in vielen Fällen, wenn die auf Wiederaufnahme des Verfahrens gerichtete Klage gegen seinen Zedenten zu erheben wäre, von der Anhängigkeit des

Wiederaufnahmeverfahrens ohne Kenntnis bleiben und schwer in seinen Interessen geschädigt werden.

Diese praktischen Erwägungen müssen dazu führen, die Anwendung des § 265 Abs. 2 Z.P.O. auf das Wiederaufnahmeverfahren, wenn die Abtretung des streitigen Anspruchs vor Anhängigmachung des letzteren erfolgt ist, nach dem Sinne des Gesetzes für ausgeschlossen zu erachten.

Die erhobene Nichtigkeitsklage ist daher mit Recht gegen den Beklagten als Zessionar gerichtet worden; auch bedurfte es nicht der Beiziehung des Zedenten zu dem Rechtsstreite, da dieser überhaupt nicht passiv legitimiert war. Die einmal begründete Passivlegitimation des Beklagten bestand aber selbstverständlich nicht nur für das judicium rescindens, sondern für das ganze, eine Einheit bildende Wiederaufnahmeverfahren. Es mußte daher auch in der Hauptsache gegen ihn verhandelt werden, und es ist formell richtig, wenn schließlich die von dem Zedenten P. erhobene Klage dem jetzigen Beklagten gegenüber für abgewiesen erklärt wurde." ...

---

66. Nach welchen Grundsätzen ist die Entschädigung für die Enteignung eines Grundstücks, auf dem eine Ziegelei betrieben wird, zu ermitteln?

Preuß. Enteignungsgesetz §§ 8. 10.

VII. Zivilsenat. Urt. v. 29. Januar 1904 i. S. Fr. u. Gen. (Kl.) w. preuß. Fiskus (Bekl.). Rep. VII. 407/03.

I. Landgericht Stettin.
II. Oberlandesgericht daselbst.

Aus den Gründen:

... „Das Berufungsurteil wird von beiden Parteien mit Grund beanstandet. Nach § 8 Abs. 2 des Enteignungsgesetzes ist den Klägern neben dem Werte des enteigneten Grundstücksteiles zugleich der Mehrwert, den der abgetretene Teil durch seinen Zusammenhang mit dem Ganzen hatte, sowie der für das Restgrundstück durch die Abtretung entstandene Minderwert zu ersetzen. Die Summe dieser Beträge findet im vorliegenden Streitfalle, wie das Berufungsgericht zutreffend annimmt, in dem Unterschied zwischen dem Werte des ganzen Grundstücks vor der Enteignung und dem Werte des den Klägern verbliebenen Restgrundstücks ihren Ausdruck. Verfehlt ist aber die vom Berufungsgerichte bei Feststellung des Wertes des ganzen Grundstücks gewählte Methode. Wenn ein Grundstück jährlich einen bestimmten Ertrag abwirft und nach menschlicher Voraussicht dauernd abwerfen wird, so kann es keinem Bedenken unterliegen, den Wert des Grundstücks mindestens diesem entsprechend kapitalisierten Ertrage gleichzusetzen. Das so gefundene Kapital wird hinter dem wahren Werte zurückbleiben, wenn die Nutzungsfähigkeit des Grundstücks durch die tatsächlich geübte Nutzung nicht erschöpft wird; denn die erstere ist der hauptsächlichste wertbestimmende Faktor; im gegenwärtigen Streitfalle aber liegt nichts dafür vor, daß sich aus dem Grundstücke durch eine andere Benutzungsart ein höherer Ertrag erzielen ließe; der Ertrag aus der bisherigen Benutzungsart stellt demnach zugleich die Nutzungsfähigkeit des Grundstücks dar. Nun ist allerdings dem Berufungsgerichte zuzugeben, daß der Ertrag des auf einem Grundstücke betriebenen Gewerbes und der Ertrag des Grundstücks selbst auseinandergehalten werden müssen; indessen ist bei einem Gewerbe, dessen Betrieb im wesentlichen in der Ausbeutung oder Verarbeitung des im Grund und Boden vorhandenen Rohmaterials besteht, wie bei einem Steinbruch, einem Torfstich, einer Ziegelei, die Gewinnung des Materials derart für den Ertrag des Gewerbes ausschlaggebend, daß der Gewerbebetrieb unbedenklich als eine Benutzungsart des Grundstücks bezeichnet werden kann und muß.

Vgl. Entsch. des R.G.'s in Zivils. Bd. 8 S. 216.

Es kann keine besonderen Schwierigkeiten machen, aus dem Ertrage eines derartigen Gewerbes durch Ausscheidung aller Betriebskosten denjenigen Betrag zu ermitteln, der als Ertrag des Grundstücks selbst anzusehen ist. Dieser Aufgabe hat anscheinend der Sachverständige L. in seinem ersten Gutachten gerecht zu werden versucht; bei dem dort ermittelten Reinertrag der Ziegelei von jährlich 5158 ℳ sind alle Aufwendungen berücksichtigt, die erforderlich sind, um den im Grundstück liegenden Ton in Form von Ziegelsteinen in die Hände der Käufer zu bringen. Fraglich kann es sein, ob auf diesen Ertrag wirklich dauernd zu rechnen ist, wenn man mit dem Berufungsrichter die von ihm hervorgehobenen Umstände, als: persönliche Eigenschaften des Geschäftsherrn, Absatzgelegenheit, Wettbewerb, Höhe der Preise, die für den Ertrag einer Ziegelei zweifellos mitbestimmend sind, berücksichtigt. Nicht zuzugeben ist dagegen, daß eine auch nur annähernd zuverlässige Veranschlagung des Ertrags auf eine längere Reihe von Jahren nicht möglich ist. Der Sachverständige L. hat in seinem zweiten Gutachten die erwähnten Umstände, wenigstens zum Teil, erörtert, und in ihnen kein unübersteigliches Hindernis für die Berechnung des dauernden Reinertrages der Ziegelei gefunden. Etwaige durch seine Ausführungen nicht behobene Bedenken konnten in anderer Weise Berücksichtigung finden. Denn wenn auch der Reinertrag den hauptsächlichsten Faktor für die Berechnung des gegenwärtigen Wertes einer Ziegelei bildet, so besteht doch weder für das Gericht noch für den Sachverständigen eine Nötigung, den gegenwärtigen Wert, auf den allein es ankommt, einfach durch Kapitalisierung des Reinertrags oder durch Zusammenrechnung der voraussichtlich noch anfallenden Jahreserträge unter Abzug der Zwischenzinsen festzustellen. Künftig mögliche Schwankungen, mit denen der Verkehr rechnet und rechnen muß, können bei der Wertsberechnung ohne Schwierigkeit ihre Stelle finden. Mit dieser Einschränkung aber wird der vom Grundstück selbst gewährte Reinertrag die Grundlage der Wertsermittelung zu bilden haben; die Ablehnung dieser Grundlage läßt sich mit dem Hinweis auf die Möglichkeit des Eintritts von Umständen, zu dessen Befürchtung die derzeit gegebenen Verhältnisse keinen Anlaß geben, nicht rechtfertigen. Für die Feststellung der Entschädigung maßgebend ist, wie auch das Berufungsgericht annimmt, der Verkaufswert zur Zeit der Enteignung; indessen bedarf dieser Begriff der näheren Erläuterung. Will man den Verkaufswert dem Preise gleichstellen, den der Eigentümer bei einem unter günstigen Verhältnissen geschlossenen freiwilligen Verkaufe erzielen konnte, so muß hierbei doch berücksichtigt werden, daß der Eigentümer ohne die Enteignung zum Verkaufe nicht genötigt wäre, und daß für ihn nur ein Verkauf, bei dem sein vermögensrechtliches Interesse in jeder Beziehung gewahrt ist, ein günstiger genannt werden kann.

Vgl. Entsch. des R.G.'s in Zivils. Bd. 32 S. 301.

Auch diese Erwägung weist auf den Ertragswert des Grundstücks als den hauptsächlichsten Faktor der Berechnung hin.

Diesen Grundsätzen wird aber das Berufungsurteil nicht gerecht. Der Sachverständige L. hat am Schlusse seines Gutachtens bemerkt: „Der Verkaufswert der Ziegelei zur Zeit der Enteignung entzieht sich meiner Berechnung, da dies von den jedesmaligen Verkaufsverhältnissen abhängt, und das Grundstück für einen mehr, für den anderen weniger Wert hat." Der Sachverständige hat hier offenbar den Verkaufswert, vom einseitigen Standpunkt des Käufers aus betrachtet, im Auge; denn daß er nicht imstande gewesen sein sollte, anzugeben, auf welchem Kaufpreise die Kläger bestehen mußten, wenn sie in demselben einen vollen Ausgleich ihres Interesses an dem Besitz der Ziegelei erhalten sollten, ist nach dem sonstigen Inhalte seines Gutachtens nicht anzunehmen. Daß der Sachverständige bei seinem zweiten Gutachten, dem sich das Berufungsgericht einfach angeschlossen hat, von einem anderen Standpunkte ausgegangen sei, dafür liegt nichts vor. Schon aus diesem Grunde kann das Berufungsurteil nicht aufrecht erhalten bleiben. Das zweite Gutachten L.'s bietet aber noch besonderen Grund zur Beanstandung, und zwar auch für den Beklagten, der dies mittels der Anschlußrevision geltend gemacht hat. Für den letzteren insofern, als der Sachverständige nunmehr bei Berechnung des jährlichen Ertrages zu ganz anderen Ergebnissen gelangt, als in seinem ersten Gutachten. Während er im letzteren den Ertrag auf 5158 *M* berechnet, gibt er ihn im zweiten Gutachten auf 7570 *M* an, ohne die Abweichung näher zu begründen. Sie beruht, soweit sich das nachprüfen läßt, vorzugsweise darauf, daß die Vergütung für die Tätigkeit des Besitzers (mit 0,75 *M* für je 1000 Steine) überhaupt nicht, und daß für Zinsen aus dem Werte der Gebäude und Abschreibung statt 1760 *M* nur ein Betrag von 720 *M* in Ansatz gebracht ist. Daraus ergibt sich, daß der Sachverständige hier nicht sowohl von dem Reinertrage, der als Ertrag des G r u n d s t ü c k s angesehen werden kann, als vielmehr von dem Ertrage des Ziegeleigewerbes ausgeht, also von einer Grundlage, deren Unbrauchbarkeit das Berufungsgericht an anderer Stelle selbst betont. Gleichwohl hat das Berufungsgericht diese irrige Grundlage ohne Rechtfertigung übernommen, wodurch es zu einem den Beklagten beschwerenden Ergebnisse gelangen mußte. Die Kläger dagegen sind durch das zweite Gutachten und das darauf beruhende Urteil insofern beschwert, als dem Ertragswert der Wert des Grundes und Bodens und der Gebäude gegenübergestellt, und das Mittel aus beiden Beträgen als Verkaufswert bezeichnet wird, ohne daß diese Methode der Berechnung näher gerechtfertigt wäre. Es geht keinenfalls an, den Wert des Grundstücks durch Zusammenwerfung des Ertrages des darauf betriebenen Gewerbes mit dem Werte von Grund und Boden nebst Gebäuden und Halbierung der gefundenen Summe zu ermitteln; denn während einerseits die Eigentümer durch Hereinziehung des Gewerbeertrags unzulässig begünstigt werden, gereicht es ihnen auf der anderen Seite zum Nachteil, daß bei der Berechnung des Wertes von Grund und Boden die besondere Benutzungsfähigkeit des Grundstücks ganz außer Betracht geblieben ist. Hiervon abgesehen, hat der Sachverständige, wie schon erwähnt, es offenbar als seine Aufgabe betrachtet, den Preis zu ermitteln, der vom Standpunkte des Käufers angemessen ist, der aber, wie oben ausgeführt, keineswegs für den Verkäufer annehmbar zu sein braucht. Aus diesen Gründen mußte das angefochtene Urteil aufgehoben werden." . . .

---

67. Kann die Eintragung in die Liste der Genossen einer eingetragenen Genossenschaft von dem Eingetragenen mit der Behauptung angefochten werden, daß er zur Abgabe seiner Beitrittserklärung von der Vertretung der Genossenschaft durch Betrug bestimmt worden sei?

Gesetz, betr. die Erwerbs- und Wirtschaftsgenossenschaften, vom 1. Mai 1889/20. Mai 1898 § 15.

Vereinigte Zivilsenate. Beschl. v. 16. Mai 1904 i. S. National-Hypotheken-Kredit-Gesellschaft (Kl.) w. L. (Bekl.). Rep. I. 153/03.

I. Landgericht Stettin.
II. Oberlandesgericht daselbst.

Die vereinigten Zivilsenate haben die obige, zwischen dem I. und dem III. Zivilsenate des Reichsgerichts streitige Rechtsfrage dahin entschieden:

„Die Eintragung in die Liste der Genossen, die nach § 15 des Reichsgesetzes, betreffend die Erwerbs- und Wirtschaftsgenossenschaften, die Mitgliedschaft entstehen läßt, kann von dem Eingetragenen, wenn die zugrunde liegende Beitrittserklärung seinem Willen entspricht, nicht mit der Behauptung angefochten werden, daß er zur Abgabe dieser Erklärung durch eine von der Genossenschaft zu vertretende arglistige Täuschung bestimmt worden sei."

Gründe:

„Die Klägerin, eine schon im Jahre 1870 gegründete eingetragene Genossenschaft mit unbeschränkter Haftpflicht, die ihren Mitgliedern unkündbare hypothekarische Darlehen gewährt, hatte schon lange Zeit hindurch starke Verluste erlitten und befand sich schließlich in einer Überschuldung, die in der (berichtigten) Bilanz für den 31. Dezember 1897 auf 3868730,44 ℳ beziffert wurde. In der am 23. April 1898 abgehaltenen Generalversammlung wurde diese Vermögenslage erörtert, und beschlossen, die Genossenschaft nicht aufzulösen, dagegen „den Geschäftsanteil eines jeden Genossen auf 2000 ℳ festzusetzen, wovon der Betrag von 1000 ℳ bis zum 1. Juli 1898 zu zahlen, und der Rest durch zwei Teilzahlungen von je 500 ℳ am 1. Januar und 1. Juli 1899 zu erfüllen sei". Der hierdurch beschlossenen Auflage, die nach Ansicht der Genossenschaft durch bare Einzahlung des vollen neu festgesetzten Geschäftsanteils zu erfüllen war, suchten sich manche der Genossen zu entziehen. Auch der jetzige Beklagte, der durch schriftliche Erklärung vom 12. Dezember 1894 der Genossenschaft beigetreten und am 5. April 1895 in die Liste der Genossen eingetragen worden war, verweigerte die Einzahlung und wurde deshalb auf Zahlung des am 1. Juli 1898 fällig gewordenen Betrags verklagt. Hiergegen ward von ihm neben anderen, gegenwärtig nicht in Betracht kommenden, Einreden der Einwand erhoben, daß er durch Betrug zum Beitritt veranlaßt worden sei. Auf Grund dieses Einwandes beantragte der Beklagte nicht nur Abweisung der Klage, sondern er erhob zugleich Widerklage mit dem Antrage, zu erkennen, daß der Klägerin aus dem Beschluß vom 23. April 1898 eine Forderung gegen ihn nicht zustehe, und dieselbe zu verurteilen, anzuerkennen, daß er nicht mehr Genosse sei, und seine Löschung in der Liste der Genossen zu bewirken. In erster Instanz wurde der Klage stattgegeben, und die Widerklage abgewiesen; auf Berufung des Beklagten wurde dagegen abändernd erkannt, die Klage abgewiesen, und der Widerklage entsprochen. Für bewiesen erachtet und festgestellt wurde von dem

Oberlandesgericht, daß der Beklagte veranlaßt worden sei, der Genossenschaft beizutreten, weil er geglaubt, daß er für seinen Geschäftsanteil Aussicht auf eine Dividende von mindestens 4 v. H. habe, und ihm aus der Übernahme der unbeschränkten Haftpflicht keine Gefahr drohe; daß diese Annahme jedoch eine irrige gewesen sei, weil zwar die Bilanz der Genossenschaft für die Jahre 1890 bis 1893 einen Gewinn von 50000 bis 60000 ℳ aufgewiesen habe, und eine Dividende von 4, sogar $4^1/_2$ v. H. erteilt worden sei, in Wahrheit aber die Genossenschaft schon damals Verlust gehabt habe, der für 1890 schon auf 45842,62 ℳ zu beziffern gewesen und stets gestiegen sei, so daß er Ende 1893 219711,37 ℳ betragen habe; daß die Bilanzen mit Wissen und Willen des Vorstandes der Genossenschaft absichtlich falsch aufgestellt seien, um die schlechte Vermögenslage derselben zu verschleiern; daß auf Grund dieser Bilanzen dem Beklagten die Mitteilung gemacht sei, die ihn in den seinen Beitritt veranlassenden Irrtum versetzt, und daß diese Mitteilung dem Willen des Vorstandes entsprochen habe. Auf Grund dieses Sachverhalts hat das Berufungsgericht die Behauptung des Beklagten, daß er durch einen von dem Vorstand der Genossenschaft zu vertretenden Betrug zum Beitritt veranlaßt worden sei, für bewiesen, die Geltendmachung dieser Tatsache aber für zulässig erachtet, und hierfür auf das Urteil des III. Zivilsenats des Reichsgerichts zur Sache Rep. III. 291/95 von 14. Januar 1896 (Entsch. des R.G.'s in Zivils. Bd. 36 S. 105), Bezug genommen.

Der I. Zivilsenat des Reichsgerichts war geneigt, von diesem Urteil abzuweichen.

1. Die Frage, ob eine Entscheidung der vereinigten Zivilsenate des Reichsgerichts erforderlich sei, ist zu bejahen. Es handelt sich gegenwärtig, ebenso wie in der Sache, die durch das vorerwähnte Urteil des III. Zivilsenats vom 14. Januar 1896 entschieden worden ist, um einen auf die angebliche Mitgliedschaft des Beklagten gestützten Anspruch der Genossenschaft selbst und um die von dem Beklagten erhobene Einrede, daß sein Eintritt und damit seine Haftung von der Genossenschaft durch Betrug erlangt worden sei. Auch die tatsächliche Begründung dieser Einrede ist in beiden Fällen die nämliche, und endlich ist hier wie dort die klagende Genossenschaft eine Genossenschaft mit unbeschränkter Haftpflicht. Eine Verschiedenheit ist zwar

insofern vorhanden, als gegenwärtig wegen Einzahlung auf den Geschäftsanteil aus §§ 16 und 7 Ziff. 2 des Gesetzes, betr. die Erwerbs- und Wirtschaftsgenossenschaften, vom 1. Mai 1889 Klage erhoben ist, während in dem von dem III. Zivilsenat entschiedenen Falle ein Anspruch gegen einen ausgeschiedenen Genossen aus § 71 jenes Gesetzes (§ 73 der Fassung vom 20. Mai 1898) in Frage stand. Ferner ist das Urteil des III. Zivilsenats im Gebiete des gemeinen Rechts ergangen, während gegenwärtig das preuß. A.L.R. für die Feststellung des Betrugs und seiner Folgen maßgebend sein würde. Allein diese Unterschiede sind nicht von Belang. Denn in beiden Fällen handelt es sich darum, ob die Einrede des Betrugs gegen Ansprüche aus der Mitgliedschaft des Beklagten durch § 15 jenes Gesetzes ausgeschlossen wird, und dies ist die Frage, in welcher der I. Zivilsenat von dem III. Zivilsenat abweichen will. Die Voraussetzungen des § 137 Abs. 1 G.V.G. sind danach vorhanden.

2. In der Sache selbst ist unbedenklich anzuerkennen, daß in den Tatsachen, die das Urteil des III. Zivilsenats als festgestellt zugrunde legt, und die nach dem oben mitgeteilten Tatbestand auch in der vorliegenden Sache von dem Berufungsgericht festgestellt worden sind, die Merkmale des Betrugs gefunden werden können. Das Urteil des III. Zivilsenats ist deshalb in sich durchaus folgerichtig. Eines Eingehens hierauf bedarf es indes an dieser Stelle nicht, da über die Voraussetzungen des Betrugs gegenwärtig nicht zu befinden ist, die jetzt zu treffende Entscheidung sich vielmehr darauf beschränkt, ob eine Anfechtung der Eintragung wegen Betrugs statthaft ist.

In Ansehung dieser Frage ist für den III. Zivilsenat bei seinem Urteil vom 14. Januar 1896 die Erwägung leitend gewesen, daß auf die Einrede des Betrugs im Vertragsverkehr nicht rechtswirksam im voraus verzichtet werden könne, daß das Gesetz vom 1. Mai 1889 eine Beschränkung der Einrede, die sich in anderen Gesetzen, jedoch nur zugunsten dritter Erwerber des Rechts, finde, nirgends enthalte, und daß daher jene Einrede in Fällen der vorliegenden Art zugelassen werden müsse.

Diesen Gründen gegenüber ist zuzugeben, daß das Gesetz, betr. die Erwerbs- und Wirtschaftsgenossenschaften, eine Beschränkung der Einrede des Betrugs nicht enthält. Ferner ist hervorzuheben, daß aus der Entstehungsgeschichte des Gesetzes eine zweifelsfreie Beantwortung der jetzt zu entscheidenden Frage nicht entnommen werden kann. Das Gesetz läßt im Falle des Beitritts zu einer schon angemeldeten Genossenschaft zufolge § 15 die Mitgliedschaft durch die Eintragung des Beitretenden in die vom Gericht geführte Liste der Genossen entstehen und hat diese Bestimmung getroffen, um, wie in der Begründung (Drucks. des Reichstags 1888/89 Nr. 28 S. 44) hervorgehoben wird, die Voraussetzung der Haftpflicht, die Mitgliedschaft, auf eine festere Grundlage, als bisher, zu stellen. Von rechtlicher Wirksamkeit ist jedoch die Eintragung (§ 15 Abs. 3) nur dann, wenn sie auf Grund einer von dem Beitretenden gezeichneten unbedingten Beitrittserklärung sowie deren Einreichung durch den Vorstand geschieht, und deshalb kann eine Eintragung — ganz abgesehen von dem Fall, daß sie auf einem Versehen des Gerichts beruht — angefochten werden, wenn diese Formerfordernisse nicht erfüllt sind. Aber auch die Beitrittserklärung selbst muß unter Umständen die Anfechtung der Eintragung begründen können. Rechtsgültig ist eine Beitrittserklärung nur, wenn der Beitretende sie als ihn bindend anerkennen muß, und letzteres kann bei einer Erklärung, die er gezeichnet hat, ausgeschlossen sein. In der Begründung des Gesetzes (S. 96) wird im Einklang hiermit die Möglichkeit anerkannt, daß eine Beitrittserklärung, insbesondere wegen Betrugs oder Zwangs, als ungültig anzufechten sei, und in der Bekanntmachung, betreffend die Führung des Genossenschaftsregisters, vom 11. Juli 1889 (R.G.Bl. S. 150) wird in § 26 Abs. 3 gesagt, daß das Gericht auch die materielle Gültigkeit der Beitrittserklärung nicht zu prüfen habe, vielmehr es im allgemeinen den Beteiligten überlassen bleibe, Mängel in dieser Richtung durch Anfechtung im Wege der Klage geltend zu machen. Eine Erörterung, unter welchen näheren Voraussetzungen die Anfechtung der Beitrittserklärung und folgeweise der Eintragung statthaft sei, findet sich jedoch in der Begründung des Genossenschaftsgesetzes nicht. Dagegen wird in derselben (S. 57) bemerkt, daß manche Bestimmungen dieses Gesetzes, ebenso wie seiner Vorgänger, des preuß. Genossenschaftsgesetzes vom 27. März 1867 und des Reichsgesetzes vom 4. Juli 1868, an das Aktiengesellschaftsrecht angelehnt seien. Und in der Tat wird, um zu einer befriedigenden Antwort auf die jetzt gestellte Frage zu gelangen, in Betracht zu ziehen sein, ob und wieweit hinsichtlich der Verpflichtung aus der Beteiligung an einer

Aktiengesellschaft der Berufung auf Willensmängel bei der Aktienzeichnung ein Einfluß zugestanden wird.

Für das frühere Recht wurde sowohl von dem Reichsoberhandelsgericht als von dem Reichsgericht angenommen, daß ein Aktionär sich durch die Einrede des Betrugs oder durch die Berufung auf eine Abrede, daß er nicht zu haften brauche, daß ein anderer für ihn zahlen werde, daß die Gesellschaft ihm seine Aktien abnehmen werde, nicht der aus seiner Zeichnung folgenden Beitragspflicht entziehen könne. Und zwar wurde dies ausgesprochen sowohl für Zeichnungen, die bei Gründung der Gesellschaft erfolgten (vgl. Entsch. des R.O.H.G.'s Bd. 5 S. 415, Bd. 7 S. 412, Bd. 20 S. 270; Entsch. des R.G.'s in Zivils. Bd. 9 S. 36, Bd. 19 S. 124) als für Zeichnungen, die auf eine Kapitalserhöhung gemacht wurden (vgl. Entsch. des R.G.'s in Zivils. Bd. 2 S. 130). Hieran hat das Reichsgericht auch bei Anwendung des neuen Rechts festgehalten (vgl. Entsch. in Zivils. Bd. 54 S. 128).

Durch diese Urteile ist der Rechtssatz zur Anerkennung gelangt, daß die Zeichnung von Aktien, wenn die durch die Zeichnung erfolgte Erklärung der Beteiligung bewußt abgegeben und so, wie sie vorliegt, gewollt war, bindend ist, und zwar dergestalt, daß, sobald jene Voraussetzungen vorhanden sind, die Berufung auf einen geheimen Vorbehalt ebensowenig, wie die Behauptung, daß die Erklärung nur zum Schein abgegeben, nicht ernstlich gemeint oder durch Irrtum, durch Betrug oder durch Drohung veranlaßt sei, Beachtung finden kann.

Für das Gebiet der Gesellschaft mit beschränkter Haftung ist hinsichtlich der Einzahlung der Stammeinlage nach denselben Grundsätzen erkannt durch Urteil des I. Zivilsenats des Reichsgerichts vom 25. März 1899 zur Sache Rep. I. 353/98 (mitgeteilt in der Jurist. Wochenschr. 1899 S. 306 unter Nr. 16).

Für die Beteiligung an einer Genossenschaft aber muß das nämliche gelten, weil auch sie die Gestaltung hat, die bei jenen beiden Formen der Gesellschaft zur Ausbildung des erwähnten Rechtssatzes geführt hat. Allerdings weicht die Genossenschaft von der Aktiengesellschaft und der Gesellschaft mit beschränkter Haftung insofern wesentlich ab, als die Genossenschaft mit unbeschränkter Haftpflicht (und auch die Genossenschaft mit unbeschränkter Nachschußpflicht) eine reine Kapitalgesellschaft nicht ist. Ferner ist die Haftung bei der Genossenschaft anders geartet, da sie durch das Umlageverfahren in

Wirkung gesetzt wird. Dagegen steht die Genossenschaft jenen anderen beiden Formen der Gesellschaft nicht nur darin gleich, daß sie im Verkehr als ein von ihren Mitgliedern verschiedenes Rechtssubjekt auftritt, sondern vor allen Dingen darin, daß auch für die Genossenschaft durch das Gesetz Veranstaltungen getroffen sind, um die Sicherheit, die sie bieten kann, bis zu einem gewissen Grade offen zu legen. Die Sicherheit aber besteht bei der Genossenschaft in der persönlichen Haftung ihrer Mitglieder, die nur bei der Genossenschaft mit beschränkter Haftpflicht im voraus auf eine bestimmte Summe beschränkt ist. Im Hinblick auf diese Haftung, die wie eine Gewährleistung wirkt, erhält die Genossenschaft Kredit, ebenso wie der Aktiengesellschaft auf das Aktienkapital, der Gesellschaft mit beschränkter Haftung auf das Stammkapital hin kreditiert wird. Mit Rücksicht hierauf ist für die Genossenschaft die Entstehung der Mitgliedschaft an die Eintragung des Beitretenden in eine vom Gericht zu führende Liste, die Öffentlichkeit und Veröffentlichung des Statuts, sowie in Ansehung der Genossenschaft mit beschränkter Haftpflicht die Veröffentlichung der Haftsumme vorgeschrieben (§§ 15. 12. 125. 147 — jetzt §§ 15. 12. 131. 156 des Gesetzes). Es sollen diese Einrichtungen (vgl. Begründung S. 45) dazu dienen, um im Rechtsverkehr mit der Genossenschaft den Beteiligten die Möglichkeit zu gewähren, sich darüber zu unterrichten, wie viele und welche Personen schlimmstenfalls für ihre Befriedigung einzutreten haben. Die Erreichung dieses Zwecks würde wesentlich beeinträchtigt, wenn es jedem Genossen gestattet wäre, die seine Eintragung bedingende Beitrittserklärung auch dann, wenn er letztere gewollt hat, durch Geltendmachung von Willensmängeln anzufechten und sich dadurch, vielleicht im entscheidenden Augenblick, einer Haftung zu entziehen, auf die der Gläubiger gerechnet hat und auf Grund der Liste rechnen durfte. Die Zulassung der Anfechtung in so weitem Umfange würde aber nicht bloß zweckwidrig, sondern auch rechtlich unzulässig sein. Für den Fall, daß der Konkursverwalter im Konkurs der Genossenschaft Vorschußbeträge einfordert, ist dies in dem Urteil des Reichsgerichts vom 10. Januar 1900 zur Sache Rep. I. 421/99 (Entsch. des R.G.'s in Zivils. Bd. 45 S. 106) bereits ausgesprochen, und zwar aus Gründen, die auch für die vorliegende Sache von Bedeutung sind. Es handelte sich freilich damals um eine Genossenschaft mit beschränkter Haftpflicht und um Einforderung von Beiträgen im Interesse der Gläubiger; hier steht eine Genossenschaft mit unbeschränkter Haftpflicht in Frage, und der verfolgte Anspruch wird von dieser selbst erhoben. Allein das kann keinen Unterschied bedingen. Die Anfechtung der Mitgliedschaft durch einen Genossen ist nicht bloß für die Gläubiger der Genossenschaft, sondern ebensowohl für diese selbst von Bedeutung, und im Gesetz wird zwischen den Wirkungen der Eintragung Dritten gegenüber und den Wirkungen der Eintragung der Genossenschaft gegenüber nicht unterschieden. Ist also die Anfechtung der Eintragung auf Grund von Willensmängeln hinsichtlich der Beitrittserklärung den Gläubigern gegenüber unzulässig, so muß sie auch der Genossenschaft gegenüber unstatthaft sein. Das eine wie das andere aber ist aus demselben Grunde geboten, der in Ansehung der Aktiengesellschaft zu der oben mitgeteilten Rechtsprechung geführt hat, insbesondere auch dazu, daß die Zeichnung von Aktien, die auf eine Kapitalserhöhung erfolgt, nicht anders und nicht in weiterem Umfange angefochten werden kann, als die Zeichnung bei einer Neugründung, obwohl im Falle der Kapitalserhöhung die Aktiengesellschaft es ist, welche die Zeichnung veranlaßt. Zwar wird von dem Reichsgericht (vgl. Entsch. des R.G.'s in Zivils. Bd. 9 S. 38, Bd. 18 S. 66, Bd. 28 S. 76) zur Erklärung dafür, daß die Zeichnung verpflichtet, ein Vertrag angenommen, der also durch die Zeichnung auf eine Kapitalserhöhung mit der Gesellschaft selbst geschlossen wird, und gleichwohl ist in der Rechtsprechung des Reichsgerichts die Folgerung abgelehnt, daß der Zeichner in solchem Falle etwa vorhandene Willensmängel wie bei einem sonstigen Vertrage geltend machen darf. Die Rechtfertigung hierfür liegt darin, daß die Zeichnung nicht reine Willenserklärung ist, deren rechtliche Bedeutung sich in daraufhin entstehenden Vertragsrechten erschöpft, sondern eine Erklärung, die im Rechtsverkehr der Aktiengesellschaft mit dritten Personen Wirkungen zu äußern bestimmt ist. Ganz ebenso verhält es sich mit der Erklärung des Beitritts zu einer schon angemeldeten Genossenschaft. Die Liste der Genossen und das Genossenschaftsregister sind nach §§ 12 und 147 (jetzt § 156) des Gesetzes, betr. die Erwerbs- und Wirtschaftsgenossenschaften, öffentlich, und die Eintragung erfolgt auf Grund einer Beitrittserklärung, die nach § 15 unbedingt sein und bei Genossenschaften mit unbeschränkter Haftpflicht nach § 113 (jetzt § 120), sowie bei Genossenschaften mit unbedingter

Nachschußpflicht nach § 121 (jetzt § 127) noch eine „ausdrückliche Bemerkung" enthalten muß, die bei der ersteren dahin geht, „daß die einzelnen Genossen für die Verbindlichkeiten der Genossenschaft dieser, sowie unmittelbar den Gläubigern derselben nach Maßgabe des Gesetzes mit ihrem ganzen Vermögen haften". Dies ist eine Erklärung, die im Rechtsverkehr öffentlich abgegeben wird, auf die jeder Gläubiger sich berufen kann, und auf deren Einhaltung auch die Genossenschaft selbst bestehen muß, da die Gläubiger hieran ebenfalls ein Interesse haben. Es hat danach bei jeder Genossenschaft dasselbe zu gelten, wie bei der Aktiengesellschaft und der Gesellschaft mit beschränkter Haftung: ist die Mitgliedschaft nach § 15 des oftерwähnten Gesetzes erworben, so kann wohl die Beitrittserklärung angefochten werden, wenn ihre Abgabe nicht dem Bewußtsein des Eingetragenen entsprochen hat, oder die Handlung der Abgabe rechtswidrig herbeigeführt worden ist, und insofern mag die oben mitgeteilte Bemerkung der Begründung, daß die Anfechtung der Beitrittserklärung wegen Betrugs und Zwangs möglich sein könne, zutreffend sein; ist aber die Beitrittserklärung so, wie sie vorliegt, gewollt, so mag sich der Genosse an den Dritten halten, der ihn zum Beitritt veranlaßte; dagegen ist er der Genossenschaft wie deren Gläubigern gebunden. Der Genossenschaft gegenüber darf er, obwohl diese (wie die Begründung S. 68 hervorhebt) selbst den Vertrag über seinen Beitritt mit ihm geschlossen hat, Willensmängel, die sich auf seine Entschließung zum Beitritt beziehen, nicht geltend machen; vielmehr ist sie auch dann, wenn ihre eigenen Vertreter es sind, denen eine rechtswidrige Beeinflussung dieser Entschließung zur Last gelegt wird, berechtigt wie verpflichtet, den Beigetretenen zur Erfüllung der ihm als Genossen obliegenden Pflichten anzuhalten.

Es ist deshalb der Ansicht des I. Zivilsenats beizutreten, und die streitige Rechtsfrage demgemäß in einer Fassung verneint, die erkennen läßt, daß nur die Frage, ob die Anfechtung der Eintragung wegen Betrugs auch dann zulässig sei, wenn die zugrunde liegende Beitrittserklärung dem Willen des Eingetragenen entsprach, den Gegenstand der Entscheidung gebildet hat."

68. Erstreckt sich die nach § 94 Ziff. 1 in Verbindung mit § 89 G.K.G. begründete Kostenzahlungspflicht des Klägers auch auf die durch eine Widerklage verursachten Gerichtskosten? (Jahresrechnung).

Vereinigte Zivilsenate. Beschl. v. 16. Mai 1904 i. S. K. (Kl.) w. W. (Bekl.). Beschw.-Rep. I. 51/03.

I. Landgericht Hamburg.
II. Oberlandesgericht daselbst.

Die vereinigten Zivilsenate haben die in der Überschrift bezeichnete, zwischen dem I. Zivilsenat einerseits und dem II. und III. Zivilsenat andererseits streitig gewordene Rechtsfrage dahin entschieden:

„Bei Aufstellung der Jahresrechnung nach § 94 Ziff. 1 des deutschen Gerichtskostengesetzes sind dem Kläger diejenigen Gebühren und nicht unter § 89 Satz 2 daselbst fallenden Auslagen nicht zur Last zu legen, welche wegen einer von dem Beklagten erhobenen Widerklage aufzunehmen sind."

Gründe:

„Nach § 94 Ziff. 1 G.K.G. werden in bürgerlichen Rechtsstreitigkeiten schon vor der Beendigung der Instanz mit dem Ablaufe je eines Jahres seit Bestimmung des ersten Termins oder Stellung des ersten Antrags die bis dahin entstandenen Gebühren und Auslagen fällig. Wer der Schuldner für diese in die Jahresrechnung aufzunehmenden Gebühren und Auslagen sei, muß aus der Bestimmung des § 89 daselbst entnommen werden. Der § 89 lautet in seinem ersten, hier allein interessierenden Satze:

„In Ermangelung eines anderen Schuldners (§ 86) ist derjenige, welcher das Verfahren der Instanz beantragt hat, Schuldner der entstandenen Gebühren und Auslagen."

Der III. Zivilsenat in dem Beschlusse vom 23. September 1902 i. S. W. w. St., Beschw.-Rep. III. 153/02 — abgedruckt in den Entsch. des R.G.'s in Zivils. Bd. 52 S. 197 flg. — und der II. Zivilsenat in dem Beschlusse vom 24. Februar 1903 i. S. W. w. Sch., Beschw.-Rep. II. 11/03 — abgedruckt daselbst Bd. 54 S. 63 flg. — haben der Vorschrift die Auslegung gegeben, daß das Verfahren der Instanz auch das Verfahren über die Widerklage umfasse, und daß daher der Kläger als derjenige, welcher das Verfahren der Instanz beantragt habe, im

Falle des § 94 Ziff. 1 der Schuldner nicht nur der für die Klage, sondern auch der für die Widerklage zu berechnenden Kosten sei.

Der I. Zivilsenat will in der ihm vorliegenden Beschwerdesache die Frage im entgegengesetzten Sinne entscheiden. Er hat deshalb die Entscheidung der vereinigten Zivilsenate eingeholt (§ 137 Abs. 1 G.V.G.).

Die vereinigten Zivilsenate sind der Auffassung des I. Zivilsenats beigetreten.

Die entgegengesetzte Ansicht des II. und des III. Zivilsenats kann die Bedeutung des Wortes „Instanz", wie es das Gerichtskostengesetz in wesentlicher Übereinstimmung mit der Zivilprozeßordnung gebraucht, für sich geltend machen. Wenn man davon absieht, daß durch die besonderen Vorschriften in den §§ 32. 33. 39 G.K.G. gewisse Abschnitte des Verfahrens, die an sich Teile des anhängigen Verfahrens sind, für die Gebührenerhebung ausgeschieden und zu „neuen" Instanzen und „besonderen" Rechtsstreitigkeiten erklärt werden, so darf mit Beschränkung auf das zivilprozessuale Verfahren unter „Instanz" im Sinne des Gesetzes die Gesamtheit der Tätigkeit verstanden werden, welche das Gericht einer bestimmten im Rechtsmittelzuge geordneten Stufe vorzunehmen hat, um den ganzen zum Prozesse gehörigen Stoff zu erledigen. Innerhalb der Instanz gibt es — von den vorerwähnten, hier unerheblichen Ausnahmen abgesehen — nicht noch weitere Instanzen; insbesondere bietet das Gesetz keinen Anhalt für die Annahme, daß für Klage und Widerklage, die nicht in getrennten Prozessen verhandelt werden (§ 145 Abs. 2 Z.P.O.), je eine besondere Instanz bestehe. Vielmehr fällt unter den Begriff der einheitlichen Instanz unbedenklich auch diejenige Tätigkeit des mit der Klage befaßten Gerichts, welche sich auf die Widerklage, ausschließlich oder zugleich mit der Klage, bezieht. Dafür, daß gerade im § 89 das Wort „Instanz" in einem anderen, zwischen Klage und Widerklage unterscheidenden Sinne gebraucht sei, fehlt es an jeder Grundlage.

Nicht ebenso überzeugend ist die weitere Begründung der dissentierenden Senate, wenn sie ausführen, daß „das Verfahren der Instanz", wovon der § 89 spricht, gleichbedeutend mit „die Instanz", und unter demjenigen „welcher das Verfahren beantragt hat", nichts anderes zu verstehen sei, als „der Antragsteller der Instanz". Müßte man diese Auffassung als richtig anerkennen, so wäre freilich die

Folgerung unabweislich, daß dem Kläger, der in diesem Sinne unzweifelhaft der Antragsteller der Instanz ist, auch die durch die Widerklage entstandenen Kosten zur Last fallen. Vor einer so bestimmten Vorschrift des Gesetzes müßten dann bloße Rücksichten auf die Unbilligkeit des Ergebnisses zurücktreten. Es ist indessen daran festzuhalten, daß das Gesetz eben nicht von der „Instanz“, sondern von dem „Verfahren der Instanz“ spricht. Lediglich stilistische Erwägungen reichen nicht aus, um diese Fassung zu erklären, die, wenn die Gleichstellung von Verfahren und Instanz begründet wäre, eine vollkommene Tautologie sein würde.

Von „Verfahren“ redet das Gerichtskostengesetz sehr häufig und in verschiedener Bedeutung. Mit der „Instanz“ deckt sich das „Verfahren“ nicht. Es kann darüber hinausgehen und die Gesamtheit des Verfahrens in allen Instanzen sein (vgl. §§ 86. 90). Andererseits wird das Wort auch gebraucht, um innerhalb der Instanz besondere Abschnitte oder Ausschnitte zu bezeichnen (vgl. §§ 30. 31. 94 Ziff. 2). Im § 93 werden sich „Verfahren“ und „Instanz“ geradezu entgegengesetzt: die Fälligkeit der Gerichtskosten soll eintreten, „sobald das Verfahren oder die Instanz beendigt ist“. Notwendig ist es daher keineswegs, im § 89 Satz 1 das Wort „Verfahren“ nur als eine lediglich pleonastische Erläuterung der „Instanz“ zu verstehen; vielmehr ist man berechtigt, ihm auch hier seine technische, von der Instanz verschiedene Bedeutung beizulegen. Dann aber führt die Auslegung nicht dahin, das Verfahren mit der Instanz gleichzustellen, sondern es ergibt sich, daß von einem Verfahren die Rede ist, das an die Instanz gebunden, aber mit dieser nicht identisch ist, also von einem Verfahren in der Instanz. Der Wortlaut des Gesetzes verbietet es demgemäß nicht, die Vorschrift auch auf ein Verfahren, das nicht das gesamte in die Instanz fallende Verfahren ist und in dieser Gesamtheit ursächlich zuletzt auf den Antrag des Klägers zurückzuführen wäre, zu beziehen und für dieses abgegrenzte Verfahren denjenigen, welcher es beantragt hat, als Kostenschuldner anzusehen. Daß aber bei einem Rechtsstreite, worin Klage und Widerklage erhoben sind, nach § 89 Satz 1 auch wirklich in diesem Sinne zwischen dem Verfahren, welches der Kläger beantragt hat, und dem Verfahren, welches der Widerkläger beantragt hat, zu unterscheiden sei, dafür sprechen nach Ansicht der vereinigten Zivilsenate überwiegende Gründe.

Vor allem kommen die Motive in Betracht. Die Regelung der Kostenpflicht in § 89 ist subsidiär; sie greift nur Platz, wenn der Kostenschuldner nicht schon nach § 86 durch gerichtliche Entscheidung oder durch Übernahmeerklärung bestimmt ist. Allein wie die Motive in der Begründung zum Abschn. 6 G.K.G. (S. 98/100) hervorheben, ist die subsidiäre Regelung eigentlich die prinzipmäßige. Den Rechtsgrund für die Erhebung der Gerichtsgebühren erblicken die Motive in dem Besteuerungsrechte des Staates und leiten daraus für die Heranziehung der Rechtsuchenden zur Kostenzahlung als eine zugleich billige Konsequenz ab, daß ein Teil der zur Aufbringung der Kosten der Rechtspflege notwendigen Steuern denjenigen aufzulegen sei, welche die Justizeinrichtungen für sich in Anspruch nehmen. In Anwendung auf den Zivilprozeß wird demgemäß als grundsätzliche Aufgabe hingestellt, diejenige Partei zu bestimmen, welche die richterliche Tätigkeit veranlaßt habe, und es wird als solche im allgemeinen der Antragsteller bezeichnet. Die Motive machen aber geltend, daß sich bei einem Rechtsstreite, der aus einem Komplexe gerichtlicher Handlungen bestehe, ein solches Prinzip nicht rein durchführen lasse. Auf den ganzen Rechtsstreit bezogen, lehnen sie es ab, daß man die Partei, welche das Verfahren beantragt hat, deshalb schon als Extrahent für alle einzelnen Handlungen ansehen dürfe. Andererseits betonen sie, daß die Frage, wer als der Antragsteller zu gelten habe, eine Frage, der sie den Sinn beilegen, welcher Partei überwiegend die Rolle des betreibenden Teils zufalle, nach dem Gebührensystem des Gesetzes auch nicht für jede richterliche Handlung geprüft werden könne, vielmehr diese Prüfung für die in einen und denselben Prozeßabschnitt fallenden Handlungen zusammengefaßt werden müsse. Dies gelte zunächst von einer Instanz. Die Motive fahren dann fort, daß auch innerhalb der durch die Klage eingeleiteten Instanz der Beklagte als vorwiegend aktiver Teil auftreten könne; sie finden aber, daß Rücksichten auf die praktische Durchführbarkeit und auf die Billigkeit es verböten, deshalb auch den Beklagten mit Kosten zu belegen. In erster Linie geben die Motive diese Begründung allerdings zur Rechtfertigung dafür, daß die primäre Regelung der Kostenpflicht in § 86 den prinzipiellen Standpunkt überhaupt verläßt. Aber die Begründung soll doch auch rechtfertigen, warum das Gesetz, wenn ein Kostenschuldner nach § 86 nicht vorhanden ist, subsidiär „auf dem zuerst entwickelten Rechtsstandpunkte" verharrt, „wonach derjenige, welcher das Verfahren der Instanz beantragt hat, Schuldner der Staatskasse . . . ist" (S. 100). Die Darlegungen der Motive zeigen, daß die „Instanz" vorwiegend eine limitative Bedeutung hat: der Kläger soll nicht deswegen, weil er das Klageverfahren beantragt hat, als Antragsteller für den ganzen Prozeß, auch in den höheren Instanzen, angesehen werden und für den ganzen Prozeß Kostenschuldner sein. Von besonderer Bedeutung für die vorliegende Frage aber sind die Erörterungen, womit die Motive begründen, daß der Beklagte nicht zu den Kosten der Instanz dürfe herangezogen werden. In der ganzen, eingehenden Ausführung ist nur die Rede von der Klage, dem Kläger und dem Beklagten, gar nicht aber von den Verhältnissen, welche infolge der Erhebung einer Widerklage eintreten. Die Motive machen, wie bemerkt, selbst auf das Bedenken aufmerksam, daß doch auch der Beklagte als vorwiegend aktiver Teil auftreten könne. Als Beispiele des aktiven Auftretens des Beklagten führen sie aber nur an: die durch seine Anträge hervorgerufenen Beweisverhandlungen, die mündliche Verhandlung über Einredebehauptungen, die Fortsetzung des Verfahrens infolge eines Widerspruchs des Beklagten gegen die Klagezurücknahme. Der Widerklage wird nicht mit einem Worte gedacht. Es ist völlig ausgeschlossen, daß der Verfasser der Motive die Möglichkeit einer Widerklage ganz übersehen haben sollte. Dann aber findet der Umstand, daß hier die Widerklage gar nicht erwähnt ist, obgleich doch bei ihr der Beklagte am allerentschiedensten in der aktiven Rolle eines betreibenden Teils erscheint, seine Erklärung nur in der Annahme, daß die Ausführungen der Motive für das Verhältnis der Klage zur Widerklage nicht gelten sollten. Zur Unterstützung mag noch auf folgendes verwiesen werden. Als weiteren Grund für die Kostenpflicht des Klägers machen die Motive geltend, daß der Beklagte meist nur unfreiwillig durch die ihm aufgezwungene Rechtsverteidigung in die Stellung eines betreibenden Teils gedrängt werde. Dies trifft für die bloße Rechtsverteidigung des Beklagten zu; von seinem Vorgehen als Widerkläger würde man es aber nicht mehr sagen dürfen.

Aus den Motiven kann man daher wohl die Absicht des Gesetzgebers herauslesen, daß es nicht entscheidend sein solle, welche Partei die einzelne richterliche Handlung beantragt habe, sondern daß sich der Begriff des Antragstellers auf das Verfahren in seiner Einheit beziehe, und diese Absicht hat im Gesetz ihren unzweideutigen Ausdruck gefunden. Daß aber die Einheit des Verfahrens unterschiedslos auf das ganze Verfahren der Instanz zu erstrecken wäre, das folgt aus den Motiven nicht. Vielmehr bieten diese einen deutlichen Anhalt für die Annahme, daß nur dasjenige Verfahren bezeichnet werden sollte, welches die jeweilige Rechtsverfolgung und die darauf gerichtete Rechtsverteidigung umfaßt, so daß für Klage und Widerklage zwei zu unterscheidende Verfahren gegeben sind.

Mit dem Wortlaute des Gesetzes ist diese Auslegung, wie oben dargelegt worden ist, wohl vereinbar, um so mehr als aus § 94 Ziff. 2 erhellt, daß dem Gesetze der Begriff des vom Widerkläger „beantragten Verfahrens" bekannt ist. Auch mit den anderen Vorschriften des Gesetzes steht sie nicht in Widerspruch. Allerdings sind daraus auch keine Argumente für die Richtigkeit dieser Auslegung zu gewinnen. Es muß den Ausführungen der dissentierenden Senate zugegeben werden, daß für eine solche Beweisführung weder die Vorschrift in § 81 Abs. 2, welche die ganz andere Frage der Kostenvorschußpflicht betrifft, noch der sachliche Inhalt der in § 94 Ziff. 2 gegebenen Sonderbestimmung verwendbar ist.

Unter diesen Umständen ist es von wesentlicher Bedeutung, daß nur diejenige Auslegung des § 89 Satzes 1, welche zwischen dem Verfahren zur Klage und dem Verfahren zur Widerklage unterscheidet, zu einem angemessenen und billigen Ergebnisse führt, während durch die entgegengesetzte Auslegung, wie allerseits anerkannt ist, die Interessen des Klägers in hohem Grade gefährdet werden. Durch die streitige Vorschrift in Verbindung mit § 94 Ziff. 1 kann die Partei, die danach die Gebühren und Auslagen zu tragen hat, trotz bestem Recht und ohne jedes eigene Verschulden zur Zahlung bedeutender Gerichtskosten gezwungen sein, und es hilft ihr auch nichts, wenn nachträglich der Gegner in die Kosten verurteilt wird. Von der Gerichtskasse erhält sie die bereits gezahlten Kosten nicht zurück, und für die noch nicht bezahlten bleibt sie neben dem Gegner verpflichtet. Sie ist auf den Erstattungsanspruch beschränkt. Ist diese Partei der Kläger, und ist dem Beklagten das Armenrecht bewilligt, so wird der Erstattungsanspruch meist ohne Wert sein. Der Kläger selbst wird durch das dem Gegner erteilte Armenrecht von seiner

Kostenschuld aus § 89 und § 94 Ziff. 1 nicht befreit (§ 120 Z.P.O.). Wenn nun für den Kläger nur diejenigen Kosten in Frage stehen, welche durch die Klage und die Verteidigung gegen die Klage verursacht sind, so ist gegen diese Ordnung der Kostenzahlungspflicht nichts Wesentliches einzuwenden. Es ist eben doch der Kläger, der nach freiem Entschlusse den Rechtsstreit begonnen und dadurch den Beklagten zur Verteidigung genötigt hat. Er mußte sich überlegen, daß er nach Maßgabe des erhobenen Anspruchs auch für die Gerichtskosten verhaftet werden könne. Ganz anders aber liegt die Sache, wenn der Kläger auch für die Gerichtskosten aufkommen soll, welche durch das Verfahren über eine Widerklage entstanden sind. Die Widerklage ist nicht bloße Verteidigung, sie ist ein selbständiger Angriff.

Vgl. Beschl. der vereinigten Zivilsenate vom 21. Juni 1902, Entsch. des R.G.'s in Zivils. Bd. 51 S. 8/9.

Von einem ursächlichen Zusammenhange der Widerklage mit dem Klagantrage darf nicht gesprochen werden, wenn auch die Klage die notwendige Voraussetzung für die Widerklage bildet. Durch die Widerklage wird ein neuer, willkürlicher Faktor in das Verfahren eingeführt, den der Kläger in vielen Fällen gar nicht voraussehen konnte. Die Widerklage kann aber auch und wird sehr oft die Grundlagen für die Gerichtskostenberechnung völlig verändern und, wenn auch die Kosten der Widerklage zu Lasten des Klägers gehen sollen, den Vorteil, den die Motive S. 100 der Vorschußerhebung nachrühmen, nämlich dem Kläger die von ihm übernommene Gefahr des Rechtsstreits vorzuführen, ganz illusorisch machen. Es handelt sich auch nicht bloß um eine geringe Mehrbelastung des Klägers; je nach dem Streitwerte der Widerklage können sehr hohe Kostenbeträge in Frage stehen. Es ist danach klar, daß, wenn man dem Kläger alle Kosten zuweist, ihm eine Verpflichtung aufgebürdet wird, für die man vergeblich nach einer sachlichen Rechtfertigung sucht, und bei der man sich deshalb nur dann beruhigen könnte und müßte, wenn das Gesetz diese weitgestreckte Kostenzahlungspflicht unzweideutig vorschriebe. Dies ist nach dem Ausgeführten nicht der Fall.

Allerdings gewährt der § 94 Ziff. 1 selbst ein gewisses Schutzmittel für den Zahlungspflichtigen: „die einjährigen Fristen können auf Antrag von dem Gerichte verlängert werden". In der weiteren

Frist kann eine gerichtliche Entscheidung über die Kosten des Verfahrens ergehen, welche die §§ 89. 94 Ziff. 1 außer Anwendung setzt. Indessen auch wenn man ganz davon absieht, daß die Möglichkeit einer Korrektur die Bedenken gegen die grundsätzliche Lösung nicht beseitigen kann, ist dieses Schutzmittel schon an sich nur von zweifelhaftem Werte. Die Erstreckung der Fristen liegt im Ermessen des Gerichts und wird gerade da, wo es dem Kläger am meisten darauf ankommt, bei Armut des Gegners, mit Rücksicht auf die Interessen der Staatskasse häufig versagt werden. Denn wie die Motive S. 105 hervorheben, ist nicht schon die Schuldlosigkeit des Klägers an der längeren Dauer der Instanz ein ausreichender Grund für die Fristerstreckung. Für die Praxis verliert das Schutzmittel auch dadurch an Bedeutung, daß die Erstreckung nicht mehr erfolgen kann, wenn die Frist abgelaufen ist, während doch die Partei gewöhnlich erst durch die Anforderung der Kosten auf ihre Zahlungspflicht aufmerksam wird. Die Zulassung der Fristerstreckung in § 94 Ziff. 1 bietet dem Kostenpflichtigen das einzige Mittel, um sich den Nachteilen zu entziehen, welche ihm die Anwendung der §§ 89. 94 Ziff. 1 in einem früheren Zeitpunkte bringen würde; darüber aber, welche Kosten von ihm zu erheben seien, kann aus dem Bestehen dieses Schutzbehelfes, auch wenn er noch so wirksam wäre, nicht das Geringste entommen werden. Etwas anderes besagen auch die Motive nicht, wenn sie a. a. O. bemerken, daß nur das vorgeschlagene Mittel übrig bleibe, „um Unbilden und Härten abzuwenden, welche aus der Erhebung *sämtlicher* Gebühren vom Kläger der Instanz . . . sich ergeben könnten“. Denn was unter den „sämtlichen Gebühren“ zu verstehen sei, welche vom Kläger der Instanz erhoben werden, darüber entscheidet nur die Auslegung des § 89.

Zuzugeben ist, daß bei der Unterscheidung zwischen dem Klageverfahren und dem Widerklageverfahren in § 89 Schwierigkeiten für die Kostenberechnung entstehen können. Dadurch, daß die Gebühren nicht für die einzelnen richterlichen Handlungen, sondern als Verhandlungs-, Beweis-, Entscheidungsgebühren je für die Gesamtheit der in der Instanz vorkommenden gleichartigen Handlungen des Gerichts angesetzt werden, wird es unvermeidlich, daß häufig Aktgebühren zu erheben sind, die nicht ausschließlich durch die Klage oder die Widerklage veranlaßt sind, sondern ganz oder zum Teil die Klage *und* die

Widerklage betreffen. Die Vorschrift des § 11, wonach bei Klage und Widerklage, die nicht in getrennten Prozessen verhandelt werden, bald der einfache Wert des Streitgegenstandes entscheidet, bald eine Zusammenrechnung der Werte stattfindet, immer aber nur ein einheitlicher Streitgegenstand vorliegt, kann weitere Verwickelungen herbeiführen. Allein unüberwindlich sind diese Schwierigkeiten keineswegs. Es kommen auch sonst Fälle vor, wo zum Zwecke der Kostenberechnung ganz gleiche Aufgaben zu lösen sind. Dies tritt z. B. ein, wenn durch gerichtliche Entscheidung die Kosten nicht nach Quoten verteilt, sondern der einen Partei die Kosten der Klage, der anderen die Kosten der Widerklage auferlegt sind (vgl. Beschl. des VI. Zivilsenats vom 2. Februar 1891 in Seufferts Archiv Bd. 47 Nr. 228). Die gleiche Verteilung kann durch den Inhalt der Kostenübernahmeerklärung notwendig werden. Namentlich aber kommt der Fall wechselseitiger Einlegung von Rechtsmitteln in Betracht. Wenn beide Teile wechselseitig Rechtsmittel einlegen, und diese nicht in getrennten Prozessen verhandelt werden, so liegt wegen der Einheitlichkeit der Verhandlung nur ein Rechtsstreit und auch nur eine Instanz vor. Für die beiden gemeinsam verhandelten Rechtsmittel ist nur ein einziger Streitgegenstand vorhanden; denn nach § 11 Abs. 2 gilt die Vorschrift des Abs. 1 auch für wechselseitig eingelegte Rechtsmittel. Die Gerichtskosten werden einheitlich berechnet (Entsch. des R.G.'s in Zivils. Bd. 29 S. 351). Kostenschuldner im Falle des § 94 Ziff. 1 sind aber beide Parteien nach dem Verhältnis ihrer Beteiligung (Beschl. des V. Zivilsenats vom 25. Januar 1896, Jurist. Wochenschr. S. 132 Nr. 16). Es müssen also die Kosten auf die beiden Rechtsmittel verteilt werden. Von diesen Rechtsmitteln kann das eine die Klage, das andere die Widerklage betreffen. Dann würde die Aufgabe hier ganz gleich sein, wie bei der Verteilung der auf die Klage und die Widerklage entfallenden Kosten der ersten Instanz. Das Beispiel der wechselseitig eingelegten Rechtsmittel kann aber darüber hinaus auch noch allgemein zur Unterstützung für die Interpretation des § 89 verwertet werden. Denn für die hierfür erheblichen Gesichtspunkte ist das Verhältnis zwischen den beiden Rechtsmittelklägern ganz analog dem Verhältnisse zwischen Kläger und Widerkläger; insbesondere führen, wie bereits bemerkt, auch die beiden wechselseitig eingelegten Rechtsmittel nur zu einer Instanz, und diese ist, als Einheit betrachtet, notwendig durch die Initiative desjenigen Rechtsmittelklägers bedingt, welcher das Rechtsmittel zuerst eingelegt hat. Es wäre nicht konsequent, in der Rechtsmittelinstanz beide Kläger als Antragsteller für die nach § 94 Ziff. 1 zu berechnenden Kosten anteilsweise haften zu lassen, dagegen in erster Instanz nur den Kläger, weil nur er das Verfahren der Instanz beantragt habe, mit diesen Kosten zu belasten.

Wie die Verteilung der in die Jahresrechnung aufzunehmenden Kosten auf den Kläger und auf den Widerkläger im einzelnen zu bewirken sei, kann, wenn es sich nicht um gebührenpflichtige Akte handelt, welche ausschließlich entweder die Klage, oder die Widerklage betreffen, beim Mangel einer ausdrücklichen Bestimmung des Gesetzes zu Zweifeln Anlaß geben. Man kann an eine Verteilung nach Quoten denken, für welche das Verhältnis entscheiden soll, in welchem der Streitwert der Klage zum Streitwerte der Widerklage, oder in welchem der Gebührensatz nach dem Streitwerte der Klage zum Gebührensatze nach dem Streitwerte der Widerklage steht. Man kann aber auch die Lösung in der Weise versuchen, daß dem Widerkläger nur der Mehrbetrag der Kosten belastet wird, der durch die Erhebung der Widerklage entstanden ist. Es lassen sich noch andere Arten der Verteilung denken. Eine Entscheidung über diese Frage zu treffen, haben die vereinigten Zivilsenate gegenwärtig keine Veranlassung. In diesem Punkte liegt ein Konfliktsfall im Sinne des § 137 G.V.G. nicht vor. Entscheidung zu treffen ist nur über den Grundsatz, daß bei Klage und Widerklage dem Kläger nicht sämtliche Kosten zuzuweisen sind, sondern daß eine Verteilung der Kosten zwischen dem Kläger und dem Widerkläger stattfinden muß."

---

69. Ist nach § 99 Abs. 3 Z.P.O. die Zulässigkeit der weiteren Beschwerde gegen die Entscheidung über den Kostenpunkt davon abhängig, daß auch in der Hauptsache gegen ein vom Beschwerdegericht erlassenes Urteil ein weiteres Rechtsmittel zulässig gewesen sein würde?

Vereinigte Zivilsenate. Beschl. v. 16. Mai 1904 i. S. T. Erben (Kl.) w. J. (Bekl.). Beschw.-Rep. VII. 110/03.

I. Landgericht Oppeln.
II. Oberlandesgericht Breslau.

Die vereinigten Zivilsenate haben die vorstehende zwischen dem II. und III. Zivilsenat einerseits und dem I. und VII. Zivilsenat andererseits streitig gewordene Frage bejaht aus folgenden

Gründen:

„Der V. Zivilsenat hat in dem in den Entsch. des R.G.'s in Zivils. Bd. 46 S. 349 veröffentlichten Beschlusse vom 31. März 1900 den Grundsatz aufgestellt,

daß nach § 99 Abs. 3 Z.P.O. die sofortige Beschwerde gegen die Entscheidung über den Kostenpunkt nur dann zulässig sei, wenn nach Lage des Falles eventuell auch in der Hauptsache ein Rechtsmittel gegeben sein würde.

Die Frage, ob dieser Grundsatz in entsprechender Weise auch auf die weitere Beschwerde anzuwenden sei, ist von verschiedenen Senaten des Reichsgerichts verschieden beantwortet worden. Der II. Zivilsenat (Jurist. Wochenschr. 1900 S. 647 Nr. 2, 1903 S. 97 Nr. 3) und der III. Zivilsenat (Jurist. Wochenschr. 1901 S. 187 Nr. 2) haben sie verneint, der I. Zivilsenat, dem der VII. Zivilsenat sich angeschlossen hat, hat sie bejaht (Seuffert, Archiv Bd. 57 S. 375). Die vereinigten Zivilsenate sind der letzteren Ansicht beigetreten.

Zunächst war Stellung zu nehmen zu dem oben erwähnten, vom V. Zivilsenat aufgestellten Grundsatze; denn wenn dieser als richtig nicht anzuerkennen war, konnte davon, daß er auch auf die weitere Beschwerde auszudehnen sei, keine Rede mehr sein. Die vereinigten Zivilsenate haben nun jenen Grundsatz für zutreffend erachtet, und zwar im wesentlichen aus den in den Gründen jenes Beschlusses geltend gemachten Erwägungen. Im einzelnen ist folgendes hervorzuheben. In den Motiven zum § 94 der Zivilprozeßordnung vom 30. Januar 1877 wurde die Frage geprüft, ob die alleinige Anfechtung der Kostenentscheidung zuzulassen sei, oder nicht. Die Prüfung führte in ihrem Ergebnis zur Verneinung der Frage und zu der im § 94 getroffenen Bestimmung, durch welche die Anfechtung der Entscheidung über den Kostenpunkt ohne Ausnahme für unzulässig erklärt wurde, wenn nicht gegen die Entscheidung in der Hauptsache ein Rechtsmittel eingelegt werde. Maßgebend hierfür war hauptsächlich der Gedanke, daß ein möglicher Widerspruch zwischen der nicht angefochtenen Entscheidung in der Hauptsache und der in der höheren Instanz ergehenden Kostenentscheidung vermieden werden müsse, da es mißlich sei, daß Vorentscheidungen, die nicht beseitigt werden könnten, für sachlich unrichtig erklärt würden (vgl. Hahn, Die gesamten Materialien zur Zivilprozeßordnung Bd. 1 [2. Aufl.] S. 200 flg.). Klar ersichtlich lag nun dieser ganzen Erörterung über die Frage, ob die Kostenentscheidung für sich allein anfechtbar sein solle, als selbstverständlich die Anschauung zugrunde, daß eine solche Anfechtung überhaupt nur in den Fällen statthaft sein könne, in denen die Entscheidung in der Hauptsache anfechtbar sein würde. Denn schon in der Begründung zu § 617 Abs. 4 des Entwurfs einer Prozeßordnung für den Preußischen Staat vom Jahre 1864, welcher lautete:

„Wegen unrichtiger Entscheidung des Kostenpunktes findet nur insofern die Berufung statt, als diese zugleich in der Hauptsache eingelegt wird",

und der, wie die Bezugnahme auf ihn in den Motiven zum § 94 der Zivilprozeßordnung vom 30. Januar 1877 zeigt, die Grundlage oder das Vorbild dieser letzteren Bestimmung darstellt, heißt es zur Rechtfertigung der Versagung der Berufung gegen die Kostenentscheidung allein: „Zwar ist es für eine Partei gleich drückend, ob sie einen Betrag als Kosten, oder als Hauptschuld zu zahlen hat, und insofern würde es nur konsequent sein, die Frage nach der Zulässigkeit der Berufung wegen der Kosten lediglich davon abhängig zu machen, ob in der Hauptsache die Berufung zulässig ist. . . . Allein es erscheint doch überhaupt in hohem Grade mißlich, Berufungen wegen unrichtiger Entscheidung des Kostenpunktes allein zuzulassen." Es folgt alsdann eine Erörterung, mit welcher dem Inhalt und Sinne nach vollständig, zum Teil aber auch wortgetreu die Begründung zum § 94 der Zivilprozeßordnung vom 30. Januar 1877 übereinstimmt.

Auf diesem Boden baute die Novelle zur Zivilprozeßordnung vom 17. Mai 1898 weiter. In denjenigen Fällen, in denen die Hauptsache durch Vergleich, durch nachträgliche Befriedigung des Klägers oder in sonstiger Weise ihre Erledigung findet, und in denen daher eine Entscheidung zur Hauptsache nicht ergeht, fällt die Möglichkeit der Gefahr weg, daß der durch Einlegung eines Rechtsmittels gegen die Kostenentscheidung mit dieser befaßte höhere Richter zu seiner Entscheidung auf Grund von Erwägungen gelangen könnte, die mit dem Urteile in der Hauptsache in Widerspruch stehen. In diesen Fällen war es, wie die Motive zum jetzigen § 99 Abs. 3 Z.P.O. angeben, vielfach als unbillige Beeinträchtigung der Rechtsverfolgung empfunden worden, daß die lediglich über den Kostenpunkt ergehende Entscheidung mit einem Rechtsmittel nicht angreifbar war. Daher war im Entwurfe der Novelle zur Zivilprozeßordnung vom 17. Mai 1898 vorgesehen, dem bisherigen § 94 folgenden Abs. 2 hinzuzufügen:

„Ist eine Entscheidung in der Hauptsache nicht ergangen, so findet gegen die Entscheidung über den Kostenpunkt sofortige Beschwerde statt. Vor der Entscheidung über die Beschwerde ist der Gegner zu hören."

Vgl. Hahn-Mugdan, Materialien zu den Reichs-Justizgesetzen Bd. 8 S. 8.

Daß die selbständige Anfechtung der Kostenentscheidung nicht mit dem für die Hauptsache gegebenen Rechtsmittel, sondern im Wege der sofortigen Beschwerde erfolgen sollte, wurde in den Motiven zu dieser neuen Bestimmung damit begründet, daß die bezüglichen Streitigkeiten meist einfacher Art und von verhältnismäßig untergeordneter Bedeutung seien. Die vorgeschlagene Bestimmung wurde auch zum Gesetz erhoben, nur mit der Änderung, daß sie vom Reichstage in den Abs. 3 des jetzigen § 99 eingestellt, und der jetzige Abs. 2 eingeschoben wurde.

Wie hiernach Sinn und Zweck sowie die Begründung der neuen Bestimmung erkennen lassen, ist der bisherige grundsätzliche, durch die Rechtslogik gebotene Standpunkt, daß aus der Unzulässigkeit eines Rechtsmittels gegen die Entscheidung in der Hauptsache die Unstatthaftigkeit der Anfechtung des Kostenpunktes sich von selbst ergebe, damit nicht verlassen worden. Es ist auch kein gesetzgeberisches Motiv ersichtlich, weshalb jener Standpunkt jetzt plötzlich hätte aufgegeben werden sollen. Die Bestimmung des § 99 Abs. 3 Z.P.O. ist daher dahin aufzufassen, daß ihr die aus dem obigen Grundsatze folgende sachliche Einschränkung ohne weiteres von selbst innewohne. Die hiergegen erhobenen Bedenken können nicht für durchgreifend erachtet werden.

1. Es wird in erster Linie geltend gemacht, der Wortlaut des § 99 Abs. 3 a. a. O. enthalte von einer solchen Einschränkung nichts und deute auch nicht auf sie hin; es sei vielmehr ganz allgemein und schlechthin die sofortige Beschwerde als das zulässige Rechtsmittel bezeichnet; es könne daher die Beschwerde nach Maßgabe des § 99 Abs. 3 nur den sonst in der Zivilprozeßordnung ausdrücklich vorgesehenen Beschränkungen unterworfen sein, insbesondere denjenigen, welche in § 567 Abs. 2 und § 568 Abs. 3 Z.P.O. enthalten seien; es sei aber nicht angängig, auf jene Beschwerde einen Grundsatz anzuwenden, der dem sonstigen Beschwerdeverfahren nach der Zivilprozeßordnung völlig fremd sei, nämlich den der Abhängigkeit der Beschwerde davon, daß in der Hauptsache die entsprechenden Rechtsmittel gegeben sein würden. Dieser Erwägung ist folgendes entgegenzuhalten.

Die Beschwerde im Falle des § 99 Abs. 3 unterscheidet sich nach zwei Richtungen hin ganz wesentlich von den sonst in der Zivilprozeßordnung behandelten Beschwerden. Sie ist von diesen zunächst formell verschieden; denn es handelt sich bei ihr nicht um einen Zwischenstreit oder sonst um die Anfechtung einer Entscheidung, die in einem im übrigen weitergehenden Verfahren ergangen ist, auch nicht um einen Fall, der mit dem der Anfechtung eines die Richtigstellung oder Ergänzung einer Entscheidung betreffenden Beschlusses und anderen derartigen Fällen auf gleiche Stufe zu stellen wäre, sondern um eine Prozeßgestaltung ganz eigener Art. Die Besonderheit dieses Falles besteht darin, daß das ganze Prozeßverfahren sich in der Entscheidung über den Kostenpunkt konzentriert und in das dagegen etwa zulässige Beschwerdeverfahren aufgelöst hat. Sodann zeigt sich die sachliche Verschiedenheit dieses Falles von den sonstigen Fällen der Beschwerde darin, daß die Entscheidung über den Kostenpunkt in der Regel im denkbar engsten Zusammenhangs- und Abhängigkeitsverhältnisse zur Entscheidung über die Hauptsache steht, dergestalt, daß in den Fällen, in denen allein über die Kosten entschieden wird, materiell eigentlich eine Entscheidung zur Hauptsache ergeht, nur mit der Einschränkung, daß die Wirkung sich allein auf die Kosten erstreckt. Diese aus ihrem Wesen sich ergebende Verschiedenheit der Beschwerde des § 99 Abs. 3 von den sonstigen Beschwerden rechtfertigt es, sie auch in Ansehung der Zulässigkeit unter andere Regeln zu stellen als jene. Zu diesem inneren Grunde, der gegen die aus dem Wortlaute des § 99 Abs. 3 hergeleiteten Bedenken spricht, tritt unterstützend derjenige Grund hinzu, der durch den örtlichen und sachlichen Zusammenhang zwischen dem Abs. 1 und dem Abs. 3 des § 99 gegeben wird, und der, wenngleich durch die Einschiebung des Abs. 2 daran nichts geändert ist, in dem Entwurfe der Zivilprozeßnovelle doch insofern äußerlich noch mehr in die Augen sprang, als damals der jetzige Abs. 3 sich unmittelbar an den ersten anschloß. Beide Absätze ergänzen sich zu einem einheitlichen Ganzen; der eine trifft den Fall des Vorhandenseins einer Hauptentscheidung, der andere den des Nichtvorhandenseins einer solchen. Dementsprechend ruhen beide auf einer und derselben Grundlage, nämlich der Voraussetzung der Anfechtbarkeit der Hauptentscheidung, sei es, daß diese ergangen ist, sei es, daß sie ergangen sein würde. In etwas anderer Wendung läßt sich dieser Gedanke auch dahin ausdrücken: da die im § 99 Abs. 3 gegebene Beschwerde nur als Ersatz für das in der Hauptsache fehlende Rechtsmittel dienen soll, kann sie nicht über die Schranken jenes Rechtsmittels hinausgreifen. Die Richtigkeit jener Auffassung wird durch die Erwägung bestätigt, daß an sich das in der Hauptsache zulässige Rechtsmittel auch das gegen die Kostenentscheidung gegebene gewesen sein würde. Wenn hiervon abgesehen, und an die Stelle jenes Rechtsmittels die Beschwerde gesetzt ist, und zwar deshalb, weil angenommen ist, daß die bezüglichen Streitigkeiten meist einfacher Art und von untergeordneter Bedeutung seien, so kann es nicht im Sinn und Zweck des Gesetzes liegen, daß das hiernach als das mindere erwähnte Rechtsmittel in weiterem Umfange statthaft sein sollte, als dasjenige, dessen Stelle es vertritt. Mit Grund kann hiergegen nicht eingewendet werden, da es sich hier eben „nur" um eine Beschwerde handle, seien auch nur die hierfür gegebenen Schranken zu berücksichtigen, und es könne nicht in Betracht kommen, daß diejenigen für das in der Hauptsache zulässige Rechtsmittel anders geregelt seien. Die Beschwerde kann gegenüber dem Rechtsmittel in der Hauptsache nur in Ansehung des Verfahrens als ein minderes Rechtsmittel betrachtet werden; materiell dagegen, d. h. in Ansehung der Bedeutung der durch sie herbeigeführten gerichtlichen Entscheidung, hat sie vollständig die Wirksamkeit des in der Hauptsache zulässigen Rechtsmittels; denn für die Partei, welcher durch eine gerichtliche Entscheidung die Prozeßkosten auferlegt werden, oder die hierdurch von der Tragung der Prozeßkosten befreit wird, ist es völlig gleichgültig, ob die Entscheidung in Form des Urteils oder des Beschlusses ergeht. Auf diese materielle Wirksamkeit kommt es aber für die vorliegende Frage allein an.

2. In zweiter Linie wird zur Widerlegung der hier vertretenen Auffassung auf den Inhalt und Verlauf der den § 99 Abs. 3 betreffenden Verhandlungen der Reichstagskommission (Hahn-Mugdan, Materialien Bd. 8 S. 292 flg.) verwiesen, und geltend gemacht, hieraus erhelle mit vollkommener Deutlichkeit, daß der Wille der gesetzgebenden Faktoren dahin gegangen sei, die Beschwerde im Falle des § 99 Abs. 3 nicht an die Schranken des in der Hauptsache statthaften Rechtsmittels zu binden; denn der in der ersten Lesung von der Kommission angenommene und in den § 99 Abs. 3 eingeschobene Satz „wenn in der Hauptsache ein Rechtsmittel zulässig wäre" sei in der zweiten Lesung auf die dagegen von einem Vertreter der verbündeten Regierungen erhobenen Bedenken wieder gestrichen worden, und es sei auch ein hiervon abweichender Standpunkt im Reichstage selbst von keiner Seite eingenommen worden. Auch dieser Einwand kann indes nicht für begründet erachtet werden.

Die Bedeutung, welche den Kommissionsverhandlungen der zur Mitwirkung an der Gesetzgebung berufenen parlamentarischen Körperschaften beizulegen ist, kann nicht nach einem einheitlichen Maßstabe gemessen werden. Im gegenwärtigen Falle waren die Mitglieder der Reichstagskommission erkennbar der Ansicht, daß durch den § 99 Abs. 3 (in seiner jetzigen Fassung) der Beschwerde gegen die Kostenentscheidung auch dann der Weg eröffnet sei, wenn die Entscheidung in der Hauptsache nicht angreifbar gewesen sein würde. Um diese vermeintliche Tragweite der neuen Bestimmung einzuschränken, wurde von der Kommission in der ersten Lesung ein dem entsprechender Zusatz beschlossen, der später auf Bedenken hin, die ein Vertreter der verbündeten Regierungen äußerte, wieder beseitigt wurde. Es kann nun ganz davon abgesehen werden, zu untersuchen, wie jene Bedenken aufzufassen sein mögen; denn entscheidend ist allein die Frage, ob dadurch, daß die Reichstagskommission eine nicht zutreffende Ansicht über den Umfang der Wirksamkeit der neuen Bestimmung hegte, diese einen Sinn und eine Bedeutung gewonnen hat, die ihr an sich und objektiv aus den oben dargelegten Gründen nicht beiwohnen. Diese Frage muß verneint werden, und es kann auch kein Gewicht darauf gelegt werden, daß bei der Beschlußfassung des Reichstags eine der Ansicht der Kommission widersprechende Auffassung nicht zutage getreten ist; denn dadurch allein kann im gegenwärtigen Falle in Anbetracht des festgestellten objektiven Bestandes der neuen Vorschrift nicht für dargetan erachtet werden, daß ihr durch den Willen des Reichstags ein von jenem Bestande abweichender Sinn habe aufgeprägt werden sollen.

In der Literatur steht die Mehrzahl der Kommentatoren und sonstigen Bearbeiter der Zivilprozeßordnung gegenwärtig auf dem in diesem Beschlusse eingenommenen Standpunkte.[1]

Auf der so gewonnenen Grundlage konnte es keinem Bedenken unterliegen, die Streitfrage, welche den eigentlichen Anlaß zu dem vorliegenden Beschluß gegeben hat, nämlich die Frage, ob die Konsequenz die Anwendung des vom V. Zivilsenat aufgestellten und im vorstehenden gebilligten Grundsatzes auch auf die weitere Beschwerde gebiete, mit dem I. und VII. Zivilsenat bejahend zu beantworten. In dieser Beziehung sind folgende Erwägungen maßgebend gewesen.

1. Es könnte daran gedacht werden, zur Verteidigung des entgegengesetzten Standpunktes den Gedanken zu verwerten, daß, wenn einmal der Lauf des Beschwerdeverfahrens eröffnet sei, dieses sich nunmehr auch selbständig nach den dafür bestehenden Vorschriften regeln müsse. An sich ist dieser Gedanke zutreffend. Allein wenn er folgerichtig durchgeführt werden soll, müßte er sofort bei der Eröffnung des Beschwerdeverfahrens, also auch in Ansehung der ersten Beschwerde, Geltung haben. Das ist nun, wie oben gezeigt, bei der Beschwerde aus § 99 Abs. 3 nicht der Fall; diese Beschwerde unter-

[1] Vgl. die Kommentare von Seuffert (8. Aufl.) S. 166; Förster-Engelmann, S. 139 Bem. 5 zu § 99; Petersen-Remelé-Anger (5. Aufl.) Bd. 1 S. 258 Bem. 8b; Struckmann u. Koch (8. Aufl.) S. 130 Bem. 5 zu § 99; Reincke (5. Aufl.) S. 112 Bem. 6 zu § 99; Peters-Gronow (4. Aufl.) S. 73; Neumiller, Zivilprozeßordnung (1903) S. 52. Anderer Ansicht: Gaupp-Stein (6.—8. Aufl.) Bd. 1 S. 272. 289 Bem. V zu § 99; Sydow-Busch (9. Aufl.) S. 223 Bem. 6 zu § 99; Neukamp (1900) S. 75; Freudenthal (1900) S. 84 Bem. 10 zu § 99; Loewenwald, Lehrbuch der Zivilprozeßordnung (1903) S. 104 Anm. 31 (in den früheren Auflagen ebenso Petersen-Remelé-Anger, Struckmann u. Koch und Reincke). Vgl. ferner aus der sonstigen Literatur u. a. Nöldeke, bei Busch, Zeitschr. für Civilprozeß Bd. 28 S. 435. D. E.

liegt einer dem sonstigen Beschwerdeverfahren fremden, sachlichen Einschränkung. Es erscheint hiernach aber schon aus allgemeinen Gründen der Logik nicht gerechtfertigt, im weiteren Beschwerdeverfahren einen Grundsatz uneingeschränkt zur Anwendung zu bringen, der für den Beginn des Verfahrens in dieser Allgemeinheit nicht gilt.

2. Ein fernerer Grund für die hier vertretene Auffassung ist der besonderen Natur der weiteren Beschwerde zu entnehmen. Die weitere Beschwerde der Zivilprozeßordnung ist nämlich keine Oberbeschwerde, sondern nichts anderes, als wieder eine erste Beschwerde gegen die Entscheidung des Gerichts, welches über die vorhergehende Beschwerde entschieden hat. Daher muß notwendig als Voraussetzung für diese Beschwerde dasselbe gelten, was für die vorhergehende, mit ihr wesensgleiche Beschwerde gilt, falls nicht das Gesetz etwas Abweichendes verordnet. Das ist nun insofern geschehen, als die weitere Beschwerde durch die allgemeine Bestimmung des § 568 Abs. 2 Z.P.O. gegenüber der vorhergehenden Beschwerde eingeschränkt ist. Dagegen ergibt das im vorstehenden gekennzeichnete Wesen der weiteren Beschwerde, daß sie ohne ausdrückliche Bestimmung — und solche ist hier nicht vorhanden — nicht von den Fesseln befreit sein kann, die der vorhergehenden Beschwerde durch den Gegenstand, den beide Beschwerden gleichmäßig betreffen, angelegt sind. Danach kann im einzelnen Falle ein verschiedenes Ergebnis sich herausstellen, je nachdem die Voraussetzung der Einschränkung bei der einen und der anderen Beschwerde vorliegt, oder nicht. Es kann daher die zuerst erhobene Beschwerde zulässig sein, weil in der Hauptsache ein Rechtsmittel gegeben gewesen wäre, die weitere Beschwerde aber unzulässig sein, weil gegen die eventuell in der zweiten Instanz erlassene Entscheidung zur Hauptsache ein Rechtsmittel ausgeschlossen gewesen wäre. Daß bereits früher gleiche oder ähnliche Gesichtspunkte für die weitere Beschwerde vom Reichsgericht geltend gemacht sind, zeigen die in den Entsch. des R.G.'s in Zivils. Bd. 31 S. 411 und Bd. 35 S. 420 veröffentlichten Beschlüsse.

3. Neben diesen Erwägungen mehr innerer Art steht ein sehr gewichtiger Grund anderen Inhalts, der sich aus der bisherigen Ordnung der Instanzen und der Rechtsmittel ergibt. Unterläge die weitere Beschwerde der für die erste Beschwerde aus § 99 Abs. 3 geltenden Einschränkung nicht, so müßten die in der landgerichtlichen

Beschwerdeinstanz auf amtsgerichtliche Kostenurteile erlassenen Kostenentscheidungen bei dem Oberlandesgericht mit der weiteren Beschwerde anfechtbar sein. Nun ist durch die Zivilprozeßordnung und das Gerichtsverfassungsgesetz vom Jahre 1877 wohlbedacht in den amtsgerichtlichen Sachen der Instanzenzug so geregelt worden, daß in diesen Sachen das Verfahren, wenn auch nicht im übrigen, so doch jedenfalls in Ansehung der zur Sache und zu den Kosten ergehenden Entscheidung endgültig mit der Entscheidung des Landgerichts abschloß. Es ist demgegenüber ein sachlicher Grund weder erkennbar noch erdenklich, durch den der Gesetzgeber im Jahre 1898 hätte bewogen werden sollen, jenen Grundsatz plötzlich zu verlassen und die bisherige vorerwähnte Ordnung des Instanzenzuges in den amtsgerichtlichen Sachen zugunsten der Kostenentscheidungen zu durchbrechen. Die Bemerkung in der Begründung zu § 99 Abs. 3, es sei als eine unbillige Beeinträchtigung der Rechtsverfolgung empfunden, daß bei Erledigung der Hauptsache durch Vergleich ꝛc die Entscheidung über den Kostenpunkt bisher nicht angreifbar gewesen sei, hat, wie ihr Inhalt an die Hand gibt, die weitere Beschwerde nicht vor Augen. Auch in den Verhandlungen der Reichstagskommission, insbesondere in den hier von einem Vertreter der verbündeten Regierungen geäußerten Bedenken, ist ein sachlicher Grund für eine Änderung des bisherigen Zustandes nicht ans Licht getreten. Es haben daher auch, mit Ausnahme des Hanseatischen Oberlandesgerichts (Busch, Zeitschrift für Civilprozeß, Bd. 28 S. 435), sowie des Oberlandesgerichts in Posen (Das Recht, Bd. 8 S. 106 Nr. 496), die sämtlichen übrigen Oberlandesgerichte, welche sich bisher nach den veröffentlichten Entscheidungen über die vorliegende Frage geäußert haben, die Zulässigkeit der weiteren Beschwerde gegen die vom Landgericht in der Beschwerdeinstanz erlassenen Entscheidungen über den Kostenpunkt bzw. der sofortigen Beschwerde gegen die in der landgerichtlichen Berufungsinstanz erlassenen Kostenurteile verneint, und zwar das Kammergericht (Rechtsprechung der Oberlandesgerichte Bd. 5 S. 462), sowie die Oberlandesgerichte in Köln (Rechtsprechung der Oberlandesgerichte Bd. 7 S. 285, Das Recht Bd. 7 S. 607 Nr. 3119), in Frankfurt a. M. (Busch, Zeitschrift für Civilprozeß Bd. 31 S. 90, Das Recht Bd. 6 S. 266 Nr. 1320), in Naumburg (Rechtsprechung der Oberlandesgerichte Bd. 5 S. 463, Deutsche Juristen-Zeitung 1903 S. 36), in

Königsberg (Juristische Monatsschrift für Posen 1903 S. 115), in Marienwerder (Juristische Monatsschrift für Posen 1903 S. 154), in Jena (Thüringische Blätter Bd. 47 S. 348), in Rostock (Rechtsprechung der Oberlandesgerichte Bd. 7 S. 284), in Stuttgart (Das Recht Bd. 7 S. 578 Nr. 2954), in Colmar (Zeitschrift für Elsaß-Lothringen 1902 S. 245) und in Braunschweig (Das Recht Bd. 8 S. 169 Nr. 806). Die Schlußfolgerung aus dem vorstehenden Argument auf die Abhängigkeit jeder weiteren (sowie jeder ersten) Beschwerde aus § 99 Abs. 3 von der Zulässigkeit eines Rechtsmittels in der Hauptsache ergibt sich von selbst."[1]...

---

70. Wer ist beweispflichtig, wenn der Schuldner auf Löschung einer Darlehnshypothek wegen mangelnden Schuldgrundes klagt, und der Beklagte behauptet, daß zwar kein bares Darlehn, aber ein anderweitiges Schuldverhältnis der Hypothek zugrunde liege?

V. Zivilsenat. Urt. v. 3. Februr 1904 i. S. W. (Kl.) w. Sch. (Bekl.). Rep. V. 323/03.

I. Landgericht Landsberg a. W.
II. Kammergericht Berlin.

Auf dem Grundstück der Klägerin war seit dem 7. Februar 1901 auf Grund einer Schuldurkunde vom 30. Januar 1901 eine mit 4 Prozent verzinsliche Darlehnshypothek von 10000 ℳ eingetragen. Die Klägerin klagte in erster Reihe auf Löschung, in zweiter Reihe auf Bewilligung der Umschreibung dieser Hypothek auf sie, für jeden Fall auch auf Herausgabe des darüber bestehenden Briefs. Zur Begründung dieser Klage wurde u. a. behauptet, daß die Klägerin

[1] Von den Kommentatoren haben sich bisher nur Remelé u. Unger, Bd. 1 (5. Aufl.) S. 258 Bem. 8b, und Förster-Engelmann, S. 139 Bem. 5 zu § 99, zu der obigen Frage geäußert. Sie sind der Ansicht, daß der von ihnen anerkannte Grundsatz der Abhängigkeit der ersten Beschwerde von der Zulässigkeit eines Rechtsmittels in der Hauptsache auf die weitere Beschwerde nicht auszudehnen sei. D. E.

keinen Gegenwert für die Hypothek erhalten habe. Der Beklagte bestritt dies, wurde aber vom ersten Richter zur Löschungsbewilligung und Herausgabe des Hypothekenbriefs verurteilt. Das Kammergericht wies die Klage ab.

Die Revision der Klägerin ist zurückgewiesen worden.

Aus den Gründen:

„Den auf angeblich falschen Schuldgrund des Hypothekeneintrags von 10000 *M* gestützten Teil der Klage weist das Kammergericht mit folgender Begründung zurück. Die bloße Behauptung der Klägerin, es sei auf die Hypothek kein Gegenwert gegeben worden, könne — da ein Schuldbekenntnis vorliege — weder zur Begründung des Anspruchs auf Löschungsbewilligung genügen, noch dem Beklagten die Beweislast aufbürden. Gegenüber dessen Angaben, daß die Eintragung der Hypothek zur Deckung der Wechselmitschuld der Klägerin von 10000 *M* erfolgt sei, hätte mit Rücksicht auf § 607 Abs. 2 B.G.B. die Klägerin den Beweis dafür antreten müssen, daß sie eine Schuldverbindlichkeit auch nicht durch Mitunterzeichnung von Wechseln eingegangen, oder daß diese Schuld nicht als Darlehnsschuld konstituiert, oder daß die Hypothek für diese Schuld nicht bestellt worden sei. Weil sie sich mit einfachem Bestreiten des Vorbringens des Beklagten begnügt und den vorerwähnten Beweis nicht angetreten habe, so sei ihr Anspruch nicht begründet, die von ihr erklärte Anerkennung des Bestehens eines Schuldverhältnisses und die Hypothekbestellung nach Maßgabe des § 812 Abs. 2 B.G.B. anzufechten.

Diesen Ausführungen muß im wesentlichen beigepflichtet werden, obschon die Klägerin an ihnen Verkennung der Beweislast rügt.

Allerdings ist der einen Hypothekeintrag verfolgende Gläubiger für den Hypothekschuldgrund beweispflichtig, und entbindet ihn die nach §§ 1138. 891 B.G.B. gegebene Vermutung der Richtigkeit des eingetragenen Schuldgrundes von dieser Beweispflicht dann nicht, wenn er zugestehen muß, daß der eingetragene Schuldgrund in Wirklichkeit nicht zutrifft. Aber anders verhält es sich, wenn der Schuldner aus der Unrichtigkeit des eingetragenen Schuldgrundes Rechte für sich ableiten will.[1] Schon in seinem Urteile vom 21. Juni 1902, Rep. V. 127/02 (Jurist. Wochenschr. S. 421) hat der erkennende Senat aus-

[1] Vgl. übrigens Bd. 56 dieser Sammlung Nr. 60 S. 235. D. R.

gesprochen, daß in diesem Falle dem allgemeinen Rechtsgrundsatze gemäß, wonach der Kläger die klagebegründenden Tatsachen zu beweisen hat, ihm, und nicht dem Hypothekengläubiger die Beweislast darüber obliegt, welchen Inhalt das wirkliche Schuldverhältnis gehabt hat. Ähnlich ist auch im Urteil vom 5. Oktober 1901, Rep. V. 191/01, bei einer Bereicherungsklage des früheren Hypothekenschuldners gegenüber dem befriedigten Hypothekengläubiger entschieden worden. Dieser Grundsatz muß besonders auch im vorliegenden Falle zur Anwendung kommen.

Es ist die Eigentumsstörungsklage (§ 1004 B.G.B.) in Gestalt der Grundbuchberichtigungsklage (§ 894 daselbst) erhoben mit dem Antrag auf Löschung einer Darlehnshypothek von 10000 ℳ und mit der Begründung, daß kein Gegenwert gegeben worden sei. Dieser Klagegrund ist nicht schon dadurch bewiesen, daß der Beklagte das Nichtvorliegen eines baren Darlehens zugestanden hat. Denn das Gesetz (§ 607 Abs. 2 B.G.B.) kennt auch Darlehen im weiteren Sinne, d. i. vereinbarte Darlehen. Nun hat unbestritten die Klägerin in der Urkunde vom 30. Januar 1901 für ein Darlehen von 10000 ℳ dem Beklagten Hypothek bestellt und dessen Eintragung im Grundbuch bewilligt. Diese schriftliche Erklärung ist als gültiges Schuldanerkenntnis im Sinne des § 781 B.G.B. zu erachten und beweist gegen die Klägerin, daß sie sich als Schuldnerin eines Darlehens bekannt hat. Hierbei ist es unerheblich, wenn sie in der Urkunde von barem Darlehen gesprochen und nicht gegebenenfalls den Vorgang einer Vereinbarung nach Abs. 2 des angezogenen § 607 ausdrücklich bestätigt hat. Denn nach § 133 B.G.B. kommt es auf den buchstäblichen Sinn des Ausdruckes nicht an; im Geschäftsverkehr sind derartige Ungenauigkeiten üblich, und überdies hat, wer sich nach § 607 Abs. 2 den für das Darlehen gegebenen Rechtsgrundsätzen unterwirft, die vom Gesetz selbst zunächst für das Bardarlehen gegebenen im Auge, und insofern kann die Angabe eines baren Darlehens in der Urkunde nicht als völlig unrichtig erklärt werden. Solange aber das hiernach gültige Schuldanerkenntnis zu Recht besteht, solange steht auch der darauf beruhende Eintrag einer Darlehnshypothek, der noch dazu die Bezeichnung „bares" Darlehen nicht enthält, mit der Wirklichkeit in Einklang, und ist ein Grund für die Berichtigungsklage des § 894 B.G.B. nicht gegeben. Erst dann, wenn es im Wege des § 812 Abs. 2 entkräftet (kondiziert) ist, würde sich, wie das Berufungsgericht zutreffend bemerkt, die Sache ändern. Diese Entkräftung zu betreiben, war aber lediglich Sache der Klägerin, und zum Zwecke derselben mußte sie, wie gewöhnlich jeder aus ungerechtfertigter Bereicherung Klagende, die erforderlichen, wenn auch eine Negative betreffenden Beweise anbieten und führen. Da sie dies unterlassen hat, ist auch ihr auf § 894 B.G.B. gestützter Klagegrund vom Vorderrichter mit Recht verworfen worden." ...

---

71. Dauert das Pfändungspfandrecht an den im Gewahrsam des Schuldners belassenen Pfandsachen fort, wenn der Schuldner die Pfandzeichen mit Zustimmung des Gläubigers beseitigt?

Z.P.O. § 808.
B.G.B. § 1253.

VII. Zivilsenat. Urt. v. 18. März 1904 i. S. A. Konkursverw. (Bekl.) w. A. (Kl.). Rep. VII. 575/03.

I. Landgericht Hannover.
II. Oberlandesgericht Celle.

Aus den Gründen:

„Nicht bestritten ist, daß der Kläger an den hier allein in Frage stehenden Ladeneinrichtungsstücken durch die, insoweit ordnungsmäßig erfolgte, Pfändung vom 16. April 1902 ein Pfandrecht im Sinne des § 804 Z.P.O. erworben hatte. Dem Anspruche des Klägers auf abgesonderte Befriedigung aus den Pfandstücken tritt der Konkursverwalter mit der Einrede entgegen, das Pfandrecht sei dadurch erloschen, daß der Schuldner mit Einwilligung des Klägers die Pfandzeichen an den gepfändeten Gegenständen alsbald wieder beseitigt habe. Das Berufungsgericht weist diese Einrede mit der Ausführung zurück: dem Wegfall der Pfandzeichen könne man rechtsaufhebende Bedeutung nur beimessen, wenn die behaupteten Umstände eine Zurückgabe der Pfandstücke an den Schuldner in sich begreifen. Dies sei hier nicht der Fall. Die erwiesene Äußerung des Klägers: „es soll niemand etwas von der Pfändung wissen, Sie (der Schuldner) können ja die Siegel abnehmen", reiche nicht aus zu der Annahme, daß der Kläger durch seine Nachgiebigkeit das erworbene Pfandrecht habe wieder aufgeben wollen. Denn der Kläger habe sich durch die Pfändung dieser Sachen eine dauernde Sicherheit verschaffen wollen; die Erlaubnis zum Verkaufe der Sachen habe der Kläger dem Schuldner nicht erteilt; sie sollten nach der Absicht der Beteiligten offenbar dauernd im Laden verbleiben. Unter diesen Umständen enthalte die Zustimmung des Klägers zur Entfernung der Siegel nicht die zur Aufhebung des Pfandrechts erforderliche Erklärung des Pfandgläubigers, daß er das Pfandrecht aufgebe, wenn auch dessen Wirkung Dritten gegenüber mit dem Verschwinden der Siegel weggefallen sein möge. Die Entscheidung des Berufungsgerichts beruht demnach offenbar auf der Rechtsansicht, die Zustimmung des Gläubigers zur Wegnahme der Pfandzeichen (von den im Besitze des Schuldners belassenen Pfandstücken) bewirke den Untergang des Pfändungspfandrechts dann nicht, wenn der Gläubiger auf das Pfandrecht nicht verzichten wolle. Mit Recht wird diese Ansicht von dem Beklagten als rechtsirrtümlich bezeichnet.

Nach § 808 Z.P.O. ist, wenn die gepfändeten Sachen im Gewahrsam des Schuldners belassen werden, die Wirksamkeit der Pfändung dadurch bedingt, daß durch Anlegung von Siegeln oder auf sonstige Weise die Pfändung ersichtlich gemacht ist. Durch diese Bestimmung ist indessen nur die Entstehung des Pfandrechts von der Erkennbarmachung der Pfändung abhängig gemacht; ob und unter welchen Umständen die Fortdauer des Pfändungspfandrechts von der Fortdauer der Erkennbarkeit der Pfändung abhängt, ist nicht nach dem § 808 oder einer sonstigen Bestimmung der Zivilprozeßordnung, sondern, wie auch das Berufungsgericht annimmt, nach dem bürgerlichen Recht zu entscheiden. Nach § 1205 B.G.B. ist zur Bestellung eines Pfandrechts an einer beweglichen Sache erforderlich, daß der Eigentümer (Verpfänder) die Sache dem Gläubiger übergibt, und beide darüber einig sind, daß dem Gläubiger das Pfandrecht zustehen soll. Es genügt die Einräumung des Mitbesitzes oder die Übertragung des mittelbaren Besitzes (§§ 1205 Abs. 2. 1206), und wenn der Gläubiger bereits im Besitze der Sache ist, die Einigung über die Entstehung des Pfandrechts. Belassung der Pfandsache im Vollbesitze des Verpfänders ist unzulässig; sie hindert die Entstehung des Pfandrechts. Lediglich eine folgerichtige Ausgestaltung dieses Grundsatzes ist die Vorschrift des § 1253 B.G.B., daß das Pfandrecht erlischt, wenn der Pfandgläubiger das Pfand dem Verpfänder oder dem Eigentümer zurückgibt. Diese Vorschrift hat ihren Grund nicht in der Vermutung eines durch die Zurückgabe der Sache erklärten Verzichtes auf das Pfandrecht. Wohl erlischt das Pfandrecht durch Verzicht des Gläubigers (§ 1255), und selbstverständlich kann die Verzichtserklärung auch durch Zurückgabe der Sache Ausdruck finden. Allein die Zurückgabe der Sache enthält nicht notwendig den Verzicht auf das Pfandrecht; sie kann sogar unter dem ausdrücklichen Vorbehalt des Pfandrechts stattfinden. Gleichwohl erlischt auch in diesem Falle das Pfandrecht kraft der positiven Bestimmung in § 1253 Abs. 1 Satz 2. Hierdurch ist klar ausgesprochen, daß bei der Zurückgabe der Pfandsache nicht der Verzicht auf das Pfandrecht, sondern der Verzicht auf den Besitz, auf die im Besitze ausgeprägte äußere Gestaltung und Erkennbarkeit des Pfandrechts den entscheidenden Grund für das Erlöschen des Pfandrechts bildet. Damit ist es wohl vereinbar, daß der (unfreiwillige) Verlust des Besitzes nicht ohne weiteres den Untergang des Pfandrechts bewirkt. Der Besitzer kann die Wiedereinräumung des ihm durch verbotene Eigenmacht entzogenen Besitzes verlangen (§ 861 B.G.B.); das Gesetz schützt ihn so, als ob er den Besitz gar nicht verloren hätte. Dieser Besitzesschutz ist dem versagt, der den Besitz freiwillig aufgegeben hat. Soweit ihm ein Anspruch auf Wiedereinräumung des Besitzes zusteht, ist dieser Anspruch nicht ein Ausfluß des bisherigen Besitzes, der wiedererlangte Besitz nicht eine Fortsetzung des früheren, sondern der Anspruch hat seinen Grund in anderweitigen, besonderen Beziehungen der Beteiligten.

Diese Grundsätze sind auch auf die Erlöschung des durch Pfändung erlangten Pfandrechts anzuwenden, wobei indessen die rechtliche Möglichkeit, daß der fortdauernde Besitz des Schuldners (Eigentümers) und das Pfandrecht des Gläubigers nebeneinander bestehen können, gebührende Beachtung zu finden hat. Die bloße Erklärung des Gerichtsvollziehers, daß er die — im Gewahrsam des Schuldners verbleibende — Pfandsache für den Gläubiger in Besitz nehme, ist für sich allein wirkungslos; wenn weiter nichts geschieht, so ist der bisherige Alleinbesitz des Schuldners nicht im mindesten beeinträchtigt. Erst durch die Ersichtlichmachung der Pfändung in der durch § 808 Abs. 2 Z.P.O. vorgeschriebenen Weise ergreift der Gerichtsvollzieher wirklich Besitz von der Sache. In welchem Verhältnisse der „Gewahrsam" des Schuldners zu dem Besitze des Gläubigers bzw. des Gerichtsvollziehers steht, ob der erstere unmittelbarer, der letztere mittelbarer Besitzer ist, oder ob beide Mitbesitzer im Sinne der §§ 866. 1206 B.G.B. werden, kann zweifelhaft sein, bedarf aber hier nicht der Entscheidung; es genügt hier die Feststellung, daß der Gläubiger durch die Anbringung der Pfändungszeichen den Besitz der Pfandsache erlangt, daß diese Zeichen die — der Übergabe der Sache beim Vertragspfande entsprechende — Wegnahme der Sache bei der Pfändung ersetzen. Wird aber durch die Anbringung der Pfändungszeichen der Besitz erlangt, so rechtfertigt sich die Folgerung, daß durch ihre Wegnahme der Besitz verloren wird. Je nachdem die Wegnahme gegen, oder mit dem Willen des Gläubigers erfolgt, ist auch der Besitzverlust ein unfreiwilliger oder freiwilliger, und ist sie mit dem Fortbestand des Pfandrechtes vereinbar oder unvereinbar. Die Einwilligung des Gläubigers in die Wegnahme der Pfändungszeichen muß demnach das Pfändungspfandrecht zum Erlöschen bringen, gleichgültig, ob er auf das Pfandrecht verzichten will, oder nicht; selbst der Vorbehalt des Pfandrechts wäre wirkungslos. Dies hat das Berufungsgericht verkannt, und deshalb unterliegt das Berufungsurteil der Aufhebung." . . .

---

72. Ist der Schuldner, wenn der Gläubiger seines Gläubigers die dem letzteren gegen ihn zustehende vollstreckbare Forderung im Wege der Zwangsvollstreckung hat pfänden und sich zur Einziehung überweisen lassen, berechtigt, dem Verlangen des zuerst genannten Gläubigers, ihm eine auf seinen Namen lautende Vollstreckungsklausel zu erteilen, mit der Behauptung zu widersprechen, daß die Forderung früher bereits für andere Gläubiger gepfändet sei?

Z.P.O. § 727.

VII. Zivilsenat. Beschl. v. 29. März 1904 i. S. T. (Antragst.) w. W. (Antragsg.). Beschw.-Rep. VII. 83/04.

I. Landgericht Münster i. W.
II. Oberlandesgericht Hamm.

Gründe:

„Die Antragstellerin betreibt wegen einer ihr gegen die Handlung G. K. in M. aus einem rechtskräftigen Urteil in Höhe von 938,75 ℳ zustehenden Forderung die Zwangsvollstreckung gegen die Schuldnerin. Auf ihren Antrag wurde durch Beschluß des Amtsgerichts zu M. vom 13. Januar 1904 eine der Schuldnerin gegen die Kaufleute Th. und B. W. zu M. aus dem Urteile des dortigen Landgerichts vom 10. August 1903 zustehende Forderung von 1037,50 ℳ gepfändet und der Antragstellerin zur Einziehung überwiesen. Diese stellte unter Überreichung einer vollstreckbaren Ausfertigung des genannten Urteils, deren Besitz sie sich im Wege der Zwangsvollstreckung verschafft hatte, bei dem Landgerichte in M. den Antrag, die Vollstreckungsklausel auf ihren Namen umzuschreiben. Der Vorsitzende der zweiten Zivilkammer des Landgerichts verfügte, daß die beantragte Umschreibung unter Beachtung der Vorschriften in § 730 Z.P.O. auszuführen sei. Nachdem dies geschehen, erhoben die Kaufleute W. Einwendung gegen die Erteilung der Vollstreckungsklausel für die Antragstellerin, indem sie unter Bezugnahme auf bereits früher vorgelegte Pfändungsbeschlüsse geltend machten, die Forderung der Firma G. K. gegen sie sei bereits vor der Pfändung für die Antragstellerin zugunsten anderer Gläubiger gepfändet und diesen zur Einziehung überwiesen, mithin habe zur entscheidenden Zeit der Firma G. K. eine Forderung gegen sie überhaupt nicht mehr zugestanden. Durch Beschluß des Landgerichts vom 24. Februar 1904 wurde die Einwendung zurückgewiesen. Die Schuldner legten Beschwerde mit dem Erfolge ein, daß durch den angefochtenen Beschluß die durch den Vorsitzenden der zweiten Zivilkammer des Landgerichts zu M. unter dem 25. Januar 1904 dem Gerichtsschreiber gegebene Anordnung zur Erteilung der vollstreckbaren Ausfertigung für die Antragstellerin aufgehoben wurde. In den Gründen des Beschlusses wird ausgeführt, mit der für erwiesen zu erachtenden Pfändung der Urteilsforderung für andere Gläubiger und Überweisung derselben an diese aus der Zeit vor der Pfändung zugunsten der Antragstellerin entfalle die Voraussetzung des § 727 Z.P.O. für die Erteilung der vollstreckbaren Ausfertigung für den Rechtsnachfolger des im Urteil bezeichneten Gläubigers, nämlich daß die Rechtsnachfolge der Antragstellerin nachgewiesen sei. Weiter ist in den Gründen bemerkt, die Urteilssumme sei von den Beklagten weder freiwillig, noch auf Klage aus §§ 853. 856 Z.P.O. gezwungen hinterlegt, auch hätten dieselben anscheinend keine Mittel dazu; dem Gerichtsschreiber sowie dem Vorsitzenden aber stehe nicht die Befugnis zu, bei Erteilung der Vollstreckungsklausel, bzw. der Anordnung der Erteilung zugleich anzuordnen, daß die aus der Zwangsvollstreckung beizutreibende Urteilssumme hinterlegt werde, und hieraus folge, daß bei der zeitigen Sachlage die Beklagten, wenn sie keine Mittel zur Hinterlegung haben, gegen weitere Pfändung aus den anderen Überweisungsbeschlüssen nicht vollkommen geschützt seien. Endlich ist bemerkt, die Erteilung der vollstreckbaren Ausfertigung sei nach § 727 (Wort: kann) nicht obligatorisch.

Dem mit der weiteren Beschwerde angegriffenen Beschlusse des Oberlandesgerichts liegt eine Auffassung von dem Begriffe des Beweises der Rechtsnachfolge zugrunde, welche im Gesetz einen Anhalt nicht findet. Als Gegenstand der zugunsten der Antragstellerin erfolgten Pfändung ist in dem Pfändungsbeschlusse eine der Schuldnerin gegen die Kaufleute W. zustehende Forderung bezeichnet. Antragstellerin befindet sich mithin im Besitz eines Titels, der an sich rechtlich geeignet ist, die Entstehung eines Pfändungspfandrechts aus dem Recht der ursprünglichen Gläubigerin herleiten zu lassen und, soweit die Überweisung zur Einziehung einen Übergang der Forderung bewirkt, diesen zu vermitteln. Damit steht die Rechtsnachfolge fest. Antragstellerin hat auch die vollstreckbare Urteilsausfertigung vorgelegt.

Daß noch andere Gläubiger Pfändungen und Überweisungen erwirkt haben, muß hier ohne Belang bleiben. Ob diese anderen Gläubiger der Erteilung der Vollstreckungsklausel für die Antragstellerin zu widersprechen befugt, oder auf welchen anderen Weg zur Wahrung ihrer Interessen sie angewiesen sind, ist hier nicht zu entscheiden, da die Gläubiger tatsächlich Widerspruch nicht erhoben haben, auch am Beschwerdeverfahren nicht beteiligt sind. Den Schuldnern aber steht eine Befugnis, die Rechte der übrigen Gläubiger, sei es zu deren Vorteile, sei es zu ihrem eigenen, geltend zu machen, nicht zu; sie können von der Antragstellerin nicht den Nachweis verlangen, daß die Titel der anderen Gläubiger nicht zu Recht bestehen, oder daß sie einen Vorrang vor denselben hat; noch weniger ist die Antragstellerin verpflichtet, vor Einreichung des Antrages auf Erteilung der Vollstreckungsklausel zunächst im Prozeßwege den anderen Gläubigern gegenüber die Unbegründetheit der Ansprüche derselben oder ihr eigenes Vorrecht zur Geltung zu bringen. Insbesondere liegen alle diese Momente außerhalb der Frage des Beweises der Rechtsnachfolge und des gegen diese etwa zu erbringenden Gegenbeweises. Die Antragstellerin ist auf Grund der von ihr erwirkten Pfändung und Überweisung der Forderung und des Besitzes der vollstreckbaren Urteilsausfertigung zu dem Antrage berechtigt, daß dem Verfahren durch Erteilung der Klausel zu ihren Gunsten Fortgang gegeben werde, indem es den anderen Gläubigern überlassen bleiben muß, zur Geltendmachung ihrer Interessen ihrerseits Schritte zu tun.

Daß infolge des Vorhandenseins mehrerer Forderungsprätendenten die Schuldner Gefahr laufen, doppelt zahlen zu müssen, kann als ein Grund für eine abweichende Auffassung des Gesetzgebers nicht betrachtet werden. Diese Gefahr liegt auch in anderen, gleichartigen Fällen vor, und das Gesetz gibt Mittel gegen sie an die Hand. Die Vorschrift in § 853 Z.P.O., kraft deren bei Pfändung einer Geldforderung für mehrere Gläubiger der Drittschuldner zur Hinterlegung des Schuldbetrages berechtigt ist, bleibt auch dann anwendbar, wenn hinsichtlich der gepfändeten Forderung eine Vollstreckungsklausel erteilt wird. Hierin liegt ein Schutz, den der Gesetzgeber als ausreichend betrachtet haben wird. Der Hinweis des Oberlandesgerichts auf die Eventualität, daß der Schuldner infolge Geldmangels zur Hinterlegung außerstande ist, kann nicht als beweisend betrachtet werden. Es läßt sich nicht annehmen, daß der Zahlungsunfähigkeit gerade da, wo es sich um den Schutz gegen doppelte Zahlung handelt, eine besondere Berücksichtigung hätte zuteil werden sollen. Namentlich aber bildet gegenüber dem Ergebnisse der unmittelbar einschlagenden Gesetzesbestimmungen das Vorhandensein derartiger Eventualitäten ein zwingendes Argument überhaupt nicht.

Nicht zutreffend faßt der Berufungsrichter die Bedeutung des Wortes „kann" in § 727 Z.P.O. auf. Diese geht, wie auch der Zusammenhang des § 727 mit dem § 731 ergibt, nicht dahin, daß, wenn die Bedingungen für die Erteilung einer vollstreckbaren Ausfertigung in Gestalt einer die Rechtsnachfolge erweisenden öffentlichen Urkunde vorliegen, die Erteilung oder Nichterteilung der Ausfertigung noch vom Ermessen des Gerichts abhängig wäre; vielmehr muß die Erteilung alsdann erfolgen, und das Wort „kann" bezeichnet hier in Verbindung mit dem übrigen Inhalt des Paragraphen lediglich die Voraussetzungen eines berechtigten Verlangens der Erteilung der Klausel.

Demgemäß mußte der angefochtene Beschluß aufgehoben, und die Beschwerde der Antragsgegner gegen den Beschluß des Landgerichts zurückgewiesen werden." ...

---

73. Gilt die Vorschrift, daß der zu Entmündigende persönlich unter Zuziehung eines Sachverständigen zu hören ist, auch für das Berufungsverfahren über die Anfechtungsklage?

Z.P.O. §§ 671. 654.

IV. Zivilsenat. Urt. v. 7. April 1904 i. S. K. (Kl.) w. Staatsanwaltschaft (Bekl.). Rep. IV. 370/03.

I. Landgericht Halle a. S.
II. Oberlandesgericht Naumburg a. S.

Der durch Beschluß des Amtsgerichts zu M. vom 3. Januar 1903 wegen Geistesschwäche entmündigte Kläger erhob hiergegen die Anfechtungsklage. In dem Verfahren über dieselbe wurde er zwar in erster Instanz vor dem Landgerichte, nicht aber auch in der Berufungsinstanz vor dem Oberlandesgerichte persönlich unter Zuziehung eines Sachverständigen gehört.

Aus den Gründen:

... „Dagegen war das angefochtene Urteil wegen eines vor allem von der Reichsanwaltschaft gerügten prozessualen Verstoßes aufzuheben. Mit Recht macht dieselbe Verletzung des § 671 Abs. 1 Z.P.O. geltend, weil der Kläger im Berufungsverfahren nicht unter Zuziehung eines Sachverständigen gehört worden ist. Die für das Anfechtungsverfahren im Entmündigungsprozesse durch die §§ 667 flg. Z.P.O. vorgesehenen besonderen Vorschriften umfassen nach ihrem Inhalte nicht bloß die erste Instanz, sondern auch die Berufungsinstanz. Zunächst trifft dies offensichtlich bei dem dem § 671 vorangehenden § 670 zu, insoweit derselbe die entsprechende Anwendung der §§ 617 Abss. 1. 3 und 622 anordnet. Nach seiner Stellung im System muß aber auch dem § 671 Geltung für die Berufungsinstanz zukommen, wenn nicht etwa besondere Erwägungen dessen Anwendbarkeit im Berufungsverfahren ausschließen. Das ist so wenig der Fall, daß vielmehr der innere Grund der Gesetzesvorschrift des § 671 Abs. 1 diese Auffassung bestätigt. Die Bestimmung des § 671 Abs. 1 zielt darauf ab, für die Ermittelung des Geisteszustandes in der persönlichen Vernehmung des zu Entmündigenden unter Zuziehung eines Sachverständigen möglichst sichere und zweifelsfreie Grundlagen zu bieten. Sie wird bedeutsam auch für den Tatrichter der Berufungsinstanz. Zudem erhält diese Ansicht Unterstützung durch die Entstehungsgeschichte der Vorschrift. Die Motive zu den entsprechenden §§ 575. 576 des Entwurfs zur Zivilprozeßordnung schließen, nachdem sie die Notwendigkeit einer Vernehmung der Person, um deren Entmündigung es sich handelt, und der Sachverständigen begründet haben, hieran den Satz: „In der Revisionsinstanz, welche sich mit der Feststellung des Tatsächlichen nicht mehr befaßt, kommen diese Vorschriften nicht zur Anwendung." Offenbar ist hier davon ausgegangen, daß, soweit die Instanzen Tatrichter sind, die Anwendbarkeit geboten ist. Die angefochtene Entscheidung beruht auf der gerügten Gesetzesverletzung; denn es ist nicht ausgeschlossen, daß die gesetzlich vorgeschriebene Vernehmung des Klägers unter Zuziehung des Sachverständigen zu einer anderen Beurteilung hätte führen können."

---

74. Unterliegt ein Schiedsspruch, in welchem eine Partei verurteilt ist, die Eintragung eines nicht eintragungsfähigen Rechts zu bewilligen, der Aufhebung?

Z.P.O. § 1041 Abs. 1 Ziff. 1 u. 2.

VII. Zivilsenat. Urt. v. 19. April 1904 i. S. D. u. Gen. (Kl.) w. B. (Bekl.). Rep. VII. 558/03.

I. Landgericht Königsberg.
II. Oberlandesgericht daselbst.

Die Parteien hatten im Jahre 1899 Kaufverträge miteinander geschlossen, laut welcher die Kläger an den Beklagten aus einem ihnen gehörigen Gutskomplexe Parzellen zum Zwecke der Bebauung verkauften. Die Entscheidung von Streitigkeiten wurde einem Schiedsgericht übertragen, das, als der Beklagte die Erfüllung der Verträge weigerte, in Tätigkeit trat und folgenden Spruch fällte:

1. Der Verklagte B. hat das am 10. Januar 1900 fällig gewesene Kapital von 1000 ℳ nebst Zinsen von 10000 ℳ vom 1. Januar 1900 sowie das Kapital von 1144 ℳ nebst Zinsen von 3144 ℳ vom 19. Dezember 1899 bei der Auflassung der gekauften Parzellen zu zahlen. Die Auflassung ist sofort zu veranlassen.
2. Die Verkäufer haben bei der Auflassung zur ersten Stelle ins Grundbuch die Verpflichtung zugunsten der Käufer eintragen zu lassen:
   a) die Straßen C und A auf ihre Kosten seinerzeit derart auszubauen, daß vollständige Planumsentwässerung vorhanden ist, die Kiesschüttung bzw. das Pflaster auch bei der größten in Frage kommenden Wagenbelastung zu jeder Jahreszeit genügenden Widerstand bietet, und daß zu beiden Seiten der Fahrstraße Bordsteine angeordnet werden;
   b) Kanalisation und Wasserleitung in den Straßenzügen zum Anschluß für die Parzellen seinerzeit auf ihre alleinigen Kosten herstellen zu lassen;
   c) ein Grundbuchblatt von den sämtlichen Wegeparzellen der Kolonie anlegen zu lassen, worin die Rechte der Käufer auf Benutzung und Ausbau der Wege einzutragen sind. Die Auflassung der Wegeparzellen hat zu erfolgen entweder zugunsten der sämtlichen Parzellenbesitzer, oder zugunsten derjenigen Gemeinde, zu welcher der Gutsbezirk Ziegelhof demnächst zugeschlagen werden soll. ...

Die Kläger begehrten seine Aufhebung gemäß § 1041 Abs. 1 Ziff. 1. 2. 5 Z.P.O. Die Vorinstanzen erkannten indessen auf Abweisung der Klage. Auf die Revision der Kläger ist der Schiedsspruch aufgehoben worden aus folgenden

Gründen:

„Gegen den Schiedsspruch unter Ziff. 2 erheben sich Bedenken, die vom Berufungsrichter nicht in den Kreis seiner Erwägungen gezogen worden sind. Die Festsetzung zu Ziff. 2c ist offenbar trotz ihrer grammatikalen Abhängigkeit von dem ersten Satze der Ziff. 2 im Sinne einer besonderen Anordnung zu verstehen, da sie unmöglich den Inhalt einer Eintragung bilden kann. Aber auch so verstanden gibt sie zu Zweifeln Anlaß, die durch die Gründe des Spruchs nicht beseitigt werden. Die Kläger sollen für die ihnen nach dem Verkaufe des Baulandes verbleibenden Wegeparzellen Grundbuchblätter anlegen und dort die Rechte des Käufers auf Benutzung und Ausbau der Wege eintragen lassen. Sie sollen aber auch — und zwar Zug um Zug gegen Zahlung der Kaufgelder — diese Parzellen entweder an sämtliche Parzellenbesitzer, d. i. die Ankäufer von Bauland, oder an die den Gutsbezirk Z. in sich aufnehmende Gemeinde auflassen. Dann würden, wenn die Ankäufer Eigentümer der Wege würden, diese mit der Last des Wegebaues beschwert werden, was gegen den sonstigen Inhalt des Schiedsspruchs verstößt. Vermutlich war beabsichtigt, daß erst die Wege straßenmäßig von den Klägern haben ausgebaut werden und demnächst in das Eigentum der Käufer oder der Gemeinde übergehen sollen; sodann wäre das Wegerecht als Grunddienstbarkeit zu buchen gewesen. Wie dem auch sei, jedenfalls sind die Kläger zu Ziff. 2a und b verurteilt, das Recht des Beklagten auf den straßenmäßigen Ausbau der Wege und auf Herstellung der Kanalisation und Wasserleitung in den Straßenzügen in das Grundbuch (gemeint ist das Grundbuch der den Klägern verbleibenden Parzellen) eintragen zu lassen. Diese Festsetzung ist nicht ausführbar. Nach dem Rechte des Bürgerlichen Gesetzbuchs kann nicht jedes Recht durch Eintragung dinglich gemacht werden. Dem Parteibelieben sind auf dem Gebiete des Sachenrechts Schranken gezogen; es kann neue dingliche Rechte, die weder im Bürgerlichen Gesetzbuch noch in dem vorbehaltenen Landesrecht ihren Boden finden, nicht schaffen. Die Eintragung eines nicht zugelassenen Rechts als dinglicher Belastung eines Grundstücks ist unstatthaft und müßte nach § 54 Abs. 1 Satz 2 G.B.O. von Amts wegen gelöscht werden. Dies ist völlig zweifellos.

Vgl. Planck, Bürgerl. Gesetzbuch 3. Aufl. Vorbem. zum Sachenrecht II S. 7, wo auch nähere Angaben über die Judikatur; hingewiesen sei nur auf Entsch. des R.G.'s in Zivils. Bd. 48 S. 63 — womit in diesem Punkte nicht in Widerspruch steht das Urteil in der Jurist. Wochenschr. 1904 S. 5 Nr. 1 — und Bd. 51 S. 86.

Nun ist das Recht jemandes, von einem anderen den Ausbau einer Straße und die Herstellung der Kanalisation und Wasserleitung fordern zu dürfen, lediglich obligatorischer Natur; es läßt sich nicht in den Rahmen der dinglichen Rechte des Bürgerlichen Gesetzbuchs oder der vorbehaltenen Landesgesetze bringen, insbesondere auch nicht unter den Begriff der Reallast, weil nicht wiederkehrende Leistungen in Frage sind (§ 1105 B.G.B.). Mithin ist die den Klägern auferlegte Verpflichtung nicht eintragungsfähig; die Eintragungsbewilligung, welche sie zugunsten des Beklagten erklären sollen, ist eine verbotene Handlung im Sinne des § 1041 Ziff. 2 Z.P.O.; sie kann durch Zwangsvollstreckung nicht erzwungen werden.

Vgl. Entsch. des R.G.'s in Zivils. Bd. 26 S. 376; Gaupp-Stein, Bem. II 2 zu § 1041 Z.P.O.

Deshalb ist aber auch die Leistung, zu welcher der Beklagte verurteilt worden ist, nämlich die Zahlung der Kaufgelder, der Vollstreckung unzugänglich, da sie an eine rechtlich unmögliche Gegenleistung geknüpft ist und nur Zug um Zug gegen diese erfolgen soll. Der Schiedsspruch, wie er vorliegt, ist nicht vollzugsfähig und daher für die Kläger unbrauchbar. Diese haben zwar die Aufhebung nicht ausdrücklich auf den Mangel der Eintragungsfähigkeit der unter Ziff. 2a und b bezeichneten Rechte gestützt; aber sie haben auf den § 1041 Ziff. 1 u. 2 Z.P.O. hingewiesen und hervorgehoben, daß ihnen Verpflichtungen auferlegt seien, die ihnen nach den Verträgen nicht zugemutet werden könnten. Es war hiernach hinreichender Anlaß gegeben, den nach seinem ganzen Inhalte zum Gegenstande der Verhandlung gemachten Schiedsspruch auch von dem erst in der Revisionsinstanz zur Geltung gekommenen Gesichtspunkte aus zu prüfen. Er führt übrigens ebenso zur Anwendung des § 1041 Ziff. 1 Z.P.O. insofern, als ein schiedsrichterliches Verfahren, das, wie das gegenwärtige, mit einem nicht vollstreckbaren Urteil endet, nicht für zulässig erachtet werden kann." ...

---

75. Ist eine Einspruchsfrist nach § 339 Abs. 2 Z.P.O. zu bestimmen, wenn das Versäumnisurteil dem Beklagten, der nicht im Deutschen Reiche wohnt und weder einen Zustellungsbevollmächtigten

benannt noch einen Prozeßbevollmächtigten bestellt hat, gemäß § 175 Z.P.O. durch Aufgabe zur Post zugestellt ist?

VII. Zivilsenat. Beschl. v. 22. April 1904 i. S. Stadtgem. K. (Kl.) w. N. (Bekl.). Beschw.-Rep. VII. 109/04.

I. Landgericht Karlsruhe.
II. Oberlandesgericht daselbst.

Gründe:

„Gegen den Beklagten ist vom Landgericht zu Karlsruhe unter dem 22. Dezember 1903 ein Versäumnisurteil erlassen. Die Klage ist ihm, da er in Zürich wohnt, gemäß §§ 199 flg. Z.P.O. zugestellt worden. Das Urteil wurde demnächst dem Beklagten, der weder einen Prozeßbevollmächtigten bestellt noch einen Zustellungsbevollmächtigten ernannt hatte, durch die am 2. Januar 1904 durch den Gerichtsvollzieher bewirkte Aufgabe zur Post nach § 175 Z.P.O. zugestellt. Am 12. Februar 1904 erteilte die Gerichtsschreiberei das Zeugnis der Rechtskraft. Dieses wurde aber von dem Landgerichte, welches die Klägerin wegen Rückzahlung der zum Zwecke der Vollstreckung hinterlegten Sicherheit angegangen hatte, zurückgenommen, und eine dreiwöchige Frist zur Einlegung des Einspruchs gegen das Versäumnisurteil, beginnend mit der Zustellung des Beschlusses, festgesetzt. Auf die Beschwerde der Klägerin ist der landgerichtliche Beschluß aufgehoben, und die weitere Anordnung dem Landgericht übertragen. Nunmehr hat der Beklagte die weitere Beschwerde eingelegt und die Wiederherstellung des ersten Beschlusses begehrt. Der Beschwerde mußte jedoch der Erfolg versagt werden.

Eine Verlängerung der regelmäßigen Einspruchsfrist von zwei Wochen tritt nach § 339 Abs. 2 Z.P.O. dann ein, wenn die Zustellung im Ausland oder durch öffentliche Bekanntmachung erfolgen muß. Im vorliegenden Falle kann nur die Zustellung im Ausland in Betracht kommen, und es fragt sich, ob das Versäumnisurteil vom 22. Dezember 1903 dem Beklagten auf dem im § 199 Z.P.O. vorgeschriebenen Wege an seinem Wohnsitze Zürich zuzustellen war. Daß die Zustellung in dieser Weise geschehen konnte, mag richtig sein. Es kommt aber darauf an, ob sie so geschehen mußte, und dies ist vom Oberlandesgericht mit Recht verneint. Der Beklagte war nach den §§ 174. 175 Z.P.O. verpflichtet, auch ohne vorgängige Anordnung des Gerichts spätestens im ersten Verhandlungstermin einen Zustellungsbevollmächtigten zu benennen. Da er dies nicht getan und auch keinen Prozeßbevollmächtigten bestellt hatte (§ 174 Abs. 2 Z.P.O.), so konnten alle späteren Zustellungen bis zur nachträglichen Benennung in der Art bewirkt werden, daß der Gerichtsvollzieher das zu übergebende Schriftstück unter der Adresse der Partei nach ihrem Wohnorte zur Post gab. Die Zustellung galt mit der Aufgabe zur Post als bewirkt. Die Klage mit der Ladung war dem Beklagten vorschriftsmäßig nach § 199 Z.P.O. zugestellt. Darum entsprach das Verfahren bei Zustellung des Versäumnisurteils dem Gesetz. Diese war mit der Aufgabe zur Post in Karlsruhe, also im Inlande, vollzogen. Einer Zustellung im Auslande bedurfte es nicht. Mithin wurde durch die Zustellung gemäß § 175 Z.P.O., also durch die Übergabe des Schriftstücks an die Post als gesetzliche Zustellungsbevollmächtigte des Beklagten, die regelmäßige, zweiwöchige Einspruchsfrist des § 339 Abs. 1 Z.P.O. in Lauf gesetzt. Für eine Erstreckung der Frist war kein Raum. Dieses aus dem Wortlaut und Zusammenhang des Gesetzes gewonnene Ergebnis kann auch nicht durch Erwägungen der Billigkeit, wie sie z. B. vom Oberlandesgerichte zu Dresden in dem im Sächsischen Archiv Bd. 3 S. 496 abgedruckten Beschlusse geltend gemacht sind, beseitigt werden. Hätte ihnen die Zivilprozeßordnung Folge geben wollen, so wäre auch für den Fall der Benennung eines Zustellungsbevollmächtigten die Festsetzung einer besonderen Einspruchsfrist vorzuschreiben gewesen. Auch in diesem Falle kann es sein, daß der Beklagte erst nach Ablauf der gesetzlichen Einspruchsfrist von dem Versäumnisurteile Kenntnis erhält. Es ist aber außer Zweifel, daß die Zustellung an den benannten Zustellungsbevollmächtigten keine Zustellung im Ausland ist, daß daher der § 339 Abs. 1 Z.P.O. Anwendung findet, und die Regelfrist von zwei Wochen durch jene Zustellung in Lauf gesetzt wird. Es kann unmöglich der Wille des Gesetzes gewesen sein, den im Auslande wohnenden Beklagten, der die ihm durch den § 174 Abs. 2 Z.P.O. auferlegte Pflicht versäumt hat, und den der Nachteil der Strafzustellung an die inländische Postanstalt trifft, günstiger zu stellen, als den die Vorschrift der Prozeßordnung beachtenden Beklagten. Wer im Auslande wohnt, kann nur auf eine einmalige Zustellung im Auslande rechnen und hat im übrigen selbst Vorsorge zu treffen, daß er durch die späteren Zustellungen im Inlande nicht geschädigt werde. Durch diese Auslegung des Gesetzes wird freilich das Anwendungsgebiet des § 339 Abs. 2 Z.P.O. eingeschränkt. Aber die Vorschrift verliert keineswegs ihre Bedeutung; sie greift z. B. dann Platz, wenn der Beklagte nach der Klagerhebung seinen Wohnsitz ins Ausland verlegt.

Aus diesen Gründen war der Meinung des Oberlandesgerichts, die sich auch im Einklange mit den Kommentaren von Gaupp-Stein und Petersen u. Anger befindet (vgl. auch den in der Zeitschrift für Zivilprozeß Bd. 13 S. 373 abgedruckten Beschluß des Kammergerichts), beizupflichten." ...

---

76. Zur Auslegung des § 341 Abs. 3 B.G.B. Begriff der „Annahme der Erfüllung" und des „Vorbehalts der Vertragsstrafe". In welchem Zeitpunkte muß die Erklärung des Vorbehalts erfolgen?

VII. Zivilsenat. Urt. v. 22. April 1904 i. S. v. B. (Bekl.) w. G. (Kl.). Rep. VII. 490/03.

I. Landgericht II Berlin.
II. Kammergericht daselbst.

Der Beklagte übertrug der Klägerin durch den schriftlichen Vertrag vom 1. April 1901 den Neubau eines Herrschaftshauses auf seinem Gute. Der Bau sollte am 15. Juni 1901 dem Beklagten fertig übergeben werden, widrigenfalls die Klägerin eine Vertragsstrafe von 50 *M* für jeden Tag bis zur Fertigstellung zu zahlen verpflichtet war. Ferner war bestimmt, daß der Unternehmer von der Vollendung des Baues dem Bauherrn sofort Anzeige zu machen habe, worauf letzterer in möglichst kurzer Zeit, spätestens in acht Tagen, die Abnahme herbeiführen werde. Die Klägerin behauptete, der Bau sei seit länger als Anfang April 1902 fertiggestellt und vom Beklagten Anfang April 1902, spätestens am 23. und 24. Mai 1902 abgenommen worden. Sie klagte die nach dem Vertrage am 1. November 1901 fällig gewesene Baurate mit dem Antrag ein, den Beklagten zur

Zahlung von 9000 ℳ nebst Zinsen zu verurteilen. Der Beklagte beantragte Abweisung der Klage. Er wendete ein, die Klägerin habe den Bau anstatt am 15. Juni 1901 erst Anfang April 1902, also um 285 Tage verspätet, fertiggestellt und übergeben; hierdurch habe sie eine Vertragsstrafe von 14500 (richtig: 14250) ℳ verwirkt, die Beklagter gegen den eingeklagten Anspruch aufrechne. Die Klägerin bestritt, daß die Vertragsstrafe verfallen sei, und wendete ein, daß der Anspruch auf die etwa verfallene dadurch beseitigt sei, daß der Beklagte die Erfüllung angenommen habe, ohne sich das Recht auf die Strafe dabei vorzubehalten. Wegen des Mangels eines solchen Vorbehalts gab das Landgericht dem Klagantrage statt, und das Kammergericht wies aus demselben Grunde die Berufung des Beklagten zurück.

Die Revision des Beklagten ist zurückgewiesen worden aus folgenden

Gründen:

„Die Entscheidung des Berufungsrichters gründet sich auf die Vorschrift des § 341 Abs. 3 B.G.B. Diese bestimmt, daß der Gläubiger, der die Erfüllung des Vertrages angenommen hat, die für den Fall verspäteter Erfüllung vereinbarte Vertragsstrafe nur verlangen kann, wenn er sich das Recht dazu bei der Annahme vorbehält. Die Revision rügt, der Berufungsrichter habe den Begriff der Annahme verkannt, und auch seine Ausführungen dahin, es fehle hier an dem erforderlichen Vorbehalt, seien rechtsirrtümlich. Nach beiden Richtungen hin sind jedoch die erhobenen Angriffe verfehlt.

Die angefochtene Entscheidung geht davon aus, daß die im § 341 a. a. O. bezeichnete Annahme der Erfüllung rechtlich gleichstehe der Annahme der als Erfüllung angebotenen Leistung als Erfüllung im Sinne des § 363 a. a. O., und daß sie keiner ausdrücklichen Erklärung bedürfe, vielmehr auch durch Handlungen erfolgen könne, die nach der Verkehrssitte und nach den Grundsätzen von Treu und Glauben den Schluß rechtfertigen, daß der Gläubiger die Leistung als Erfüllung der dem Schuldner nach dem Vertrage obliegenden Verpflichtung angenommen habe. Dieser Auffassung ist beizutreten. Die Begriffe Annahme der Erfüllung (§ 341), Annahme als Erfüllung (§ 363) und Abnahme (§ 640) sind gleichbedeutend. Nicht jede bloß äußerliche Hinnahme der Leistung ist schon als Annahme der Erfüllung im Sinne des § 341 anzusehen. Andererseits ist es nicht unumgänglich erforderlich, daß der Empfänger die Erfüllung als eine tadellose angenommen hat. Es genügt, wenn der Gläubiger die Leistung körperlich hinnimmt und dabei, sei es ausdrücklich, sei es stillschweigend durch sein Verhalten bei und nach der Hinnahme, zu erkennen gibt, daß er die Leistung als eine der Hauptsache nach dem Vertrage entsprechende Erfüllung anerkenne. Durch ein solches Anerkenntnis wird das Recht des Gläubigers, Mängel der Erfüllung zu rügen, nicht beseitigt, sondern nur, soweit der Gläubiger den Mangel kannte, eingeschränkt (§ 640 Abs. 2), und im übrigen die Beweislast dafür, ob die Leistung dem Vertrage entspricht, umgekehrt (§ 363).

Der Berufungsrichter stellt fest, das bestellte Haus sei seit Anfang April 1902 in allen seinen wesentlichen Teilen, abgesehen von geringfügigen Tapezierarbeiten, fertiggestellt gewesen; der Beklagte habe seitdem darin seine Möbel und sonstiges zum Bewohnen erforderliches Hausgerät untergebracht, das Haus bewohnt und dauernd bestimmungsgemäß benutzt in der Absicht, es dauernd zu behalten, und ohne innerhalb der durch den Vertrag für die Abnahme des Baues bestimmten Frist von acht Tagen zu erklären, daß er den Bau beanstande. Wenn der Berufungsrichter aus diesem Verhalten des Beklagten den Schluß zieht, dieser habe die Erfüllung des Bauvertrages angenommen, so ist darin eine Verletzung des Rechtsbegriffs der Annahme nicht zu erkennen. Dasselbe gilt von der weiteren, vom Berufungsrichter für den Fall, daß aus den vorbezeichneten Umständen eine Annahme der Erfüllung noch nicht zu entnehmen sei, getroffenen Feststellung, die Annahme sei spätestens Ende Mai 1902 dadurch erfolgt, daß der Beklagte, entsprechend seiner vorher an die Klägerin gerichteten Mitteilung, am 23. und 24. Mai 1902 den Bau durch den Sachverständigen, Regierungsbaumeister B., habe prüfen lassen und dann den Bau mehrere Monate hindurch weiter benutzt habe, ohne der Klägerin gegenüber irgendeinen Mangel des Baues zu rügen.

Die Ausführung des Berufungsrichters, der Beklagte habe es an dem nach § 341 erforderlichen Vorbehalte des Anspruchs auf die Vertragsstrafe fehlen lassen, bekämpft die Revision durch den Hinweis darauf, daß der Beklagte schon im April und Anfang Mai 1901 der

Klägerin mitgeteilt habe, er werde sich im Falle nicht rechtzeitiger Fertigstellung an der Vertragsstrafe schadlos halten, daß er ihr ferner Ende Januar und Ende Februar 1902 brieflich erklärt habe, er würde von der Vertragsstrafe Gebrauch machen, und daß er im Mai 1902, vor der Prüfung des Baues durch den Sachverständigen, ihr geschrieben habe, er lasse den Sachverständigen zur Feststellung der Mängel kommen und werde erst dann mit ihr weiter verhandeln. Von diesen Erklärungen des Beklagten hält der Berufungsrichter die im April und Mai 1901 erfolgten mit Recht schon deshalb für bedeutungslos, weil der Bau inhalts des Vertrages erst später, nämlich am 15. Juni 1901, fertigzustellen war, die Erklärungen daher keinen Vorbehalt einer verfallenen Vertragsstrafe darstellen, sondern nur die bereits im Vertrage enthaltene Androhung wiederholen, für den Fall verspäteter Herstellung beanspruche der Besteller die Vertragsstrafe. Dem Berufungsrichter ist ferner darin beizutreten, daß die Briefe vom Januar und Februar 1902 den Anspruch auf die Vertragsstrafe nicht erhalten konnten, da zu dieser Zeit der Ablieferungstermin für den Bau zwar schon verstrichen, die erst frühestens im April 1902 geschehene Annahme der Erfüllung aber noch nicht erfolgt war, und der im § 341 Abs. 3 bezeichnete Vorbehalt nicht vor, sondern erst bei der Annahme der Erfüllung zu erklären ist. Das Schreiben endlich vom Mai 1902 enthält nach der unanfechtbaren Auslegung des Berufungsrichters keinen Vorbehalt der Vertragsstrafe, sondern nur eine vorläufige Ablehnung der Erklärung, ob der Bau als Vertragserfüllung angenommen werde. Erblickt man in diesem Schreiben aber auch einen Vorbehalt der Vertragsstrafe, so ist dieser Vorbehalt wirkungslos, da er nicht bei der Annahme der Erfüllung erklärt, vielmehr entweder als verspätet, oder als verfrüht anzusehen ist, je nachdem man der in erster Reihe vom Berufungsrichter getroffenen Feststellung, die Annahme sei schon Anfang April 1902 geschehen, oder der eventuell maßgebenden Feststellung folgt, erst Ende Mai habe der Beklagte die Erfüllung angenommen.

Die Revision sucht zwar unter Hinweis auf frühere Entscheidungen der Rechtsprechung darzutun, auch ein vor der Annahme der Erfüllung und nach verspäteter Herstellung erklärter Vorbehalt erhalte das Recht auf die Vertragsstrafe, und diese Ausführung findet eine Stütze darin, daß auch in der Wissenschaft die Meinung Vertretung gefunden hat, ein vor der Annahme erklärter Vorbehalt sei als fortwirkend anzusehen, wenn er nicht zurückgenommen sei.

Vgl. Dernburg, Das Bürgerliche Recht Bd. 2 Abt. 1 S. 231.

Diese Meinung steht aber im Widerspruch mit dem Wortlaut und der Entstehungsgeschichte des § 341. Die Vorschrift des Abs. 3 daselbst hat ihre Wurzel in der Bestimmung des § 307 A.L.R. I. 5, die dahin lautet:

„Hat jedoch der andere die nachherige Erfüllung ganz oder zum Teil ohne Vorbehalt angenommen, so kann er auf die Konventionalstrafe nicht ferner antragen."

Diese Vorschrift enthält nichts darüber, wann der Vorbehalt zu erklären ist, und mag deshalb auch dahin ausgelegt werden können, daß auch ein vor der Annahme erklärter, nicht zurückgenommener und deshalb fortwirkender Vorbehalt den Anspruch auf die Vertragsstrafe erhalte. Eine ebensolche Auslegung mag auch für die entsprechende Vorschrift (§ 421 Satz 2) des Entwurfs des Bürgerlichen Gesetzbuchs, die jene landrechtliche Vorschrift ersetzen sollte (Motive Bd. 2 S. 277), nicht ausgeschlossen sein; denn sie bestimmt, die Strafleistung könne nur gefordert werden,

„wenn die Annahme unter Vorbehalt der Strafleistung erfolgt ist".

Diese Fassung ist aber im § 341 Abs. 3 des Gesetzes durch die über den erforderlichen Zeitpunkt der Erklärung des Vorbehalts Bestimmung treffende Vorschrift ersetzt, nach der die Strafe nur beansprucht werden kann, wenn der Gläubiger „sich das Recht dazu bei der Annahme vorbehält". Deutlicher konnte sich der Gesetzgeber nicht ausdrücken, um die Meinung auszuschließen, daß der Vorbehalt wirksam auch vor oder nach der Annahme erklärt werden dürfe. Diese Absicht des Gesetzes wird bestätigt durch die Verhandlungen der Kommission für die zweite Lesung des Bürgerlichen Gesetzbuchs; sie ergeben, daß die Vorschrift des § 421 des Entwurfs (jetzt § 341 B.G.B.) als eine aus wesentlich praktischen Rücksichten gebotene, durchgreifende Norm angesehen wurde, die sich dadurch rechtfertige, daß es sich als eine nicht zu hohe Anforderung an den Gläubiger darstelle, wenn man verlange, daß er sich beim Empfange der Hauptleistung zu äußern habe, ob er die Vertragsstrafe noch ferner in Anspruch nehmen wolle.

Vgl. Protokolle II. Bd. 1 S. 778. 779.

Der veränderten Gesetzgebung gegenüber kommen die von der Revision in Bezug genommenen früheren Entscheidungen des Obertribunals und des Reichsgerichts, die dem Bereiche des gemeinen Rechts und des Allgemeinen Landrechts angehören, nicht in Betracht. Doch sei bemerkt, daß die der jetzigen Entscheidung zugrunde gelegte Auslegung des § 341 Abs. 3 B.G.B. eine Unterstützung findet in den Gründen des für das Gebiet des Allgemeinen Landrechts erlassenen Urteils des I. Zivilsenats des Reichsgerichts vom 22. März 1893 (Jurist. Wochenschr. 1893 S. 241 Nr. 30). Dort ist ausgeführt, es genüge, wenn der Vorbehalt nach dem Eintritt der Verzögerung der Erfüllung und vor der Annahme der Erfüllung erklärt werde; denn der § 307 A.L.R. I. 5 fordere den Vorbehalt nicht „bei" der nachherigen Annahme der Erfüllung." ...

---

77. Kann der Eigentümer mit Wirksamkeit auch für seine Rechtsnachfolger darauf verzichten, eine Kündigung oder Mahnung des Gläubigers einer Briefhypothek als unwirksam zurückzuweisen, wenn der Gläubiger nicht den Hypothekenbrief und die sein Gläubigerrecht nachweisenden Übertragungsurkunden vorlegt, und darf ein solcher Verzicht in das Grundbuch eingetragen werden?

B.G.B. § 1160 Abs. 2. § 1155.

V. Zivilsenat. Beschl. v. 27. April 1904 in der Grundbuchsache betr. die Grundbuchbl. für die Stadt Leipzig Nr. 3526 2c. Beschw.-Rep. V. 127/04.

I. Amtsgericht Leipzig.
II. Landgericht daselbst.

Gründe:

„Auf Grund der Eintragungsbewilligungen der eingetragenen Eigentümerin Frau B. vom 7. Februar und vom 16. Juni 1892 sind für die Rh.-W. Bodenkreditbank in C. in das Grundbuch für die Stadt L. Blatt Nrn. 3526. 3539. 3504. 3511. 3538 fünf Briefhypotheken von 57400 ℳ, 48000 ℳ und dreimal 36000 ℳ nebst Zinsen eingetragen. In allen Eintragungsbewilligungen ist unter den

Rückzahlungsbedingungen die Bestimmung (4) enthalten: „Eine nach den vorstehenden Bestimmungen zulässige Kündigung ist wirksam, auch wenn sie ohne Vorlegung des Hypothekenbriefs erfolgt ist.“ Die Eintragung dieser Bestimmung ist — unter Hinweis auf den Beschluß des Landgerichts Leipzig vom 17. Januar 1901, mitgeteilt in Lobes Zentralbl. für die freiw. Gerichtsbarkeit Bd. 1 S. 696 — von dem Amtsgericht L. abgelehnt, weil der Verzicht des Eigentümers auf die Befugnis des § 1160 Abs. 2 B.G.B. an sich unzulässig und bedeutungslos, und darum auch die Eintragung unzulässig sei. Am 11. Februar 1902 ist im Grundbuch Bl. 3526 die Hypothek von 57400 ℳ unter Verweisung auf die Bestimmungen der Eintragungsbewilligung vom 7. Februar 1902, ausgenommen die Bestimmung unter Pos. 4, unter Nr. 5 eingetragen, und in einem späteren Vermerk (Nr. 8) der Ausschluß der Bestimmung 4 der Eintragungsbewilligung vom 7. Februar 1902 wiederholt. Die übrigen Hypotheken sind zunächst unter den in den Eintragungsbewilligungen vom 16. Juni 1902 enthaltenen Bestimmungen eingetragen; später ist dazu aber vermerkt, daß bei der Kündigung die Bestimmungen im Punkt 4 der Eintragungsbewilligung vom 16. Juni 1902 ausgeschlossen bleiben. Gegen die Beschlüsse des Amtsgerichts, wodurch die Eintragung der Bestimmung 4 der Eintragungsbewilligungen durch Bezugnahme abgelehnt ist, hat die Eigentümerin Beschwerde erhoben mit dem Antrag, auf allen fünf Grundbuchblättern einzutragen, daß die Kündigung ohne Vorlegung des Hypothekenbriefs wirksam sei, indem sie sich auf den Beschluß des preußischen Kammergerichts vom 2. April 1900 (Entsch. in Angel. der freiw. Gerichtsbarkeit und des Grundbuchrechts, zusammengestellt im Reichsjustizamt, Bd. 1 S. 34) berief. Durch Beschluß der II. Zivilkammer des Landgerichts Leipzig vom 2. Februar 1904 ist die Beschwerde aus den in dem Beschlusse vom 17. Januar 1901 angegebenen Gründen als unbegründet zurückgewiesen. Gegen diesen Beschluß hat die Eigentümerin weitere Beschwerde unter Wiederholung ihres Beschwerdeantrags eingelegt. Das Oberlandesgericht zu Dresden, welches die weitere Beschwerde für unbegründet erachtet, hält sich durch den bezeichneten Beschluß des Kammergerichts vom 2. April 1900 an der Zurückweisung des Rechtsmittels für behindert und hat die Akten gemäß § 79 Abs. 2 G.B.O. dem Reichsgerichte zur weiteren Verfügung vorgelegt.

Die Beschwerde und die weitere Beschwerde sind zulässig, weil sie sich nicht gegen eine Eintragung, sondern gegen die Ablehnung einer beantragten Eintragung richten (§ 71 G.B.O.). Die Zuständigkeit des Reichsgerichts für die Entscheidung über die weitere Beschwerde ergibt sich daraus, daß das mit der weiteren Beschwerde angegangene Oberlandesgericht Dresden von der bezeichneten Entscheidung des Kammergerichts abweichen will (§ 79 G.B.O.).

Das Kammergericht hat nämlich die Frage:

Kann der Eigentümer mit Wirksamkeit auch für seine Rechtsnachfolger darauf verzichten, eine Kündigung oder Mahnung des Gläubigers einer Briefhypothek als unwirksam zurückzuweisen, wenn der Gläubiger nicht den Hypothekenbrief und die sein Gläubigerrecht nachweisenden Übertragungsurkunden (§ 1155 B.G.B.) vorlegt, und darf ein solcher Verzicht in das Grundbuch eingetragen werden?

bejaht, während sie das Oberlandesgericht in Dresden verneinen will. Das Kammergericht unterscheidet, ob eine Hypothek im Sinne des § 1160 Abs. 1 B.G.B. geltend gemacht wird, oder ob nur eine Kündigung oder Mahnung (§ 1160 Abs. 2) vorliegt. Während es die Bestimmung in Abs. 1 der rechtsgeschäftlichen Abänderung für unzugänglich erachtet, weil sie sich aus dem Wesen der Briefhypothek ergebe und deshalb zwingend sei, nimmt sie dies bei der Bestimmung des Abs. 2 nicht an. In den Gründen heißt es: „Es könnte diese Vorschrift (Abs. 2) als eine zwingende nur dann erachtet werden, wenn auch sie mit dem Wesen der Briefhypothek in untrennbarem Zusammenhange stände. Das ist aber nicht der Fall. Die rechtliche Natur der Briefhypothek erfordert an sich keineswegs, daß auch schon zur rechtswirksamen Kündigung oder Mahnung der Brief und die etwa sonst noch zur Legitimation des Gläubigers erforderlichen Urkunden vorgelegt werden. In der Tat hat denn auch das Gesetz keineswegs schlechthin die Wirksamkeit der Kündigung oder Mahnung von der Vorlegung der betreffenden Urkunden abhängig gemacht, vielmehr dem Eigentümer nur die Befugnis gegeben, die ohne Vorlegung der Urkunden erfolgende Kündigung oder Mahnung unverzüglich zurückzuweisen. Es ist nach der Bestimmung die ohne Vorlegung der Urkunden erfolgte Kündigung oder Mahnung wirksam, wenn sie nicht unverzüglich zurückgewiesen wird. Das Gesetz selbst gibt deutlich zu erkennen, daß hinsichtlich der Mahnung oder Kündigung die Vorlegung der Urkunden nicht für derart mit dem Wesen der Briefhypothek im Zusammenhange stehend zu erachten ist, daß auf die Vorlegung nicht wirksam verzichtet werden könnte. Die Auffassung, daß § 1160 Abs. 2 B.G.B. keine zwingende Rechtsnorm enthält, wird auch durch die Entstehungsgeschichte der Bestimmung bestätigt." Dies wird näher ausgeführt, und dann mit dem Satze geschlossen: „Da es sich im § 1160 Abs. 2 um keine zwingende Rechtsnorm handelt, so ist eine abweichende rechtsgeschäftliche Regelung zulässig, und es steht auch nichts im Wege, daß diese Regelung durch Eintragung Wirksamkeit für und gegen Dritte erlangt."

Die vom Kammergerichte beliebte Unterscheidung bezüglich der Vorschriften des Abs. 1 und Abs. 2 des § 1160 hat in der Theorie und der Praxis fast überall Widerspruch hervorgerufen. Auch das Oberlandesgericht in Dresden ist ihr in dem Übersendungsbeschlusse entgegengetreten. Im übrigen begründet es seine abweichende Ansicht in folgender Weise. Die Vorschriften des Sachenrechts seien zwingender Natur. Die Beteiligten könnten daran nur soweit etwas ändern, als es vom Gesetze nachgelassen sei. Abweichungen von dem im Gesetze festgelegten Inhalte des Rechtes, wie eine solche hier in Frage komme, seien keinenfalls statthaft. Bei der Briefhypothek sei das Recht des Gläubigers in der Weise mit dem Hypothekenbriefe verbunden, daß die Person des jeweiligen Berechtigten sich nicht durch das Grundbuch bzw. durch die Übertragungsurkunden, sondern durch den Besitz des Briefes ausweisen müsse. Folglich müsse der, welcher die Hypothek geltend mache, sein Gläubigerrecht erforderlichenfalls durch Vorlegung des Briefes und, soweit nötig, der Übertragungsurkunden dartun. Dem entsprächen die Vorschriften des § 1160 Abss. 1 und 2. Wenn darin zur Vereinfachung und Erleichterung des Verkehrs nachgelassen sei, daß der Gläubiger bei der gerichtlichen oder außergerichtlichen Geltendmachung der Hypothek abwarten dürfe, ob der Eigentümer die Nichtvorlegung des Briefes und der Übertragungsurkunden rüge, so sei damit zugleich bestimmt, daß der Gläubiger zur wirksamen Weiterverfolgung seines Rechtes Brief und Urkunden vorlegen müsse, sobald es der Eigentümer verlange. Dies gelte für beide Fälle des § 1160. Eine Befreiung des Gläubigers von der Vorlegungspflicht finde nach Abs. 3 des § 1160 nur für die im § 1159 bezeichneten Ansprüche statt. Bei allen anderen Ansprüchen aus der Hypothek müsse der Eigentümer die Befugnis haben, die Vorlegung der Urkunden von dem vorgeblichen Gläubiger zu verlangen, widrigenfalls er bis zu einem gewissen Grade rechtlos werde. Einen Unterschied zwischen den Fällen des Abs. 1 und des Abs. 2 des § 1160 mache das Gesetz nicht. Lasse man mit dem Kammergerichte im Falle des Abs. 2 den Verzicht und dessen Eintragungsfähigkeit zu, so müsse dies auch für den Fall des Abs. 1 zugegeben werden. Auch ein beachtliches praktisches Bedürfnis verlange die Zulassung des Verzichts nicht, da der Gläubiger sich bei der Kündigung oder Mahnung eines Gerichtsvollziehers oder eines Notars bedienen und sich die Erstattung der dadurch entstehenden Kosten von dem jeweiligen Schuldner ausbedingen könne.

Von den Bearbeitern des Sachenrechts hat sich die Mehrzahl für die Zulässigkeit des Verzichts und seine Eintragungsfähigkeit in beiden Fällen des § 1160 B.G.B. ausgesprochen.

Vgl. Planck, Bd. 3 S. 549 Bem. 6; Biermann, Sachenr. S. 368 flg.; Kober, Sachenr. S. 463 Bem. 2; Fuchs, Grundbuchr. Bd. 1 S. 519 Bem. 10; Turnau u. Förster, Liegenschaftsr. Bd. 1 S. 741 Bem. 8; Dernburg, Sachenr. § 214 Nr. 5 S. 629 flg.; Oberneck, Reichsgrundbuchrecht § 149 Nr. 3b; Zeitschr. d. Notar.-Ver. Bd. 1 S. 151.

Das Oberlandesgericht hat sich für seine Ansicht auf Neumann (Handausg. Anm. A 5 zu § 1160), Rospatt (Jurist. Wochenschr. 1900 S. 598 flg.) und Kretzschmar (Einführ. in das Grundbuchr. Bd. 1 S. 277 flg.) berufen.

Das Reichsgericht tritt dem Beschlusse des Kammergerichts im Ergebnisse bei und erachtet deshalb die weitere Beschwerde für begründet.

Unverkennbar stehen die Bestimmungen des § 1160 B.G.B. über die Vorlegungspflicht des Gläubigers nicht nur im Einklange mit der rechtlichen Natur der Briefhypothek, sondern sie folgen notwendig aus anderen das Recht aus der Briefhypothek ausgestaltenden Vorschriften des Bürgerlichen Gesetzbuchs. Während die Buchhypothek nur im Grundbuch entstehen und bestehen kann (§§ 873. 1154 Abs. 3), führt die Briefhypothek, ist sie einmal durch Eintragung begründet, ihr Dasein außerhalb des Grundbuchs. Daher läßt sich auch die Person des jeweiligen Gläubigers bei der Briefhypothek nicht aus dem Grundbuche feststellen, sondern muß in anderer Weise ermittelt werden. Hierzu dient der Hypothekenbrief. Der Gläubiger erwirbt die Briefhypothek nicht schon durch seine Eintragung im Grundbuche, sondern erst dadurch, daß ihm der Hypothekenbrief von dem Eigentümer des Grundstücks übergeben oder auf dessen Ermächtigung von dem Grundbuchamt ausgehändigt wird (§ 1117). Auch die Abtretung der Briefhypothek (§ 1154), ihre Belastuug mit einem Nießbrauch oder Pfandrecht (§§ 1069. 1274), sowie die Pfändung und Überweisung im Wege der Zwangsvollstreckung (§§ 830. 837 Z.P.O.) vollziehen sich nicht durch Eintragung in das Grundbuch, sondern erst dadurch, daß der Erwerber der Hypothek oder eines Rechtes daran durch Übergabe in den Besitz des Hypothekenbriefs gelangt. Der Eigentümer muß deshalb dagegen gesichert sein, daß er nicht aus der Hypothek von jemandem in Anspruch genommen wird, dem, obwohl er als Berechtigter im Grundbuch eingetragen ist, das Gläubigerrecht noch nicht oder nicht mehr zusteht. Es könnte nicht auffallen, wenn die gerichtliche sowohl wie die außergerichtliche Geltendmachung der Briefhypothek von der Vorlegung des Briefes an den Eigentümer abhängig gemacht wäre. Diese Konsequenz war denn auch im ersten Entwurf des Bürgerlichen Gesetzbuchs mit der Bestimmung im § 1117 gezogen: „Zur Geltendmachung des Rechtes aus der Briefhypothek ist nur derjenige berechtigt, welcher den Hypothekenbrief vorlegt" ꝛc. Dagegen war das gleiche Prinzip in Ansehung der Kündigung und Mahnung des Gläubigers nicht durchgeführt, und eine dem § 1160 Abs. 2 B.G.B. inhaltlich entsprechende Vorschrift im § 1118 vorgeschlagen, weil das berechtigte Interesse des Eigentümers nur erheische, daß er die ohne Vorlegung des Briefes und der Übertragungsurkunden erklärte Kündigung oder Mahnung bei oder unverzüglich nach der Vornahme des Geschäfts zurückweisen könne. Man meinte, es werde ein wenig befriedigendes Ergebnis liefern, wenn die Mahnung oder Kündigung des Gläubigers unwirksam sein solle, weil es dem Eigentümer eine Handhabe böte, die Erklärung des Gläubigers, an deren Rechtsgültigkeit zu zweifeln er keine Veranlassung gehabt, hinterher als unwirksam zu rügen und hierdurch die Rechtsverfolgung des Gläubigers zu erschweren (vgl. Motive Bd. 3 S. 757. 758. 617). Bei der zweiten Lesung hielt man zur Begründung des Anspruchs des Klägers die Vorlegung des Hypothekenbriefs nicht für erforderlich, weil darin eine große Gefahr und Belästigung für den Gläubiger enthalten sei, und änderte deshalb den § 1117 des ersten Entwurfs so ab, wie er im § 1160 Abs. 1 B.G.B. lautet.

Nach dem Wortlaute des § 1160 B.G.B. und seiner Entstehungsgeschichte kann es keinem Zweifel unterliegen, daß auch ohne Vorlegung des Hypothekenbriefs und eventuell auch der Übertragungsurkunden die Geltendmachung der Hypothek zulässig, und die Kündigung oder Mahnung wirksam ist. Nur wenn der Eigentümer es verlangt, muß der Gläubiger diese Urkunden vorlegen, um nicht mit seiner Klage aus der Hypothek abgewiesen (Entsch. des R.G.'s in Zivils. Bd. 55 S. 224) oder mit seiner Kündigung oder Mahnung zurückgewiesen zu werden. Es ist also in das Belieben des Eigentümers gestellt, ob er die Vorlegung verlangen, oder davon absehen und damit auf seine Befugnis, den Gläubiger zur Vorlegung zu verpflichten, verzichten will. Daß der Eigentümer einen solchen Verzicht nicht schon im voraus für sich und mit bindender Wirkung für seine Rechtsnachfolger sollte erklären können, dafür läßt sich eine gesetzliche Bestimmung nicht anführen, und ist auch ein durchschlagender Grund nicht vorgebracht. Wenn in dem Beschlusse des Landgerichts Leipzig vom 17. Januar 1901, auf welchen in den Beschlüssen des Amtsgerichts und des Landgerichts verwiesen ist, eingewendet wird, der Verzicht sei unwirksam, weil ein genereller Verzicht auf Einreden rechtlich bedeutungslos sei, so ist zu entgegnen, daß hier nicht ein genereller Verzicht auf Einreden, sondern ein Verzicht auf eine einzelne bestimmte Einrede in Frage steht. Es wird darin weiter gesagt, daß nur eine exakte Untersuchung über die juristische Natur des urkundlichen Erfordernisses zu sicherem Ergebnisse führen könne, ob dem § 1160 dispositiver Charakter beizulegen sei, und dann fortgefahren: „Der entscheidende Grund ist, daß dieses Erfordernis als Beweiserfordernis gedacht werden muß, demgemäß zwar es dem Eigentümer überlassen bleibt, ob er auch ohne die genügende urkundliche Liquidität auf seine Gefahr hin die Geltendmachung der Hypothek sich gefallen lassen will, daß aber ein genereller Verzicht auf diese urkundliche Liquidität als ein das publizistische Interesse berührender Beweisvertrag auf Rechtswirksamkeit keinen Anspruch haben kann. Ein solcher Vertrag müßte auch im Prozesse seine Wirksamkeit üben; er würde wider Treu und Glauben verstoßen, indem er, unerachtet berechtigter Zweifel am Gläubigerrecht, dem Eigentümer die Möglichkeit benähme, die Legitimation des Gegners rechtswirksam zu bemängeln. Er würde ihn damit Gefahren und Ausbeutungen aussetzen, deren staatliche

Sanktionierung gegen die guten Sitten verstieße. Daher ist dem Verzicht die Eintragungsfähigkeit zu versagen." Allein diese Begründung könnte doch höchstens Anspruch auf Beachtung haben, wenn es sich um die gerichtliche Geltendmachung der Hypothek (Fall des § 1160 Abs. 1) handelt; sie paßt aber nicht auf den Verzicht auf die Vorlegung der Urkunden bei der Kündigung und Mahnung. Denn wenn der Eigentümer infolge seines Verzichts im Rechtsstreite auch die ohne Vorlegung erfolgte Kündigung oder Mahnung als rechtswirksam gelten lassen muß, so bleibt ihm doch unbenommen, nunmehr der Geltendmachung der Hypothek wegen Nichtvorlegung der Urkunden im Prozesse zu widersprechen, wenn er auf diese Befugnis, wie hier, nicht verzichtet hat. Der Grund, daß der Verzicht auf Vorlegung wider Treu und Glauben verstoße und den Eigentümer Gefahren und Ausbeutungen aussetze, büßt aber auch dadurch an Gewicht ein, daß der Eigentümer durch seinen Verzicht nicht in dem Maße, wie in jenem Beschlusse angenommen zu sein scheint, gefährdet und ausgebeutet werden könnte, da ihm trotz des Verzichts der Schutz des § 1144 B.G.B. zur Seite steht, wonach er den Gläubiger nur Zug um Zug gegen Aushändigung des Hypothekenbriefs und der sonstigen zur Berichtigung des Grundbuchs oder zur Löschung der Hypothek erforderlichen Urknnden zu befriedigen hat, so daß er gegen ihn benachteiligende Verfügungen, die der Gläubiger nach seiner Befriedigung vornehmen könnte, vollständig gesichert ist.

Wenn hiernach der Verzicht auf Vorlegung der Urkunden bei der Kündigung und Mahnung zulässig erscheinen muß, so folgt daraus noch nicht, daß er sich zur Eintragung in das Grundbuch eignet, um dingliche Wirksamkeit zu erlangen. Denn obligatorische Verpflichtungen sind nur dann eintragungsfähig, wenn ihnen diese Eigenschaft durch das Gesetz beigelegt ist. Im Sachenrechte besteht keine Vertragsfreiheit; die Beteiligten können daher nur solche Eintragungen in das Grundbuch begehren, welche das Gesetz gestattet. Die Eintragung der Kündigungsbedingungen ist aber im § 1115 Abs. 1 B.G.B. zugelassen. Danach können die Bestimmungen, welche zur Bezeichnung der Forderung getroffen sind und nicht bei der Eintragung der Hypothek angegeben werden müssen (Gläubiger, Geldbetrag der Forderung, Zinssatz, Nebenleistungen), dadurch zur Eintragung gebracht werden, daß im Eintragungsvermerke auf die Eintragungsbewilligung, in der sie enthalten sind, Bezug genommen wird. Zu den Bestimmungen der Eintragungsbewilligung, deren Eintragung durch Bezugnahme ersetzt werden kann, gehören, worüber kein Zweifel besteht, insbesondere auch die Zahlungsbedingungen, die Zeit, der Ort und die Art der Zahlung und, falls es einer Kündigung bedarf, die Festsetzungen darüber, wie und unter welchen Bedingungen die Kündigung erfolgen soll. Da die Festsetzung der Rückzahlungsbedingungen grundsätzlich der freien Vereinbarung der Beteiligten überlassen ist, so steht ihnen auch frei, die Kündigung und Mahnung so zu regeln, daß der Eigentümer nicht befugt sein soll, die Kündigung oder Mahnung als unwirksam zurückzuweisen, wenn auf sein Verlangen der Gläubiger nicht unverzüglich den Hypothekenbrief und die sonstigen Urkunden vorlegt. Solcher Regelung, die sich als eine Modifikation der Zahlungsbedingungen darstellt, ist das Grundbuch nicht verschlossen. Sie muß daher auf Antrag der Beteiligten eingetragen werden."

---

78. Was versteht der § 13 des deutschen Gerichtsverfassungsgesetzes unter bürgerlichen Rechtsstreitigkeiten?

IV. Zivilsenat. Urt. v. 15. Februar 1904 i. S. Stadtgem. St. (Kl.) w. preuß. Fiskus (Bekl.). Rep. IV. 477/03.

I. Landgericht Stettin.
II. Oberlandesgericht daselbst.

Der klagenden Stadtgemeinde waren auf Grund des § 27 des preußischen Gesetzes, betreffend das Diensteinkommen der Lehrer und Lehrerinnen an den öffentlichen Volksschulen, vom 3. März 1897 aus der Staatskasse vom 1. April 1900 ab ein fester Staatszuschuß von 40000 *M* (Abt. VI a. a. O.) und ein Staatsbeitrag von 23272 *M* (Abt. II. a. a. O.) unstreitig alljährlich zur Kasse ihres Schulverbandes zu zahlen. Für das Etatsjahr 1900 aber zahlte der verklagte Fiskus zur Kasse der Klägerin nur 40000 *M* + 23050 *M*, also 222 *M* zu wenig, und für das Etatsjahr 1901 nur 40000 *M* + 17287,50 *M*, also 5984,50 *M* zu wenig. Auf die hiernach fehlende Gesamtsumme von 6206,50 *M* gelangten nachträglich zunächst noch 222 *M* und am 21. Oktober 1902 noch ein fernerer Teilbetrag von 1220,77 ℳ zur Zahlung.

Die Klägerin forderte klagend den Restbetrag von 4763,73 ℳ nebst 4 Prozent Zinsen seit dem 21. Juni 1902, und außerdem 4 Prozent Zinsen von 1220,77 ℳ für die Zeit vom 21. Juni bis zum 21. Oktober 1902.

Der Beklagte erhob vorweg die Einrede der Unzulässigkeit des Rechtsweges. Eventuell aber wollte er mit gewissen aus dem streitigen Rechtsverhältnis hergeleiteten Gegenforderungen aufrechnen.

Das Landgericht, das den Rechtsweg für zulässig hielt, verurteilte den Beklagten zur Zahlung von 4 Prozent Zinsen von 1220,77 ℳ seit dem 21. Juni 1902 bis zum 21. Oktober 1902, wies im übrigen aber die Klage ab.

Das Oberlandesgericht zu Stettin verneinte die Zulässigkeit des Rechtsweges und wies aus diesem Grunde die Berufung der Klägerin zurück.

Der von der Klägerin hiergegen eingelegten Revision ist stattgegeben.

Aus den Gründen:

... „Der Berufungsrichter führt aus, daß die von der Klägerin aus § 27 des Gesetzes vom 3. März 1897 gegen den Beklagten geltend gemachte Verpflichtung „lediglich öffentlichen Rechts sei", und daß ein Streit darüber „nicht zu den bürgerlichen Rechtsstreitigkeiten" im Sinne des § 13 des Gerichtsverfassungsgesetzes gehöre. Der Rechtsweg sei für den streitigen Anspruch auch nicht besonders („ausdrücklich") zugelassen, und es müsse aus der Bestimmung in § 27 Ziff. II Abs. 6 des Gesetzes vom 3. März 1897 im Gegenteil gefolgert werden, daß er der ausschließlichen Entscheidung durch die Verwaltungsbehörde unterliege.

Die vorstehenden Erwägungen sind nicht geeignet, das Urteil zu stützen. Der § 13 des deutschen Gerichtsverfassungsgesetzes bestimmt, daß vor die ordentlichen Gerichte alle „bürgerlichen Rechtsstreitigkeiten" und Strafsachen gehören, „für welche nicht entweder die Zuständigkeit von Verwaltungsbehörden oder Verwaltungsgerichten begründet ist, oder reichsgesetzlich besondere Gerichte bestellt oder zugelassen sind."

Ein besonderes Gericht ist durch Reichsgesetz für den vorliegenden Fall nicht bestimmt worden.

Wenn der gegenwärtige Prozeß zu den „bürgerlichen Rechtsstreitigkeiten“ zu rechnen ist, so würde er also nur dann den ordentlichen Gerichten entzogen sein, wenn nach dem preußischen oder nach Reichsrecht eine Verwaltungsbehörde oder ein Verwaltungsgericht für seine Entscheidung zuständig wäre.

Der von der Reichsgesetzgebung vielfach angewendete Ausdruck „bürgerliche Rechtsstreitigkeit“ oder „bürgerlicher Rechtsstreit“ wird von ihr nicht ausdrücklich erklärt. Die Motive zu § 13 a. a. O. bemerken: „Der Begriff der „bürgerlichen Rechtsstreitigkeiten“ leidet keine (vgl. Mot. zur bad. P.O. § 1) oder doch nur eine durchaus ungenügende (vgl. preuß. A.G.O. Einl. § 1) Definition. Ihn gemeinsam für alle deutschen Staaten zu präzisieren, war um so weniger ausführbar, als nach einzelnen Rechten auch Justizpolizeisachen bzw. Akte der gemischt freiwilligen Gerichtsbarkeit, namentlich auch Vormundschaftssachen, in den Formen eines Prozesses verhandelt werden (vgl. Nordd. Protokolle V. S. 2260). Der Entwurf konnte aber den Begriff der bürgerlichen Rechtsstreitigkeiten als einen gegebenen voraussetzen, weil er ungeachtet seiner Verschiedenheit in den verschiedenen Gebieten des Deutschen Reichs überall gesetzlich, sei es im geschriebenen oder ungeschriebenen Rechte, fixiert ist (Hann. Prot. I S. 343 flg.). Für die Bestimmung einer Sache sind sonach in erster Linie die Reichsgesetze, in weiterer Linie aber das Landesrecht des einzelnen Staates maßgebend.“ Das bürgerliche Recht oder Privatrecht bildet den Gegensatz zum öffentlichen Recht. Hieraus aber folgt nicht, daß bürgerliche Rechtsstreitigkeiten im Sinne des § 13 a. a. O. nur solche sind, welche sich ausschließlich auf einen Streit über die Anwendung privatrechtlicher Normen beziehen. Auch die Verfolgung eines auf einem öffentlichrechtlichen Titel beruhenden Anspruchs kann, wie z. B. auch der § 70 G.V.G. erkennen läßt, eine bürgerliche Rechtsstreitigkeit darstellen. Maßgebend ist nicht der Umstand, ob die Verpflichtung, zu deren Erfüllung die verklagte Partei angehalten werden soll, in einer Norm des öffentlichen Rechtes wurzelt, sondern die Frage, ob es sich dabei lediglich um einen Gegenstand des öffentlichen Interesses, des Gemeinwohles, oder um das Rechtsgut und die individuelle Rechtssphäre einer einzelnen, sei es physischen, sei es juristischen, Person handelt. Mit der gegenwärtigen Klage verfolgt die Stadtgemeinde St. nicht einen die Volksschule selbst (als öffentliche, dem Staatswohle dienende Anstalt) betreffenden Anspruch. Ihr Interesse ist als vermögensrechtliches nur darauf gerichtet, daß der Beklagte ihr den gesetzlich geschuldeten Staatsbeitrag zu den Kosten der öffentlichen Volksschule voll auszahlt und verhindert wird, gegen den bisher ihr vorenthaltenen Betrag eine von ihr bestrittene, aus ungerechtfertigter Bereicherung hergeleitete Forderung aufzurechnen. Durch den Ausgang des Prozesses wird das Schulinteresse selbst, für welches die Klägerin unabhängig von dem jetzt erhobenen Anspruch zu sorgen hat, nicht berührt. Der vermögensrechtliche Anspruch einer Stadtgemeinde gehört begrifflich in das Gebiet des Privatrechts. Wie bereits der V. Zivilsenat des Reichsgerichts in einem Urteil vom 22. September 1888 (Entsch. des R.G.'s in Zivils. Bd. 22 S. 288) ausgesprochen hat, besteht eine die Regel des § 13 G.V.G. einschränkende Rechtsnorm des Inhalts, daß die aus öffentlichrechtlichen Verhältnissen hervorgehenden privatrechtlichen, insbesondere vermögensrechtlichen Ansprüche allgemein von der Verfolgung im ordentlichen Rechtswege ausgeschlossen seien, weder nach Reichsrecht, noch nach gemeinem Recht, noch auch nach preußischem Rechte. Nur aus Zweckmäßigkeitsrücksichten hat gleich anderen Rechtssystemen auch das preußische Staatsrecht gewisse einzelne an sich privatrechtliche Ansprüche wegen ihrer nahen Beziehungen zum öffentlichen Rechte anderen Behörden als den ordentlichen Gerichten zur Aburteilung überwiesen.

Die Annahme des Berufungsgerichts, daß überhaupt keine bürgerliche Rechtsstreitigkeit vorliege, trifft demnach nicht zu." ...

---

79. Macht die Verletzung eines obligatorischen Rechts durch einen Dritten schadensersatzpflichtig nach Maßgabe der Vorschrift in § 823 Abs. 1 B.G.B.?

VI. Zivilsenat. Urt. v. 29. Februar 1904 i. S. R. (Kl.) w. R. (Bekl.). Rep. VI. 311/03.

I. Landgericht II Berlin.
II. Kammergericht daselbst.

Die Frage ist verneint worden aus folgenden

Gründen:

... „Der Satz, daß man allgemein für vorsätzlich oder fahrlässig verursachten Vermögensschaden hafte, ist dem Bürgerlichen Gesetzbuch fremd. Nach § 823 Abs. 1 ist zum Schadensersatz nur verpflichtet, wer vorsätzlich oder fahrlässig das Leben, den Körper, die Gesundheit, die Freiheit, das Eigentum oder ein sonstiges Recht eines anderen widerrechtlich verletzt. Diese Vorschrift wird im Abs. 2 und in den §§ 824 flg. für besonders geartete Fälle erweitert. Es fragt sich, ob unter das „sonstige Recht" des § 823 Abs. 1 auch das obligatorische Recht fällt. Diese Frage ist in der Literatur bestritten. Sie wird verneint von Goldmann u. Lilienthal, Bürgerliches Gesetzbuch 2. Aufl. § 231 S. 891, Linckelmann, Schadensersatzpflicht S. 21, Schollmeyer, Schuldverhältnisse S. 110, Oertmann, Kommentar zum Bürgerlichen Gesetzbuch § 823 Bem. 3b, demselben in der Berliner Festgabe für Dernburg, Neumann, Handausgabe des Bürgerlichen Gesetzbuchs 3. Aufl. Vorbem. 4 zum 2. Buch, Eck, Vorträge Bd. 1 § 103 S. 601 bei und in Anm. 2, Dernburg, Schuldverhältnisse, Bd. 2 Abt. 2 § 383 unter II 2, Leske, Vergleichende Darstellung des Bürgerlichen Gesetzbuchs und des Allgemeinen Landrechts Bd. 1 § 99 bei und in Anm. 9, Matthiaß, Lehrbuch 3. Aufl. Bd. 1 § 142 S. 709 a. E., Achilles, Bürgerliches Gesetzbuch 4. Aufl. zu § 823 Bem. 1d, Fischer u. Henle, Bürgerliches Gesetzbuch 6. Aufl. zu § 823 Note 8. Bejaht wird die Frage von Cosack, Lehrbuch § 163 unter I a, Kuhlenbeck, Kommentar zu § 823 Bem. 8, v. Liszt, Deliktsobligationen S. 21, Meißner, Kommentar zu § 823 Bem. 3, Windscheid-Kipp, Pandektenrecht 8. Aufl. Bd. 2 S. 887, Stammler, Schuldverhältnisse, allgemeine Lehren S. 10. 11. Auch Planck, Kommentar zum Bürgerlichen Gesetzbuch Bd. 2 Vorbem. zum 25. Titel S. 603 und zu § 823 Bem. 2a, Crome, System des Deutschen bürgerlichen Rechts Bd. 2 Abt. 2 § 325 unter II 4, Enneccerus u. Lehmann, Bürgerliches Recht 2. Aufl. Bd. 1 § 359 unter II 1e, und Endemann, Einführung 8. Aufl. Bd. 1 § 200, sind zu den Anhängern dieser letzteren Ansicht zu zählen. Sie führen aus, daß das Schuldverhältnis oder der Anspruch als persönliche Rechtsbeziehung des Gläubigers zum Verpflichteten durch Dritte regelmäßig überhaupt nicht verletzbar ist; sie wollen jedoch in den Fällen, in denen dies möglich, wenn nämlich nach besonderen Vorschriften ein Dritter unmittelbar auf den Bestand des obligatorischen Rechts einzuwirken imstande ist, oder dann, wenn die Gefahr der geschädigten Sache auf den obligatorisch Berechtigten übergegangen ist, die schuldhafte widerrechtliche Verletzung dieses Rechts unter den Schutz des § 823 Abs. 1 stellen; damit erkennen sie im Prinzip an, daß die Verletzung eines obligatorischen Rechts unter diese Gesetzesbestimmung falle; sie bezeichnen aber als einzig denkbare Anwendungsfälle einer solchen Regel die hervorgehobenen Fälle. Dabei wird von Planck — und wohl auch von Enneccerus u. Lehmann — darauf Gewicht gelegt, daß durch die Einwirkung des Dritten der Untergang des Forderungsrechts unmittelbar herbeigeführt sein muß, während er die Anwendung des § 823 Abs. 1 dann ausgeschlossen wissen will, wenn der Untergang des Forderungsrechts des Gläubigers nur mittelbar infolge der durch die Einwirkung herbeigeführten Unmöglichkeit der Erfüllung eintritt (§ 275 B.G.B.). Diese Unterscheidung entbehrt auf alle Fälle der inneren Berechtigung (so auch Windscheid-Kipp a. a. O.); denn das Bürgerliche Gesetzbuch gibt einen Anspruch auf Schadensersatz in der Regel zwar nur dem unmittelbar Geschädigten, legt aber darauf kein Gewicht, ob der eingetretene Schaden eine unmittelbare, oder nur eine mittelbare Folge der Handlung des Dritten ist.

Der erkennende Senat schließt sich der Ansicht an, daß die Anwendbarkeit des § 823 Abs. 1 auf obligatorische Rechte zu verneinen ist. Daß diese Bestimmung auf Fälle, in denen nur auf den Gegenstand, auf den die geschuldete Leistung sich bezieht, schädigend eingewirkt wird, ohne daß dadurch das obligatorische Recht selbst berührt wird, das Schuldverhältnis mithin bestehen bleibt, nicht angewendet werden kann, wird auch von den Gegnern nicht bestritten. Sie ist aber auch auf Fälle nicht anwendbar, in denen durch die Einwirkung eines Dritten das Gläubigerrecht selbst tatsächlich zerstört wird. Dafür spricht schon ihr Wortlaut. Zwar ist das Forderungsrecht auch ein subjektives Recht; allein die Terminologie des Bürgerlichen Gesetzbuchs ergibt, daß, wenn der Gesetzgeber die Anwendbarkeit auch auf obligatorische Rechte beabsichtigt hätte, er dies besonders zum Ausdruck gebracht haben würde (vgl. die §§ 365 und 413, wo von „Forderungen" und „anderen Rechten", sowie § 437, wo von „Forderungen" und „sonstigen Rechten" die Rede ist). Entscheidend ist aber, daß mit der Ansicht der Gegner nicht verträglich ist das Wesen des Schuldverhältnisses, wie es in § 241 B.G.B. bestimmt ist. „Kraft des Schuldverhältnisses ist der Gläubiger berechtigt, von dem Schuldner eine Leistung zu fordern." Im ersten Entwurfe § 206 war bestimmt: „Gegenstand eines Schuldverhältnisses kann ein Tun oder ein Unterlassen des Schuldners sein." Durch jene Änderung ist scharf zum Ausdrucke gebracht, daß eine bestimmte Person (der Gläubiger) von einer anderen bestimmten Person (dem Schuldner) eine Leistung zu fordern berechtigt ist. Dadurch unterscheidet sich das Recht aus einem Schuldverhältnis von dem dinglichen Rechte, wie von jedem absoluten Rechte. Dieses wirkt gegen alle; jedermann hat es zu respektieren; jenes bindet nur eine bestimmte Person; nur deren Wille ist gebunden; die Rechte des Gläubigers sind nur Rechte gegen den Vertragsgegner und brauchen daher von einem Dritten nicht beachtet zu werden. Wer in das obligatorische Recht eines anderen schädigend eingreift, verletzt somit — abgesehen von den besonders gesetzlich bestimmten Fällen — eine Rechtspflicht nur dann, wenn und insoweit ein Eingriff in Rechte erfolgt, die ihre Grundlage nicht im Vertrag haben. Nur insoweit ist seine Handlung eine widerrechtliche, und diese Widerrechtlichkeit kann somit nicht von dem obligatorisch Berechtigten, sondern nur von demjenigen geltend gemacht werden, dem das verletzte Recht ohne Rücksicht auf den Vertrag zusteht. Hieraus ergibt sich, daß unter „sonstiges Recht" in § 823 Abs. 1 nur ein solches Recht verstanden werden kann, das mit allen den vorher aufgeführten Rechtsgütern das Gemeinsame hat, daß es von jedermann beachtet werden muß, mithin nur das absolute Recht.

Für die Richtigkeit dieser Ansicht spricht auch die Entstehungsgeschichte des § 823. Im ersten Entwurf § 704 Abs. 1 war nach dem Vorgang des preußischen Landrechts und des Code civil die Schadensersatzpflicht als die Folge widerrechtlicher schuldhafter Schadenszufügung bestimmt, daneben aber in dem, dem jetzigen § 823 Abs. 1 entsprechenden, Abs. 2 derjenige, der aus Vorsatz oder Fahrlässigkeit durch eine widerrechtliche Handlung das Recht eines anderen verletzt, auch dann für schadensersatzpflichtig erklärt, wenn die Entstehung eines Schadens nicht vorauszusehen war. In den Motiven zu § 704

(Bd. 2 S. 725 flg.) wird ausgeführt, daß, wenn ein Dritter schädigend in das obligatorische Recht eines anderen eingreife, der Dritte nur dann zum Schadensersatz verpflichtet werde, wenn seine Handlung aus einem anderen Grunde, als wegen Schädigung des obligatorischen Rechts, als eine widerrechtliche sich darstelle, und die sonstige Begründung ergibt, daß der Entwurf unter „Recht" im 2. Absatz nur das absolute Recht verstanden hat. Auch Jacubetzky führt in seinen Bemerkungen zum Entwurf eines Bürgerlichen Gesetzbuchs S. 161 aus, daß die Rechte aus Schuldverhältnissen als solche nur den Schuldner verpflichten und deshalb nur von diesem verletzt werden können, daß die Verletzung obligatorischer Interessen durch einen Dritten aber den Anspruch auf Schadensersatz dann begründe, wenn sie durch eine absolut widerrechtliche Handlung erfolge, daß die Vorschrift des § 705 (im wesentlichen dem § 826 B.G.B. entsprechend) vorsätzliche Verletzungen solcher Interessen regelmäßig zu widerrechtlichen Handlungen mache und so in gewissem Maße Ersatz für das vom Entwurf abgelehnte Recht zur Sache schaffen werde. Die 2. Kommission hat den Abs. 1 des § 704 verworfen, weil er zu Zweifeln Anlaß biete und einer zu weiten Ausdehnung fähig sei; den Wortlaut des Abs. 2 hat sie in der Bestimmung des § 746 Abs. 1 im wesentlichen beibehalten; aus ihren Beratungen ergibt sich, daß insoweit auch inhaltlich nichts hat geändert werden sollen. Dem § 746 Abs. 1 hat dann die Redaktionskommission im § 808 diejenige Fassung gegeben, die nachmals im § 823 Gesetz geworden ist. Es darf hiernach angenommen werden, daß auch die 2. Kommission davon ausgegangen ist, daß die Verletzung eines obligatorischen Rechts durch einen Dritten nur dann schadensersatzpflichtig macht, wenn die Handlung aus einem anderen Grunde, als wegen der Schädigung des obligatorischen Rechts, als eine widerrechtliche sich darstellt.

Es kommt aber endlich in Betracht, daß, wie Oertmann, Festgabe ꝛc S. 80, zutreffend ausführt, die Anwendbarkeit des § 823 Abs. 1 auf Forderungen zu dem System des Bürgerlichen Gesetzbuchs im allgemeinen und seinem Schadensersatzrecht im besonderen nicht passen würde. Das „Recht zur Sache", das sowohl in den Motiven Bd. 2 S. 2. 3, wie durch § 241 B.G.B. ausdrücklich abgelehnt wird, würde dadurch in vielen Fällen wieder zur

Geltung gebracht werden; der § 281 würde gerade für die Fälle, für die er hauptsächlich praktisch wirksam werden sollte (Motive Bd. 2 S. 47), überflüssig sein, und § 844 Abs. 2. § 845 würden eine Schadensersatzpflicht für Fälle statuieren, in denen sie schon durch § 823 Abs. 1 gegeben wäre.

Gegen die im vorstehenden gebilligte Ansicht läßt sich auch mit Grund nicht der Einwand erheben, daß sie berechtigten Interessen des in seinem Forderungsrecht Geschädigten nicht genügenden Schutz gewähre. Gerade in den von Planck a. a. O. S. 609 hervorgehobenen Fällen wird der Geschädigte auf Grund des Zessionsvertrages, bzw. wegen Verletzung des Eigentums oder des Besitzes an der Urkunde Schadensersatz fordern können. In vielen Fällen wird der Tatbestand des § 826 oder der des § 823 Abs. 2 gegeben sein; oft wird der Geschädigte auch auf dem Umweg des § 281 zum Ersatze seines Schadens gelangen. Jedenfalls kann jener Umstand nicht dazu führen, dem Geschädigten einen Anspruch zu gewähren, der ihm im Hinblick auf die namentlich aus § 241 sich ergebende Bedeutung des § 823 Abs. 1 hat versagt sein sollen, dies um so gewisser, als, wie Oertmann a. a. O. S. 89 mit Recht hervorhebt, anderenfalls dem Dritten eine ungemessene Haftung für ihm ganz unerkennbare Reflexwirkungen seines Tuns aufgebürdet werden würde." ...

---

80. 1. Gilt die Erklärung der Anfechtung einer Willenserklärung wegen eines durch arglistige Täuschung verursachten Irrtums auch für die Anfechtung des § 119 B.G.B., wenn die Anfechtung aus § 123 B.G.B. fallen gelassen, und nur noch die Anfechtung aus § 119 B.G.B. aufrecht erhalten wird?

2. Kann der Schuldner an seiner Forderung gegen den Gläubiger diesem ein Pfandrecht bestellen und die verpfändete Forderung gegen die Forderung des anderen Teiles aufrechnen?

VI. Zivilsenat. Urt. v. 7. März 1904 i. S. des Verwalters im Konkurse des landwirtschaftlichen Kreditvereins f. M. (Kl.) w. H. (Bekl.). Rep. VI. 511/03.

I. Landgericht Ansbach.
II. Oberlandesgericht Nürnberg.

Der Beklagte erhielt am 28. Juli 1900 von dem landwirtschaftlichen Kreditverein in A. den Betrag von 3600 ℳ gegen Übergabe von 6 Stück 4 prozentigen Kassascheinen des Vereins und eines von ihm unterzeichneten Schuldscheins, inhalts dessen er 3600 ℳ als bares, mit 5 Prozent pr. a. zu verzinsendes Darlehn erhalten zu haben bekannte, bis zum 20. Januar 1901 es zurückzuzahlen sich verpflichtete und dem darleihenden Kreditverein die 6 Stück 4 prozentige Kassascheine des Vereins als Faustpfand unter der Einräumung des Rechts übergab, falls die Heimzahlung des erhaltenen Darlehns nicht rechtzeitig erfolgen sollte, sich durch außergerichtlichen Verkauf der verpfändeten Werte, die er zu diesem Behufe förmlich abtrete, in Haupt- und Nebensache bezahlt zu machen.

Auf Grund dieses Schuldscheins forderte der Verwalter in dem über das Vermögen des Vereins eröffneten Konkurse die Bezahlung von 3600 ℳ nebst Zinsen und Spesen und erhob demgemäß Klage gegen den Beklagten mit dem Antrage, ihn für schuldig zu erkennen, an die Klagepartei den Betrag von 3614,85 ℳ nebst 5 Prozent Zinsen aus 3600 ℳ seit dem 25. August 1901 zu bezahlen. Der Beklagte behauptete, er habe seine Kassascheine gekündigt und um Auszahlung seines Guthabens unter Erlaß der Kündigungsfrist gebeten und den Schuldschein in der Meinung, den Empfang seines Guthabens zu bestätigen, unterzeichnet. Er erklärte demgemäß, daß er die Urkunde auf Grund des Irrtums anfechte, und machte überdies die Aufrechnung mit den sechs Kassascheinen geltend.

Das Landgericht erachtete den durch arglistige Täuschung verursachten Irrtum für erwiesen, eventuell aber auch den Einwand der Aufrechnung für begründet und wies demgemäß die Klage ab, und die Berufung des Klägers wurde zurückgewiesen.

Auf die Revision des Klägers ist aber das Berufungsurteil aufgehoben, und die Sache an das Berufungsgericht zurückverwiesen worden, aus folgenden

Gründen:

... „Das Berufungsgericht erachtet auf Grund der Beweiserhebung für erwiesen, daß „die von dem Beklagten in dem dem landwirtschaftlichen Kreditverein für M. in A. ausgestellten Schuldscheine vom 28. Juli 1900 erklärte Empfangnahme eines 5 prozentigen Darlehns zu 3600 ℳ gegen Hingabe von 6 Stück 4 prozentigen Kassascheinen dieses Kreditvereins als Faustpfand irrtümlicherweise geschehen sei, da der Beklagte von diesem Verein kein Darlehn, sondern die Herauszahlung seines bei demselben angelegten Geldes ohne Kündigung gegen Rückgabe seiner Kassascheine gewollt habe". Offenbar soll damit gesagt sein, daß die im Schuldschein enthaltene Erklärung der Empfangnahme irrtümlicherweise erfolgt sei. Durch diese hiernach festgestellte Tatsache hält das Berufungsgericht die hierauf gestützte, die rechtliche Wirksamkeit der nach § 416 Z.P.O. formell beweiskräftigen Schuldurkunde vom 28. Juli 1900 außer Kraft setzende Einrede des Irrtums als erwiesen, infolgedessen der Ungrund der Klage feststehe, und demgemäß die gegen das die Klage abweisende Urteil gerichtete Berufung sofort als unbegründet zurückzuweisen gewesen sei. Auf die nicht weiter mehr aufrecht erhaltene Einrede des Betrugs, auf die sich die von der Klagepartei dem § 124 B.G.B. gemäß angeregte Fristversäumung beziehe, brauche somit ebensowenig eingegangen zu werden, wie auf die Frage der Zulässigkeit der Aufrechnung mit den Kassascheinen.

Die Revision macht geltend, nach dem Tatbestande des Berufungsurteils habe der Beklagte die Anfechtung seiner in der Urkunde vom 28. Juli 1900 abgegebenen Willenserklärung nur noch auf seinen Irrtum, und nicht mehr auf arglistige Täuschung durch die Beamten des Kreditvereins gegründet. Nach § 121 B.G.B. müsse die Anfechtung in den Fällen der §§ 119. 120 unverzüglich nach Kenntnisnahme des Anfechtungsgrundes durch den Anfechtungsberechtigten erfolgen. Der Zeuge Sch. habe bekundet, daß er erst nach einem Arrangementsvorschlag des Kreditvereins durch Rechtsanwalt v. E. (vor der Konkurseröffnung im Januar 1902) den Schein angesehen habe, daß sie zu ihrem Schrecken entdeckt hätten, daß es sich um ein Darlehn handle, aber beschlossen hätten, vorderhand nichts zu tun, bis sie angefordert würden. Die Klage sei am 23. Oktober 1901 zugestellt. Demgegenüber könne die mit Schriftsatz vom 6., praes. 9. November 1901 erklärte Anfechtung als eine unverzügliche nicht gelten. Jedenfalls hätte das Berufungsgericht sich darüber aussprechen sollen. Die Aufrechnungseinrede sei vom Berufungsgericht nicht gewürdigt, übrigens zweifellos unbegründet.

Die Revision war als begründet zu erachten.

Gemäß § 416 Z.P.O. begründet die von dem Beklagten unterzeichnete Urkunde vollen Beweis dafür, daß die in derselben enthaltenen Erklärungen von dem Aussteller abgegeben sind. Die materielle Bedeutung der Urkunde hängt aber von deren Inhalt ab. Deshalb ist auch gegen die echte Urkunde die Anfechtung wegen Irrtums zulässig.

Vgl. Endemann, Lehrbuch des Bürgerlichen Rechts 8. Aufl. Bd. 1 § 65 S. 301, Bd. 2 § 343 S. 194.

Daß sich der Kläger über den Inhalt der von ihm unterzeichneten Urkunde im Irrtum befand, hat das Berufungsgericht tatsächlich festgestellt. Die gemäß § 119 B.G.B. die Zulässigkeit der Anfechtung bedingende Annahme, der Beklagte würde die Erklärung bei Kenntnis der Sachlage und bei verständiger Würdigung des Falles nicht abgegeben haben, ist nach der Veranlassung der Geldentnahme, den sie begleitenden Umständen und dem Interesse des Beklagten an der Erhebung seines Guthabens ausreichend und bedenkenfrei begründet. Gemäß § 121 B.G.B. muß die Anfechtung im Falle des § 119 B.G.B. ohne schuldhaftes Zögern (unverzüglich) erfolgen, nachdem der Anfechtungsberechtigte von dem Anfechtungsgrunde Kenntnis erlangt hat. Das Berufungsurteil enthält keine ausdrückliche Feststellung darüber, daß, wann und in welcher Weise die Anfechtung auf Grund des § 119 B.G.B. erfolgt ist. Die im Tatbestande des Berufungsurteils wiedergegebenen Erklärungen der Parteien beschäftigen sich lediglich mit der Frage, ob die Ausschlußfrist des § 124 B.G.B. versäumt sei. In dieser Beziehung erklärt der Prozeßbevollmächtigte des Klägers, im Falle der Annahme eines Betrugs von seiten der Vereinsvorstände werde die Verjährung auf Grund des § 124 B.G.B. mit der Behauptung geltend gemacht, daß der geschäftsgewandte Sch. sofort nachher bei Aushändigung des Depositenscheins gemerkt habe, um was es sich handle, und sonach die einjährige Frist längst abgelaufen gewesen sei, als der Darlehns- und Verpfändungsvertrag vom 28. Juli 1900 im Prozesse mit Schriftsatz vom 6. November 1901 angefochten worden sei. Der Prozeßbevollmächtigte der Beklagten entgegnet dagegen, von einer Versäumnis der Anfechtungsfrist hätte keine Rede sein können, da der erblindete Beklagte von dem Betruge eine Kenntnis nicht habe bekommen können, und dessen Bevollmächtigter Sch. erst auf den Aufforderungsbrief des Rechtsanwalts v. E. hin den Schein angesehen und den Betrug bemerkt habe; ein früherer Zeitpunkt der Kenntniserlangung sei aber von der Gegenpartei nicht angegeben worden. Das Berufungsgericht befaßt sich auch gar nicht mit der Frage, ob dem Erfordernisse des § 121 B.G.B. genügt ist. Ausdrücklich ist hierüber auch nicht verhandelt.

Es unterliegt aber keinem Bedenken, die wegen eines durch arglistige Täuschung verursachten Irrtums erfolgte Erklärung der Anfechtung auch für die noch aufrecht erhaltene Anfechtung aus § 119 B.G.B. gelten zu lassen, zumal da schon die Geltendmachung der Einrede des Irrtums als Anfechtungserklärung erachtet werden kann, indem auch diese Form der Erklärung unzweifelhaft den Willen des Erklärenden zu erkennen gibt, daß die in der Schuldurkunde enthaltene Willenserklärung als auf einem Irrtum des Erklärenden beruhend unwirksam sein solle.

Vgl. Entsch. des R.G.'s in Zivils. Bd. 48 S. 221.

Daß die Anfechtungserklärung wegen Irrtums von seiten des Prozeßbevollmächtigten rechtswirksam nicht nur bei der mündlichen Verhandlung, sondern auch in einem zugestellten Schriftsatze erfolgen könne, so daß für die Frage, wann die Erklärung abgegeben worden, die Zeit der Zustellung des Schriftsatzes maßgebend wäre, hat der II. Zivilsenat des Reichsgerichts anerkannt.

Vgl. Entsch. des R.G.'s in Zivils. Bd. 33 S. 148.

Sind die Voraussetzungen des § 119 B.G.B. an sich gegeben, so wird die hiernach begründete Anfechtung ausgeschlossen, wenn sie nicht ohne schuldhaftes Zögern (unverzüglich) im Sinne des § 121 B.G.B. erfolgt ist. Demgemäß liegt es dem Anfechtungsgegner ob, darzutun und zu beweisen, daß und wann der Anfechtungsberechtigte von dem Anfechtungsgrunde Kenntnis erhalten hat.

Vgl. Planck, Bürgerliches Gesetzbuch 2. Aufl. Bd. 1 S. 172 Bem. 4; Endemann, Lehrbuch des Deutschen Bürgerlichen Rechts 8. Aufl. Bd. 1 S. 352 Anm. 37.

In dieser Beziehung fehlt es allerdings an einer ausdrücklich mit Bezug auf § 121 B.G.B. hierauf gerichteten Parteibehauptung. Der Einwand der Versäumnis der Jahresfrist des § 124 B.G.B. schließt aber im vorliegenden Falle den Einwand der Nichtrechtzeitigkeit im Sinne des § 121 B.G.B. in sich. Demnach würde es sich fragen, ob nicht die eigene Erklärung des Beklagten hinreichen würde, um die Nichteinhaltung der Vorschrift des § 121 B.G.B. entnehmen zu lassen. Indessen abgesehen davon, daß weder der Zeitpunkt der Eröffnung des Konkurses, noch der des Empfangs des Briefes des Rechtsanwaltes v. E. festgestellt ist, lassen weder die Feststellungen des Berufungsgerichts, noch die Erklärung des Beklagten mit Sicherheit entnehmen, daß und wann Sch. den Beklagten von seiner Entdeckung des Irrtums in Kenntnis gesetzt hat, noch ob Sch. auch nach Abwickelung des Geschäfts mit dem Kreditverein zu dem Beklagten in einem solchen Vertretungsverhältnisse gestanden, daß der Beklagte eine Versäumnis des Sch. auch gegen sich gelten lassen müßte. Nach der zeugenschaftlichen Aussage des Sch. läge allerdings gemeinschaftliche Kenntnis und der gemeinschaftliche Entschluß des Sch. und des Beklagten vor, abzuwarten, bis sie angefordert würden. Dieser im Berufungsurteil nicht festgestellte Inhalt der Sch.'schen Aussage kann aber gemäß der Vorschrift des § 561 Z.P.O. vom Revisionsgerichte nicht berücksichtigt werden.

Demgemäß war ... das Berufungsurteil aufzuheben, und die Sache an das Berufungsgericht zur anderweiten Verhandlung und Entscheidung zurückzuverweisen.

Würde das Berufungsgericht zu dem Ergebnisse gelangen, daß die Anfechtung des Schuldbekenntnisses wegen Irrtums aus § 119 B.G.B. wegen schuldhaften Zögerns gemäß § 121 B.G.B. ausgeschlossen sei, und der Beklagte den Inhalt der Schuldurkunde gegen sich gelten lassen müsse, die Darlehnsforderung also gemäß dem Schuldschein bestehe, so würde das Berufungsgericht des weiteren zu prüfen und zu entscheiden haben, ob die Klageforderung als durch die vom Beklagten erklärte Aufrechnung gemäß § 359 B.G.B. erloschen zu gelten habe. Gemäß § 53 K.O. steht die Eröffnung des Konkurses der Aufrechnung nicht entgegen. Einer der Ausnahmsfälle des § 55 K.O. liegt nicht vor.

Daß der Schuldner an seiner Forderung gegen den Gläubiger Pfand bestellen, also ein Pfandrecht an eigener Schuld bestehen kann, wird anerkannt, wie auch die Pfändung der eigenen Schuld des betreibenden Gläubigers von dem Gesichtspunkte aus für zulässig erklärt wird, daß ein Bedürfnis dieser Pfändung nicht deshalb bestritten werden könne, weil der Gläubiger, wenn er selbst Schuldner der zu pfändenden Forderung sei, aus welcher er Befriedigung suchen wolle, diese durch Kompensation erlangen könne. Denn nicht in allen Fällen, in denen für den Gläubiger ein Interesse vorliege, eine Forderung seines Schuldners an ihn selbst zum Zweck der Befriedigung oder Sicherung wegen einer ihm zustehenden Forderung pfänden zu lassen, seien die Voraussetzungen der Kompensation gegeben.

Vgl. Windscheid, Pandektenrecht 2. Aufl. Bd. 1 S. 727; Oertmann, Das Pfandrecht an eigener Schuld, im Archiv für die zivilist. Praxis Bd. 81 S. 61; Entsch. des R.G.'s in Zivils. Bd. 20 S. 372.

Die dem Gläubiger-Schuldner gewährte Sicherheit schließt aber nicht aus, daß der Pfandschuldner die verpfändete Forderung gegen die Forderung des anderen Teils aufrechnet, wenn die Voraussetzungen der Aufrechnung gegeben sind.

Vgl. Entsch. des R.G.'s in Zivils. Bd. 6 S. 279." ...

---

81. Sind, wenn wegen einer späteren in Abs. 2 des § 6 des Telegraphenwegegesetzes vom 18. Dezember 1899 bezeichneten gemeinnützigen Anlage des Wegeunterhaltungspflichtigen die schon vorhandene Telegraphenlinie mit Schutzvorkehrungen versehen werden muß, die Kosten sämtlicher zum Schutze der Telegraphenlinie erforderlichen Vorkehrungen von der Telegraphenverwaltung zu tragen?

VI. Zivilsenat. Urt. v. 14. März 1904 i. S. Reichspostfiskus (Kl. u. Widerbekl.) w. Stadtgemeinde M. (Bekl. u. Widerkl.). Rep. VI. 298/03.

I. Landgericht Mannheim.
II. Oberlandesgericht Karlsruhe.

Die Stadtgemeinde M. richtete Ende 1900 und im Laufe des Jahres 1901 eine Straßenbahn mit elektrischem Betrieb ein. Behufs Verhütung des Übertrittes des Starkstroms der elektrischen Straßenbahn in die Schwachstromleitung des Telegraphen- und Telephonnetzes wurden nach Übereinkommen der Stadtgemeinde mit der Oberpostdirektion K. durch die Stadt Schutzvorrichtungen in der Weise angebracht, daß an allen Kreuzungsstellen zwischen den Telegraphen- und Fernsprechleitungen und den Arbeitsleitungen der elektrischen Straßenbahn etwa 80 cm über dem Arbeitsdraht der Straßenbahnleitung parallel mit diesem ein Kupferdraht geführt und mit den Schienen verbunden, und überdies auch an einigen Stellen hölzerne Schutzleisten auf die Arbeitsdrähte der elektrischen Bahn gelegt wurden. Die Kosten dieser Schutzvorrichtungen wurden vorschußweise von der Stadtgemeinde getragen.

In dem über den Ersatz dieser Kosten bei der zuständigen Verwaltungsbehörde eingeleiteten Verfahren wurde durch Entschließung des Bezirksrates M. vom 1. Mai 1902 des Reichspostfiskus zum Ersatz der Kosten der Schutzvorrichtungen für verpflichtet erklärt, und der Betrag dieser Kosten vorläufig auf 25860,07 ℳ nebst 4 Prozent Zinsen vom 28. Juni 1901 an und auf 12891,49 ℳ nebst 4 Prozent Zinsen vom 1. Januar 1902 an festgesetzt, die Entscheidung über die von der Stadtgemeinde M. weiter liquidierten Kosten für die Einbettung von Zementmuffen, im Betrage vom 445,86 ℳ, einer späteren Entschließung vorbehalten, und die Kosten des Verfahrens dem Postfiskus auferlegt.

Gegen diese Entscheidung erhob der Reichspostfiskus innerhalb der in § 13 Abs. 3 des Telegraphenwegegesetzes vom 18. Dezember 1899 bestimmten Frist bei dem zuständigen Landgerichte Klage mit dem Antrage, Urteil dahin zu erlassen, die verklagte Stadtgemeinde habe anzuerkennen, und es werde festgestellt, daß der Reichspostfiskus nicht verpflichtet sei, der Stadtgemeinde M. die Kosten zu ersetzen, die ihr anläßlich der Einführung des elektrischen Straßenbahnbetriebes auf den im Antrag angeführten Linien durch die zum Schutze der Telegraphen- und Telephonlinien getroffenen Schutzvorrichtungen in den Jahren 1900/1902 erwachsen seien; die verklagte Gemeinde habe die Kosten dieses Verfahrens, sowie diejenigen, welche durch das Vorverfahren bei dem Bezirksamt M. entstanden seien, zu tragen. Vorsorglich werde gebeten, dem Kläger nur die durch Beweiserhebung als geschehen und notwendig festzustellenden Aufwendungen der Beklagten zum Ersatz aufzugeben und die Mehrforderung als nicht ersatzmäßig festzustellen.

Die Beklagte bestritt die ihr angesonnene Verpflichtung, beantragte Abweisung der Klage und erhob Widerklage auf Zahlung der angeführten Beträge nebst Zinsen.

Die Verhandlung wurde auf den Grund des Anspruchs beschränkt, und durch Urteil des Landgerichtes der Kläger als Widerbeklagter verurteilt, der Beklagten diejenigen Kosten zu ersetzen, welche dieser durch sachgemäße Anbringung von Schutzvorrichtungen an den näher bezeichneten Linien ihrer elektrischen Straßenbahn erwachsen seien, und die Klage, soweit sie dahin ging, der Beklagte habe anzuerkennen, und es werde festgestellt, daß Kläger die oben ausgesprochene Verpflichtung nicht habe, abgewiesen. Die vom Kläger hiergegen eingelegte Berufung wurde verworfen. Auch seine Revision ist zurückgewiesen worden aus folgenden

Gründen:

„Ersatzansprüche aus § 6 des Telegraphenwegegesetzes sind bei der von der Landeszentralbehörde bestimmten Verwaltungsbehörde geltend zu machen. Gemäß § 13 Abs. 3 des Telegraphenwegegesetzes steht gegen die Entscheidung der Verwaltungsbehörde binnen einer Frist von einem Monat nach Zustellung des Bescheids die gerichtliche Klage zu. Die Einhaltung dieser Frist ist ... festgestellt.

Das Telegraphenwegegesetz räumt der Telegraphenverwaltung ein Mitbenutzungsrecht an den Verkehrswegen ein und trifft demgemäß Bestimmungen über das Verhältnis von Verkehrsanlagen zu bereits ausgeführten oder erst auszuführenden Telegraphenlinien.

Der § 6 Abs. 1 bestimmt in dieser Beziehung, daß spätere besondere Anlagen nach Möglichkeit so auszuführen sind, daß sie die vorhandenen Telegraphenlinien nicht störend beeinflussen. Gemäß Abs. 3 des § 6 sind, wenn wegen einer späteren in Abs. 2 bezeichneten gemeinnützigen Anlage des Wegeunterhaltungspflichtigen die schon vorhandene Telegraphenlinie mit Schutzvorkehrungen versehen werden muß, die dadurch entstehenden Kosten von der Telegraphenverwaltung zu tragen. Der Kläger legt diese Bestimmung dahin aus, daß die Telegraphenverwaltung nur die Kosten der Schutzvorrichtungen zu tragen habe, die an den vorhandenen Telegraphenlinien selbst, d. h. an den Telegraphenanlagen, angebracht werden. Die Beklagte bezieht die Bestimmung auf die Kosten sämtlicher zum Schutze der Telegraphenlinien erforderlichen Vorkehrungen.

Das Berufungsgericht erachtet, in Übereinstimmung mit dem Landgericht, die Auffassung der Beklagten nach dem Wortlaute, der Entstehungsgeschichte und dem Sinne des Gesetzes für richtig. Das Berufungsgericht weist zunächst darauf hin, daß der Abs. 1 des § 6 des Telegraphenwegegesetzes das Prinzip der Gleichberechtigung unter

Berücksichtigung des Besitzstandes ausspreche und keine Bestimmungen über die Tragung der Kosten der Schutzvorrichtungen enthalte, diese vielmehr in den Abss. 3 und 5 getroffen seien, aber eine Unterscheidung der Kosten nach dem Orte, wo, und der Art, wie die Schutzvorkehrungen angebracht werden sollen, nicht enthalten. Wäre die Auffassung des Klägers richtig, führt das Berufungsgericht weiter aus, so könnte bald die Telegraphenverwaltung, bald der spätere Unternehmer zur Tragung der Kosten angehalten werden. Würden Schutzvorkehrungen angebracht, welche weder in Verbindung mit der Telegraphenleitung, noch mit den späteren Anlagen ständen, so würde das Gesetz bezüglich der Kostentragung überhaupt keine Bestimmung enthalten. Eine derartige Annahme dürfe aber nicht unterstellt werden. Auch die Entstehungsgeschichte weise darauf hin, daß die Auffassung der Telegraphenverwaltung nicht haltbar sei. Aus keiner Stelle des Kommissionsberichts lasse sich entnehmen, daß die Kommission zwischen Schutzvorkehrungen an der Telegraphenlinie und solchen an der späteren Anlage unterschieden habe. Wenn in den Anträgen davon die Rede sei, daß die Telegraphen*linie* mit Schutzvorkehrungen versehen werden müsse, so habe dadurch nur der Gedanke zum Ausdrucke kommen sollen, daß die Schwachstromleitung des Schutzes gegenüber der Starkstromleitung bedürfe.

Die Angriffe der Revision erscheinen nicht geeignet, die Richtigkeit der Anschauung und Entscheidung des Berufungsgerichts in Zweifel zu stellen. Bei der Herstellung elektrischer Anlagen auf Verkehrswegen, auf denen eine Telegraphenlinie ist, können Schutzvorkehrungen für die letztere erforderlich sein, um überhaupt eine störende Beeinflussung des Schwachstroms durch den Starkstrom der späteren elektrischen Anlage, wie hier bei der Anlage einer elektrischen Straßenbahn (Induktionsströme, insbesondere bei der Rückleitung durch die Erde), hintanzuhalten und um im Falle des Reißens eines Drahtes der Schwachstromleitung die Berührung dieses Drahtes mit dem Arbeitsdrahte der Starkstromleitung und dadurch den Übertritt des Starkstroms in die Schwachstromleitung der Telegraphen- und Fernsprechnetze zu verhindern und für den Fall dieses Übertrittes ihn unschädlich zu machen. Diese letzteren Schutzvorkehrungen dienen auch zur Sicherung des Verkehrs, zum Schutze von Menschen und Tieren, die durch einen herabhangenden Telegraphen- oder Fernsprechdraht, in den ein Starkstrom übergetreten ist, im Falle einer Berührung getötet oder schwer beschädigt werden können.

Nur solche Schutzvorkehrungen stehen in dem vorliegenden Rechtsstreite in Frage. Derartige Schutzvorrichtungen können teils an den Einrichtungen der Schwachstromleitung, teils an denen der Starkstromleitung angebracht, teils auch ohne Verbindung mit der einen oder anderen Anlage ausgeführt werden. So werden die Schmelzsicherungen an Verbindungsstellen der Leitungen und an den Apparaten angebracht, Fangnetze an den Gestängen der Schwachstromleitungen angehängt, die sog. Tonkinstäbe oder Holzleisten dagegen auf den Arbeitsdraht der Starkstromleitung gelegt. Dagegen ist auch schon vorgeschlagen worden, die Fangnetze an eigenen Masten zu befestigen, wie sie auch ohne Verbindung mit der Leitung von einem Hause zu dem gegenüberstehenden geführt werden könnten. Der in Frage stehende Schutzdraht ruht auf isolierten Stützen, die auf die Isolatoren des Arbeitsdrahtes der Straßenbahn aufgeschraubt sind. Für die Funktion des Drahtes ist diese Anbringung bedeutungslos, während allerdings die Verbindung des Drahtes mit den Schienen der elektrischen Bahn wesentlich ist.

Der Postfiskus sucht nun zunächst aus der Bestimmung des Abs. 1 des § 6 des Telegraphenwegegesetzes, wonach spätere Anlagen nach Möglichkeit so auszuführen sind, daß sie die vorhandenen Telegraphenlinien nicht störend beeinflussen, zu folgern, daß, wenn zur Erreichung des Zweckes der Hintanhaltung einer Störung der vorhandenen Telegraphenlinien die Anbringung von Schutzvorkehrungen an den im Abs. 2 des § 6 bezeichneten besonderen Anlagen geeignet sei, der Unternehmer verpflichtet sei, derartige Schutzvorkehrungen zu treffen, und, wenn hierdurch ein ausreichender Schutz der Telegraphenlinien nicht erzielt werde, es nunmehr Sache der Telegraphenverwaltung sei, selbst an ihren Linien die noch erforderlichen Schutzvorkehrungen zu treffen. Hiernach ergäbe sich eine Unterscheidung von Schutzvorrichtungen, die an der neuen, späteren Anlage angebracht würden und angebracht werden könnten, und solchen, die nur an der Telegraphenlinie angebracht würden und auch nur an ihr angebracht werden könnten. Denn so lange die Schutzvorrichtungen an der neuen Anlage angebracht werden könnten, hätte sie nach der Theorie des Postfiskus der Unternehmer der neuen, späteren Anlage herzustellen.

Der Postfiskus glaubt nun, die Unterscheidung von Schutzvorrichtungen, die an der neuen Anlage, und solchen, die an der bestehenden Telegraphenlinie anzubringen wären, auch sprachlich nach dem Wortlaute des Gesetzes begründen zu können. Die Bestimmung in § 5 Abs. 1 Satz 1, wonach im Falle der Neuanlage einer Telegraphenlinie die Telegraphenverwaltung die aus der Herstellung der erforderlichen Schutzvorkehrungen erwachsenden Kosten zu tragen habe, stehe im Gegensatze zu den Bestimmungen des § 6 Abs. 5 und Abs. 3, wonach die Schutzvorkehrungen, deren Kosten bei den in Abs. 2 bezeichneten Anlagen nach Abs. 3 die Telegraphenverwaltung, bei anderen späteren Anlagen nach Abs. 5 die Unternehmer tragen müssen, als Schutzvorkehrungen an solchen, d. h. als Schutzvorkehrungen an den vorhandenen Telegraphenlinien, bezeichnet würden. Wie von der Revision besonders hervorgehoben wird, könnten also unter den Kosten, die dadurch entstehen, daß „die schon vorhandene Telegraphenlinie mit Schutzvorkehrungen versehen wird", sprachlich andere Kosten nicht verstanden werden, als diejenigen, die dadurch entstehen, daß an der Telegraphenanlage selbst, also auf dem für die unterirdischen Leitungen in Anspruch genommenen Raum, an den Stangen, dem Drahte der oberirdischen Linien, Vorkehrungen zum Schutze der Telegraphenlinie angebracht würden. Wie von der Revision unter Hinweis auf §§ 1. 2 Abs. 3. § 3 Abss. 1. 4. § 7 noch besonders dargetan werden soll, wird also der mehrdeutige Ausdruck „Telegraphenlinie" mit der, wie sich die Revisionsbegründung ausdrückte, „körperlichen Telegraphenanlage" identifiziert. Dies ist unrichtig.

Von dem Begriff der geometrischen Linie, also dem Wege eines mathematischen Punktes oder der Grenze einer Fläche, ausgehend, überträgt man den Begriff „Linie" auf die Verbindung eines Punktes mit dem anderen, im Verkehr auf die Beförderung von einem Ort als Ausgangspunkte zu dem anderen als Endpunkte, und zwar auf einem bestimmten Wege. In diesem Sinne spricht man von einer Omnibus-, Eisenbahn-, Dampfschiffahrtslinie und überträgt die Bezeichnung „Linie" sogar auf das ganze Unternehmen. In dem gleichen Sinne des zwischen einem Anfangs- und Endpunkt in bestimmter Richtung hergestellten telegraphischen Verkehrs wird auch von Telegraphenlinien gesprochen. Die Unterscheidung der Schutzvorkehrungen, auf welche der Postfiskus seine Auslegung der Bestimmungen des § 6 des Telegraphenwegegesetzes über die Verpflichtung zur Tragung der Kosten gründen will, findet somit sprachlich in dem Ausdrucke „Telegraphenlinie" keinen sicheren Anhalt.

Der § 6 des Entwurfes eines Telegraphenwegegesetzes hatte zweifellos beabsichtigt, den Grundsatz des § 12 des Telegraphengesetzes aufrecht zu erhalten, wonach neue elektrische Anlagen so auszuführen seien, daß sie die alten nicht störend beeinflussen, und die hierdurch entstehenden Kosten von dem Unternehmer der späteren Anlage getragen werden müssen. Demgemäß bestimmte § 6 Abs. 1 des Entwurfes, spätere besondere Anlagen seien nach Möglichkeit so auszuführen, daß sie die vorhandenen Telegraphenlinien nicht störten, Abs. 3, die aus der Verlegung oder Veränderung der Telegraphenlinien oder aus der Herstellung erforderlicher Schutzvorkehrungen erwachsenden Kosten habe der Unternehmer der späteren Anlage zu tragen.

Vgl. Entwurf und Begründung, Stenogr. Berichte über die Verhandlungen des Reichstags X. Legislaturperiode 1. Session 1898/1900 II. Anlageband Nr. 170 S. 1253. 1254. 1261.

In der Kommission wurde die hierdurch begründete Belastung der zur Unterhaltung der Verkehrswege Verpflichteten, also im wesentlichen der Gemeinden, für unbillig erachtet. Diese Erwägung bildete den Ausgangspunkt für mehrfache Anträge über die Auflage der Kosten der Schutzvorkehrungen je nach der Art und den Unternehmern der Anlage. Die Beratungen fanden ihren Abschluß in der Unterscheidung der in Abs. 2 näher umschriebenen gemeinnützigen Anlagen des Wegeunterhaltungspflichtigen und den in Abs. 5 angeführten anderen besonderen Anlagen und der hiernach verschiedenen Verteilung der Kostenlast. Während gemäß Abs. 3 des § 6 des Gesetzes die Kosten der für die vorhandene Telegraphenlinie erforderlichen Schutzvorkehrungen bei den privilegierten Anlagen des Abs. 2 der Telegraphenverwaltung zur Last fallen, haben gemäß Abs. 5 die Unternehmer anderer als der in Abs. 2 bezeichneten besonderen Anlagen diese Kosten selbst zu tragen. An die Stelle der allgemeinen, unterschiedslosen Bestimmung des Entwurfes sind nun im Gesetze diese beiden unterscheidenden und in ihrer Unterscheidung erschöpfenden Bestimmungen getreten.

Vgl. Stenogr. Berichte des Reichstags X. Legislaturperiode 1. Session 1898/1900 Anlageband 4 S. 2624 flg.

Von irgendeiner Unterscheidung der Schutzvorkehrungen selbst nach der Art und dem Orte der Anbringung findet sich in den Kommissionsverhandlungen keine Andeutung. Demgemäß findet die vom Postfiskus versuchte Unterscheidung der Schutzvorkehrungen in solche, die an der Telegraphenanlage in dem oben erörterten Sinne, und in solche, die an der neuen Anlage angebracht würden und angebracht werden könnten, in den Kommissionsverhandlungen keinen Anhaltspunkt.

Eine solche Unterscheidung würde auch praktisch keinen durchgreifenden Wert haben. Für die Wahl des Systems der Sicherheitsvorkehrungen kann je nach der Entwicklung und dem Stande der Technik nur die Vorzüglichkeit der Sicherungseinrichtung maßgebend und bestimmend sein. Diese wird aber nicht dadurch bestimmt, an welcher Anlage sie angebracht wird.

Mit Recht betont das Berufungsgericht auch die unannehmbaren Konsequenzen der vom Postfiskus vertretenen Auffassung. Die Kostenlast würde je nach der Art der Schutzvorrichtungen und der Art der Anbringung in den Fällen wechseln, in denen es sich um Schutzvorkehrungen handeln würde, die entweder an der Starkstrom-, oder an der Schwachstromanlage anzubringen wären. Würde aber nach dem Stande der Technik eine Schutzvorrichtung einzuführen sein, die mit keiner dieser Anlagen in mechanischer Verbindung stünde, z. B. Schutznetze, die an eigenen hierfür bestimmten Masten hingen, so würde jede Bestimmung über die Kostenlast fehlen.

Weichen also die im Gesetze über die Kosten der Schutzvorrichtungen getroffenen Bestimmungen von dem ursprünglichen Sinne des Abs. 1 im Entwurfe ab, so behält der Abs. 1 des Gesetzes eben, weil er stehen geblieben ist, doch seine volle Bedeutung hinsichtlich der dem Unternehmer einer späteren besonderen Anlage obliegenden Pflicht, in der Ausführung der A n l a g e s e l b s t — abgesehen von Schutzvorrichtungen — nach Möglichkeit die störende Beeinflussung der vorhandenen Telegraphenlinie hintanzuhalten.

Die Revision war daher aus den erörterten Gründen als unbegründet zurückzuweisen.“ . . .

82. 1. Wird durch die gerichtliche Geltendmachung eines Teils des Anspruchs die Verjährung auch in betreff des übrigen Teils unterbrochen?

2. Replik der Arglist gegenüber der Einrede der Verjährung.

VI. Zivilsenat. Urt. v. 24. März 1904 i. S. Gr. B. Straßenbahn-Aktienges. (Bekl.) w. M. (Kl.). Rep. VI. 460/03.

I. Landgericht I Berlin.
II. Kammergericht daselbst.

Aus den Gründen:

„Am 17. April 1900 wurde der Kläger bei einem Zusammenstoß zweier Motorwagen der verklagten Gesellschaft verletzt. Nachdem auf Anfrage die Beklagte den Haftanspruch dem Grunde nach am 30. Mai 1900 anerkannt, sich aber wegen der Schadenshöhe Erklärungen bis nach deren Bezifferung und Begründung vorbehalten hatte, erhob der Kläger im Oktober 1900 Klage auf Bezahlung der Heilungskosten, sowie auf Ersatz des ihm durch eingetretene Erwerbsunfähigkeit bis zum 1. Dezember 1900 erwachsenen Schadens. Durch nachmals rechtskräftig gewordenes Urteil des Landgerichts vom 9. Juli 1902 wurde ihm auch dieser Schadensersatz . . . zugebilligt.

Im gegenwärtigen Rechtsstreite hat der Kläger mit der am 25. November 1902 zugestellten Klage eine vom 1. Dezember 1900 ab zu entrichtende Jahresrente . . . gefordert. Die Beklagte hat . . . die Einrede der Verjährung vorgeschützt. Die Vorinstanzen haben diese Einrede verworfen, das Berufungsgericht mit folgender Begründung. Die zweijährige Verjährung des § 8 des Reichshaftpflichtgesetzes sei — abgesehen von dem Anerkenntnis vom 30. Mai 1900 — ferner unterbrochen worden durch die Erhebung der auf dieses Anerkenntnis gestützten Klage auf Zahlung der Entschädigung zunächst für die Zeit bis zum 1. Dezember 1900, aber unter Darlegung des gesamten Sachverhalts und der dem Kläger bisher erwachsenen Ansprüche, sowie unter ausdrücklichem Vorbehalt der weiteren Ansprüche über diesen Zeitpunkt hinaus, so daß der Beklagten die Absicht des Klägers, sein ganzes ihm aus dem Unfalle zustehendes Recht zu erhalten und zu betätigen, erkennbar geworden sei (zu vgl. die Gründe des im 39. Bande der Entsch. des R.G.'s in Zivils. S. 216 flg. abgedruckten Urteils des Reichsgerichts, das auch für das Bürgerliche Gesetzbuch noch Gültigkeit habe). Nachdem die Beklagte in diesem Vorprozesse ihre vorerwähnte Verpflichtung wiederholt und ausweislich des Urteilstatbestandes bis zur Erlassung des Urteils anerkannt habe, habe die Unterbrechung der Verjährung jedenfalls bis zu diesem letzteren angedauert, und es würde eine neue Verjährung erst vom 9. Juli 1902 ab haben beginnen können, so daß sie bei Erhebung der jetzigen Klage noch nicht vollendet gewesen sei. Diese Ausführungen sind in verschiedener Beziehung rechtsirrtümlich." (Nachdem dargelegt worden, daß die Beklagte im Vorprozesse eine Verpflichtung, dem Kläger den ihm durch den Unfall entstandenen Schaden zu ersetzen, nicht anerkannt habe, heißt es weiter:)

... „Auch in der Klagerhebung im Vorprozeß kann eine Unterbrechung der Verjährung des jetzt geltend gemachten Anspruchs nicht gefunden werden. Dieser Anspruch und der im Vorprozeß geltend gemachte Anspruch sind zwar Teile des dem Kläger durch den Unfall gegen die Beklagte erwachsenen Schadensersatzanspruchs. Es handelt sich daher um die Frage, ob die gerichtliche Geltendmachung eines Teils des Anspruchs die Verjährung auch in betreff des übrigen Teils unterbricht. Das ist aber nach dem Recht des Bürgerlichen Gesetzbuchs grundsätzlich zu verneinen.

So auch Dernburg, Bürgerl. Recht Bd. 1 § 180 unter II; Planck, B.G.B. 3. Aufl. zu § 209 Bem. 1; Goldmann u. Lilienthal, Bürgerliches Gesetzbuch 2. Aufl. § 64 unter II 1b; Staudinger, Kommentar zu § 209 Bem. 1; Neumannn, B.G.B. 3. Aufl. zu § 209 Anm. 4; Rehbein, B.G.B. Bd. 1 S. 318 (mit einer Modifikation S. 319).

Nach dem Bürgerlichen Gesetzbuch tritt eine Unterbrechung nur insoweit ein, als der Klaganspruch rechtshängig wird, und damit die Möglichkeit einer rechtskräftigen Entscheidung gegeben ist.

Vgl. Endemann, Lehrbuch des bürgerlichen Rechts 8. Aufl. Bd. 1 § 93 unter 3c; Gareis, Allgemeiner Teil zu § 209 Bem. 3; Staudinger, a. a. O.

Dies ergibt zunächst der Wortlaut, aber auch die Entstehungsgeschichte des § 209. In den Motiven zum Entwurf § 170 (Bd. 1 S. 327) wird bemerkt, daß die Klagerhebung die Verjährung insoweit unterbreche, als der Anspruch der richterlichen Entscheidung unterstellt sei;

nur in diesem Umfange könne das Urteil Rechtskraft und damit Rechtsgewißheit schaffen. Auf dem gleichen Gedanken beruht es, daß auch der Zustellung eines Zahlungsbefehls im Mahnverfahren, sowie der Anmeldung des Anspruchs im Konkurse unterbrechende Kraft beigelegt wurde. Nur aus Zweckmäßigkeitsgründen wurde gewissen Akten — der Streitverkündung, der Vornahme einer Vollstreckungshandlung, und unter Umständen schon der Stellung des Antrags auf Zwangsvollstreckung — die gleiche Wirkung beigelegt, obgleich es sich in diesen Fällen, wenn auch um eine gerichtliche Geltendmachung des Anspruchs, so doch nicht um eine solche handelt, die die richterliche Feststellung des Anspruchs zur Folge haben muß. Dagegen beruhte es wiederum auf jenem Gedanken, daß die Verwendung des Anspruchs zur Einrede nicht als Unterbrechungsgrund gelten sollte, und dies selbst dann nicht, wenn es sich um eine Aufrechnungseinrede handeln würde (Motive Bd. 1 S. 328 unter II). Die zweite Kommission legte zwar der Geltendmachung der Aufrechnung im Prozesse die Wirkung der Unterbrechung der Verjährung bei, betonte aber gleichzeitig, daß man damit allerdings von dem im Entwurf angenommenen Prinzip abweiche, daß nur solchen Handlungen des Berechtigten unterbrechende Kraft zukommen solle, die auf die richterliche Feststellung des Anspruchs abzielten, und begründete die Abweichung lediglich mit Zweckmäßigkeits- und Billigkeitsgründen (Protokolle Bd. 1 S. 224). Der in der zweiten Kommission gestellte Antrag, die Aufrechnung im Prozesse mit unter die Unterbrechungsgründe aufzunehmen, enthielt die Beschränkung: „jedoch nur bis zur Höhe desjenigen Betrages, für welchen die Aufrechnung geltend gemacht wird" (Antrag 1a, Protokolle S. 223); daneben war ein Antrag (2ab, S. 223. 224) gestellt worden, diese Beschränkung zu streichen und als Abs. 3 des § 170 folgendes zu bestimmen: „Die Klagerhebung und die ihr gleichstehenden Handlungen unterbrechen die Verjährung nur bis zur Höhe desjenigen Betrags, in Ansehung dessen dieselben vorgenommen sind." Begründet wurde dieser Antrag damit: es sei erforderlich, das sonst sehr naheliegende argumentum a contrario auszuschließen, daß im übrigen die teilweise Ausübung des Anspruchs durch den Gläubiger die Verjährung bezüglich des ganzen Anspruchs unterbrechen solle. Die Entscheidung hierüber wurde der Redaktionskommission überlassen. Nun ist allerdings in den Entwurf 2. Lesung (§ 175) weder jene Beschränkung (Antrag 1a), noch der Zusatz im Antrag 2b aufgenommen worden; in dieser Fassung ist die Bestimmung auch in den Entwurf in der Fassung der dem Reichstage gemachten Vorlage (§ 204) übergegangen und auch Gesetz geworden. Daraus läßt sich aber weder schließen, daß die Verjährung auch bezüglich desjenigen Betrags, für den die Aufrechnung nicht geltend gemacht worden, unterbrochen werden solle, noch daß dies wenigstens in Ansehung der Klagerhebung bezüglich des nicht eingeklagten Teils habe gelten sollen. Denn auch die Denkschrift zu dem zuletzt erwähnten Entwurf (S. 34) weist darauf hin, daß der Entwurf — abgesehen von dem Falle unter 5 — als Unterbrechungsgründe grundsätzlich nur solche Handlungen des Berechtigten anerkenne, die auf eine gerichtliche oder eine dieser gleichstehende Feststellung des Anspruchs abzielen, und hiervon nur aus Zweckmäßigkeits- und Billigkeitsgründen einige Ausnahmen, insbesondere im Fall der Aufrechnung, mache. Das Verhalten der Redaktionskommission erklärt sich einfach aus der Erwägung, daß die im Antrag 1a enthaltene Beschränkung selbstverständlich und daher überflüssig war, da die Aufrechnung, auch wenn sie unbeschränkt erklärt wird, begrifflich immer doch nur eine Aufrechnung in Höhe des Betrags der Forderung ist, gegen die aufgerechnet wird; wegen des Mehrbetrags liegt überhaupt eine Aufrechnung nicht vor.

Vgl. Rehbein, a. a. O. Bd. 1 S. 320 oben; Planck, a. a. O. zu § 209 Bem. 2a a. E.

Um das von dem Antragsteller 2ab befürchtete argumentum a contrario bezüglich der Klagerhebung auszuschließen, genügte es daher, wenn die im Antrag 1a vorgesehene Beschränkung weggelassen wurde. Wie hiernach nur in Höhe desjenigen Betrags, für welchen vom Beklagten die Aufrechnung vorgenommen wird, die Verjährung unterbrochen wird, so auch nur in Ansehung des Teilbetrags, wegen dessen der Kläger richterliche Entscheidung begehrt hat.

Hiernach ist es für die Frage der Unterbrechung der Verjährung völlig unerheblich, daß der Kläger im Vorprozeß das gesamte Sachverhältnis unter Vorbehalt der weiteren Ansprüche über den 1. Dezember 1900 hinaus in der der Beklagten erkennbaren Absicht dargelegt haben sollte, sein ganzes ihm aus dem Unfall zustehendes Recht zu erhalten und zu betätigen.

Vgl. Goldmann u. Lilienthal, a. a. O.

Das vom Berufungsgericht für seine abweichende Ansicht angeführte Urteil des Reichsgerichts, Entsch. in Zivils. Bd. 39 S. 216 flg., betrifft einen Fall, der nach preußischem Recht — § 570 A.L.R. I. 9 — zu beurteilen war, das für die Unterbrechung der Verjährung nicht den Eintritt der Rechtshängigkeit des Anspruchs forderte, sondern klageweise Geltendmachung für genügend erklärte.

Vgl. auch Entsch. des R.G.'s in Zivils. Bd. 50 S. 298; Jurist. Wochenschr. Jahrg. 1901 S. 19 Nr. 31.

Es kann daher ganz dahingestellt bleiben, ob die Anwendung des im § 570 A.L.R. I. 9 ausgedrückten Grundsatzes auf den vorliegenden Fall in der Tat dazu führen würde, eine Unterbrechung der Verjährung anzunehmen. Ob man nach dem Rechte des Bürgerlichen Gesetzbuchs in gewissen Fällen wenigstens dann, wenn nach Erhebung der Teilklage diese auf das Ganze erweitert wird, in der Erhebung der Teilklage eine Unterbrechung der Verjährung des ganzen Anspruchs finden kann (so Rehbein, a. a. O. S. 319), braucht nicht erörtert zu werden, da eine Klagerhebung, soweit es sich um den Anspruch für die Zeit nach dem 1. Dezember 1900 handelt, im Vorprozeß nicht stattgefunden hat.

Hiernach muß das Berufungsurteil aufgehoben werden. Zur Endentscheidung ist die Sache jedoch noch nicht reif. Der Einrede der Verjährung würde nach allgemeinen, auch für das Bürgerliche Gesetzbuch geltenden Rechtsgrundsätzen die Replik der Arglist entgegenstehen, wenn die Beklagte durch ihr Verhandeln über die Höhe des von ihr im Schreiben vom 30. Mai 1900 dem Grunde nach anerkannten Anspruchs mit dem Kläger diesen von der rechtzeitigen Erhebung der Klage abgehalten haben sollte (vgl. Rehbein, a. a. O. S. 316). Eine solche Behauptung liegt in dem Vorbringen des Klägers, während des Vorprozesses habe die Beklagte längere Zeit hindurch mit seinem Vertreter über die Höhe des behufs Ablösung ihrer Haftpflicht zu zahlenden Kapitals in Verhandlungen gestanden. Solange diese Verhandlungen schwebten, hatte der Kläger keine Veranlassung, seinen Schadensersatzanspruch gerichtlich geltend zu machen, und es würde arglistig von der Beklagten sein, wenn sie sich auf den Ablauf der Verjährungsfrist und einen dadurch herbeigeführten Rechtsverlust des Klägers berufen würde, obgleich sie durch ihr Verhalten dem Kläger Veranlassung gegeben hätte von der gerichtlichen Geltendmachung der Verjährungsfrist abzusehen. Eine anderweite Verhandlung über diesen Punkt ist geboten, und daher die Sache an das Berufungsgericht zurückzuverweisen." ...

---

83. Begriff des Bauwerks in der Verjährungsvorschrift des § 638 B.G.B. Ist darunter nur die an einen Unternehmer verdungene Herstellung eines Gebäudes als Ganzen zu verstehen, oder fallen unter den Begriff auch die Einzelarbeiten der Bauhandwerker?

VI. Zivilsenat. Urt. v. 24. März 1904 i. S. Aktienverein des Zoolog. Gartens (Kl.) w. N. (Bekl.). Rep. VI. 326/03.

I. Landgericht I Berlin.
II. Kammergericht daselbst.

Die Beklagte hatte im Winter 1896/97 und Frühjahr 1897 das Dach des Stelzvogelhauses im Zoologischen Garten zu Berlin mit Kunstziegeln eingedeckt. Die Arbeiten sollten mangelhaft ausgeführt sein, so daß die Ziegel sich gelockert hätten, und eine durchgreifende Reparatur erforderlich geworden sei. Für diese wollte die Klägerin eine Summe aufgewendet haben, deren Erstattung sie von der Beklagten forderte. Die Beklagte wandte Verjährung ein.

In beiden Vorinstanzen wurde der Einwand für durchschlagend erachtet, und die Klage abgewiesen.

Das Reichsgericht hat das Berufungsurteil aufgehoben aus folgenden

Gründen:

„Das Berufungsgericht erachtet die von der Beklagten hergestellte Bedachung des Stelzvogelhauses des Zoologischen Gartens zu Berlin im Sinne der Verjährungsvorschriften des preußischen Allgemeinen Landrechts für ein Werk nach §§ 925. 926 I. 11, aber nicht für einen „Bau" nach §§ 966. 968 das., und für die Zeit nach dem 1. Januar 1900, von welchem Zeitpunkt ab gemäß Art. 169 Einf.-Ges. zum B.G.B. die Verjährung des Bürgerlichen Gesetzbuchs Platz greift, nimmt es an, daß sie unter den Begriff der „Arbeiten an einem Grundstück“, nicht aber unter den des „Bauwerks“ nach § 638 B.G.B. falle. Unter dem „Bau“ der §§ 966. 968 A.L.R. I. 11, wie unter dem „Bauwerk“ des § 638 B.G.B. sei nur ein aufgeführtes Bauwerk in seiner Totalität zu verstehen; auf Teilarbeiten zur Herstellung eines Gebäudes finde der Begriff keine Anwendung. Demgemäß unterliege, führt das Berufungsgericht aus, der von der Klägerin erhobene Schadensersatzanspruch nach preußischem Allgemeinen Landrecht der gewöhnlichen 30jährigen Verjährung des § 546 I. 9, nach dem Recht des Bürgerlichen Gesetzbuchs aber der einjährigen des § 638, die gemäß Art. 169 Abs. 2 Einf.-Ges. mit dem Ablaufe des Jahres 1900 vollendet sei.

Die gegen diese Ausführungen gerichtete Rüge der Revision erschien als begründet.

Es handelt sich im vorliegenden Rechtsstreite, wie die in dem Berufungsurteile wiedergegebenen Anführungen der Parteien erkennen lassen, um einen Neubau, für welchen die Beklagte auf Bestellung durch die Baufirma K. & v. G. die Dachdeckerarbeiten übernommen hat. Ob die genannte Baufirma hierbei als Beauftragte im Namen der Klägerin, wie diese behauptet, oder etwa als selbständige Unternehmerin handelte, wie die Beklagte darzutun sucht, kommt für die Feststellung, ob die Verjährung der Forderung eingetreten ist, nicht in Frage. Gewiß geht nun § 966 A.L.R. I. 11, indem er von dem Einsturze eines übernommenen Baues spricht, von dem Falle aus — der zur Zeit der Ausarbeitung dieses Gesetzbuchs der regelmäßige gewesen sein mag —, daß die Herstellung eines Gebäudes als Ganzen verdungen wird, und der Zusammenhang der §§ 966—968 a. a. O. weist darauf hin, daß auch in § 968 zunächst an die Herstellung des Gebäudes als Ganzen gedacht ist. Daraus ergibt sich aber nicht mit Notwendigkeit, daß die Anwendung der Vorschrift auf diesen Fall beschränkt ist. Die Herstellung eines Gebäudes kann sowohl in der Weise erfolgen, daß die Ausführung als einheitliche Leistung einem Unternehmer übertragen wird, der alsdann in eigenem Namen mit den Bauhandwerkern Unterverträge abschließt, wie auch in der Weise, daß die Teilarbeiten der Maurer, Zimmerer, Tischler, Glaser, Dachdecker zc einzeln verdungen werden, und die Gesamtausführung unter die Leitung eines Sachverständigen gestellt wird, der vorher die Bauzeichnung und den Kostenanschlag angefertigt hatte. Die Ausführung eines Gebäudes auf die letztere Weise ist in der Gegenwart sehr häufig; es entspricht nun gewiß nicht dem Gedanken und Zwecke des Gesetzes, daß, wie das Berufungsgericht annimmt, die Schadensersatzansprüche des Bestellers wegen Mängel der Teilarbeiten der genannten Bauhandwerker in 30 Jahren verjähren sollen, während sie wegen derselben Fehler, sobald der Bau als Ganzes verdungen war, gemäß § 968 A.L.R. I. 11 der dreijährigen Verjährung unterliegen, und die Praxis hat deshalb kein Bedenken getragen, den Begriff des Baues nach §§ 966. 968 a. a. O. auch auf die zu einem Bau verdungenen Einzelarbeiten der Bauhandwerker anzuwenden.

Vgl. Entsch. des R.G.'s in Zivils. Bd. 27 S. 273.

Für das neue Recht geben die Motive zum I. Entwurfe des Bürgerlichen Gesetzbuchs (Bd. 2 S. 489) und die Denkschrift (Ausg. Heymann S. 125) die Auskunft, daß bei Bauwerken wegen der bei ihrer Herstellung sich zeigenden Besonderheiten die Verjährungszeit eine geräumigere sein müsse, als bei anderen Arbeiten an einem Grundstücke, und als angemessene Frist erschien eine fünfjährige, da in dieser Zeit Mängel der Konstruktion und des Materials nach der Erfahrung, wie angenommen wurde, regelmäßig zutage treten. Auch hier ist ein innerer Grund für eine Unterscheidung zwischen dem als Ganzem verdungenen Bauwerk und dem aus den verdungenen Einzelarbeiten der Bauhandwerker sich zusammensetzenden in keiner Weise ersichtlich, und nach dem Gedanken des Gesetzes müssen, wenn der Bau nicht einheitlich verdungen ist, sondern die Gesamtarbeitsleistung des Baues in die verschiedenen Einzelleistungen, die zur Herstellung des Gebäudes erforderlich sind, und deren jede für sich ein Werk im Sinne des § 631 Abs. 2 B.G.B. darstellt, verteilt worden ist, auch diese Einzelwerke unter den Begriff des Bauwerks fallen. Zu einer anderen Auffassung zwingt auch die Wort- und Satzauslegung des § 638 B.G.B. nicht, und die Ansicht von Goldmann und Lilienthal (Bürgerliches Gesetzbuch 2. Aufl. § 174 Nr. 41), die mit den Ausführungen des Berufungsurteils übereinstimmend das „Bauwerk“ und „die Arbeiten an einem Grundstück“ in dem Sinne in Gegensatz bringen, daß bei ersterem der Vertrag auf eine Herstellung des ganzen Gebäudes gerichtet sein müsse, für letztere aber die einzelnen Arbeiten an einem bereits hergestellten oder noch herzustellenden Bau in Frage kämen, ist als unrichtig abzuweisen. Nach § 94 Abs. 1 B.G.B. sind die Gebäude wesentliche Bestandteile des Grundstücks, und wesentliche Bestandteile des Gebäudes nach § 94 Abs. 2 sind wiederum die zur Herstellung des Gebäudes eingefügten Materialien. So sind die Arbeiten der Maurer, Zimmerer, Dachdecker rc an einem herzustellenden Gebäude, die dazu dienen, das Gebäude als Einheit herzustellen und die Materialien zu Bestandteilen desselben zu machen, ebenso ideelle Bestandteile der Gesamtarbeitsleistung des Bauwerks; sie sind aber als Arbeiten an einem Gebäude auch Arbeiten an einem Grundstücke. Auf diesem Wege ergibt sich aus der Terminologie des Bürgerlichen Gesetzbuchs als natürliche Auslegung des § 638, daß im allgemeinen Ansprüche wegen Mängel der Arbeiten an einem Grundstücke in einem Jahre verjähren sollen, wenn aber die Arbeiten an einem Grundstücke „bei einem Bauwerke“ geleistet sind, also auf die Herstellung, Erneuerung oder Veränderung eines Gebäudes sich beziehen, einer fünfjährigen Verjährung unterliegen. Unter den Arbeiten an einem Grundstücke „bei einem Bauwerke“ ist hiernach ebensowohl die Aufführung des Gebäudes als Ganzen wie die Herstellung der einzelnen Bauteile und Bauglieder zu verstehen. In dem gleichen Sinne spricht § 648 B.G.B. von den Unternehmern eines Bauwerks oder eines einzelnen Teils eines Bauwerks, denen für ihre Forderungen aus dem Werkvertrage eine Sicherungshypothek an dem Baugrundstücke des Bestellers zustehen soll; daß hier unter dem Unternehmer eines Teils des Bauwerks der Bauhandwerker zu verstehen ist, der die Maurer-, Zimmerer-, Dachdeckerarbeiten geleistet hat, erhellt ohne weiteres aus dem Zwecke des Gesetzes; gerade zum Besten der Bauhandwerker ist die Bestimmung getroffen.

Vgl. Protokolle der 2. Lesung des Bürgerlichen Gesetzbuchs Bd. 2 S. 321 u. 327.

Von der hier entwickelten Auffassung aus hat auch ein anderer Senat des preußischen Kammergerichts (VIII. Zivilsenat, Urt. vom 11. Juli 1903, veröffentlicht in den Blättern für Rechtspflege im Bezirke des Kammergerichts Bd. 14 S. 97) zu einem Neubau geleistete Malerarbeiten im Sinne des § 638 B.G.B. für Bauwerksarbeiten erachtet.

Sind nun die hier in Rede stehenden Bedachungsarbeiten sowohl als „Bau“ nach § 968 A.L.R. I. 11, wie als „Bauwerk“ nach § 638 B.G.B. anzusehen, so ergibt sich, daß nach Allgemeinem Landrecht die dreijährige Verjährung des § 968 für den geltend gemachten Anspruch

Platz griff, und diese gemäß Art. 169 Abs. 1 Einf.-Ges. zum B.G.B. mit dem 1. Januar 1900 in die längere, fünfjährige Verjährung des § 638 B.G.B. sich verwandelte. Für den Beginn der Verjährung bleibt das Allgemeine Landrecht maßgebend, das diesen an die Übergabe des Baues knüpft. Wann diese erfolgt ist, ist zwischen den Parteien tatsächlich streitig und kann auch rechtlich zu Zweifeln Veranlassung geben; wenn die Einzelarbeiten der Bauhandwerker sich als Bau im Sinne des Allgemeinen Landrechts darstellen, so kann es sich fragen, ob unter der Übergabe des Baues nach § 968 a. a. O. nunmehr nicht auch die Abnahme ebendieser Einzelarbeiten zu verstehen wäre. Die Frage nach der Übergabe ist aber nicht nach einer allgemeinen Regel, sondern nach der Lage des einzelnen Falles zu entscheiden. Wenn, wie im vorliegenden Rechtsfalle behauptet ist, ein Neubau Gegenstand der Herstellung ist, an welchem gleichzeitig eine Reihe selbständiger Bauhandwerker unter einer einheitlichen Leitung arbeitet, dann wird von einer Übergabe auch des Teils des Bauwerks, mit § 648 B.G.B. gesprochen, erst die Rede sein können, wenn das Gebäude als durch das Zusammenwirken der Bauhandwerker fertiggestelltes Ganzes von dem Bauherrn übernommen wird; ausgeschlossen ist es aber im übrigen nicht, daß eine Übernahme einzelner ganz selbständiger Bauteile etwa besonders und zu früherer Zeit stattgefunden haben könnte." ...

---

84. 1. Nach welchen Gesichtspunkten ist über die Prozeßkosten zu erkennen, wenn der Beklagte im Laufe des Rechtsstreites eine Gegenforderung erlangt, diese, wenngleich nur eventuell, zur Aufrechnung gegen die Klageforderung benutzt, der Kläger alsdann die Hauptsache für erledigt erklärt, und beide Parteien nur im Kostenpunkte Anträge stellen?

2. Zum Begriff des Handwerks im Sinne der Gewerbeordnung.

Z.P.O. §§ 91. 99 Abs. 3.

Gew.O. §§ 100. 100f.

VII. Zivilsenat. Beschl. v. 12. April 1904 i. S. Ortskrankenkasse des Töpfergewerbes zu B. (Kl.) w. S. (Bekl.). Beschw.-Rep. VII. 55/04.

I. Landgericht I Berlin.
II. Kammergericht daselbst.

Die Beklagte meldete am 1. Mai 1900 ihr bis dahin bei der Klägerin versichertes Personal ab und bei der Innungskasse der Töpferinnung in B. wieder an, und zwar aus dem Grunde, daß der eine Inhaber, H. S., an dem genannten Tage Mitglied der Töpferinnung geworden sei. Klägerin erachtete die Abmeldung für ungesetzlich und stellte bei der Gewerbedeputation des Magistrats zu B. den Antrag, die Beklagte zu verurteilen, die von ihr beschäftigten versicherungspflichtigen Personen von neuem zur Klägerin zu melden, sowie die Beiträge seit dem 1. Mai 1900 nachzuzahlen. Die Beklagte begehrte Abweisung des Antrags, und dem entsprechend wurde durch Beschluß von 3. Mai 1902 entschieden. Klägerin beschritt den Rechtsweg. Sie führte namentlich aus, der Betrieb der Beklagten sei kein handwerksmäßiger; vielmehr betreibe Beklagte ihr Gewerbe fabrikmäßig; nach § 100g Gew.O. könnten zwar Personen, welche ihr Gewerbe fabrikmäßig betreiben, der Innung für ihre Person beitreten; durch diesen Beitritt werde jedoch das von ihnen beschäftigte Personal in keiner Weise beteiligt, gehöre also auch nicht zur Innungskasse.

Die Beklagte erklärte, sie sei der Töpferinnung nicht freiwillig beigetreten, sondern zwangsweise von der Innung herangezogen, ohne allerdings sich dagegen gewehrt zu haben. Ferner bemerkte sie, ihr Betrieb sei auch kein fabrikmäßiger, sondern ein handwerksmäßiger; sie betreibe keine Kachelfabrikation, sondern beziehe die Kacheln aus Fabriken und betreibe lediglich das Töpfereigewerbe in der üblichen handwerksmäßigen Weise, nämlich dergestalt, daß sie durch ihre Gesellen Töpferarbeiten auf Bauten und in Häusern ausführen lasse. Nach einer Beweiserhebung wurde mit Rücksicht darauf, daß die Beklagte bei der Verwaltungsbehörde einen Antrag auf Entscheidung über ihre Zugehörigkeit zur Innung gestellt hatte, Aussetzung des Verfahrens bis zur Erlassung dieser Entscheidung angeordnet. Ehe diese erfolgte, ließ jedoch die Klägerin an die Beklagte eine Ladung zu einem anzuberaumenden Termin ergehen, in welcher sie bemerkte, die Innungskasse sei durch Beschluß vom Juni 1903 in die Ortskrankenkasse aufgegangen, und dadurch der Rechtsstreit in der Hauptsache erledigt; die Beklagte gehöre der Klägerin als Mitglied an; es handele sich nur noch um die Kostenfrage.

In dem anberaumten Verhandlungstermine erklärte die Beklagte, sie werde eventuell die Forderung, die ihr gegen die Klägerin zustehen würde, falls sie jetzt nach dem Antrage der Klägerin verurteilt würde, gegen den Klaganspruch zur Aufrechnung stellen; diese Forderung aber sei gerichtet auf Rückgabe dessen, zu dem sie verurteilt werde, und sei deshalb begründet, weil die Innungskasse mit allen Aktivis und Passivis in die Klägerin aufgegangen sei, und die Klägerin daher alsdann die betreffenden Beträge von der Beklagten doppelt erhalten haben würde. Klägerin erklärte hierauf, die Hauptsache sei durch diese Kompensation erledigt, und beantragte, der Beklagten die Kosten des Rechtsstreites aufzuerlegen, indem sie geltend machte, die Beklagte habe durch ihr Verhalten Veranlassung zur Klage gegeben, und die Hauptsache sich durch einen Umstand erledigt, der erst nach Erhebung der Klage eingetreten sei. Beklagte stellte den Antrag, die Klägerin zur Tragung der Kosten zu verurteilen. Zur Begründung bemerkte sie, die Klägerin sei mit ihrem Anspruche unterlegen und müsse daher die Kosten des Rechtsstreites tragen.

Durch Urteil des Landgerichtes wurde unter 1 der Rechtsstreit in der Hauptsache für erledigt erklärt und unter 2 die Klägerin in die Kosten des Rechtsstreites verurteilt. In den Gründen ist bemerkt, Klägerin habe ihren Klaganspruch fallen lassen und sei deshalb im Rechtsstreite unterlegen; denn als unterlegen sei diejenige Partei anzusehen, die mit ihrem Anspruch nicht durchdringe, und dies sei auch dann der Fall, wenn die Partei ihren Anspruch fallen lasse; nach § 91 Z.P.O. aber habe die unterliegende Partei die Kosten des Rechtsstreits zu tragen. Weiter ist erwogen, es sei denkbar, daß im vorliegenden Falle die Klägerin von der Beklagten Ersatz verlangen könnte mit der Begründung, daß die Beklagte Veranlassung dazu gegeben habe, daß die Klägerin die Klage habe erheben müssen, und daß sie daher die Kosten, welche aus diesem Rechtsstreite erwachsen seien, ihr ersetzen müsse; diese Klage stütze sich jedoch auf den besonderen Grund des Schadensersatzes, und nicht auf den Grund, aus welchem hier die Pflicht zur Kostentragung folge, nämlich auf den § 91 Z.P.O.; zur Verfolgung des so begründeten Anspruchs müsse also eine besondere Klage erhoben werden.

Klägerin erhob gegen das Urteil zu 2 der Urteilsformel Beschwerde, der gemäß das Kammergericht durch Beschluß das angefochtene Urteil hinsichtlich des Kostenpunktes dahin änderte, daß die Kosten des Rechtsstreites der Beklagten auferlegt wurden.

Die jetzt eingelegte weitere Beschwerde der Beklagten ist zurückgewiesen.

Aus den Gründen:

„Abweichend vom ersten Richter führt das Kammergericht aus, im Sinne des § 91 Z.P.O. „unterliege" eine Partei im Rechtsstreite nicht, wenn der Anspruch für die Zeit der Rechtshängigkeit sich als begründet erweise, dann aber wegen einer späteren Veränderung in der Sach- und Rechtslage sich erledige; bei einer solchen Erledigung der Hauptsache könne von einem Unterliegen nicht gesprochen werden; der Anspruch beschränke sich nunmehr auf die Pflicht zur Kostenerstattung, und für die Entscheidung über diesen Streitpunkt sei allein zu prüfen, ob der Anspruch zu der Zeit, als er rechtshängig wurde, begründet war.

Die Beschwerde der Beklagten macht dem Kammergericht in erster Linie den Vorwurf, es verwechsle die Erledigung des Rechtsstreites und die Erledigung des Klaganspruchs miteinander. Ausgeführt wird, der Rechtsstreit könne sich nur dadurch erledigen, daß entweder der Kläger den Klaganspruch nicht weiter aufrecht erhalte, oder der Beklagte denselben anerkenne, bzw. vor der mündlichen Verhandlung befriedige; die Erledigung des Klaganspruchs habe nicht ohne weiteres die Erledigung des Rechtsstreites zur Folge; denn Kläger könne, obgleich sein Anspruch materiell erledigt sei, dennoch die Klage aufrecht erhalten; alsdann müsse die Klage abgewiesen werden, und Kläger sei der unterliegende Teil; ganz dasselbe gelte aber, wenn er es nicht erst zu einem abweisenden Urteile kommen lasse, sondern die Klage zurücknehme oder auf den Klaganspruch verzichte.

Eine unrichtige Gesetzesauffassung fällt jedoch dem Kammergericht nicht zur Last. Nachdem im Laufe des Rechtsstreites für die Beklagte eine zur Aufrechnung geeignete Forderung entstanden war, die sie auch, wenngleich nur eventuell, zur Aufrechnung verwendete, bezeichnete die Klägerin die Hauptsache im Hinblick auf diese Aufrechnung als erledigt und stellte nur im Kostenpunkte einen Antrag; die Beklagte aber wendete nichts dagegen ein, sondern begnügte sich auch ihrerseits mit einem nur die Kosten betreffenden Antrage. Infolgedavon war die Hauptsache erledigt. Wie zu erkennen gewesen sein würde, wenn die Klägerin die Kompensationseinrede bestritten oder aus sonstigen Gründen eine Entscheidung in der Sache verlangt, oder aber die Beklagte eine solche beantragt hätte, und sie ergangen wäre, kann unerörtert bleiben, da ein solcher Fall hier nicht vorliegt. Es bleibt deshalb nur auf die Frage einzugehen, wie über die Kosten zu erkennen ist, wenn nach der angegebenen Entwickelung des Prozesses eine Entscheidung in der Hauptsache nicht stattfindet.

Dem ersten Richter kann darin nicht zugestimmt werden, daß Klägerin ihren Anspruch hätte fallen lassen, daß sie deshalb die Kosten des Rechtsstreites tragen müsse, und daß eine Wiederbeseitigung dieses Ergebnisses auf keinem anderen Wege, als dem der Geltendmachung eines Schadensersatzanspruchs möglich sei. Klägerin hat ihre Klage nicht im eigentlichen Sinne fallen lassen, sondern nur zugeben müssen, daß ihr Anspruch, dessen Begründetheit an sich sie aufrecht erhielt, im Laufe des Rechtsstreites infolge der Aufrechnung der Beklagten in gleicher Art zu bestehen aufgehört habe, wie dies bei einer Zahlung der Fall gewesen sein würde. Sie hat das Erlöschen ihres Anspruchs anerkannt. Hiernach liegt insbesondere auch weder ein Verzicht auf den Anspruch, noch auch eine Zurücknahme der Klage vor. Entscheidend kann auch nicht sein, daß ein Rechtsanspruch der Klägerin nicht mehr bestand, und zwar deshalb nicht, weil infolge des von ihr sofort erklärten Anerkenntnisses Streit nicht mehr vorhanden war; der Gesichtspunkt, aus welchem der § 93 Z.P.O. hervorgegangen ist, muß auch hier zur Geltung kommen. Es ist deshalb auf die vor der Tilgung des Anspruchs vorhanden gewesene Rechtslage zurückzugehen. Als Grundgedanke der im § 91 Z.P.O. über die Kostenlast getroffenen Bestimmung erscheint, daß die Partei, welche sich im Unrecht befindet, die Kosten zu tragen hat. Ist eine Entscheidung in der Hauptsache ergangen, so muß nach dem Satze „res judicata jus facit" derjenige, zu dessen Ungunsten erkannt ist, in die Kosten verurteilt werden. Im anderen Falle kommt der gesetzgeberische Gedanke in der Gestalt zur Verwirklichung, daß materiell geprüft wird, wer zu der Zeit, als Streit bestand, materiell im Unrecht war. Führt die Prüfung zu einem dem Beklagten ungünstigen Ergebnisse, so kann Kläger nicht deshalb, weil sein Anspruch später in Wegfall gekommen ist, und er dies anerkannt hat, als unterliegender Teil angesehen werden; vielmehr ist als solcher alsdann der Beklagte zu behandeln. Dies ist auch in der Rechtsprechung des Reichsgerichts anerkannt.

Daß der Beschwerderichter bei Eingehen auf die Frage der urspünglichen Begründetheit des Klaganspruchs die gerichtliche Zuständigkeit im vollen Umfange als gegeben angenommen hat, kann nicht beanstandet werden. Der Hinweis der Beklagten auf den § 100 h Gew.O. erledigt sich schon damit, daß die dort der Entscheidung der Verwaltungsbehörden überwiesene Frage aktuell nicht mehr in Betracht kommt, sondern nur für die Vergangenheit und lediglich mit Folge für die Kostenlast zu prüfen ist. Die Annahme aber, zu welcher der Berufungsrichter in dieser Richtung gelangt ist, daß nämlich die Arbeiter der Beklagten der klagenden Ortskrankenkasse, und nicht der Krankenkasse der Töpferinnung angehörten, muß im Ergebnisse als zutreffend angesehen werden.

Das Sachverhältnis ergibt sich aus dem Vorbringen der Parteien und dem Gutachten des vernommenen Sachverständigen. Danach führt die Beklagte Öfen als Muster, hält diese zur Besichtigung bereit und nimmt von den Reflektanten Bestellungen auf gleichartige oder, wie nicht zu bezweifeln ist, auch in einzelnen Teilen zu verändernde Öfen entgegen. Die Ofenkacheln und anscheinend auch die Metallteile fabriziert sie nicht selbst, sondern bezieht sie anderweit und läßt aus ihnen die Öfen unmittelbar in den Räumen, in welchen sie ihre Stelle finden sollen, zusammensetzen. Die Zahl der von ihr beschäftigten Töpfer und anderen ungelernten Arbeiter beläuft sich auf etwa 100.

Dieser Betrieb charakterisiert sich als ein Großbetrieb. Er erscheint als solcher zuerst, wenn man ihn als Gesamtheit, d. h. mit Einschluß seiner kaufmännischen Seite ins Auge faßt; denn daß die Menge der bezogenen Materialien und der gelieferten Öfen eine ganz bedeutende, der Geschäftsumsatz also ein sehr erheblicher sein muß, erhellt ohne weiteres. Aber auch abgesehen hiervon und lediglich in seiner Eigenschaft als auf die Herstellung von Gebrauchsgegenständen gerichtet erscheint der Betrieb durch die große Anzahl der in ihm beschäftigten Arbeiter und deren Stellung zum Geschäftsinhaber als Großbetrieb.

Derselbe weist auch manche Züge eines Fabrikbetriebes auf. Wenn die Beklagte auch die Bestandteile der Öfen nicht selbst anfertigte, so legte sie für die Herstellung der Öfen doch den Boden, indem sie nach den vorhandenen Mustern und den etwa von ihren Technikern gelieferten Zeichnungen die Bestandteile bestimmte und diese herstellen ließ. Die endliche Zusammenfügung bewirkte sie wiederum selbst durch ihr zahlreiches Personal, und zwar in der Weise, daß eine Mittätigkeit des Geschäftsinhabers und sogar eine unmittelbare Beaufsichtigung der Arbeit durch ihn nicht stattfand, wenigstens nach Art der Einrichtung des Betriebes nicht veranlaßt war, welcher es vielmehr entsprach, daß die Beaufsichtigung durch Werkführer oder einzelne Arbeiter geschah. Dem Geschäftsinhaber blieb mit Notwendigkeit nur die obere Leitung und Disposition. Die Tätigkeit des Geschäftsinhabers und seines Arbeiterpersonals, welches letztere die körperliche, in ihrem Werte durch fachliche Ausbildung bestimmte Arbeit zu leisten hatte, war hiernach trotz der Richtung beider auf dasselbe Ziel, die Herstellung von Sachgütern, eine völlig verschiedene. Daraus ergab sich zugleich eine Verschiedenheit der gesellschaftlichen Stellung des Geschäftsinhabers und der Arbeiter. Ohne Zweifel würde ein so beschaffenes, umfangreiches Unternehmen als ein Fabrikunternehmen dann erscheinen, wenn die Arbeit des Personals, also die Zusammensetzung der Teile zu Gebrauchsobjekten, in den Räumen des Geschäfts geschähe, und die fertigen Objekte den Bestellern geliefert würden; allein gerade daran fehlt es hier; eine gemeinsame Arbeitsstätte ist überhaupt nicht vorhanden, und doch muß eine solche für den Begriff einer Fabrik als wesentlich betrachtet werden; wenigstens darf sie nicht vollständig fehlen. Zwar ist die Ursache nur äußerer Art, indem sie darin besteht, daß die fertigen Öfen sich zum Transport nicht eignen, und daß deshalb die abschließende Tätigkeit, die Zusammenfügung der Bestandteile, an die Stellen, an denen die Öfen ihren Platz finden sollen, also in stets wechselnde Räume verlegt wird; aber es würde doch dem Sprachgebrauch zuwiderlaufen, den Begriff der Fabrik bei völligem Mangel des genannten Erfordernisses als erfüllt zu betrachten.

Hieraus folgt jedoch nicht, daß der Betrieb nunmehr als ein Handwerk anzusehen wäre. Dagegen sprechen alle diejenigen Eigenschaften desselben, welche eine Fabrik als vorliegend erscheinen lassen würden, wenn nicht jenes Erfordernis mangelte. Entscheidend ist hier schon die aus dem Umfange des Betriebes folgende Art der Teilung der Tätigkeit zwischen dem Geschäftsinhaber und den Arbeitern. Zur Annahme eines Handwerksbetriebes führt auch nicht der Umstand, daß die Beklagte nur auf Bestellung Öfen herstellt; denn dies wird durch die große Menge der Bestellungen, auf deren stete Erledigung das Geschäft eingerichtet ist, und den großen Umfang des Umsatzes ausgeglichen. Wie es mit der Auffassung des Verkehrslebens in Widerspruch treten würde, wenn man einen solchen Betrieb in den Begriff des Handwerks einreihen wollte, so nötigen dazu auch die Vorschriften der Gewerbeordnung nicht; sie führen nicht zu der Annahme, daß ein auf Herstellung körperlicher Güter gerichteter Gewerbebetrieb schlechterdings dann als Handwerk betrachtet werden müßte, wenn er nicht unter den Begriff der Fabrik fällt.

Der § 100 Gew.O. handelt von der Wahrung der gemeinsamen gewerblichen Interessen „der Handwerker" und gewährt der höheren Verwaltungsbehörde die Befugnis, unter gewissen Voraussetzungen anzuordnen, daß innerhalb eines bestimmten Bezirkes sämtliche Gewerbetreibende, welche das gleiche Handwerk oder verwandte Handwerke ausüben, einer neu zu errichtenden Innung (Zwangsinnung) als Mitglieder anzugehören haben. Diese Vorschrift enthält nichts, wodurch der Begriff des Handwerks der Verkehrsauffassung gegenüber eine Erweiterung nach der Richtung hin erhielte, daß nur bei Erfüllung des Begriffs der Fabrik der des Handwerks ausgeschlossen wäre. Auch aus dem § 100f folgt eine Erweiterung nicht; vielmehr erklärt sich die Fassung dieses Paragraphen aus dem Zusammenhange desselben mit dem § 100g Gew.O.

Erscheint aber der Betrieb der Beklagten nicht als Handwerk, so nehmen auch die Arbeiter derselben an der Innungskrankenkasse nicht teil, sondern gehören der Ortskrankenkasse an. Der Anspruch der Klägerin war mithin begründet." . . .

---

85. Steht der offenen Handelsgesellschaft gegenüber einem in ihrem Namen von einem der Gesellschafter akzeptierten Wechsel die Einrede der Arglist zu, wenn der Wechselinhaber beim Erwerbe des Wechsels zwar die Tatsachen kannte, aus denen sich die Nichtberechtigung des

Gesellschafters gegenüber der Gesellschaft zur Akzeptierung ergibt, sich aber der widerrechtlichen Handlungsweise dieses Gesellschafters nicht bewußt war?

W.O. Art. 82.
H.G.B. § 126.
Z.P.O. §§ 463. 445.

I. Zivilsenat. Urt. v. 13. April 1904 i. S. T. (Kl.) w. W. & T. u. Gen. (Bekl.). Rep. I. 530/03.

I. Landgericht II Berlin, Kammer für Handelssachen.
II. Kammergericht daselbst.

Geklagt war gegen die offene Handelsgesellschaft W. & T., sowie deren Inhaber P. W. und Otto T. aus einem von letzterem auf die Gesellschaft gezogenen und von ihm selbst namens der Gesellschaft akzeptierten Wechsel an eigene Order, den er alsdann an den Kläger indossiert hatte. Die Klage gegen Otto T. wurde durch Versäumnisurteil erledigt.

In dem Verfahren gegen die anderen Beklagten leistete Kläger in erster Instanz folgenden ihm auferlegten Eid:

„Es ist nicht wahr, daß mir beim Erwerbe des Klagewechsels bekannt gewesen ist, daß die Akzeptierung des Klagewechsels durch Otto T. widerrechtlich unter Mißbrauch der ihm zustehenden Vertretungsbefugnis erfolgt sein soll",

worauf die Beklagten klagegemäß verurteilt wurden. Auf ihre Berufung wurde jedoch vom Kammergericht die Klage abgewiesen.

Dabei wurde folgendes tatsächlich festgestellt:

Im September 1901 vereinbarte Otto T., der nach dem ursprünglichen Gesellschaftsvertrage befugt war, für seinen Bedarf monatlich 500 ℳ aus der Gesellschaftskasse zu entnehmen, mit seinem Sozius, daß er wegen der mißlichen pekuniären Lage der Gesellschaft bis zur Erhöhung seines Einlagekapitals aus der Gesellschaftskasse zu seinem Privatgebrauche nichts entnehmen dürfe. Darauf erhielt er von seinem Onkel, dem Kläger, in bar 2000 ℳ und zwei Akzepte über 2600 ℳ und 2000 ℳ, damit er das bare Geld zu seinem Lebensunterhalt verbrauche und sich durch die Akzepte zu demselben Zwecke Geld verschaffe. Am 24. Dezember 1902 stellte Otto T. den

Klagewechsel aus, akzeptierte ihn namens der Gesellschaft und übergab ihn dem Kläger zu dem ausgesprochenen Zwecke, daß dieser sich durch Geltendmachung oder Diskontierung für die dem Otto T. gegebenen Gelder und Wechsel bezahlt mache. Beim Erwerbe des Wechsels kannte Kläger die Vereinbarung der Gesellschafter vom September 1901; desgleichen war ihm bekannt, daß unter den Gesellschaftern Streit darüber bestand, ob durch die am 24. August 1902 erfolgte Kündigung des Gesellschaftsverhältnisses auf Ende 1902 die Vereinbarung vom September 1901 beseitigt war, und daß Beklagter W. ein Recht des Otto T., Gelder für seinen Privatbedarf aus der Gesellschaftskasse zu entnehmen, nicht anerkannte. Eine Erhöhung der Einlage des letzteren hatte, wie dem Kläger ebenfalls bekannt war, inzwischen nicht stattgefunden.

Auf Revision des Klägers wurde das erste Urteil wiederhergestellt aus folgenden

Gründen:

„Der Revision mußte stattgegeben werden, weil das angefochtene Urteil die §§ 463. 445 Z.P.O., sowie den § 126 H.G.B. verletzt. Die Annahme des Vorderrichters, der Kläger habe wissentlich zum Nachteil der Berufungskläger an dem diesen gegenüber vertragswidrigen Verhalten seines Neffen teilgenommen, steht in direktem Widerspruch mit den von dem Kläger in erster Instanz abgeleisteten, ihm zugeschobenen Eid. Es kann dem Berufungsrichter darin nicht beigetreten werden, daß dieser Eid darum prozessual unzulässig war, weil er sich nicht lediglich auf Tatsachen bezog. Gegenstand des Eides war die Kenntnis des Klägers von der widerrechtlichen, unter Mißbrauch der Vertretungsbefugnis erfolgten Akzeptierung des Klagewechsels durch Otto T. Es handelt sich dabei somit lediglich um eine sog. innere Tatsache, nämlich das Bewußtsein des Klägers von einer bei Akzeptierung des Wechsels dem Otto T. zur Last fallenden Widerrechtlichkeit. Auf die Begründung der letzteren kommt dabei nichts an; die Widerrechtlichkeit konnte vorliegen oder nicht vorliegen; in beiden Fällen konnte ein Bewußtsein des Klägers von einer vorhandenen Widerrechtlichkeit vorhanden oder nicht vorhanden sein. Der Vorderrichter führt aus, daß Otto T. bei Akzeptierung des Klagewechsels widerrechtlich gehandelt hatte. Diese Ausführung gibt zu rechtlichen Bedenken keinen Anlaß und steht mit der Eidesleistung des

Klägers nicht in Widerspruch. Denn es ist durchaus denkbar, daß Kläger sich dieser Widerrechtlichkeit, sei es aus Unkenntnis des wahren Tatbestandes, sei es indem er aus letzterem irrige rechtliche Folgerungen zog, nicht bewußt war. Daß letzteres zutrifft, ist durch die Eidesleistung nach § 463 Z.P.O. voll bewiesen und konnte vom Vorderrichter im Wege des von ihm unternommenen Indizienbeweises nicht wieder in Frage gestellt werden.

Dem Vorderrichter kann aber ferner darin nicht beigetreten werden, daß die Einrede der Arglist gegen den Kläger schon dann begründet ist, wenn er beim Wechselerwerb diejenigen Tatsachen gekannt hat, welche das Verhalten des Otto T. als vertragswidrig und als Mißbrauch der Vertretungsbefugnis charakterisieren. Freilich könnte hieraus vielleicht gefolgert werden, daß die bewiesene Unkenntnis des Klägers von dem widerrechtlichen Verhalten des Otto T. bei Akzeptierung des Wechsels auf grober Fahrlässigkeit beruht. Grobe Fahrlässigkeit bei Empfang des Wechselversprechens der Beklagten zu 1 auf seiten des Klägers genügt aber nicht, um dies Versprechen hinfällig zu machen. An sich war Otto T. gemäß § 126 H.G.B. Dritten gegenüber zur Akzeptierung des Wechsels namens der Gesellschaft ermächtigt; eine aus den inneren Verhältnissen der Gesellschaft folgende Beschränkung des Umfangs seiner Vertretungsmacht war Dritten gegenüber unwirksam. Nur in dem einen Falle, wenn Kläger die widerrechtliche Absicht des Otto T. gekannt und mit ihm betrüglich zum Nachteil der Gesellschaft kolludiert hätte, würde der Geltendmachung des Akzepts die Einrede der Arglist entgegenstehen.

Vgl. Entsch. des R.G.'s in Zivils. Bd. 9 S. 148 und Zitate; Bolze, Praxis Bd. 13 Nr. 496, Bd. 21 Nr. 552.

Daß aber der Kläger in dieser Weise in dem Bewußtsein der Widerrechtlichkeit mit Otto T. kolludiert hätte, ist durch seine Eidesleistung widerlegt. Ebensowenig kann geltend gemacht werden, daß er den Wechsel in grober Fahrlässigkeit erworben hat. Allerdings steht dem formell legitimierten Inhaber des Wechsels die Einrede der Arglist schon dann entgegen, wenn er den Wechsel auch nur in grober Fahrlässigkeit von einem zu dessen Begebung nicht Berechtigten erworben hatte.

Vgl. Entsch. des R.G.'s in Zivils. Bd. 53 S. 207.

Dieser Fall liegt jedoch nicht vor; denn die Berechtigung des Otto T.

zur Begebung des von ihm an eigene Order gezogenen Wechsels ist nicht zu bezweifeln; in Frage ist nur seine Berechtigung zur Akzeptierung desselben namens seiner Gesellschaft.

Hiernach unterlag das angefochtene Urteil der Aufhebung, und zwar konnte sofort in der Sache selbst auf Zurückweisung der Berufung der Revisionsbeklagten erkannt werden, weil die vorgebrachte Einrede der Arglist nach vorstehendem unbegründet ist, und andere Einreden gegen die an sich liquide Klageforderung bisher nicht vorgebracht sind." ...

---

86. Welche Rechtsfolgen hat es bei einem Auftrage, der eine Geschäftsbesorgung zum Gegenstande hat, wenn der Beauftragte von der ihm erteilten Anweisung abweicht? Rücktrittsrecht des Auftraggebers. B.G.B. §§ 665. 675.

VI. Zivilsenat. Urt. v. 14. April 1904 i. S. Th. (Bekl.) w. Gebr. T. (Kl.). Rep. VI. 527/03.

I. Landgericht Aachen.
II. Oberlandesgericht Köln.

Der Beklagte, der im November 1900 von der Klägerin den Auftrag erhalten und angenommen hatte, ihre Interessen bei der Zwangsversteigerung eines Grundstücks zu vertreten, wich bei dieser Geschäftsbesorgung von der ihm erteilten Anweisung ab. Die Klägerin erklärte darauf, daß sie vom Vertrage mit dem Beklagten zurücktrete. Das weitere ergibt sich aus den

Gründen:

„Der im November 1900 durch den Briefwechsel der Parteien geschlossene Vertrag war, weil nach den Umständen anzunehmen ist, daß die Klägerin die Dienste des Beklagten nur gegen eine Vergütung in Anspruch nehmen wollte (§ 612 B.G.B.), ein Dienstvertrag, der eine Geschäftsbesorgung zum Gegenstande hatte, auf den also § 675 B.G.B. Anwendung findet. Durch ihn wurde der Beklagte verpflichtet, das ihm übertragene Geschäft der Klägerin gemäß der ihm erteilten Anweisung auszuführen, und die Klägerin hatte nach § 670

B.G.B. ihm die zum Zweck der Ausführung des Geschäfts gemachten Aufwendungen zu ersetzen. Der Beklagte sollte nach dem Briefe der Klägerin vom 5. November die Gebote im Versteigerungstermine in deren Namen abgeben. Daß er davon abgewichen ist und mangels einer ausreichenden Vollmacht im eigenen Namen geboten und das Grundstück sich hat zuschlagen lassen, hat innerhalb der durch § 665 B.G.B. ihm gegebenen Befugnis gelegen und ist von der Klägerin unbeanstandet zugelassen. Dagegen hat sie gegen eine andere Abweichung Widerspruch erhoben, den das Berufungsgericht als begründet angesehen hat.

Die Klägerin hatte dem Beklagten, wie festgestellt ist, über die Höhe der abzugebenden Gebote bestimmte Anweisungen erteilt. Er sollte nur so weit bieten, als zur Deckung des (ihm mitgeteilten) Anspruchs der Klägerin erforderlich war, und sein Gebot nur, sofern es von anderer Seite überboten würde, erhöhen. Daraus ergab sich, wie die Revisionsbeklagte zutreffend geltend gemacht hat, für ihn, daß er für das Grundstück nicht mehr bieten durfte, als zur Erlangung des Zuschlags notwendig war, und daß er vom Weiterbieten Abstand nehmen mußte, sobald das Höchstgebot die Forderung der Klägerin deckte. Diese Grenze der ihm erteilten Ermächtigung hat der Beklagte nicht eingehalten. Wie festgestellt ist, hat er auf das Gebot des ersten Bieters in Höhe von 20000 ℳ ein Mehrgebot von 30000 ℳ abgegeben und dieses, ohne daß von anderer Seite Gebote abgegeben wurden, auf 32000 ℳ und zuletzt auf 32500 ℳ erhöht. Die Klägerin weigert sich nun, diese vertragswidrige und ihr ungünstige Geschäftsführung des Beklagten zu genehmigen. Sie will von dem Vertrage mit dem Beklagten abgehen und fordert, indem sie es ablehnt, das ersteigerte Grundstück zu übernehmen, vom Beklagten die Summe zurück, die sie im Termin zur Verteilung des Kaufpreises für den Beklagten unter Vorbehalt gezahlt hat. Sie vertritt die Auffassung, sie sei nicht verpflichtet gewesen, den Beklagten von der durch die auftragswidrige Geschäftsführung begründeten Schuld zu befreien.

Das Berufungsgericht hat zunächst auf Grund der Beweisaufnahme einwandsfrei festgestellt, daß die Klägerin nicht, wie der Beklagte behauptet hat, nachträglich mit Kenntnis von der Sachlage die Geschäftsführung des Beklagten genehmigt hat. Weiter ist von ihm, gegenüber dem Bestreiten des Beklagten, festgestellt worden, daß dieser unzulässig von der ihm erteilten Anweisung der Klägerin abgewichen ist und das Grundstück zu ungünstigeren Bedingungen, als er durfte, erworben hat. Auch dagegen liegen rechtliche Bedenken nicht vor, und die Revision hat solche nicht erhoben. Der Berufungsrichter zieht nun, mit der Klägerin, aus dem vertragswidrigen Verhalten des Beklagten die Rechtsfolge, daß die Klägerin die ihr ungünstige Geschäftsführung des Beklagten nicht zu genehmigen brauche und nach Versagung der Genehmigung berechtigt sei, die zur Befreiung des Beklagten von der durch das Meistgebot übernommenen Schuld gezahlte Summe zurückzufordern. Denn für sie habe eine rechtliche Verpflichtung zu der Befreiung nicht bestanden; der Beklagte sei also ohne Rechtsgrund um jenen Betrag aus ihrem Vermögen bereichert. . . .

Die Revision hat die Ausführung des Berufungsgerichts . . . als rechtsirrtümlich angegriffen.

Das Bürgerliche Gesetzbuch enthält keine Vorschrift darüber, wie sich das Rechtsverhältnis zwischen dem Geschäftsherrn und dem beauftragten Geschäftsführer gestaltet, wenn dieser das Geschäft zu ungünstigeren Bedingungen abschließt, als er durfte. Daß der § 665 hier nicht zutrifft, ist schon erwähnt. Die vor dem Bürgerlichen Gesetzbuch geltenden Rechte,

vgl. l. 3 § 2 Dig. mand. 17, 1; § 8 Inst. de mand. 3, 26; §§ 49 flg. preuß. A.L.R. I. 13; § 1306 sächs. B.G.B.; über das französische Recht s. Crome, Handbuch des französischen Zivilrechts 8. Aufl. Bd. 2 § 393 Anm. 5,

standen, mit Abweichungen in Einzelheiten, wesentlich übereinstimmend auf dem Standpunkte, daß der Geschäftsherr das unter ungünstigeren Bedingungen geschlossene Geschäft nicht zu genehmigen brauche, daß er aber das Geschäft für sich gelten lassen müsse, wenn der Beauftragte den Auftraggeber von den durch die ungünstigeren Bedingungen entstandenen Nachteilen frei mache, insbesondere bei auftragswidrigem Ankauf einer Sache für einen zu hohen Preis die Sache dem Auftraggeber zu einem dem Auftrage entsprechenden Preise anbiete. Der Entwurf des Bürgerlichen Gesetzbuchs hat von der Aufnahme entsprechender Vorschriften abgesehen. Die Motive zum I. Entwurf (zu § 590, Motive Bd. 2 § 535) bemerken darüber, man könne die Entscheidung füglich der Wissenschaft und Praxis nach

Maßgabe der allgemeinen Grundsätze überlassen, und später ist eine Änderung in diesem Punkte nicht angeregt worden. Daraus ist zunächst ersichtlich, daß eine grundsätzliche Änderung des bisherigen Rechts nicht beabsichtigt ist, und die allgemeinen Grundsätze des Bürgerlichen Gesetzbuchs führen ebenfalls zu einem wesentlich übereinstimmenden Ergebnis.

Die dem erteilten und angenommenen Auftrage gemäße Geschäftsführung des Beauftragten ist die von diesem nach dem Dienstvertrage dem Geschäftsherrn geschuldete Erfüllungsleistung. Ist nun der Geschäftsführer von der erteilten Anweisung zu ungunsten des Auftraggebers abgewichen, so ist seine Leistung nicht die vertragsmäßig geschuldete; die Annahme der Leistung kann wegen ihrer vertragswidrigen Beschaffenheit vom Geschäftsherrn zurückgewiesen werden. Macht er von diesem Rechte Gebrauch, so sind zwei Möglichkeiten gegeben. Entweder ist eine andere, vertraggemäße Erfüllung nicht mehr möglich: dann folgt für den Geschäftsherrn das Recht zum Rücktritt vom Vertrage aus § 325 B.G.B.; oder der Beauftragte ist noch in der Lage, seinen Auftrag anweisungsgemäß auszuführen: dann ist das Recht zum Rücktritt erst gegeben, wenn es nach § 326 B.G.B. die Folge des Verzuges des Leistungspflichtigen ist. Der erstere Fall scheidet hier ersichtlich aus. Der zweite Fall würde vorliegen, wenn der Beklagte nach der Nichtgenehmigung seiner Geschäftsführung und auf die Zurückforderung der 18601 ℳ durch die Klägerin die vertragsmäßige Leistung endgültig verweigerte, also nicht bereit wäre, das Grundstück der Klägerin für einen dem erteilten Auftrage entsprechenden Preis herauszugeben und ihr den zuviel gezahlten Betrag zu erstatten. Das Berufungsgericht hat die Erklärung des Beklagten auf die Klage in diesem Sinne aufgefaßt, und wäre dem beizupflichten, so müßten dem obigen nach die daraus gezogenen Rechtsfolgen als richtig anerkannt werden. Allein die Verteidigung des Beklagten gegen die Klage läßt sich auch anders deuten. Das Berufungsgericht hat zu ausschließlich das Gewicht auf die in erster Linie vom Beklagten gestellten Anträge gelegt und sein eventuelles Vorbringen nicht mitberücksichtigt. Der Beklagte hat aber für den Fall, daß ihm die von ihm bestrittene schuldvolle Verletzung seiner Pflichten aus dem Dienstvertrage zur Last falle, seine Pflicht zur Entschädigung der Klägerin anerkannt und nur deren Angaben über die Höhe des zu gewährenden Ersatzes bestritten. Zuzugeben ist, daß durch die bisherige Verhandlung nicht völlig klar zum Ausdrucke gekommen ist, ob der Beklagte lediglich die Erstattung des von ihm eventuell zugestandenen Betrages der Klägerin bewilligen will, eine andere als die damit angebotene Erfüllungsleistung aber weigert, oder ob er, ebenso wie die Entscheidung der Frage, ob er vertragswidrig gehandelt habe, so auch die Entscheidung über den Betrag, den die Klägerin an dem Kaufpreise von 32500 *M* kürzen darf, dem Gericht überlassen will und bereit ist, der Klägerin das Grundstück für den so ermäßigten Preis zu überlassen. Aber es wäre Anlaß gewesen, in der Verhandlung vor dem Berufungsgericht diese Unklarheit gemäß § 139 Z.P.O. zu beseitigen und dadurch für die abzugebende Entscheidung eine hinreichend vollständige Unterlage zu schaffen. Denn die in dem Berufungsurteile ausgesprochene Verurteilung des Beklagten zur Zahlung der vollen 18631,11 *M* und die Abweisung der Widerklage ist nur gerechtfertigt, wenn der Beklagte nicht die volle nach der Entscheidung des Gerichts der Klägerin zukommende Entschädigung sich abziehen lassen will, also seinerseits die vertragsmäßige Erfüllungsleistung endgültig weigert. Dagegen wenn er bereit ist, die vom Gericht festgestellte Kürzung des Kaufpreises zu bewilligen, so ist er nur zur Rückzahlung dessen zu verurteilen, was nach dieser Rechnung die Klägerin über den Betrag hinaus gezahlt hat, den sie nach ihrem Vertragsverhältnis zu dem Beklagten für diesen zu zahlen hatte." . . .

---

87. Rechtshilfe in Angelegenheiten der freiwilligen Gerichtsbarkeit. Gehört die Beurkundung solcher Rechtsgeschäfte, für die reichsgesetzlich keine Formvorschrift besteht, zu den Angelegenheiten der freiwilligen Gerichtsbarkeit, die durch Reichsgesetz den Gerichten übertragen sind?

Fr.G.G. §§ 1. 2. 167.

G.V.G. § 160.

IV. Zivilsenat. Beschl. v. 28. April 1904 i. S. St. g. M. Beschw.-Rep. IV. 150/04.

I. Amtsgericht Dieuze.
II. Oberlandesgericht Colmar.

Das Amtsgericht Annweiler, bei dem die Vormundschaft über die minderjährige Lina St. anhängig ist, hat am 6. Februar 1904 das Amtsgericht in Dieuze ersucht, den Maurer Friedrich M. in Dieuze über die nach §§ 1708 flg. B.G.B. gegen ihn erhobenen Ansprüche zu vernehmen. Das Amtsgericht in Dieuze hat dem Ersuchen um Vernehmung stattgegeben. M. hat erklärt, er erkenne die Vaterschaft an und verpflichte sich, dem Kind bis zur Vollendung des 16. Lebensjahres als Unterhalt eine Geldrente von vierteljährlich 30 ℳ zu zahlen, auch das Schul- und Lehrgeld, sowie die Krankheits- und Beerdigungskosten, falls das Kind während der bezeichneten Zeit erkranken oder sterben sollte, zu tragen, ferner die Kosten der Entbindung mit 12 ℳ und für Kosten des Unterhalts der Mutter für die ersten 6 Wochen nach der Entbindung 36 ℳ zu zahlen. Unterm 22. Februar 1904 stellte das Amtsgericht Annweiler bei dem Amtsgericht in Dieuze das weitere Ersuchen, den Friedrich M. darüber zu vernehmen, ob er sich in betreff der übernommenen Leistungen der sofortigen Zwangsvollstreckung unterwerfe. Dieses Ersuchen lehnte das Amtsgericht Dieuze ab, weil für die Beurkundung der Unterwerfung unter die sofortige Zwangsvollstreckung die Gerichte in Elsaß-Lothringen nicht zuständig seien. Das Amtsgericht Annweiler ging nach § 2 Fr.G.G. in Verbindung mit § 160 G.V.G. das Oberlandesgericht in Colmar um Entscheidung an. Das Oberlandesgericht erklärte die Ablehnung des Ersuchens um Rechtshilfe für begründet, da die Aufnahme einer vollstreckbaren Urkunde nach § 44 des elsaß-lothringischen Gesetzes, betreffend die Ausführung des Reichsgesetzes über die Angelegenheiten der freiwilligen Gerichtsbarkeit, zur ausschließlichen Zuständigkeit der Notare gehöre.

Gegen die Entscheidung des Oberlandesgerichts erhob das Amtsgericht Annweiler nach § 160 G.V.G. Beschwerde.

Das Reichsgericht hat die Beschwerde als unzulässig verworfen aus folgenden

Gründen:

„Nach § 2 Fr.G.G. haben sich die Gerichte Rechtshilfe zu leisten; aber nach § 1 gilt diese Vorschrift nur für diejenigen Angelegenheiten der freiwilligen Gerichtsbarkeit, welche durch Reichsgesetz den Gerichten übertragen sind.

Bei dem Ersuchen, das das Amtsgericht Annweiler am 22. Februar 1904 gestellt hat, handelt es sich um die Beurkundung von Vereinbarungen zwischen dem Vater eines unehelichen Kindes und dem unehelichen Kinde über den Unterhalt für die Zukunft, sowie der Mutter des unehelichen Kindes über die der Mutter aus der Beiwohnung und Entbindung entstandenen Ansprüche (Art. 167 I Abs. 2 bayer. Ausf.-Ges. zum B.G.B. vom 9. Juni 1899), demnach um die Beurkundung von Vereinbarungen über Ansprüche, die sich auf die Bestimmungen des Bürgerlichen Gesetzbuchs in den §§ 1708. 1714. 1715 gründen. Kein Reichsgesetz hat aber die Aufnahme von Urkunden über Ansprüche dieser Art den Gerichten übertragen.

Es kann dahingestellt bleiben, ob die Beurkundung von Rechtsgeschäften, die nach der Vorschrift eines Reichsgesetzes, insbesondere des Bürgerlichen Gesetzbuchs, gerichtlicher oder notarieller Beurkundung bedürfen, hierdurch im Sinne des § 1 Fr.G.G. den Gerichten übertragen ist; denn für Vereinbarungen nach §§ 1708. 1714. 1715 B.G.B. ist gerichtliche oder notarielle Beurkundung nicht vorgeschrieben.

Die Übertragung der Beurkundung von Vereinbarungen nach §§ 1708. 1714. 1715 B.G.B. ist auch nicht etwa durch die Bestimmung des § 167 Abs. 1 Fr.G.G. erfolgt; denn diese Vorschrift regelt nur die sachliche Zuständigkeit, „soweit nach den Vorschriften anderer Gesetze zur Beurkundung eines Rechtsgeschäfts, sowie zur Beglaubigung eines Handzeichens die Gerichte berufen sind" (Denkschr. zu § 163 des Entw.).

Daß durch die Bestimmungen in §§ 126. 128 B.G.B. keine Übertragung auf die Gerichte erfolgt ist, kann nicht zweifelhaft sein.

Ausgeschlossen ist endlich auch die Annahme, daß das Amtsgericht Annweiler als Vormundschaftsgericht das Ersuchen vom 22. Februar 1904 gestellt habe; denn die Aufnahme vollstreckbarer Urkunden (§ 794 Ziff. 5 Z.P.O.) über Ansprüche des Mündels oder der Mündelmutter gehört nicht zu dem Geschäftskreise der Vormundschaftsgerichte.

Da hiernach die Bestimmung des § 160 G.V.G. nicht anwendbar ist, muß die Beschwerde als unzulässig verworfen werden."

88. Beweislast bei der Wandelungsklage.
B.G.B. §§ 363. 462.

V. Zivilsenat. Urt. v. 30. April 1904 i. S. Z. (Bekl.) w. F. (Kl.). Rep. V. 448/03.

I. Landgericht Saargemünd.
II. Oberlandesgericht Colmar.

Aus den Gründen:

„Das Berufungsurteil ist darauf gegründet, daß von den Beklagten eine Garantie für gute Bausteine übernommen, dem Bestreiten des Klägers gegenüber aber ein Beweis dafür nicht erboten worden sei, daß der verkaufte Bruch Steine der zugesicherten Art enthalte, obgleich der Beweis vertragsmäßiger Erfüllung dem Verkäufer obliege. Es kann dahingestellt bleiben, ob die Rüge der Revision begründet ist, daß von den Vorinstanzen zu Unrecht eine Garantie der Beklagten für das Vorhandensein guter Bausteine in dem verkauften Grundstück angenommen worden sei; denn das Berufungsurteil unterlag der Aufhebung, weil es auf der Unterstellung beruht, daß die Beweislast in bezug auf das Vorhandensein guter Bausteine die Beklagten treffe. Diese Unterstellung ist rechtsirrtümlich. Unter den Parteien ist unstreitig, daß der Kaufvertrag vom 25. Februar 1902 von seiten der Beklagten in der Hauptsache vollständig erfüllt ist. Der Kläger hat das ihm verkaufte Grundstück aufgelassen erhalten und in Besitz genommen. Er hat nicht dessen Abnahme verweigert, und er will nicht den Kaufpreis für dasselbe unter dem Verlangen vorgängiger Vertragserfüllung zurückbehalten, sondern er macht sein Recht auf Wandelung wegen Mangels vertragsmäßig zugesicherter Eigenschaften des Grundstücks geltend. Wenn nun auch im allgemeinen der Schuldner, falls er Erlöschen der Obligation durch Erfüllung behauptet, nachzuweisen hat, daß seine Leistung Erfüllung nach dem Inhalte des Schuldverhältnisses gewesen sei, so kehrt sich doch gemäß § 363 B.G.B. die Beweislast um, wenn der Gläubiger dasjenige, was ihm als Erfüllung angeboten worden war, als Erfüllung angenommen hat. In diesem Falle ist er beweispflichtig, wenn er die Leistung deshalb nicht als Erfüllung gelten lassen will, weil sie eine andere als die geschuldete Leistung, oder weil sie unvollständig gewesen sei. Der vorliegende Streitfall untersteht dieser gesetzlichen Regelung der Beweislast. Der Kläger hat das Grundstück vorbehaltlos angenommen, als ihm dasselbe in Erfüllung des Kaufvertrags aufgelassen worden ist. Daß ausnahmsweise die Annahme nicht als Erfüllung des Kaufvertrags anzusehen sei, ergibt der Tatbestand des Berufungsurteils nicht. Bei dieser Sachlage hat der Kläger zur Geltendmachung seines Wandelungsanspruchs nachzuweisen, daß die Leistung des von ihm angenommenen Grundstücks eine mangelhafte Leistung sei. Daß unter einer unvollständigen Leistung eine mangelhafte mitzuverstehen sei, ist an sich nicht zu bezweifeln und ergibt sich auch aus den Protokollen der 2. Kommission, nach deren Bd. 1 S. 637 die Fassung des § 363 gewählt worden ist, um „die an die Annahme der Leistung sich knüpfende Umkehrung der Beweislast nicht nur im Falle späterer Geltendmachung von Qualitätsmängeln eintreten zu lassen", von denen im § 367 des Entwurfs des Bürgerlichen Gesetzbuchs allein die Rede gewesen war.

Vgl. Planck, Komm. Bem. 2 zu § 363; Schollmeyer, Komm. Bem. 1 zu § 363; Endemann, Lehrb. 8. Aufl. Bd. 1 S. 796.

Ein Anwendungsfall des § 363, durch dessen Regelung der Beweislast die Ansprüche des Käufers aus mangelhafter Leistung nicht verloren gehen sollen, ist die für die Wandelungsklage in § 462 B.G.B. getroffene Bestimmung, nach der unabhängig von der Auslegung des § 363 a. a. O. der die Rückgängigmachung des Kaufes begehrende Käufer den seinen Anspruch rechtfertigenden Mangel der Kaufsache neben der Verpflichtung des Verkäufers zu dessen Vertretung zu behaupten und deshalb auch zu beweisen hat. Demgemäß durfte der Berufungsrichter das von dem Kläger behauptete Fehlen der zugesicherten Eigenschaft nicht deshalb als feststehend annehmen, weil die Beklagten beweisfällig seien; er hatte vielmehr auf das Beweiserbieten des Klägers über die Mangelhaftigkeit des Steinbruchs einzugehen." . . .

---

89. Bildet bei Klagen auf Abnahme der Kaufsache der Besitz derselben den Gegenstand des Streites, und wird demgemäß der Wert des Streitgegenstandes durch den Wert der Kaufsache bestimmt?

Z.P.O. § 6.

II. Zivilsenat. Urt. v. 22. März 1904 i. S. J. & N. G. (Kl.) w. R. (Bekl.). Rep. II. 363/03.

I. Landgericht II Berlin.
II. Kammergericht daselbst.

Die obige Frage wurde verneint aus folgenden

Gründen:

„Die Revision erscheint als unzulässig, weil der Wert der Beschwerde der Revisionsklägerin, Klägerin, den Betrag von 1500 ℳ nicht übersteigt (§ 546 Abs. 1 Z.P.O.).

Der Wert des Gegenstandes der Revisionsbeschwerde, betreffs dessen die Vorschriften der §§ 3 bis 9 Z.P.O. zur Anwendung zu bringen sind (§ 546 Abs. 2 a. a. O.), deckt sich im gegenwärtigen Falle mit dem nach denselben Vorschriften zu bestimmenden Werte des Streitgegenstandes, wie dieser sich aus der Klage ergibt. Die Klage ist aber nicht etwa auf Feststellung des unter den Parteien streitigen Kaufabschlusses, auch nicht auf Zahlung des Kaufpreises, sondern lediglich auf Abnahme der angeblich von der Klägerin an den Beklagten verkauften Pappe gerichtet. In diesem Sinne faßt auch das Berufungsgericht die Klage auf, indem es für den Fall der Eidesweigerung des Beklagten die Klage mit der Erwägung für begründet erklärt, der Klägerin müsse daran liegen, daß ihr Lager baldtunlichst von der großen Menge Pappe befreit werde. Den Gegenstand der Klage bildete hiernach nicht der Gesamtinhalt des behaupteten Kaufvertrages oder die Hauptverpflichtung des Beklagten als des Käufers, sondern die demselben nach § 433 Abs. 2 B.G.B. obliegende nebensächliche Verpflichtung zur Abnahme der gekauften Ware. Wie daher die Rechtskraft der Endentscheidung sich nur auf den Anspruch auf Abnahme der Ware, nicht aber auf die zwecks der Begründung der Entscheidung über diesen Anspruch erfolgte Feststellung hinsichtlich des Zustandekommens des streitigen Kaufgeschäftes erstrecken kann,

vgl. Entsch. des R.G.'s in Zivils. Bd. 11 S. 384. 385,

so kann auch die Vollstreckung der den Beklagten verurteilenden Entscheidung nur die Bewirkung der Abnahme der Ware zum Gegenstande haben. Die Abnahme der Ware ist aber im Sinne des § 433 Abs. 2 B.G.B., wie der erkennende Senat des Reichsgerichts bereits wiederholt ausgesprochen hat, lediglich die Hinwegnahme der zu diesem Zwecke bereit gestellten Ware. Für die Bewertung dieses Streitgegenstandes ist nicht die Vorschrift des § 6 Z.P.O. maßgebend, nach welcher der Wert des Streitgegenstandes durch den Wert der Sache bestimmt wird, falls der Besitz der Sache Gegenstand des Streites ist. Denn wennschon nicht bloß die eigentlichen Besitzklagen, sondern unter Umständen auch aus obligatorischen Rechtsverhältnissen hergeleitete Klagen unter die Vorschrift des § 6 fallen, so muß doch auch bezüglich der letzteren als notwendige Voraussetzung gefordert werden, daß die Erlangung des Besitzes der Sache erstrebt wird. Diese Voraussetzung trifft hier nicht zu. Weder die Klägerin, noch der Beklagte beansprucht den Besitz der Pappe. Die erstere will vielmehr von der ihr lästigen Ware befreit werden, und der letztere verweigert die Vornahme der Befreiung, die Wegnahme der Pappe von dem Orte, wo sie sich befindet. Hierin kann nicht ein Streit über den Besitz der Pappe gefunden werden. Der Wert der streitigen Abnahmeverpflichtung ist demnach gemäß der im § 3 Z.P.O. aufgestellten Regel nach freiem Ermessen festzusetzen. Hierfür ist das Interesse maßgebend, welches die Klägerin daran hat, daß ihr Lagerraum von der großen Menge Pappe frei wird." ...

---

90. 1. Genügt im Falle des Gattungskaufes zum Übergange der Gefahr auf den Käufer (§ 300 Abs. 2 B.G.B.), daß nach erfolgter Ausscheidung der zu liefernden Sache der Käufer in Annahme-Verzug geraten ist, oder muß ihm die ausgeschiedene Sache als solche angeboten worden sein?

2. Hat der Verkäufer einer nur der Gattung nach bestimmten Sache auch im Falle des Abnahme-Verzugs des Käufers sein durch Zufall verursachtes Unvermögen zur Leistung selbst zu vertreten, wenn nicht die Voraussetzungen des Gefahrübergangs auf den Käufer nach § 300 Abs. 2 B.G.B. gegeben sind?

II. Zivilsenat. Urt. v. 29. März 1904 i. S. H. Rh. B. (Kl.) w. M. u. W. (Bekl.). Rep. II. 372/03.

I. Landgericht Frankfurt a. M.
II. Oberlandesgericht daselbst.

Die obigen beiden Fragen wurden, die erstere in der zweiten Alternative, bejaht aus folgenden

Gründen:

„Der dem Rechtsstreite zugrunde liegende Vertrag hat die Lieferung von Briketten der der Klägerin gehörigen Grube Friedrich zum Gegenstande und stellt sich . . . als Verkauf von nur der Gattung nach bestimmten Sachen dar. . . . Die Brikette sollten nach dem Vertrage bis Ende März 1902 abgerufen und abgenommen werden. . . . Obwohl die Klägerin durch Schreiben vom 10. März 1902 um rechtzeitige Abnahmeverfügung ersucht hatte, war unstreitig am 1. April 1902 ein bedeutender Rest noch nicht abgerufen. . . . Mit der . . . Klage beansprucht die Klägerin als „Schadensersatz" Zahlung des Kaufpreises für die rückständigen Brikette. Gestützt ist der Klaganspruch auf die Behauptung, daß das Brikettlager der Klägerin auf der Grube Friedrich, mit Einschluß der angeblich für die Beklagten ausgeschieden gewesenen rückständigen Brikette, am 17. Juni 1902 abgebrannt sei, und daß die Beklagten sich zur Zeit des Brandes hinsichtlich des Rückstandes sowohl im Annahme- als auch im Abnahme- (Schuldner-) Verzuge befunden hätten. . . . Rechtsbedenklich erscheint . . . die Annahme des Berufungsgerichts, daß weder Gläubiger- noch Schuldnerverzug auf seiten der Beklagten gegeben sei. Sowohl der eine wie auch der andere Verzug kann nach den tatsächlichen Behauptungen der Klägerin vorliegen. Doch führt weder der eine noch der andere Verzug zur Rechtfertigung des Klaganspruches.

Bei der rechtlichen Beurteilung der von dem Berufungsgericht als richtig unterstellten Behauptungen der Klägerin ist davon auszugehen, daß gemäß § 279 B.G.B. die Klägerin als Schuldnerin einer nur der Gattung nach bestimmten Sache, da die Gattung als solche nicht untergegangen ist, ihr durch den Brand verursachtes Unvermögen zur Leistung der geschuldeten Brikette auch dann zu vertreten haben würde, wenn ihr ein Verschulden nicht zur Last fällt. Nach § 243 Abs. 2 B.G.B. beschränkt sich jedoch, wenn der Schuldner einer Gattungssache seinerseits das zur Leistung einer gehörig beschaffenen Sache Erforderliche getan hat, das Schuldverhältnis auf diese Sache, und als Folge dieser Vorschrift ist im § 300 Abs. 2 bestimmt, daß, wenn eine nur der Gattung nach bestimmte Sache geschuldet wird, die Gefahr mit dem Zeitpunkt auf den Gläubiger übergeht, in welchem er dadurch in Verzug kommt, daß er die angebotene Sache nicht annimmt. Die Befreiung des Schuldners einer Gattungssache von der Haftung infolge Überganges der Gefahr auf den Gläubiger ist demnach davon abhängig gemacht, daß dieser die angebotene Sache nicht angenommen hat. Hieraus ergibt sich, daß nicht nur die Ausscheidung einer bestimmten Sache aus der Gattung, sondern auch ein Anbieten erfordert wird. Das Anbieten muß allerdings, wie — entgegen der Ansicht des Berufungsgerichts — mangels einer besonderen Vorschrift im § 300 Abs. 2 anzunehmen ist, nicht unter allen Umständen ein tatsächliches, sondern kann beim Vorhandensein der im § 295 B.G.B. angegebenen Voraussetzungen auch ein bloß wörtliches sein. Für ungenügend ist jedoch ein — wenn auch zeitlich nach der Ausscheidung der Sache liegendes — allgemeines Bereiterklären zur Lieferung zu erachten. Vielmehr muß dem Gläubiger erkennbar gemacht werden, daß die Ausscheidung der Sache stattgefunden hat, und daß die ausgeschiedene Sache ihm angeboten wird. Im Sinne der §§ 243 Abs. 2 und 300 Abs. 2 hat der Gattungsschuldner nur dann das zur Leistung Erforderliche getan und somit die Beschränkung des Schuldverhältnisses auf eine bestimmte Sache bewirkt, wenn er die ausgeschiedene Sache als solche dem Gläubiger angeboten und diesen dadurch in die Möglichkeit versetzt hat, sich über die Annahme oder Nichtannahme der Sache schlüssig zu machen, auf welche sich das Schuldverhältnis nunmehr beschränkt. Die Richtigkeit dieser Auffassung wird durch die Motive zu dem Entwurfe des Bürgerlichen Gesetzbuchs und durch die Protokolle der Kommission für die zweite Lesung des Entwurfes außer Zweifel gestellt. In den Motiven (Bd. 2 S. 74) heißt es, daß die Gefahr auf den Gläubiger nur übergehen könne, wenn die ausgeschiedene Sache dem Gläubiger angeboten, und durch das Angebot dem Gläubiger die Ausscheidung kundgegeben werde, und in den Protokollen (Bd. 1 S. 332 der Ausgabe von Dr. Achilles rc) ist gesagt, daß die Gefahr auf den Gläubiger übergehe, weil der Schuldner, indem er die zur Erfüllung bestimmte Sache anbiete, die ihm zum Zwecke der Leistung obliegende Handlung vornehme, und damit sich das Schuldverhältnis auf die angebotene Sache konzentriere. Die Klägerin, Revisionsklägerin, meint, die Voraussetzungen für die Anwendung des § 300

Abs. 2 B.G.B. seien dadurch gegeben, daß sie die für die Beklagten bestimmten Brikette ausgeschieden und durch das Schreiben vom 10. März 1902 dieselben den Beklagten angeboten habe. Mag aber auch die Ausscheidung bereits vor dem 10. März 1902 erfolgt sein, was in den Vorinstanzen nicht ausdrücklich behauptet worden ist, und mag das Schreiben der Klägerin an die Beklagten vom 10. März 1902 als Angebot der Brikette aufgefaßt werden können, so war doch das Gattungsschuldverhältnis nicht auf die ausgeschiedenen Brikette im Sinne des § 300 Abs. 2 beschränkt, und ging die Gefahr durch Nichtannahme derselben nicht auf die Beklagten über, weil in dem Schreiben jede Andeutung davon, daß eine Ausscheidung stattgefunden habe, fehlt, und sonach die Beklagten von der Ausscheidung nicht Kenntnis erhielten, was nach den obigen Ausführungen erforderlich war, um den Gefahrübergang herbeizuführen. Der Annahme- (Gläubiger-) Verzug, in welchen die Beklagten durch das Schreiben vom 10. März 1902 versetzt worden sein mögen, genügte aber, wie dargelegt ist, für sich allein nicht zum Übergange der Gefahr auf die Beklagten. Die Klägerin ist demnach durch den von ihr behaupteten und möglicherweise vorliegenden Annahmeverzug der Beklagten von der ihr nach § 279 B.G.B. obliegenden eigenen Vertretung der angeblich durch den Brand ihres Brikettlagers herbeigeführten Unmöglichkeit der Lieferung der rückständigen Brikette nicht befreit worden und kann auf Grund Annahmeverzuges den eingeklagten Betrag nicht beanspruchen.

Auch der Abnahme- (Schuldner-) Verzug, in welchen die Beklagten durch Versäumung der rechtzeitigen Abnahme der von ihnen gekauften Brikette geraten sein können, ist nicht geeignet, den Anspruch der Klägerin auf Zahlung des Kaufpreises als des Wertes der rückständigen Menge an Briketten zu begründen. Daß der Käufer durch Unterlassung der Abnahme der gekauften Sache nicht bloß in Gläubiger-, sondern auch in Schuldnerverzug geraten kann, ist nicht zu bezweifeln, da nach § 433 Abs. 2 B.G.B. die Abnahme der Kaufsache eine der durch den Kaufvertrag begründeten Verpflichtungen des Käufers bildet. Fraglich ist nur, ob die für den Schuldnerverzug gesetzlich bestimmten Folgen ohne Ausnahme auch auf den Abnahmeverzug anwendbar sind. Da die Klägerin Erstattung des Wertes der von ihr zu liefernden, von den Beklagten nicht abgenommen, und durch Brand vernichteten Brikette beansprucht, kann nur die Bestimmung des § 287 B.G.B. hier in Betracht kommen, nach welcher der Schuldner für die während des Verzuges durch Zufall eintretende Unmöglichkeit der „Leistung" verantwortlich ist. Aber auch diese Bestimmung paßt nicht auf den Abnahmeverzug. Sie läßt sich nur auf den Schuldner anwenden, welcher eine Sache zu leisten hat, die durch einen Zufall, wie einen Brand, untergehen kann, so daß der Schuldner in die Unmöglichkeit versetzt wird, die ihm obliegende Leistung der Sache zu bewirken. Ein solcher Schuldner ist im Falle seines Verzuges in der Regel für die Unmöglichkeit der Leistung selbst verantwortlich. Für diese Verantwortlichkeit fehlt es bei dem Abnahmeverzuge an der geeigneten Grundlage. Die Verpflichtung zur Abnahme der gekauften Sache besteht nicht in der Verbindlichkeit, eine Sache zu leisten, sondern, wie von dem erkennenden Senate wiederholt ausgesprochen worden ist, in der Verpflichtung des Käufers zur körperlichen Hinwegnahme der vom Verkäufer bereit gestellten Kaufsache, und der Untergang der Sache kann die Unmöglichkeit solcher Hinwegnahme nur herbeiführen, weil und wenn durch ihn der Verkäufer in die Unmöglichkeit versetzt wird, die Kaufsache bereit zu stellen. Diese letztere Unmöglichkeit kann aber nicht eine Verantwortlichkeit des abnahmepflichtigen Käufers begründen, sondern fällt zusammen mit der auf seiten des Verkäufers durch den Zufall eintretenden Unmöglichkeit der Übergabe der von ihm geschuldeten Kaufsache an den Käufer und muß deshalb nach den gleichen Grundsätzen, wie diese, beurteilt werden. Daraus folgt, daß beim Kauf einer nur der Gattung nach bestimmten Sache trotz des Abnahmeverzuges des Käufers der Verkäufer gemäß § 279 B.G.B. sein durch Zufall verursachtes Unvermögen zur Leistung selbst zu vertreten hat, wenn nicht die Voraussetzungen für den Gefahrübergang auf den Käufer nach § 300 Abs. 2 B.G.B. gegeben sind. Daß letzteres in dem gegenwärtig der Beurteilung unterliegenden Falle der durch Zufall verursachten Vernichtung der Brikette durch einen Brand nicht zutrifft, ist oben ausgeführt." ...

91. Unterliegen im Geltungsgebiete des preußischen Allgemeinen Landrechts die durch Privileg verliehenen Fischereirechte der erlöschenden Verjährung?

VII. Zivilsenat. Urt. v. 22. April 1904 i. S. v. L. (Bekl.) w. K. (Kl.). Rep. VII. 566/03.

I. Landgericht Konitz.
II. Oberlandesgericht Marienwerder.

Der Kläger machte geltend, daß ihm als Eigentümer einer Grundfläche das Recht zustehe, in einem Mühlenteiche und einem Mühlenfließe, welche Gewässer einen Teil des im Eigentum des Beklagten befindlichen Guts K. bilden, die Fischerei unbeschränkt auszuüben. Der Klagantrag ging dahin, daß der Beklagte das Recht anerkenne. Als Erwerbsgrund für dieses wurde angegeben, daß schon im 14. Jahrhundert von der damaligen Landesherrschaft, dem Deutschorden, der erwähnte Grundbesitz nebst der in Frage stehenden Berechtigung einem Einwohner des Dorfes K., dem das Gericht dort zugestanden, unter Auferlegung der Verpflichtung, gleich anderen Schulzen der dortigen Gegend gegen die Heidenschaft und andere Feinde Dienste zu tun, verliehen worden, und daß einem Vorfahren des Klägers als Besitzer der mehrerwähnten Grundfläche diese Verleihung von seiten der Krone Polen im 18. Jahrhundert unter der Bezeichnung als Privileg oder Gerechtigkeit bestätigt sei. Der Beklagte erhob u. a. den Einwand, daß die Fischereiberechtigung durch langjährigen Nichtgebrauch erloschen sei. Dieser Einwand ist, abweichend von den Vorinstanzen, vom Revisionsgericht für erheblich erachtet worden aus folgenden

Gründen:

... „Die Revision hat ferner hervorgehoben, es sei zu Unrecht der Einwand zurückgewiesen, daß das fragliche Recht durch einen während rechtsverjährter Zeit vorliegenden Nichtgebrauch erloschen sei. In dieser Beziehung war unter Beweisantritt vom Beklagten geltend gemacht, er habe, wie dies auch von seiten seiner Vorgänger im Besitze seit Menschengedenken geschehen, ausschließlich die Fischerei in dem Mühlenteich und dem Mühlenfließ ausgeübt. Dieser Revisionsbeschwerde ist Bedeutung beizumessen. Selbst wenn der von der Revision zur Begründung dieses Angriffs aufgestellten Behauptung nicht beizutreten ist, daß es sich bei dem in Streit befindlichen Fischereirecht seit Einführung des Allgemeinen Landrechts und der Hypothekenordnung um eine rein privatrechtliche Berechtigung handele, vielmehr ein Privileg, also eine unmittelbar auf einem Akte der gesetzgebenden Gewalt beruhende Befugnis, in Frage steht, ist eine Aufhebung durch Verjährung (Nichtgebrauch) in gleicher Weise möglich, wie solche bei Fischereiberechtigungen, die einen durchaus privatrechtlichen Charakter haben, Platz greift. Die Eigenschaft eines Rechts als Privilegs schließt nicht aus, daß sich in Rücksicht auf die Beseitigung desselben durch Verjährung alles nach den Grundsätzen bestimmt, welche gelten würden, wenn das Recht oder die Freiheit, worin das Privileg besteht, auf eine andere Weise als durch Privileg entstanden wäre. Dieser Rechtszustand greift für das Gebiet des gemeinen Rechts nach allgemeiner Ansicht Platz.

Vgl. Windscheid, Pand. Bd. 1 § 136; Dernburg, Pand. Bd. 1 § 85; v. Vangerow, Pand. Bd. 1 § 116 und die dortigen Zitate.

Daß das gleiche für das Allgemeine Landrecht anzunehmen ist, wofür sich auch Dernburg (Preuß. Privatrecht Bd. 1 § 25) ausspricht, kann selbst unter Berücksichtigung der §§ 63—72 der Einleitung, welche unter den Endigungsgründen der Privilegien die Verjährung nicht aufführen, deshalb nicht bestritten werden, weil es zu einem unannehmbaren Ergebnis führen würde, ein Recht, welches nach allgemeinen Rechtsgrundsätzen der Vernichtung durch Verjährung unterliegt, hiervon deshalb auszunehmen, weil es auf einem Privileg beruht. An der entgegengesetzten Auffassung, welche in dem Urteile des erkennenden Senats ausgesprochen ist, das sich in der Jurist. Wochenschr. von 1900 S. 626 Nr. 15 abgedruckt findet, kann nicht festgehalten werden." ...

---

92. Kann der Gerichtsstand des Erfüllungsortes auf einen in der Faktura enthaltenen Vermerk gegründet werden, wenn die Faktura dem Käufer zugleich mit dem von ihm verlangten Bestätigungsschreiben des Verkäufers zugesandt wurde?

II. Zivilsenat. Urt. v. 22. April 1904 i. S. W. N. & Co. (Bekl.) w. B. (Kl.). Rep. II. 570/03.

I. Landgericht Hannover.
II. Oberlandesgericht Celle.

Der Kaufmann B. in Hannover erhob bei dem dortigen Landgericht gegen die in Hamburg domizilierte Firma W. N. & Co. Klage auf Zahlung des Kaufpreises für der Beklagten laut Rechnung vom 21. Mai 1902 gelieferte Waren, indem er behauptete, bei dem im März 1902 in Hamburg zwischen seinem Reisenden H. und dem Kaufmann N., dem Inhaber der verklagten Firma, geschlossenen Kaufe sei vereinbart worden, daß für die beiderseitigen Verpflichtungen aus dem Vertrage Hannover Erfüllungsort sein solle. Die Beklagte bestritt, daß ein Kauf mit dieser Klausel zustande gekommen sei, und hielt der Klage unter Verweigerung der Einlassung die prozeßhindernde Einrede der Unzuständigkeit des Gerichts entgegen. Diese Einrede wurde von dem Landgericht verworfen, und die Berufung der Beklagten von dem Oberlandesgericht zurückgewiesen. Die Fakturen des Klägers trugen den Aufdruck: „Erfüllungsort für Lieferung und Zahlung ist Hannover", und die Feststellung der behaupteten Vereinbarung von seiten des Berufungsgerichts beruhte darauf, daß der Kläger die Bestätigung der Abmachungen seines Reisenden mit der Beklagten, welche hiervon die Perfektion des Vertrages abhängig gemacht hatte, dieser brieflich zugehen ließ und zugleich die Faktura über die zu liefernden Waren mit dem erwähnten Vermerk beifügte, daß aber eine Beanstandung der hieraus ersichtlichen Bedingungen des abgeschlossenen Geschäfts von seiten der Beklagten nicht erfolgt sei. Auch die Revision der Beklagten wurde zurückgewiesen, aus folgenden

Gründen:

„Die Zuständigkeit des Landgerichts zu Hannover, bei welchem die Klage erhoben wurde, ist dann begründet, wenn die Parteien die vom Kläger behauptete Vereinbarung getroffen haben, daß für die Zahlung des eingeklagten Kaufpreises Hannover der Erfüllungsort sein solle. Das Berufungsgericht hat nun als Ergebnis seiner Beweiswürdigung festgestellt, daß nicht nur der behauptete Kaufvertrag zustande gekommen sei, sondern daß er auch die erwähnte Nebenbestimmung über den Erfüllungsort enthalten habe. Es erwägt, daß die Beklagte die Perfektion des Kaufvertrages zwar bestreite, weil sie den Vorbehalt gemacht habe, daß der Kläger die von seinem Reisenden H. mit W. N. getroffenen Abmachungen ihrem ganzen Inhalte nach schriftlich bestätige; es hält aber diese Voraussetzung für erfüllt und nimmt an, daß in dieser Bestätigung auch die den Erfüllungsort betreffende Bestimmung enthalten sei, die es als von der Beklagten stillschweigend genehmigt ansieht. In den hierauf bezüglichen Ausführungen des Berufungsgerichts ist ein Rechtsirrtum nicht ersichtlich; auch erscheint die Feststellung, welche sich wesentlich auf die vorgelegte Korrespondenz stützt, als ausreichend begründet. Mit Brief vom 29. März 1902 teilte der Kläger der Beklagten mit, daß er deren mit H. getroffene Vereinbarungen anerkenne und der Beklagten mit der Faktura genaue Bestätigung zugehen lassen werde, und auf die Erwiderung der Beklagten vom 30. März 1902, sie könne die Vereinbarung erst dann als perfekt ansehen, wenn der Kläger ihre Vereinbarung mit H. ihrem ganzen Inhalte nach schriftlich bestätige, da es so mit H. ausgemacht worden sei, ließ dann der Kläger ein weiteres Schreiben mit eingehender Bestätigung folgen. Bezieht sich auch derjenige Teil dieses Schreibens, in welchem ausdrücklich von Bestätigung die Rede ist, auf die mit W. N. gleichzeitig verabredete Übernahme der Generalvertretung, so konnte doch in dem Eingange des Schreibens in Verbindung mit der beigefügten Faktura auch eine Bestätigung des Kaufvertrages erblickt werden. Der Kläger hatte ja der Beklagten genaue Bestätigung mit der Faktura zugesagt, und der Kauf hing mit der Generalvertretung aufs engste zusammen. Aus der Faktura konnte aber die Beklagte, wie das Berufungsgericht feststellt, nicht nur den Gegenstand des Geschäfts nach Ware, Menge und Preisbestimmung, sondern in dem Vordruck auch die allgemeinen Bedingungen, welche der Kläger dem Geschäft zugrunde legen wollte, ersehen, und es ist nach der Sachlage nicht für rechtsirrig zu erachten, wenn das Berufungsgericht annimmt, daß unter den angeführten Umständen die Beklagte alle Veranlassung gehabt habe, auch die Angaben der Faktura ihrem ganzen Inhalte nach darauf zu prüfen, ob sie mit den mit dem Reisenden des Klägers getroffenen Abmachungen übereinstimme, und daß es Sache der Beklagten gewesen wäre, soweit sie solche Übereinstimmung nicht anerkennen wollte, gegen den Faktureninhalt Verwahrung einzulegen. Daß in der Regel den einseitigen

Bemerkungen über den Erfüllungsort auf einer nach Abschluß und Bestätigung eines Kaufgeschäfts dem Käufer übersendeten Faktura verbindliche Kraft nicht beizulegen ist, auch an sich eine Faktura nicht als Bestätigung eines geschlossenen Kaufs aufzufassen ist, steht dem nicht entgegen, daß das Berufungsgericht unter den vorliegenden Umständen annahm, die Beklagte habe das erwähnte Schreiben in Verbindung mit der beigeschlossenen Faktura als Bestätigung der mit dem Reisenden H. getroffenen Abmachungen ihrem ganzen, Vertretung und Warenverkauf umfassenden Inhalte nach anzusehen gehabt und hätte daher nach den im Handelsverkehr geltenden Grundsätzen und Gebräuchen (§ 346 H.G.B.), wenn sie einen Einwand gegen die daraus zu entnehmende Vertragsbestimmung hinsichtlich des Erfüllungsortes für die Zahlung des Kaufpreises erheben wollte, ihre Ablehnung dieser Bedingung kundgeben müssen, was nicht geschehen ist. Nach dem Angeführten konnte der Gerichtsstand des § 29 Z.P.O. bei dem Landgerichte zu Hannover ohne Rechtsverletzung als begründet anerkannt werden."...

93. Wie ist der Streitwert bei einer Feststellungsklage zu bestimmen, welche die unmittelbare Realisierung der festzustellenden Forderung bezweckt?

II. Zivilsenat. Beschl. v. 22. April 1904 i. S. S. (Kl.) w. P. (Bekl.). Beschw.-Rep. II. 66/04.

I. Landgericht Tilsit.
II. Oberlandesgericht Königsberg.

Kläger hatte im August 1902 mit dem Antrage geklagt, den Beklagten zu verurteilen, anzuerkennen, daß er seit dem 1. Juli 1902 verpflichtet gewesen und auch weiter bis zum 1. Juli 1912 verpflichtet sei, dem Kläger die Milch gegen Bezahlung von 8 ₰ für den Liter zu liefern, die er von den auf seinem Gute gehaltenen Kühen gewonnen habe und gewinnen werde, soweit er diese Milch nicht in der Wirtschaft verbrauche. Nachdem die Klage in beiden Instanzen abgewiesen worden war, wurde zunächst der Streitwert für die erste Instanz durch einen von dem Oberlandesgerichte bestätigten Beschluß des Landgerichts gemäß § 9 Z.P.O. auf den zehnfachen Betrag der auf 2000 *M* geschätzten jährlichen Milchproduktion des Beklagten, = 20000 *M*, festgesetzt. Ein späterer Beschluß des Oberlandesgerichts, wodurch der Streitwert für die zweite Instanz auf Antrag des Klägers nach dem angeblichen Interesse desselben an den beanspruchten Milchlieferungen nur auf 3000 *M* festgesetzt worden war, wurde auf die von dem Anwalte des Beklagten erhobene Beschwerde vom Reichsgerichte aufgehoben, und der Streitwert auch für die zweite Instanz auf den Betrag von 20000 *M* festgesetzt aus folgenden

Gründen:

„In Übereinstimmung mit dem die landgerichtliche Festsetzung des Werts des Streitgegenstandes für die erste Instanz auf 20000 *M* bestätigenden Beschlusse des Oberlandesgerichts zu Königsberg vom 7. Dezember 1903 ist davon auszugehen, daß auch für die zweite Instanz, in der es sich um denselben Klagantrag wie in erster Instanz gehandelt hat, der von dem Kläger für die Dauer von 10 Jahren geltend gemachte Anspruch auf den Bezug der von dem Beklagten auf seinem Gute N. zu gewinnenden Milch, soweit diese nicht in dessen Wirtschaft verbraucht wird, den Streitgegenstand bildet, und daß dessen Wert gemäß §§ 9 u. 6 Z.P.O. nach dem Gesamtwerte der von dem Kläger für diese Zeit beanspruchten Milchlieferungen, und nicht gemäß § 3 Z.P.O. nach dem Interesse des Klägers an der beanspruchten Vertragserfüllung zu berechnen ist. Es verschlägt hierbei nichts, daß Kläger seinen Anspruch nicht mittels einer Leistungs-, sondern mittels einer Feststellungsklage geltend gemacht hat; denn sowohl der Inhalt der Klageschrift als auch die übrigen Umstände des Falles sprechen dafür, daß der Kläger mit seiner Feststellungsklage dasselbe erreichen wollte, wie mit einer auf eine Verurteilung des Beklagten zu den entsprechenden zehnjährigen Leistungen gerichteten Klage, nämlich die effektive Lieferung des in der Klage bezeichneten Milchquantums während der ganzen angeblichen Vertragszeit behufs Verwendung desselben in seinem Meiereibetriebe, wobei der Umstand, daß zur Zeit der Klagerhebung schon einige Wochen dieser Vertragszeit verflossen waren, wegen der Geringfügigkeit des letzteren Zeitraumes keine andere Auffassung des hier nur in Betracht kommenden Gesamtzwecks der Klage zu begründen vermag. Die von dem Kläger erst nach Erledigung der Hauptsache behufs Rechtfertigung seines Antrags, den Streitwert auf nur 3000 ℳ festzusetzen, vorgebrachte Behauptung, die von ihm erhobene Feststellungsklage habe lediglich die Grundlage einer demnächstigen Klage auf Schadensersatz wegen Nichterfüllung bilden sollen, ist gänzlich beweislos. Es bedarf daher keiner Prüfung der Frage, ob, wenn diese Behauptung richtig wäre, der Streitwert lediglich nach § 3 Z.P.O. zu bestimmen sein würde. Wenn aber — wie nach vorstehenden Ausführungen anzunehmen ist — mit der erhobenen Feststellungsklage der nämliche Zweck verfolgt wird, wie mit der entsprechenden Leistungsklage, so ist es auch gerechtfertigt, den Wert des Streitgegenstandes in derselben Weise zu bestimmen, wie wenn unmittelbar auf Bewirkung der den Gegenstand der Klage bildenden Leistungen geklagt wäre, nämlich nach dem Werte der letzteren. Die Richtigkeit dieser Wertbestimmung ergibt sich mittelbar aus § 6 Z.P.O.; denn wenn hiernach der Wert des Streitgegenstandes durch den Betrag einer Forderung bestimmt wird, wenn deren Sicherstellung oder ein Pfandrecht Gegenstand des Streits ist, so erscheint es auch als dem Willen des Gesetzes entsprechend, den Wert in derselben Höhe, jedenfalls nicht niedriger dann zu bestimmen, wenn die Klage, wie im gegebenen Falle, die Feststellung einer streitigen Forderung behufs unmittelbarer Realisierung derselben bezweckt, wobei es keinen Unterschied macht, ob der Geldwert der Forderung in der Klage ziffermäßig bestimmt ist, oder nicht.

Vgl. die Entscheidungen des beschließenden Senates vom 8. April 1885, 21. September 1886 und 27. November 1891, Jurist. Wochenschr. von 1885 S. 193 Nr. 2, von 1886 S. 313 Nr. 2 und von 1892 S. 11 Nr. 1.

Hiermit stehen auch die von dem Kläger in seinem erwähnten Antrage angeführten Entscheidungen des Reichsgerichts (Jurist. Wochenschr. von 1898 S. 197 Nr. 1 und von 1901 S. 57 Nr. 1, vgl. auch Entsch. des R.G.'s in Zivils. Bd. 52 S. 427 flg.) nicht im Widerspruch; denn in denselben ist zwar für die damals in Frage kommenden Feststellungsklagen das nach § 3 Z.P.O. zu bestimmende Interesse des Klägers an der beantragten Feststellung für maßgebend erklärt, aber nicht unter Aufgabe des oben dargelegten, den angeführten früheren Entscheidungen zugrunde liegenden Prinzips, sondern lediglich auf Grund der besonderen, von denjenigen des gegenwärtigen Falles wesentlich verschiedenen tatsächlichen Verhältnisse, welche für die Bestimmung des Streitwertes gemäß § 3 Z.P.O. in den damaligen Fällen wesentlich in Betracht kamen." ...

---

94. Sind die Gesellschaftsanteile als Forderungen ihres Inhabers gegen die Gesellschaft aufzufassen, und findet auf ihre Verpfändung demgemäß § 1280 B.G.B. Anwendung?

VII. Zivilsenat. Urt. v. 26. April 1904 i. S. v. M. (Bekl.) w. K. (Kl.). Rep. VII. 569/03.

I. Landgericht Hannover.
II. Oberlandesgericht Celle.

Die Frage ist vom Reichsgericht verneint aus folgenden

Gründen:

„Die Klägerin, welche im Wege der Zwangsvollstreckung gegen den Bergingenieur Sch. einen Anspruch desselben gegen den Beklagten auf Herausgabe von 116 dem Sch. gehörigen, bei dem Beklagten hinterlegten Anteilscheinen der Steinkohlenbohrgesellschaft „A." hat pfänden und sich überweisen lassen, verlangt mit der Klage von dem Beklagten, daß er ihr einen der fraglichen Anteilscheine herausgebe. Vom Beklagten ist diesem Antrage entgegengetreten und im Wege der Widerklage gebeten, festzustellen, daß Beklagter berechtigt sei, die 116 Anteilsscheine behufs Befriedigung einer ihm gegen Sch. in Höhe von 13500 M zustehenden Darlehnsforderung zu veräußern. Der Beklagte hat vorgetragen, er sei durch Beteiligung an verschiedenen Bohrungen Sch.'s mit Darlehnen dessen Gläubiger geworden und habe die Anteilscheine übergeben erhalten. Eine Regelung der Verhältnisse sei durch einen schriftlichen, beiderseits vollzogenen Vertrag vom 6. Januar 1902 eingetreten, wodurch dem Beklagten zur Sicherung seiner in der erwähnten Höhe bestehenden Darlehnsforderung die Anteilscheine verpfändet, und Beklagter für berechtigt erklärt worden, solche behufs seiner Befriedigung zu veräußern. Die Klägerin hat geltend gemacht, daß die Verpfändung rechtlich unwirksam sei. Vom

Landgericht ist die Klage abgewiesen, und der Widerklage stattgegeben. Das Berufungsgericht hat die Klagabweisung bestätigt, jedoch die Widerklage gleichfalls zurückgewiesen, und zwar unter Begründung der letzteren Entscheidung durch folgendes: Zur Entstehung des der Widerklage zugrunde liegenden Pfandrechts an den sich nur als Beweisurkunden darstellenden Anteilscheinen sei, da es sich um den Übergang der Gläubigerschaft handle, welche sich nach allgemeinen Rechtsregeln wie nach dem § 6 der Statuten der Gesellschaft „A." durch Zession vollziehe, des weiteren zufolge § 1280 B.G.B. die unbestritten nicht stattgehabte Anzeige der Verpfändung an die Schuldnerin, die Gesellschaft „A.", erforderlich. Bei diesem Mangel müsse die Verpfändung für unwirksam erachtet werden.

Der Revision, mit welcher die Zurückweisung der Widerklage bekämpft wird, ist stattzugeben. Mit Recht wird von dem Revisionskläger ausgeführt, es sei zu Unrecht angenommen, daß es sich bei dem fraglichen Rechtsgeschäft um die Verpfändung einer Forderung handle, und daß daher der angezogene § 1280 zur Anwendung kommen müsse. Es sind vielmehr hier die Anteilrechte an der Gesellschaft „A.", bezüglich deren die Anteilscheine, worin der Vorinstanz beizutreten, nur als Beweisurkunden erscheinen, verpfändet, und diese Rechte stellen sich ihrer Natur nach, wie auch zufolge des § 3 des Gesellschaftsstatuts, wonach die Anteilbesitzer pro rata an dem Vermögen der Gesellschaft partizipieren, als identisch dar mit der Zugehörigkeit zu der Gesellschaft und der dadurch vermittelten Berechtigung am Gesellschaftsvermögen. Unzulässig ist es daher, die Anteilbesitzer als Inhaber einer Forderung gegen die Gesellschaft aufzufassen. Ein Drittschuldner ist bei der Pfändung eines solchen Geschäftsanteils nicht vorhanden. Dies gilt hier bei einer Gesellschaft, deren Rechtsbeziehungen sich nach den §§ 705 flg. B.G.B. regeln, ebenso wie bei den Gesellschaften mit beschränkter Haftung, bezüglich deren es von Neukamp in dem Aufsatz über die Zwangsvollstreckung in Geschäftsanteile bei Gesellschaften mit beschränkter Haftung, abgedruckt in der Nummer der Deutschen Juristenzeitung vom 1. März 1904, dargelegt wird. Zu vergleichen ist auch Dernburg, Bürgerliches Recht Bd. 3 § 278, wo unter den verpfändbaren Rechten Anteile an einer Gesellschaft im Gegensatze zu Forderungen aufgeführt werden. Es steht auch vorliegend nicht der § 6 des Statuts entgegen, der davon spricht, in welcher Weise die Übertragung der Anteilscheine erfolgen kann. Denn wenn es hier heißt, es sei abgesehen von der Übergabe der Anteilscheine eine schriftliche Übertragungserklärung (Zession) erforderlich, so heißt das nicht, daß die Abtretung einer Forderung vorliege. Für die Übertragung des Eigentums an den Anteilen oder eine Verpfändung derselben hat es auch gar keine Bedeutung, wenn sich am Ende des § 6 eine Bestimmung dahin findet, daß der Gesellschaft gegenüber nur die in dem von der Gesellschaft geführten Mitgliederverzeichnis eingetragenen Mitglieder legitimiert und verpflichtet sind. Nach alledem genügte für die Verpfändung der durch die Anteilscheine verbrieften Rechte zufolge § 1274 B.G.B., wonach die Bestellung des Pfandrechts an einem Rechte nach den für die Übertragung des Rechts geltenden Vorschriften erfolgt, die zur Übertragung der Rechte erforderliche, in der Urkunde vom 6. Januar 1902 gewahrte Form, welche zugleich den auf Bestellung des Pfandrechts gerichteten Willen ergibt, in Verbindung mit der gleichfalls geschehenen Übergabe der Anteilscheine." ...

---

95. Ist im Falle des § 275 Abs. 2 Z.P.O. gegen die Ablehnung des Antrags, die Verhandlung zur Hauptsache anzuordnen, die Beschwerde allgemein oder wenigstens dann zulässig, wenn nach Verwerfung einer prozeßhindernden Einrede eine zweite durch ein neues Urteil verworfen worden ist?

VII. Zivilsenat. Beschl. v. 6. Mai 1904 i. S. K. (Kl.) w. K. Ehefr. (Bekl). Beschw.-Rep. VII. 133/04.

I. Landgericht Halle a. S.
II. Oberlandesgericht Naumburg a. S.

Die Frage ist verneint aus folgenden

Gründen:

„Die Beklagte erhob gegenüber der auf die Herausgabe von Sachen gerichteten Klage ihres Ehemannes die prozeßhindernden Einreden der mangelnden Prozeßfähigkeit des Klägers und der sachlichen

Unzuständigkeit des Landgerichts und verweigerte wegen der letzteren die Einlassung zur Hauptsache. Die Einrede der Unzuständigkeit wurde durch Urteil vom 6. November 1903 verworfen. Demnächst, nachdem für dieses Urteil das Zeugnis der Rechtskraft erteilt war, verweigerte die Beklagte in dem Termine zur mündlichen Verhandlung vom 15. Februar 1904 die Einlassung zur Hauptsache auch wegen der Einrede der mangelnden Prozeßfähigkeit. Diese wurde durch Urteil vom 15. ged. Mts. gleichfalls verworfen. Vor Ablauf der Berufungsfrist lud der Anwalt des Klägers die Beklagte zur mündlichen Verhandlung, in welcher er unter Widerspruch der letzteren beantragte, daß das Gericht die Verhandlung zur Hauptsache anordne. Der Antrag wurde abgelehnt. Die vom Kläger eingelegte Beschwerde ist vom Oberlandesgericht als unzulässig verworfen. Die weitere Beschwerde ist zwar zulässig ...; aber sie ist unbegründet. Mit der Erlassung des die prozeßhindernde Einrede der mangelnden Prozeßfähigkeit verwerfenden Zwischenurteils vom 15. Februar 1904 trat bis zur Rechtskraft dieses Urteils ein Stillstand des Verfahrens ein. Die Fortsetzung konnte nur auf Antrag dergestalt angeordnet werden, daß zur Hauptsache zu verhandeln sei (§ 275 Abs. 2 Z.P.O.). Es steht hierbei eine die Parteirechte erheblich berührende Maßregel in Frage, indem vor rechtskräftiger Feststellung der Prozeßvoraussetzungen über die Hauptsache verhandelt werden soll. Daß sie ohne mündliche Verhandlung über den Antrag getroffen werden könne, ist nirgends bestimmt. Deshalb greift der Grundsatz des § 128 Z.P.O. durch, und es erfordert die Entscheidung über das Begehren, daß zur Hauptsache verhandelt werde, gleichfalls eine mündliche Verhandlung. Dies ist auch in dem Beschlusse des VI. Zivilsenats vom 2. Januar 1890 (Jurist. Wochenschr. S. 47) angenommen.

Vgl. ferner Entsch. des R.G.'s in Zivils. Bd. 40 S. 373 flg. Dort ist weiter ausgesprochen, daß es sich hierbei nicht um eine Aussetzung des Verfahrens im Sinne des § 252 Z.P.O. handelt; in dem Verfahren ist von selbst nach Erlassung des Zwischenurteils ein Stillstand eingetreten. Daraus ergibt sich, daß der den Antrag auf Fortsetzung des Verfahrens erledigende Beschluß der Beschwerde unzugänglich ist (§ 567 Abs. 1 Z.P.O.). Die weitere Beschwerde sucht auszuführen, daß die Erlassung des Zwischenurteils unzulässig gewesen, und dieses deshalb nicht zu beachten sei. Dabei ist unterstellt, daß, wie dies auch das Oberlandesgericht annimmt, das Verfahren des Landgerichts der Prozeßordnung nicht entsprochen habe. Indessen hatte die Beklagte nach dem Tatbestande des Zwischenurteils vom 6. November 1903 beide prozeßhindernden Einreden gleichzeitig vorgeschützt und nur erklärt, daß sie wegen der Einrede der mangelnden Prozeßfähigkeit die Einlassung zur Hauptsache nicht verweigern wolle. Ob es zweckmäßig war, die Einreden in getrennten Verhandlungen und Urteilen zu erledigen, kann dahingestellt bleiben. Jedenfalls war das Gericht an die Erklärung der Beklagten, die Einlassung nur wegen der Unzuständigkeit des Landgerichts zu verweigern, nicht gebunden. Es konnte nach Verwerfung der ersten Einrede über die zweite abgesondert verhandeln lassen und entscheiden (§ 275 Abs. 1 Z.P.O.), und es hat dies getan. Das Zwischenurteil vom 15. Februar 1904 war somit — und darauf allein kommt es an — in betreff der Rechtsmittel als Endurteil anzusehen, und darum erheischte die Verhandlung zur Hauptsache das in § 275 Abs. 2 Z.P.O. vorgeschriebene Verfahren. Von einem Zwischenurteil, das selbständig der Berufung nicht unterlag, und das kein Hindernis bot, das Verfahren fortzusetzen, war keine Rede." ...

---

96. Aussperrung eines Arbeiters durch einen Arbeitgeberverband. Haftung desjenigen, der diese Maßregel veranlaßt hat, für den dem Arbeiter verursachten Schaden, wenn die Aussperrung nach den von dem Verbande getroffenen Maßnahmen dem betreffenden Arbeiter in weitgehender Weise die Erlangung von Arbeit erschwert und sich gegenüber dem Verhalten des Arbeiters als eine unbillige Härte darstellt.

B.G.B. § 826.
Gew.O. § 113.

VI. Zivilsenat. Urt. v. 17. März 1904 i. S. St. (Kl.) w. Eisengießerei-Aktiengesellschaft, vorm. K. & Th. (Bekl.). Rep. VI. 620/03.

I. Landgericht I Berlin.
II. Kammergericht daselbst.

Die verklagte Gesellschaft war Mitglied des eingetragenen Vereins „Verband Berliner Metallindustrieller". Zweck dieses Verbandes war, unter Ausschluß jeder gewinnbringenden Tätigkeit, die gemeinsamen Interessen seiner Mitglieder zu vertreten. Zur Erreichung des Zweckes hatte er auch eine Arbeitsnachweisstelle errichtet, und die Mitglieder waren statutarisch verpflichtet, von besonders bestimmten Ausnahmefällen abgesehen, aus dieser Stelle „ihren Bedarf an Arbeitern zu entnehmen". Personen, welche bei einem Vereinsmitgliede Arbeit zu erlangen wünschten, mußten sich an der Nachweisstelle melden und ihre Ausweispapiere vorlegen und erhielten, wenn diese in Ordnung befunden wurden, einen Nachweisschein, bzw. Handzettel, auf Grund dessen sie dann in einer der dem Verbande angehörigen Fabriken zur Arbeit angenommen werden konnten. Dem Verbande gehörte der größte Teil der Berliner Industriellen der Metallbranche an, aber nicht alle.

Am 21. Januar 1901 wurde der Kläger, der zu dieser Zeit als Gußputzer in der Fabrik der Beklagten in Arbeit stand, mit noch zwei dort beschäftigten Arbeitern durch den Direktor K. aus der Arbeit entlassen. Er erhielt zunächst von der erwähnten Arbeitsnachweisstelle einen Nachweisschein und wurde auf Grund desselben am 28. Februar 1901 in der dem Verband angehörigen Maschinenfabrik von Gebr. A. in Berlin als Arbeiter angenommen.

Die Entlassung des Klägers und der beiden anderen Arbeiter aus der Fabrik der Beklagten hatte indes der Berliner Verwaltungsstelle der Deutschen Metallarbeitergewerkschaft Anlaß geboten, zwei Arbeiterversammlungen einzuberufen, eine sog. Werkstattbesprechung, beschränkt auf einen Teil der von der Beklagten beschäftigten Arbeiter, und auf Grund des in dieser gefaßten Beschlusses eine „Fabrikversammlung". In beiden Versammlungen bildete die Entlassung des Klägers und seiner beiden Genossen den Gegenstand der Verhandlung, wobei auch der Kläger als Redner auftrat.

Der Direktor der Beklagten, K., richtete nach Abhaltung dieser zweiten Versammlung am 28. Januar 1901 an den Verband Berliner Metallindustrieller eine Zuschrift, in welcher er im Namen der Beklagten mitteilte, diese habe wegen Agitation in ihren Werkstätten zwei ihrer Arbeiter, darunter den Kläger, entlassen; dieselben hätten sich in der am Tage zuvor abgehaltenen Versammlung wiederum in agitatorischer Weise hervorgetan, und die Beklagte sei der Ansicht, daß es zum Nutzen der Allgemeinheit wohl angebracht wäre, die beiden Arbeiter bis auf weiteres zu sperren, und sie bitte, dementsprechend das nähere zu veranlassen.

In Verfolg dieser Mitteilung beschloß die Vertrauenskommission des genannten Verbandes, den Kläger zu sperren, d. h. die Verbandsmitglieder zu veranlassen, ihn von der Beschäftigung in ihren Fabriken auszuschließen. Hiervon wurde die Firma Gebr. A. benachrichtigt, und sie entließ darauf den Kläger am 6. März 1901; auch wurde diesem, als er bei der Arbeitsnachweisstelle des Verbandes um einen Nachweisschein nachsuchte, die Erteilung eines solchen mit dem Eröffnen, daß er überhaupt keinen Schein mehr bekomme, verweigert.

Der Kläger war hiernächst in der Zeit vom 7. März bis zum 17. Mai 1901 ohne Arbeit; von da an fand er in einer Brauerei Beschäftigung zu einem Wochenlohn von 20 ℳ, während er als Gußputzer 26 ℳ wöchentlich verdient hatte. Für den ihm erwachsenen Schaden machte er die Beklagte verantwortlich. Die Beklagte habe ihn, so behauptete er, aus der Arbeit entlassen und die Anzeige vom 28. Januar 1901 an den Verband Berliner Metallindustrieller erstattet, weil er sich der Deutschen Metallarbeitergewerkschaft angeschlossen und dafür, daß auch andere Metallarbeiter ihr beiträten, agitiert habe. Beide Maßnahmen aber seien sein gutes Recht gewesen, und es verstoße gegen die guten Sitten, wenn die Beklagte wegen der Ausübung dieses Rechts seine Maßregelung durch den genannten Verband in einer Weise herbeigeführt habe, die es ihm unmöglich mache oder doch im höchsten Grade erschwere, seine Arbeitskraft und seine Fertigkeiten innerhalb seines Berufs als Gußputzer zur Gewinnung seines Lebensunterhalts ferner zu verwerten; die erwähnte Anzeige enthalte zugleich eine die Beklagte zum Schadensersatz verpflichtende Beleidigung des Klägers.

Die Beklagte verlangte Klagabweisung. Sie habe den Kläger entlassen, weil er andere Arbeiter zu dem Anschluß an die Metallarbeitergewerkschaft zu nötigen gesucht und durch sein beständiges Drängen belästigt habe, so daß sie sich, um Schutz gegen ihn zu gewinnen, bei dem Werkmeister beschwert hätten. Sie, die Beklagte, sei nach dem Statute des Verbandes, dem sie angehöre, verpflichtet gewesen, diesem die gegen den Kläger vorliegenden Bedenken anzuzeigen, und nicht sie, sondern der Verband habe dann die Maßregeln getroffen, durch die der Kläger an seinem Vermögen geschädigt worden zu sein behaupte.

Die Klage wurde in erster und zweiter Instanz abgewiesen; das Reichsgericht aber erklärte den Klaganspruch dem Grunde nach für berechtigt aus folgenden

Gründen:

„Das Berufungsgericht erachtet die Klage zunächst deshalb für unbegründet, weil für die Maßregel, durch welche der Kläger geschädigt worden sei, nämlich für seine Ausschließung von der Beschäftigung bei allen zu dem Verbande Berliner Metallindustrieller gehörigen Etablissements, nicht die Beklagte, sondern der genannte, mit juristischer Persönlichkeit ausgestattete Verband verantwortlich sei; die Beklagte sei dabei weder Mittäterin, noch Anstifterin oder Gehilfin (§ 830 B.G.B.) gewesen. Allerdings habe die Vertrauenskommission des Verbandes, zu der auch der Vorstand der Beklagten, Direktor K., gehöre, jene Maßregel auf Grund der Anzeige der Beklagten vom 28. Januar 1901 verhängt; es habe aber an dem betreffenden Beschlusse Direktor K. nicht teilgenommen; er habe auch die Kommissionsmitglieder, von denen der Beschluß gefaßt worden, zu diesem nicht vorsätzlich bestimmt; diese hätten vielmehr den Beschluß nach eigener Prüfung der Sachlage gefaßt; zugrunde liege ihm allerdings die Darstellung K.'s über den Sachverhalt; aber dieser habe sich hierbei durchaus an die Wahrheit gehalten.

Im weiteren stellt das Berufungsgericht in tatsächlicher Beziehung folgendes fest.

In der Zeit, als der Kläger bei der Beklagten in Arbeit gestanden, hätten er und andere der Metallarbeitergewerkschaft angehörende Arbeiter es versucht, innerhalb der Fabrik in den Arbeitspausen und während der Arbeitszeit andere Arbeiter zu bestimmen, ebenfalls der Gewerkschaft beizutreten. Dabei hätten diese organisierten Arbeiter, insbesondere der Kläger, diejenigen, die keine Neigung gezeigt hätten, sich der Gewerkschaft anzuschließen, durch fortgesetztes Drängen hierzu belästigt; der Kläger habe auch einem dieser Arbeiter seine Zugehörigkeit zur katholischen Kirche zum Vorwurf gemacht. Die belästigten Arbeiter hätten sich hierüber mehrfach bei dem vorgesetzten Werkmeister ... beschwert, und dieser habe schließlich für geboten erachtet, der Direktion der Fabrik Anzeige zu erstatten.

Infolgedessen habe der Direktor K. dem Kläger und zwei weiteren von der Anzeige betroffenen Arbeitern Vorhalt gemacht und ihnen erklärt, sie möchten sich organisieren, wie sie wollten, auch draußen machen, was sie wollten; aber in der Fabrik müsse Ordnung herrschen, und wer sich dem nicht füge, müsse die Fabrik verlassen. Im Verlauf dieser Verhandlung, die zunächst im ruhigen Tone geführt worden, sei der Kläger sehr laut und ungestüm geworden und habe verächtliche Bemerkungen über die Bücher der Beklagten gemacht und auch sonst ungehörige Äußerungen getan.

Daraufhin, nicht wegen der Zugehörigkeit des Klägers und seiner beiden Genossen zu der Metallarbeitergewerkschaft, sei von dem Direktor K. die Entlassung dieser drei Arbeiter angeordnet worden; es sei überhaupt noch kein Arbeiter der Beklagten wegen seiner Zugehörigkeit zur Gewerkschaft entlassen worden.

Gleichwohl habe der Kläger den Organen der letzteren die Sache so angezeigt, als sei er nur deshalb entlassen worden, weil er sich der Gewerkschaft angeschlossen und andere zum Beitritt zu gewinnen gesucht habe. In gleicher Weise habe er die Sache in den beiden Versammlungen dargestellt, die infolge seiner Anzeige von der Gewerkschaft einberufen worden seien, um festzustellen, ob die drei entlassenen Arbeiter, als von einer „Maßregelung" der Arbeitgeberin betroffen, von der Gewerkschaft während der Dauer der Arbeitslosigkeit zu unterstützen seien. Er habe dies getan, obwohl ihm in der ersten Versammlung von einem der anwesenden Arbeiter der Beklagten öffentlich vorgehalten worden sei, daß er nicht wegen der „Organisation", sondern „wegen seines großen Mundes" entlassen worden sei.

Auf Grund dieser tatsächlichen Feststellungen führt die Vorinstanz aus, daß es, ganz abgesehen von der von ihr in erster Linie geltend gemachten Erwägung, an jeder Unterlage für den Schadensersatzanspruch des Klägers fehle; die Beklagte habe nicht rechtswidrig gehandelt, wenn sie gegenüber dem Kläger, der durch seine Agitation und die Belästigung der Mitarbeiter den Frieden in der Fabrik gestört und Haß und Unzufriedenheit in die Reihen der Arbeiter getragen, als ungeeignet angesehen habe zur Beschäftigung in Fabriken, wo er fortwährend mit einer großen Zahl von Arbeitern in Berührung komme, und wenn sie dementsprechende Anzeige bei dem Verbande Berliner Metallindustrieller erstattet habe, um die zu diesem gehörigen Fabriken vor der Annahme eines solchen Arbeiters zu bewahren. Sie habe allerdings voraussehen müssen, es könne diese Anzeige die Folge haben, daß der Kläger während längerer Zeit in keiner der zu dem Verbande gehörigen Berliner Fabriken Arbeit finden werde, und auch bei keiner auswärtigen Fabrik, die dem Gesamtverbande Deutscher Metallindustrieller, von welchem der Berliner Verband eine einzelne Gruppe sei, angehöre. Indes sei dem Kläger damit noch nicht die Möglichkeit, Beschäftigung als Gußputzer zu finden, abgeschnitten gewesen, da es in Berlin und anderwärts große der Metallbranche angehörige Fabriken gebe, die den erwähnten Verbänden nicht angehörten; auch habe der Kläger, der nicht zu einem besonderen Berufe vorgebildet sei, die Möglichkeit gehabt, angemessene Beschäftigung in einem anderen Geschäftszweige zu finden. Er habe selbst gar nicht behauptet, daß er sich bei den nicht zu dem Verbande gehörigen Berliner Gießereien überhaupt um Arbeit bemüht habe, und ebensowenig, daß es ihm an Gelegenheit gefehlt habe, in einer anderen Branche gleich hohen Arbeitsverdienst, wie er ihn als Gußputzer gehabt, zu finden.

Die von der Revision gegen diese Ausführungen gerichteten Angriffe sind im wesentlichen begründet.

Zunächst ist der Vorinstanz nicht beizustimmen, wenn sie ausgesprochen hat, die Beklagte würde für die Folgen der von dem Verbande Berliner Metallindustrieller über den Kläger verhängten Arbeitssperre auch dann nicht einzustehen haben, wenn diese Maßregel an sich als eine unerlaubte Handlung anzusehen wäre.

Die Beklagte hat in ihrem Briefe vom 28. Januar 1901 dem genannten Verbande die Entlassung des Klägers aus ihrer Fabrik und den Grund, weshalb sie erfolgt sei, angezeigt und weiter angegeben, der Kläger habe sich auch nach seiner Entlassung in einer Arbeiterversammlung vom 27. Januar 1901 „wiederum agitatorisch hervorgetan"; im Anschluß hieran hat sie bemerkt, sie sei der Ansicht, daß es zum Nutzen der Allgemeinheit wohl angebracht wäre, den Kläger bis auf weiteres zu sperren, und sie bitte, dementsprechend das nähere zu veranlassen. Ihr verfassungsmäßiger Vertreter hatte sonach den Willen, die zuständigen Organe des Verbandes zu veranlassen, die Arbeitssperre über den Kläger zu verhängen. Daß ihm hierbei nicht bewußt gewesen sei, welche Folgen diese Maßregel für den Kläger haben werde, ist von der Beklagten selbst nicht behauptet; das Berufungsgericht nimmt dies auch offenbar nicht an; es ist daher davon auszugehen, daß der Vertreter der Beklagten diese Folgen herbeiführen wollte und zu diesem Zwecke die Zuschrift an den Verband richtete. Tatsächlich hat die letztere auch den Erfolg gehabt, daß der Vertrauensausschuß des Verbandes die von der Beklagten vorgeschlagene Maßregel beschloß und zur Ausführung brachte.

Hiernach kann nicht bezweifelt werden, daß das Verhalten der Beklagten für den dem Kläger erwachsenen Schaden kausal geworden ist, und daß ihre Absicht auf die Herbeiführung des diesen Schaden bedingenden Zustandes gerichtet war. Dies genügt, sofern die gegen den Kläger ergriffene Maßregel als eine unerlaubte Handlung zu erachten ist, zur Begründung der Haftung der Beklagten aus § 826 B.G.B., auch wenn ihre Anzeige für den von der Vertrauenskommission des Verbandes gefaßten Beschluß an sich nicht maßgebend gewesen ist, sondern für sie nur den Anlaß geboten hat, die Sache zu erörtern und auf Grund der dabei gewonnenen Auffassung die Arbeitssperre über den Kläger zu verhängen. Hieran würde sich nichts ändern, wenn die Angabe des Zeugen Kl., daß die Beklagte verpflichtet gewesen sei, etwaige sich ungebührlich betragende Arbeiter bei dem Verbandsvorstande zur Anzeige zu bringen, als zutreffend zu unterstellen wäre, obwohl eine dementsprechende Bestimmung in den Satzungen nicht enthalten ist. Denn diese Verpflichtung würde lediglich auf einem Willensakte der Beklagten, dem Beitritte zu dem Verbande, beruhen, und diese müßte deshalb, sofern die Erfüllung der Verpflichtung zu einer — übrigens im gegebenen Falle von ihr selbst gewünschten — Schädigung des Klägers führte, für die Folgen einstehen.

Entscheidend ist sonach, ob die von dem Verbande gegen den Kläger ergriffene Maßnahme eine unerlaubte Handlung war, und dies ist, abweichend von der Auffassung der Vorinstanzen, anzunehmen gewesen.

Der Verband Berliner Metallindustrieller verfolgt neben anderen Zwecken auch den, die Interessen seiner Mitglieder in Kämpfen, die zwischen ihnen und ihren Arbeitern über Lohn und Arbeitsbedingungen entstehen, wahrzunehmen und durch gemeinschaftliches Vorgehen den Arbeitgebern zum Siege zu verhelfen (Satzungen § 1 Ziff. 4. 5). Zu den Einrichtungen, die zugleich als Kampfmittel gegen die Arbeitnehmer dienen sollen, gehört auch die in § 1 Ziff. 3 und § 23 der Satzungen vorgesehene, durch eine besondere Geschäftsordnung geregelte Arbeitsnachweisstelle. Mag sie auch zunächst dazu bestimmt sein, den Mitgliedern die Gewinnung geeigneter Arbeitskräfte und arbeitsuchenden Personen die Auffindung von Arbeitsgelegenheit zu erleichtern, so soll sie doch auch dem Verbande die Möglichkeit verschaffen, einzelne Arbeiter von sämtlichen dem Verbande angehörigen Werkstätten fernzuhalten, sofern das zuständige Verbandsorgan — die Vertrauenskommission — dies als im Interesse der von ihr vertretenen Arbeitgeber liegend erachtet. Hierauf zielt die Bestimmung ab, wonach bei den Verbandsmitgliedern — von gewissen, hier bedeutungslosen Ausnahmen abgesehen — ausschließlich Arbeiter angenommen werden dürfen, die einen von der Arbeitsnachweisstelle erteilten Ausweis besitzen, und die — im Prozesse festgestellte — Einrichtung, wonach die Mitglieder auch verpflichtet sind, Arbeiter, die sie auf Grund eines solchen Ausweises bereits in Dienst genommen haben, wenn die Nachweisstelle den Ausweis nachträglich zurückzieht und davon den Arbeitgeber benachrichtigt, sofort zu entlassen.

Die unmittelbare Wirkung dieser Einrichtung erstreckt sich nach der von der Vorinstanz für glaubhaft erachteten Angabe des Zeugen N. auf etwa neun Zehntel aller in Berlin und Umgegend bestehenden Etablissements der Metallindustrie. Mittelbar aber greift sie, wie das Berufungsgericht feststellt, noch viel weiter. Einmal hat nämlich die Versagung oder Entziehung des Ausweisscheines auch die Wirkung, daß es für den davon betroffenen Arbeiter sehr schwierig und oft unmöglich ist, bei einer der nicht zum Verbande gehörigen Fabriken von Berlin und Umgegend — das Berufungsurteil führt deren sechs auf — Arbeit zu finden, weil auch sie, wie N. angibt, Rücksicht auf den Verband nehmen. Und weiter wird ein in dieser Weise gemaßregelter Arbeiter vermöge der Beziehungen, die der Berliner Verband zu dem Gesamtverbande Deutscher Metallindustrieller unterhält, auch bei keiner auswärtigen zu diesem Verbande gehörigen Fabrik angenommen.

Die Verhängung der Arbeitssperre hat hiernach für die Dauer

ihres Bestandes Folgen, die der vollständigen Ausschließung des betreffenden Arbeiters von der Beschäftigung in einem größeren Betriebe der Metallbranche nahe kommen, und es kann mit Grund die Frage aufgeworfen werden, ob nicht eine Einrichtung, die einem Unternehmerverbande einen so eminenten Eingriff in die Betätigung der Arbeitskraft eines anderen ermöglicht, und bzw. die Betätigung der dadurch gegebenen Gewalt als gegen das Gesetz verstoßend anzusehen sei.

Nach § 113 Abss. 1. 2. 3 Gew.O. ist der Arbeitgeber verpflichtet, dem Arbeiter beim Abgang ein Zeugnis über die Art und Dauer seiner Beschäftigung zu erteilen; es ist ihm aber verboten, wider dessen Willen darin ausdrücklich oder versteckt ein Urteil über ihn auszusprechen,

vgl. Jurist. Wochenschr. 1897 S. 350 Nr. 27,

und er macht sich strafbar, wenn er gegen das Verbot im dritten Absatz des § 113 handelt (§ 146 Ziff. 3 Gew.O.). Nach diesen Vorschriften soll sonach der Arbeitnehmer in die Lage versetzt werden, sich bei Aufsuchung neuer Arbeitsgelegenheit über Ort, Dauer und Art seiner früheren Beschäftigung auszuweisen; es soll aber verhindert werden, daß ein etwaiges abfälliges Urteil des bisherigen Arbeitgebers denjenigen, bei denen der Arbeiter sich um Beschäftigung bewirbt, ohne weiteres, d. h. ohne daß sie besondere Erkundigungen einziehen, zur Kenntnis gebracht werde. Es liegt auf der Hand, daß der Erfolg dieser Bestimmungen, die dem Arbeitnehmer die Gewinnung neuer Arbeitsgelegenheit erleichtern sollen und sich daher als zu dessen Gunsten getroffene Schutzvorschriften darstellen, durch eine Einrichtung, wie sie der oftgenannte Arbeitgeberverband in seiner Arbeitsnachweisstelle geschaffen hat, in weitgehender Weise beeinträchtigt wird, und es liegt gewiß nicht fern, solche Einrichtungen als Umgehungen jener gesetzlichen Vorschriften anzusehen.

Es bedarf indes für den vorliegenden Fall keiner Beantwortung der oben erwähnten Frage. Denn auch wenn man sie verneint, wofür man sich auch auf den Umstand berufen könnte, daß bei Beratung der Novelle zur Gewerbeordnung vom 1. Juni 1891, durch welche die Vorschrift des § 113 Abs. 3 eingeführt ist, der Antrag, zu bestimmen, es sei als verbotene Kennzeichnung der Zeugnisse „auch die von Unternehmerverbänden 2c ausgehende Ausstellung von Arbeitsbüchern und Arbeitsscheinen für die von ihnen beschäftigten Arbeiter zu betrachten", abgelehnt worden ist,

vgl. den Bericht der VIII. Kommission des Reichstags, VIII. Legislaturperiode 1. Session 1890/91 Nr. 190 S. 37,

so müßte doch jedenfalls die Art, wie der Verband von der selbstgeschaffenen Einrichtung Gebrauch gemacht hat, als gegen die guten Sitten verstoßend erachtet werden.

Wie das Reichsgericht bereits mehrfach ausgesprochen hat, muß auch in den Kämpfen, die der gewerbliche Wettbewerb und in besonderer Schärfe der Interessen- und Klassengegensatz zwischen den Arbeitgebern und Arbeitnehmern im gewerblichen Großbetriebe mit sich bringt, bei Verfolgung an sich erlaubter Zwecke die Einhaltung von Schranken in der Weise verlangt werden, daß als unzulässig nicht bloß Kampfmittel, die in an sich rechtswidrigen Handlungen bestehen, sondern auch solche eine Schädigung des Gegners mit sich bringende Maßregeln anzusehen sind, die nach den allgemein bestehenden Sittenanschauungen schlechthin oder doch unter den gegebenen Umständen als unbillig und ungerecht erscheinen.

Nach demjenigen, was gestützt auf die tatsächlichen Feststellungen der Vorinstanz oben über die Wirkung einer von dem in Frage stehenden Verband verhängten Arbeitssperre bemerkt ist, enthält nun diese Maßregel einen sehr schweren Eingriff in das wirtschaftliche Leben des davon Betroffenen; denn es wird ihm die Gewinnung von Arbeitsgelegenheit auf einem gewerblichen Gebiet, das bezüglich der Zahl der darin beschäftigten Arbeiter in allererster Reihe steht, in weitestgehender Weise beschränkt und erschwert; der Übergang zu einem anderen gewerblichen Gebiete aber ist auch für einen Arbeiter, der keine besondere Fachausbildung genossen hat, regelmäßig mit großen Nachteilen verbunden; es gelingt ihm der Natur der Sache nach meist nicht sofort, in einem ihm zunächst fremden Gebiet eine für ihn geeignete Beschäftigung zu finden, und er muß sich fast immer mit geringerem Lohn begnügen, als er ihn in einem Arbeitszweige, für den ihm die durch längere Übung erworbenen Fertigkeiten urd Kenntnisse zu statten kämen, erzielt haben würde.

Mit Rücksicht hierauf muß es für einen Arbeitgeberverband, der sich in den Stand gesetzt hat, seinen Maßnahmen eine so weit greifende Wirkung zu geben, wie es bei dem hier in Frage stehenden Verbande der Fall ist, als ein zwingendes Gebot der Gerechtigkeit und Billigkeit erachtet werden, daß er zur Aussperrung eines einzelnen Arbeiters auf längere Zeit oder zeitlich unbegrenzt höchstens dann vorschreitet, wenn es sich um sehr schwere Verfehlungen desselben in dem Arbeitsverhältnis handelt, und diese durch sorgfältige Ermittelungen festgestellt sind. Ob sich im gegebenen Falle bezüglich der Art, wie diese Ermittelungen angestellt worden sind, Einwendungen erheben ließen, kann dahingestellt bleiben, da nach den Feststellungen der Vorinstanz der Vertrauenskommission des Verbandes vor ihrer Entscheidung tatsächlich der wirkliche Sachverhalt bekannt gewesen ist. Wohl aber muß nach diesen Feststellungen die von der Kommission verfügte Maßregel gegenüber dem Verhalten des Klägers als eine gegen die Billigkeit verstoßende Härte bezeichnet werden.

Es soll keineswegs verkannt werden, daß die Art, wie der Kläger während seiner Tätigkeit in der Fabrik der Beklagten andere Arbeiter zum Beitritte zur Gewerkschaft der Metallarbeiter zu bestimmen gesucht hat, durchaus ungehörig gewesen ist, ungehörig wegen der Zeit und des Ortes, wo er seine Werbungen unternahm, und wegen der Aufdringlichkeit und Rücksichtslosigkeit, mit der er verfuhr. Das gleiche gilt von seinem Verhalten gegenüber dem Direktor K., als dieser ihn wegen jener Agitationen zur Rede stellte. Es erscheint deshalb sehr erklärlich und berechtigt, daß der genannte Fabrikleiter die sofortige Entlassung des Klägers verfügte. Dagegen geht es viel zu weit, wenn das Landgericht ausgesprochen hat, schon das erwähnte Verhalten des Klägers lasse ihn als eine Persönlichkeit erscheinen, die sich überhaupt nicht dazu eigne, in Werkstätten, wo er mit einer größeren Anzahl von Arbeitern in Berührung komme, beschäftigt zu werden. Diese Beurteilung ist um so weniger gerechtfertigt, als nicht etwa festgestellt oder auch nur behauptet worden ist, daß der Kläger sich schon an anderen Stellen, wo er gearbeitet, in gleicher Weise durch Agitationen und unbotmäßiges Verhalten lästig gemacht habe und daher als ein Mensch zu betrachten sei, der auch durch Entlassung aus der Arbeit an einer oder mehreren Stellen nicht zu einem angemessenen Verhalten gebracht werden könne. Tatsächlich hat auch der Direktor K. die erwähnten Vorgänge noch nicht als geeignet angesehen, eine Maßregelung des Klägers durch den Arbeitgeberverband zu rechtfertigen; er ist zu einer Anzeige an diesen erst verschritten, nachdem die Entlassung des Klägers (und noch zwei weiterer Arbeiter) Gegenstand der Verhandlung in zwei Arbeiterversammlungen gewesen war.

Was diese Versammlungen anlangt, so ist von der Beklagten behauptet worden, sie seien durch den Kläger oder doch auf seine Veranlassung einberufen worden, um gegen die Beklagte zu agitieren und ihre Arbeiterschaft gegen sie „zu mobilisieren", und der Kläger sei darin als Hauptredner in diesem Sinne aufgetreten.

Diese Angaben haben aber durch die Beweisaufnahme gerade in wesentlichen Punkten keine Bestätigung gefunden. Nach den Feststellungen des Berufungsgerichts hat allerdings der Kläger in der Anzeige, die er über seine und seiner beiden Genossen Entlassung der Verwaltungsstelle der Gewerkschaft erstattete, die Sache so dargestellt, daß er allein wegen seiner Werbungen für diese entlassen worden sei. Es ist aber nicht dargetan, daß die daraufhin einberufenen Versammlungen bezweckt haben, die Arbeiter der Beklagten gegen sie „zu mobilisieren und rebellisch zu machen"; sie sollten vielmehr, wie das Berufungsgericht annimmt, im wesentlichen dazu dienen, zu erörtern, ob die Entlassung im Sinne der Gewerkschaft als „Maßregelung" der drei Arbeiter durch ihre Arbeitgeberin anzusehen, und diesen deshalb für die Dauer der Arbeitslosigkeit Unterstützung zu gewähren sei. Die zweite Versammlung ist nur veranstaltet worden, weil in der ersten mehrfach bestritten worden war, daß eine solche Sachgestaltung vorliege, und man deshalb die Entscheidung einer weiteren, größeren Versammlung vorbehalten wollte. Das Berufungsgericht bezeichnet ferner als unerwiesen, daß der Kläger in den Versammlungen als Hauptredner gegen die Beklagte aufgetreten sei, und stellt nicht fest, daß von irgendeiner Seite und insbesondere von dem Kläger verlangt oder angeregt worden sei, es möchten wegen der Entlassungen von den bei der Beklagten beschäftigten Arbeitern irgendwelche Schritte gegen sie unternommen werden. Als erwiesen wird aber erachtet, daß der Kläger auch in Versammlungen die Gründe seiner Entlassung nicht wahrheitsgemäß angegeben habe, und daran wird die Bemerkung geknüpft, er habe dadurch die Beklagte unter ihren Arbeitern und sonstigen Teilnehmern verdächtigt und der Mißachtung anderer ausgesetzt.

Als Gesamtergebnis dieser Feststellungen muß hiernach angesehen werden, daß es sich in den beiden Versammlungen darum gehandelt hat, ob dem Kläger und seinen Genossen Unterstützung zu gewähren sei, und daß der Kläger, um diese zu erlangen, bestrebt gewesen ist, sich als Opfer seiner Bemühungen um die Gewerkschaft hinzustellen, und sich dabei insofern nicht an die Wahrheit gehalten hat, als er lediglich seine Agitation für die Gewerkschaft als Grund der Entlassung bezeichnet und verschwiegen, bzw. bestritten hat, daß nicht die Agitation als solche, sondern die Art, wie er dabei verfahren, Anlaß zu dem Einschreiten gegen ihn gegeben hatte, und Ursache für die Entlassung auch sein ungebührliches Verhalten gegenüber dem Direktor K. bei Gelegenheit des ihm von diesem wegen der ungehörigen Art der Agitation gemachten Vorhaltes gewesen war.

Natürlich ist nicht zu bestreiten, daß der Kläger auch hierdurch unrecht gehandelt hat; allein eine besonders böswillige, auf die Schädigung seiner bisherigen Arbeitgeberin gerichtete Gesinnung oder eine wirkliche moralische Verkommenheit ist auch hier in seinem Verhalten nicht zutage getreten.

Unter diesen Umständen durfte die Beklagte nicht beantragen, und die Vertrauenskommission des Verbandes, wenn sie gerecht und billig urteilen wollte, nicht beschließen, eine zeitlich unbegrenzte Arbeitssperre über den Kläger zu verhängen, und ihn damit so schweren Nachteilen, wie sie diese Maßregel nach den von dem Verbande geschaffenen Einrichtungen mit sich bringt, aussetzen.

Für die hieraus sich ergebende Folgerung, daß der Beschluß, durch den dies gleichwohl geschehen ist, als gegen die guten Sitten verstoßend anzusehen sei, ist es unerheblich, daß nach der Feststellung der Vorinstanz von dem Verbande die „dauernde Sperre nur unter der Voraussetzung des Widerrufs beschlossen und nach Verlauf einiger Zeit, wenn der Gesperrte, sein Unrecht einsehend, darum bittet, zuweilen auch von Amts wegen, von der Vertrauenskommission wieder aufgehoben wird, wenn die Umstände dazu angetan sind". An der Unbilligkeit und der daraus folgenden Unrechtmäßigkeit (§ 826 B.G.B.) einer Maßnahme ändert sich nichts dadurch, daß derjenige, welcher sie vornimmt, sich innerlich vorbehält, sie vielleicht später, sei es aus eigenem Antrieb, oder auf besonderes Ansuchen des Betroffenen, gewissermaßen aus Gnade, wiederaufzuheben.

War hiernach anzunehmen, daß gegen den Kläger eine von der

Beklagten veranlaßte und zu vertretende unerlaubte Handlung im Sinne von § 826 B.G.B. begangen worden sei, so erscheint der Klaganspruch dem Grunde nach gerechtfertigt. Allerdings hat das Berufungsgericht für die Klagabweisung noch einen weiteren Grund geltend gemacht, indem es die genügende Begründung dafür, daß der Kläger durch die Arbeitssperre überhaupt geschädigt sei, vermißt. Es bemerkt insoweit: Der Kläger habe nicht behauptet, daß er sich, nachdem ihm von der Arbeitsnachweisstelle des ofterwähnten Verbandes der erbetene Ausweis mit dem Bemerken, daß er einen solchen überhaupt nicht mehr erhalte, verweigert worden war, um Arbeit bei einer der in Berlin und Umgegend bestehenden nicht zu dem Verbande gehörigen Gießereien bemüht habe. Weiter könne er als bisheriger Putzer, da die von einem solchen zu verrichtende Tätigkeit keine besondere wissenschaftliche oder technische Vorbildung voraussetze, nicht verlangen, daß ihm nicht angesonnen werde, eine andere Arbeit als die bisher verrichtete zu übernehmen; er hätte vielmehr auch jede andere seinen Kräften und Verhältnissen entsprechende Arbeit annehmen müssen, wie er es schließlich auch getan habe. Zur Begründung seiner Schadensersatzforderung hätte er daher behaupten und unter Beweis stellen müssen, daß ihm auch Gelegenheit zu sonstigem gleich hohen Arbeitsverdienst gefehlt habe.

Auch dieser Erwägung konnte nicht beigetreten werden. Sie würde, auch wenn sie an sich richtig wäre, die Klagabweisung nicht rechtfertigen, weil das Gericht, wenn ihm solche weitere Begründung erforderlich schien, das Fragerecht hätte ausüben müssen. Sie ist aber auch unzutreffend. Es steht fest, daß der Kläger bei der Firma Gebr. A. Arbeit als Gußputzer gefunden hatte und dort lediglich infolge des vorstehend behandelten Beschlusses der Vertrauenskommission entlassen worden ist. Es steht außer allem Zweifel, daß er, nachdem ihm an der Arbeitsnachweisstelle der erbetene Ausweis versagt worden war, jedenfalls einige Zeit brauchte, um wiederum geeignete Beschäftigung zu finden, und davon, daß ihm der Arbeitslohn, den er in dieser Zeit bei Gebr. A. verdient haben würde, durch die wider ihn verhängte Maßregel entgangen sei, muß jedenfalls ausgegangen werden.

Aber auch hiervon abgesehen ist der erwähnten Argumentation folgendes entgegenzuhalten. Nach den oben erwähnten Feststellungen des angefochtenen Urteils, wonach es für einen von dem Verbande ausgesperrten Metallarbeiter „schwierig und oft unmöglich" ist, in nicht zu dem Verbande gehörigen Etablissements von Berlin und Umgegend Arbeit zu finden, stellt sich die wider ihn verhängte Arbeitssperre als eine Maßnahme dar, die an sich geeignet war, zu verhindern, daß der Kläger in einem der außerhalb des Verbandes stehenden Etablissements Beschäftigung fand. Wenn nun weiter unstreitig ist, daß er bis zum 17. Mai 1901 arbeitslos gewesen ist und erst von da an in einer Brauerei Arbeit erlangt hat, so erscheint damit der Schadensersatzanspruch für diese Zeit begründet. Es kann dem Kläger nicht angesonnen werden, darzulegen und nachzuweisen, welche Schritte er getan habe, um in einer der nicht zum Verbande gehörigen Fabriken Arbeit zu finden; es wäre vielmehr Sache der Beklagten gewesen, einredeweise geltend zu machen, daß und wo das hätte geschehen können.

Ebenso wäre es, nachdem der Kläger durch die gegen ihn verhängte Maßregel arbeitslos geworden ist, Gegenstand einer Einrede gewesen, darzutun, daß er sich darbietende Gelegenheiten, früher als geschehen und bzw. zu höherem Lohne als 20 ℳ wöchentlich andere für ihn geeignete Arbeit zu erhalten, nicht benutzt habe.

Nach keiner von beiden Richtungen hat die Beklagte auch nur Behauptungen aufgestellt. Es ist daher jedenfalls für jetzt davon auszugehen, daß der Kläger Schaden erlitten hat. Dies genügt für eine Entscheidung, durch die der Klaganspruch dem Grunde nach für gerechtfertigt erklärt wird (§ 304 Z.P.O.)." ...

---

97. Bedarf es zur Umwandlung des gemeinschaftlichen Eigentums zur gesamten Hand an einem Nachlaßgrundstück in Miteigentum der Erben der Auflassung, und zur Gültigkeit eines hierauf gerichteten Vertrags der gerichtlichen oder notariellen Beurkundung?

IV. Zivilsenat. Urt. v. 21. April 1904 i. S. L. (Kl.) w. Sch. u. Gen. (Bekl.). Rep. IV. 35/04.

I. Landgericht Breslau.
II. Oberlandesgericht daselbst.

Die Parteien waren zu je einem Drittel Erben ihrer am 9. Oktober 1901 verstorbenen Mutter. Zum Nachlaß gehörte ein Grundstück, als dessen Eigentümer die drei Erben „in ungeteilter Erbengemeinschaft“ eingetragen standen. Kläger behauptete: nach dem Tode der Erblasserin hätten die Erben sich über den Nachlaß auseinandergesetzt und dabei mündlich vereinbart, das Eigentum am Grundstücke solle unter Auflösung der bisherigen Gemeinschaft zur gesamten Hand bis zu einem tunlichst bald herbeizuführenden freihändigen Verkauf den Erben zu je einem Dritteile zustehen. Er beantragte, die Beklagten zu 1 und 2 zu verurteilen, 1. anzuerkennen, daß ihm das Miteigentum zu einem Drittel an dem Grundstücke . . . zustehe, 2. demgemäß die Eintragung der drei Erben als Miteigentümer zu einem Drittel des Grundstücks zu bewilligen und zu beantragen, 3. ihm ein Drittel des Grundstücks aufzulassen. Nach dem Antrage der Beklagten wiesen beide Vorinstanzen die Klage ab. Die Revision des Klägers ist zurückgewiesen. In den

Gründen

wird zunächst ausgeführt, daß selbst einem den gesamten Nachlaß erschöpfenden Auseinandersetzungsvertrage an sich keine dingliche Wirkung zukomme. Es heißt dann weiter: „Vielmehr bedarf es, um auf dem Gebiete des Sachenrechts die vertraglich bedungenen Rechtsänderungen wirklich herbeizuführen, noch der Erfüllung derjenigen Voraussetzungen, von welchen sonst das Gesetz den Vollzug der in Frage stehenden Änderung abhängig macht. Hiervon handeln bezüglich des Erwerbs des Eigentums an Grundstücken die §§ 925 flg., an beweglichen Sachen die §§ 929 flg. B.G.B. Wenn deshalb zugegeben werden müßte, daß die Umwandlung des der Erbengemeinschaft am Nachlaßgrundstücke zustehenden Gesamteigentums (§§ 2032 Abs. 1 B.G.B.) in Eigentum nach Bruchteilen (§§ 1008. 741 B.G.B.) eine Änderung des dinglichen Rechts in sich begreife, insbesondere, daß sich damit „Übertragung des Eigentums an einem Grundstück“ vollziehe, so wäre hierdurch zugleich auch die Notwendigkeit der Auflassung aus § 925 B.G.B. und in Ansehung der Gültigkeit des zu solcher Übertragung verpflichtenden Vertrages die Notwendigkeit gerichtlicher oder notarieller Beurkundung aus § 313 B.G.B. erwiesen. Nun kann allerdings im Streitfalle eingewendet werden, jedem der drei Streitteile stehe als Mitglied der Erbengemeinschaft zur gesamten Hand schon das volle Eigentum am ganzen Nachlaßgrundstücke zu; die Aufteilung des Grundstücks zu drei gleichen ideellen Bruchteilen bedeute deshalb für jeden Miterben nur eine Verminderung seines Eigentums. Weder werde Eigentum übertragen, denn jeder Miterbe gebe zwei Dritteile seines Eigentums einfach preis; noch werde Eigentum erworben, denn keiner der Miterben erlange mehr; er behalte vielmehr weniger, als er bisher schon gehabt habe. Ebenso läßt sich vom wirtschaftlichen Gesichtspunkte aus geltend machen, daß bei Gleichheit der Erbquoten die Überführung des Gesamteigentums in Eigentum derselben Miterben, geteilt nach gleichen ideellen Bruchteilen, keinerlei Vermögensverminderung mit sich bringe und darum auch keine Veräußerung enthalte. Ähnliche Erwägungen, insbesondere die fortdauernde Personenidentität bei beiden Formen des Eigentums, haben den jetzt erkennenden Senat in einem verwandten Falle — der Illation eines zu ideellen Hälften besessenen Grundstücks in eine unter denselben Eigentümern begründete Gesellschaft — dazu geführt, das Zustandekommen eines Veräußerungsgeschäfts zu verneinen.

Vgl. Entsch. des R.G.'s in Zivils. Bd. 30 S. 150.

Allein diese, auch in der Sache Steuersfiskus w. P., Rep. IV. 161/93, mit Urteil vom 23. Oktober 1893 vom Senat befolgte Rechtsansicht kann nicht aufrecht erhalten werden. Vielmehr würde für den gleichen Rechtsfall den gegenteiligen Entscheidungen beizutreten sein, die inzwischen vom V. Zivilsenat mit Urteil vom 2. November 1903, Rep. V. 170/03, und vom VII. Zivilsenat mit Urteilen vom 11. Dezember 1903, Rep. VII. 317/03, und 26. Januar 1904, Rep. VII. 371/03,[1] erlassen worden sind. Im Streitfalle liegt freilich die Sache umgekehrt so, daß Gesamteigentum in Eigentum zu ideellen Bruchteilen verwandelt werden soll, und daß es sich nicht um Gesellschaftsvermögen, sondern um gemeinschaftliches Vermögen der Erben im Sinne von § 2032 B.G.B. handelt. Allein auch hier müssen die in den angezogenen Entscheidungen angewendeten Rechtssätze dazu führen, ein Veräußerungsgeschäft im Sinne der §§ 925. 313 B.G.B. als vorhanden anzunehmen. Namentlich besteht darüber kein Zweifel, daß die Erbengemeinschaft, ebensowohl wie das Gesellschaftsvermögen, vom Bürgerlichen Gesetzbuch nach dem Grundsatze der Gemeinschaft zur gesamten Hand geordnet ist.

[1] Die drei Urteile sind abgedruckt in Bd. 56 dieser Sammlung Nr. 24, 53 und 105. D. R.

Entscheidend ist für die jetzt zu beantwortende Frage, daß keiner der in der Erbengemeinschaft stehenden Erben imstande ist, das vom Gesetz geschaffene Rechtsverhältnis zu den einzelnen Nachlaßgegenständen von sich allein aus zu ändern. Er bedarf hierzu vielmehr der Zustimmung und Mitwirkung seiner Miterben (§§ 2033 Abs. 2. 2040 Abs. 1 B.G.B.). Er „verfügt" aber über den Nachlaßgegenstand nicht bloß, wenn er von dem zu drei Dritteln ihm daran zustehenden Eigentum je ein Drittel zugunsten der beiden Miterben preisgibt, sondern es ist auch „Verfügung", wenn er zu den gleichlautenden Verfügungen der beiden anderen Teilhaber seine Zustimmung erteilt. Auch die Veränderungen der Eigentumsquote vollziehen sich mithin kraft eines von allen Teilhabern vorzunehmenden Rechtsaktes. Dieser Rechtsakt kann aber nicht anders als dahin bezeichnet werden, daß er ein Übertragungs- und zugleich Erwerbsakt im Sinne der gesetzlichen Terminologie ist. So ist der gemeinrechtlich überlieferte Begriff der Veräußerung von jeher auch auf die Aufgabe des Rechtes schlechthin erstreckt worden (vgl. l. 5 § 8 Dig. de rebus eorum, qui sub. tut. 27, 9). Hierzu kommt, daß das neuentstehende Eigentum nach Bruchteilen gegenüber dem bisherigen Eigentum zur gesamten Hand auch wirtschaftlich betrachtet in wichtigen Beziehungen anders geartet ist. Der Miterbe erlangt damit das Recht, unmittelbar über seinen Anteil am Grundstücke, nicht bloß am Nachlasse zu verfügen (§ 747). Er darf namentlich diesen Grundstücksanteil belasten (§§ 1106. 1114 B.G.B.). Auch nach außen hin ist seine Rechtslage jetzt insofern verändert, als seinen Gläubigern nunmehr der Zugriff unmittelbar am Grundstücksanteil (§ 864 Abs. 2 Z.P.O.), nicht bloß am Nachlaßanteil (§ 859 Abs. 2 Z.P.O.) offen steht. Der Berufungsrichter hat also das Gesetz nicht verletzt, wenn er als Gegenstand des Vertrages, der auf Umwandlung des Gesamteigentums am Nachlaßgrundstücke in Eigentum nach Quoten gerichtet ist, die Übertragung des Eigentums an einem Grundstücke ansieht. Daraus folgt im Streitfalle ohne weiteres die Nichtigkeit des Vertrages wegen Nichtbeobachtung der in § 313 B.G.B. vorgeschriebenen Form. Dabei kommt nach dem oben Ausgeführten auch darauf nichts an, ob dieser Vertrag im Rahmen des allgemeinen Erbauseinandersetzungsvertrages, oder für sich als besondere Vereinbarung geschlossen worden ist." ...

Register.

Die beigesetzten Zahlen beziehen sich auf die Seiten.

A. Sachregister.

F

H

L

M

N

V

W

B. Gesetzesregister.

1. Reichsgesetze.

a. Bürgerliches Gesetzbuch.

b. Einführungsgesetz zum Bürgerlichen Gesetzbuch.

c. Allgemeines Deutsches Handelsgesetzbuch.

d. Handelsgesetzbuch von 1897.

2. Gemeines Recht.

3. Französisches Recht.

4. Landesrecht.

b. Einzelne Gesetze und Verordnungen.

Bayern.

Elsaß-Lothringen.

Hessen-Darmstadt.

Königreich Sachsen.

C. Chronologische Zusammenstellung der Entscheidungen.

Zusammenstellung

der

im siebenundfünfzigsten, der neuen Folge siebenten Bande

mitgeteilten Entscheidungen

nach

Oberlandesgerichtsbezirken.

Berichtigungen.

Sechsundvierzigster Band.

S. 215 Z. 18 v. o. statt „Obertribunales" lies „Oberappellationsgerichtes".

Fünfzigster Band.

S. 181 Z. 16 v. o. statt „S." lies „Nr.".

Fünfundfünfzigster Band.

S. 234 Z. 10 v. o. statt „1997" lies „1897".

Sechsundfünfzigster Band.

S. 318 Z. 3 v. o. hinter „Prokuristen" schiebe ein „B.".
„ 319 „ 15 v. o. statt „der" lies „des".

Siebenundfünfzigster Band.

S. 131 Z. 12 v. u. statt „Mai" lies „Juni".
„ 141 „ 8 v. u. statt „265" lies „262".
„ 184 „ 1 v. o. statt „34" lies „42".
„ 269 „ 11 v. o. hinter „§ 889" schiebe ein „B.G.B.".

Literarischer Anzeiger
zu den
Entscheidungen des Reichsgerichts.

Verlag von **Veit & Comp.** in Leipzig.

№	Der „**Literarische Anzeiger**“ erscheint in zwanglosen Nummern und bildet eine unentgeltliche Beilage der Entscheidungen des Reichsgerichts in Zivilsachen und in Strafsachen. Für seinen Inhalt ist ausschließlich die Verlagsbuchhandlung verantwortlich.	56/57.

DAS RECHT. Rundschau f. d. deutschen Juristenstand.
Herausgeber: **Dr. Hs. Th. Soergel.**
Erscheint am 10. und 25. jeden Monats. Vierteljährlich Mk. 3.50.
Probenummern unentgeltlich und postfrei!
Helwingsche Verlagsbuchhandlung, Hannover. (Gegr. vor 1606.)

Druck von Metzger & Wittig in Leipzig.

FSC
www.fsc.org
MIX
Papier | Fördert
gute Waldnutzung
FSC® C083411

Kolibri 360 GmbH
Ferdinand-Jühlke-Straße 7
99095 Erfurt, Deutschland
produktsicherheit@kolibri360.de